AVANT L'EMPIRE

L'auteur et les éditeurs déclarent réserver leurs droits de reproduction et de traduction en France et dans tous les pays étrangers, y compris la Suède et la Norvège.

Cet ouvrage a été déposé au ministère de l'intérieur (section de la librairie) en mars 1895.

H. THIRRIA

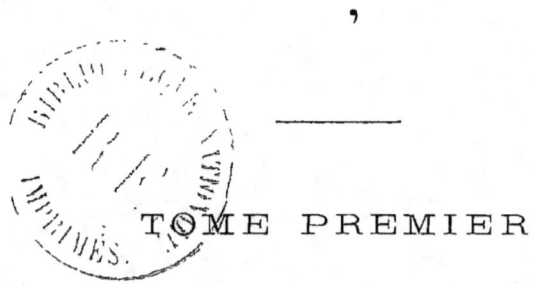

TOME PREMIER

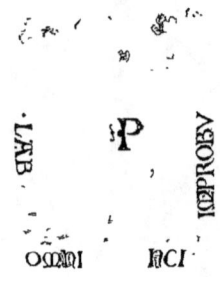

PARIS

LIBRAIRIE PLON

E. PLON, NOURRIT ET Cie, IMPRIMEURS-ÉDITEURS

RUE GARANCIÈRE, 10

1895

Tous droits réservés

LA GENÈSE

DE LA

PRÉFACE

> Je n'ai pas voulu faire un roman, mais une histoire consciencieuse. (*Du passé et de l'avenir de l'artillerie*, OEuvres de Napoléon III, t. IV, p. 12, édition Plon et Amyot, 1856.)
>
> ...Pour entreprendre un travail de si longue haleine, il me fallait un puissant mobile : ce mobile, c'est l'amour de l'étude et de la vérité historique. (*Ibid.*, p 21.) — Fort de Ham, 24 mai 1846.

Vingt-cinq ans ont passé depuis la chute de l'Empire. Un demi-siècle s'est écoulé depuis les événements que nous allons exposer. Il semble qu'il soit possible, en 1895, de raconter et de juger sans passion, surtout en s'arrêtant au 2 décembre 1851, la vie si extraordinaire de Napoléon III, alors le prince Charles-Louis-Napoléon Bonaparte. Les hommes qui ont joué un rôle politique ou autre dans ces temps déjà éloignés ont presque tous disparu; le calme s'est fait dans l'opinion sur cette période si tourmentée de notre existence nationale; le jour de l'impartiale histoire est enfin venu. Le nom prestigieux de Napoléon Ier — encore aujourd'hui, ne le voyons-nous pas par le théâtre, comme aussi par ces couronnes qu'une piété patriotique sans cesse renaissante vient déposer au pied de la colonne Vendôme à l'anniversaire de la mort du héros? — jouit toujours invinciblement de la faveur populaire; celui de Napoléon III, qui a, durant si longtemps, occupé l'attention publique, ne saurait à présent la trouver indifférente. Aussi bien l'imagination du plus fécond romancier ne pourrait inventer rien de plus étrange, de plus mouvementé, de plus invraisemblable que la biographie du prince.

Ne devant rien à l'Empire, nous pouvons et nous espérons écrire avec une impartialité absolue. Ni les ennemis, ni les amis du régime impérial ne trouveront ici leur compte. Il ne s'agit point d'un panégyrique ni d'un plaidoyer, non plus d'une œuvre de colère et de haine. L'homme n'est plus; il est mort noblement, sans avoir proféré une plainte d'aucun genre, sans avoir accusé le sort ni personne. Il faut en parler froidement, se garder d'en faire commodément un bouc émissaire, et surtout ne pas piétiner sur un cadavre. N'imitons point ceux qui l'ont servi, qui l'ont acclamé pour l'abandonner aujourd'hui, pour l'entendre condamner et exécuter sans prononcer un mot, sans formuler une réserve, sans faire le départ des responsabilités diverses. Souvenons-nous qu'il a été pendant vingt ans le chef de l'État, le souverain de ce pays; n'oublions pas surtout que si cet homme a été coupable, la France a été sa complice; que s'il a régné, c'est qu'elle l'a voulu, et bien voulu, et que sa politique néfaste des nationalités, elle l'a approuvée, sanctionnée, le parti républicain en tête. Voilà la vérité. Quoi qu'il en coûte, il faut virilement la regarder en face, reconnaître honnêtement les faits et humblement avouer nos erreurs, nos fautes, nos folies personnelles, qui n'excusent pas, mais qui expliquent les siennes. Ayons le respect d'un passé qui est le nôtre, non parce que nous l'avons subi, mais parce que nous avons tout fait pour qu'il fût ce qu'il a été. Point d'outrages, point d'injures, tout cela retomberait inexorablement sur nous-mêmes. Nous l'avons aimé d'une passion insensée, n'allons pas le poursuivre à présent d'une haine aveugle. Cela ne diminuerait pas notre part de responsabilité et chargerait notre loyauté. Soyons justes; en l'étant, nous serons bien assez sévères, et les leçons de l'histoire n'en seront pas moins éloquentes.

Nous avons documenté scrupuleusement notre travail, tenant grand compte notamment du rôle capital qu'avait autrefois la presse et qu'elle n'a plus aujourd'hui au même degré. Nous avons cherché à mettre sous les yeux du lecteur tous les éléments de nature à lui permettre de se former lui-même un jugement sur un homme qui a été et qui est encore tant discuté. Comme le dit le prince, dans son ouvrage sur le *Passé et l'avenir de l'artillerie* : « Quand on parle d'une époque du passé, on ne saurait prétendre être cru sur parole ; il ne suffit même pas d'indiquer la source où l'on a puisé ses renseignements, il faut pour les choses importantes donner le texte même. »

Le prince était de taille moyenne (1), plutôt petit ; mais le buste étant long et les jambes courtes, il paraissait grand quand il était assis ou à cheval. Il ressemblait à sa mère, il en avait les yeux bleus, d'un bleu gris ; son regard était terne, vague, éteint, souvent comme perdu (2) ; le masque sans mobilité demeurait impassible et impénétrable ; ses impressions et ses émotions ne s'extériorisaient point (3). Le front était élevé, le nez aquilin, les moustaches longues et épaisses sur une impériale ; la physionomie était agréable, avenante, sympathique. Il était de tempérament lymphatique et indolent. Il n'avait rien de l'empereur Napoléon Ier. Sa parole était lourde, gutturale, nasillarde (4). Des trente-

---

(1) 1^m,66.

(2) « Son regard doux, un peu voilé, était tour à tour vif et caressant. » (GRANIER DE CASSAGNAC, *Souvenirs du second Empire*, p. 80.)

(3) « ...Même dans les relations de tous les jours trouve-t-on le prince d'une froideur impénétrable, sans qu'il cesse pourtant d'être bienveillant. » (Le docteur VÉRON, dans le *Constitutionnel* du 24 septembre 1850.)

(4) Dans un des derniers discours du trône prononcé dans la salle des États au Louvre, nous nous rappelons cette phrase fameuse : *L'ordre, j'en réponds*, dite par lui, notamment sur la syllabe finale, avec un accent nasillard qui nous frappa beaucoup

quatre années passées en exil, il lui restait un accent d'un caractère légèrement exotique, surtout tudesque, qui fut, en 1848, le sujet d'interminables plaisanteries d'assez mauvais goût. Il avait l'abord froid, mais ses manières étaient pleines d'affabilité, son accueil d'une politesse exquise, d'une urbanité parfaite; il laissait parler avec une patience inépuisable (1), lui-même il parlait peu, et ses interlocuteurs se demandaient souvent s'ils avaient été entendus. Sa pensée paraissait se tenir dans un lointain, dans un au-delà, dans un rêve perpétuel. C'était tout à la fois un timide (2) et un audacieux; il avait en même temps une raison calme et une imagination ardente, la folle du logis. Si sa vie ne fut qu'une aventure, on ne cite pas de lui un seul trait d'emportement ni de colère. Il était doux, essentiellement doux, d'une douceur inaltérable qui était un des charmes irrésistibles de cette nature aussi étrange qu'attirante, et qui fit le bonheur de sa mère, pour laquelle il fut, du premier au dernier jour, un fils dévoué, respectueux et tendre. Cette douceur, cette équanimité fut pour lui une grande force. Ne cherchant ses inspirations qu'en soi-même, il n'abandonnait jamais une idée, et c'est pour cela que la reine Hortense, ainsi qu'on

---

(1) « Nul n'écoutait avec cette patience qui est une politesse et n'accueillait l'objection avec cette déférence qui est une invitation à la produire. On se trouvait à la fois surpris et charmé au contact d'un tel homme, qui se laissait ainsi manier; mais ce contact aimable et doux était celui d'un fourreau de velours dans lequel on sentait une véritable épée. » (GRANIER DE CASSAGNAC, Souvenirs, p. 42.) — « Sachant écouter beaucoup, à la grande différence de Louis-Philippe. » (Odilon BARROT, Mémoires, t. III, p. 39.) — « ...Les paroles qu'on lui adressait étaient comme les pierres qu'on jette dans un puits; on en entendait le bruit, mais on ne savait jamais ce qu'elles devenaient. » (Souvenirs d'Alexis de Tocqueville.)

(2) « Le président a dans son aspect quelque chose de timide, d'embarrassé et de froid qui glace au premier abord. Son sourire est bienveillant, ses manières sont polies... Il reste toujours lui-même... Dans ce temps de grimaces, où les personnages politiques savent prendre tous les masques, c'est une qualité de ne pas forcer sa nature, et cela annonce dans le président une certaine élévation d'esprit et une certaine franchise que je ne fais nulle difficulté de reconnaître. » (Le Siècle, 5 septembre 1850.)

l'a rappelé bien souvent, l'appelait « le doux entêté ». — Il n'avait aucune vanité. Rien n'est plus faux que ce jugement porté sur lui par Victor Hugo dans *Napoléon le Petit* : « C'est un personnage vulgaire, puéril, théâtral et vain... il aime la gloriole, l'aigrette, la broderie, les paillettes et les passequilles, les grands mots, les grands titres, ce qui sonne, ce qui brille, toutes les verroteries du pouvoir. » Autant de mots, autant de contre-vérités. Mais, en revanche, pour son origine et pour son nom, il avait un orgueil immense. A part cela, il était d'une parfaite simplicité et d'une incontestable modestie. — Il n'apparaît point qu'il ait jamais aimé une femme, mais il aima la femme. L'amour, au sens élevé du mot, il ne le connut point; pas plus qu'il ne goûta jamais les pures jouissances de l'art (1), en quoi il ne ressemblait point à sa mère, qui, à merveille, dessinait, peignait, composait et chantait des romances; pas plus qu'il n'avait (2) sa voix claire, vibrante, harmonieuse. Il était d'une intelligence supérieure (3); s'il n'eût été prince et Bonaparte, il aurait marqué au premier rang parmi les hommes de son temps, par l'envolée de son imagination et par l'incomparable maîtrise de son écriture. Mais il n'était point fait pour être un chef d'État, et son règne a été un grand malheur pour la France. Il avait des idées élevées et

---

(1) « ...Il ne comprend ni l'art ni la poésie : un poème le fait dormir, un tableau le fait bâiller. » (*Portraits politiques contemporains*, par A. DE LA GUÉRONNIÈRE, 1851.)

(2) « Voix incomparable et que je n'ai plus entendue chez personne après elle. Le timbre en était à la fois si vibrant, si clair, si doux et si insinuant... Elle était, de plus, richement douée du côté de l'intelligence; elle composait et chantait des romances avec un charme exquis; elle dessinait et peignait... » (*Mon séjour aux Tuileries*, par la comtesse Stéphanie TASCHER DE LA PAGERIE.)

(3) « ...Son flegme, son apathie, son silence trompaient tous ceux qui ne l'avaient pas pratiqué longtemps. C'est ainsi, notamment, que M. Véron, le directeur fameux du *Constitutionnel*, un esprit fin et pénétrant, se méprenait complètement sur son compte même après l'avoir vu souvent et disait à Granier de Cassagnac : « Vous allez à l'Élysée, vous verrez une fichue bête... il bâille! il « bâille!... » (GRANIER DE CASSAGNAC, *Souvenirs du second Empire*, p. 38.)

généreuses, il était sincèrement philanthrope, ce n'était pas un ambitieux vulgaire, ne songeant qu'à sa propre fortune; il rêvait le bonheur des autres, non seulement de son pays, mais de l'Europe, mais du monde. D'où la politique désastreuse des nationalités. Il croyait d'une invincible foi à l'étoile napoléonienne, à sa propre étoile; il était fataliste (1). Il ne manquait pas d'esprit, mais il était trop indulgent et trop absorbé pour en user ordinairement. On cite notamment de lui ce mot exquis à son cousin, le prince Napoléon, fils de Jérôme, qui lui reprochait de n'avoir rien de son oncle : « Si, j'ai sa famille ! » Il était brave (2), il avait ce courage calme et froid qui impose. Il n'était pas dissimulé, mais il était trop bienveillant et trop faible pour dire jamais non; il craignait toujours de faire de la peine; aussi le mot attribué à lord Cowley, ambassadeur d'Angleterre, pour être spirituel, n'en est pas moins faux : « Il ne parle jamais, mais il ment toujours. » Son silence (3) n'était que du savoir-vivre, de l'amabilité, lorsqu'il ne pouvait faire droit à une demande ou accueillir certaines idées; ce n'était ni un acquiescement, ni un engagement, c'était de la politesse. Par-dessus tout il avait à un degré rare une éminente qualité, qui, somme toute, fait l'agrément et le charme de la vie, la bonté, une bonté à toute épreuve. C'est pour cela qu'il fut un ami dévoué et fidèle, et qu'au lieu de trahir

---

(1) «...Je crois à la fatalité. Si mon corps a échappé miraculeusement à tous les dangers, si mon âme s'est soustraite à tant de causes de découragement, c'est que je suis appelé à faire quelque chose. » (Lettre du prince à M. Peauger, 3 février 1845. Voir la *Nouvelle Revue* du 15 août 1894.)

(2) « Il était généreux, entreprenant; pas d'officier plus brave, de plus hardi cavalier. » (Louis BLANC, *Histoire de dix ans*, t. V, p. 113.)

(3) «...(Ses) lèvres s'entr'ouvrent à peine tout juste ce qui est nécessaire pour laisser passer l'expression brève et précise d'une volonté réfléchie et arrêtée... Il pense et il ne discute pas, il agit et ne s'agite pas, il prononce et il ne raisonne pas... Il écoute tout, parle peu et ne cède rien. D'un mot net et bref comme un ordre du jour, il tranche les questions les plus controversées... avec cette inflexibilité de volonté, rien de tranchant ni d'absolu dans la forme... » (*Portraits politiques*, par A. DE LA GUÉRONNIÈRE.)

l'amitié et de manquer à la reconnaissance il n'hésita pas, à son honneur, à braver les railleries pour s'entourer des compagnons des mauvais jours, de ceux qui pour lui avaient joué leur tête à Strasbourg et à Boulogne, et auxquels il ne pouvait pas décemment fermer les portes de l'Élysée; c'est pour cela qu'il fut toujours d'une générosité extrême et, malgré toutes les ingratitudes, systématiquement incorrigible, et que, à l'inverse de son prédécesseur, il dépensait sans compter; c'est pour cela — vertu rare — qu'il pratiquait l'oubli des injures avec une philosophie extraordinaire, nommant (exemple entre bien d'autres) ambassadeur à Vienne M. de Beaumont, qui, peu de temps auparavant (il le savait bien!), avait tenu sur son compte (1) les propos les plus outrageants. Il était bon, foncièrement bon; l'histoire ne l'oubliera pas, et en condamnant, en maudissant l'homme politique, elle rendra hommage à l'homme de cœur.

(1) « Le président me dit de lui-même : « Je vous propose de donner l'ambas-« sade de Vienne à M. de Beaumont. J'ai eu... fort à me plaindre de lui, mais je « sais qu'il est votre meilleur ami, et cela suffit pour me décider... » (*Souvenirs d'Alexis de Tocqueville.*)

AVANT L'EMPIRE

CHAPITRE PREMIER

LE PRINCE DU 20 AVRIL 1808 JUSQU'EN 1836

Sa naissance. — Ses frères. — Son acte de naissance. — Ses prénoms; sa signature. — Le roi de Hollande n'assiste à aucune cérémonie. — L'amiral Verhuel. — Baptême. — Vie errante de la reine Hortense. — Le château d'Arenenberg. — Mlle Cochelet. — Précepteurs. — La reine Hortense est une mère modèle. — Intelligence précoce du prince; son caractère doux, mais entêté; son silence; sa bonté; son courage. — Il est attachant comme il devait l'être toujours et irrésistiblement. — Son adresse dans tous les exercices du corps. — Se destine à l'artillerie. — Se fait d'abord attacher à un régiment badois en garnison à Constance, puis au camp suisse de Thun. — 1834, capitaine d'artillerie de l'armée suisse. — Auparavant, après s'être trouvé à Rome au moment de la révolution de 1830, avait pris part à l'insurrection des Romagnes, puis avait traversé la France; incidents de ce voyage; rapports du prince avec les républicains. — L'insurrection polonaise lui demande de se mettre à sa tête; son refus. — 22 juillet 1832, mort du duc de Reichstadt; le prince se considère comme l'héritier de l'Empereur; *quid* des autres Bonaparte? — Le sénatus-consulte de l'an XII. — Lettres du prince, où il expose que Napoléon Iᵉʳ a sauvé la liberté et est vraiment l'homme du peuple; — où il déclare (avec quelle vérité!) qu'il ne suit que les inspirations de sa conscience; — où il dément son mariage avec la reine de Portugal. — 1835. Le prince fait la connaissance de M. de Persigny. — La *Revue de l'Occident*.

Le mercredi 20 avril 1808, à une heure du matin, naissait à Paris, rue Laffitte, alors rue Cerutti, au n° 8, par les soins du chirurgien Baudelocque, un prince, issu de Louis Bonaparte, roi de Hollande (1), et de Hortense-Eugénie de Beauharnais.

---

(1) Cinquième enfant et quatrième fils de Charles-Marie Bonaparte et de Marie-Lætitia Ramolino. Frère de l'empereur Napoléon Iᵉʳ. Roi de Hollande de 1806 à 1810. Mort à Livourne le 24 juillet 1846, après avoir porté depuis la chute de l'Empire le titre de comte de Saint-Leu.

C'était leur troisième fils. L'aîné, Napoléon-Charles, né le 10 octobre 1802, était mort à la Haye en 1807; le second, Charles-Napoléon-Louis, né le 11 octobre 1804, devait mourir à Forli en Italie dans le cours de l'année 1831.

A cinq heures du soir l'acte de naissance (1) fut dressé par Son Altesse Sérénissime le prince archichancelier, assisté de Son Excellence M. Regnaud de Saint-Jean d'Angély, ministre d'État et secrétaire de l'état de la famille impériale, en présence de deux témoins, Son Altesse Sérénissime le prince architrésorier et Son Altesse Sérénissime le prince vice-grand électeur, et des personnes suivantes : Madame mère, la reine de Hollande, la grande-duchesse de Berg, le cardinal Fesch et l'amiral Verhuel (2), ambassadeur du roi de Hollande. En l'absence de l'Empereur le nouveau-né ne reçut alors aucun prénom. C'est le 2 juin (3) que, suivant la volonté de Napoléon Ier, il reçut les prénoms de Charles-Louis-Napoléon, en vertu d'un acte dressé en présence du cardinal Fesch, grand aumônier, du comte de Ségur, grand maître des cérémonies, témoins appelés en raison de l'absence de tous les princes du sang et de l'Empire, et aussi devant Madame mère, la reine de Hollande, la grande-duchesse de Berg, l'amiral Verhuel.

Le roi de Hollande n'assistait ni à la naissance ni à la cérémonie d'ailleurs peu importante du 3 juin, et les actes officiels ne portent pas qu'il y fut représenté. On peut cependant considérer comme l'ayant représenté l'amiral Verhuel, à qui l'on a attribué la paternité du prince. L'absence répétée du roi Louis impliquait-elle un désaveu de paternité? Cette induction serait excessive. La question s'est posée (4) parce que les rela-

(1) Voir la *Gazette nationale* ou *Moniteur universel* du jeudi 21 avril 1808.
(2) Au *Moniteur* du 21 avril avec un *V*, à celui du 3 juin avec un *W*.
(3) *Moniteur* du 3 juin.
(4) Dans le numéro d'août 1894 d'une revue anglaise, *the Fortnightly Review*, figure un article, signé W. Graham, où il est dit que le roi Louis aurait écrit au Pape, vers 1831, que le futur Napoléon III n'était pas son fils. Cette affirmation n'est pas documentée; elle n'est appuyée d'aucune preuve. Comme on le verra dans le cours de cette histoire, le roi Louis a constamment traité le prince comme son fils. L'article de M. Graham ressemble à ces libelles sans nom qui ont pullulé à certaines époques sur la famille Bonaparte. M. F. Giraudeau vient de publier

tions du roi et de la reine étaient loin d'être, à cette époque, celles de deux tendres époux, que même, pour dire le mot, ils faisaient assez mauvais ménage; parce que la reine Hortense était une femme langoureuse, passionnée, fantasque, susceptible d'inspirer comme de recevoir ce qu'en amour on

(voir le *Figaro* des 8, 12 et 15 décembre 1894) plusieurs lettres à cet égard tout à fait démonstratives. — Lettre du roi Louis au prince, 9 avril 1821, au sujet de sa première communion : « ...Je te donne ma bénédiction de tout mon cœur..., et je te renouvelle dans cette occasion solennelle la bénédiction paternelle que je te donne par la pensée chaque matin, chaque soir, et toutes les fois que mon imagination se porte vers toi. » Il ne faut pas douter de sa paternité pour écrire une pareille lettre. — Six ans après, 17 novembre 1827, le prince écrit au roi Louis : « ...Plus je deviens grand, plus je sais apprécier mon bonheur d'avoir un aussi bon père qui m'instruit par ses conseils. » — Le 19 janvier 1829, il mande à son père son désir de s'enrôler dans l'armée russe contre les Turcs : « ...Mon cher papa, j'ai pris un grand parti. Permettez que je vous le dise à vous que j'aime de tout mon cœur et qu'avant tout je demande votre permission... En faisant cette campagne, j'aurai l'avantage... de montrer au monde le courage que j'ai reçu de vous en naissant. Ma tante la grande-duchesse de Bade... m'avait bien engagé à vous en demander la permission, disant que c'était une action bien digne de quelqu'un qui est votre fils. » — Et le Roi ayant refusé, le prince lui écrit, le 3 mars 1829 : « Mon cher papa, croyez à mon sincère attachement; je vous en ai donné une véritable preuve en renonçant à mon projet, car si je ne vous avais pas tant aimé, je n'aurais pas pu résister au désir de l'accomplir, même contre votre volonté. » — Dans une brochure sur la Suisse, il a été amené à s'expliquer sur la conduite du roi Louis en Hollande, et alors, le 14 août 1833, il lui écrit : « ...J'espère, mon cher papa, que ce jugement de ma part sur votre conduite ne vous déplaira pas, et que vous trouverez naturel que je défende ce que j'ai de plus cher au monde... » — Le 19 décembre 1833, le roi Louis termine ainsi une lettre : « Adieu, mon ami, je t'embrasse de tout mon cœur. Ne doute jamais de mon attachement... » Le 17 février 1834, il lui écrit : « Je me souviens avec orgueil qu'un jour, auprès du lit de ta grand'maman, tu fus peiné et affligé de voir que des propos d'intérêt pécuniaire se mêlaient aux expressions de l'amour filial... Oh! papa, me dis-tu, il ne faudrait pas que les enfants héritassent jamais de leurs parents... Ce propos fait honneur à la sensibilité de ton cœur, mais le sentiment n'en est cependant pas juste... » — Enfin, pour donner le dernier coup à la légende Verhuel (voir le *Journal des Débats* du mercredi 12 août 1846), il y a la volonté dernière d'un mourant, il y a le testament du roi Louis, qui se termine ainsi : « ...Je laisse tous mes autres biens, mon palais de Florence, mon grand domaine de Civita-Nova, etc., tous mes biens meubles et immeubles, actions et créances, enfin tout ce qui, à l'époque de mon décès, constituera mon héritage, à mon héritier universel, Louis-Napoléon, seul fils qui me reste, et auquel fils et héritier je laisse, comme témoignage de ma tendresse, ma *Dunkerque* placée dans ma bibliothèque, avec toutes les décorations... et tous les souvenirs qu'elle contient; et comme témoignage encore plus particulier d'affection, je lui laisse tous les objets qui ont appartenu à mon frère l'empereur Napoléon, lesquels sont renfermés dans le petit meuble consacré à cet effet... » (Fait à Florence, le 1er décembre 1845.)

appelle le coup de foudre, et parce que, à l'époque de la conception, l'amiral, — qui était un bel homme par parenthèse, — se trouvait en même temps qu'elle dans les Pyrénées. Mais le roi y était aussi, et s'il ne vint pas à Paris ni avant, ni pendant, ni après les couches de sa femme, c'est qu'il était fort contrarié, paraît-il, qu'elles n'eussent pas lieu à la Haye. Il ne faut pas oublier que la reine Hortense venait de perdre son fils aîné, qu'elle en avait été profondément désolée, qu'on l'avait précisément envoyée aux eaux des Pyrénées pour rétablir sa santé sérieusement ébranlée par son malheur, et qu'elle ne devait être, ni physiquement ni moralement, dans une disposition à prendre un amant. Il ne suffit pas d'établir qu'une femme a reçu un homme au moment de la conception d'un enfant pour prouver qu'il y a eu entre eux des relations adultérines. A ce compte-là, il n'est pas de femme qu'on ne pourrait calomnier.

Le prince Louis (1) fut baptisé en 1810, à Fontainebleau, par le cardinal Fesch, son grand-oncle, frère de Lætitia Ramolino, sa grand'mère. Il eut pour parrain Napoléon Ier et pour marraine l'impératrice Marie-Louise.

Après la chute de l'Empire, la reine Hortense quitta bientôt la France et, accompagnée de son fils, séjourna successivement à Genève, à Aix en Savoie, à Carlsruhe, à Augsbourg où il suit les cours d'un collège. Après cette vie errante, elle se fixe enfin en Suisse, dans le canton de Thurgovie, où, en 1817, elle achète, pour 30,000 florins, le château d'Arenenberg. Il était

---

(1) C'était son véritable prénom, celui qu'employaient sa mère, ses parents, ses amis, sous lequel il a toujours été connu et désigné. Il a signé : *Napoléon-Louis* depuis la mort de son frère, en 1831, jusqu'en 1848. A partir de cette époque et jusqu'à l'Empire, il a signé : *Louis-Napoléon* (Voir, sur ce point, ce que disent : 1° M. Armand LAITY dans sa *Relation historique des événements du 30 octobre 1836*. Paris, librairie Thomassin et Cie, 1838; 2° M. Eugène ROCH dans son livre sur l'*Insurrection de Strasbourg*. Paris, 1837, au bureau de l'*Observateur des tribunaux*; 3° dans les *Nouveaux Mémoires d'un bourgeois de Paris*, par le docteur L. VERON, 1866, une lettre du prince à M. Belmontet, datée d'Arenenberg, 7 janvier 1834.) Si l'aîné de la famille ou celui qui était considéré comme son chef devait, suivant la volonté de l'Empereur, — à ce qu'on a prétendu, — s'appeler d'abord Napoléon, pourquoi revenir, à partir de 1848 et sous toute la présidence, à l'ordre établi par l'acte de naissance ?

situé sur une colline magnifiquement boisée, à quatre cent cinquante-huit mètres au-dessus du niveau de la mer, au territoire du hameau de Marmenbach dépendant de la commune de Sallenstein. Ce manoir, nommé autrefois Narrenberg (montagne des fous) et devenu par altération Arenenberg, s'élevait non sur le lac de Constance proprement dit, mais sur ce qu'on appelle le lac inférieur, compris entre Constance et Schaffhouse, épanouissement du Rhin au sortir du lac, en réalité sur la rive gauche de ce fleuve, dans un site charmant, en face de l'île badoise de Reichenau. Mlle Cochelet, lectrice de la reine, acheta en même temps le castel voisin de Sandegg, pour ensuite, après avoir épousé M. Parquin (1), que nous trouverons au premier rang parmi ces admirables amis du prince, se fixer non loin de là au château de Wolfsberg.

Le prince eut pour précepteurs ou professeurs l'abbé Bertrand, l'helléniste Hase, le colonel Armandi, M. Philippe Lebas, M. Gastard, le général Dufour, M. Vieillard. Mais sa mère veilla toujours avec beaucoup de sollicitude sur son éducation et sur son instruction première. Son fils était, d'ailleurs, sa préoccupation principale, presque exclusive. Elle lui donnait elle-même des leçons de dessin et de danse. Le soir, ordinairement après le dîner et jusqu'à l'heure du coucher, la reine ou Mlle Cochelet faisait une lecture appropriée à l'âge du prince et se rattachant autant que possible à ses études du moment, par exemple celle d'un voyage dans une partie du monde qu'il était en train d'apprendre ou celle d'un trait célèbre, d'un acte mémorable se rapportant à l'histoire qu'il devait alors savoir. Chaque semaine, la reine lui consacrait même un jour entier, le samedi, pour procéder à une récapitulation de toutes les leçons es huit derniers jours; en outre, elle l'interrogeait sur le latin, et, sans être une bien forte latiniste, elle savait, paraît-il, se rendre

---

(1) Elle mourut le 7 mai 1835 Elle avait été élevée à Saint-Germain par Mme Campan, et c'est là qu'elle avait fait la connaissance d'Hortense de Beauharnais.

parfaitement compte si l'enfant répondait bien ou mal (1).
Il donnait d'ailleurs tout contentement à sa mère. Chez lui
l'intelligence était précoce ; son esprit était toujours en éveil ;
il avait réponse à tout et, en cela, se montrait au-dessus de
son âge ; en revanche, il interrogeait souvent et il ne voulait
rien faire sans qu'on lui eût donné le « pourquoi » de ce
qu'on exigeait de lui. Son caractère était doux, timide, renfermé ; s'il avait un défaut, c'était de ne jamais céder ; aussi sa
mère, comme nous l'avons dit, l'appelait-elle un « doux entêté » ; ce doux entêtement, il l'eut toujours, c'est ce qui fit
son succès et c'est ce qui causa sa perte ; il parlait peu, mais
il ne disait rien qui ne fût aussi heureusement tourné que raisonnablement pensé. Déjà sa bonté s'affirmait, cette bonté
qui ne le quitta jamais, qui lui fit des amis si dévoués et si
fidèles, qui résista à toutes les épreuves de la vie et qui ennoblit toute son existence. C'est ainsi qu'il fut un jour si affligé
du départ de son frère aîné qu'il en tomba malade. Une après-midi (2), c'était en plein hiver, la reine Hortense le voit arriver
sans veste et sans chaussures ; il était en manches de chemise
et marchait les pieds nus dans la neige. Il avait rencontré une
famille de malheureux en haillons et grelottants ; n'ayant pas
d'argent, et n'admettant pas qu'on pût passer à côté de ces
pauvres gens sans rien leur donner, il n'avait pas hésité à se
déshabiller en plein champ pour eux. — Déjà il montrait ce
sang-froid et ce courage dont plus tard il donna tant de preuves.
Une fois il arrêta des chevaux emportés au risque de sa vie.
Une autre fois (3), étant à Manheim, chez sa tante la grande-duchesse de Bade, il se promenait avec les princesses Joséphine et Marie de Bade, ainsi qu'avec la princesse Wasa ; alors
qu'on se trouvait au confluent du Rhin et du Necker, une fleur
se détacha des cheveux de cette dernière et tomba dans l'eau.

(1) Voir passim, *Mémoires sur la reine Hortense et la famille impériale,* par
Mlle Cochelet, lectrice de la reine. Paris, Ladvocat, libraire-éditeur, nov. 1836.
(2) Voir le *Moniteur du soir*, fin septembre 1850, feuilleton : *Souvenirs d'une
ancienne femme de chambre de la reine Hortense.*
(3) Voir *Lettres de Londres,* 1840, p. 13 à 17.

Immédiatement le prince, malgré la rapidité du courant, sans dire un mot et sans prendre le temps d'ôter un seul vêtement, s'élance dans la rivière et, après avoir nagé quelques instants, rapporte la fleur à la princesse.

C'était aussi le plus aimable et le plus séduisant enfant qu'on pût rencontrer. Quand on l'avait vu, on s'attachait à lui; le jeune homme ensuite et l'homme fait plus tard devaient exercer la même séduction. Il n'était pas seulement un remarquable nageur (1), il était très fort dans tous les exercices du corps, c'était un excellent tireur (2), un excellent gymnaste, un excellent cavalier. Pour en arriver là il avait dû réagir contre sa nature efféminée et déployer une énergie et une volonté peu communes.

Après avoir achevé ses études, il songea à l'armée, et particulièrement à l'artillerie. (Son oncle n'avait-il pas été artilleur?) Il commença par suivre les exercices d'un régiment badois en garnison à Constance; puis il fit ses premières armes au camp fédéral de Thun, sous la direction du général Dufour. En 1834 il était capitaine au régiment d'artillerie de Berne. Il écrivait alors au président du gouvernement bernois : « Je reçois à l'instant le brevet qui m'apprend que le conseil exécutif de la république de Berne m'a nommé capitaine d'artillerie. Je m'empresse de vous en exprimer mes remerciements, car vous avez entièrement rempli mon désir. Ma patrie, ou plutôt le gouvernement de la France me repousse parce que je suis neveu d'un grand homme. Vous êtes plus juste à mon égard. Je suis fier de compter parmi les défenseurs d'un État où la souveraineté du peuple est reconnue comme base de la Constitution, et où chaque citoyen est prêt à se sacrifier pour la liberté et l'indépendance de son pays. »

Au moment de la révolution de Juillet le prince était à Rome avec sa mère. Il prend part à l'insurrection des Romagnes

---

(1) Il traversait à la nage le lac de Constance.
(2) Chaque année il remportait des prix au tir fédéral. Très fort aussi dans le maniement des armes, surtout dans le combat à la lance à la manière polonaise. (Voir *Procès du prince*, 1840. Bohaire, éditeur.)

avec son frère aîné, qui, nous le rappelons, fut tué à Forli. Lui-même, obligé de se cacher à Ancône, éprouve beaucoup de difficultés à sortir d'Italie. Il arrive à Paris, accompagné de la reine Hortense (1) qui se rend aux Tuileries pour remercier le Roi de l'autorisation qui leur a été accordée de traverser la France. Le lendemain (2), au conseil des ministres, M. Casimir Périer dit à Louis-Philippe : « La duchesse de Saint-Leu (3) ne vous a-t-elle pas présenté les excuses de son fils retenu dans la chambre par une indisposition? — En effet! — Eh bien, rassurez-vous, il n'est pas malade. A l'heure même où Votre Majesté recevait la mère, le fils était en conférence avec les principaux chefs du parti républicain et cherchait avec eux le moyen de renverser plus sûrement votre trône. » Ces rapports du prince avec les républicains ne sont pas contestables, et ils ont plus ou moins existé jusqu'au mois de décembre 1848.

De retour en Suisse, au mois d'août 1831, le prince reçoit une députation de Polonais qui vient lui demander de se mettre à la tête de la nation insurgée contre l'occupation étrangère. Elle lui remet, au nom du général Kniarewiez, du comte Plater et autres, une lettre du 28 août, ainsi conçue : « ...A qui la direction de notre entreprise pourrait-elle mieux être confiée qu'au neveu du plus grand capitaine de tous les siècles? Un jeune Bonaparte apparaissant sur nos plages, le drapeau tricolore à la main, produirait un effet moral dont les suites sont incalculables. Allez donc, jeune héros, espoir de notre patrie; confiez à des flots qui connaîtront votre nom la fortune de

---

(1) Loge rue de la Paix, à l'hôtel de Hollande.
(2) Voir *Lettre sur l'histoire de France*, par le duc d'Aumale.
(3) On a toujours dit que ce titre avait été donné à la reine Hortense par le roi Louis XVIII. C'est là une erreur. C'est un titre qu'elle a pris alors que son mari prenait celui de comte de Saint-Leu. Le roi Louis XVIII ne pouvait pas lui conférer et elle ne pouvait pas accepter un titre de duchesse, mais il paraîtrait que, sur l'intervention de l'empereur de Russie Alexandre, le roi aurait constitué le domaine de Saint-Leu en duché pour en assurer la pleine propriété à la reine, qui ne le détenait qu'à titre d'apanage. (Voir les *Mémoires de Mlle Cochelet*.) Nous n'avons rien trouvé ni au *Moniteur*, ni au *Bulletin des lois*, ni à la Bibliothèque nationale, ni aux Archives.

César et, ce qui vaut mieux, les destinées de la liberté. Vous aurez la reconnaissance de vos frères d'armes et l'admiration de l'univers. »

Le prince refuse. Était-ce par un pressentiment de l'avenir? Quoi qu'il en soit, l'année suivante, le 22 juillet 1832, le fils de Napoléon Ier, le duc de Reichstadt, venant à mourir à Vienne, le prince se considéra comme l'héritier de l'Empereur. Le prince Eugène de Beauharnais, fils adoptif de Napoléon, était mort en 1824. Lucien Bonaparte avait été exclu de la couronne impériale. Louis et Joseph y avaient renoncé de fait. Le sénatus-consulte du 28 floréal an XII portait, art. 5 : *A défaut d'héritier naturel ou légitime ou d'héritier adoptif de Napoléon Bonaparte, la dignité impériale est dévolue et déférée à Joseph Bonaparte...* — Art. 6 : *A défaut de Joseph Bonaparte et de ses descendants mâles, la dignité impériale est dévolue et déférée à Louis Bonaparte et à ses descendants naturels et légitimes* (1)...

Le prince songe alors au rôle qu'il peut être appelé à remplir de chef du gouvernement de la France. La politique devient l'objet de ses études et de ses méditations, et il publie, comme nous le verrons plus tard, plusieurs écrits, notamment les *Rêveries* et un *Projet de Constitution*. Il recherche dans des lettres particulières l'occasion de donner sa pensée politique. Il se met en rapport avec les hommes considérables du temps, il voit La Fayette (2), qui l'engage « à saisir l'occasion de revenir en France, car le gouvernement ne pourra se soutenir », et « son nom est le seul populaire », ajoutant « qu'il lui prêterait son concours ». Il voit Chateaubriand (3), qui, s'exprime ainsi sur le compte du prince : « C'est un jeune homme studieux, instruit, plein d'honneur et naturellement grave. Il attend, avec les jeunes années, dans le silence de l'exil, l'affranchissement de sa patrie. » Il écrit à l'auteur d'un

---

(1) Voir aussi le sénatus-consulte du 15 brumaire an XIII.
(2) Voir la *Relation historique des événements de Strasbourg*, par Laity. Paris, Thomassin, 1838.
(3) Voir la *Gazette de France* du 4 décembre 1848

ouvrage sur Napoléon (1) : « ... Je ne partage sous aucun rapport vos opinions sur l'Empereur. Je suis convaincu que Napoléon a été utile à la cause de la liberté et a sauvé la liberté en abolissant les formes légales, arbitraires et surannées, et en mettant les institutions de son pays en harmonie avec les progrès du siècle. Issu du peuple, il fallait qu'il favorisât la civilisation, tandis que l'autorité qui n'est point basée sur l'élection populaire est naturellement portée à en arrêter les progrès. C'est ce que le peuple a compris, et, comme Napoléon faisait tout pour le peuple, le peuple, à son tour, faisait tout pour Napoléon. Qui l'a élevé à la dignité de Consul? le peuple. Qui l'a proclamé Empereur par quatre millions de suffrages? le peuple. Qui l'a ramené en triomphe de l'île d'Elbe à Paris? le peuple. Quels étaient les ennemis de Napoléon? les oppresseurs du peuple. Voilà pourquoi son nom était si cher à la masse du peuple et pourquoi son portrait qui se trouve dans chaque cabane est un objet de vénération. Excusez-moi si je parle si longuement de mon oncle; mais j'adore Napoléon et la liberté!... *Arenenberg, juin* 1334. » — Voilà bien le fond de sa pensée, entre Napoléon et le peuple il y a une mutuelle et indéfectible adoration, et, d'autre part, le triomphe de l'idée napoléonienne est celui de la liberté. — Il écrit encore (2) : « ...Quant à ma position, croyez que je la comprends bien, quoiqu'elle soit très compliquée. Je sais que je suis beaucoup par mon nom, rien encore par moi-même; aristocrate par naissance, démocrate par nature et par opinion ; devant tout à l'hérédité et réclamant tout de l'élection... c'est parce que je connais toutes les difficultés qui s'opposeraient à mes premiers pas dans une carrière quelconque que j'ai pris pour principe de ne suivre que les inspirations de mon cœur, de ma raison, de ma conscience... m'efforçant ainsi de m'élever assez haut pour qu'un des rayons mourants du soleil de Sainte-Hélène puisse encore m'éclairer. » L'hérédité et l'élection, ces deux

---

(1) Lettre au docteur Coremans, juin 1834. (Voir l'*Histoire de la premiere présidence du prince Louis-Napoléon Bonaparte*, par Léo Lespès. 1852.)
(2) 30 janvier 1835. Lettre à M.., d'Arenenberg.

termes incompatibles, se concilient sans peine (1) dans sa foi napoléonienne.

A la fin de l'année 1835, les journaux annoncent le mariage du prince avec la reine de Portugal dona Maria. Il s'empresse alors d'écrire (2) : « ...Mon père m'a prouvé par son grand exemple (abdication de 1810) combien la patrie est préférable à un trône étranger. Je sens en effet qu'habitué dès mon enfance à chérir mon pays par-dessus tout, je ne saurais rien préférer aux intérêts français. Persuadé que le grand nom que je porte ne sera pas toujours un titre d'exclusion aux yeux de mes compatriotes, puisqu'il leur rappelle quinze années de gloire, j'attends avec calme... que le peuple rappelle dans son sein ceux qu'exilèrent en 1815 douze cent mille étrangers. Cet espoir de servir un jour la France, comme citoyen et comme soldat, fortifie mon âme et vaut, à mes yeux, tous les trônes du monde. »

Quelques mois auparavant, le prince avait fait par l'entremise de M. Belmontet la connaissance de M. de Persigny (3), qui devait jouer un si grand rôle dans l'histoire du bonapartisme. Il mit au service de la cause napoléonienne un dévouement sans bornes, une foi sans pareille et un extraordinaire esprit de résolution. C'était, au fond, un illuminé, et sa force venait de là. On ne saurait dire que Louis Bonaparte n'eût pas rempli sa destinée sans M. de Persigny, mais il faut reconnaître qu'il lui dut beaucoup. Ils avaient alors tous les deux le même âge, vingt-trois ans. Après avoir collaboré au *Courrier français* et au *Temps*, M. de Persigny fondait, à cette époque, la *Revue de*

---

(1) Il est vrai que nous avons vu, hélas! de nos jours, le comte de Paris, représentant du droit monarchique, accepter le principe du plébiscite.

(2) 14 décembre 1835. A propos de mariage, mentionnons que le *Figaro* du 13 avril 1894, dans un article sur le prince, raconte qu'au temps où il exerçait en Suisse les fonctions de capitaine d'artillerie, il s'éprit de la veuve d'un planteur mauricien, Mme S..., dont il demanda la main sans pouvoir l'obtenir.

(3) Jean-Gilbert-Victor Fialin, né à Saint-Germain l'Espinasse (Loire), le 11 janvier 1808. Boursier grâce à M. de Chabrol-Volvic, préfet de la Seine, au collège de Limoges. Engagé au 4ᵉ hussards. Élève de Saumur, maréchal des logis jusqu'en octobre 1831. Devise : Je sers. — Persigny était le nom d'une ancienne propriété de la famille de sa mère, dans la commune de Crémeaux en Forez.

l'Occident, avec, pour épigraphe, ces paroles de Napoléon Ier : « *J'ai dessouillé la Révolution, ennobli les peuples et raffermi les rois.* » Il n'y eut qu'un seul numéro, où il disait : « A nous l'idée napoléonienne ! En cette impériale idée résident la tradition tant cherchée du dix-huitième siècle, la vraie loi du monde moderne et tout le symbole des nationalités occidentales... Le temps est venu d'annoncer par toute la terre européenne cet Évangile impérial qui n'a point encore eu d'apostolat ! le temps est venu de relever le vieux drapeau de l'Empereur, non seulement l'étendard de Marengo et d'Austerlitz, mais celui de Burgos et de la Moskowa. L'Empereur, tout l'Empereur (1) ! »

(1) Il publia aussi, dans le *Spectateur militaire*, un travail sur les haras et remontes des États de la Confédération germanique. Plus tard, enfermé à la citadelle de Doullens, après l'affaire de Boulogne, il écrit (1844) une brochure : *De la destination et de l'utilité des pyramides d'Égypte et de Nubie contre les irruptions sablonneuses du désert. (Mémoire adressé à l'Académie royale des sciences le 14 juillet 1844, suivi d'une nouvelle interprétation de la fable d'Osiris et d'Isis.* 1845. Paris, à la librairie Paulin, 60, rue de Richelieu.)

CHAPITRE II

LE BONAPARTISME SOUS LE GOUVERNEMENT DE JUILLET

La France avait adoré l'Empereur. — Souvenirs ineffaçables. — La semence bonapartiste ; les événements aident à sa germination. — Sous la Restauration, les républicains et les radicaux avaient chanté la gloire de l'Empire. — Casimir Delavigne ; Béranger. — La politique de Louis-Philippe ; sa lettre au roi Louis XVIII. — En 1830, réaction contre les sentiments antibonapartistes de la Restauration. — Le bonapartisme concourt à la révolution de Juillet ; affiches ; très nombreux survivants de l'Empire. — Mémoires de M. Gisquet. — La Révolution de 1830 donne espérance et courage aux bonapartistes. — Les émeutes de 1831. — Joseph Bonaparte et les républicains. — Fin 1831, complot bonapartiste ; officiers compromis. — Des journaux émettent le vœu de voir ramener en France les cendres de l'Empereur ; pétition à la Chambre ; rapport de M. de Montigny ; discussion : de Lameth, colonel Jacqueminot, général Lamarque. — *Ode à la Colonne* de Victor Hugo. — Béranger : *le Vieux Sergent, le Souvenir du peuple.* — Edgar Quinet : poème de *Napoléon.* — Le théâtre, nombreuses pièces sur Napoléon. — Panorama de Daguerre. — 11 avril 1831, Casimir Périer propose de rétablir la statue de Napoléon sur la colonne Vendôme. — 1833, rétablissement effectué. — Mai 1831, médailles frappées par ordre du gouvernement sur le règne de Napoléon. — 5 mai, chaque année, démonstrations bonapartistes place Vendôme. — 1832, mort du duc de Reichstadt ; les journaux de gauche. — 1835, incident à la vente du peintre Gros. — Événements de 1836, 1838, 1840. — On termine l'Arc de triomphe. — Pétitions bonapartistes en 1844, en 1845, en 1847 ; discussions aux Chambres. — Septembre 1847, le roi Jérôme et son fils autorisés à résider momentanément en France ; inauguration d'une statue de Napoléon à Fixin (Côte-d'Or). — 2 octobre 1847, translation à Saint-Leu des cendres du roi Louis ; lettre du prince à M. Lecomte. — Service anniversaire du 15 décembre, à l'occasion de la translation des cendres de l'Empereur, faite en 1840. — Récit des événements qui ont précédé et accompagné cette cérémonie. — Rapport de M. de Rémusat ; effet produit sur la Chambre. — Le *National* accuse le gouvernement de charlatanisme. — La *Gazette de France* cite la lettre du 7 mai 1810, où Louis-Philippe traite Napoléon d'usurpateur corse, et la proclamation de Soult du 8 mars 1815, et l'acte de déchéance, et le langage tenu par les *Débats* en 1815. — Le *Courrier français*, le *Siècle*, le *Temps* se joignent au *National* pour soutenir le ministère. — L'*Ami de la religion.* — Le *Capitole* et le *Commerce* triomphent. — La presse anglaise crie à la folie. — Que va-t-on faire à l'égard de la famille Bonaparte ? à l'égard du prince Louis, prisonnier à Ham ? demande la *Gazette de France.* — Critiques de la presse sur certains points du programme du retour des cendres. — A la Chambre, la commission vote deux millions au lieu d'un demandé par le gouvernement. — Discussion, 28 mai 1848; Glais-Bizoin; Lamartine, son discours prophétique. — L'Assemblée ne vote qu'un million. — Colère des journaux bonapartistes; articles dithyrambiques du *Commerce*. — 6 juin, le général Bertrand remet à Louis-Philippe les armes de Napoléon. — Protestation du *Capitole*, de Louis-Napoléon. — Le général Bertrand donne à la ville de Paris le nécessaire de Napoléon. — La *Gazette de France* sur la mort du duc d'Enghien et sur l'échauffourée de Boulogne. — 30 novembre 1840, la *Belle Poule* arrive à Cherbourg. — 15 décembre, funérailles; le *National,* la *Gazette de France,* M. Ximènes Doudan; la presse; Victor Hugo : *le Retour de l'Empereur.* — Lettres du prince Louis. — *Mémoires du prince de Metternich.*

Napoléon Ier avait rempli l'univers de son nom. La France, cependant, malgré toutes les souffrances, toutes les ruines, tout le sang répandu, malgré toutes les folies guerrières, malgré l'effondrement final dans l'irréparable défaite de Waterloo, était toujours fière du héros qui lui avait apporté une si grande gloire. Elle l'avait tant aimé qu'elle ne pouvait pas ne point l'aimer toujours. Elle l'avait abandonné en 1815, mais vaincue, lassée, accablée, épuisée, et comprenant enfin que tout un peuple ne devait pas être sacrifié à l'ambition d'un homme, quel que fût son génie.

En revanche, jusqu'au dernier jour de la captivité de Sainte-Hélène, il n'était pas un Français qui ne fût hypnotisé par le rocher lointain. On ne faisait que parler des guerres de l'Empire et des prodigieuses campagnes du plus illustre des capitaines. Tous les anciens militaires, répandus en nombre considérable sur toute la surface du territoire, exaltaient les imaginations par leurs récits enthousiastes et enflammaient les cœurs par leurs actes d'adoration envers l'incomparable Empereur.

Quand il mourut, le grand homme devint un dieu, et le culte bonapartiste ne disparut pas. Il fut avivé, au contraire, par cette fin grandiose et tragique dans cette île perdue, et par ce qu'on peut appeler le martyre de Sainte-Hélène. Napoléon mort sembla grandir encore. Les haines s'apaisèrent. On oublia ses fautes et ses folies. Devant cette tombe surhumaine la patrie s'inclina, pleura et pardonna. Et plus que jamais l'on s'entretint jusque dans la plus misérable chaumière des exploits, des triomphes et des revers de ce règne invraisemblable. Partout on voyait l'image de Napoléon à côté de celle du Christ ou de la sainte Vierge. Ce nom devenait inoubliable ; et la semence bonapartiste profonde, abondante, épandue sur le territoire entier, n'avait plus qu'à lever.

Les événements politiques vinrent aider, d'ailleurs, à cette lente germination. Les républicains, qui attaquaient la Restauration et qui n'avaient plus à redouter l'Empire, se mirent à proclamer avec lyrisme le génie de l'Empereur, et surtout — c'était là le but de leurs éjaculations bonapartistes — à montrer à l'armée combien pour elle les temps étaient changés. Les hommes de la Révolution et les hommes de l'Empire, les représentants de la liberté et ceux du despotisme unirent sans vergogne leurs haines contre les Bourbons et, la main dans la main, marchèrent à l'assaut du gouvernement. Par le fait de cette étrange campagne, par cet appui des libéraux, le bonapartisme, au lieu de s'évanouir peu à peu pour ne plus exister qu'à l'état de souvenir dans l'esprit des populations, arriva, sans avoir précisément de chef ni d'organisation, ni de but, à se perpétuer, tout au moins, comme sentiment, comme aspiration vers un ordre de choses plus populaire, comme protestation contre une politique sans grandeur et sans dignité. Puis, comme le disait plus tard (1845) la *Revue de l'Empire,* « la France veuve de ses trophées et de sa gloire, courbée sous le joug de ses insolents vainqueurs de Waterloo, dévorait ses sanglots. Tout à coup un cri d'espérance retentit ! C'est la première messénienne qui jette ses dactyles de feu dans les ténèbres de la défaite, c'est la harpe du barde qui couvre de ses accents harmonieux les fanfares de nos ennemis. La France a enfin un poète pour conjurer ses douleurs, un prophète pour sécher ses larmes et immortaliser ses triomphes. Au même instant un chansonnier, un poète que l'Europe nous envie, Béranger, comme Tyrtée, célébrait sur une lyre ornée de pampres, de roses et de lauriers, les prodiges de la grande épopée consulaire et impériale. Toute la France chanta la

Vivandière (1), le *Bon Dieu* et le *Vieux Drapeau* (2), et ces refrains répétés par 25 millions de voix devaient amener des tempêtes autour d'un trône deux fois restauré. Le crayon de Charlet acheva l'éducation napoléonienne du peuple (3)... »

Quand Louis-Philippe, au mépris du droit royal qui le faisait pourtant tout ce qu'il était, eut le triste courage de monter sur le trône qui appartenait à son maître et roi Charles X et de fouler aux pieds les principes sacrés de la monarchie, il nourrit la prétention de fusionner tous les partis et l'espérance de réconcilier tous les Français. Premier prince du sang, chef de la branche cadette des Bourbons, ne pouvait-il à la rigueur être accepté par les légitimistes? Pour les républicains le gouvernement de Juillet n'était-il point la meilleure des républiques? Pour les bonapartistes n'était-il pas, comme Bonaparte, un monarque arrivé par la Révolution, se réclamant de la Révolution, adversaire irréconciliable de l'ancien régime par le fait de son père et par le sien propre?

Et d'ailleurs, pouvait-il ne pas honorer grandement les gloires impérissables du règne de Napoléon? N'était-il pas en même temps d'une habile politique, dans l'intérêt de la monarchie nouvelle, de donner ainsi satisfaction aux sentiments chauvins du pays? Et à cela aucun inconvénient, aucun danger. Le duc de Reichstadt était bien jeune, et par cela seul qu'il

---

(1) 1817. C'était aussi, l'année précédente, 1816, la *Cocarde blanche* :

>On répétera dans l'histoire
>Qu'aux pieds des Cosaques du Don,
>Pour nos soldats et pour leur gloire,
>Nous avons demandé pardon.
>Appuis de la noblesse antique,
>Buvons, après tant de dangers,
>Dans ce repas patriotique,
>Au triomphe des étrangers.
>. . . . .

(2)   Quand secouerai-je la poussière
>Qui ternit ses nobles couleurs?

(3) C'étaient encore les *Adieux à la gloire* (1820) :

>Un peuple brave
>Retombe esclave.
>Adieu donc, pauvre gloire.

était élevé à la cour d'Autriche, si réfractaire aux principes nouveaux, il n'était pas à craindre.

Aussi, dès son avènement, Louis-Philippe s'attacha à saisir toutes les occasions de célébrer la mémoire de l'Empereur, de manifester une véritable dévotion napoléonienne qu'il n'avait pas toujours eue, car, en 1814, il écrivait, dit-on (1), à Louis XVIII : « Sire, est-il possible qu'un meilleur avenir se prépare... que l'étoile du monstre qui accable la France pâlisse!... Mes vœux hâtent la chute de Bonaparte, que je hais autant que je le méprise. Dieu veuille que sa chute soit prochaine! je la demande chaque jour au ciel dans mes prières. »

M. de Metternich écrivait de Vienne en juillet 1838 à M. Apponyi : « Le régime de 1830 a commencé par être un système de ménagements (à l'égard du bonapartisme), et le roi Louis-Philippe lui-même retombe à tout moment dans cette faute... M. Molé se plaint d'une recrudescence du bonapartisme, mais la cause n'en réside-t-elle pas dans les facilités que le gouvernement lui-même prête au jeu de la faction? » Il écrivait encore au même, à la date du 7 août : «... Une autre faute, ce sont les caresses que le gouvernement français n'a cessé de prodiguer, depuis 1830, au bonapartisme et même aux membres de la famille... La sentimentalité en politique est un bien chétif élément... »

Du reste, il faut le reconnaître, la Restauration n'avait rien fait pour rappeler le règne de l'Empereur, pour perpétuer le souvenir de nos gloires militaires, et, dès sa disparition, il se produisit un mouvement de réaction en sens contraire. Aussi bien, l'élément bonapartiste avait eu sa part dans la révolution de 1830. Les combattants de Juillet étaient guidés en partie par d'anciens militaires de l'Empire, et, durant les fameuses journées, on pouvait lire sur beaucoup de maisons, surtout dans les quartiers ouvriers, des placards multiformes où le nom de Napoléon II était offert aux acclamations populaires.

(1) *Histoire de Louis-Philippe,* par Alexandre Dumas, t. I, p. 157. — *Histoire de Louis-Philippe,* par Crétineau-Joly, t. I, p. 273.

L'idée napoléonienne se réveillait ; d'ailleurs, il n'y avait pas bien longtemps qu'elle sommeillait, puisqu'il n'y avait que quinze ans que l'Empire était tombé et neuf que l'Empereur était mort. Elle était populaire, elle avait des fidèles et dans les faubourgs et dans les quartiers bourgeois. Mais le chef manquait, et, d'autre part, cette agitation bonapartiste était bien mince à côté de l'importance du mouvement qui portait au pouvoir le duc d'Orléans, de ce sentiment public qui voulait du nouveau et qui se laissait malheureusement séduire par cette innovation d'une monarchie quasi légitime, sacrée par la Révolution. Cependant « beaucoup (1) de cœurs palpitaient encore à la seule espérance de voir son image vivante présider aux destinées du pays. C'est surtout parmi les compagnons des travaux et des malheurs du grand homme que se réveillaient le plus de sympathies... Si le duc de Reichstadt avait eu des vues ambitieuses et l'énergique résolution de son père, si, au lieu d'être tenu sous le séquestre ou au moins sous la tutelle de l'Autriche, il eût pu agir..., il aurait sans doute rallié les généreux débris échappés aux désastres de l'Empire... Il ne prêta point à ses partisans le secours d'une coopération active... Néanmoins ils agissaient avec zèle, ils associaient à leurs intrigues quelques officiers supérieurs, ils correspondaient avec les membres de la famille Bonaparte, formaient des comités, faisaient de la propagande dans toutes les classes de la population, intéressaient facilement à leurs projets une partie des réfugiés politiques et dans toutes les circonstances excitaient ou secondaient les émeutes et les actes d'hostilité contre le gouvernement. »

Peu à peu, malgré tout, les bonapartistes s'enhardirent ; si, après 1815, ils avaient pu croire que l'ère des révolutions était close et que la France, enfin désabusée, était définitivement revenue à la monarchie légitime, après 1830 ils reprirent courage, et, sans se laisser prendre aux caresses de Louis-Philippe, se demandèrent pourquoi le jour des Napoléons ne

---

(1) *Mémoires de M. Gisquet, préfet de police* (1840), t. I, p. 260, 261.

reviendrait pas. Dans les émeutes de septembre 1831, on cria non seulement : Vive la République ! mais aussi : Vive l'Empereur ! — Quelque temps auparavant, au mois de mai, à la suite d'un banquet organisé par les républicains en l'honneur de Godefroy Cavaignac qui venait d'être acquitté, ceux-ci allèrent manifester bruyamment devant la colonne de la place Vendôme. Le parti républicain, malgré sa pudeur farouche, ne craignait pas, quelques mois plus tard, par l'intermédiaire de ce même Godefroy Cavaignac, accompagné de deux autres purs, MM. Guinard et de Bastide, de s'aboucher à Londres, où ces ambassadeurs se rendirent en personne, avec le comte de Survilliers, le roi Joseph Bonaparte, pour arrêter le plan d'une action commune contre le gouvernement de Juillet.

Vers la fin de novembre 1831, le préfet de police (1) apprit que le parti bonapartiste venait d'organiser dans les départements de l'Est un complot qui avait des ramifications nombreuses à Paris. On lui remit une liste... il s'y trouvait des réfugiés polonais et italiens, des hommes de lettres, des négociants, des propriétaires de Paris et de l'Alsace, et enfin plusieurs officiers, même des officiers supérieurs en activité de service. On travaillait à gagner des régiments, et c'était par le soulèvement de la troupe que le complot devait éclater... Les nommés Zaba, réfugié polonais, et Mirandolli, réfugié italien, venaient, disait-on, d'arriver à Paris en qualité d'émissaires de la reine Hortence et du prince Louis-Napoléon, qui leur avaient donné des lettres de crédit. En effet, le préfet de police s'assura qu'un crédit de 12,000 francs était ouvert par la reine Hortense sur une maison de banque. « Le parti napoléoniste, dit-il, n'avait pas cessé depuis un an d'agir... Quelques hommes dévoués à cette opinion étaient déjà compromis, entre autres le sieur Lennox... arrêté depuis environ cinq mois. » Il fait arrêter les sieurs Zaba, Mirandolli et Léonard Chodzko. Des mandats de perquisition sont lancés en même temps contre MM. Belmontet, Séjour, Misley, Duclos, Chactas, etc. Des

(1) *Mémoires de M. Gisquet, préfet de police*, t. I, p. 349, 350.

documents sont saisis sur Zaba, et on y trouve certains mots écrits de la main du prince. Durant l'instruction de l'affaire, Chodzko et Lennox sont mis hors de cause, et, le 26 avril 1832, le jury acquitte Zaba et Mirandolli. « Quant aux conjurés, ajoute M. Gisquet (1), faisant partie de l'armée, la cour royale de Paris ne les a pas mis en cause, et l'on comprend, sans que j'aie besoin de les indiquer, les considérations de haute prudence qui purent engager le gouvernement à jeter un voile sur ce qui s'était passé. »

A côté des petits mouvements bonapartistes qui se produisaient dans l'armée, il y avait le grand public dont les sympathies ardentes pour Napoléon n'étaient point douteuses. Dès le lendemain de la révolution de Juillet, des journaux émettent le vœu que les restes de Napoléon soient transférés en France et déposés au pied de la colonne Vendôme. Le sieur Harrion, lieutenant au 26ᵉ régiment de ligne, et le colonel Dalesone adressent à cette fin une pétition à la Chambre des députés, qui l'examine dans sa séance du 2 octobre (2). « Le règne de Napoléon, dit le rapporteur, M. *de Montigny*,...s'identifie avec l'époque la plus brillante de notre histoire. A peine cet homme extraordinaire eut-il saisi les rênes du gouvernement qu'il sut sortir la France de la position la plus critique, et, comme un pouvoir magique, l'élever presque aussitôt à un degré de prospérité auquel soit jamais parvenue aucune nation moderne... Tout ce qui a été conçu ou exécuté de grand dans le vaste empire dont il fut le créateur, a été le résultat ou de ses vues personnelles, ou de l'impulsion que partout il avait imprimée ; son nom se prononce avec une sorte de culte et d'admiration sous la chaumière du soldat redevenu laboureur qui, chaque jour, aime à raconter à sa famille avide de l'entendre les mémorables victoires qui ouvrirent à la vieille armée les portes de toutes les capitales de l'Europe... Les cœurs vraiment français se sentirent blessés au récit du traitement subi par le prisonnier de Sainte-Hélène... Les dernières paroles qu'il prononça... ont

(1) *Mémoires*, t. I, p. 351.
(2) 1830.

souvent retenti parmi nous : « *Je désire que mes cendres reposent sur les bords de la Seine, au milieu de ce peuple français que j'ai tant aimé.* » La France répudiera-t-elle le legs qu'il lui a fait de ces cendres?... (Est-ce) que l'on aurait lieu de craindre l'effet que pourrait produire sur les esprits la translation de ce peu de poussière, dernier débris d'une puissance qui n'est plus?... Qui ne sait que le sentiment qui lui survit ne se rapporte qu'à sa personne et ne pourrait jamais se rattacher à aucun membre de cette famille déchue?... (Au lendemain de la révolution de 1830) il ne vint à la pensée de qui que ce soit de proposer pour occuper (le trône) l'élève de la politique étrangère, l'héritier décoloré d'un grand nom... »

Une courte discussion s'engagea dans laquelle on entendit M. de Lameth, le colonel Jacqueminot et notamment le général Lamarque. « Tout est grave, dit ce dernier, quand il s'agit de Napoléon ; son nom est une puissance, son souvenir un culte ; la mort n'a pu glacer ses cendres ! Portées sur le sol de la France, naguère elles auraient suffi pour renverser la dynastie que nous avait imposée l'étranger ; mais tout est changé parmi nous. Le droit divin et le droit de l'épée ont disparu devant les droits de la nation. L'urne électorale a brisé la sainte ampoule. Une dynastie nouvelle née d'hier a déjà poussé des racines profondes et indestructibles..... Le phénix ne saurait renaître de ses cendres !... Quand une nation est parvenue à ce point, où le pouvoir est une émanation de tous les droits, où la monarchie et l'hérédité sont consacrées comme un dogme politique... comme une nécessité de l'ordre social,... le gouvernement doit... assez sentir sa force pour ne craindre aucun souvenir du passé... Nous pouvons donc réclamer les restes de Napoléon... ; que Paris, nouvelle Athènes, nouvelle Sicyone, reçoive la cendre d'un autre Thésée, d'un autre Aratus ; qu'escorté des pleurs de ses vieux compagnons d'armes, il revienne dans un cercueil, celui qui, au milieu des acclamations de la France, revint si souvent sur un char de triomphe. »

La Chambre passa à l'ordre du jour. C'était en effet demander trop tôt le retour des cendres, puisque le pays sortait à peine de la révolution de Juillet; mais le discours du général Lamarque donne bien la note du sentiment public.

Victor Hugo le traduit immédiatement, à la date du 9 octobre, dans son *Ode à la Colonne* (*Chants du crépuscule*).

. . . .

    Oh! qui t'eût dit alors à ce faîte sublime,
    Tandis que tu rêvais sur le trophée opime
          Un avenir si beau,
Qu'un jour à cet affront il te faudrait descendre :
Que trois cents avocats oseraient à ta cendre
          Chicaner ce tombeau!

. . . .

    Ainsi cent villes assiégées,
    Memphis, Milan, Cadix, Berlin,
    Soixante batailles rangées;
    L'univers d'un seul homme plein;
    N'avoir rien laissé dans le monde,
    Dans la tombe la plus profonde
    Qu'il n'ait dompté, qu'il n'ait atteint;
    Avoir dans sa course guerrière
    Ravi le Kremlin au czar Pierre,
    L'Escurial à Charles-Quint,
    — Ainsi — ce souvenir qui pèse
    Sur nos ennemis effarés,
    Ainsi dans une cage anglaise,
    Tant de pleurs amers dévorés;
    Cette incomparable fortune,
    Cette gloire aux rois importune,
    Ce nom si grand, si vite acquis,
    Sceptre unique, exil solitaire,
    Ne valent pas six pieds de terre
    Sous les canons qu'il a conquis!
Non! s'ils ont repoussé la relique immortelle,
C'est qu'ils en sont jaloux! qu'ils tremblent devant elle!
        Qu'ils en sont tous pâlis!

. . . .

      Pourtant c'eût été si beau!

. . . .

Contempler le bras fort et la poitrine féconde,
Le talon qui douze ans éperonna le monde,

> Et, d'un œil filial,
> L'orbite du regard qui fascinait la foule,
> Ce front prodigieux, ce crâne fait au moule
> Du globe impérial !
> . . . .
> Vous avez peur d'une ombre et peur d'un peu de cendre,
> Oh ! vous êtes petits !
> . . . .
> Dors, nous t'irons chercher ! Ce jour viendra peut-être,
> Car nous t'avons pour Dieu sans t'avoir eu pour maître.
> . . . .
> Oh ! va, nous te ferons de belles funérailles !
> . . . .

Béranger chantait à nouveau le grand homme dans le *Vieux Sergent* :

> De quel éclat brillaient dans la bataille
> Ces habits bleus par la victoire usés !
> . . . .
> Les nations, reines par nos conquêtes,
> Ceignaient de fleurs le front de nos soldats,
> Heureux celui qui mourut dans ces fêtes !
> Dieu, mes enfants, vous donne un beau trépas !

Et encore dans les *Souvenirs du peuple* :

> On parlera de sa gloire
> Sous le chaume bien longtemps ;
> L'humble toit dans cinquante ans
> Ne connaîtra plus d'autre histoire.
> . . . .
> Bien, dit-on, qu'il nous ait nui,
> Le peuple encore le révère,
> Oui, le révère.
> Parle-nous de lui, grand'mère,
> Parle-nous de lui.

Béranger, dit Lamartine, allait valoir un peuple au bonapartisme.

Edgar Quinet (1) publiait son poème de *Napoléon* où il

---

(1) Paris, 1836, Ambroise Dupont, éditeur, 7, rue Vivienne.

exaltait le héros, le destructeur de l'ancien régime, l'incarnation de la Révolution.

> Écoute-moi, désert d'Asie,
> T'en souviens-tu, de ce lion,
> Effroi des lions de Syrie,
> Qui s'appelait Napoléon ?
> . . . .
> J'ai couronné le peuple en France, en Allemagne,
> Je l'ai fait gentilhomme autant que Charlemagne,
> J'ai donné des aieux à la foule sans nom.
> . . . .
> Il n'est pas mort! il n'est pas mort, de son sommeil
> Le géant va sortir plus grand à son réveil.

L'entraînement général vers le nom de Napoléon est tel que le théâtre s'empare immédiatement de la personne de l'Empereur. Toute pièce où le grand homme paraît obtient un succès énorme. Les directeurs de spectacles, en faisant preuve de sentiments patriotiques, font d'excellentes affaires. Napoléon est un sujet dont on ne se lasse pas, et partout, pendant de longs mois, on l'offre au public dans toutes les phases de sa vie et dans tout le cours de ses exploits, et le public n'en a jamais assez! Dès le mois d'août 1830, immédiatement après les journées de Juillet et jusqu'à la fin de l'année 1831, abondent les productions théâtrales où figure le héros. «Le napoléonisme dramatique (1) est à l'ordre du jour. Le nom cabalistique de Napoléon, rayonnant sur l'affiche, était comme un irrésistible talisman.» On joue à l'Odéon le *Gentilhomme de la chambre* ou *Dix jours après*, de Théodore Sauvage et Ozaneaux. Aux hommages à la famille d'Orléans vient s'amalgamer le sentiment napoléonien. L'amoureuse de la pièce chante la romance du *Saule de Sainte-Hélène*; — au Vaudeville, *Les 27, 28 et 29 juillet*, où paraît l'uniforme de la garde impériale; — au Cirque, le *Passage du mont Saint-Bernard*; — à la Porte-Saint-Martin, *Schœnbrunn* et *Sainte-Hélène*, de Dupeuty et de Régnier-Des-

---

(1) V. Capefigue, *L'Europe depuis l'avènement du roi Louis-Philippe*.

tourbet. Un acteur du nom de Gobert avait dans le rôle de Napoléon un succès prodigieux; on jurait que c'était le grand homme lui-même descendu sur la scène; tous les soirs la salle délirait; à l'Ambigu, *Napoléon en paradis*, vaudeville en un acte de Simonin, Benjamin Antier et Théodore Nézel. On y chantait :

> Comme à sa gloire personne ne peut atteindre,
> Faut qu'il soit seul, seul au-dessus de tous.

Et comme un des personnages faisait quelque difficulté de l'admettre dans le ciel, un vieux soldat s'écrie :

> Vous l' craignez encore aujourd'hui,
> Vous vous rapp'lez, mes bons apôtres,
> Qu' jadis il était maître chez lui,
> Et souvent chez les autres.
> En le laissant libre en ce lieu,
> On craindrait qu'un jour de goguette
> Le caporal dise au bon Dieu :
> « Ote-toi d' là que je m'y mette ! »

Aux Variétés, *Benjamin Constant aux Champs Élysées*, de Benjamin Antier, Victor Lottin et Édouard Damarin, où Talma dit à Mme de Staël :

> Vous seriez hors la loi commune,
> Et vous n'auriez aucun travers
> Si vous n'aviez gardé rancune
> Au grand héros qu'admire l'univers.

A l'Opéra-Comique, *Joséphine, ou le Retour de Wagram*, d'Adolphe Adam; au Vaudeville, *Bonaparte lieutenant d'artillerie*, de Duvert et Saintine; aux Nouveautés, une *revue* où l'on chante :

> De son habit, d' son chapeau, d' sa tournure,
> De toutes parts on vient nous obséder;
> Ce n'est pas tout, pour combler la mesure
> Voilà son fils qui vient lui succéder.

Aux Variétés, encore une *revue* où l'on voyait (1)... tous les Napoléons arriver, marchant à la file, en bon ordre, au pas militaire, et ayant en tête le petit Napoléon de M. Comte (2). Ils se rangeaient en ligne, ils exécutaient, au commandement, tous les gestes et mouvements consacrés, ils prononçaient, tous à la fois, les mêmes mots historiques : « Soldats, je suis content de vous! » « Soldats, du haut des Pyramides, etc. » Au Vaudeville, encore une *revue* où l'on chantait :

> Nous en avons du héros qu'on renomme;
> Chacun sera servi selon son goût,
> En voulez-vous du vainqueur, du grand homme?
> On peut choisir, on en a mis partout!

Et on continue à donner aux Variétés *Napoléon à Berlin*, de Dumersan et Dupin; au Cirque, *l'Empereur*, avec un acteur presque aussi célèbre que Gobert, un nommé Edmond, de Lepoitevin-Saint-Alme, Ferdinand Laloue et Adolphe François; à l'Ambigu, *Napoléon*, d'Anicet Bourgeois et Francis; à la Gaîté, *la Malmaison et Sainte-Hélène*, de Ducange, Pixérécourt et Sauvage; au théâtre du Luxembourg, *Quatorze ans de la vie de Napoléon*, en quatre actes et dix-sept tableaux, de Clairville; aux Nouveautés, *Bonaparte à Brienne*, où Déjazet remplissait le rôle de Napoléon; puis, *le Fils de l'homme*, d'Eugène Sue et Desforges; à l'Odéon, *Napoléon*, de Dumas (3); aux Variétés, *Monsieur Cagnard, ou les Conspirateurs*, de Brazier et de Dumersan. M. Delaune, marchand de rubans, regrette la Restauration. Mme Delaune ne jure que par le grand Napoléon. « A qui devez-vous, dit-elle à son mari, vos victoires, vos quais, vos *arches* de triomphe, votre Code civil, vos abattoirs? » Au Cirque, surtout, l'épopée napoléonienne semble une mine inépuisable; on y joue encore *l'Homme du siècle, la République, l'Empire et les Cent-jours*, etc. « Dans

---

(1) Voir *L'histoire par le théâtre* (1789-1851), de Théodore Muret, t. III.
(2) Au théâtre Comte, on donnait un *Napoléon* pour les enfants avec des marionnettes.
(3) Avec Frédérick Lemaître.

chaque théâtre (1) on cherchait quelle taille, quel nez, quel profil, quelle tournure, aidés par les secours de l'art, se rapprocheraient le plus ou s'éloigneraient le moins de l'historique physionomie. Il y avait un certain nombre de gestes et de poses : les mains derrière le dos, l'exercice de la lorgnette, celui de la prise de tabac, etc., qui, avec la redingote grise et le petit chapeau, étaient censés produire un Napoléon d'une ressemblance parfaite et d'une illusion saisissante. C'est ainsi (2) que chacun poussait, sans le vouloir, au triomphe de l'idée qui devait finir par rester maîtresse du tapis et des enjeux. Louis-Philippe croyait que ce tribut serait compté en sa faveur, qu'il prendrait par là sa part de popularité qui entourait ce grand nom, et que le flot du sentiment napoléonien n'irait pas plus loin. Calcul trompeur et adresse maladroite. »

Ce n'est pas tout. Le *Moniteur* du 9 avril 1831 annonce que l'avant-veille, le Roi et la Reine, accompagnés de « leur auguste famille », ont été visiter, au diorama, le nouveau tableau de M. Daguerre, représentant le *Tombeau de Napoléon à Sainte-Hélène*. Et le 2 mai, on y lit dans un article signé F. P. le passage suivant : « Il a fallu toute l'étendue et toute l'importance des matières politiques pour retarder jusqu'à ce jour le compte que nous avions à rendre du tableau de M. Dagneres (*sic*), le *Tombeau de Napoléon à l'île de Sainte-Hélène*... Sur le premier plan on voit la dernière demeure du grand homme... C'est là, c'est dans ce triste enfoncement que repose le héros du siècle, ce géant qui

Vingt fois contre les dieux joua le sort du monde.
. . . . »

Le 11 avril, on y trouve ce rapport au Roi : « Sire, l'histoire n'oubliera pas le nom du grand capitaine dont le génie présida aux victoires de nos légions, du monarque habile qui fit succéder l'ordre à l'anarchie, rendit aux cultes leurs autels, et

(1) Théodore Muret, *L'histoire par le théâtre*, t. III.
(2) *Ibid.*

donna à la société ce Code immortel qui nous régit encore... Votre Majesté ne veut déchirer aucune des pages brillantes de notre histoire, elle admire tout ce qu'admire la France, et elle est fière de tout ce qui enorgueillit la nation. Je crois répondre à ces nobles sentiments en lui proposant le rétablissement de la statue de Napoléon sur la colonne de la place Vendôme... Aucune gloire désormais ne doit rester dans l'ombre, aucun grand souvenir ne doit être disputé à la France... En honorant une grande renommée, en relevant le monument qui consacre un souvenir dont la France se glorifie, le Roi forme, en quelque sorte, un lien de plus entre le trône et le pays.....

« Le président du Conseil et ministre, secrétaire d'État de l'intérieur,

« Casimir Périer. »

Ce rapport était suivi d'une ordonnance conforme en date du 8 avril, et, en 1833, Napoléon reprenait place sur la colonne Vendôme. C'était une statue exécutée par Seurre, et le représentant dans son costume populaire avec le petit chapeau et la redingote grise (1).

En mai 1831 (2) on frappe à la Monnaie une collection de cent soixante-cinq médailles représentant les faits mémorables du règne de Napoléon.

Le 5 mai de chaque année, il y avait une démonstration place Vendôme, pour célébrer l'anniversaire de la mort du grand homme. En 1832, il y eut une bagarre dans laquelle plusieurs coups de feu furent tirés (3).

Dans le cours de cette année (juillet) meurt le fils de Napoléon ; les journaux de gauche, la *Tribune,* avec Belmontet ; le *National,* avec Armand Carrel ; la *Révolution,* avec Antony Thouret, saluent respectueusement son cercueil et proclament la gloire de l'Empire.

---

(1) Transportée en 1864 à Courbevoie et remplacée par une statue de Dumont reproduisant le *Napoléon en costume romain* de Chaudet, détruit en 1814.
(2) Voir le *Moniteur* du 8.
(3) Gisquet, *Mémoires*, t. II, p. 117

Au mois de décembre 1835, la presse relate avec complaisance un incident qui se produit à la vente de l'atelier du peintre *Gros*. Parmi les objets offerts au public se trouve le chapeau porté par l'Empereur pendant la campagne de 1807, celle d'Eylau et de Friedland. Mis à prix à 500 francs, il est adjugé à 1,950 francs, après une lutte entre deux concurrents inconnus. Une fois l'adjudication prononcée, on demande de toutes parts le nom de l'acquéreur de la relique impériale. On répond : C'est un Français ! A ces mots, un tonnerre d'applaudissements éclate dans toutes les parties de la salle, encombrée par une foule de curieux. Celui des deux concurrents qui avait abandonné l'enchère à 1,920 francs était le capitaine vicomte Clary, cousin de Louis-Napoléon.

Les événements de 1836, année pendant laquelle on termine l'Arc de triomphe de l'Étoile, de 1838 et de 1840, que nous relaterons bientôt, firent retentir le nom de Napoléon d'un bout de la France à l'autre.

Presque tous les ans, les Chambres étaient saisies de pétitions bonapartistes. De Londres, à la date du 5 avril 1834, le roi Joseph Bonaparte écrivait aux signataires d'une pétition adressée à la Chambre des députés et demandant le retrait de la loi de bannissement contre la famille de Napoléon : « ..... La France (1) de Juillet a relevé sa statue ; sa famille est encore proscrite ; ses crimes ne sont autres que le nom que Napoléon leur a légué... Pour justifier l'exil et les confiscations dont on nous a frappés, on fait de nous des prétendants ; nous sommes de notre siècle, créatures de 1804, Français subordonnés à la volonté de la France ; nous savons que la génération d'aujourd'hui n'est pas liée par la volonté de ses pères ; que les nations peuvent changer, conserver, modifier, reprendre et détruire encore ce qu'elles ont créé... Napoléon reconnut toujours la volonté du peuple, qui seul a le droit de se donner le gouvernement qui lui semble dans son intérêt, selon son bon plaisir, voire selon son caprice. La trop longue dictature de Napoléon

---

(1) Voir la *Revue de l'Empire*. Ch.-Éd. Temblaire, année 1845.

l'a fait méconnaître par quelques-uns; cette dictature fut prolongée par l'obstination des ennemis de la Révolution, qui prétendirent détruire en lui le principe de la souveraineté nationale; mais à la paix générale, le suffrage universel, la liberté de la presse l'eussent dévoilé tout entier à la France. Il se sacrifia pour ne pas donner la guerre civile... »

En 1844, à la séance du 23 mars (1), M. Pérignon présente à la Chambre un rapport sur la pétition des sieurs Lhuilier, de Vic-Bigorre, L'héritié, d'Agen, et de la Chapelle, du département de l'Yonne, qui demandent : 1° que l'effigie de Napoléon soit rétablie sur la croix de la Légion d'honneur; 2° que la loi de bannissement de la famille Bonaparte soit abrogée; 3° que le prince Louis-Napoléon reçoive pour prison la ville de Ham et ses environs. La commission propose le rejet des deux derniers points, mais sur le premier elle s'exprime ainsi : « Depuis 1830, l'Arc de triomphe de l'Étoile et la colonne de la place Vendôme ont repris à juste titre l'image de leur fondateur... Depuis 1830, la Chambre exprime *chaque année, à la presque unanimité*, le vœu de voir l'image de Napoléon restituée à cette décoration qu'il a créée; c'est un acte de justice qu'elle réclame au nom de la vérité... Le souvenir de Henri IV est dans tous les cœurs, mais sa place est-elle sur la décoration fondée au camp de Boulogne en 1802... L'histoire dira que Napoléon a créé la Légion d'honneur; eh bien, faisons de l'histoire aujourd'hui même... »

M. Boulay, de la Meurthe, prend la parole pour demander le renvoi intégral de la pétition au ministre. « Après la révolution de 1830, dit-il, quand les principes de la révolution française ont triomphé, quand ils sont debout, je dis que la famille de Napoléon est désarmée, je dis que ce qui faisait sa force a passé dans d'autres mains, qu'elle n'est plus redoutable... qu'elle doit cesser d'être proscrite... J'ai déjà dit que j'avais regretté et déploré les entreprises du prince Louis... Je suis convaincu que s'il eût été en France, il n'en eût pas

---

(1) Voir *Moniteur* du 24 mars 1844.

même conçu la pensée. Ce qui m'en donne la conviction, ce sont ces études graves, ces travaux sérieux auxquels il se livre dans sa captivité, c'est la réponse qu'il a faite lorsqu'on lui offrit d'ouvrir les portes de sa prison à la condition de reprendre son exil : « J'aime mieux une prison en France que la liberté « sur la terre étrangère. » Ce sera une pensée nationale que celle de faire cesser l'exil de la famille de Napoléon. Eh quoi ! on relève la statue de Napoléon, elle devient l'objet d'une sorte de culte, et sa famille reste proscrite ! On lui construit un magnifique mausolée, et ses trois frères, trois vieillards, ne pourront pas venir déposer une prière et une larme sur son tombeau ! » La Chambre, sans autre discussion, adopte les propositions de la commission.

En 1845, après un discours de Crémieux, la Chambre, à l'unanimité, renvoie au président du conseil des pétitions d'un grand nombre d'habitants de la Corse, qui sollicitent le rappel de la loi de bannissement contre la famille Bonaparte.

Dans sa séance du 17 avril 1847 (1), la Chambre des députés examine une nouvelle pétition du sieur Lhuilier qui, à ses demandes antérieures, ajoute celle de la restitution du nom de Napoléon au chef-lieu de la Vendée. M. *Larabit* l'appuie, et, quant à la croix de la Légion d'honneur, propose, pour tout concilier, de mettre d'un côté l'effigie de Napoléon, et de l'autre celle de Henri IV. Le rapporteur, M. *Lecouteulx*, invoque la raison d'État. « Le nom de Napoléon, dit-il, est un point de ralliement, un drapeau ; il y a des esprits mécontents et aventureux, des partisans fanatiques de l'Empire. » Puis il rappelle les aventures du prince Louis. Odilon Barrot prend la parole pour appuyer le rétablissement du nom de Napoléon-Vendée. Le ministre de la justice, M. Hébert, déclare qu'il n'y a pas de raison pour faire disparaître l'effigie de Henri IV..., qu'il faut être juste envers toutes les gloires..., que Henri IV aussi fut un grand roi..., que Bourbon-Vendée s'appelle ainsi depuis trente ans, et que d'ailleurs cela n'a pas d'importance..., que

(1) Voir le *Moniteur* du 18 avril 1847.

la raison d'État enfin ne permet pas l'abrogation de la loi d'exil. M. Lherbette intervient dans la discussion pour soutenir la pétition. Parlant du prince Louis, il dit : « (Il) sollicitait la permission d'aller recevoir le dernier soupir de son père que la maladie frappait à mort, il s'engageait sur parole et par écrit à se reconstituer prisonnier... De deux choses l'une, ou il aurait violé sa parole, (et alors) il se perdait à jamais, ou il l'aurait respectée, (et alors) il eût été désarmé vis-à-vis de vous par la grâce que vous lui auriez accordée. Vous pouviez donc avoir tous les mérites d'une grâce, sans en avoir les dangers. Vous avez laissé échapper cette occasion, et lui n'a pas laissé échapper celle de vous en faire repentir. Le culte de Napoléon existe toujours... Mais tout cela (est) personnel à Napoléon. (*C'est cela! c'est cela! crie-t-on de toutes parts.*) Sa famille n'avait que le reflet de sa gloire ; Napoléon mort est encore vivant ; sa famille vivante est morte depuis longtemps. (*Mouvement approbatif.*) Voilà la vérité. Il n'y aurait donc aucun danger à lever la loi de proscription à l'égard de cette famille » C'est le tour de M. Boulay, de la Meurthe : « ... Quand vous relevez la statue du grand homme, quand vous lui édifiez un tombeau, quand vous décorez tout un musée des vestiges de sa gloire, vous continuez de proscrire sa famille, alors qu'il n'y a plus aucun danger ! » Crémieux se prononce en faveur du renvoi. L'ordre du jour triomphe en ce qui concerne la rentrée en France des membres de la famille Bonaparte, mais le renvoi au ministre est voté sur le rétablissement de l'effigie de l'Empereur dans la croix de la Légion d'honneur et sur la restitution à la ville de Bourbon-Vendée du nom de Napoléon-Vendée.

Le 27 septembre 1847, le *Moniteur* annonce que le gouvernement du Roi vient d'autoriser le prince Jérôme Bonaparte, ancien roi de Westphalie, et son fils à résider momentanément en France, et le lendemain 28, il rend compte de l'inauguration de la statue de Napoléon Ier à Fixin (Côte-d'Or), 19 septembre, par Rude, à qui l'avait commandée M. Noisot, ancien grenadier de l'île d'Elbe. Une foule immense couvrait les routes, chantant le *Petit Chapeau* et la *Redingote grise ;* trois cents hommes de la garnison de Dijon, la compagnie de pompiers de cette ville et celles des villages environnants, la gendarmerie de l'arrondissement, les artilleurs de Beaune, deux généraux de division, le préfet, les maires, dix mille personnes assistaient à la cérémonie. Napoléon était représenté debout sur le rocher de Sainte-Hélène, et dans l'attitude d'une résurrection.

Le 1ᵉʳ octobre 1847, le *Moniteur* contient en première page l'information suivante : « Aujourd'hui ont eu lieu à Saint-Leu-Taverny les obsèques du prince Louis Bonaparte, ancien roi de Hollande, et de son second fils, Napoléon-Louis Bonaparte, mort en 1831 à Forli, pendant les troubles de la Romagne. Cette solennité avait attiré... une affluence considérable. Un grand nombre d'illustrations, soit civiles, soit militaires, y assistaient. On y remarquait notamment M. le duc Decazes, les généraux Gourgaud, Saint-Hilaire, l'abbé Coquereau, Marchand, valet de chambre de l'Empereur, de Vatry, député, etc., etc. Les seuls membres de la famille de l'Empereur qui fussent présents étaient le prince de Montfort, fils du roi Jérôme, la comtesse Mathilde et l'une des filles de Lucien. Les coins du poêle étaient occupés par le prince de Montfort, le duc de Padoue, le duc Decazes et un prince italien dont nous ignorons le nom. »

Le prince écrit alors (1) de Londres à M. Lecomte, ancien officier de cavalerie sous l'Empire : « Les témoignages de respect offerts à la mémoire de mon père, le 29 septembre dernier, m'ont vivement ému... C'est atténuer la douleur amère que j'éprouve de n'avoir jamais pu m'agenouiller devant les tombeaux de ma famille... »

Le 15 décembre de chaque année, un service commémoratif était célébré à l'occasion de l'anniversaire de la translation des restes mortels de l'empereur Napoléon (1). C'est en 1840 que ce grand événement avait eu lieu. Ce transfert était devenu une idée fixe chez M. Thiers, qui, parmi ses incomparables

---

(1) 4 octobre 1847. (Voir la *Revue de l'Empire*, t. V.)

mérites, comptait celui d'être ardemment bonapartiste sans l'être. Le Roi, d'ailleurs, nageait dans les mêmes eaux ; il avait toujours cru faire acte de politique consommé en persistant à glorifier la mémoire de l'Empereur ; il épousa donc la résolution de son premier ministre, et c'est ainsi que, le 12 mai, le ministre de l'intérieur, M. de Rémusat, déposa une demande de crédit de 1 million pour ramener en France le corps de Napoléon, lord Palmerston, au nom de l'Angleterre, ayant acquiescé, non sans un sourire railleur, à la requête qui lui était adressée par le gouvernement français. Le projet ministériel était précédé d'un exposé de motifs où il était dit notamment : « Le Roi a ordonné à Son Altesse Royale Mgr le prince de Joinville de se rendre avec la frégate *la Belle Poule* à l'île de Sainte-Hélène pour recueillir les restes mortels de l'empereur Napoléon. Nous venons vous demander les moyens de les recevoir dignement. Il importe, en effet, à la majesté d'un tel souvenir que cette sépulture auguste ne soit pas exposée sur une place publique, au milieu d'une foule bruyante et distraite. Il convient qu'elle soit placée dans un lieu silencieux et sacré, où puissent la visiter avec recueillement tous ceux qui respectent la gloire et le génie, la grandeur et l'infortune. Il fut empereur et roi, il fut le SOUVERAIN LÉGITIME (1) de notre pays ; à ce titre, il pourrait être inhumé à Saint-Denis ; mais il ne faut pas à Napoléon la sépulture ordinaire des rois. Il faut qu'il règne et commande encore dans l'enceinte où vont reposer les soldats de la patrie et où iront toujours s'inspirer ceux qui seront appelés à la défendre. Son épée sera déposée sur sa tombe. L'art élèvera sous le dôme des Invalides, au milieu du temple consacré par la religion au Dieu des armées, un tombeau digne, s'il se peut, du nom qui doit y être gravé. Ce monument doit avoir une beauté simple, des formes grandes et cet aspect de solidité inébranlable qui semble braver l'action du

---

(1) « ...Mais que dire du titre d *Empereur légitime*, que M. de Rémusat a si généreusement départi à Napoléon Ier? Si M. de Rémusat a eu raison, il est clair que Louis Bonaparte n'a point eu tort. » (Metternich à Apponyi, 20 août. *Mémoires*, t. VI.)

temps. Il faut à Napoléon un monument durable comme sa mémoire... Désormais la France, et la France seule, possédera tout ce qui reste de Napoléon ; son tombeau, comme sa renommée, n'appartiendra à personne qu'à son pays. La monarchie de 1830 et l'unique est *legitime* héritière de tous les souvenirs dont la France s'enorgueillit. Il lui appartenait, sans doute, à cette monarchie, qui la première a rallié toutes les forces et concilié tous les vœux de la Révolution française, d'élever et d'honorer sans crainte la statue et la tombe d'un héros populaire, car il y a une chose, une seule, qui ne redoute pas la comparaison avec la gloire, c'est la liberté !... »

La lecture de cet exposé de motifs (1) produisit sur l'Assemblée une impression profonde. Ce nom de Napoléon, retentissant dans l'enceinte de la Chambre et salué si magnifiquement par le gouvernement lui-même, ce retour annoncé des restes vénérés de l'illustre homme de guerre, aussi grand et plus imposant peut-être dans la majesté de la mort que sous la pourpre impériale, auréole d'une gloire invulnérable, réveillèrent les enthousiasmes passés et firent courir sur tous les bancs un indicible frémissement. L'émotion fut si intense que la séance fut longtemps interrompue à la suite des acclamations qui accompagnèrent M. de Rémusat descendant de la tribune. Au dehors, la population ne fut pas moins remuée, ni moins enthousiaste. Napoléon, toujours adoré dans la mansarde et dans la chaumière, où son image était suspendue à côté de celle de la Vierge, allait en quelque sorte sortir du tombeau et ressusciter !

Le *National* du lendemain demande si ces souvenirs ne vont pas se réveiller dans toute la France comme une sanglante accusation contre toutes les lâchetés qui souillent depuis dix ans ses plus brillantes traditions. « Quels sont les hommes, dit-il, qui osent aujourd'hui parler de cette réparation due au passé ? les mêmes qui ont cédé sans honte et sur tous les points devant l'Europe. Ne croyez pas imposer au pays en cherchant

---

(1) Voir *Histoire de huit ans*, par Élias REGNAULT. 1840-1848.

à vous abriter derrière une ombre menaçante. Le pays ne sera pas dupe d'un tel charlatanisme... Ainsi voilà la portée politique de cet événement : à l'intérieur, flatter un sentiment national pour faire oublier dix ans de bassesses; au dehors, resserrer les liens de la contre-révolution, en l'amnistiant de tout le passé. Comment la Chambre a-t-elle pu entendre dire que l'Empereur fut le SOUVERAIN LÉGITIME de son pays? »

Le fait est qu'en parlant ainsi, on rendait la partie belle à l'héritier de Napoléon. Mais n'était-ce pas un pauvre sire?

C'est la *Gazette de France* (1) qui n'est pas contente! Elle déclare que la communication faite par M. Thiers « est une de ces grandes jongleries qui sont quelquefois funestes à leurs inventeurs. C'est là une mesure inexplicable en elle-même, dont la portée logique est incalculable... Pourquoi allez-vous chercher les cendres de Napoléon quand son sang est proscrit par vous?... C'est de la part du ministère une extravagance... C'est là une de ces politiques dont l'effet est complètement manqué, parce que tout le monde voit trop clairement l'hypocrisie des sentiments et le but de la démarche. Louis-Philippe tenant dans ses mains l'urne cinéraire de Napoléon! Cela ne rappelle-t-il pas le mot de Catherine (2) à propos du corps de Coligny?... Voilà déjà que le *Capitole* demande qu'on rappelle la famille de Napoléon. Comment comprendre, en effet, que dans une cérémonie pareille, les frères et les neveux du grand capitaine ne soient pas présents?... La conspiration de Strasbourg nous a montré combien le souvenir de l'Empereur avait de magie dans les villes de guerre... C'est agiter sur le monde la robe de César!... »

L'honnête *Gazette* ne lâche pas sa proie. Elle est impitoyable. Elle rappelle (3) la réponse faite le 7 mai 1810 par Louis-Philippe au conseil suprême de la régence d'Espagne, qui lui offrait un commandement en Catalogne : « J'accepte... En le faisant, je me conforme aux désirs de Sa Majesté et des princes,

---

(1) Numéro du 14 mai 1840.
(2) Le corps d'un ennemi mort sent toujours bon.
(3) Numéro du 15 mai 1840.

mes beaux-frères, si éminemment intéressés aux succès de l'Espagne contre le TYRAN qui a voulu ravir tous ses droits à l'auguste maison dont j'ai aussi l'honneur d'être issu. Heureux si mes faibles efforts peuvent contribuer à relever et à soutenir les trônes renversés par l'USURPATEUR et à maintenir l'indépendance et les droits des peuples qu'il foule aux pieds depuis si longtemps (1). » Le maréchal Soult était président du conseil des ministres et ministre de la guerre au mois de mai 1840, et la *Gazette de France* lui sert la proclamation qu'il adressait à l'armée le 8 mars 1815, en la même qualité de chef du département de la guerre : « Soldats ! CET HOMME qui naguère abdiqua aux yeux de toute l'Europe un pouvoir USURPÉ dont il avait fait UN SI FATAL USAGE, BUONAPARTE est descendu sur le sol français qu'il ne devait plus revoir. Que veut-il ? la guerre civile. Que cherche-t-il ? des traîtres. Où les trouverait-il ? Serait-ce parmi ces soldats qu'il a trompés et sacrifiés tant de fois en égarant leur bravoure ?... BUONAPARTE nous méprise assez pour croire que nous pouvons abandonner un *souverain légitime et bienaimé* pour partager le sort d'*un homme qui n'est plus qu'un* AVENTURIER. Il le croit, l'insensé ! et son dernier acte de *démence* achève de le faire connaître. » Le dément, si bassement et si lâchement attaqué, était celui qui l'avait fait maréchal et duc de Dalmatie. Puis, la *Gazette,* continuant son implacable campagne, disait : « Quoi ! vous allez glorifier, diviniser Napoléon, mais vous oubliez que c'est son propre Sénat qui, en 1814, l'a condamné, et en quels termes ! Écoutez l'acte de déchéance :
« Considérant que Napoléon... a déchiré... le pacte qui l'unis-
« sait au peuple français, notamment en levant des impôts autre-
« ment qu'en vertu de la loi, contre la teneur expresse du ser-
« ment qu'il avait prêté ; qu'il a commis cet attentat aux droits du
« peuple ; qu'il a entrepris une suite de guerres en violation de
« l'art. 50 de la Constitution ; qu'il a violé les lois par ses décrets ;
« qu'il a anéanti la responsabilité des ministres, confondu

---

(1) Voir aussi la lettre écrite par Louis-Philippe à l'évêque de Landoff, à l'occasion de l'oraison funèbre du duc d'Enghien, prononcée par ce prélat, et où il traite encore Napoléon Ier d'USURPATEUR CORSE.

« tous les pouvoirs, et détruit l'indépendance des corps judi-
« ciaires ; qu'il s'est servi toujours de la presse pour remplir la
« France et l'Europe de faits controuvés, de maximes fausses,
« de doctrines favorables au despotisme et d'outrages contre les
« gouvernements étrangers ; qu'au lieu de régner dans la seule
« vue de l'intérêt, du bonheur et de la gloire du peuple français,
« Napoléon a mis le comble aux malheurs de la patrie... par
« l'abus qu'il a fait de tous les moyens qu'on lui a confiés en
« hommes et en argent, par l'abandon des blessés sans panse-
« ments, sans secours, sans subsistances, par différentes mesures
« dont les suites étaient la ruine des villes, la dépopulation des
« campagnes, la famine et les maladies contagieuses... »

Comme le *Journal des Débats* approuve la résolution du ministère, la *Gazette* cite ce qu'ils écrivaient à la date de juillet 1815 : « Le règne de *Buonaparte* était le plus odieux des opprobres pour quiconque est digne d'être Français... Ce Corse au teint de plomb et à l'œil de tigre dont la bouche n'a jamais souri qu'au carnage... Le 20 mars, le tyran protégé par une soldatesque parjure vint usurper la place dans un palais en deuil et dans une capitale orpheline. La souplesse des jarrets avec laquelle il a grimpé si rapidement sur l'échelle du *Northumberland*, toutes ces belles menaces de passer de cette vie dans l'autre, se sont bornées à passer du *Bellérophon* sur le *Northumberland* et à déployer dans ce passage tout le talent d'un danseur de corde. Cet homme est un des meilleurs acteurs qui aient paru ; le mélodrame lui convenait comme la farce ; il pleurait avec la même facilité qu'un crocodile. » Les *Débats* disaient un an auparavant (10 mai 1814) : « La guerre la plus juste (celle des alliés en 1814) a ses calamités. Mais à qui se prendre de ces désastres? Ne sont-ils pas les fruits de l'ambition, de l'orgueil, de l'avarice, de la dureté d'âme du tyran? N'est-ce pas *Buonaparte* et *Buonaparte* seul qui a rassemblé de tous les points de l'Europe ces multitudes d'armées formidables? Après ces désastres, quel abîme de misère et de honte pour la France s'il lui eût fallu demeurer esclave de *Buonaparte* vaincu! Par fortune... il s'est trouvé des Bourbons pour que nous ne demeurassions pas sous un joug avili... »

Si le *National* et la *Gazette de France* condamnent le ministère, le *Siècle*, le *Courrier français* l'approuvent. Le *Temps*, journal de M. Thiers, dit : « L'Empereur a eu ses funérailles à Sainte-Hélène ; ici il trouvera une apothéose, car il nous a fait comprendre les demi-dieux. » L'*Ami de la religion* fait cette réflexion : « On peut affirmer que depuis dix ans il ne s'est rien vu d'aussi hardi que la détermination de faire revenir de Sainte-Hélène les cendres de Napoléon. Jamais on n'a tenté plus gaiement et avec moins de nécessité la fortune des révolutions. » Le *Capitole* chante victoire : « La reconnaissance nationale envers Napoléon est aujourd'hui plus qu'un sentiment, elle est devenue une passion enthousiaste qui remue à la fois tout ce qu'il y a de grandeur et de noblesse dans l'âme humaine. Toutes les imaginations s'interrogent et se répondent, et toutes reconnaissent que quelque chose de mystérieux nous attend... Le temps nous garde de grands secrets... » Le *Commerce* (1) avait déjà dit quelque temps auparavant : « Le retour triomphal de ce cercueil auguste, au milieu de la France toute parsemée de son génie... ce serait là un sublime épilogue de cette épopée sublime. » La *presse anglaise* regarde avec surprise le gouvernement français. Il en est ainsi du *Sun*, du *Times*, du *Standard*, qui dit : « Il n'est pas besoin d'un grand effort de réflexion pour juger de la folie d'un ministre qui a conçu une telle pensée. »

Mais la famille Bonaparte, que va-t-on en faire dans la cérémonie? « Il est ridicule, dit la *Gazette de France* (2), de laisser dans l'exil un si grand nombre de Français dont tout le tort est de porter un nom qu'on glorifie... Rien ne peut expliquer une contradiction pareille. »

Une partie de la presse, celle qui est sympathique au nom de Bonaparte, et surtout le *Commerce* et le *Capitole*, s'étonnent et s'indignent de ce qu'on envoie une simple frégate à Sainte-Hélène, et non un vaisseau de haut bord ; de ce qu'on fait venir

(1) 28 avril 1840
(2) 25 mai 1840.

le cercueil par eau du Havre à Courbevoie, au lieu de prendre la voie de terre, parce qu'on redouterait l'enthousiasme des populations ; de ce qu'on place le tombeau aux Invalides, au lieu de le mettre sous la colonne Vendôme (1). « L'hôtel des Invalides, tout noble qu'il est, dit le *Commerce* (2), ne doit pas contenir les restes de Napoléon, parce que ce monument a été destiné à honorer des mérites de second ordre. Il doit être au milieu et pour ainsi dire au sommet de la cité... Il ne faut pas que les étrangers arrivant dans notre capitale puissent dire : Où est cette église qui renferme Napoléon ?... Paris doit le leur montrer par l'un de ses plus grands monuments et leur crier dès l'abord : Napoléon est glorifié *ici !*... »

La commission de la Chambre, à laquelle le projet de loi avait été renvoyé, au lieu d'un million demandé en accorde deux. La discussion a lieu dans la séance du 26 mai. M. *Glais-Bizoin* ne veut pas qu'on ranime le culte napoléonien et regrette la résolution téméraire qui a été prise par le gouvernement de ramener en France les restes de Napoléon. *Lamartine* interroge aussi l'avenir avec inquiétude : « Les ministres nous assurent que le trône ne se rapetissera pas devant un pareil tombeau ; que ces ovations, que ces cortèges, que ces couronnements posthumes de ce qu'ils appellent une *légitimité (sensation)*, que ce grand mouvement donné par l'impulsion même du gouvernement au sentiment des masses, que cet ébranlement de toutes les imaginations du peuple, que ces spectacles prolongés et attendrissants, ces récits, ces publications populaires (3), ces éditions à cinq cent mille exemplaires des *Idées napoléoniennes*, ces bills d'indemnité donnés au despotisme heureux, ces adorations du succès, tout cela n'a aucun danger pour

---

(1) « Donnez en quelque sorte une âme à la colonne Vendôme, en faisant animer son bronze glorieux par l'ombre du grand Empereur, c'est là une idée grande et poétiquement belle. » (*Le Messager*, organe de Thiers.)

(2) Numéro du 25 mai.

(3) Les journaux annoncent, par exemple, une nouvelle édition de *Napoléon*, par M. de Norvins, illustrée par Raffet, en 80 livraisons à 0 fr. 25 ; ils insèrent une réclame au sujet de l'*Histoire de Napoléon*, par M. Laurent, de l'Ardèche, illustrée par Horace Vernet ; les pièces de vers et les publications sur Napoléon vont pulluler jusqu'à la fin de l'année.

l'avenir de la monarchie représentative. (*Longue interruption.*) J'ai peur que cette énigme n'ait un jour son mot. (*Nouvelle et longue interruption.*) Je ne suis pas sans inquiétude sur cette divinisation d'un homme... Sur sa tombe, il faudrait graver ces trois mots : *A Napoléon seul*, afin qu'ils indiquent à la France et à l'Europe, au monde, que si cette généreuse nation sait honorer ses grands hommes... elle sait les séparer même de leur race et de ceux qui les menaceraient en leur nom (*vive sensation*), et qu'en élevant ce monument... elle ne veut susciter de cette cendre ni la guerre, ni des prétendants, ni même des imitateurs. (*Agitation.*) »

L'Assemblée, ballottée entre des sentiments divers, ne vote que le chiffre proposé par le gouvernement, un million. Mais alors les journaux bonapartistes protestent : « Deux millions, dit le *Commerce* (1), pour recevoir en France les restes de ce grand proscrit ont paru un prix exagéré. Voilà de l'économie bien placée... il était temps et l'occasion était si belle : il ne s'agissait que d'honorer la gloire, le génie, le dévouement, la nationalité. La Chambre a déclaré qu'un million devait suffire pour donner tout l'éclat convenable à une solennité unique par ses proportions et sa poésie dans l'histoire du monde entier... Le pays saura protester contre cette sorte d'avanie infligée au nom qu'il respecte et qu'il aime le plus. La Chambre par son vote n'aura fait que... donner un nouvel élan à un culte de reconnaissance et d'amour populaire que le temps, que l'expérience, que la réflexion, l'étude, l'avenir sont destinés à échauffer, à grandir de plus en plus... Lorsque Napoléon saisit le pouvoir, la France était dans une épouvantable anarchie; le trésor public était en pleine banqueroute, les arsenaux vides, les armées mal approvisionnées; la corruption dévorait le gouvernement; le brigandage était organisé dans l'Ouest et dans le Midi; le pays était déchiré par... les factions, nos assemblées se proscrivaient, se décimaient elles-mêmes, le 18 fructidor préparait le 18 brumaire, et les tourments de Sinnamari succé-

---

(1) Numéro du 27 mai 1840.

daient à la guillotine... Napoléon vient, et la France change à vue d'œil comme sous la main d'un dieu!... » Le lendemain, le *Commerce* disait encore (1) : « Il est un homme tombé pour le pays et avec le pays. Le jour de sa chute fut la conquête et la mutilation de la patrie, et l'on nous a dit que cette chute fut un bienfait! Cet homme brillant de toutes les gloires, de tous les rayons si divers de l'intelligence, le premier du monde dans les lois, l'administration, la guerre, la politique, cet homme a expié tout ce génie dans le malheur... aujourd'hui son nom, sa mémoire, son histoire sont devenus un patrimoine national. Il n'est pas un seul coin désert, une peuplade de sauvages où ce nom ne suffise pour couvrir le nom de France d'une ombre de gloire. Son image est partout, depuis la hutte de l'Indien jusqu'à la chaumière glacée du paysan russe. Son nom est le plus beau que proclame l'Asie, et Ibrahim, vainqueur de l'Orient, le place dans son culte à côté du Prophète. L'univers tout entier est rempli de cette histoire... La France nouvelle n'existe que grâce à Napoléon... Par lui, et par lui seul, notre révolution est devenue un fait accompli, indestructible dans l'Europe et dans le monde (2)... »

Le 6 juin, le général Bertrand, le fidèle compagnon de l'Empereur à Sainte-Hélène, se rendait aux Tuileries et remettait au roi Louis-Philippe les armes (3) de Napoléon, après lui avoir dit : « Sire, les derniers vœux de l'Empereur vont enfin s'accomplir. En adressant mes félicitations sur un résultat qui ne sera pas moins honorable à Votre Majesté dans le temps à venir qu'il ne l'est dans le temps présent, résultat si conforme à l'honneur et aux sentiments populaires, je ne suis que l'écho de la reconnaissance publique... C'est à Votre Majesté que nous devons l'accomplissement des derniers désirs de l'Empe-

---

(1) Numéro du 28 mai 1840.
(2) Voir encore le numéro du 31 mai 1840.
(3) L'épée d'Austerlitz, deux paires de pistolets, une épée en forme de glaive, un sabre ayant appartenu à Jean Sobieski, un poignard donné par le Pape au grand maître de Malte. Le général Montholon avait remis à Londres au prince Louis la plaque et le grand cordon de la Légion d'honneur que l'Empereur portait en revenant de l'île d'Elbe.

reur, désirs qu'il m'avait particulièrement exprimés à son lit de mort, avec des circonstances qui ne peuvent s'effacer de ma mémoire. Sire, rendant hommage à l'acte mémorable de justice nationale que vous avez généreusement entrepris, je viens déposer entre les mains de Votre Majesté ces armes glorieuses que depuis si longtemps j'étais réduit à dérober au jour et que j'espère placer bientôt sur le cercueil du grand capitaine, sur l'illustre tombe destinée à fixer les regards de l'univers. Que l'épée du héros demeure le palladium de notre patrie! » Et le Roi de répondre : « Je reçois au nom de la France les armes de l'empereur Napoléon. Je m'estime heureux qu'il m'ait été réservé de rendre à la terre de France les restes mortels de celui qui ajouta tant de gloire à nos fastes, et d'acquitter la dette de notre commune patrie en entourant son cercueil de tous les honneurs qui lui étaient dus... »

Le *Capitole* s'empresse de protester : « Il n'est ni juste, ni légitime, ni loyal que les héritiers de l'Empereur se trouvent ainsi déchus de leur part à la plus glorieuse moitié de ce noble héritage... Aux termes du testament de Sainte-Hélène, les armes de Napoléon étaient la propriété unique du duc de Reichstadt, lui seul avait le droit d'en disposer, et après lui, évidemment et uniquement les héritiers naturels. » — Il dit encore : « Tous les vieux frères d'armes qu'il a consultés aujourd'hui quand il n'était plus temps lui ont fait sentir la profonde affliction dont il venait de les accabler en remettant l'épée de l'empereur Napoléon à des mains qui écrivirent autrefois le nom de tyran et d'usurpateur contre le grand homme, à des mains qui tirèrent une autre épée contre l'élu de la France, soit en Espagne, soit à Lyon en 1815... La France s'indignera comme les vieux frères d'armes du général... La pudeur nationale protestera contre un ignoble escamotage où l'on a constitué en déplorable compère un vénérable et loyal soldat de l'Empire... (1). »

(1) Quelques jours après, le 12 juin, le général Bertrand remettait à la Ville de Paris le nécessaire de l'Empereur. « Messieurs, dit-il au conseil municipal, c'est entrer dans les vues du grand Napoléon, que d'offrir le nécessaire en ver-

Dès que le prince Louis Napoléon eut connaissance du don fait par le général Bertrand, il adressa à tous les journaux la lettre suivante : « Londres, 9 juin 1840. Je m'associe du fond de mon âme à la protestation de mon oncle Joseph. Le général Bertrand, en remettant les armes du chef de ma famille au roi Louis-Philippe, a été la victime d'une déplorable illusion. L'épée d'Austerlitz ne doit pas être dans des mains ennemies, il faut qu'elle puisse être encore brandie au jour du danger pour la gloire de la France. Qu'on nous prive de notre patrie, qu'on retienne nos biens, qu'on ne se montre généreux qu'envers les morts, nous savons souffrir sans nous plaindre, tant que notre honneur n'est pas attaqué; mais priver les héritiers de l'Empereur du seul héritage que le sort leur ait laissé; mais donner à un heureux de Waterloo les armes du vaincu, c'est trahir les devoirs les plus sacrés; c'est forcer les opprimés d'aller dire un jour aux oppresseurs : Rendez-nous ce que vous avez usurpé. »

La *Gazette de France* (1), après avoir attaqué le Roi, attaque les princes d'Orléans : « Il semble que le duc d'Aumale qui tient à la main les titres de la succession du prisonnier de Vincennes pourra difficilement paraître à la cérémonie des Invalides à côté du prince qui rapportera dans ses bras l'urne cinéraire de Napoléon... Quelques personnes (2) pensent que le prince de Joinville hésite à se rendre à Sainte-Hélène pour aller chercher les cendres du meurtrier du duc d'Enghien, son infortuné cousin... »

Survient au mois d'août l'*affaire de Boulogne*, et la *Gazette de France* de dire (3) : « Dans quelle situation ne met-on pas les esprits en glorifiant un système et un homme, tandis que

---

meil qui fit partie de ses équipages de campagne à la Ville de Paris, dont il ambitionnait tant de mériter les suffrages... » Et le préfet de répondre : « ...En même temps qu'il portait au loin la gloire et la puissance du nom français, il s'occupait de doter Paris de tous les monuments qui pouvaient assurer sa splendeur et sa prospérité... Voici, dans cet Hôtel de ville déjà si riche en souvenirs, un nouveau palladium .. »

(1) 7 juin 1840
(2) 8 et 9 juin 1840
(3) 8 août 1840

l'on jette en prison et que l'on provoque des peines contre le représentant du système et l'héritier de l'homme ? N'est-ce pas M. de Rémusat qui, en pleine Chambre, a appelé Napoléon le *souverain légitime* de la France ? Par quelle logique prouvera-t-on maintenant au prince Louis que ses prétentions sont illégitimes ?... »

Rien de plus juste, de plus sensé que ces réflexions accablantes pour le gouvernement de Juillet.

Le même journal ajoute (1) : « Les aigles en même temps qu'elles monteront au Capitole paraîtront en cour d'assises, et l'on fera marcher de pair l'apothéose de l'oncle et une accusation de lèse-majesté contre le neveu, le tout par les soins d'un ministère qui est plus coupable que les accusés, car c'est lui qui a provoqué cette échauffourée par l'essor qu'il a donné aux idées napoléoniennes. M. Thiers, qui n'a pas vu qu'en allant chercher Napoléon à Sainte-Hélène il allait chercher le neveu de Napoléon à Londres, devrait figurer le premier sur la liste des accusés... »

Le 30 novembre 1840, la frégate *la Belle Poule,* sous les ordres du prince de Joinville, arrivait à Cherbourg avec le corps de Napoléon, qui fut transporté par eau jusqu'à Courbevoie. Le 15 décembre avaient lieu les funérailles par un froid de 14 degrés. Le cortège se rendit aux Invalides par le pont de Neuilly, la route de Neuilly, les Champs-Élysées et la place de la Concorde. De distance en distance s'élevaient des colonnes triomphales supportant des aigles. Toute la garnison de Paris faisait la haie avec la garde nationale. Le char, traîné par seize chevaux avec housses dorées aux armes de l'Empereur, était large de cinq mètres, long de dix mètres et haut de onze mètres ; il portait un mausolée décoré du manteau impérial et soutenu par quatorze figures représentant nos principales victoires. Une population innombrable (2), composée de Parisiens et de provinciaux, était échelonnée sur tout le long du par-

---

(1) 10 août 1840.
(2) Les fenêtres étaient louées jusqu'à 100 francs ; un balcon était payé 3,000 francs. Ces prix, qui aujourd'hui encore seraient très élevés, étaient fabuleux pour l'époque.

cours. Aux Invalides, le Roi attendait. Après avoir reçu le corps, il fit déposer sur le cercueil par le général Bertrand l'épée, et par le général Gourgaud le chapeau de l'Empereur. Un orchestre de quatre cents musiciens se faisait entendre avec des chants auxquels prenaient part les artistes les plus célèbres de l'époque, Duprey, Tamburini, Rubini, Lablache, Levasseur, Mmes Grisi, Damoreau, Persiani, Dorus-Gras, Viardot, Garcia, Stolz. Tout ce qui restait des armées impériales, vieux soldats, anciens officiers, en uniforme, maréchaux de l'Empire étaient là, après avoir fourni une escorte d'honneur qui n'avait pas été une des moindres causes de l'immense émotion de ce jour inoubliable, de ce jour unique dans l'histoire de France. Pour comprendre la prodigieuse élection du 10 décembre 1848 il faut se reporter à la politique de Louis-Philippe (1) et à certains événements de son règne, comme le retour des cendres.

Le *National* écrivait alors : « ...Le plus bel ornement de ce cortège, c'était ce peuple entassé pour le voir passer, cette innombrable foule qui se découvrait et qui poussait avec unanimité le cri de : *Vive l'Empereur!*... Jamais spectacle plus sublime m'a frappé les regards humains... Aussitôt que l'on a vu cette bière... le silence a été soudain et profond. L'émotion, une émotion qu'on ne décrit pas quand on l'a sentie, a pénétré dans l'enceinte. Alors nous avons vu bien des larmes, nous avons entendu des sanglots étouffés ; et lorsque nous avons été placés nous-mêmes dans l'atmosphère que cette grande ombre agitait autour d'elle, il nous a semblé que nous sortions de ce monde et que nous étions entraînés dans l'infini!... » Oui, voilà ce que disait le journal républicain. Qu'on juge par là de la portée de l'événement. Il faut entendre aussi la *Gazette*

---

(1) « Vous pouvez bien vous vanter de faire partie d'une nation de baladins, et de baladins de la plus mauvaise école... » (*Lettres de M. Ximenes Doudan*, t. I, édit. de Calmann-Lévy, 1879.) — « ...On s'est indigné beaucoup de ce que, parmi les statues qui faisaient la haie,... on ait placé celle du grand Condé, à cause de la condamnation du duc d'Enghien, et en effet on avait donné l'air tout désolé au vainqueur de Rocroy attendant là au passage le vainqueur d'Iéna. » (*Ibid*, 18 décembre, à Mme de Staël.)

de France (1) : « Aujourd'hui Napoléon revient après vingt-cinq ans. Il ne pourrait pas dire qu'il avait laissé la France victorieuse, mais il l'avait laissée grande au milieu de ses revers, et respectée de l'Europe qui était forcée de reconnaître sa puissance morale quand sa puissance matérielle était tombée. Il trouve encore comme sous le Directoire les dilapidations, la corruption, l'anarchie... et la France plus humiliée qu'elle ne l'était le 18 brumaire, car maintenant elle est déchue de son rang. Aujourd'hui l'image de Napoléon n'apparaît que pour accuser les gouvernants, pour faire ressortir toutes les misères de la situation... Tous ces symptômes d'atonie, de dissolution et de mort sont mis en évidence par le débarquement et par l'entrée triomphale — d'un cercueil. — Allez (2)! Napoléon vous contemple et vous demande comment de si grands qu'il vous fit vous êtes devenus si petits!... » — Dans la *Presse* (3), Mme de Girardin, sous le pseudonyme de vicomte de Launay, s'écrie : « Oui, c'était un beau spectacle que de voir ce peuple généreux, saluant avec amour le cercueil triomphal. Quel empressement! quelle émotion! Quatre heures d'attente sous la neige n'avaient découragé personne. On tremblait, on souffrait horriblement, n'importe, on restait là! Quelques-uns risquaient leur pain ; un bras perclus, c'était la misère pour eux ; quelques-uns risquaient leur vie. Tous risquaient leur santé. N'importe. On attendait avec patience et courage. » — *Victor Hugo* publie cette fameuse poésie : *le Retour de l'Empereur*.

> Sire, vous reviendrez dans votre capitale,
> Sans tocsin, sans combat, sans lutte et sans fureur,
> Traîné par huit chevaux sous l'arche triomphale,
>   En habit d'Empereur!
> Par cette même porte, où Dieu vous accompagne,
> Sire, vous reviendrez sur un sublime char,
> Glorieux, couronné, saint comme Charlemagne
>   Et grand comme César!

---

(1) 16 décembre.
(2) Numéro du 17 décembre.
(3) *Lettre parisienne* du 20 décembre.

. . . .
Paris sur cent tours allumera des phares;
Paris fera parler toutes ses grandes voix;
Les cloches, les tambours, les clairons, les fanfares,
  Chanteront à la fois!
. . . .
En vous voyant passer, ô chef du grand Empire!
Le peuple et les soldats tomberont à genoux.
Mais vous ne pourrez pas vous pencher pour leur dire :
  Je suis content de vous!
. . . .
Sire, en ce moment-là vous aurez pour royaume
Tous les fronts, tous les cœurs qui battront sous le ciel;
Les nations feront asseoir votre fantôme
  Au trône universel!
Les poètes divins, élite agenouillée,
Vous proclameront grand, vénérable, immortel,
Et de votre mémoire, injustement souillée,
  Redoreront l'autel.
. . . .
Vous serez pour tout homme une âme grande et bonne,
Pour la France un proscrit magnanime et serein,
Sire, et pour l'étranger, sur la haute colonne,
  Un colosse d'airain!

. . . .
  Oh! t'abaisser n'est pas facile,
  France, sommet des nations!
. . . .
  La France est la tête du monde,
  Cyclope dont Paris est l'œil!
. . . .
  Dieu, quand l'Europe te croit morte,
  Prend l'Empereur et te l'apporte,
  Et fait repasser sous ta porte
  Toute ta gloire en un seul jour!

. . . .
  Toi, héros de ces funérailles,
  Roi! génie! empereur! martyr!
  Les temps sont clos! dans nos murailles
  Rentre pour ne plus en sortir!

LE BONAPARTISME SOUS LE GOUVERNEMENT DE JUILLET.

. . . .
Toi qui, dans ta force profonde,
. . . .
Voulais donner ta forme au monde.

Tu voulais, versant notre sève
Aux peuples trop lents à mûrir,
Faire conquérir par le glaive
Ce que l'esprit doit conquérir.
Sur Dieu même prenant l'avance,
Tu prétendais, vaste espérance,
Remplacer Rome par la France
Régnant du Tage à la Néva;
Mais de tels projets Dieu se venge.
. . . .
Jacob ne luttait qu'avec l'ange,
Tu luttais avec Jéhova !
. . . .

Et en revenant des Champs-Élysées le poète écrit encore :

. . . .
Que le peuple à jamais te garde en sa mémoire,
Jour beau comme la gloire (1).
. . . .

De son côté, le prince Louis envoyait aux journaux la lettre suivante : « Pendant qu'à Paris on déifie les restes mortels de

---

(1) Autrefois il avait dit, dans une ode intitulée *Buonaparte* :

Un homme alors...
Paraît comme un fléau vivant !
. . . .
Parfois élus maudits de la fureur suprême,
Entre les nations des hommes sont passés.
. . . .
Ces envoyés du ciel sont apparus au monde
Comme s'ils venaient de l'enfer !
. . . .

M. de Metternich écrivait de Vienne à M. de Sainte-Aulaire, le 24 décembre 1840 : « La grande journée... a déjà inspiré de bien mauvais vers à quelques poètes. Si Victor Hugo est fier de sa découverte que la France est un cyclope dont Paris est l'œil, grand bien lui fasse! En acceptant l'hyperbole, je désire que l'œil voie clair, et alors tout ira bien. » (*Mémoires du prince de Metternich*, t. VI, p. 159.)

T. I.

l'Empereur, moi, son neveu, je suis enterré vivant dans une étroite enceinte, mais je me ris de l'inconséquence des hommes et je remercie le Ciel de m'avoir donné comme refuge, après tant d'épreuves cruelles, une prison sur le sol français. Soutenu par une foi ardente et une conscience pure, je m'enveloppe dans mon malheur avec résignation, et je me console du présent en voyant l'avenir de mes ennemis écrit en caractères ineffaçables dans l'histoire de tous les peuples. »

Le 15 décembre, il adressait de la citadelle de Ham « aux mânes de l'Empereur » l'invocation suivante :

« Sire, vous revenez dans votre capitale, et le peuple en foule salue votre retour... Le peuple se presse comme autrefois sur votre passage, il vous salue de ses acclamations comme si vous étiez vivant; mais les grands du jour, tout en vous rendant hommage, disent tout bas : *Dieu! ne l'éveillez pas!*... Voyez cette jeune armée, ce sont les fils de vos braves, ils vous vénèrent, car vous êtes la gloire, mais on leur dit : Croisez vos bras ! Ces hommes que vous avez faits si grands et qui étaient si petits ont renié votre évangile, vos idées, votre gloire, votre sang ; quand je leur ai parlé de votre cause, ils nous ont dit : Nous ne la comprenons pas ! — Laissez-les dire, laissez-les faire ; qu'importe au char qui monte les grains de sable qui se jettent sous les roues ! Ils ont beau dire que vous êtes un météore qui ne laisse pas de traces ! Ils ont beau nier votre gloire civile ; ils ne nous déshériteront pas !

« Sire, le 15 décembre est un grand jour pour la France et pour moi. Du milieu de votre somptueux cortège, vous avez un instant jeté vos regards sur ma sombre demeure, et vous souvenant des caresses que vous prodiguiez à mon enfance, vous m'avez dit : « Tu souffres pour moi, ami, je suis content « de toi ! »

Cette lettre, le Roi et tous les hommes politiques l'accueillirent par un haussement d'épaules, en disant : C'est un fou ! Le peuple la salua d'une larme, en disant : C'est bien l'héritier de l'Empereur !

CHAPITRE III

L'ÉCHAUFFOURÉE DE STRASBOURG
30 OCTOBRE 1836

La pensée politique du prince. — Ce qu'il disait à ses amis. — Son plan. — Juin 1836, il se rencontre soit à Bade, soit sur la frontière, avec des officiers de la garnison de Strasbourg; le capitaine Raindre; le commandant de Franqueville; le colonel Vaudrey; Éléonore Brault, femme Gordon. — Le prince et Vaudrey se rencontrent à Bade; ce que dit le prince; sentiments de Vaudrey. — Lettre de Louise Wernert; de Mme Gordon; du prince au général Voirol; de celui-ci au ministre de la guerre. — Le prince vient une première fois à Strasbourg; son entrevue avec des officiers. — Tentative d'embauchage du général Exelmans. — 29 octobre, réunion des conjurés et lecture des proclamations du prince. — 30 octobre : les deux lettres du prince à la reine Hortense; les conjurés; le départ pour le quartier d'Austerlitz; le costume du prince; distribution d'argent par le colonel Vaudrey, son allocution; discours du prince; le colonel enlève son régiment; mesures prises par les révoltés; luttes chez le général Voirol; les conjurés à la caserne Finckmatt; arrestation du prince et de ses amis; durée de l'échauffourée. — Dépêche du général Voirol; son ordre du jour. — Affolement de la cour. — La presse française et étrangère condamne le prince. — Le prince de Metternich à M. de Sainte-Aulaire. — Lettres du prince à sa mère. — Devant quelle juridiction doit-on poursuivre les révoltés? — Poursuivra-t-on le prince? — 9 novembre, transfert du prince à Paris; son entrevue avec le préfet de police; ses lettres à sa mère, à Odilon Barrot, à son oncle Joseph. — Son arrivée à Lorient, où le sous-préfet lui remet 15,000 francs. — Lettre à un ami, où il se défend de toute relation intime avec Mme Gordon. — Son transport en Amérique; ses lettres à sa mère durant la traversée. — Le journal *la Charte de 1830* sur la grâce accordée au prince. — Il devait être poursuivi et condamné. — Les *Débats* approuvent le gouvernement. — Le *National* le blâme. — Arrêt de renvoi de la cour de Colmar. — Cour d'assises de Strasbourg; les accusés; les pièces à conviction; interrogatoires; réquisitoire; plaidoiries; acquittement. — Manifestations. — Le *Courrier du Bas-Rhin*; le *National*; le *Moniteur*. — Les journaux anglais approuvent le verdict. — Le prince de Metternich au comte Apponyi. — Lettres de Persigny au *Sun*; du prince (30 avril 1837) à M. Vieillard. — Le prince revient en Suisse au milieu de 1837. — Avait-il donné sa parole d'honneur de rester en Amérique? Avait-il au moins l'obligation morale de ne pas rentrer en Europe? — Assertion de M. Capefigue et réponse du prince. — L'état de sa mère ne justifiait-il pas son retour? — 3 octobre 1837, mort de la reine Hortense.

Depuis la révolution de Juillet qui avait changé la base du gouvernement monarchique en France, le prince Louis-Napoléon « avait la conviction profonde que tant qu'un vote général n'aurait pas sanctionné un gouvernement quelconque, les diverses factions agiteraient constamment la France... (1) ».

C'est alors qu'étant survenue la mort du duc de Reichstadt qui faisait de lui l'héritier de l'Empereur, il se considéra comme ayant charge des destinées de l'Empire et ne cessa de songer à une restauration impériale.

Après avoir préparé le terrain par ses écrits, après avoir montré qu'il n'y avait de salut, de grandeur et d'avenir pour la nation française que dans une alliance de la démocratie et de l'autorité trouvant sa formule dans le système napoléonien, il pensa qu'il ne suffisait pas de semer la bonne parole, qu'il fallait passer à l'action, entraîner l'armée, soulever le pays et culbuter le trône de Louis-Philippe qui ne reposait ni sur le droit divin ni sur le droit populaire ; qu'avec le nom prestigieux de Napoléon rien n'était impossible ; en un mot, que les temps étaient venus.

Il disait alors à ses amis (2) : « Le temps des préjugés est passé, le prestige du droit divin s'est évanoui en France avec les vieilles institutions féodales ; une ère nouvelle a commencé. Les peuples, désormais, sont appelés au libre développement de leurs facultés, mais qui préservera le peuple des dangers de sa propre activité ? Quel gouvernement sera assez puissant, assez respecté pour assurer à la nation la jouissance des grandes libertés sans agitations, sans désordres ? Il faut à un peuple libre un gouvernement revêtu d'une immense force morale, et que cette force soit proportionnée à la masse des libertés populaires. Sans cette condition, le pouvoir, privé d'un état moral suffisant, forcé pour le besoin de sa conservation, ne recule alors pour se maintenir devant aucun expédient, aucune illégalité.

---

(1) *Relation de l'entreprise du prince Napoléon-Louis* (sic), brochure de M F. Pensigny, aide de camp du prince pendant la journée du 30 (sic). Londres.

(2) *Relation historique des événements du 30 octobre 1836*, par M. Armand Laity, ex-lieutenant d'artillerie, ancien élève de l'Ecole polytechnique. Paris, librairie Thomassin et Cie, 1838.

« Comment donc recréer la majesté du pouvoir ? Où trouver un principe de force morale devant lequel s'inclinent les partis et s'annulent les résistances individuelles ? Où chercher enfin le prestige du droit qui n'existe plus en France dans la personne d'un roi, d'un seul, si ce n'est dans le droit, dans la volonté de tous ? C'est qu'il n'y a de force que là… »

Le prince, résolu à tenter la fortune d'un soulèvement militaire et populaire, fut amené tout naturellement, étant réfugié en Suisse, à choisir, comme point de départ de son entreprise, la ville de Strasbourg, qui comptait une importante garnison composée de deux régiments d'artillerie, le 3ᵉ et le 4ᵉ (1), de trois régiments d'infanterie, le 14ᵉ léger, le 16ᵉ (2) et le 46ᵉ (3) de ligne, et d'un bataillon de pontonniers à douze compagnies (4). Ces troupes, une fois enlevées, formeraient tout de suite une petite armée que viendraient bientôt grossir les garnisons rencontrées sur la route, et qu'augmenteraient encore de forts contingents de gardes nationaux. C'était, comme par une traînée de poudre, la France conquise jusqu'à Paris, dont les portes s'ouvriraient d'elles-mêmes devant cette marche triomphale, renouvelant le prodige du retour de l'île d'Elbe.

« Le plan du prince (5) consistait à se jeter inopinément au milieu d'une grande place de guerre, à y rallier le peuple et la garnison par le prestige de son nom, l'ascendant de son audace, et à se porter aussitôt, à marches forcées, sur Paris, avec toutes les forces disponibles, entraînant sur sa route troupes et gardes nationales, peuples des villes et des campagnes, enfin tout ce qui serait électrisé par la magie d'un grand spectacle et le triomphe d'une grande cause. Strasbourg était bien la ville la plus favorable à l'exécution de ce projet. Une population patriote, ennemie d'un gouvernement qui s'est vu contraint de licencier sa garde nationale, une garnison de huit à dix

---

(1) Caserne d'Austerlitz.
(2) Caserne de la citadelle.
(3) Caserne de Finkmatt.
(4) Quartier des Pêcheurs et quartier des Juifs.
(5) Brochures de Laity et de Persigny.

mille hommes, une artillerie considérable, un arsenal immense, des ressources de toute espèce, faisant, de cette place importante, une base d'opérations, qui, une fois acquise à la cause populaire, pouvait amener les plus grands résultats. La nouvelle d'une révolution faite à Strasbourg par le neveu de l'Empereur, au nom de la liberté et de la souveraineté du peuple, eût embrasé toutes les têtes... Le jour même où cette grande révolution s'accomplissait, tout s'organisait de manière à partir le lendemain pour marcher sur Paris avec plus de douze mille hommes, près de cent pièces de canon, dix à douze millions de numéraire et un convoi d'armes considérable pour armer les populations sur la route. On savait que l'exemple de Strasbourg aurait entraîné toute l'Alsace et ses garnisons. La ligne à parcourir traversait les Vosges, la Lorraine, la Champagne. Que de grands souvenirs réveillés! que de ressources dans le patriotisme de ces provinces! Metz suivait l'impulsion de Strasbourg; Nancy et les garnisons qui l'entourent se trouvaient occupés dès le quatrième jour pendant que le gouvernement aurait à peine pris un parti. Ainsi le prince Napoléon pouvait entrer en Champagne le sixième ou le septième jour à la tête de plus de cinquante mille hommes. La crise nationale grandissait d'heure en heure; les proclamations faites pour réveiller toutes les sympathies populaires pénétraient partout et inondaient le nord, l'est, le centre et le midi de la France. Besançon, Lyon, Grenoble, recevaient le contre-coup électrique de cette grande révolution... »

Ce plan, dit Louis Blanc, dans son *Histoire de dix ans*, était hardi et bien entendu (1).

Le prince était imbu de l'idée, peut-être juste, que le gouvernement de Juillet n'était pas très populaire dans l'armée, et il nourrissait l'espérance qu'au nom de Napoléon et qu'en présence de l'héritier de l'Empereur, les soldats, séduits, subjugués, animés des sentiments d'enthousiasme et d'adoration de la vieille garde, céderaient à un irrésis-

(1) Tome V, p. 116

tible entraînement et le salueraient d'une longue acclamation (1).

Sachant que des officiers de la garnison de Strasbourg allaient souvent à Bade, il s'y rendit lui-même au mois de juin 1836, et réussit à nouer des relations avec un certain nombre d'entre eux (2). Il venait aussi dans les principales localités de la frontière, et c'est ainsi qu'il rencontra à Offenbourg, puis à Kehl, le capitaine Raindre (3), du 16ᵉ régiment d'infanterie, le commandant de Franqueville (4).

Ayant appris que le colonel Vaudrey, commandant le 4ᵉ régiment d'artillerie, avait été doublement blessé par le gouvernement, une première fois parce qu'il n'avait pas obtenu la situation d'aide de camp du duc d'Orléans, et une seconde fois parce qu'on lui avait refusé une bourse pour son fils aîné(5), il vit immédiatement dans cet officier supérieur, dans ce militaire de haut rang, l'homme qui pouvait le servir dans des conditions inespérées et qu'à tout prix il fallait s'attacher. Par un surcroît de chance pour la tentative de corruption et d'embauchage, le colonel n'était pas seulement un mécontent, c'était aussi un homme de plaisir et réputé assez faible pour, une fois épris, subir aveuglément l'influence des femmes. Si, en effet, on s'en rapporte à l'acte d'accusation dressé dans le procès qui suivit l'échauffourée, « le colonel Vaudrey, quoique marié à une femme digne de l'estime de tous, et père d'une famille intéressante, trouvait encore place pour d'autres penchants. Ses mœurs n'étaient surtout ni de son âge, ni de

(1) « Sur quelles bases, dit le président de la cour d'assises de Strasbourg au lieutenant *de Querelles*, aviez-vous placé l'espoir de la réussite, vous et les autres adhérents? — *Réponse* : D'abord sur le mécontentement général qui règne évidemment dans tous les corps de l'armée, et puis sur l'effet que produirait sur l'armée la vue du prince. »
(2) Brochure de Laity.
(3) Déposition du capitaine Raindre devant la cour d'assises. A Kehl, le prince dit à Raindre : « Capitaine, vous avez du courage et de la loyauté, et je crois pouvoir me confier à vous. Vous aimez trop l'Empereur pour ne pas aimer sa famille. Un mouvement est près d'éclater, j'ai compté sur vous et je me mettrai moi-même à votre tête. »
(4) Déposition du commandant de Franqueville.
(5) Audience du 10 janvier 1837, *Moniteur* du 13.

sa position (1)... Il ne s'agissait donc que de trouver une femme qui pût et voulût compléter l'œuvre qu'avaient commencée la vanité et une insatiable ambition. » La femme fut trouvée. C'était une cantatrice, Éléonore Brault (2), remarquable par les charmes de sa personne, et de mœurs équivoques (3). Son père avait été capitaine dans la garde impériale, et elle avait dû concevoir au foyer paternel un véritable culte pour le nom de Napoléon. Et puis, elle était « sans argent (4) ».

Elle arriva à Strasbourg au commencement du mois de juin 1836, et elle chanta dans plusieurs maisons, notamment chez le général Voirol, où elle produisit une profonde impression sur le colonel Vaudrey. Quelque temps après, il la rencontre au casino de Bade en compagnie du prince, auquel il se fait alors présenter par un ancien camarade, le colonel d'artillerie en retraite Eggerlé. La conversation s'engage, et Louis-Napoléon, après avoir pris à part Vaudrey, lui tient le langage suivant : « Une révolution n'est excusable, n'est légitime que lorsqu'elle se fait dans l'intérêt de la majorité de la nation. Or, on est sûr que l'on agit dans ce sens lorsqu'on ne se sert que d'une influence morale pour la faire réussir. Si le gouvernement a commis assez de fautes pour rendre une révolution encore désirable au peuple, si la cause napoléonienne a laissé d'assez profonds souvenirs dans les

---

(1) Et l'acte d'accusation ajoute : « ...On ne viole jamais impunément les lois de la morale... Le mépris de la décence publique aboutit souvent au crime... »

(2, 3, 4) Acte d accusation. — Née à Paris le 6 septembre 1808, elle avait donc alors vingt-huit ans. Élève du Conservatoire de Paris et de Milan, elle avait chanté à Venise, puis elle avait débuté aux Italiens de Paris en 1831. De là elle était passée à Londres, où elle avait donné des concerts, notamment dans la famille Bonaparte, et c'est ainsi qu'elle avait fait la connaissance du prince et de Persigny. Elle avait épousé alors s^r Gordon-Archer, commissaire des guerres à la légion franco-espagnole, commandée par le général Evans. Elle devint veuve au bout de quelques années de mariage. On prétend que pour développer sa voix de contralto elle faisait des armes et qu'elle s'y montrait de première force. On raconte encore que M. Wolbert, conseiller à la cour de Colmar, qui lui avait fait subir plusieurs interrogatoires, répétait souvent : « Vingt femmes comme celle-là par an, et j'en perdrais la tête. » — « Mme Gordon, dit Louis BLANC dans ses Révélations historiques (t. II, p. 220), avec le lieutenant Laity, avait été l'âme de la conspiration de Strasbourg. »

cœurs français, il suffira de me montrer seul aux soldats et au peuple, et de leur rappeler les griefs récents et la gloire passée pour qu'on accoure sous mon drapeau. Si je voulais, au contraire, intriguer et tâcher de corrompre tous les officiers et tous les soldats d'un régiment, je ne serais sûr que d'individus qui ne me donneraient aucune garantie de réussir auprès d'un autre régiment où les mêmes moyens de séduction n'auraient pas été employés. Je n'ai jamais conspiré dans l'acception habituelle du mot, car les hommes sur lesquels je compte ne sont pas liés à moi par des serments, mais par un lien plus solide, une sympathie mutuelle pour tout ce qui peut concourir au bonheur et à la gloire du peuple français.

« L'homme de l'antiquité que je hais le plus, c'est Brutus, non seulement parce qu'il a commis un lâche assassinat, non seulement parce qu'il a tué le seul homme qui eût pu régénérer Rome, mais parce qu'il a pris sur lui une responsabilité qu'il n'est donné à personne de prendre, celle de changer le gouvernement de son pays par un seul fait indépendant de la volonté du peuple.

« Si je réussis à entraîner un régiment, si des soldats qui ne me connaissent pas s'enflamment à la vue de l'aigle impériale, alors toutes les chances seront pour moi... Croyez que je connais bien la France... le peuple cherche !... la France est démocratique, mais elle n'est pas républicaine ; or j'entends par démocratie le gouvernement d'un seul par la volonté de tous, et par république le gouvernement de plusieurs obéissant à un système. La France veut des institutions nationales comme représentant de ses droits ; un homme ou une famille comme représentant de ses intérêts ; c'est-à-dire qu'elle veut de la république ses principes populaires, plus, la stabilité de l'Empire, sa dignité nationale, son ordre et sa prospérité intérieure, moins ses conquêtes...

« Mon but est de venir avec un drapeau populaire, le plus populaire et le plus glorieux de tous, de servir de point de ralliement à tout ce qu'il y a de généreux et de national dans tous les partis, de rendre à la France sa dignité, sans guerre universelle, sa liberté sans licence, sa stabilité sans despotisme ; et pour arriver à un pareil résultat que faut-il faire ? Puiser entièrement dans les masses toute sa force et tous ses droits, car les masses appartiennent à la raison et à la justice (1). »

Ces paroles enflammées, ce lyrisme politique, cette foi napoléonienne ébranlèrent profondément le colonel Vaudrey. Pourquoi n'aurait-il pas écouté le prince ? Quels scrupules pour l'arrêter ? Le gouvernement de Juillet n'était-il pas doublement usurpateur, doublement sacrilège, doublement criminel, et au regard de la légitimité et au regard de la volonté du peuple ? Est-ce qu'ensuite le prince voulait entamer une lutte, employer la force, faire appel à la guerre civile, répandre le sang français ? La marche sur Paris ne devait-elle pas être toute d'acclamations et de triomphes ? Au fond, la France ne voulait qu'un Napoléon, et il ne s'agissait que de dégager la vérité politique et d'extérioriser le sentiment populaire, de travailler ainsi à la grandeur et à la gloire de la patrie. Enfin le gouvernement de Juillet, au lieu de reconnaître et de récompenser ses services, ne lui avait-il pas refusé tout ce qu'il avait demandé ?

Le colonel revint à Strasbourg, et quelque temps après il recevait la lettre suivante (2) :

« Monsieur,

« Je ne vous ai pas écrit depuis que je vous ai quitté parce qu'au commencement j'attendais une lettre où vous m'auriez donné votre adresse. Cependant aujourd'hui que vous vous occupez de mon mariage je ne puis m'empêcher de vous adresser personnellement une phrase d'amitié. Vous devez assez me connaître pour savoir à quoi vous en tenir sur les sentiments que je vous porte, mais pour moi j'éprouve trop de plaisir à vous les exprimer pour que je garde le silence plus

---

(1) Brochure de Laity, p 28, 29, 30, 31.
(2) Voir la *Gazette des tribunaux* du 3 novembre 1836.

longtemps, car vous réunissez, Monsieur, à vous seul tout ce qui peut faire vibrer un cœur : passé, présent, avenir. Avant de vous connaître j'errais sans guide certain; semblable au hardi navigateur qui cherchait un nouveau monde, je n'avais comme lui que dans ma conscience et mon courage la persuasion de la réussite; j'avais beaucoup d'espoir et peu de certitude; mais lorsque je vous ai vu, Monsieur, l'horizon m'a paru s'éclaircir et j'ai crié : « Terre! Terre! » — Je crois de mon devoir, dans les circonstances actuelles où mon mariage dépend de vous, de vous renouveler l'expression de mon amitié et de vous dire que, quelle que soit votre décision, cela ne peut influer en rien sur les sentiments que je vous porte. Je désire que vous agissiez entièrement d'après vos convictions et que vous soyez sûr que tant que je vivrai, je me rappellerai avec attendrissement vos procédés à mon égard. Heureuse si je puis un jour vous donner des preuves de ma reconnaissance. En attendant que je sache si je me marierai ou si je resterai vieille fille, je vous prie de compter toujours sur ma sincère affection.

« Louise Wernert (1). »

En même temps Mme Gordon lui écrivait qu'elle ne pouvait appartenir qu'à l'homme qui se dévouerait corps et âme au succès de la cause napoléonienne (2).

Les autorités de Strasbourg connaissaient la présence du prince à la frontière et même soupçonnaient de sa part quelques menées. C'est pour cela que le colonel Vaudrey, à son retour de Bade, fut interrogé par le général Voirol qui lui demanda « s'il avait vu le prince et s'il ne lui avait pas été

---

(1) Lettre du prince.
(2) Acte d'accusation. — « ...C'est la femme froide et réfléchie, y lit-on encore, qui... entraîne à sa ruine l'homme qui l aimait. . » — « Le culte de Mme Gordon pour la mémoire de Napoléon était volontairement aveugle, superstitieux, sans bornes... » (Louis Blanc, *Révélations politiques*, t. II, p 220.) — « Quant au prince, elle paraissait le priser fort peu. Un jour que je lui demandais si elle l'aimait : « Je l'aime politiquement », répondit-elle. Et elle ajouta : « A dire « vrai, il me fait l'effet d'une femme. » (*Ibid.*)

fait d'ouvertures ». — « Oui, avait répondu le colonel, je l'ai rencontré, mais il ne m'a rien dit (1). »

Le prince, continuant à préparer son entreprise, essaya quelque temps après de gagner à sa cause le général Voirol lui-même, commandant de la place de Strasbourg, et à cette fin il lui écrivit, de Bade, à la date du 14 août 1836, la lettre suivante :

« Général,

« Comptant partir bientôt pour retourner en Suisse, je serais désolé de quitter la frontière de France sans avoir vu un des anciens chefs militaires que j'honore le plus. Je sais bien, général, que les lois et la politique voudraient vous jeter, vous et moi, dans deux camps différents, mais cela est impossible ; un vieux militaire sera toujours pour moi un ami, de même que mon nom lui rappellera sans cesse sa glorieuse jeunesse.

« Général, j'ai le cœur déchiré en ayant depuis un mois la France devant les yeux sans pouvoir y poser les pieds ; c'est demain la fête de l'Empereur, et je la passerai avec des étrangers. Si vous pouvez me donner un rendez-vous dans quelques jours dans les environs de Bade, vous effacerez par votre présence les tristes impressions qui m'oppriment. En vous embrassant j'oublierai l'ingratitude des hommes et la cruauté du sort. Je vous demande pardon, général, de m'exprimer aussi amicalement envers quelqu'un que je ne connais pas, mais je sais que votre cœur n'a pas vieilli.

« Recevez, général, avec l'expression du bonheur que j'aurais à vous voir, l'assurance de mon estime et de mes sentiments distingués.

« Napoléon-Louis Bonaparte.

« Je vous prie de remettre la réponse à la personne qui vous portera ma lettre. »

---

(1) Audience du 11 janvier 1837, *Moniteur* du 14.

Au lieu de répondre, le général s'empressa de se rendre chez le préfet, lui donna communication de cette lettre et lui déclara « qu'il fallait redoubler de surveillance, que le prince avait des émissaires, et qu'un officier (1) avait même reçu des propositions ». Puis, en envoyant la lettre de Louis-Napoléon au ministre de la guerre, il lui écrivait, à la date du 18 août 1836 :

« Monsieur le maréchal,

« J'ai reçu du prince Louis-Napoléon la lettre ci-jointe, que je m'empresse de vous adresser... Cette lettre acquiert une véritable importance par les démarches qui ont été faites auprès du capitaine Raindre, démarches dont il vous rendra compte lui-même. Il vous dira que le prince est nourri de la pensée que son retour en France peut s'opérer, et que le pays l'attend avec impatience. M. Raindre va plus loin, il prétend même qu'un mouvement militaire doit avoir lieu, que l'armée est travaillée et que des propositions directes lui ont été faites. L'incertitude de cette démarche m'a décidé à vous envoyer la lettre du prince. Voici la réponse verbale que j'ai faite : « Avant toute chose je
« respecte les lois de mon pays ; une de ces lois bannit à per-
« pétuité la branche des Bonaparte, le prince ne peut remettre
« le pied en France, et je ne puis moi-même aller le voir. » M. le capitaine Raindre n'a pu me faire connaître son entrevue avec le prince qu'au retour d'une mission qu'il a remplie à Neufbrisach. M. Raindre s'est conduit de la manière la plus noble, et ses réponses au prince Louis ont dû bien le détromper de ses projets insensés. D'ailleurs, Monsieur le maréchal, vous entendrez cet officier. C'est un homme plein d'honneur, c'est le digne fils du commandant de l'école d'artillerie de Nantes. Vous penserez sans doute que ce rapport sera resté confidentiel ; je connais les sentiments de l'armée, toute entreprise contre le gouvernement viendrait se briser contre le bon esprit des troupes. »

---

(1) Le capitaine Raindre.

Presque en même temps, le prince venait secrètement à Strasbourg, une nuit, et rencontrait dans une maison amie une vingtaine d'officiers (1). On leur avait annoncé que le neveu de l'Empereur allait se présenter. Tous s'écrièrent : « Le neveu de l'Empereur est le bienvenu parmi nous; il est sous la protection de l'honneur français. Que peut-il craindre? Nous le défendrons tous au péril de notre vie. » — Quand le prince eut été introduit, il leur dit : « Messieurs, c'est avec confiance que le neveu de l'Empereur se livre à votre honneur; il se présente à vous pour savoir de votre bouche vos sentiments et vos opinions; si l'armée se souvient de ses grandes destinées, si elle sent les misères de la patrie, alors j'ai un nom qui peut vous servir, il est plébéien comme notre gloire passée, il est glorieux comme le peuple. Aujourd'hui, le grand homme n'existe plus, il est vrai, mais la cause est la même; l'aigle, cet emblème sacré, illustrée par cent batailles, représente, comme en 1815, les droits du peuple méconnus et la gloire nationale. Messieurs, l'exil a accumulé sur moi bien des chagrins et des soucis; mais comme ce n'est pas une ambition personnelle qui me fait agir, dites-moi si je me suis trompé sur les sentiments de l'armée, et, s'il le faut, je me résignerai à vivre sur la terre étrangère, en attendant un meilleur avenir... »

Les officiers s'écrièrent : « Non, vous ne languirez pas dans l'exil; c'est nous qui vous rendrons votre patrie; toutes nos sympathies vous étaient acquises depuis longtemps; nous sommes las, comme vous, de l'inaction où on laisse notre jeunesse; nous sommes honteux du rôle que l'on fait jouer à l'armée. »

Quelque confiant que fût le prince dans son étoile, et quelque foi qu'il eût dans son nom, il désirait vivement avoir à ses côtés, dans l'exécution de son entreprise, un militaire du grade le plus élevé. Le général Voirol ayant décliné ses offres, il pensa au général Exelmans qui avait brillamment servi

(1) Brochure de Laity

sous l'Empire, et qu'on disait avoir gardé un véritable culte pour la mémoire de l'Empereur. Dans le courant du mois d'octobre, le prince lui fit porter à Paris par le comte de Bruc la lettre suivante :

« Général,

« Je profite d'une occasion sûre pour vous dire combien je serais heureux de pouvoir vous parler. Vos honorables antécédents, votre réputation civile et militaire me font espérer que, dans une occasion difficile, vous voudrez bien m'aider de vos conseils. Le neveu de l'Empereur s'adresse avec confiance à un vieux militaire et à un vieil ami. Aussi espère-t-il que vous excuserez la démarche qui pourrait paraître intempestive à tout autre qu'à vous, général, qui êtes digne de comprendre tout noble sentiment. Le lieutenant-colonel de Bruc, qui mérite toute confiance, veut bien se charger de décider avec vous du lieu où je pourrais vous voir.

« En attendant, général, veuillez recevoir l'expression de mes sentiments et de ma considération.

« N.-L. B. »

L'accueil que reçut M. de Bruc fut assez froid. L'envoyé du prince, surpris, interloqué, ne put pas préciser et se contenta forcément de rester sur le terrain des généralités. Le vieux soldat finit par lui dire brusquement (1) : « Enfin, que me veut le prince?... Je ne saurais avoir avec lui des relations qui ne pourraient s'allier avec mon caractère et ma position...; qu'il ne se compromette pas ; qu'il ne compromette pas sa famille. S'il nourrit quelque projet sur la France, dites-lui bien qu'on le trompe ou qu'il se trompe. Il n'a pas de parti en France... Il y a chez nous une grande vénération, une profonde admiration pour la mémoire de l'Empereur, mais voilà tout, et c'est

(1) Voir audience du 9 janvier 1837

folie que de songer au renversement de ce qui est (1)... »

Mme Gordon avait triomphé. Dans la seconde quinzaine d'octobre, elle revenait des environs de Dijon, où elle avait passé quelque temps avec le colonel Vaudrey. Après avoir séjourné à Colmar à l'hôtel de l'Ange (2), ils arrivèrent à Fribourg, voyageant sous le nom de M. et Mme de Cessay (3). Le jour même, M. de Persigny venait les y rejoindre.

De son côté, le prince quittait le château d'Arenenberg le 25 octobre, s'arrêtait à l'auberge de l'Étoile à quatre lieues de Fribourg, descendait ensuite à l'hôtel du Sauvage de cette ville, pernoctait à Lac (4), puis à Bade, et enfin arrivait à Strasbourg le 28 au soir. Après s'être arrêté à l'hôtel de la Fleur, il alla loger chez M. de Persigny, 17, rue de la Fontaine, qui habitait là sous le nom de Manuel. Le 29 au soir, accompagné de celui-ci, auquel, chemin faisant, il disait que la beauté de la nuit était d'un favorable augure pour le lendemain (5), il se rendait rue des Orphelins, dans un appartement loué par M. de Querelles et composé de deux pièces au rez-de-chaussée. C'est là que les conjurés arrivèrent bientôt pour tenir un conseil suprême dans lequel l'exécution de l'entreprise fut réglée dans ses détails et fixée au lendemain, quatre heures du matin. Un certain nombre d'officiers étaient présents, notamment le colonel Vaudrey, les lieutenants Laity, Couard, Poggi, Gros, Petry, Dupenhoat, de Schaller. Nous ne connaissons que les noms de ceux qui se compromirent irrémédiablement, le gouvernement ayant tenu (6) à amoindrir le plus possible l'impor-

---

(1) « Si M. de Bruc, dit le général dans sa déposition, m'eût parlé d'un complot, je l'aurais fait arrêter, ou plutôt je l aurais traité comme un fou. »

(2) Acte d'accusation.

(3) Le président à Mme Gordon (audience du 7 janvier) : « Vous prétendez que vos relations avec le colonel Vaudrey n étaient point intimes; cependant il est constant que vous avez logé dans son appartement. » — « Une assez vive rougeur, dit le compte rendu, couvre les joues de Mme Gordon, qui répond qu'elle s'était démis l épaule. »

(4) Expression du procureur général.

(5) Voir les OEuvres de Napoléon III (édit. Plon).

(6) Le colonel Talandier, commandant le 18ᵉ de ligne, causant, quelque temps après, avec le duc d'Orléans, de l'affaire de Strasbourg, s'étonnait de l'indulgence extrême dont on avait usé avec les officiers ayant participé au complot; le prince

tance de la propagande napoléonienne. On ne poursuivit pas tous les officiers qui avaient assisté aux réunions bonapartistes et participé à la préparation du complot, on n'arrêta ou on ne signala que ceux qui furent pris ou qui se montrèrent les armes à la main en état de rébellion ouverte et déclarée.

Le prince, après avoir passé en revue tous les griefs de la nation contre le gouvernement de Juillet, et soutenu que la légitimité comme l'orléanisme ne représentaient, en définitive, que les intérêts d'une seule classe de la société française (1), donna lecture des différentes proclamations qu'il avait préparées. La première était adressée au peuple :

« Français!

« On vous trahit! vos intérêts politiques, vos intérêts commerciaux, votre honneur, votre gloire, sont vendus à l'étranger.

« Et par qui! par les hommes qui ont profité de notre belle Révolution et qui en renient les principes. Est-ce donc pour avoir un gouvernement sans parole, sans honneur, sans générosité, des institutions sans force, des lois sans liberté, une paix sans prospérité et sans calme, enfin, un présent sans avenir, que nous avons combattu depuis quarante ans? En 1830 on imposa un gouvernement à la France sans consulter ni le peuple de Paris, ni le peuple des provinces, ni l'armée française; tout ce qui a été fait sans vous est illégitime.

« Un congrès national (2), élu par tous les citoyens, peut

---

royal s'écria : « Il y aurait eu trop à punir! » (Voir Jules RICHARD, *Comment on a restauré l'Empire*, p. 17.)

(1) Lettre du prince à Odilon Barrot, du 15 novembre 1836.

(2) « Que ce respect pour le principe de la souveraineté populaire fût, de la part du jeune prince, parfaitement sincère et loyal, rien de plus certain; mais la part que, dans son désir, il faisait à son ambition, n'en était point pour cela moins grande. Héritier de la tradition impériale, pourrait-il n'être pas désigné par le peuple, surtout lorsqu'il lui apparaîtrait entouré de l'éclat d'une révolte heureuse?... Mieux inspiré, plus magnanime, il eût cherché la gloire dans un désintéressement absolu, et peut-être y eût-il trouvé le succès. Mais l'éducation que reçoivent les princes ne les porte pas à d'aussi hautes pensées!... Qu'eût-il apporté?... La continuation de l'œuvre de Napoléon, moins la guerre; c'eût été, — il est permis de le craindre, — le despotisme moins les triomphes, les courti-

seul avoir le droit de choisir ce qui convient le mieux à la France.

« Fier de mon origine populaire, fort de quatre millions de votes qui me destinaient au trône, je m'avance devant vous comme représentant de la souveraineté du peuple.

« Il est temps qu'au milieu du chaos des partis une voix nationale se fasse entendre; il est temps qu'aux cris de la liberté trahie vous renversiez le joug honteux qui pèse sur notre belle France; ne voyez-vous pas que les hommes qui règlent nos destinées sont encore les traîtres de 1814 et de 1815, les bourreaux du maréchal Ney?

« Pouvez-vous avoir confiance en eux? Ils font tout pour complaire à la Sainte-Alliance; pour lui obéir ils ont abandonné les peuples, nos alliés; pour se soutenir ils ont armé le frère contre le frère; ils ont ensanglanté nos villes, ils ont foulé aux pieds nos sympathies, nos volontés, nos droits. Les ingrats! ils ne se souviennent des barricades que pour préparer les forts détachés. Méconnaissant la grande nation, ils rampent devant les puissants et insultent les faibles. Notre vieux drapeau tricolore s'indigne d'être plus longtemps entre leurs mains! Français! que le souvenir du grand homme qui fit tant pour la gloire et la prospérité de la patrie vous ranime. Confiant dans la sainteté de ma cause, je me présente à vous, le testament de l'empereur Napoléon d'une main, l'épée d'Austerlitz de l'autre. Lorsqu'à Rome le peuple vit les dépouilles ensanglantées de César, il renversa ses hypocrites oppresseurs. Français! Napoléon est plus grand que César; il est l'emblème de la civilisation du dix-neuvième siècle!

« Fidèle aux maximes de l'Empereur, je ne connais d'intérêts que les vôtres, d'autre gloire que celle d'être utile à la France et à l'humanité. Sans haine, sans rancune, exempt de l'esprit de parti, j'appelle sous l'aigle de l'Empire tous ceux qui sentent un cœur français battre dans leur poitrine!

sans sur nos têtes moins l'Europe à nos pieds, un grand nom moins un grand homme, l'empire, enfin, moins l'Empereur. » (Louis BLANC, *Histoire de dix ans*, t. V. p. 113, 115.)

« J'ai voué mon existence à l'accomplissement d'une grande mission. Du rocher de Sainte-Hélène un rayon du soleil mourant a passé dans mon âme. Je saurai garder ce feu sacré ; je saurai vaincre ou mourir pour la cause du peuple.

« Hommes de 1789, hommes du 20 mars 1815, hommes de 1830, levez-vous ! Voyez qui vous gouverne ; voyez l'aigle, emblème de gloire, symbole de liberté, et choisissez. Vive la France ! Vive la liberté !

« NAPOLÉON. »

C'était ensuite une proclamation à l'armée :

« SOLDATS !

« Le moment est venu de recouvrer votre ancienne splendeur. Faits pour la gloire, vous pouvez moins que d'autres supporter plus longtemps le rôle honteux qu'on vous fait jouer. Le gouvernement qui trahit nos intétêts civils voudrait aussi ternir notre honneur militaire. L'insensé ! Croit-il que la race des héros d'Arcole, d'Austerlitz, de Wagram soit éteinte ?

« Voyez le lion de Waterloo encore debout sur nos frontières ; voyez Hunningue privé de ses défenses ; voyez les grades de 1815 méconnus ; voyez la Légion d'honneur prodiguée aux intrigants et refusée aux braves ; voyez notre drapeau... il ne flotte nulle part où nos armes ont triomphé ! Voyez enfin partout trahison, lâcheté, influence étrangère, et écriez-vous avec moi : « Chassons les barbares du Capitole ! » Soldats, reprenez ces aigles que nous avions dans nos grandes journées : les ennemis de la France ne peuvent en soutenir les regards ; ceux qui vous gouvernent ont déjà fui devant elles ! Délivrer la patrie des traîtres et des oppresseurs, protéger les droits du peuple, défendre la France et ses alliés contre l'invasion, voilà la route où l'honneur vous appelle, voilà quelle est votre sublime mission !

« Soldats français, quels que soient vos antécédents, venez

tous vous ranger sous le drapeau tricolore régénéré, il est l'emblème de vos intérêts et de votre gloire. La patrie divisée, la liberté trahie, l'humanité souffrante, la gloire en deuil comptent sur vous : vous serez à la hauteur des destinées qui vous attendent.

« Soldats de la République, soldats de l'Empire ! que mon nom réveille en vous votre ancienne ardeur. Et vous, jeunes soldats qui êtes nés comme moi au bruit du canon de Wagram, souvenez-vous que vous êtes les enfants des soldats de la grande armée. Le soleil de cent victoires a éclairé votre berceau. Que nos hauts faits ou notre trépas soient dignes de notre naissance ! Du haut du ciel la grande ombre de Napoléon guidera nos bras, et, content de nos efforts, elle s'écriera : « Ils « étaient dignes de leurs pères. »

« Vive la France ! Vive la liberté !

« NAPOLÉON. »

Enfin, venait une proclamation aux habitants de Strasbourg

Le 30 octobre, le prince se lève au point du jour et écrit à sa mère deux lettres où il annonçait dans l'une sa victoire et dans l'autre sa défaite (1). Puis il reçoit les conjurés qui étaient, outre les huit officiers ci-dessus désignés :

Parquin, chef de bataillon à la garde municipale de Paris
De Querelles, lieutenant en disponibilité.
De Gricourt (2).
De Persigny (3).

(1) Au bruit des vivats du 4ᵉ régiment d'artillerie, la première lettre fut envoyée et la seconde déchirée. (Brochure de PERSIGNY.)

(2) Allié à la famille de Beauharnais. La terre de Saint-Leu avait été vendue à la reine Hortense par sa grand'mère.

(3) Esprit fin, délié, adroit, caractère énergique et audacieux, volonté pleine de ressources. Il était en même temps la conception et l'exécution, l'intelligence et la main de l'aventure. Diplomate d'instinct et non d'éducation, il nouait les fils du complot avec une habileté consommée. Conspirateur par tempérament et par calcul, les aventures l'attiraient irrésistiblement. Impassible et froid devant le péril, aucun obstacle ne pouvait ni l'effrayer ni l'arrêter. La prévoyance qui combine tout et l'audace qui ne redoute rien, tel était M. de Persigny. » (A. DE LA GUÉRONNIÈRE, *Portraits politiques contemporains*. 1851.)

Lombard, ancien chirurgien de l'hôpital militaire de Strasbourg.

Thelin, valet de chambre du prince.

Six heures sonnent. Jamais les sons d'une horloge n'avaient retenti si violemment dans le cœur de Louis-Napoléon (1). Un instant après la trompette du quartier d'Austerlitz vient en accélérer les battements (2). Le colonel Vaudrey est déjà à la caserne. On vient prévenir le prince. « Messieurs, s'écrie-t-il (3), le moment est arrivé ! Nous allons voir si la France se souvient encore de vingt années de gloire ! » — « Oui ! oui ! la France vous suit ! » lui répond-on (4).

La petite troupe se met en marche. Il fait froid ; la neige tombe. En avant il y a de Querelles en chef d'escadron, portant un drapeau surmonté d'une aigle, et de Gricourt en officier d'état-major. Le prince vient ensuite. Il est vêtu de l'uniforme de l'artillerie : habit bleu, collet, revers et passepoils rouges avec les épaulettes de colonel et les insignes de la Légion d'honneur ; le chapeau d'état-major (5) et le sabre droit de grosse cavalerie. Parquin est en général (6), et de Persigny en officier d'état-major (7).

Le colonel Vaudrey était arrivé au quartier un peu après

---

(1) Voir lettre du prince à sa mère (*OEuvres de Napoléon III*, t. II, édit. Plon.)

(2) *Ibid.*

(3) Relation de LAITY.

(4) *Ibid.*

(5) Voir la lettre susdite du prince, dont la déclaration est confirmée et par de Persigny et par Laity. C'est donc à tort que le *Journal des Débats* revêt le prince d'un habit vert, et que le procureur général déclare dans l'acte d'accusation que Louis Bonaparte était revêtu d'un costume « qui rappelait celui du grand homme, la tête couverte du *chapeau historique* ». A l'audience du 11 janvier, le canonnier Marcot, du 4ᵉ d'artillerie, dépose qu'il a vu arriver dans la cour de la caserne un jeune homme qui avait le *petit chapeau* ; à l'audience du 12, le sous-lieutenant Pleignier, du 46ᵉ de ligne, dit : « Je vis s'avancer un jeune homme revêtu de l'uniforme de Napoléon. » Mais, nous le répétons, le prince, de Persigny et Laity affirment que l'habit était bleu, et que la coiffure était le chapeau d'état-major. Il y a donc là une légende, comme dans l'*affaire de Boulogne* il y a celle de l'aigle. Ce qu'il y a de vrai, c'est que le chapeau d'état-major avait une vague ressemblance avec le petit chapeau de l'Empereur.

(6) *Moniteur.* Audience du 12 janvier 1837.

(7) *Moniteur* du 24 décembre 1836.

cinq heures. Il avait mandé (1) le maréchal des logis de garde et lui avait donné l'ordre de faire « sonner aux maréchaux de logis chefs, ainsi que l'assemblée du régiment ». Dès que les artilleurs furent descendus, il distribua 40 francs dans chaque batterie et remit 200 francs aux sous-officiers (2), puis il forma le régiment en carré, plaça à la porte de la caserne trente-cinq hommes à cheval et fit donner dix cartouches à chaque homme armé du mousqueton.

Dès que le colonel aperçut le prince, il tira son sabre, se porta à sa rencontre et l'amena jusqu'au centre du carré. « Soldats (3), dit-il alors, une grande révolution s'accomplit en ce moment. Vous voyez ici devant vous le neveu de l'empereur Napoléon. Il vient pour se mettre à votre tête, pour rendre au peuple ses droits usurpés, à l'armée la gloire que son nom rappelle, à la France les libertés que l'on méconnaît. Il compte sur votre courage, votre dévouement et votre patriotisme pour accomplir cette grande et glorieuse mission. C'est autour de lui que doit venir se grouper tout ce qui aime la gloire et la liberté de la France. Soldats! vous sentirez comme votre chef toute la grandeur de l'entreprise que vous allez tenter, toute la sainteté de la cause que vous allez défendre. Soldats! votre colonel a répondu de vous. Répétez donc avec lui : Vive Napoléon! Vive l'Empereur! » Et, d'une voix unanime, le régiment répéta ces cris (4).

(1) Audience du 10 janvier, déposition de Victor Jacquet, adjudant au 4e d'artillerie.

(2) Voir lettre adressée au *Journal du Haut et Bas-Rhin* par le capitaine d'artillerie E. Donnat, faisant fonction de major au 4e régiment.

(3) Allocution reconstituée tant avec la version tirée de la relation de Laity qu'avec celle des *OEuvres de Napoléon III*, édit. Plon, t. III.

(4) Déposition de Marcot, canonnier au 4e d'artillerie : « On a crié : Vive l'Empereur! Vive Napoléon!.. J'ai demandé : Quel Empereur? quel Napoléon? Les uns m'ont répondu que c'était le fils, d'autres le neveu, d'autres que c'était l'Empereur lui-même... »

Déposition de Gaudoin, soldat : « On criait : Vive le Roi! ou : Vive l'Empereur! je ne savais pas trop...; je me mis à crier : Vive le Roi!... Le colonel Vaudrey s'approcha de moi et me dit : « Crie : Vive l'Empereur! f.... » Alors j'ai crié : Vive l'Empereur! »

Le prince alors prit la parole : « Soldats, dit-il, appelé en France par une députation des villes et des garnisons de l'Est (1), et résolu à vaincre ou à mourir pour la gloire et la liberté du peuple français, c'est à vous les premiers que j'ai voulu me présenter, parce que, entre vous et moi, il existe de grands souvenirs ; c'est dans votre régiment que l'empereur Napoléon mon oncle servit comme capitaine ; c'est avec vous qu'il s'est illustré au siège de Toulon, et c'est encore votre brave régiment qui lui ouvrit les portes de Grenoble au retour de l'île d'Elbe.

« Soldats, de nouvelles destinées vous sont réservées ; à vous la gloire de commencer une grande entreprise, à vous l'honneur de saluer les premiers l'aigle d'Austerlitz et de Wagram. (*Il saisit l'aigle.*) Soldats, voici le symbole de la gloire française destiné désormais à devenir aussi l'emblème de la liberté. Pendant quinze ans il a conduit nos pères à la victoire ; il a brillé sur tous les champs de bataille ; il a traversé toutes les capitales de l'Europe. Soldats ! ralliez-vous à ce noble étendard ; je le confie à votre honneur, à votre courage. Marchons ensemble contre les traîtres et les oppresseurs de la patrie, aux cris de : Vive la France ! Vive la liberté (2) ! »

On l'acclame et on crie à nouveau : Vive l'Empereur !

Le prince alors va vivement à un officier qui se trouve près de lui et l'embrasse presque convulsivement (3). Puis il se dirige vers le colonel et lui remet l'aigle en disant : « Je la confie au brave colonel Vaudrey qui, comme moi, saura la défendre (4). »

Il prend le commandement, ordonne à la musique de jouer, et, suivi de son état-major et du colonel Vaudrey, sort de la caserne à la tête du régiment. Cinq détachements sont formés. Le premier, sous les ordres des lieutenants Poggi et Couard,

---

(1) Il y a là une assertion dont nous n'avons trouvé nulle part la justification, et qui, d'ailleurs, ne se trouve pas dans l'édition Plon des *OEuvres de Napoléon III.*

(2) Laity (brochure).

(3) Déposition du lieutenant Jacques Bocave.

(4) *Id.* du lieutenant Jacquet.

est chargé de soulever le 3ᵉ d'artillerie. Le second, commandé par le lieutenant Schaller, a pour mission de garder à vue le colonel Leboul, commandant ce régiment, ainsi que le général de brigade Lalande. Le troisième, avec Lombard, va à l'imprimerie Silbermann et y fait imprimer les proclamations du prince. Le quatrième, ayant à sa tête Laity, Dupenhoat, Petry et Gros, se rend à la caserne des Pêcheurs pour entraîner les six compagnies de pontonniers qui s'y trouvent et faire ensuite de même au quartier des Juifs. Le cinquième, avec Persigny, doit arrêter le préfet.

Le premier et le quatrième détachement échouent dans leur tentative. Quant au cinquième, il finit, non sans peine, par pénétrer dans la Préfecture. On avait sonné jusqu'à trois fois, et le concierge (1) refusait d'ouvrir. La peur le fait céder, mais il faut pourtant employer la force pour qu'il indique la chambre à coucher du préfet (2), dont le domestique n'oppose aucune résistance. Persigny entre suivi de ses hommes ayant le sabre nu. Le préfet était encore au lit. « Je vous arrête au nom de l'empereur Napoléon ! » lui dit Persigny. Le malheureux fonctionnaire, les yeux encore gros de sommeil, se lève, s'habille sans souffler mot. Puis on l'emmène. Deux artilleurs le tiennent par les bras, et, comme il ne marche pas assez vite, quatre autres le poussent par derrière (3). Il était six heures et demie du matin. On le mène à la caserne du 4ᵉ régiment d'artillerie, et Persigny donne l'ordre à l'adjudant Jacquet de l'enfermer dans le cachot servant de salle de police. Mais comme le préfet, anéanti (4), fait observer que, dans l'état de santé où il est, il trouve ce lieu humide bien malsain, le sous-officier prend sur lui (5) de l'enfermer dans une chambre du premier étage, sous la garde d'un canonnier et d'un maréchal des logis.

(1) Déposition du portier Chrétien-Aloïse Woltz.
(2) *Id*. du valet de chambre Antide Cantel
(3) *Id*. du préfet
(4) *Id*. de Victor Jacquet, adjudant.
(5) *Ibid*.

Pendant que ces cinq détachements opéraient chacun de son côté, le gros du régiment avec le prince et le colonel Vaudrey se rendait d'abord chez le général Voirol, commandant la division militaire de Strasbourg. A la sortie de la caserne (1), les démonstrations des gens qui avaient été attirés par le bruit étaient si enthousiastes que le colonel dut faire ouvrir la marche par des canonniers à cheval. A chaque pas des hommes du peuple venaient baiser l'aigle portée par de Querelles.

Le général Voirol était, lui aussi, encore au lit, lorsque le 4ᵉ d'artillerie arriva devant son hôtel. Réveillé par son cocher qui lui annonce que le colonel Vaudrey était là à la tête de son régiment qui crie : « Vive l'Empereur ! » il avait passé un caleçon (2) et n'avait pas achevé de s'habiller lorsqu'un jeune homme (3) vient à lui et lui dit : « Général, je viens vers vous en ami ; je serais désolé de relever notre vieux drapeau tricolore sans un brave militaire comme vous ; la garnison est pour moi, décidez-vous et suivez-moi (4) ! » — « Non ! non ! s'écrie le général, vous vous trompez, la garnison n'est pas à vous ; elle saura bientôt reconnaître son erreur ! » Le prince insiste et lui dit : « Venez, brave général Voirol, que je vous embrasse, et reconnaissez en moi Napoléon II. » Le général le repousse, lui répond qu'il s'abuse étrangement sur sa popularité, et que, quant à lui, il est décidé à accomplir son devoir (5). Parquin intervient alors et s'écrie : « Retirez-vous, vous ne commandez plus, vous n'avez plus rien à faire ici ! » Le général, seulement alors, peut revêtir son uniforme, et, mettant l'épée à la main, il ordonne aux canonniers d'arrêter Parquin. Ils répondent par un cri de : « Vive l'Empereur ! » et Parquin pousse le général dans une pièce voisine qu'il ferme à clef. Mais celui-ci peut s'échapper par une autre porte et gagner l'escalier, où il rencontre quelques officiers venus à son secours (6).

(1) Relation de Laity.
(2) Déposition du général Voirol.
(3) *Ibid.*
(4) *OEuvres de Napoléon III*, t. II.
(5) Déposition du général Voirol.
(6) Les capitaines de Vercly, Petit-Grand, Labastie, Chausson.

Poursuivi par Parquin qui ordonne de le saisir, il engage une lutte de corps à corps, soutenu par ces officiers (1); sa femme et sa belle-mère (2) interviennent et se jettent dans la mêlée; les sabres sortent des fourreaux (3); enfin, grâce à la défection de dix canonniers (4) qui abandonnent le colonel Vaudrey (5), il parvient à se dégager et à se rendre à la caserne du 16ᵉ de ligne, comptant sur la fidélité de ce régiment qui avait fait partie du camp de Compiègne et où avaient servi les fils du Roi (6). Il ne se trompait pas. Il est acclamé (7). Il en prend le commandement et se rend à la Préfecture.

Pendant ce temps-là, Louis-Napoléon et le colonel Vaudrey avaient pénétré dans la caserne Finckmatt, occupée par le 46ᵉ de ligne. Le prince aperçoit près de la grille d'entrée le sergent Régulus Debarre (8) et lui dit : « Tu sers depuis longtemps, mon brave? — Oui, vingt-cinq ans de services et avec honneur! — Je suis le fils de l'Empereur! — Le fils est mort, je ne connais que le Roi! »

Les artilleurs envahissent la cour en criant: « Vive l'Empereur! » Le sous-lieutenant Pleignier (9), qui se trouvait là, demande au colonel Vaudrey ce que tout cela signifie et refuse d'exécuter l'ordre que celui-ci lui donne de faire descendre le régiment en armes. De Querelles s'adresse au lieutenant Hornet et lui dit (10) : « Embrassez l'aigle, et vous serez commandant demain. » Et comme il refuse, le prince s'écrie : « Cet officier méconnaît sa position ! » Vaudrey ordonne son arrestation. De Querelles continue sa propagande, aborde le sergent Kubler et lui présente l'aigle (11) : « Voici notre patrie ! Voici notre sauveur ! Vous êtes un vieux brave; camarade,

---

(1) « Ce général, s'écrie Voirol en désignant Parquin, c'est un traître, un misérable, tuez-le! » (Déposition de Chausson, capitaine au 3ᵉ d'artillerie.)
(2, 3, 4, 5) Déposition du général Voirol.
(6, 7) Rapport du général Voirol au ministre de la guerre.
(8) Déposition du sergent Debarre.
(9) *Id.* de Pleignier.
(10) *Id.* de Hornet.
(11) *Id.* de Kubler.

vive l'Empereur ! » On entend ces cris : « Soldats, on vous trompe, celui qu'on vous donne pour le fils de l'Empereur n'est qu'un mannequin déguisé ! — ... C'est le neveu du colonel Vaudrey (1) ! » Ce mensonge vole de bouche en bouche et change les dispositions d'abord indécises des soldats du régiment d'infanterie (2). Le colonel Vaudrey s'adresse au major Salleix (3) du 46° et lui dit : « Major, nous proclamons l'empereur Napoléon II ; joignez-vous à nous et criez : « Vive l'Empereur (4) ! » C'est alors qu'intervient le lieutenant-colonel du 46°, Taillandier. Il rassemble ses soldats et ses officiers, et refoule les insurgés qui sont acculés contre un des murs de la caserne. Les sabres sortent du fourreau. La lutte s'engage. La mêlée devient générale (5). Le capitaine Morin du 46° arrête Parquin. Laity lui crie : « Quoi ! vous n'êtes pas des nôtres, vous qui portez une croix que vous a peut-être donnée l'Empereur ! — Moi, répondit l'officier, renier l'Empereur ! Je le chéris, je le vénère ! J'étais à Waterloo et j'ai versé mon sang pour l'Empereur ; mais ce n'est pas ce jeune homme-là (6). » Et comme (7) Parquin veut se dégager, le tambour-major Kern arrive à la rescousse, le prend sous son bras (*sic*) et l'amène au lieutenant-colonel Taillandier (8), qui lui arrache ses épaulettes, et lui dit : « Vous ne devez pas porter les épaulettes de général, vous êtes un traître et un infâme ! »

---

(1) Déposition de Gricourt et brochure de PERSIGNY.

(2) *Ibid.* — « Ah ! quelle horrible position a été la mienne, au milieu du 46° de ligne ! J'étais venu consulter un sentiment national et je pouvais voir la force de ce sentiment dans la fureur même des soldats dont les baïonnettes étincelaient sur ma poitrine, déchiraient mes habits et glissaient comme par miracle sur mon corps, car, exaspérés par la croyance que je n'étais pas le neveu de l'Empereur, ils me reprochaient dans les termes les plus violents d'avoir usurpé le grand nom de Napoléon. » (*Lettres de Londres,* PERSIGNY, p. 87.)

(3-4) Déposition du major Salleix.

(5) Déposition du sergent André-Régulus Debarre, qui ajoute : « Le commandant Parquin faisait voltiger son sabre de tierce et de quarte, tous les tremblements, quoi ! » — Déposition du fusilier du 46° Jean Morvan : « Je vis un canonnier qui couchait en joue le sergent-major Delabarre ; alors je lui communiquai un coup de baïonnette dans la joue... »

(6) Déposition du capitaine Morin.

(7) *Id.* du sergent Kubler.

(8) *Id.* du lieutenant-colonel Taillandier.

et le fait conduire au corps de garde. A la vue du colonel Paillot du 46°, qui survient avec des officiers, le colonel Vaudrey s'écrie : « Canonniers, défendez-moi (1) ! » Et le prince appelle aux armes (2), mais la lutte est impossible. Le lieutenant-colonel Taillandier (3) met la main au collet du colonel Vaudrey et lui dit : « Rendez-vous, ou vous êtes mort ! — Non ! je ne me rends pas ! répond celui-ci ; mes canonniers ne le souffriront pas ! — Rendez-vous donc ! — Non, non, je ne me rendrai pas ! — Vous ne pouvez échapper maintenant, on croit dans la ville que le mouvement a été tenté en faveur de Charles X (sic), et l'on est furieux contre vous ! » Qu'il crût le lieutenant-colonel ou qu'il ne le crût pas (4), le colonel se rendit alors en disant aux artilleurs : « Canonniers ! retirez-vous !... Obéissance à la loi !... »

Le prince Louis-Napoléon et ses compagnons sont arrêtés (5). On mène le prince et Parquin au corps de garde. « Prince, dit alors Parquin, nous serons fusillés, mais nous mourrons bien. — Oui, répond celui-ci, nous avons échoué dans une belle et noble entreprise. » (*Œuvres de Napoléon III*, tome II.) Arrive le général Voirol : « Prince, dit-il, vous n'avez trouvé qu'un traître dans l'armée française. — Dites plutôt, général, répondit-il, que j'avais trouvé un Labédoyère. » (*Id.*) On enferme de Persigny, de Gricourt et de Querelles dans une cuisine. De Querelles s'écrie (6) : « Hier, j'étais lieutenant, ce matin commandant, et dans deux jours j'aurais pu être général ; maintenant, je ne suis plus rien ! » De Gricourt lui répond : « Ne nous repentons pas ; ce n'est pas fini ; ce ne sera fini que si nous sommes fusillés. »

(1) Déposition du sergent Kubler.
(2) Déposition du fusilier au 46° Jean Morvan. Le président lui demande : « Est-ce le colonel Vaudrey qui a crié *aux armes?* — Non, répond-il, c'était l'Emp..; s'entend, c'était le petit jeune homme. »
(3) Déposition du lieutenant-colonel Taillandier.
(4) *Ibid.*
(5) Toute cette échauffourée dans la caserne même ne dura que très peu de temps. Le général Voirol, dans son rapport, dit : « Dans une minute, Louis-Napoléon et les misérables qui avaient pris parti pour lui ont été arrêtés .. »
(6) Rapport du général Voirol.

Quelques heures après, les prisonniers étaient conduits par le 46° de ligne (1) à la prison de la ville, sauf de Persigny qui avait trouvé le moyen de s'échapper. En arrivant au greffe, le prince tend la main à Vaudrey : « Colonel, me pardonnerez-vous de vous avoir entraîné et conduit à votre perte ? — Oui », répond celui-ci, en poussant un profond soupir (2).

A huit heures, tout était terminé. L'affaire avait duré à peine trois heures. C'est pour cela qu'à huit heures et demie, le général Voirol put envoyer au ministre de la guerre une dépêche (3), qui n'arriva à Paris que dans la soirée du 31 octobre, c'est-à-dire trente heures environ après l'attentat. Encore ne parvint-elle que tronquée et comme suit :

« Strasbourg, 30 octobre 1836.

« Ce matin, vers six heures, Louis-Napoléon, fils de la duchesse de Saint-Leu, *qui avait dans sa confidence* le colonel d'artillerie Vaudrey, a parcouru les rues de Strasbourg avec une partie de..... »

L'administrateur des lignes télégraphiques, M. Alphonse Foy, en transmettant la dépêche au gouvernement, écrivait : « Les mots soulignés laissent des doutes, le brumaire survenu sur la ligne ne permet ni de recevoir la fin de la dépêche ni d'éclaircir le passage douteux. »

Le gouvernement, dans ces conditions, garde le silence et ne fait rien insérer au *Moniteur* du 1er novembre. Mais dans la matinée, le commandant de Franqueville, aide de camp du général Voirol, arrive avec un rapport détaillé de l'affaire que publie un supplément du *Moniteur* avec le complément ainsi conçu de la dépêche : « ..... de son régiment aux cris de : Vive Napoléon ! Ils se sont présentés à la caserne occupée par le 46° de ligne pour le soulever. Moi-même, j'étais bloqué chez moi par un piquet d'artillerie ; mais grâce à la fidélité et

---

(1) Rapport du général Voirol.
(2) Déposition de M. Lespiaux, chirurgien des pontonniers.
(3) Télégraphe aérien.

au dévouement sincère de mes troupes, ce jeune imprudent a été arrêté, ainsi que son complice. Le 3° d'artillerie mérite des éloges, ainsi que tous les régiments d'infanterie et plusieurs officiers du 4° d'artillerie. »

L'attentat de Strasbourg produisit une profonde impression à la Cour (1). Pendant la nuit du 31 octobre au 1er novembre, tout le monde fut sur pied. Aussitôt après l'arrivée du commandant de Franqueville, un conseil extraordinaire des ministres eut lieu, dans lequel le lieutenant général Voirol fut élevé à la dignité de pair de France. Celui-ci, après avoir envoyé sa dépêche, avait adressé à la garnison de Strasbourg l'ordre du jour suivant : « Ce matin, au point du jour, quelques insensés, au nombre desquels doit malheureusement être compté le colonel Vaudrey du 4° régiment d'artillerie, ont tenté de proclamer roi un neveu de l'empereur Napoléon, qui, profanant ce grand nom et se flattant d'en ramener sur lui les sympathies, était venu se placer à la tête de ce mouvement et recevoir cette criminelle et ridicule ovation. »

La presse française et étrangère fut unanime pour condamner l'entreprise et pour accabler le prince.

« La France, disait le *Journal des Débats* (2), ne lira pas sans indignation et sans tristesse la nouvelle de la déplorable tentative... mais le sentiment qui dominera chez elle, c'est celui d'une profonde surprise, disons-mieux, d'une sorte de stupéfaction au récit de l'incroyable démence de quelques hommes... Oui, la France s'étonnera qu'on ait osé... au milieu de la satisfaction générale des intérêts... quand le trône... a poussé de si profondes racines dans l'affection et dans la confiance du

---

(1) Le duc d'Orléans écrit au duc de Nemours : « Tuileries, 1er novembre 1836, 5 heures du soir. Je pense avec bonheur que tu apprendras tout à la fois et que loin de nous tu n'auras pas à subir les AFFREUSES incertitudes que nous avons éprouvées. Toute la nuit dernière s'est passée à veiller sans nouvelles, et lorsque M. de Franqueville est arrivé, j'étais décidé à partir pour Strasbourg. » (V. *Mémoires de Véron*, t. IV, p. 18, 19.)

Les ministres passent toute la nuit auprès du Roi, attendant des nouvelles. « Les princes allaient et venaient, demandant si l'on savait quelque chose de plus. » (Guizot, *Mémoires pour servir à l'histoire de mon temps*, t. IV, p. 198.)

(2) 2 novembre 1836.

peuple… avec de folles illusions et une présomption insensée, s'attaquer au gouvernement du Roi… La France s'étonnera qu'un jeune homme porteur d'un nom illustre se soit montré… assez ignorant de notre état politique, assez infatué de son importance personnelle pour entreprendre la guerre avec son nom seul contre le gouvernement de son pays, pour accepter de quelques aventuriers… l'investiture de la couronne de France que la révolution de Juillet a placée sur une tête si auguste et si digne de la porter! Oui, c'est là un degré de folie fait pour déconcerter ceux mêmes qui ont le plus longtemps vécu au milieu des révolutions politiques. »

« La ridicule tentative, écrivait le *Standard*, dont Strasbourg a été le théâtre n'aura d'autre effet que de fortifier le gouvernement de Louis-Philippe. »

Le *Times* traitait l'échauffourée d' « insurrection aussi ridicule qu'imprudente ».

Le 2 novembre, le *Journal de Francfort* écrivait : «… un jeune insensé, sans génie, sans talent, sans renommée, qu'aucun souvenir de gloire n'accompagne, qu'aucun titre n'a jamais décoré… que veut-il? que 30 millions d'hommes s'inclinent devant lui? que ce qui fut conquis par l'épée de son parent lui soit offert, porté en hommage comme un héritage légitime dû à sa nullité politique, à sa profonde obscurité? — Mais j'ai eu Napoléon dans ma famille. — Voilà tous vos titres auprès d'une nation qui a jeté dans la balance des dynasties entières et qui a compté pour peu les gloires accumulées depuis Henri IV jusqu'à Louis XIV et au dernier des Bourbons. Venir régner par droit de famille, quand on s'appelle Bonaparte! En vérité, autant la gloire militaire de ce nom est imposante, autant sa prétendue légitimité fait sourire de pitié… »

Le prince de Metternich écrivait (1) (6 novembre 1836) à M. de Sainte-Aulaire : « Strasbourg a présenté une échauffourée ridicule jusqu'à l'absurde… ce qui ressort de l'événe-

---

(1) *Mémoires, documents et écrits divers* laissés par le prince de Metternich, chancelier de cour et d'État, publiés par son fils, le prince Richard DE METTERNICH, t VI, p. 158, 159. Plon, édit., 1883.

ment, quelque plat qu'il soit, c'est que les factieux travaillent des corps militaires... Tout cela, au reste, est détestable, ou heureux, si le peuple et les hommes de bien se remuent enfin contre de pareilles folies... » (9 novembre 1836 :) «... L'action inqualifiable du jeune Bonaparte a été jugée de prime abord ici à sa valeur véritable... Comment un colonel, homme sérieux, ne fût-ce que parce qu'il a passé l'âge d'une effervescence puérile, a-t-il pu se joindre à une entreprise aussi imprudente? Parmi ceux qui ne reviennent pas de leur étonnement se trouve le prince de Salerne. Le colonel Vaudrey avait fait les honneurs des établissements d'artillerie de Strasbourg au roi de Naples, et il n'avait en aucune manière fait sur ce prince et sur son oncle l'impression d'un conspirateur... »

Le prince dans sa prison montrait le plus grand calme (1-2). Le surlendemain de l'échauffourée, le 1ᵉʳ novembre, il écrivait à la reine Hortense :

« Ma chère mère,

« Vous avez dû être bien inquiète de ne pas recevoir de mes nouvelles, vous qui me croyiez chez ma cousine; mais votre inquiétude redoublera lorsque vous apprendrez que j'ai tenté à Strasbourg un mouvement qui a échoué. Je suis en prison,

---

(1) Voir le *Courrier du Bas-Rhin*.

(2) « ...Il entend chanter à voix basse derrière sa porte une chanson napoléonienne. Il trouve un soldat. « Tous vos camarades, lui dit-il, ne vous ressemblent « pas... — Ah! mon prince, tous aiment l'Empereur et donneraient leur sang « pour qu'il ne vous arrive rien... » (Persigny, *Lettres de Londres*, p. 88.)

« Revenant de subir un interrogatoire, il passe entre deux haies de soldats. L'un d'eux lui présente les armes, la figure couverte de larmes. » (*Ibid.*)

« Par une de ces presciences maternelles qu'on ne peut définir, dit encore l'auteur des *Lettres de Londres*, car elle ne savait rien, sa mère, lorsqu'il partit d'Arenenberg pour Strasbourg, lui donna la bague de mariage de Napoléon et de Joséphine, simple alliance en or portant en inscriptions, d'un côté : Napoléon Bonaparte, et de l'autre : Joséphine Tascher. C'était un don de l'Empereur. Il la portait à la caserne Finckmatt. Une fois dans la prison, il ne put s'empêcher, — c'est lui-même qui le raconte à Persigny, — de jeter les yeux sur ce talisman, de le baiser avec effusion en pensant à l'Empereur, et il lui sembla voir, dans un de ces moments d'hallucination qu'on éprouve toujours dans les grandes infortunes, l'ombre de son oncle tracer sur sa bague le mot Espérance. »

ainsi que d'autres officiers. C'est pour eux seuls que je suis en peine, car moi, en commençant une pareille entreprise, j'étais préparé à tout. Ne pleurez pas, ma mère, je suis victime d'une belle cause, d'une cause toute française; plus tard on me rendra justice et l'on me plaindra.

« Hier dimanche, à six heures, je me suis présenté devant le 4ᵉ d'artillerie, qui m'a reçu aux cris de : Vive l'Empereur! Nous avons détaché du monde. Le 46ᵉ a résisté. Nous nous sommes trouvés pris dans la cour de la caserne. Heureusement il n'y a pas eu de sang français répandu, c'est ma consolation dans mon malheur. Courage, ma mère; je saurai soutenir jusqu'au bout l'honneur du nom que je porte.

« M. Parquin est aussi arrêté. Faites copier cette lettre pour mon père et contribuez à calmer son inquiétude. Charles (1) a demandé à partager ma captivité; on le lui a accordé. Adieu, ma chère mère; ne vous attendrissez pas inutilement sur mon sort. La vie est peu de chose; l'honneur et la France sont tout pour moi (2). »

Il écrivait encore à sa mère (3) : « Fort de ma conviction qui me fait envisager la cause napoléonienne comme la seule cause nationale en France, comme la seule cause civilisatrice en Europe, fier de la noblesse et de la pureté de mes intentions, j'étais bien décidé à relever l'aigle impériale ou à tomber victime de ma foi politique... Une voix secrète m'entraînait... et pour rien au monde je n'aurais voulu remettre à une autre époque une tentative qui me semblait présenter tant de chances de succès... Que m'importent les cris du vulgaire qui m'appellera insensé parce que je n'aurai pas réussi, et qui aurait exagéré mon mérite si j'avais triomphé!... »

Devant quelle juridiction allait-on traduire le prince et ses complices? Serait-ce devant la cour de Paris? ou devant le jury? Et même poursuivrait-on Louis-Napoléon? Telles étaient les

---

(1) Parquin.
(2) Brochure de LAITY.
(3) Œuvres de Louis-Napoléon Bonaparte, t. II, édit. Plon.

graves questions qui se posaient et qui s'agitaient dans le gouvernement, dans le public et dans la presse.

Le *Moniteur* du 3 novembre publiait un article dans lequel on exposait que, d'après la juriprudence en vigueur depuis 1830, la juridiction des conseils de guerre devait céder devant la juridiction ordinaire des cours d'assises, lorsque des personnes non militaires se trouvaient comprises dans les poursuites. « Ce n'est pas ici, ajoutait-on, le lieu de discuter au fond cette jurisprudence et ses motifs ; elle est en vigueur, le gouvernement la respecte et y conforme sa conduite. Toutes les mesures seront prises pour qu'une justice aussi prompte que l'autorisent les lois soit rendue et pour que, sans rien sacrifier des droits de la défense, la société reçoive la satisfaction qu'elle attend. En toute occasion le gouvernement fera son devoir. Il a la confiance que personne ne manquera au sien. »

Le 9 novembre, à sept heures du soir, le général Voirol et le préfet se rendent à la maison d'arrêt et font connaître au directeur de la prison qu'ils sont porteurs d'un ordre ministériel qui leur enjoint d'emmener le prisonnier Le prince obéit sans faire une observation et sans rien demander (1); mais il éprouve une véritable douleur en se voyant forcé d'abandonner des hommes qui s'étaient dévoués pour lui (2). On le mène à la préfecture et on le remet entre les mains du chef d'escadron de gendarmerie Cuynat, venu de Paris avec le lieutenant Thiboutot de la même arme. Il monte avec eux dans une chaise de poste, suivie d'une autre voiture contenant quatre sous-officiers. Il arrive le lendemain soir à la préfecture de police. Reçu par le préfet, M. Delessert, il lui dit son désespoir de ne pas partager le sort de ses compagnons d'infortune (3) et proteste contre son enlèvement. Puis, sans perdre un instant, il écrit au Roi pour lui exprimer « tout son chagrin d'être traité d'une manière exceptionnelle et la reconnaissance qu'il éprouverait du pardon accordé à d'anciens sol-

---

(1) Déclaration du directeur de la prison. *Gazette des Tribunaux.*
(2) V. *le Prisonnier de Ham*, par A. Briffault. Paris, Plon, 1849.
(3) *Ibid.*

dats entraînés par lui et séduits par d'anciens souvenirs (1) » ...
Enfin, comme il apprend que la reine Hortense est venue à
Paris et a sollicité la clémence royale (2), il lui adresse la lettre
suivante :

« Ma chère mère,

« Je reconnais à votre démarche toute votre tendresse pour
moi ; vous avez pensé au danger que je courais, mais vous
n'avez pas pensé à mon honneur qui m'obligeait à partager le
sort de mes compagnons d'infortune. J'éprouve une douleur
bien vive en me voyant séparé des hommes que j'ai entraînés
à leur perte, lorsque ma présence et mes dépositions auraient
pu influencer le jury en leur faveur. J'écris au Roi pour qu'il
jette sur eux un regard de bonté. C'est la seule grâce qui puisse
me toucher..... Je pars pour l'Amérique, mais, ma chère mère,
si vous ne voulez pas augmenter ma douleur, je vous en conjure, ne me suivez pas. L'idée de faire partager à ma mère
mon exil de l'Europe serait aux yeux du monde une tache
indélébile pour moi, et pour mon cœur cela serait un chagrin
cuisant. Je vais en Amérique faire comme Achille Murat, me
créer moi-même mon existence ; il me faut un intérêt nouveau
pour pouvoir m'y plaire.

« Je vous prie, ma chère maman, de veiller à ce qu'il ne
manque rien aux prisonniers de Strasbourg. Prenez soin des
deux fils du colonel Vaudrey, qui sont à Paris avec leur mère.
Je prendrais bien facilement mon parti si je savais que mes
autres compagnons d'infortune auront la vie sauve ; mais avoir
sur la conscience la mort de braves soldats, c'est une douleur

---

(1) Voir *le Prisonnier de Ham*, par A. Briffault. Paris, Plon, 1849. —
« On a trouvé qu'il se comportait avec beaucoup de convenance et de dignité. Il
a écrit au Roi pour lui témoigner sa reconnaissance et lui recommander les
complices de sa folle entreprise. La lettre était, dit-on, parfaitement bien et d'un
ton juste. » (16 novembre 1836, *Lettres de M. Ximénès Doudan*.)

(2) « La reine Hortense accourut en France sous un nom supposé, s'arrêta à
Viry, près de Paris, chez la duchesse de Raguse, et de là s'adressa à M. Molé et
au Roi. » (*Mémoires de Guizot*, t. IV, p. 298.)

amère qui ne peut jamais s'effacer... Adieu, ma chère maman; recevez mes remerciements pour toutes les marques de tendresse que vous me donnez; retournez à Arenenberg, mais ne venez pas me rejoindre en Amérique, j'en serais trop malheureux. Adieu, recevez mes tendres embrassements; je vous aimerai toujours de tout mon cœur. Votre tendre et respectueux fils,

« NAPOLÉON-LOUIS BONAPARTE (1). »

Il écrit (2) aussi à Odilon Barrot pour le prier de défendre le colonel Vaudrey : « Malgré mon désir, lui dit-il, de rester avec mes compagnons d'infortune et de partager leur sort, malgré mes réclamations à ce sujet, le Roi dans sa clémence a ordonné que je fusse conduit à Lorient pour de là passer en Amérique. Touché, comme je le dois, de la générosité du Roi, je suis profondémeut affligé de quitter mes coaccusés... De leur part il n'y a pas eu complot, il n'y a eu que l'entraînement du moment. Moi seul ai tout combiné, moi seul ai fait les préparatifs nécessaires... Certes nous sommes tous coupables, aux yeux du gouvernement établi, d'avoir pris les armes contre lui; mais le plus coupable, c'est moi, c'est celui qui, méditant depuis longtemps une révolution, est venu tout à coup arracher ces hommes à une position honorable pour les livrer à tous les hasards d'une révolution populaire. Je tins au colonel Vaudrey lorsque je le vis et aux autres personnes le langage suivant : Vous connaissez tous les griefs de la nation envers le gouvernement du 9 août, mais vous savez aussi qu'aucun parti existant aujourd'hui n'est assez fort pour le renverser, aucun assez puissant pour réunir tous les Français, si l'un d'eux parvenait à s'emparer du pouvoir. Cette faiblesse du gouvernement, comme cette faiblesse des partis, vient de ce que chacun ne représente que les intérêts d'une seule classe de la société. Les uns s'appuient sur le clergé et la noblesse, les autres sur l'aris-

(1) Brochure de LAITY.
(2) OEuvres de Napoléon III, édit. Plon, t. II.

tocratie bourgeoise, d'autres enfin sur les prolétaires seuls. Dans cet état de choses il n'y a qu'un seul drapeau qui puisse rallier tous les partis, parce qu'il est le drapeau de la France et non celui d'une faction : c'est l'aigle de l'Empire. Sous cette bannière qui rappelle tant de souvenirs glorieux il n'y a aucune classe expulsée, elle représente les intérêts et les droits de tous. L'empereur Napoléon tenait son pouvoir du peuple français; quatre fois son autorité reçut la sanction populaire; en 1804 l'hérédité fut reconnue dans la famille de l'Empereur par quatre millions de votes; depuis, le peuple n'a pas été consulté... Comme l'aîné des neveux de Napoléon, je puis donc me considérer comme le représentant de l'élection populaire, je ne dirai pas de l'Empire, parce que depuis vingt-trois ans les idées et les besoins de la France ont dû changer. Mais un principe ne peut être annulé par des faits, il ne peut l'être que par un autre principe; or ce ne sont pas les douze cent mille étrangers de 1815, ce n'est pas la Chambre des 221 de 1830 qui peuvent rendre nul le principe de l'élection de 1804. Le système napoléonien consiste à faire marcher la civilisation sans discorde et sans excès, à donner l'élan aux idées tout en développant les intérêts matériels, à raffermir le pouvoir en le rendant respectable, à discipliner les masses d'après leurs facultés intellectuelles, enfin à réunir autour de l'autel de la patrie les Français de tous les partis en leur donnant pour mobiles l'honneur et la gloire. Remettons, leur dis-je, le peuple dans ses droits, l'aigle sur nos drapeaux et la stabilité dans nos institutions. Eh quoi! m'écriais-je enfin, les princes de droit divin trouvent bien des hommes qui meurent pour eux dans le but de rétablir les abus et les privilèges, et moi dont le nom représente la gloire, l'honneur et les droits du peuple, mourrai-je donc seul dans l'exil? — Non! ont répondu mes braves compagnons d'infortune, vous ne mourrez pas seul, nous mourrons avec vous ou nous vaincrons ensemble, pour la cause du peuple français!

« Vous voyez donc, Monsieur, que c'est moi qui les ai entraînés en leur parlant de tout ce qui pouvait le plus émouvoir des cœurs français. Ils me parlèrent de leurs serments, mais je leur rappelai qu'en 1815 ils avaient prêté serment à Napoléon II et à sa dynastie. L'invasion seule, leur dis-je, vous a déliés de ce serment. Eh bien! la force peut rétablir ce que la force seule a pu détruire. J'allai même jusqu'à leur dire qu'on parlait de la mort du Roi... Vous voyez combien j'étais coupable aux yeux du gouvernement. Eh bien! le gouvernement a été généreux envers moi; il a compris que ma position d'exilé, que mon amour profond pour mon pays, que ma parenté avec le grand homme étaient des causes atténuantes. Le jury restera-t-il en arrière de la marche indiquée par le gouvernement? Ne trouvera-t-il pas des causes atténuantes bien plus fortes en faveur de mes complices, dans le souvenir de l'Empire, dans les relations intimes de plusieurs d'entre eux avec moi, dans l'entraînement du moment, dans l'exemple de Labédoyère, enfin dans ce sentiment de générosité qui fit que, soldats de l'Empire, ils n'ont pu voir l'aigle sans émotion, que, soldats de l'Empire, ils ont préféré sacrifier leur existence plutôt que d'abandonner le neveu de l'empereur Napoléon, que de le livrer à des bourreaux? car nous étions loin de penser à une grâce, en cas de non-réussite. »

Il écrivait aussi alors à son oncle Joseph Bonaparte : « Je pars demain pour l'Amérique. En quittant l'Europe peut-être pour toujours, j'éprouve le plus grand chagrin, celui de penser que même dans ma famille je ne trouverai personne qui plaigne mon sort... Lorsqu'on ne réussit pas... on est sûr d'être blâmé même par les siens.

« Napoléon-Louis Bonaparte.

« *P. S.* — Ayez la bonté de dire à votre chargé d'affaires en Amérique quelles seraient les terres que vous consentiriez à me vendre. »

Le lendemain matin le prince partait pour Lorient, où il arrivait le 15 novembre au soir, et, quelques jours après, le départ ayant été retardé (1) par suite de vents contraires, il était embarqué pour l'Amérique sur la frégate à voiles *l'Andromède* (2). En montant à bord, le prince dit au sous-préfet, M. Villemain : « Je ne pourrai revenir en France que lorsque le lion de Waterloo ne sera plus debout sur la frontière. »

Celui-ci lui demanda s'il trouverait en arrivant aux États-Unis quelques ressources : « Aucune, lui dit le prince. — Eh bien, mon prince, le Roi m'a chargé de vous remettre quinze mille francs qui sont en or dans cette petite cassette. » Le prince prit la cassette (3).

Avant de quitter la citadelle de Port-Louis, où il avait été enfermé, il écrivait à un ami la lettre suivante (4) :

« Mon cher M...,

« Je pars le cœur déchiré de n'avoir pu partager le sort de mes compagnons d'infortune, j'aurais voulu être traité comme eux. Mon entreprise ayant échoué, mes intentions ayant été ignorées, mon sort ayant été, malgré moi, différent de celui des hommes dont j'avais compromis l'existence, je passerai aux yeux de tout le monde pour un fou, un ambitieux et un lâche... Je saurai supporter ce nouvel exil avec résignation ; mais ce qui me désespère, c'est de laisser dans les fers des hommes auxquels le dévouement à la cause impériale a été si fatal. J'aurais voulu être la seule victime.

« Napoléon-Louis Bonaparte.

« *P. S.* — Il est faux que j'aie eu la moindre relation intime

---

(1) *OEuvres de Napoléon III*, t. II, édit. Plon.

(2) Commandée par le capitaine de vaisseau Henri de Villeneuve. « Je suis bien pauvre et bien malheureux, lui dit le prince, reconnaissant de ce que cet officier lui donnait une partie de sa garde-robe, mais souvenez-vous que celui que vous obligez sera un jour empereur des Français. » Ces paroles, dont l'authenticité n'est nullement certaine, sont rapportées par la *Gazette de France* du 11 mars 1831, au sujet de la nomination de M. de Villeneuve au grade de commandeur de la Légion d'honneur.

(3) Guizot, *Mémoires pour servir à l'histoire de mon temps*, t. IV, p. 298.

(4) Brochure de Laity.

avec Mme G...; il est faux que j'aie cherché à emprunter de l'argent; il est faux qu'on m'ait demandé le moindre serment de ne plus revenir en Europe. »

Durant les longues heures de la traversée il écrit souvent à sa mère ; il lui raconte entre autres choses qu'un passager est venu à lui pour lui apprendre qu'une somnambule lui avait prédit qu'un membre de la famille de l'Empereur... détrônerait Louis-Philippe (1). — Ce fait nous révèle le fataliste, ainsi que les deux autres que voici. — Le 14 décembre, en vue des Canaries, il lui narre ceci : « Lorsque je revenais il y a quelques mois de reconduire Mathilde, en rentrant dans le parc, j'ai trouvé un arbre rompu par l'orage, et je me suis dit à moi-même : Notre mariage sera rompu par le sort... Ce que je supposais vaguement s'est réalisé. Ai-je donc épuisé, en 1836, toute la part de bonheur qui m'était échue? » Lui faisant le récit de l'échauffourée de Strasbourg, il relate cet incident : « Lorsque nous quittâmes la caserne d'Austerlitz, un tourbillon de neige vint fondre sur nous; le colonel Vaudrey, *auquel je le fis remarquer*, me dit : Malgré cette bourrasque, ce jour-ci sera un beau jour (2). » Le 1ᵉʳ janvier 1837, toujours en mer, il lui écrit :

« Ma chère maman,

« C'est aujourd'hui le premier jour de l'an ; je suis à quinze cents lieues de vous dans un autre hémisphère; heureusement la pensée parcourt tout cet espace en moins d'une seconde. Je suis près de vous, je vous exprime tous mes regrets de tous les tourments que je vous ai occasionnés ; je vous renouvelle l'expression de ma tendresse et de ma reconnaissance... A quatre heures et demie nous étions à table; il était en même temps sept heures à Arenenberg; vous étiez probablement à dîner ; j'ai bu en pensée à votre santé ; vous en avez fait peut-

(1) *OEuvres de Napoléon III*, t. II, édit. Plon.
(2) *Ibid*.

être autant pour moi, du moins je me suis plu à le croire ; dans ce moment-là j'ai songé aussi à mes compagnons d'infortune ; hélas ! je songe toujours à eux ! J'ai pensé qu'ils étaient plus malheureux que moi, et cette idée m'a rendu bien plus malheureux qu'eux (1)... »

Lettre d'un tour simple, d'une écriture charmante, d'une note émue et tendre qui nous découvre tout un côté de la nature de cet homme.

La mesure prise à l'égard du prince fut diversement jugée par la presse. Le journal *la Charte de* 1830, que citait le *Moniteur*, disait : « Une peine, en quelque sorte préalable, celle du bannissement, l'avait déjà atteint avant son entreprise. De là une position particulière et dont le reflet ne saurait s'étendre, car à côté de lui se rencontraient des devoirs et des serments qui n'étaient pas les siens. »

Déjà le *Journal des Débats* avait, dès l'origine, soutenu cette thèse spécieuse, cette thèse contraire au droit et contraire à l'équité — car le prince coupable devait être poursuivi et condamné — et qui ne fut adoptée par le gouvernement qu'en vertu d'un motif purement politique, celui de ménager, de caresser, d'attirer à lui le sentiment bonapartiste, assez vivace à cette époque. Si, en effet, cette thèse était vraie en 1836, pourquoi ne le fut-elle pas en 1840 ?

« L'état de notre législation, disait ce journal (2), en ce qui concerne cette famille impériale que son ancienne grandeur exclut du territoire et prive des droits accordés aux moindres citoyens, la gloire, le nom, le souvenir du chef de cette famille, l'honneur du Roi et de la France, la conscience et la délicatesse publiques, en un mot, qu'il faut consulter avant tout, ne permettent pas que le prince Louis Bonaparte soit renvoyé devant la cour d'assises. Les jurés s'étonneraient, s'effrayeraient d'avoir à juger le neveu de l'empereur Napoléon, quoi qu'il ait fait. Nous le disons sans hésiter, et nous félicitons notre pays de ce sentiment qui l'honore, de cette pudeur religieuse

---

(1) *OEuvres de Napoléon III*, t. II, édit. Plon
(2) 5 novembre 1836.

qui respecte les restes d'une grandeur déchue. Malheur au pays, malheur aux royaumes où l'empreinte d'une couronne ne demeure pas éternellement sur la tête qui l'a portée... Il serait aussi peu juste qu'impolitique de les traiter en citoyens soumis aux lois ordinaires, justiciables des tribunaux ordinaires. La loi qui les exile les marque d'un caractère qui ne permet pas qu'on y touche ; la loi qui les proscrit, eux seuls entre tous les enfants de la même patrie, les met, par cela même, au-dessus des autres hommes. »

Le *National* (1), au contraire, fulminait : « L'absence du principal accusé imprime à ces débats le caractère d'une affaire impossible à juger... Les hommes du pouvoir n'ont pas assez réfléchi qu'ils s'attaquaient ici au sentiment le plus vrai et le plus positif du cœur de l'homme, le sentiment de la justice, dont il faut toujours, quoi qu'on en ait, tenir compte... Pour quel principe la France a-t-elle fait deux révolutions ? N'est-ce pas qu'au fond de tous ses griefs le plus réel était l'inégalité dans la répartition de la justice ?... C'est pour le principe de la justice que la nation a consenti aux plus cruels sacrifices. Et maintenant que ce principe paraît acquis, on viendrait le remettre impunément en question. Cela n'est pas possible. Il faut une leçon à ces esprits aventureux qui se croient si sûrs d'eux-mêmes. Cette leçon, nous en avons l'espoir, leur sera donnée par un jury alsacien. »

Le même sentiment avait été courageusement exprimé par la cour royale de Colmar, présidée par M. Millet de Chevreux, quand, dans son audience du 5 décembre 1836, elle avait renvoyé l'affaire devant la cour d'assises du Bas-Rhin :

« Attendu que la procédure dirigée contre Napoléon-Louis Bonaparte n'a pas été continuée, qu'il n'a pas même subi d'interrogatoire devant M. le commissaire délégué par la cour ; qu'ainsi, en fait, il ne peut être statué à son égard sur la mise en prévention ; attendu, en droit, que les magistrats ne peuvent s'écarter du principe fondamental de l'égalité devant la

---

(1) 10 janvier 1837.

loi, ni s'abstenir d'y rendre hommage ; mais que l'extraction de Napoléon-Louis Bonaparte de la maison d'arrêt de Strasbourg est un acte exceptionnel de haute politique gouvernementale sur lequel la cour ne saurait être appelée à se prononcer en présence des pouvoirs politiques de l'État. »

Étaient renvoyés de toutes poursuites : *Thélin*, valet de chambre du prince ; les lieutenants d'artillerie *Couard* et *Poggi*, d'ailleurs fugitifs ; *Caroline-Valentine de Querecque, femme de Bruc*, ainsi que les sieurs *Lafond*, employé au ministère des affaires étrangères, *Cavel*, propriétaire à Paris, *de Geslin*, ancien militaire, qui avaient été compris par l'instruction comme complices dans la préparation de l'échauffourée.

Étaient mis en accusation : le *colonel Vaudrey* (52 ans) ; *Laity* (27 ans) ; *Parquin* (49 ans) ; *de Querelles* (25 ans) ; *de Gricourt* (23 ans) ; *de Persigny* (25 ans) ; *Lombard* (27 ans) ; *Gros* (26 ans) ; *Petry* (25 ans) ; *Dupenhoat* (24 ans) ; *de Schaller* (26 ans) ; *Éléonore Brault, veuve Gordon-Archer* (28 ans) ; *comte de Bruc*.

La cour d'assises tint sa première audience, le 6 janvier 1837, dans le palais de justice de Strasbourg, sous la présidence de M. Gloxin. Sept accusés seulement parurent devant elle : *Vaudrey* (1), *Laity* (2), *Parquin* (3), *de Gricourt* (4), *de Bruc*, (5), *de Querelles* (6), *Mme Gordon* (7). Les autres étaient en fuite.

---

(1) En grand uniforme, avec la décoration d'officier de la Légion d'honneur ; haute taille, cheveux noirs et courts, moustache avec longue royale.

(2) En lieutenant d'artillerie ; petit, blond.

(3) En redingote bleue, ornée de la rosette d'officier ; très grand.

(4) Petit ; en habit bleu, à boutons dorés et ciselés ; gilet noir à grandes fleurs bleues ; jabot artistement plissé ; longues moustaches blondes retroussées.

(5) Ancien chef d'escadron. A dix-sept ans, à Montereau, il s'élance sur un escadron de uhlans, tue le colonel, s'empare de son cheval et le ramène sur le champ de bataille, où il est décoré. A Breslau, il reçoit deux coups de lance. A Hanau, il a le cou traversé par une balle. Il n'avait pas participé à l'attentat même et n'avait été arrêté que quelques jours après, comme ayant pris part à la préparation du complot.

(6) Il meurt à Paris en 1847, à l'âge de trente-cinq ans ; sa veuve, fille du marquis de Beauharnais, épousa Laity. — En habit bleu, boutonné jusqu'au col et orné du ruban rouge ; moustaches.

(7) Chapeau de satin blanc, robe de soie noire, collet à grandes broderies ; deux

Le siège du ministère public était occupé par M. Rossée, procureur général, assisté de M. Devaux, avocat général. Au banc des avocats se trouvaient MM. Ferdinand Barrot, Thiéret, Parquin, Chauvin-Beillard, Martin, Leichtenberger.

Sur deux tables étaient placées les pièces à conviction (1) : deux uniformes de lieutenant général ; des paires d'épaulettes dont deux à graines d'épinards, des sabres, une épée à poignée d'or (2), une aigle impériale dorée (3), des ceinturons et des hausse-cols, des chapeaux (4), etc.

L'avocat général expose l'affaire, après la lecture de l'acte d'accusation. « La révolte, s'écrie-t-il, l'anarchie bouleversant le royaume, l'appel au trône d'un homme qui n'est pas même Français (5) malgré le nom qu'il porte : voilà quels étaient les projets des accusés ! »

Le président procède à l'interrogatoire des accusés.

Après Vaudrey et Laity, vient le tour de Parquin (6). « Je vis le prince, dit-il, qui me reçut par ces mots : « Parquin, « j'ai rompu mon banc, je vais arborer l'aigle impériale ; j'ap- « porte ici ma tête ; je vais marcher à la tête de la garnison, « me suivrez-vous ? » Je lui répondis : « Prince, partout où « vous courrez des dangers, je serai près de vous. » La nuit, le prince nous dicta ses proclamations. Si elles sont ici, vous pouvez les lire. Oui, oui, elles sont admirables, ces proclamations ! Il y a là dedans du style de l'*autre*. Oh ! les heures nous semblaient bien lentes ! l'horloge était de plomb ! Elles sont

---

boucles de cheveux noirs lui encadrent le visage ; œil noir et vif ; teint clair et rosé.

(1) Voir le *Moniteur* du 10 janvier 1837.

(2, 3) *Ibid.*

(4) Cinq chapeaux à trois cornes, dit le *Moniteur*, dont un petit chapeau semblable à celui de Napoléon Ier, orné de riches galons d'or. — Voir plus haut ce que nous disons au sujet du chapeau.

(5) On prétendait qu'il était Suisse. — Audience du 6 janvier. *Moniteur* du 10 janvier 1837.

(6) Connaissait le prince depuis 1822 ; avait acheté, en 1824, le château de Wolberg, sis auprès du château d'Arenenberg ; avait épousé une demoiselle d'honneur de la reine Hortense, Mlle Cochelet, fille d'un membre de l'Assemblée constituante et élevée dans le pensionnat de Mme Campan, avec Mlle de Beauharnais.

longues, les heures de l'attente ! Oui ! mille francs ! mille francs ! Nous les aurions payées mille francs ! »

Et comme le président l'interrompt pour lui dire : « Mais vos serments ? »

« Il y a trente-trois ans, s'écrie Parquin, comme citoyen et comme soldat, j'ai prêté serment à Napoléon et à sa dynastie ; je ne suis pas comme ce grand diplomate qui en a prêté treize. Le jour où le neveu de Napoléon vint me rappeler celui que j'avais fait à son oncle, je me crus lié et je me dévouai à lui corps et âme. Les serments que j'ai pu prêter depuis, je ne les ai considérés que comme des serments de forme, et le jour où l'un des héritiers de la dynastie à laquelle j'avais juré fidélité est venu me le rappeler, je ne me suis plus souvenu que de mon serment de 1804 (1). »

De Querelles déclare qu'on ne leur a rien promis (2).

Le président dit à de Gricourt : « Vous aimiez le prince ? » « Oui, répondit-il, le prince n'avait pas d'ambition, l'amour de son pays était le seul sentiment qui le dominât, et, quand je le chérissais, je ne faisais que lui rendre justice, comme l'auraient fait tous ceux qui auraient pu le connaître. »

Dans l'audience du 13 janvier le procureur général prononce son réquisitoire. « Le Roi, dit-il, a fait grâce au prince, il en avait le droit ; il y a plus, tous les citoyens n'ont pu que louer cet acte de haute sagesse. Cependant, quelques jours après l'attentat, la presse a fait entendre des plaintes, elle a accusé d'illégalité, de partialité l'action du souverain. Dans cette action le Roi s'est montré digne du beau titre de roi des Français... Si plusieurs personnes sont frappées par un arrêt, le Roi peut gracier l'une d'elles, et laisser les autres sous le coup de l'arrêt... Le prince n'était pas obligé envers l'État, il n'avait pas reçu comme eux (les autres accusés) des honneurs, des

---

(1) Audience du 6 janvier 1837.
(2) On saisit sur de Querelles un carnet où on lisait : « Il me faut des croix, des titres, des grades, des cordons, et mon sabre saura les conquérir. . Nous vivrons bien ; 20,000 livres de rente suffisent. Nous aurons des titres, des honneurs, un chapeau à plumes. » (*Moniteur* du 14 janvier 1837.)

grades, pour protéger la patrie. Quelle parité dans les positions? Aucune... Le Roi, qui comprend tout ce qui est noble et généreux, a compris que la présence du prince en ce lieu ferait rejaillir sa honte sur le grand nom de l'Empereur, et, méprisant les conseils d'une étroite politique, il a usé noblement des prérogatives de la couronne... Si le prince s'était évadé, s'il était mort, il n'en faudrait pas moins juger les autres accusés ; ainsi vous n'avez pas à vous accuper d'un acte de clémence sur lequel, d'ailleurs, il n'y a qu'une voix. S'il s'agissait d'une bande de malfaiteurs, acquitteriez-vous parce que le chef serait absent... (1) ? »

A l'audience du 14 janvier, Mᵉ Ferdinand Barrot présenta la défense du colonel Vaudrey : « Jamais, dit-il, le droit de grâce ne doit intervenir au milieu des poursuites de la justice et faire fléchir son action : on ne peut faire grâce qu'à celui qui est légalement déclaré coupable et soumis à une peine. La grâce accordée avant condamnation établit une présomption de culpabilité contraire à tous les principes qui veulent que l'innocence d'un accusé ne disparaisse définitivement que sous le fait légal d'une condamnation. Il n'y a pas eu, à l'égard du prince, l'exercice du droit de grâce royale ; il n'y a eu qu'un enlèvement frauduleux, consommé par ordonnance ministérielle. Je dis qu'il y a là arbitraire et violation flagrante du droit. Tout a procédé de lui ; il était la raison et la fin de ce procès ; il en était le chef. D'où vient qu'il est absent? Est-ce donc qu'il a fui ? Est-ce donc qu'il a voulu se soustraire à votre justice, laissant pour otages à la vindicte publique ceux qui s'étaient jetés à sa suite dans une aventureuse entreprise? Non, non, mille fois non, votre justice, il la demandait, il la voulait. Né prince, il sentait couler dans ses veines un sang impérial, le plus illustre sang des temps modernes, et cependant il n'avait point songé que sa tête fût placée au-dessus des lois. Il était résolu à subir la destinée commune. Mais d'autres

---

(1) Dans son réquisitoire, le procureur général dit qu'on a trouvé sur le carnet du prince en *brouillon* (sic) ces mots : « Que chacun reste à son rang; demain les sous-officiers seront officiers, et les officiers seront augmentés d'un grade. »

se sont trouvés qui se sont empressés de soustraire à la justice humaine comme à une souillure ce neveu de l'Empereur auquel ils ont livré passage. Il n'y a point de loi qui puisse prévaloir sur l'égalité devant la loi, et le prince Louis repousse aujourd'hui, avec l'énergie d'un cœur généreux, le principe d'illégalité qu'on veut lui infliger. La justice ne saurait s'appliquer d'une manière différente à des faits et à des intentions identiques. Un pouvoir sans juridiction et sans droit, violant la mainmise de la justice, délivre celui qui ne pouvait plus l'être que par mandat du juge ou par votre décision souveraine. Et c'est au profit de l'auteur principal que se consomme cette violation de toutes les garanties judiciaires, de la sainteté des ordres de la justice; c'est-à-dire qu'il y a un homme qui a voulu le crime, qui l'a inspiré, un homme pour qui et par qui le crime a été commis; celui-là, c'est le plus coupable, et on l'affranchit! D'autres n'ont fait que se jeter dans les voies ouvertes par le premier, suivre ses inspirations, obéir à sa volonté; ils étaient les serviteurs plutôt que les complices de ce maître. Ceux-là, messieurs les jurés, on les déclare responsables, ce sont eux qui devront répondre aux menaces de la loi. Le pouvoir a séparé de force ceux qu'une destinée commune unissait devant la loi, il a fait deux parts de justice pour le même crime. En 1830, le colonel Vaudrey (1) organisa l'insurrection; c'est alors qu'il fut nommé colonel; à cette époque aussi il était un traître et un félon; alors il y avait beaucoup de traîtres. Aussi faut-il en conclure que le succès absout et que les serments ne se gardent que lorsqu'on peut les faire servir aux intérêts du pays. Le prince, lorsque le colonel lui fit sa promesse, lui montra un papier par lequel il assurait 10,000 francs de rente à chacun de ses deux enfants. Le colonel le déchira en disant : « Je donne ma vie, mon sang, je ne les « vends pas ! » Vous acquitterez, car il est un principe dont nous invoquons la protection et que veulent votre raison et votre cœur, c'est celui-ci : *Justice égale pour tous.* »

(1) Dans le cours de sa plaidoirie, l'avocat avait rappelé les brillants états de services du colonel Vaudrey.

Parquin fut défendu par son frère. « ... L'éloignement du prince, dit-il, doit-il être sans action et sans influence sur le sort des accusés? Dites si on a pu le transporter en Amérique impunément, si sa présence, ses déclarations, ses explications, indifférentes au procès, n'eussent pas servi à répandre la moindre lumière; en un mot, si chacun de vous peut, dans la sincérité de son âme, affirmer que le prince présent ou le prince absent, son verdict, au regard de tous les complices, aurait été le même. Prononcez! prononcez! De bonne foi, est-ce que cette prétention a quelque chose de raisonnable? Est-ce que l'on peut soutenir sérieusement que l'éloignement du prince est sans inconvénient, sans dommage pour les accusés? Par le seul fait de cet éloignement l'instruction est incomplète, les débats sont inutiles, tronqués... S'il est un témoin dont la présence doit être envisagée comme nécessaire, indispensable, c'est le prince : sans lui tout est vague, mystère, incertitude... En thèse générale l'absence du principal accusé ne peut devenir la cause déterminante de l'absolution des autres. A ce compte, le crime obtiendrait trop souvent l'impunité. Le chef se dérobant à toutes les recherches de la justice, il s'ensuivrait que ses complices ne pourraient plus être poursuivis ni condamnés... Mais (1) nous sommes ici dans une sphère particulière, car en fait par la volonté de qui le prince a-t-il disparu? par la volonté du gouvernement. — Eh quoi! l'on arrache à des malheureux l'imposant témoignage qui devait les couvrir et les protéger, et l'on se croit encore le droit de poursuivre leur jugement et leur condamnation!... Par l'éloi-

---

(1) Cette thèse, à notre sens, n'est pas juste. De ce que le prince n'était pas poursuivi, la culpabilité des autres n'en était pas moins évidente, et de ce qu'il était absent, non moins certaine. De ce que le gouvernement violait le droit en laissant impuni Louis-Napoléon (le violait-il? le laissait-il impuni? ne maintenait-il pas contre lui la peine du bannissement?), était-ce une raison pour que la justice renvoyât indemnes tous les coupables? A moi, juré, vous ne livrez pas l'auteur principal; vous avez tort: je n'y puis rien; mais le complice est là, je le condamne, c'est mon devoir. Ce qu'il faut ajouter, c'est que le jury ne juge pas toujours suivant le droit et la raison, et que souvent il se laisse déterminer par le seul sentiment Dans ces conditions, l'acquittement des complices du prince était inévitable.

gnement du prince il ne vous est pas permis de tout savoir. La vérité ne peut arriver jusqu'à vous que mutilée, incomplète... Il a convenu au gouvernement d'enlever aux accusés le bienfait des déclarations du prince, les en priverez-vous? Il ne convient pas aux accusés de se disculper en accusant le prince, les en punirez-vous?... Il n'y a plus qu'un seul verdict possible : l'acquittement... La morale publique recevrait le plus sanglant outrage de l'inégalité des conditions entre les artisans d'un même complot :... le prince mis en dehors du procès parce qu'il est de sang illustre, ...les accusés traduits et condamnés parce qu'ils sont de sang vulgaire! Ah! vous ne le voudrez pas!... »

M° Thierret, professeur à la Faculté de droit de Strasbourg, achève par ces mots sa plaidoirie pour Laity : « ...Je vous en conjure au nom de vos enfants!... Songez à cette pauvre mère qui me dirait : « Je vous ai confié mon fils, qu'en avez-vous « fait?... » Messieurs, rendez-le-moi, car je déchirerais ma toge, et il me faudrait fuir le barreau!... »

C'est M° Parquin qui réplique au procureur général et qui termine ainsi le rôle de la défense : « ...Et toi, ma vénérable mère qui, à quatre-vingt-deux ans, as retrouvé des jours sans repos et des nuits sans sommeil, toi qui accuses le Ciel de ne t'avoir pas enlevée plus tôt à la terre; toi dont les mains suppliantes redemandent un fils, je t'entends, je te vois!... tu m'appelles!... Parquin!... qu'as-tu fait de ton frère?... Ah! ma bonne mère, ma vénérée mère, sèche tes pleurs... ton fils, un jury d'Alsace te le rendra!... »

Tout l'auditoire est en larmes, dit le *Moniteur* (1), qui ajoute : « C'est d'une voix émue que le président lui-même ordonne la traduction (2) de cette réplique. »

Le lendemain, à l'audience du 18 janvier, après vingt minutes de délibération, le jury rentre en séance. M. Vaiss, chef du jury, lit la déclaration suivante : « Sur mon honneur et ma conscience, devant Dieu et devant les hommes, sur toutes

(1) Voir le *Moniteur* des 20 et 21 janvier 1837.
(2) *Ibid.*

les questions, la réponse du jury est : « *Non, les accusés ne sont
« point coupables.* »

Aussitôt un grand mouvement de joie se manifeste dans toutes les parties de la salle. Les accusés embrassent leurs défenseurs. Toute la salle est émue, et chacun veut serrer dans ses bras les auteurs de l'échauffourée. Tous les yeux sont mouillés de larmes. On crie : Vive le jury! Vive l'Alsace! — Les mêmes transports recommencent dans la cour extérieure du Palais de justice. On entoure les jurés, on les félicite. — Les accusés montent en voiture, suivis par le peuple qui les salue des acclamations les plus vives. Pendant tout l'après-midi Strasbourg a un air de fête, et la garnison elle-même partage la satisfaction générale (1).

Le soir, les défenseurs et les accusés se réunissaient dans un grand banquet avec sérénade à l'hôtel de la Ville de Paris (2).

Le 19, à cinq heures du soir, M. Molé recevait à la Chambre la nouvelle de l'acquittement des accusés de Strasbourg (3).

Le *Courrier du Bas-Rhin* écrivait aussitôt : « ...Le jury a donné la victoire à un grand principe, le principe de l'égalité de tous devant la loi. »

« Rien de plus juste, s'écriait le *National* du 21 janvier 1837, rien de plus équitable que le verdict qui vient d'être rendu. »

Le *Moniteur* du 23 janvier cite le journal *la Charte de* 1830 : « C'est un enthousiasme universel chez tous les organes de l'opposition, c'est un chant de victoire... Si le gouvernement a violé le texte de la législation ordinaire (et le gouvernement l'avoue et il prend le fait sous sa responsabilité), il s'est con-conformé aux prescriptions de la justice immuable et éternelle. Si le prince Louis avait été mis en jugement, l'opposition n'aurait pas manqué de protester, de réveiller à la fois les grands souvenirs de quinze années de gloire, de dire que celui qui est en dehors du droit commun ne peut être soumis au droit commun... »

(1) Voir le *Siecle* du 21 janvier 1837.
(2) Voir le *Courrier du Bas-Rhin*.
(3) Voir la *Nouvelle Minerve*

Les journaux anglais, le *Constitutional*, le *Globe*, approuvent le verdict. Il en est de même du *Morning Chronicle* : « Les prévenus de Strasbourg, dit-il, ont été acquittés. Cela devait être. Dès l'instant où l'on avait laissé partir le principal coupable, ses dupes n'auraient jamais dû être mises en jugement. Ce doit être une consolation pour le gouvernement miséricordieux de la France de voir un jury d'Alsace interpréter si bien sa pensée et imiter son exemple... Rien n'est plus monstrueux que la mise en jugement des complices de Louis Bonaparte en son absence. Supposons qu'ils eussent été condamnés et exécutés, n'aurait-ce pas été là un meurtre judiciaire? Comment le jury pouvait-il apprécier le plus ou moins grand degré de criminalité en l'absence du principal moteur du complot? Nul ne songe à nier la culpabilité des accusés. Le verdict du jury n'établit pas leur innocence, il ne dit pas que ces hommes n'ont pas participé à la coupable tentative... Mais il déclare, il proclame que la loi doit primer la volonté du gouvernement, qu'elle ne reconnaît pas de distinction de rang qui puisse exempter inconstitutionnellement un coupable du châtiment légal. »

Le prince de Metternich écrivait à M. Apponyi, à la date du 26 janvier (1) : « L'acquittement des conjurés de Strasbourg est un événement déplorable... L'éloignement du chef de la conspiration a pu prêter des armes à la défense des complices; il n'a rien de commun avec la culpabilité des individus. Que ressort-il du fait, si ce n'est une preuve nouvelle que l'institution du jury est antisociale? et cette vérité, pour me frapper, n'a pas eu besoin de cette démonstration nouvelle. Cette institution peut-elle être abolie là où elle s'est une fois établie? Non certes; il en est du jury comme de la liberté de la presse. Mais qu'en adviendra-t-il? La dissolution des États, l'impossibilité que la monarchie se soutienne, un désordre sans fin, et à la suite du désordre

---

(1) *Mémoires, documents et écrits divers* laissés par le prince de Metternich, t. VI, p. 190, édit. Plon, 1883.

le despotisme, soit celui des masses, soit celui de quelques individualités. »

A la fin de l'année 1836, le 24 décembre, M. de Persigny, réfugié à Londres, écrivait au journal anglais le *Sun* une lettre pour expliquer la pensée et le but de l'entreprise de Strasbourg, ainsi que pour rectifier certains faits. Après avoir déclaré que le prince ne s'était point présenté au peuple et à l'armée sous le titre d'*Empereur*, il continue ainsi : « Fidèle à la mémoire de l'empereur Napoléon, son oncle et son aïeul par adoption, prenant comme lui pour devise : *Tout pour le peuple français*, le prince avait compris que son nom appartenait à la France, et que son nom lui donnait mission de réintégrer le peuple français dans ses droits légitimes. Toutes ses proclamations reposent sur cette idée. Il s'agissait de faire un appel au peuple, de l'inviter à reprendre sa souveraineté et à déterminer dans une assemblée nationale la forme de son gouvernement. C'est sous le titre de prince Napoléon-Louis Bonaparte qu'il a été reconnu par le 4ᵉ régiment d'artillerie, et lorsque le colonel Vaudrey, en le présentant à son régiment, demanda aux soldats s'ils voulaient commencer une grande et glorieuse révolution avec le neveu de l'Empereur, s'ils voulaient vivre ou mourir pour la cause du peuple, les cris de : Vive la liberté ! Vive Napoléon ! Vive l'Empereur ! ne furent que l'expression d'un enthousiasme réveillé par les souvenirs de deux grandes époques de l'histoire du pays. — Tout ce qui a été publié jusqu'à ce moment sur cet événement est faux. Ainsi, il n'est pas vrai que le prince ait pris le costume de l'Empereur ; il portait l'uniforme d'un officier d'artillerie, un habit bleu, comme celui des élèves de l'École polytechnique, et non un frac vert ; de même que les officiers de sa suite, il portait le chapeau d'officier d'état-major. — Le prince se soumettra à son sort avec ce calme et cette dignité qui caractérisaient son oncle, car son esprit était préparé aux revers comme aux succès, et quand l'impression du moment aura disparu et que tous les faits seront connus, le monde s'intéressera à un prince qui a montré un si noble courage et ne refusera pas ses sympathies à des qualités qu'il ne peut apprécier en ce moment. »

Dans le cours de l'année 1837, à la date du 30 avril, écrivant de New-York à M. Vieillard, le prince revenait sur l'échauffourée de Strasbourg : « ...Je faisais, par un coup de main, en un jour, l'ouvrage de dix années peut-être ; réussissant, j'épargnais à la France les luttes, les troubles, les désordres d'un bouleversement qui arrivera, je crois, tôt ou tard... Ma position était claire, nette, partant facile. Faisant une révolution avec quinze personnes, si j'arrivais à Paris, je ne devais ma réussite qu'au peuple, et non à un parti ; arrivant en vainqueur, je déposais, de plein gré, sans y être forcé, mon épée sur l'autel de la patrie ; on pouvait alors avoir foi en moi ; car ce n'était plus seulement mon nom, c'était ma personne qui devenait une garantie. Dans le cas contraire, je ne pouvais être appelé que par une fraction du peuple... D'ailleurs, empêcher l'anarchie est plus facile que de suivre leurs passions. Arrivant comme ressource, je n'étais qu'un drapeau de plus jeté dans la mêlée, dont l'influence immense dans l'agression eût peut-être été impuissante pour rallier. Enfin, dans le premier cas, j'étais au gouvernail sur un vaisseau qui n'a qu'une seule résistance à vaincre ; dans le second cas, au contraire, j'étais sur un navire battu par tous les vents et qui, au milieu de l'orage, ne sait plus quelle route il doit suivre. Il est vrai qu'autant la réussite de ce premier plan m'offrait d'avantages, autant le non-succès prêtait au blâme. Mais, en entrant en France, je n'ai pas pensé au rôle que me ferait une défaite ; je comptais, en cas de malheur, sur mes proclamations comme testament, et sur la mort comme un bienfait. Telle était ma manière de voir...(1). »

Le prince, arrivé en Amérique à la fin de 1836 (2), reve-

(1) Brochure de Laity.
(2) A New-York il rencontra d'anciens bonapartistes : le lieutenant Lacoste, qui y avait suivi le roi Joseph en 1815, les frères Peugnier, jadis compromis dans la conspiration de Belfort, ses cousins Achille et Lucien Murat, celui-ci employé des postes, celui-là tenant une école de jeunes filles avec sa femme Carolina-Georgina Fraser.

naît en Suisse vers le milieu de 1837. On a prétendu qu'il avait donné sa parole d'honneur de ne pas remettre le pied en Europe. Jamais le prince n'a pris un engagement pareil. Le procureur général M. Franck-Carré, dans son réquisitoire sur l'*affaire de Boulogne,* a déclaré qu'il avait été « pardonné sans conditions (1) ». Reste à savoir si, ayant pu être très justement fusillé, il n'y avait point, de sa part, une obligation morale de rester dans le nouveau monde. Mais, pour revenir, il avait une raison impérieuse, à laquelle son cœur aimant et son incontestable piété filiale ne pouvaient pas résister, c'était l'état désespéré dans lequel se trouvait alors la reine Hortense. Elle lui écrivait à la date du 3 avril 1837 cette lettre

(1) En 1846 paraissait un ouvrage intitulé : *Histoire de l'Europe depuis l'avènement de Louis-Philippe,* par CAPEFIGUE, où il était dit que le prince « avait donné sa parole de ne pas rompre son ban ». De Londres, à la date du 10 novembre, le prince adressa à l'auteur la lettre suivante : « La grave accusation formulée contre moi dans le deuxième volume de votre histoire... me force à m'adresser à vous pour réfuter une calomnie déjà vieille... Vous croyez que, lorsque je fus expulsé de France, en 1836, malgré mes protestations, j'ai donné ma parole de rester perpétuellement exilé en Amérique, et que cette parole a été violée par mon retour en Europe. Je renouvelle ici le démenti formel que j'ai si souvent donné à cette fausse allégation En 1836, le gouvernement français n'a pas même cherché à prendre ses sûretés avec moi, parce qu'il savait trop bien que je préférais de beaucoup un jugement solennel à ma mise en liberté. Il n'a donc rien exigé de moi, parce qu'il ne pouvait le faire, et je n'ai rien promis, parce que je n'ai rien demandé. En 1840, veuillez vous en souvenir, M. Franck-Carré, remplissant les fonctions de procureur général, fut forcé de déclarer lui-même que j'avais été mis en liberté *sans conditions.* Vous trouverez ces propres paroles dans le *Moniteur* du mois de septembre. Vous vous en rapporterez, je l'espère, à un homme qui s'exprimait ainsi en lisant mon acte d'accusation. Je pus donc, avec une conscience très libre, repartir pour l'Europe en 1837 et y venir fermer les yeux de ma mère. Si la préoccupation de ce pieux devoir m'avait fait oublier une promesse jurée, le gouvernement français n'aurait pas eu besoin, après la mort de ma mère, de réunir un corps d'armée sur la frontière suisse pour décider mon expulsion, il n'aurait eu besoin que de me rappeler ma parole. Si, d'ailleurs, j'y avais manqué une première fois, on ne me l'eût pas demandée une seconde, comme on l'a fait pendant mon séjour à Ham, lorsqu'on discutait les conditions de mon élargissement. Si je m'étais fait, comme vous semblez le croire, un jeu de ma parole, j'aurais souscrit à cette exigence, tandis que j'ai mieux aimé rester six ans captif et courir les risques d'une évasion que de me soumettre à des conditions que mon honneur repoussait. Permis à vous, Monsieur, de blâmer ma conduite, de torturer mes actes et de fausser mes intentions ; je ne m'en plaindrai pas, vous usez de votre droit de juge ; mais je ne permettrai jamais à personne d'attaquer ma loyauté, que j'ai su, grâce à Dieu, garder intacte au milieu de tant de cruelles épreuves... »

à la fois si simple et si touchante qu'on ne peut lire sans émotion :

« Mon cher fils,

« On doit me faire une opération douloureuse ; si elle ne réussissait pas, je t'envoie par cette lettre ma bénédiction. Nous nous retrouverons, n'est-ce pas? dans un meilleur monde, où tu ne viendras me rejoindre que le plus tard possible ; et tu penseras qu'en quittant celui-ci je ne regrette que toi, que ta bonne tendresse qui seule m'y fait trouver quelque charme. Cela sera une consolation, mon cher enfant, de penser que par tes soins tu as rendu ta mère heureuse autant qu'elle pouvait l'être... Bien sûr, on se retrouve... Crois à cette douce idée ; elle est trop nécessaire pour ne pas être vraie...

« Ta tendre mère,

« Hortense. »

Louis Bonaparte partit immédiatement (1). Qui n'en eût fait autant? — La reine Hortense mourait le 3 octobre suivant (2).

(1) Dès son arrivée à Londres, il écrit (10 juillet) au roi Louis : « ...Si vous saviez, mon cher père, combien je suis triste, seul au milieu de ce tumulte de Londres et au milieu de parents qui me fuient ou d'ennemis qui me redoutent. Ma mère est mourante, et je ne puis aller lui porter les consolations d'un fils ; mon père est malade, et je ne puis espérer d'aller le trouver. Qu'ai-je donc fait pour être ainsi le paria de l'Europe et de ma famille? J'ai promené un moment dans une ville française le drapeau d'Austerlitz et je me suis offert en holocauste au souvenir du captif de Sainte-Hélène. Ah. oui, que vous blâmiez ma conduite, cela peut être, mais ne me refusez jamais votre tendresse. C'est, hélas! la seule chose qui me reste. » (Voir *Napoléon III*, par M. G. Duval.)

(2) A la fin de l'année 1837, il lui écrit encore : « ...Après le malheur que j'ai éprouvé, il n'y avait que vous qui puissiez adoucir ma douleur, en me rappelant que je n'avais pas tout perdu, puisqu'il me restait encore un père qui me rendait sa tendresse. Oh! je vous assure que l'idée de vous revoir fait bien battre mon cœur. » (*Ibid.*)

CHAPITRE IV

AFFAIRE LAITY

Juin 1838, brochure LAITY, sur les événements de Strasbourg. — 21 juin, arrestation de Laity. — 28 juin, sa mise en accusation par la Cour des pairs pour attentat contre la sûreté de l'État. — Mesure excessive et impolitique. — 29 juin, acte d'accusation. — 9 juillet, réquisitoire ; candeur de la thèse orléaniste. — Triomphante plaidoirie de Laity. — Défense présentée par Michel de Bourges. — Condamnation draconienne de Laity. — Faute lourde du gouvernement ; le bonapartisme persécuté, Laity martyr. — La *Gazette de France*, le *Siecle*, le *Constitutionnel*, le *National* raillent et blâment le gouvernement.

Au commencement du mois de juin 1838 paraissait à Paris (1), à la librairie Thomassin et Cⁱᵉ, une forte brochure intitulée : *Relation historique des événements du 30 octobre 1836, par M. Armand Laity* (2), *ex-lieutenant d'artillerie, ancien élève de l'École polytechnique.*

Le gouvernement de Juillet était profondément irrité du retour en Suisse du prince Louis-Napoléon. Il avait cru bénévolement en être débarrassé, sinon pour toujours, au moins pour quelques années. Cette publication lui parut une occasion de prendre sa revanche et d'atteindre le prétendant en frappant un de ses plus fidèles et de ses plus ardents partisans, un de ses complices de Strasbourg.

Le 21 juin, Laity était arrêté et sa brochure était saisie. Le 28, la Cour des pairs, réunie en chambre du conseil, rendait un arrêt d'accusation contre François-Armand-Ruppert Laity, âgé de vingt-cinq ans, ancien officier d'artillerie, pour attentat contre la sûreté de l'État.

(1) Nous avons souvent cité cette brochure dans notre récit de l'échauffourée de Strasbourg.
(2) Dans son interrogatoire, Laity dit : « Ex-lieutenant de pontonniers. »

C'était dépasser toute mesure à l'égard d'un écrit qui racontait la journée du 30 octobre en y mêlant, c'est vrai, une apologie des idées napoléoniennes et une critique virulente du système orléaniste, mais, après tout, ni de près ni de loin, n'invitant les bonapartistes à conspirer effectivement, n'annonçant une nouvelle tentative, ne contenant enfin un appel aux armes.

Le 29 juin paraissait l'acte d'accusation émanant de M. Franck-Carré, procureur général du Roi (1) : « Un écrit, disait-il, répandu avec profusion dans Paris, vers le milieu de ce mois, a dû fixer aussitôt l'attention du gouvernement non seulement parce que sa publication paraissait un crime prévu et réprimé par la loi, mais encore parce qu'il présentait les caractères d'un manifeste insolent, lancé par un parti qui ne dissimulait ni ses espérances ni son but... C'était donc l'un des conspirateurs qui publiait l'apologie de la conspiration... Ni la pensée, ni l'exécution de cette manifestation coupable ne doivent lui être exclusivement attribuées... Il a été rejoindre en Suisse Louis-Napoléon, et depuis le mois de janvier dernier il habitait avec lui à Arenenberg... Le manuscrit a été saisi ; il porte des corrections et des notes qui émanent de Louis-Napoléon. Laity ne cherche pas à le cacher, et il convient même que d'autres passages encore peuvent appartenir au chef qu'il s'est donné. C'est dix-huit mois après cette malheureuse agression (de Strasbourg) qu'on renouvelle à Paris par la voie de la presse ce qu'on avait tenté... par celle des armes... On ne craint pas d'affirmer l'existence d'un parti qui a dans le pays de profondes racines... Le parti (bonapartiste) est, suivant l'auteur de l'écrit, le seul et vrai tuteur de la cause populaire, cette pupille banale de toutes les ambitions. Louis-Napoléon en est le représentant, c'est le légitime héritier de la dignité impériale. On appuie ses droits sur les votes qui ont fondé en l'an XII l'empire héréditaire, en faisant abstraction des temps, des faits et des actes qui ont été depuis cette époque la réalité

---

(1) Voir le *Moniteur* du 4 juillet 1838.

de notre histoire, et on ne craint pas de présenter l'établissement de 1830 comme une trahison envers les intérêts les plus sacrés du pays. On aura de la peine à comprendre l'audace nous ne voulons pas dire l'extravagance, de ces assertions. Plus grand est le nom de Napoléon, plus est lumineuse la trace que son passage a laissée, moins il semble possible qu'on ose affecter son héritage et revendiquer comme sien le fardeau de sa gloire. Cette témérité excitera-t-elle toutefois plus de surprise que cette profonde inintelligence de la situation, des besoins et des intérêts actuels du pays, et cet anachronisme d'une insurrection prétorienne au milieu d'un peuple qui, sans déposer son chef, a placé dans son blason les tables de la loi et dont la civilisation grandit chaque jour par les arts et les conquêtes de la paix? Quelle provocation à la destruction et au changement du gouvernement établi, peut être plus directe et plus formelle que celle qui résulte d'un écrit où l'on propose ouvertement un autre gouvernement comme méritant seul les sympathies de la nation et de l'armée?... Où trouver jamais une attaque explicite contre le principe et la forme du gouvernement fondé en 1830... si ce n'est dans un écrit où l'on oppose au droit du Roi que la nation s'est donné par un contrat solennel les droits surannés d'une autre dynastie élevée par un grand homme et morte tout entière avec lui?... Armand Laity s'efforce non seulement de justifier la tentative de révolte, mais de la glorifier; il veut la légitimer dans son principe, la réhabiliter dans ses moyens, l'agrandir dans ses conséquences; il la montre sérieuse et grave pour la montrer toujours menaçante; il exalte sa cause pour lui donner des prosélytes. Par l'apologie de la sédition réprimée il appelle la sédition à venir. »

Le 9 juillet, devant la Cour des pairs, en séance publique, le baron Pasquier président, le procureur général Franck-Carré, assisté de M. Boucly, substitut, prononce son réquisitoire (1).

« ...On proclame, dit-il, une dynastie nouvelle à côté de

(1) Voir le *Moniteur* du 10 juillet 1838.

cette dynastie qui tient ses droits du vœu national et de la charte de 1830; c'est une légitimité d'une autre sorte qu'on invoque... effaçant d'un trait de plume notre révolution de Juillet et ses glorieuses et légitimes conséquences; chose étrange, messieurs, c'est après cette révolution entreprise au nom des lois, consommée si glorieusement au profit de l'ordre et des libertés publiques, où la nation armée tout entière et debout a accueilli avec une si puissante unanimité le gouvernement fondé par ses représentants, où le grand nom de Napoléon n'a pas même valu un suffrage à son fils, qu'un de ses neveux, obscur et oublié, ne craint pas de s'appuyer sur la voix du peuple pour tenter un impuissant effort contre ces institutions si noblement conquises... Que penser, messieurs, de l'incroyable prétention de ces hommes qui se refusent à voir l'expression du vœu populaire en 1830, nous ne dirons pas seulement dans le contrat solennel formé par l'intervention de la représentation nationale légalement constituée, mais encore dans la libre et volontaire adhésion de la France, si hautement et si clairement manifestée par les acclamations de tout un peuple, et qui veut exhumer dans le passé de notre histoire comme l'éternel soutien d'une légitimité qui n'est plus un acte que tant et de si grands événements ont pour jamais effacé?... » Ce que nous devons présenter ici, ce n'est pas la défense de cette révolution nationale qui a fait l'admiration de l'Europe et qui retentira d'âge en âge comme l'un des événements les plus glorieux et les plus féconds de notre histoire... Ce qui a pour but apparent de légitimer la conspiration de 1836 devient par là même une provocation directe ayant pour effet de préparer une conspiration à venir...; sous prétexte de réhabiliter et l'attentat de Strasbourg et l'homme au profit duquel il a été commis, on établit en droit et en fait les titres de cet homme au trône... La provocation au changement du gouvernement, l'attaque contre les droits du Roi n'apparaissent-elles pas à tous les yeux de la manière la plus évidente?... A moins de crier publiquement aux armes, d'appeler le peuple sur la place publique, de convier au Champ de Mars, à jour et à heure fixes, les régiments révoltés pour y élever un empereur sur le pavois, il est impossible que la provocation au changement de gouvernement soit plus directe, plus positive, et multipliée sous plus de formes pour s'adresser à un plus grand nombre d'esprits. Pour les soldats on évoque des souvenirs de gloire, pour le peuple on invoque la toute-puissance nationale, on montre aux hommes timides une révolution facile. On propose une révolution à faire aux ambitions impatientes. On étale enfin tous les éléments de succès d'une conspiration qu'on exagère dans l'espoir de créer des conspirateurs. La nation, messieurs, ne croit point à ces biographies apologétiques, à cette sympathie universelle... à ces intelligences dans l'armée... Le manuscrit de cet ouvrage porte encore la trace du travail de celui-là même dont il avait pour but de préparer l'intronisation ; c'est donc le manifeste du parti ; c'est le programme d'un nouvel attentat... *Provocation*, c'est la pensée principale, nous dirons presque l'unique pensée de l'écrivain. ...L'écrit comme la révolte ont eu le même but, le renversement du gouvernement, la substitution du régime impérial dans la personne de Louis-Napoléon au régime constitutionnel dans la personne du roi des Français. Il ne s'agit pas seulement... de glorifier l'attentat du 30 octobre, mais de provoquer à un attentat nouveau au moyen de cette glorification même... Pensez-vous donc... que cette gloire (de l'Empereur) ait besoin de vous pour devenir celle de la France ? La statue de Napoléon n'est-elle pas remontée sans vous au faîte de cette colonne où l'aigle victorieuse repose sur l'airain qu'elle a conquis ? Le palais du grand Roi n'a-t-il pas rajeuni ses splendeurs pour offrir à toutes nos gloires un asile digne d'elles ? Que pouvez-vous donc apporter à la France dont elle ne soit déjà en possession ? Quand vous rappelez ce qui s'est accompli sous l'Empire... oubliez-vous que ce trône que vous attaquez a pour ornement et pour soutien tous ces hommes... qui ont pris part dans les grands événements de cette époque ? Oubliez-vous combien d'entre eux ont droit de se dire : « Nous en étions » et de vous dire à vous : « Vous « n'en étiez pas » ? C'est à ces hommes élevés à l'école de cet empire, à peine entrevu par votre enfance, que le Roi et la patrie demandent encore avec orgueil et avec confiance les services les plus éminents... Qu'est-ce donc, messieurs, que le parti napoléonien? quels sont les idées, les intérêts ou les griefs auxquels il pourrait se rattacher? A l'entendre, c'est un nom qui fait sa puissance et sa force... Quel est donc celui qui vient revendiquer cette pourpre impériale?... Quels sont ceux qui forment son cortège?... La patrie ne connaît ni le chef ni ceux qui l'accompagnent... L'Empire avait achevé sa mission. L'homme, qui avait été appelé à l'accomplir, a survécu lui-même à son règne et n'a pu léguer à personne le sceptre qu'il avait déposé; conservons-lui la place qui lui est due dans le culte de nos souvenirs; mais les temps ont marché, et d'autres destinées nous appellent... »

La thèse orléaniste ne pouvait être plus candidement exposée : Bonaparte ne saurait avoir d'héritier. Le bonapartisme n'a plus de raison d'être. L'orléanisme répond à tout. Il y répond si bien qu'il a pour lui tous les hommes marquants de l'Empire, et que, d'autre part, il ne cesse de rappeler et d'honorer les gloires de l'épopée impériale. L'Empire est dans une tombe qui ne saurait se rouvrir, mais sur cette tombe le gouvernement de Juillet élève des monuments, organise des cérémonies et jette les fleurs à pleines mains !

Après le réquisitoire, l'accusé lui-même prit la parole : « Si l'on est coupable, dit-il, d'attaquer le gouvernement sur un écrit, on l'est beaucoup plus quand on l'attaque à force ouverte. Pourquoi donc le jury n'a-t-il pas été chargé de prononcer en cette circonstance ? La mesure prise à mon égard me semble donc inconstitutionnelle. A Strasbourg, tous les faits ont été pervertis par l'accusation... Le gouvernement... (a poursuivi) le moins de coupables possible, car il n'y eut pour ainsi dire de jugées et d'arrêtées que les personnes qui le voulurent bien; aussi tout le monde crut-il réellement que la conspiration n'était autre chose qu'une échauffourée, qu'un coup de tête de quelques officiers... L'affaire de Strasbourg, que j'appelle une révolution manquée, semblait destinée à figurer dans les annales de l'histoire avec l'humiliante qualification d'échauffourée; ainsi, nous étions pour toujours des fous, des insensés. Un noble et jeune prince, digne du grand nom qu'il porte, n'avait pu nous couvrir de son égide : lui aussi il fut enveloppé dans la proscription railleuse... Au mois de mars 1815, quand on reçut à Paris la première nouvelle du débarquement de l'île d'Elbe, la femme d'un de nos premiers maréchaux accourut tout effrayée chez la reine Hortense en s'écriant : « L'Empereur est fou ! Il est en France ! » Ah ! toute notre justification est là ! car, quinze jours après, l'Europe entière tremblait devant ce sublime fou, et, pour la seconde fois, la France le proclamait son empereur. On ne peut donc me faire un crime, messieurs les pairs, d'avoir exhumé les souvenirs d'un événement historique pour lui rendre sa véritable couleur... (Le prince) a la profonde conviction que tant qu'un vote général n'aura pas sanctionné un gouvernement quelconque, les diverses factions agiteront constamment la France, tandis que des institutions passées à la sanction populaire peuvent seules amener la résignation des partis... Le but du prince est de venir avec un drapeau populaire, le plus populaire, le plus glorieux de tous, de servir de point de ralliement à tout ce qu'il y a de généreux et de rationnel dans tous les partis ; de rendre à la France sa dignité sans guerre universelle, sa liberté sans licence, sa stabilité sans despotisme. Quand je sus que le prince sentait qu'aujourd'hui la démocratie coule à pleins bords, et que hors la démocratie il n'y a de salut pour aucun gouvernement... je m'offris pour être un instrument de ses desseins... C'est le caractère le plus noble et le plus grand que l'on puisse rencontrer : ma vie lui appartient, et je lui en fais d'autant plus volontiers le sacrifice que je sers en même temps la plus belle de toutes les causes, celle de la démocratie..... Non ! la France qui sanctionna par plus de trois millions de votes l'élection de Napoléon comme consul, comme consul à vie, comme empereur, cette France, dis-je, n'a jamais été consultée pour savoir si l'on devait bannir à perpétuité la famille impériale...

On s'est servi de l'armée parce qu'on ne peut renverser la force que par la force... « Comme l'aîné des neveux de la « famille impériale, dit le prince, je puis me regarder comme « le représentant de l'élection populaire, je ne dirai pas de « l'Empire, puisque depuis vingt ans les idées ont dû « changer. » Ce ne serait pas ainsi, je pense, que s'exprimerait un homme qui aurait eu l'intention de faire une révolution par l'armée et pour l'armée... Je dis en finissant ma brochure : « Notre seul but a été de faire connaître la vérité. Il n'entre pas dans nos vues de considérer l'événement du 30 octobre dans les rapports qu'il pourrait avoir avec l'avenir. »

Le défenseur de Laity, M⁰ Michel (de Bourges) (1), se leva à son tour : « Dira-t-on, s'écria-t-il, que, quand une conspiration a eu lieu, qu'elle a été repoussée, que la justice a fait son cours, il n'est plus permis d'en faire l'histoire, de faire connaître les sentiments qui animaient ceux qui y ont concouru ? Cela est-il soutenable ? Il faut bien que vous laissiez une certaine latitude à l'historien qui raconte un fait grave, qu'il doit faire connaître dans l'intérêt de l'histoire ; il faut bien qu'il puisse dire quelles étaient les opinions du principal chef, son but, son dessein, ses moyens, ce qu'il proposait, ce qu'il voulait... Quel est le but de l'auteur ? Il vous le dit : « *L'entre-*
« *prise du prince Napoléon a été mal jugée et dans les mobiles*
« *qui l'ont amenée, et dans ses moyens d'exécution, et dans ses*
« *résultats. Le prince devait survivre à ses rêves de gloire, et*
« *l'acte violent qui l'a soustrait à la justice le livrera sans dé-*
« *fense aux attaques des partis, toujours prêts à se ruer sur les*
« *tentatives hardies que la fortune abandonne. Il a recommence*
« *un nouvel exil, laissant en France ses actes dénaturés, ses inten-*
« *tions calomniées et méconnues... Maintenant que les passions*
« *sont apaisées, il est de notre devoir de faire connaître la*
« *vérité ; nous allons montrer les choses telles qu'elles se sont pas-*
« *sées, et l'on verra que ce n'est qu'après de graves investigations*
« *sur l'état de la France, que ce n'est qu'après avoir pesé froi-*

---

(1) Assisté de M⁰ Delangle.

« *dement toutes les chances qui étaient en faveur de son entre-*
« *prise que le prince en a arrêté l'exécution.* » Y a-t-il là, messieurs les pairs, excitation, provocation à faire une insurrection, à recommencer le crime ou l'acte qui a été l'objet du verdict de Strasbourg ?..... »

Le 10 juillet (1), la Cour des pairs rendait l'arrêt suivant :
« Attendu que François-Armand-Ruppert Laity est convaincu d'avoir, dans le cours du mois de juin 1838, commis un attentat contre la sûreté de l'État par l'impression, la publication et la distribution d'un écrit intitulé : *Relation historique des événements du* 30 *octobre* 1836, ledit écrit contenant : 1° une provocation, non suivie d'effet, au crime prévu par l'art. 87 du Code pénal; 2° une attaque contre le principe ou la forme du gouvernement établi par la charte de 1830... ladite attaque ayant pour but d'exciter à la destruction ou au changement du gouvernement..... déclare F.-A.-R. Laity coupable d'attentat à la sûreté de l'État... condamne F.-A.-R. Laity à cinq années de détention et à 10,000 francs d'amende;... ordonne qu'à l'expiration de sa peine, il restera pendant toute sa vie sous la surveillance de la haute police...; ordonne la suppression et la destruction des exemplaires déjà saisis de la brochure... et de ceux qui pourraient l'être ultérieurement. »

Le procès était une faute politique. Il permit à Laity, dans un discours aussi habile que sensé, aussi digne qu'éloquent, non seulement de soutenir que les poursuites étaient iniques et inadmissibles après le verdict rendu par le jury de Strasbourg, non seulement de montrer que la justice, après avoir acquitté le crime, ne pouvait condamner l'écrit qui ne faisait que le raconter, mais de proclamer le vice originel, la tare de naissance de la monarchie de Juillet, et d'opposer au régime censitaire le gouvernement démocratique, but d'espérance du parti napoléonien, d'exposer la doctrine bonapartiste, d'affirmer que la vérité avait été cachée et que l'armée avait été,

---

(1) Voir le *Moniteur* du 11 juillet 1838.

dans l'échauffourée de Strasbourg, bien plus compromise qu'on ne l'avait dit, de faire le panégyrique du prince, de rappeler les titres de l'Empire et d'en faire une apologie retentissante, enfin de plaider la cause de la souveraineté du peuple.

La condamnation si rigoureuse fut une seconde faute. Laity devenait un martyr de la cause. Une fatalité semblait pousser la dynastie régnante à réveiller, à entretenir, à exalter le sentiment bonapartiste et à préparer ainsi la voie au retour de la famille bonaparte.

La *Gazette de France* raille le gouvernement qui a osé « élever une brochure à la hauteur d'un attentat » ! — Le *Siècle* déclare « qu'une condamnation terrible frappe l'auteur d'un écrit sans danger ». — Le *Constitutionnel* dit : « Voilà donc cette triste affaire terminée !... Cette leçon eût été bien plus décisive, si les partis l'avaient reçue du jury. » — Le *National* s'écrie : « Par une confusion de choses et de principes que la Restauration elle-même n'avait pas tenté de faire dans des circonstances plus graves, la brochure de M. Laity a été changée en attentat... Toute la presse aujourd'hui proteste contre cet arrêt !... »

CHAPITRE V

AFFAIRE SUISSE

Troisième faute du gouvernement français. — Son exaspération causée par le retour du prince en Suisse. — Il demande son expulsion. — Note de l'ambassadeur français, M. de Montebello. — En 1838, le prince ne conspirait pas. — Sa nationalité. — *Quid* du droit de bourgeoisie conféré par le canton de Thurgovie? La lettre d'investiture, la réponse du prince. — Les précédents. — La commune de Hochstrass lui confère le droit de bourgeoisie; sa réponse. — La loi française et la loi suisse — Discussion à la Diète fédérale. — Le gouvernement français n'est soutenu que par le *Journal des Débats*. — Il est blâmé par la *Gazette de France*, le *Constitutionnel*, le *Siecle*, le *Courrier français*, le *Commerce*, le *Temps*, le *Journal de Paris*. — Les feuilles étrangères. — Seconde note du gouvernement français. — Déclaration de M. Kern au grand Conseil de Thurgovie. — Lettre du prince — Le grand Conseil rejette la demande de la France, à l'unanimité. — Discussion à la Diète fédérale. — Remarquables réflexions du *National*. — Le *Journal de Paris*. — Pertinentes considérations de la *Gazette de France*. — Le *Morning Chronicle*. — Rapport de la commission nommée par la Diète fédérale. — Le terrain sur lequel la Suisse aurait dû se placer dès le début. — Le *Journal des Débats*. — La *Gazette universelle de Suisse*. — 3 septembre, discussion à la Diète, qui ajourne la suite de sa délibération pour prendre l'avis des vingt-deux conseils cantonaux. — Les journaux. — Formation d'un corps d'armée sous les ordres du général Aymard; son ordre du jour aux soldats. — Lettre du prince au président du petit Conseil de Thurgovie, dans laquelle il annonce son départ — Le *Courrier français*, le *Siècle*, la *Gazette de France* raillent le gouvernement français. — La faute de celui-ci. — Son humiliation. — Les journaux anglais, le *Morning Herald* et le *Morning Chronicle*.

Il y avait une troisième faute à commettre. Le gouvernement de Juillet n'y manqua pas. L'exaspération causée par le retour du prince en Suisse était telle que l'exorbitante condamnation prononcée contre Laity ne fut pas considérée comme constituant une réponse suffisante à cet audacieux défi. Il fallait prendre sa revanche, se débarrasser de cet insolent voisinage, en finir avec ce Bonaparte qui poussait l'impudence jusqu'à proclamer des droits à la couronne de France et la folie jusqu'à prétendre que tout n'était pas pour le mieux sous la monarchie révolutionnaire de 1830.

La brochure de Laity arriva à point. On saisit immédiatement cette occasion de demander à la Suisse l'expulsion du prétendant. C'était toujours la même politique qui aboutissait à faire le jeu du bonapartisme. En cette année 1838 le prince ne conspirait pas. Sans doute il conservait alors ses convictions et ses espérances, peut-être déjà avait-il pris la résolution de refaire une tentative comme celle de Strasbourg, mais, pour le moment, il ne préparait rien et ne complotait pas. Il recevait des amis qui vraisemblablement ne faisaient pas l'éloge de la monarchie de Juillet, et qui, têtes chaudes et cœurs passionnés, devaient dans des conversations ardentes parler de la chute des d'Orléans et d'une restauration bonapartiste. Il ne pouvait pas en être autrement dans ce milieu-là. Ce n'était qu'une conspiration de salon, mais celle-là, si continue qu'elle soit, est inhérente à la situation de prétendant.

Le 1er août 1838, le gouvernement français demande l'expulsion du prince par une note de son ambassadeur M. de Montebello, note ainsi conçue : « Après les événements de Strasbourg et l'acte de généreuse clémence dont Louis Bonaparte a été l'objet, le roi des Français ne devait pas s'attendre à ce qu'un pays ami, tel que la Suisse... souffrirait que Louis Bonaparte revînt sur son territoire et, au mépris de toutes les obligations que lui impose la reconnaissance, osât renouveler de criminelles intrigues et avouer hautement des prétentions insensées et que leur folie même ne peut plus absoudre depuis l'attentat de Strasbourg. Il est de notoriété publique qu'Arenenberg est le centre d'intrigues que le gouvernement du Roi a le droit et le devoir de demander à la Suisse de ne pas tolérer dans son sein. Vainement Louis Bonaparte voudrait-il nier. Les écrits qu'il a fait publier tant en Allemagne qu'en France, celui que la Cour des pairs a récemment condamné, auquel il est prouvé qu'il avait lui-même concouru et qu'il a fait distribuer, témoignent assez que son retour d'Amérique n'avait pas seulement pour objet de rendre les derniers devoirs à une mère mourante, mais bien aussi de reprendre des projets et d'afficher des prétentions auxquelles il est démontré aujourd'hui qu'il n'a jamais renoncé. La Suisse est trop loyale et trop fidèle alliée pour permettre que Louis Bonaparte se dise à la fois un de ses citoyens et le prétendant au trône de France, qu'il se dise Français toutes les fois qu'il conçoit l'espérance de troubler sa patrie au profit de ses projets et le citoyen de Thurgovie quand le gouvernement de sa patrie veut prévenir le retour de ses criminelles tentatives. »

On voit par ce document officiel que des explications verbales avaient été d'abord officieusement échangées entre les deux gouvernements, et que ceux-ci n'étaient pas parvenus à s'entendre, la France prétendant que le prince Louis-Napoléon Bonaparte était bel et bien Français, et la république Helvétique se contentant de répondre que le prince, étant considéré comme citoyen suisse, ne pouvait pas être traité comme un simple étranger.

Ce différend diplomatique sur la nationalité du prince n'est pas une des moindres bizarreries de cette vie, toute d'aventures et d'événements plus extraordinaires les uns que les autres. Il semble que pareille difficulté n'aurait jamais dû naître. Au fond, la Suisse était révoltée de l'ingérence impérieuse de la France dans le domaine de la police intérieure de la Confédération, et, sans rejeter *de plano* la demande de la monarchie de Juillet, elle traîne en longueur l'instruction de l'affaire, en montrant par les discussions enflammées qui se produisirent dans les corps électifs et à la Diète fédérale, combien elle était blessée dans son honneur et à quel point elle était désireuse de reconnaître que Louis Bonaparte était citoyen de la république Helvétique, afin de pouvoir répondre par un refus à l'injonction humiliante qui lui était faite.

En réalité, il ne pouvait pas y avoir de débat sérieux. Si le gouvernement de Juillet commettait une faute en demandant l'expulsion du prince, puisqu'il ne supprimait pas le conspirateur ni n'augmentait les difficultés d'une conspiration, comme l'affaire de Boulogne allait le prouver pertinemment, il avait raison sur la question de nationalité du prince. Il est bien évident que celui-ci, avec le nom qu'il portait, avec l'invincible foi qu'il avait dans son étoile, n'avait jamais eu la pensée de renoncer à sa nationalité. Il eût tout sacrifié plutôt que de cesser d'être Français.

L'origine de l'affaire était celle-ci. Plusieurs années après l'achat par la reine Hortense de la terre d'Arenenberg dans le canton de Thurgovie, la commune de Sallenstein, dont le territoire comprenait cette propriété, pour reconnaître les services et les bienfaits de Louis Bonaparte et de sa mère, accorda au prince le droit de bourgeoisie. Cette délibération communale fut approuvée, comme il était nécessaire, par l'autorité cantonale dans les termes suivants :

« Nous, président et Petit Conseil (1) du canton de Thurgovie, déclarons que — (la commune de Sallenstein ayant offert le droit de bourgeoisie communal au prince Louis-Napoléon par reconnaissance pour les bienfaits nombreux qu'elle avait reçus de la famille de la duchesse de Saint-Leu, depuis son séjour à Arenenberg, et le Grand Conseil ayant ensuite par sa décision unanime du 14 avril sanctionné ce don de la commune et décerné à l'unanimité le droit de bourgeoisie HONORAIRE du canton dans le désir de prouver combien il honore l'esprit de générosité de cette famille et combien il apprécie son attachement au canton) — le prince Louis-Napoléon, fils du duc et de la duchesse de Saint-Leu, est reconnu citoyen du canton de Thurgovie.

« En vertu de quoi nous avons fait le présent acte de bourgeoisie revêtu de notre signature et du sceau de l'État.

« *Le président du Petit Conseil,*

« *Signé :* ANDERWERT.

« *Le secrétaire d'État,*

« *Signé :* MOERIKOFER.

« Donné à Frauenfeld, le 30 avril 1832. »

(1) Le Petit Conseil est le pouvoir exécutif.

A cette investiture le prince avait fait la réponse suivante :

« Arenenberg, 15 mai 1832.

« Monsieur le Président,

« C'est avec un grand plaisir que j'ai reçu le droit de bourgeoisie que le canton a bien voulu m'offrir. Je suis heureux que de nouveaux liens m'attachent à un pays qui depuis seize ans nous a donné une hospitalité si bienveillante. Ma position d'exilé de ma patrie me rend plus sensible à cette marque d'intérêt de votre part. Croyez que dans toutes les circonstances de ma vie, comme Français et comme Bonaparte, je serai fier d'être citoyen d'un État libre.....

« Recevez.....

« *Signé* : Napoléon-Louis Bonaparte. »

Il résulte évidemment de ces deux documents, émanant l'un de la Suisse et l'autre du prince, que la collation du droit de bourgeoisie avait été faite et avait été reçue à titre honorifique. D'ailleurs, cette situation d'un étranger investi d'un droit de bourgeoisie, dans un pays autre que le sien, n'était pas un cas unique, tant s'en faut; sans qu'ils perdissent leur nationalité d'origine, on avait vu déjà et on a vu depuis des étrangers recevoir ainsi, en manière d'hommage, des titres de bourgeoisie soit en Suisse même, soit ailleurs, comme il n'est pas non plus sans exemple que des nationaux dans leur propre pays aient été l'objet d'honneurs de ce genre. En 1836 (1), la commune de Greng, dans le canton de Soleure, conférait à Mazzini le droit de bourgeoisie; à la même époque, d'autres Italiens étaient faits bourgeois de Bâle-Campagne. La Fayette était citoyen des États-Unis, et pour cela il n'était pas devenu Américain. De nos jours, tout dernièrement, en octobre 1893,

---

(1) Voir le *Moniteur* d août 1838

nous avons vu le duc d'Édimbourg recevoir de la ville d'Édimbourg le droit de bourgeoisie. Cela ne prouve donc rien au point de vue de la nationalité ; et c'est si vrai qu'après la mise en demeure adressée par la France à la Suisse la commune de Hochstrass, du canton de Zurich, conféra, en manière de protestation, le droit de bourgeoisie à Louis Bonaparte, qui s'empressa de répondre la lettre suivante (1) :

« Messieurs,

« Dans un moment où l'on cherche à m'expulser injustement de la Suisse, rien ne pouvait me flatter autant qu'une distinction qui me donne l'assurance de votre estime et de votre amitié... Le droit de bourgeoisie auquel vous m'admettez est la preuve que vous êtes convaincus que jamais je n'ai cessé d'être digne de l'hospitalité suisse. Il est beau, il est rassurant pour l'humanité entière de pouvoir penser que l'exil, l'insuccès et la persécution ne sont pas des crimes à tous les yeux.

« Agréez, nouveaux combourgeois, l'assurance de toute ma reconnaissance et de ma haute considération.

« Napoléon-Louis Bonaparte.

« Arenenberg, 13 août 1838. »

Cette lettre est conçue en termes très explicites. Louis Bonaparte est Français, reste Français, mais il accepte de la Suisse tout ce qu'elle veut bien lui donner. C'est ainsi qu'il était membre, puis même président de la Société fédérale des carabiniers thurgoviens ; c'est ainsi encore, paraît-il, qu'il aurait été élu membre du Grand Conseil du canton de Thurgovie (2).
Soit au regard du Code français, soit au regard de la loi suisse, le prince pouvait toujours revendiquer hautement la

(1) Traduction de l'allemand. V. *Journal des Débats* du 22 août 1838.
(2) Voir *le Prince Louis-Napoléon Bonaparte et le ministère Molé*, par Jules Lombard. Paris, 1839.

qualité de Français. Le Code civil, article 17, dit : « La qualité de Français se perdra par tout établissement fait en pays étranger sans esprit de retour. » Certes ce n'était pas le cas. Et l'article 25 de la constitution du canton de Thurgovie dispose que l'étranger peut à certaines conditions devenir citoyen suisse, mais « *après qu'il aura renoncé à la qualité de citoyen dans l'État étranger* ». Changer de patrie est une chose trop grave pour que la renonciation puisse être implicite; la renonciation doit être formelle et expresse; or le prince ne l'a jamais faite.

Le 6 août, l'affaire vient devant la Diète. M. *Kern*, député du canton de Thurgovie, soutient que Louis-Napoléon est Suisse : « Il est bourgeois de la commune de Sallenstein et citoyen du canton de Thurgovie. La constitution de cet État, aussi bien que l'article 17 du Code civil français, n'admettent pas, dans une même personne, la réunion des deux droits de cité. Puisque donc un citoyen suisse ne peut perdre sa qualité (et il est vrai de dire qu'aucun acte, fût-il même de la nature de l'attentat de Strasbourg, ne peut rien changer à ce principe), Louis-Napoléon est resté, il est encore ce qu'il était auparavant, citoyen du canton de Thurgovie. Il peut être appelé à un emploi public; aux assemblées il a été convoqué comme ayant des droits politiques à faire valoir... On représente Arenenberg comme un foyer d'intrigues, mais quelles sont ces intrigues? Les preuves, où sont-elles? Les menées, en quoi consistent-elles? Thurgovie repousse de toute sa force la demande de la France, demande telle que jamais la Suisse n'en a reçu une semblable... Les États rejetteront cette exigence inouïe; l'honneur de toute la Confédération leur en fait la loi... Il faut enfin que l'on sache que la Suisse n'est point une province ressortissant à la France, mais un État indépendant... »

M. *Hess (de Zurich)* opine pour un supplément d'instruction par un renvoi de l'affaire aux autorités cantonales de Thurgovie... Il importe de relever le peu de consistance avec lequel se présentent ces allégations d'intrigues que la note indique si superficiellement sans rien prouver, sans rien définir. Louis-Napoléon est citoyen suisse...

Les Représentants de Berne, de Fribourg, de Bâle-Campagne, de Bâle-Ville, d'Uri, de Schwitz, d'Untervald expriment la même opinion.

En votant aussi le renvoi à Thurgovie, le *député de Neuchâtel* sait très judicieusement formuler en quelques mots la question litigieuse : Louis-Napoléon est-il bien citoyen de Thurgovie? La constitution de cet État exige, par une disposition formelle, que, pour devenir citoyen du canton, on renonce à la qualité de citoyen de l'État dont auparavant on a fait partie.

M. *Moynard* (*de Vaud*) dit : « L'État neutre ne doit pas tolérer sur son territoire d'attaques dirigées contre le gouvernement avec lequel il est en relation. Il doit en poursuivre les auteurs et les faire juger selon ses propres lois... mais il n'appartient pas à aucun État étranger de prescrire la peine... Un gouvernement étranger ne peut que dénoncer les faits, former une plainte; s'il va plus loin, il méconnaît la souveraine indépendance de l'État auprès duquel il devient dénonciateur. Il faut qu'il y ait des faits constatés, des faits matériels, saisissables, qualifiables. Ce n'est pas... dans certaines appréhensions qu'il faut chercher une direction pour les rapports internationaux... Une brochure a été déférée à la Cour des pairs, on dit qu'il y a dans le canton de Thurgovie un collaborateur de cet écrit, mais il ne l'a pas publié en Suisse, il n'y a donc pas de délit... Il est fort douteux que si cette brochure eût été dirigée contre le gouvernement du canton le plus petit, ce gouvernement eût daigné y faire la moindre attention et qu'il eût cru sa sécurité compromise. Il n'y a pas un de nos nombreux landammans ou présidents à qui cet écrit eût pu causer cinq minutes d'insomnie... La note parle aussi d'Arenenberg comme un centre d'intrigues, sans articuler aucun fait. Le colonel Vaudrey est allé à Arenenberg avec un passeport français... et c'est après lui avoir fourni les moyens de venir sur notre territoire qu'on vient accuser la Suisse de tolérer chez elle des conspirateurs ! »

M. *Rigaud* (*de Genève*) estime que Louis Bonaparte, bourgeois de Thurgovie, y jouit de la plénitude de ses droits de citoyen... et que la Diète fédérale n'a pas le droit d'intervenir dans une question qui doit être tranchée par Thurgovie.

Le *représentant de Lucerne* conclut également au renvoi. « Louis-Napoléon a joué un rôle déloyal... Citoyen français, il devait savoir qu'aux termes des lois françaises, en acquérant le droit de bourgeoisie en Thurgovie, il perdait sa qualité de Français. Bourgeois de Thurgovie, il savait aussi que ses hautes prétentions étaient incompatibles avec la qualité de citoyen suisse... Je félicite l'État de Thurgovie sur le républicain qu'il s'est acquis; Lucerne est loin de lui porter envie... La France devrait se contenter d'une déclaration claire et précise de Louis-Napoléon sur la qualité qu'il entend prendre désormais. Thurgovie, de son côté, aurait à apprendre positivement à la Diète si, lors de son admission au droit de cité dans le canton, Louis-Bonaparte a, aux termes de la constitution de cet État, renoncé à sa qualité de Français... »

La Diète fédérale vote le renvoi de la note au canton de Thurgovie.

Le *Journal des Débats* était à peu près seul à approuver la politique du gouvernement français. « A deux pas de la frontière, dit-il à la date du 8 août 1838, il y a un concurrent déclaré, un drapeau pour tous les troubles, un quartier général de conspiration !... Oui, il est bien tyran et bien persécuteur, ce gouvernement français !... Il ne veut pas laisser tranquille un pauvre réfugié qui est venu innocemment dans une de nos places fortes... arracher à leurs devoirs et à leurs serments des officiers français... et qui n'avait que la modeste prétention de renverser le trône constitutionnel... Pour reconnaître la générosité (du gouvernement), le prince Louis vient se replacer comme dans un fort d'où il peut tout braver, dans le pays le plus voisin de notre frontière; de là, il écrit, il fait répandre des brochures où il montre à nos soldats la révolte et le parjure comme un titre de gloire... et le gouvernement a l'inhumanité de vouloir que le prince Louis soit chassé de son fort... Le gouvernement a peur non pas que le prince Louis pourfende la monarchie constitutionnelle et renouvelle le miracle des

Cent-jours. Ces illusions-là, on ne les a qu'à Arenenberg. Les Cent-jours du prince Louis, c'est l'affaire de Strasbourg. Mais, toute ridicule qu'ait été cette affaire, il ne s'en est pas moins fallu de très peu que le sang ne coulât ; des officiers français n'en ont pas moins été compromis... Le devoir du gouvernement, avant de réprimer, est d'écarter les occasions de séduction et de chute... Suisse pour préparer les complots, Français pour les faire éclater! C'est dans l'esprit d'un citoyen suisse qu'est tombée l'idée de se mettre à la tête de quelques régiments français et de marcher sur Paris! Le prince Louis est Suisse dans la brochure que vient de condamner la Cour des pairs... »

La *Gazette de France* (8 août) tient un langage tout autre : « Il est curieux de voir un grand juge de Napoléon (1) transmettre à un fils du maréchal Lannes, l'ami de Napoléon, l'ordre de faire expulser de Suisse le neveu de Napoléon. Que signifiait l'érection de la statue de Napoléon sur la colonne de la place Vendôme? Si l'on veut suivre la politique ministérielle depuis huit ans, on y verra une suite de contradictions toutes plus choquantes les unes que les autres et une hypocrisie politique qui ne se dément pas un instant... » — Rien de plus juste que ce jugement de la *Gazette*, qui sera celui de l'histoire. — Et le journal d'ajouter : « Le prince Louis est poursuivi par des hommes dont son oncle a fait la fortune; s'il avait réussi, il les aurait eu tous dans son antichambre (2). »

Le *Constitutionel* blâme aussi le gouvernement : « Le droit des gens peut-il obliger un pays libre de souscrire à tous les caprices d'un pays voisin et de sacrifier le droit commun à des frayeurs mal fondées? »

Il en est de même du *Siècle* : « C'est toujours dans des occasions semblables que nous faisons de la force et de la dignité. Poursuivre des proscrits même au delà de nos frontières;

(1) M. Molé.
(2) Voir aussi la *Gazette* du 13 août : « Comment expliquer qu'après avoir élevé sur la place Vendôme la statue de Napoléon, après avoir demandé au ministère anglais les cendres de ce grand capitaine, on chasse ses neveux au lieu de les honorer?... Des images vivantes sont-elles moins honorables que des images de bronze et des cendres? On croit rêver quand on voit de pareilles choses. »

menacer un allié faible en courbant la tête devant des ennemis puissants, ce sont là les habitudes et la gloire du système... Ainsi on craint que le prince Louis-Napoléon ne soit trop promptement oublié ; on craint que l'insurrection de Strasbourg, le procès Laity, n'aient pas encore accoutumé les esprits à l'idée que le prince est devenu un prétendant...; ainsi on semble avoir à cœur de faire naître l'intérêt pour sa personne en s'obstinant à le persécuter... Nous qui avons délaissé la Pologne et l'Italie, nous qui laissons l'Espagne périr d'épuisement et qui laisserons peut-être dépouiller la Belgique par amour de la paix, nous ferons la guerre à la Suisse... et la guerre, pourquoi? pour arracher un proscrit à son asile, un neveu de Napoléon du lieu où vient d'expirer sa mère ! »

Le *Courrier français*, pour condamner l'acte du gouvernement, se place à un autre point de vue : « L'indépendance de la Suisse est notre meilleure frontière. Si la France obtient aujourd'hui de la Diète helvétique l'abnégation de tout ce qui fait la personnalité d'un pays, demain l'Autriche et la Prusse voudront à leur tour humilier les cantons. »

Le *Temps*, le *Commerce*, le *Journal de Paris* blâment le ministère.

A part le *Morning Chronicle* (8 août), les journaux anglais, notamment le *Sun*, rappellent à Louis-Philippe qu'il a trouvé un asile en Suisse.

Le *Fédéral*, de Genève, dit : « Louis-Philippe est certes assez avisé pour comprendre qu'une telle dénonciation donne une fâcheuse importance à ce prétendant. »

Le *Journal des Débats* (13 août) revient à la charge : « La presse de l'opposition applaudit à l'attitude de la Suisse ! La Diète helvétique se croit le Sénat romain ! Décidément Louis-Napoléon est-il Suisse, ou ne l'est-il pas? C'est une question de bonne foi... Louis-Napoléon ne peut être tout à la fois Français et Suisse, républicain et empereur. On n'a pas deux patries. L'État de Thurgovie n'a pas non plus sans doute la prétention d'établir une dynastie thurgovienne sur le trône de France. »

La Diète n'ayant pas fait droit à la première note du gouvernement français, celui-ci en envoya une seconde à la date du 14 août (M. Molé au duc de Montebello) : « Il s'agit de savoir si la Suisse prétend, sous le manteau de l'hospitalité, recueillir dans son sein et encourager de sa protection des intrigues qui ont pour objet de troubler le repos d'un État voisin. Est-il un homme de bonne foi qui puisse admettre que Louis Bonaparte soit naturalisé Suisse, bourgeois de Thurgovie, et prétende en même temps régner sur la France? La Suisse a-t-elle le droit de laisser se former sur son territoire des entreprises qui, quoique dénuées de chances sérieuses de succès, peuvent avoir pour effet, comme au mois d'octobre 1836, de donner un grand scandale politique et d'entraîner quelques insensés ou quelques dupes? Louis Bonaparte a-t-il rempli la condition exigée par l'article 25 de la constitution du canton de Thurgovie? A-t-il renoncé à la France, son ancienne patrie?... Ne serait-ce pas se jouer de toute vérité que se dire tour à tour, selon l'occurrence, Suisse ou Français, Français pour attenter au bonheur de la France, Suisse pour conserver l'asile où, après avoir échoué dans de coupables tentatives, on ourdit de nouvelles intrigues et on prépare de nouveaux coups? Louis Bonaparte a assez prouvé assurément qu'il n'est accessible à aucun sentiment de reconnaissance, et qu'une plus longue patience de la part du gouvernement français ne ferait que le confirmer dans son aveuglement et l'enhardir à de nouvelles trames..... Si la Suisse refusait l'expulsion de Louis Bonaparte, vous avez ordre de demander vos passeports... Toutefois, vous ne vous séparerez pas de M. l'avoyer sans lui donner encore l'assurance que la France, forte de son droit et de la justice de sa demande, usera de tous les moyens dont elle dispose pour obtenir de la Suisse une satisfaction à laquelle aucune considération ne saurait la faire renoncer. »

Le ministère, pour fortifier sa position, obtient l'adhésion et le concours du grand-duché de Bade, du Wurtemberg, de la Prusse et de l'Autriche, qui interviennent auprès de la Suisse pour appuyer la demande du gouvernement français. Sur l'invitation de la Diète, le Grand Conseil de Thurgovie s'étant réuni, M. Kern, son député, lui annonce cette grave nouvelle de l'entente et de l'action diplomatique commune de ces puissances ; puis il ajoute : « ..... Pensez où peut conduire un refus, mais aussi songez à votre honneur et à vos droits ; quand même l'Europe entière se liguerait pour vous demander une concession, si elle est injuste, si elle viole vos lois, si elle blesse votre honneur, il faut la refuser. *Fais ce que dois, advienne que pourra !* Telle doit être notre devise. »

On donne ensuite lecture d'une lettre du prince à l'assemblée : « Je suis revenu d'Amérique en Suisse il y a un an avec la ferme intention de rester étranger à toute espèce d'intrigues... mais aussi je n'ai jamais pensé à acheter mon repos aux dépens de mon honneur. On m'avait indignement calomnié... j'ai permis à un ami de me défendre. Voilà la seule démarche politique qui, à ma connaissance, ait eu lieu depuis mon retour... Le ministère français prétend que la maison où ma mère vient de mourir et où je vis presque seul est un centre d'intrigues... Je démens cette accusation de la manière la plus formelle... »

Le Grand Conseil, à l'unanimité, déclare que la demande de la France est inadmissible.

Le *Journal des Débats* du 25 août cite cet article de la *Sentinelle du Jura* : « Revêtant la double nature de la chauve-souris, tantôt il prend son vol vers la couronne impériale, tantôt, redevenu simple bourgeois de Thurgovie, il se tapit dans le trou de la taupe... Nos radicaux élèvent aux nues Louis-Napoléon, et pourquoi ?... Ils le méprisent en secret comme un dandy politique qui, du fond d'un café, paraît vouloir organiser la politique du monde, dont la conduite ferait rougir le grand Napoléon et qui néglige le premier devoir d'un citoyen, les soins à donner à un père courbé sous le poids des ans (1). »

A la séance de la Diète fédérale du 27 août, M. Kern rend compte de la décision du canton de Thurgovie. « L'État de Thurgovie, dit-il, repousse de la manière la plus formelle la demande de la France... attendu que par suite de la naturali-

---

(1) Le roi Louis était réfugié à Florence, et il ne paraît pas que les relations entre le père et le fils aient jamais été bien tendres.

sation acceptée par Louis-Napoléon Bonaparte il n'est et ne peut être réellement, soit d'après la Constitution de Thurgovie, soit d'après les dispositions de la loi française, que citoyen du canton de Thurgovie... Les autorités de Thurgovie veilleront à ce qu'il ne soit commis sur leur territoire aucun acte contraire au droit des gens, qui puisse compromettre la sûreté d'autres États... En 1832, ajoute-t-il, Louis Bonaparte... était privé des droits de citoyen français... On ne pouvait donc (lui) demander... une renonciation à un droit dont il n'avait pas la jouissance... D'ailleurs, il l'aurait perdue par le fait de son acceptation de la qualité de citoyen du canton de Thurgovie. La représentation d'un acte de renonciation spéciale cessait d'être nécessaire. On dit que le droit dont se prévaut Louis Bonaparte ne constitue... qu'un simple titre honorifique. Cette raison tombe d'elle-même, car en Thurgovie, d'après la Constitution, le droit de cité est un; la loi égale pour tous n'admet aucune distinction... (Les intrigues?...) Ce n'est pas seulement à M. Vaudrey que le gouvernement français a délivré un passeport, c'est à MM. Laity et de Querelles. Quant à M. Parquin, il a des immeubles d'une grande valeur à Wolfsberg. »

Le député de Neuchâtel fait observer que des déclarations de M. Kern il résulte ce fait qu'il n'y a eu de la part du prince aucune renonciation à sa qualité de Français préalablement à son acceptation de la qualité de citoyen de Thurgovie.

La presse française continue à s'occuper avec passion de l'incident.

« On apporte à ce jeune homme, dit le *Courrier français* (1), le relief de la persécution. On fait tout pour qu'il se regarde lui-même comme un danger pour le gouvernement français. On le grandit de toutes les inquiétudes du ministère. Se peut-il voir une politique qui aille plus directement contre son but?... On vient d'attacher à la personne du prince Louis un éclat qui le suivra partout. Jusqu'à présent le public le considérait comme un insensé, le ministère en a presque fait un héros. »

(1) 2 août 1838.

Il était impossible de mieux dire, et le même journal, quelques jours après, ajoutait avec beaucoup d'à-propos : « Parmi les têtes actuellement couronnées, serait-il impossible d'en trouver qui ont connu aussi les tourments de l'exil et qui, dans l'exil, ont fait des actes antipathiques avec leur nationalité d'aujourd'hui (1)?... »

Le *National* (2) s'écriait : « L'opinion publique... plaint ce jeune homme qu'une raison d'État, bonne ou mauvaise, condamne à un exil éternel, et quand elle demande pourquoi cette rigueur, on lui répond que Louis Bonaparte, parce qu'il a dans ses veines quelques gouttes de sang impérial, doit vivre et mourir sur la terre étrangère. Pour lui un bannissement n'est pas encore assez, il faut tout l'Atlantique entre la France et le neveu de Napoléon. Pour qu'on dorme tranquille aux Tuileries il faut l'exiler de son lieu d'exil... ; qu'un gouvernement qui ne vit que des souvenirs de Napoléon, qu'un gouvernement aussi bonapartiste à l'intérieur... s'acharne à la poursuite d'un neveu de l'Empereur au point d'oublier en le poursuivant les plus simples notions du droit international et tout ce que l'alliance de la Suisse nous commande de ménagements, voilà ce qui est bien fait pour étonner la France... La Suisse a toujours exercé l'hospitalité de la façon la plus large; ses montagnes nous ont plus d'une fois rendu saines et sauves des têtes qui avaient été chez nous dévouées à l'échafaud (3), et il n'appartient point à ceux qui poursuivent Louis Bonaparte de se plaindre qu'elle n'ait pas toujours mis assez de discernement dans l'exercice de cette vertu nationale... »

Le *Journal de Paris* (4) se lamentait de ce que « par une suite de fautes plus grossières les unes que les autres la France (fût) déshéritée de l'affection d'un pays qui couvre sa frontière de l'Est »...

Le journal anglais le *Morning Chronicle* (5) émettait le même

---

(1) Allusion au séjour de Louis-Philippe en Suisse.
(2) Août 1838.
(3) Nouvelle allusion à l'exil de Louis-Philippe durant la Révolution.
(4-5) Août 1838.

sentiment : « Ce que nous voyons de plus important, c'est que le gouvernement français est parvenu à exciter un esprit complètement hostile à la France dans la législature et l'opinion publique d'un pays limitrophe, lié à la France par les liens de voisinage et d'intérêt et formant l'un de ses indispensables boulevards contre les puissances de l'Est. »

La *Gazette de France* (1) relève ce que dit le *Courrier français* : « qu'il aimerait mieux un gouvernement timide qu'un gouvernement fanfaron », et s'écrie : « De quoi se plaint le *Courrier ?* il a tous les deux à la fois. D'après elle (2), l'affaire Laity et la note de M. de Montebello sont deux des plus grandes fautes politiques qu'un gouvernement ait pu commettre. » Elle dit encore (3) : « ... Quoi! le sort vous favorise à ce point que M. Louis-Napoléon venant à Strasbourg n'y peut soulever qu'une compagnie de pontonniers! Il se laisse prendre, conduire comme un enfant en Amérique ; il revient, et, pour toutes représailles, il lance dans le public une brochure. Il se fait et se déclare Suisse. Mais tout cela était du bonheur... Chaque persécution le grandit. On remet sur la scène ce nom de Napoléon éclipsé depuis plus de vingt ans; on lui rend sa popularité; on lui refait un parti qui n'existait plus. Était-il possible d'accumuler plus d'erreurs et de fautes?... Honneur à la Diète fédérale, au Grand Conseil de Thurgovie! Honneur à M. Kern qui a fait briller enfin aux regards des rois et des peuples la belle devise des Duguesclin et des Bayard, des Bonchamp, des Talmont et des La Rochejacquelein! Honneur à la brave et généreuse nation helvétique qui proclame l'autorité du devoir et les droits sacrés de l'hospitalité. »

A la séance de la Diète fédérale du 31 août la commission par elle chargée de rédiger un préavis sur la demande d'expulsion rend compte de ses travaux. Trois opinions se sont fait jour.

« 1° D'après la majorité, le gouvernement de Thurgovie doit

---

(1) Voir la *Gazette de France* du 15 août 1838.
(2) *Ibid.*, 25 août 1838.
(3) *Ibid*, 29 août 1838.

être invité à exiger de Louis-Napoléon Bonaparte une déclaration simple et précise qu'il renonce sans réserve à la qualité de citoyen français et à toute prétention ultérieure à cette qualité.

« 2° D'après une minorité de deux membres, Louis-Napoléon jouissant des droits de citoyen thurgovien, et nulle disposition exceptionnelle d'expulsion ne pouvant être prise à son égard, il y a lieu d'adresser, dans ce sens, une réponse à la France.

« 3° D'après M. Kopp, le bannissement et la rupture du lien civil, même à perpétuité, ne sont pas une preuve irrécusable de l'extinction des droits du citoyen dans l'État d'où le banni est exclu. Au moins n'en résulterait-il pas nécessairement une renonciation à ces droits, et cependant cette renonciation est exigée comme condition de rigueur de la part de celui qui veut acquérir la qualité de citoyen du canton de Thurgovie. En 1836, à Strasbourg, Louis-Napoléon a soutenu que non seulement il était Français, mais encore qu'il était le prétendant légitime à la couronne de France. Et il faisait écrire que cette qualité de citoyen suisse n'était qu'un titre honorifique. D'ailleurs, on ne peut obtenir de Napoléon la déclaration franche et explicite qu'il renonce à la qualité de citoyen français ; Napoléon n'est pas réfugié politique ; il n'a pas fui sa patrie ; mais, enfant, il en a été rejeté pour avoir eu le malheur de naître le neveu de l'Empereur. Exilé de son pays, il faut qu'il trouve un asile. Cet asile, après qu'il en a joui parmi nous pendant tant d'années, comment pourrait-on le lui refuser aujourd'hui, sans que des tribunaux du pays aient connu des réclamations élevées contre lui ? Sous l'égide de ces lois il a, comme tout ressortissant au pays, le droit de demander que telle soit la marche qu'on emploiera à son égard. Si la Suisse n'ose, ou ne peut lui garantir ce droit, qu'elle cesse de se vanter de son indépendance. Ce ne sera donc point parce que le Roi de France dit : « *Tel est mon bon plaisir* », que nous rejetterons de la Suisse un particulier qui y habite depuis plusieurs années, mais bien parce que nos tribunaux ont trouvé qu'il s'est rendu indigne de séjourner chez nous. Dans le cas où cette manière de voir ne serait pas admise, la

Suisse alors doit se préparer à tout et invoquer l'assistance des hautes puissances qui ont bien voulu garantir son indépendance et sa souveraineté. »

Voilà bien le terrain que la Suisse aurait dû choisir pour répondre à la mise en demeure de la France. Dès le principe elle aurait dû dire : J'admets que Louis-Napoléon ne soit pas citoyen suisse, je veux bien qu'il soit Français, mais chez moi le droit d'asile est sacré, et je n'admets pas que je sois obligée d'expulser un étranger de mon territoire, par cela seul que l'État dont il est membre en formule purement et simplement la demande. On prétend qu'il conspire, que sa conduite et ses menées compromettent ou peuvent compromettre le repos et la sécurité d'une nation voisine et amie ; je vais examiner la question, bien plus, je vais saisir la justice du pays, qui décidera souverainement.

« La Suisse, écrivait alors le *Journal des Débats*, est l'asile que Louis Bonaparte a choisi parce qu'il y est plus à son aise pour profiter de toutes les occasions qui se présenteraient de troubler la France pour les faire naître. L'issue de l'échauffourée de Strasbourg lui a-t-elle fait abandonner ses projets et ses espérances ? La brochure publiée par son ordre à Paris et récemment condamnée par la Cour des pairs répond assez à cette question. Les prétentions sont ridicules, les espérances sont folles ! Oui, sans doute, nous n'avons pas peur, encore une fois, que le miracle des Cent-jours se renouvelle pour lui, mais le gouvernement doit-il abandonner le soin de la tranquillité et de la dignité de la France ? Faut-il que la tranquillité d'un pays soit deux fois compromise pour qu'il acquière le droit de prendre ses précautions contre le retour du mal ? Nos voisins veulent-ils que l'inviolabilité de leurs frontières soit une cause perpétuelle d'inquiétudes et de dangers pour nous ? La Sardaigne aurait-elle le droit d'établir le duc de Bordeaux à Nice en le déclarant citoyen sarde ? »

Le *Moniteur* du 1er septembre (1) publie cet extrait du journal

---

(1) Le 21 août précédent, le *Moniteur* insérait une correspondance suisse du *Courrier de Lyon*, où le prince était appelé *Empereur in partibus*.

la Gazette universelle suisse : « L'engagement conditionel pris par le Grand Conseil de Thurgovie de surveiller à l'avenir les démarches de Louis Bonaparte a été apprécié par tout le monde comme il le méritait. La constitution de ce canton essentiellement démocratique rend toute surveillance de ce genre évidemment impraticable. Il est encore moins présumable que la Confédération se cotise pour faire les frais d'une police spéciale à l'effet de déjouer les intrigues de la petite cour d'Arenenberg. La déclaration adressée par Louis Bonaparte au gouvernement thurgovien ne saurait être d'aucune valeur de la part d'un homme qui a déjà manqué à ses promesses dans une circonstance exactement semblable (1). »

La Diète fédérale se réunit à nouveau le 3 septembre. Le président *Kopp* fait un résumé de l'affaire et conclut en disant : « Si Napoléon est bien citoyen de Thurgovie, il n'est pas au pouvoir de la Diète même de le renvoyer, mais on peut compter que la Suisse exercera une surveillance active sur tous les actes de nature à compromettre la tranquillité des États voisins. »

M. *Hess* demande que la question soit renvoyée à ses commettants.

M. *Rigaud* soutient que Louis Bonaparte a été naturalisé ; qu'il a toujours été considéré comme Suisse ; qu'il a été convoqué aux assemblées électorales ; qu'il a même été élu membre du Grand Conseil ; qu'il a accepté cette naturalisation sans aucune restriction ; que la déclaration du gouvernement de Thurgovie suffit pour faire foi auprès de la Diète ; que Louis Bonaparte ne peut être que citoyen suisse.

La minorité, dit M. *Monnard*, se refuse à donner les mains à l'expulsion d'un citoyen suisse ; elle regarderait cette expulsion comme une honte pour le pays. Et il vote pour le rejet immédiat de la demande de la France.

Les Représentants de *Bâle-Campagne*, de *Saint-Gall*, de *Thur-*

---

(1) Dans un nouvel article de la *Gazette universelle suisse* (28 août) il est dit que le prince Louis a 40,000 francs de rente.

govie, se rangent à cet avis, ainsi que ceux de *Vaud* et du *Valais*.

Malgré les déclarations de l'État de Thurgovie, le *Représentant de Neuchâtel* a des doutes sérieux sur la validité de la naturalisation de Louis Bonaparte. Aucun acte contenant une renonciation à son droit de bourgeoisie étrangère n'a été exigé de Louis Bonaparte, et l'attentat de Strasbourg, la brochure de Laity et la correspondance du prince prouvent, du reste, que cette renonciation n'a pas été dans sa pensée. Il y a bien en France la loi d'exclusion qui bannit à perpétuité les membres de sa famille et qui leur retire tous droits civils en France ; mais la privation des droits civils et la perte de la qualité de Français ne sont pas une seule et même chose. Le Code civil dit :
« *La qualité de Français se perdra par la naturalisation acquise en pays étranger.* » Ce qui suppose une acquisition régulière, acquisition qui n'a pas eu lieu dans le cas actuel. La lettre du prince au Grand Conseil de Thurgovie est plutôt une récrimination contre le gouvernement français qu'une renonciation à la qualité de Français. L'État de Thurgovie soutient que la matière de la naturalisation rentre dans le domaine de la souveraineté cantonale. La Diète, dans des cas spéciaux, a le droit de s'assurer que les conditions requises pour une naturalisation valable ont été remplies. Louis Bonaparte est citoyen français.

Le président clôt le débat par cette observation : « Puisque le gouvernement de Thurgovie n'a pas, dès le principe, exigé de Louis-Napoléon la renonciation voulue par la loi, au moins après l'événement de Strasbourg, après la publication de la brochure Laity il ne pouvait se dispenser de la lui demander. La Diète a le droit d'exiger que chaque canton respecte sa propre constitution. »

A l'unanimité moins deux voix, la Diète vote l'ajournement de la discussion, afin de consulter les vingt-deux grands conseils cantonaux.

Le *Journal des Débats* fulmine. « Ce prétendant (1), qui se

---

(1) 6 septembre 1838.

fait arquebusier républicain en attendant qu'il soit Empereur, nous attaquera impunément sans que nous puissions rien faire contre lui, parce qu'il est sous la protection de Thurgovie! Thurgovie aura dans ses mains les destinées de la France! Il pourra, à son gré, faire de nous un empire, ou nous laisser tels que nous sommes! La monarchie de Juillet sera remise à la garde du commissaire de police de Frauenfeld et dépendra de la vigilance de ce magistrat! Louis Bonaparte à Arenenberg, à quelques lieues de la frontière, intriguant, complotant, embauchant, cela paraît l'ordre naturel des choses! Si la Suisse refuse d'expulser Louis Bonaparte, nous ferons ce qui sera dans notre droit et dans notre intérêt. Est-ce la guerre? Nous ne renonçons certes pas à l'idée de voir le gouvernement recourir à l'emploi de la force s'il le faut. »

« La Suisse (1) se demandera si c'est la peine de compromettre le repos, la sécurité, la richesse du pays, pour le bon plaisir d'un prince qui n'est républicain que par occasion et en attendant; qui prend la Suisse pour sa place de refuge et de sûreté, toujours prêt à tenter de nouveau la fortune et à réparer ses insuccès. »

« On répond (2) au nom de la Suisse : Oui, cet homme, c'est l'ennemi de la France; mais il est citoyen suisse, tant pis pour la France. Il est citoyen suisse? et depuis quand? Depuis qu'il trouve son avantage à l'être. Il y a deux mois, il était citoyen français. »

« Il ne dépend (3) d'aucun tribunal ni d'aucune diète, ni d'aucune puissance au monde de faire que Louis-Napoléon ne soit pas ce qu'il est, c'est-à-dire un prétendant à l'Empire français, une sorte de dictateur populaire, toujours à la veille de parodier le héros d'Austerlitz, un conspirateur qui a subi le plus généreux pardon et qui a fait dix-huit cents lieues pour manquer à une promesse sacrée. Le gouvernement français ne

(1) 9 septembre 1838.
(2) 11 septembre 1838.
(3) 16 septembre 1838.

veut pas qu'on l'oblige à pardonner tous les six mois une insurrection militaire. »

« La vraie question (1) qui est posée aujourd'hui est celle de savoir si la Suisse consentira à servir de camp retranché à tous les fauteurs de trouble, citoyens suisses ou non... Quand Louis-Napoléon a tenté son entreprise de Strasbourg... n'était-il pas l'hôte de la Suisse? Le gouvernement français prend à tout événement ses mesures. L'affaire est trop grave pour qu'il ne prévoie pas tout, même un refus. L'ordre a été donné de former des bataillons de guerre, et sans retard, à Lyon, à Besançon, à Belfort. »

En sens contraire le *Constitutionnel* (2) s'écrie : « Est-il concevable que des hommes d'État français soient assez imprévoyants, assez aveugles, pour mendier dans une attaque contre les institutions helvétiques l'assistance des cabinets (étrangers)? »

Le journal *le Commerce* (3) : « On va jusqu'à reprocher à la Suisse d'autoriser par sa tolérance les intrigues d'Arenenberg. Qu'est-ce à dire? Ce n'est pas assez d'avoir créé au prince Napoléon le titre et l'importance d'un prétendant, voici maintenant que vous lui reconnaissez des alliés. »

La *Gazette de France* (4) : « Une nation de trente-deux millions d'âmes aurait à craindre de voir le gouvernement de son choix renversé! Un jeune officier d'artillerie, seul, sans alliés, sans soldats, pourrait mettre en péril un pouvoir appuyé sur la volonté nationale et qui a, dites-vous, pour lui l'amour des populations et de l'armée! Voilà (5) les sympathies de la presse libérale dans toutes ses nuances acquises au jeune Louis Bonaparte. »

Le *Siècle* : « La politique (6) dont M. Molé vient de se rendre responsable est une politique de famille, de dynastie. Les frayeurs auxquelles on a cédé, les poursuites dirigées en France

(1) 21 septembre.
(2, 3) 21 septembre.
(4) 7 septembre.
(5) 29 septembre.
(6) Fin septembre.

contre la brochure de M. Laity, les injonctions menaçantes adressées en ce moment à la Suisse, tous ces faits ont la même origine... Votre espoir, c'est que le prince Louis... ira chercher un autre exil. Si nous étions les amis du prince, nous lui conseillerions de le faire, et sans doute il n'y manquera pas. Il s'éloignera donc; mais qu'y gagnerez-vous? Sa plus grande crainte, avez-vous dit, c'est qu'on ne l'oublie en France, et peut-être avez-vous raison. Mais vous avez été au-devant de ses vœux; qu'il s'éloigne volontairement pour ne pas perdre le titre de citoyen français, pour empêcher une guerre que votre folie allait rendre inévitable, et vous pouvez compter que son nom restera dans la mémoire de la France. Le souvenir qu'il laissera ainsi lui fera plus d'honneur et, qui sait? deviendra peut-être plus dangereux grâce à vous que celui de la tentative de Strasbourg. »

Le gouvernement réunit des troupes qu'il forme en corps d'armée sous le commandement du général Aymard, qui adresse aux soldats l'ordre du jour suivant :

« Bientôt nos turbulents voisins s'apercevront peut-être trop tard qu'au lieu de déclamations et d'injures, il eût mieux valu satisfaire aux justes demandes de la France.

« Au quartier général, à Lyon, le 25 septembre 1838.

« *Le lieutenant général,*
pair de France, commandant la 7ᵉ division militaire,

« Baron Aymard. »

Le prince Louis écrit alors à Son Excellence M. le Landamman Anderwert, président du Petit Conseil du canton de Thurgovie : « Lorsque la note du duc de Montebello fut adressée à la Diète, je ne voulus point me soumettre aux exigences du gouvernement français; car il m'importait de prouver, par mon refus de m'éloigner, que j'étais revenu en Suisse sans manquer à aucun engagement... La Suisse a montré qu'elle était prête à faire les plus grands sacrifices pour maintenir sa dignité et son droit. Elle a su faire son devoir comme nation indépendante ; je saurai faire le mien... Il ne me reste plus qu'à quitter un pays où ma présence est le sujet d'aussi injustes préventions, où elle serait le prétexte de si grands malheurs!... En m'éloignant des lieux qui m'étaient devenus chers à tant de titres, j'espère prouver au peuple suisse que j'étais digne des marques d'estime et d'affection qu'il m'a prodiguées. Je n'oublierai jamais la noble conduite des cantons qui se sont prononcés si courageusement en ma faveur.

« Napoléon-Louis Bonaparte. »

« Enfin, dit le *Courrier français*, M. Molé va recouvrer le sommeil, le roi des Français cessera de croire au trône ébranlé : le prince Louis consent à quitter la Suisse. Il a pris en pitié les tribulations du gouvernement *qui a tant fait pour lui, qui du rang assez obscur d'héritier peu connu d'un nom illustre l'a élevé aux yeux de l'Europe au rang éminent de prétendant au trône de France;* et c'est là, en définitive, le caractère qu'on lui donne aux yeux des peuples, c'est là ce dont il est redevable à l'habile diplomatie de M. Molé... Nous recevons communication de la lettre du prince Napoléon-Louis. Cette lettre est un modèle de dignité, de véritable grandeur et de modération. Les tripotages de la diplomatie paraissent bien misérables devant un pareil langage. »

« Nos ministres, dit le *Siècle*, ont déjà réussi à se couvrir de ridicule en offrant au jeune Bonaparte une occasion d'intéresser la France à sa destinée, occasion qu'il a saisie avec autant de générosité que d'à-propos. »

La *Gazette de France* (1) frappe encore sans pitié : « Nous voudrions bien savoir ce que le gouvernement gagne à ce que le prince Louis soit en Angleterre au lieu d'être à Arenenberg. Il y a moins loin de Londres à Paris que d'Arenenberg... »

Ce n'était que trop vrai. Et dès lors n'était-ce pas de l'aber-

---

(1) Numéros du 4 et du 12 octobre 1838.

ration que d'offenser une nation amie en pure perte? Si encore elle avait été de taille à nous résister! Bien plus, toute cette campagne diplomatique avait pour résultat d'aboutir à une humiliation pour la France, puisque le prince non seulement devait se trouver en Angleterre dans des conditions aussi favorables qu'en Suisse pour réunir ses amis, mais même allait pouvoir y nouer tous les fils d'une nouvelle conspiration, et que le gouvernement français, suffisamment édifié sur ces menées, ne se permettrait pas de demander à sa puissante voisine l'éloignement du prétendant, qu'il n'oserait même pas lui adresser à cet égard quelques timides observations.

Aussi le *Morning-Herald* déclare-t-il « que la retraite volontaire de Louis Bonaparte ne termine rien, et qu'elle ne fait que changer la question en la rendant plus embarrassante ». De son côté, le *Morning-Chronicle*, journal de lord Palmerston, s'exprime ainsi : « Une chose reste à savoir. Adressera-t-on à la Grande-Bretagne les notes menaçantes lancées contre les cantons helvétiques? Le cas arrivant, ajoute le journal anglais, la réponse de lord Melbourne serait bientôt faite. »

La voilà bien, l'humiliation!

CHAPITRE VI

LES « LETTRES DE LONDRES » ET L'« AVENIR DES IDÉES IMPÉRIALES »

Les *Lettres de Londres* : Louis-Napoléon est bien l'héritier de l'Empereur, qui avait pour lui une prédilection marquée ; il lui rappelait le roi de Rome, le considérant au besoin comme l'espoir de sa race. — Au physique, Louis-Napoléon est le portrait de Napoléon Ier. — Où il habite à Londres. — Description de son habitation de Carlton-Gardens. — Le prince a des habitudes de travail et de simplicité. — Il connaît tout le personnel civil et militaire de la France, et il est décidé à n'exclure personne. — La combinaison de 1830 s'écroule ; il faut fusionner tous les partis, améliorer le sort de l'armée. — Après Strasbourg, il voulait faire appel au peuple. — Le système napoléonien doit remplacer le système impuissant de l'orléanisme, et l'Europe serait favorable à ce changement qui la garantirait contre la Révolution ; les Napoléons sont apparentés à toutes les familles régnantes. — Même en Angleterre le nom de Napoléon est aimé, et le prince Louis y est particulièrement apprécié. — Napoléon, c'est César ; le prince sera Octave. — Les idées napoléoniennes. — Un toast du prince.

L'*Avenir des idées impériales* : Un évangile national. — Le régime parlementaire tue le pays ; l'autorité fait défaut ; l'autorité seule peut assurer le sort des classes laborieuses. — Éloge de la guerre. — La politique des nationalités. — Il faut revenir à Napoléon, dont le nom dit tout. — Prospérité des années du Consulat et de l'Empire. — Les guerres de Napoléon n'ont pas été meurtrières. — La gloire en deuil ; l'armée humiliée ; la France méprisée. — Réconciliation de tous les Français dans un nouveau principe.

Au commencement de l'année 1840 parut un livre intitulé : *Lettres de Londres. Visite au prince Louis* (1). C'était une publication destinée à ramener l'attention du public français sur le prince, à raviver le sentiment bonapartiste et à préparer les esprits à la nouvelle tentative qui était résolue contre le gou-

---

(1) Cet ouvrage, non signé, est de M. de Persigny. Les lettres datées d'août 1839 sont, par supposition, adressées à un général, et l'auteur y rapporte ce qu'il aurait vu et entendu à Londres, comme aussi les communications que lui auraient faites dans cette même ville un autre général. (Paris, 1840, A. Levavasseur, libraire. rue Jacob, 14.)

vernement de Juillet. C'était un plaidoyer en faveur de l'Empire et de son représentant, dont voici le résumé :

L'héritier de l'Empereur, c'est bien le prince Charles-Louis-Napoléon Bonaparte. Joseph, l'ex-roi d'Espagne, n'a pas d'enfants, et il est fixé en Amérique sans esprit de retour. Louis, l'ex-roi de Hollande, est retiré à Florence. Tous les deux sont restés étrangers à la politique depuis la chute de l'Empire. Véritables philosophes, exempts d'ambition et plus épris des charmes de la vie privée que des splendeurs du trône, ces deux illustres vieillards ne pourraient plus se jeter dans les agitations de la vie publique pour revendiquer des droits qu'ils ont paru abandonner depuis longtemps. Enfin, n'ayant fait entendre à la mort du duc de Reichstadt aucune réclamation personnelle, ils semblent considérer leur vie politique comme terminée. Dès lors... l'ordre de successibilité (doit être reporté) sur le jeune Napoléon-Louis..., par rapport à son oncle et à son père dans une position analogue à celle du duc de Bordeaux vis-à-vis de Charles X et du duc d'Angoulême.

La veille de son départ pour la fatale campagne de Waterloo... l'Empereur avait auprès de lui ses deux neveux... dont il faisait de véritables enfants gâtés, surtout du plus jeune, le prince Napoléon-Louis actuel, qui, par son âge et sa figure, lui rappelait davantage son fils, le roi de Rome... C'était un charmant garçon de sept à huit ans, à la chevelure blonde et bouclée, aux yeux bleus et expressifs, et revêtu d'un uniforme de lanciers de la garde impériale... L'enfant s'étant approché s'agenouilla devant l'Empereur, mit sa tête et ses deux mains sur ses genoux, et alors ses larmes coulèrent en abondance. « Sire, ma gouvernante vient de me dire que vous partiez pour la guerre. Oh! ne partez pas! Ne partez pas! » — L'Empereur prit le jeune prince et l'embrassa avec effusion... — « Tenez, dit-il à la personne qui se trouvait là, embrassez-le, il aura un bon cœur et une belle âme... C'est peut-être là l'espoir de ma race... » Une larme de l'Empereur, baptême de la gloire et du génie, tomba alors sur le front de l'enfant.

Louis Bonaparte est d'une physionomie agréable, d'une

taille moyenne, d'une tournure militaire ; il joint à la distinction de toute sa personne la distinction plus séduisante de ces manières simples, naturelles, pleines d'aisance et de bon goût, qui semblent l'apanage des races supérieures... En observant attentivement les traits essentiels, on ne tarde pas à découvrir que le type napoléonien est reproduit avec une étonnante fidélité (1). C'est, en effet, le même front élevé, large et droit, le même nez aux belles proportions et les mêmes yeux gris, quoique l'expression en soit adoucie ; c'est surtout les mêmes contours et la même inclinaison de tête, tellement empreinte du caractère napoléonien que quand le prince se retourne, c'est à faire frissonner un soldat de la vieille garde, et si l'œil s'arrête sur le dessin de ces formes si correctes, il est impossible de ne pas être frappé comme devant la tête de l'Empereur de l'imposante fierté de ce profil romain (2) dont les lignes si pures et si graves, même si solennelles, sont comme le cachet des grandes destinées... Ce qui excite surtout l'intérêt, c'est cette teinte indéfinissable de mélancolie et de méditation répandue sur toute sa personne, et qui révèle les nobles douleurs de l'exil. Les nuances sombres de sa physionomie indiquent une nature énergique ; sa contenance assurée, son regard à la fois vif et penseur, tout en lui montre une de ces natures exceptionnelles, une de ces âmes fortes qui se nourrissent de la préoccupation des grandes choses et qui seules sont capables de les accomplir.. Tous les hommes qui ont joué un grand rôle dans l'histoire ont eu dans leur personne de ces séductions secrètes et mystérieuses qui inspirent les dévouements, enchaînent les volontés et fascinent les masses.

Le prince habite Carlton-House-Terrace, n° 17 (3), Pall-Mall, sur une large place entre Saint-James Park et Regent-Street ; puis Carlton-Gardens, n° 1, dans une maison appartenant au comte Ripon. Dans son salon on remarque le buste en marbre

---

(1, 2) Dans ce portrait du prince il n'y a pas un mot de vrai. Il n'avait aucune ressemblance avec Napoléon Ier, et son profil n'avait absolument rien de romain.

(3) Propriété de lord Cardigan. Il aurait d'abord habité Feuton's hotel, puis un hôtel situé Waterloo place.

de l'Empereur par Canova, le portrait de Joséphine par Isabey, le portrait de la reine Hortense, un médaillier en velours noir renfermant les miniatures des membres de la famille impériale ; l'écharpe tricolore du général Bonaparte à la bataille des Pyramides ; un cachemire donné par l'Empereur à la reine Hortense à son retour d'Égypte ; l'anneau du couronnement (rubis enchâssé d'or) que Pie VII mit au doigt de l'Empereur ; la bague passée par Napoléon au doigt de l'Impératrice pendant la cérémonie, et composée de deux cœurs, l'un en saphir, l'autre en diamants pressés avec cette devise : « Deux font un » ; les décorations de l'Empereur ; un médaillon par Isabey et représentant d'un côté Napoléon et de l'autre Marie-Louise, donné par l'Empereur à Louis-Napoléon le 20 avril 1815, jour anniversaire de la naissance du prince ; les miniatures faites par Isabey en 1814 de Marie-Louise et du roi de Rome, et revenues de Sainte-Hélène ; une relique provenant de Charlemagne, remise par le clergé d'Aix-la-Chapelle à Napoléon et consistant en deux gros saphirs et, entre ces pierres précieuses, en une petite croix contenant un morceau de la vraie croix, que l'impératrice Irène avait envoyée de Constantinople à Charlemagne ; le tout entouré d'un cercle d'or incrusté de diamants. Cette relique, Charlemagne, dans les combats, la portait au cou comme un talisman. Quand on songe, dit l'auteur des *Lettres de Londres*, au hasard qui a amené ce fragment de l'héritage de Charlemagne dans les mains de cet autre Charlemagne appelé Napoléon, on ne peut s'empêcher de s'étonner de ces mystères de la destinée.

...Le prince est un homme de travail et d'activité. Dès six heures du matin il est dans son cabinet, où il est à la besogne jusqu'à midi, heure de son déjeuner. Après ce repas, qui ne dure jamais plus de dix minutes, il lit les journaux et (prend) des notes... ; à deux heures il reçoit des visites ; à quatre heures il sort ; à cinq heures il monte à cheval ; à sept heures il dîne ; puis ordinairement il trouve encore le temps de travailler plusieurs heures dans la soirée... Il ne connaît pas le luxe, (bien qu'il ait) une voiture avec panneaux aux aigles impériales...

De toute sa maison il est le plus simplement mis. Dès sa plus tendre jeunesse il méprisait les usages d'une vie efféminée et dédaignait les futilités du luxe. Tout (son) argent passait à des actes de bienfaisance, à fonder des écoles ou des salles d'asile, à étendre le cercle de ses études, à imprimer ses ouvrages politiques ou militaires comme son *Manuel d'artillerie*, ou bien à des expériences scientifiques. Sa manière de vivre a toujours été rude et frugale... A Arenenberg, son appartement était vraiment la tente d'un soldat ; on n'y voyait ni tapis, ni fauteuils, ni rien de ce qui peut énerver le corps... Infatigable au physique comme au moral, austère, laborieux, le neveu de l'Empereur (suivant le docteur Conneau) est un véritable Romain de la République.

(Le prince connaît le personnel politique de la France comme il en connaît l'armée. Il possède deux registres)... Dans l'un se trouvent inscrits avec des notes détaillées sur leur position, leur capacité, leur caractère, tous nos hommes d'État, les membres des deux Chambres, les hauts fonctionnaires publics, les journalistes et hommes de lettres, et généralement tous ceux qui peuvent avoir une influence dans l'ordre civil. L'autre registre, consacré à l'armée, comprend tout l'état-major général et chacun des régiments de l'armée au courant des mutations et changements de chaque jour... (Il n'est l'homme d'aucun parti, et il ne songe qu'à réconcilier tous les Français sous le régime napoléonien, qui seul réalise le gouvernement parfait)... Ce qui est étonnant, c'est la modération et la haute impartialité avec lesquelles sont tracés les caractères de ceux mêmes qui se sont montrés les plus hostiles à l'Empereur, à la dynastie impériale ou à la personne du prince. ...Ne faut-il pas, dit-il, beaucoup oublier? L'Empereur sur le rocher de Sainte-Hélène n'en a-t-il pas fait un devoir à sa famille? Rappelez-vous aussi cette parole si profonde prononcée au retour de l'île d'Elbe : Il est des événements d'une telle nature qu'ils sont au-dessus de l'organisation humaine... Tant que j'ai pu croire que la combinaison de 1830 saurait rallier les partis et fonder un gouvernement national, j'ai fait taire mon ambition et su rester dans l'ombre. J'ai fait plus encore; dévoué à mon pays, j'ai demandé en 1832 à le servir comme citoyen et comme soldat... Depuis, tout ce que j'ai fait n'a eu d'autre but que d'arriver à la destruction des partis. En me rendant à Strasbourg j'étais surtout inspiré par cette pensée. Si j'avais réussi, j'aurais convoqué sur-le-champ à un grand conseil de gouvernement toutes les illustrations de la France sans distinction d'opinions...; puis après avoir consulté la nation entière, après avoir obtenu la sanction du peuple... si alors un parti quelconque eût osé lever la tête pour attaquer l'œuvre du peuple, je l'aurais exterminé sans pitié; mais en même temps sans haine, sans rancune, j'aurais tendu la main à tous les hommes du parti vaincu qui eussent voulu servir la France.

L'armée, le jeune Napoléon ne la croit ni bien organisée ni bien administrée; il pense que sans augmenter les charges de l'État il y a beaucoup à faire pour améliorer le sort de l'armée...

(L'avenir n'est pas à la dynastie des d'Orléans)... Dans le cas où on ne réussirait pas à éviter une nouvelle catastrophe, une combinaison napoléonienne (devrait) selon toutes les probabilités l'emporter sur toutes les autres parce qu'elle (pourrait) tout à la fois exercer une grande action sur les classes inférieures par le prestige de la gloire de Napoléon, présenter des garanties d'ordre public aux classes moyennes et plaire enfin aux hautes classes par le grandiose attaché aux souvenirs de l'Empire.

(L'Europe serait favorable à une Restauration bonapartiste)... La politique des grandes puissances serait... favorable à l'idée de voir arriver en France une dynastie qui, jouissant d'une immense popularité, pourrait s'en servir pour rétablir l'ordre et empêcher une conflagration générale en Europe, car à l'égard des guerres de conquêtes... il était évident qu'il ne pouvait plus en être question... (Quant à) l'Angleterre, (elle a tout) avantage à s'unir à la combinaison napoléonienne (contre la Russie)... Les partisans des principes monarchiques en Europe en sont arrivés à regretter d'avoir renversé l'Empire... qui avait su fermer le gouffre des révolutions en recréant en France une grande autorité politique... Si en 1830 on eût appelé au trône la dynastie impériale, elle eût été reconnue de toutes les grandes puissances, avec lesquelles elle a, du reste, des liens nombreux de parenté... Le neveu de l'Empereur est allié à la Russie par son cousin le duc de Leuchtenberg, à la Bavière par sa tante la veuve du prince Eugène, au Wurtemberg par sa tante la princesse de Montfort, à la maison de Bragance par sa cousine l'impératrice du Brésil, à la Suède par sa cousine la princesse royale, etc., etc... Les souverains étrangers ont enfin reconnu la faute qu'ils ont faite en renversant l'Empereur qui seul pouvait empêcher de se rouvrir le gouffre des révolutions qu'il avait fermé... Au surplus, en reconnaissant la branche cadette après 1830... *l'Europe* n'a-t-elle pas assez prouvé qu'elle était disposée à reconnaître tout gouvernement de fait qui lui présenterait des conditions de force et de durée?... (Le prince déclare qu'il n'a) qu'à se louer de ses rapports avec les gouvernements étrangers... qu'il s'est fait en faveur de la gloire de l'Empereur une réaction universelle aussi bien chez les rois que chez les peuples... En Angleterre (par exemple), prenez le premier venu dans la rue, il vous répondra qu'il aime Napoléon parce que c'était l'ami du peuple, tandis que d'un autre côté les classes élevées ne voient plus dans l'Empereur que le représentant du pouvoir... Quant au neveu de l'Empereur, le peuple le connaît et ne manque jamais de lui montrer sa sympathie...

(Les d'Orléans, dit-on, ne sauraient être renversés du trône ; la date de 1830 est pour la France ce que celle de 1688 est pour l'Angleterre)... Ce rapprochement est certainement très curieux, mais... où est le parti qui n'ait pas quelque rapprochement de ce genre à citer? Ne pourrait-on pas, par exemple, trouver dans l'histoire de César et d'Auguste certaines similitudes de circonstances avec la famille impériale? Et en effet, si dans l'antiquité un grand caractère historique peut être mis en parallèle avec Napoléon, c'est César. César et Napoléon sont tous deux l'expression la plus complète de la civilisation des deux époques. Tous deux comme législateurs et comme guerriers dépassent tout ce qui les avait précédés... Cette inconcevable et mystérieuse destinée se poursuit même après la mort des deux grands hommes. Le nom de César et celui de Napoléon, tous deux si puissants sur l'imagination des peuples, ne doivent pas avoir d'héritiers directs. A la mort du dictateur, c'est son petit-neveu, c'est Octave qui ose porter le grand nom de César et se déclarer son héritier, comme c'est aujourd'hui le neveu de Napoléon qui semble vouloir jouer un rôle analogue. (L'auteur des *Lettres de Londres* cite alors le passage suivant du livre XIV des *Révolutions romaines* de Vertot :) « Le jeune neveu de César est à Apollonie sur la côte d'Épire où il achève ses études et ses exercices, et verse d'abondantes larmes sur la mort de son oncle. Tous les lieutenants du dictateur ont abandonné sa cause... Lui, le jeune César, languit, proscrit loin de Rome, en proie à la douleur et aux regrets; mais son âme ardente aspire à venger la mémoire outragée de son oncle, et bientôt il révèle au monde par un acte public le but de son ambition. Ses parents, ses amis le supplient de rester en exil... Mais le jeune Octave repousse ces conseils pusillanimes, il déclare qu'il aime mieux mourir mille fois plutôt que de renoncer au grand nom et à la gloire de César. Accie, son illustre mère, lui voyant un si grand courage et des sentiments si élevés, l'embrasse tendrement, et mouillant son visage des larmes que la crainte et la joie faisaient verser confusément : « Que les dieux, mon fils, vous conduisent, lui dit-elle, où « vos grandes destinées vous appellent, et fasse le ciel que je « vous voie bientôt victorieux de vos ennemis! » Ainsi donc le jeune Octave ose seul et sans appui entreprendre la grande mission de continuer l'œuvre de son oncle. Proscrit et condamné par des lois iniques, il ne craint pas de braver ces lois et de partir pour Rome. Un jour; il arrive sur la côte de Brindes et débarque près de la petite ville de Lupia, sans autre escorte que ses serviteurs et quelques-uns de ses amis, mais soutenu du grand nom de César qui seul devait bientôt lui donner des légions et des armées entières. Et en effet, à peine les officiers et les soldats de Brindes ont-ils appris que le neveu de leur ancien général est près de leurs murailles, qu'ils sortent en foule au-devant de lui, et, après lui avoir donné leur foi, l'introduisent dans la place dont ils le rendent maître. Ce premier succès n'est qu'éphémère ; il est bientôt suivi de peines et de tribulations, mais enfin c'est là et de cette manière que commence la grande destinée du neveu de César, cette destinée qui le poursuit à travers mille vicissitudes et mille chances diverses, et le porte enfin, quinze ans après la mort de son oncle, à la tête du peuple romain sous le nom d'Auguste et le titre d'Empereur. »

Il parle ensuite de l'ouvrage du prince : *les Idées napoléoniennes*... Ce livre a fait réellement impression dans le monde politique et diplomatique... Tous les ambassadeurs, le jour où il a paru, se sont empressés d'en envoyer prendre des exemplaires pour leurs cours. Sir R. P. a fait observer que ce qu'il y avait de remarquable dans ce livre, c'est l'alliance entre les idées d'ordre et d'autorité, d'une part, et les sentiments populaires et libéraux, d'autre part. « Depuis la chute de Napoléon, disait-il, la France est partagée en deux camps hostiles : d'un côté, les hommes d'ordre et d'autorité, mais qui n'ont pas les sentiments des masses... d'un autre côté, des hommes populaires dont les idées de liberté mal connues sont incompatibles avec l'autorité et qui n'entendent rien au gouvernement. L'auteur des *Idées napoléoniennes* prend une position toute nouvelle en faisant ressortir des principes de liberté une grande idée d'ordre et d'autorité... »

« Les *Idées napoléoniennes*, dit à son tour l'auteur des *Lettres de Londres*,... c'est tout un manifeste politique... Depuis plus de vingt ans, nous sommes divisés en deux factions également impuissantes, l'une qui veut l'autorité sans la liberté ; l'autre, la liberté sans l'autorité... La nation, désabusée des théories absolues, fatiguée des luttes passées, dégoûtée des phrases et des utopies, cherche partout une idée pratique et réclame une nouvelle foi, une nouvelle croyance... Au milieu de ce désordre des intelligences, le neveu de l'Empereur, armé des grandes idées de son oncle, vient rappeler à la France que celui qui avait pu réunir les Français divisés, apaiser les factions et fonder une grande et puissante unité politique, n'est pas mort tout entier. Réunir les principes de liberté aux principes d'autorité, rechercher dans le plus grand génie des temps modernes une idée qui puisse servir de base à une nouvelle école, telle est la pensée du livre. »

Il relate cette déclaration que le prince Louis-Napoléon a faite dans un entretien auquel il assistait : « La France est éminemment la nation de l'honneur. L'honneur doit être en France ce qu'était la religion dans l'ancienne Rome, la base de tout... Sans l'honneur, tout retombe dans le chaos... Ce ne sont pas les hommes de talent qui manquent en France ; la nation de l'honneur est aussi la nation la plus intelligente de la terre. Ce qui manque, c'est, à la tête des affaires, la passion des améliorations, cette passion qui caractérise les nouvelles races et qui était l'âme du gouvernement de l'Empereur. Ah ! si, depuis les vingt-quatre ans que nous sommes en paix, à la place de ces gouvernements de bavardage... la France avait pu conserver le gouvernement de l'Empereur, quelle ne serait pas aujourd'hui la prospérité de notre pays!... Que fait-on aujourd'hui ? La grande préoccupation... c'est... de maintenir la tranquillité des rues de Paris à l'aide de cinquante mille soldats condamnés à ce triste métier de police... L'habileté de l'époque... c'est de diviser les hommes d'État et d'amuser les partis par des discussions sans fin comme sans but... Notre commerce est sans débouchés... Aucune institution de crédit dans les provinces ; l'usure dans les campagnes comme l'agiotage dans les villes... Nos routes sont détestables, nos chemins communaux n'existent que de nom, nos villages sont en proie à l'ignorance et à la misère... Les chemins de fer, par exemple ! quelle honte ! On en est encore à délibérer... par qui les faire ; (nous sommes) la risée de l'Europe... La France... reste depuis la chute de l'Empire sans direction, sans impulsion... Ah ! si le gouvernement actuel était vraiment un gouvernement de progrès... la pensée du bonheur de la France me consolerait... Je mettrais alors ma gloire à aller fonder une colonie dans quelque contrée lointaine et à y créer enfin une seconde patrie digne de la grande nation. »

Tel est ce livre des *Lettres de Londres* dont on pourrait encore sans doute extraire des citations curieuses. En voici une dernière qui prouve le tact, l'intelligence et la présence d'esprit du prince. A un grand dîner donné en son honneur, au club de la Marine, un amiral porte sa santé, et à ce toast, il fait cette réponse : « Je ne parle pas ici, messieurs, de vos triomphes guerriers, car tous vos souvenirs de gloire sont pour moi des sujets de larmes, mais je parle avec plaisir de la gloire plus belle et plus durable que vous avez acquise en portant la civilisation à mille peuples barbares et dans les régions les plus lointaines. »

Dans le cours de cette même année 1840, paraissait une nouvelle publication bonapartiste (1) intitulée : DE L'AVENIR DES IDÉES IMPÉRIALES. « S'il est, y lit-on, en ce moment surtout, une idée politique autour de laquelle se rassemble l'universalité des honnêtes gens, c'est celle de fortifier le pouvoir... Or, par quels moyens... sinon en s'inspirant des idées impériales ?... Il est temps... de leur restituer leur caractère français, leur bon sens, leur tact d'application et leur grandeur sans chimères... Ce n'est plus... comme l'âme d'un parti, que se représentent les idées impériales, mais comme un évangile national, en attendant que cette sublime et nationale doctrine de l'Empire soit reconnue et adoptée par tous, que ceux à qui elle n'a jamais cessé d'être chère se réunissent et en constituent le foyer... Si l'on entend par impérialistes ceux qui ont gardé un souvenir d'admiration pour la brillante époque qui s'étend de 1800 à 1814 et ceux surtout qui... ont enfin ouvert les yeux sur les résultats d'une expérience de vingt-cinq années, ont dépouillé leurs illusions et ont reconnu la fausseté d'un système emprunté à un peuple si différent des Français par les mœurs et par les institutions, alors nous dirons que les impérialistes sont très nombreux en France... Le peuple n'a

---

(1) Paris, Charpentier, 1840.

pas été dupe (des) hypocrites, et encore aujourd'hui il trouve le gouvernement de l'Empereur plus libéral que les deux chartes qui, depuis vingt-cinq ans, ont été en possession de corrompre la morale et l'esprit publics.

« ..... Il est de bon goût... de tourner en ridicule les muets du Corps législatif (de l'Empire). Eh ! plût à Dieu que messieurs les députés d'aujourd'hui fussent muets ! Nous aurions moins de beaux discours et probablement plus de bonnes lois. La parade jouée... à la tribune n'abuse que les personnes de la province... fait (de la France) un Bas-Empire et ne profite qu'aux bavards. Dans le Corps législatif des muets, c'étaient des discussions profondes et substantielles..... Nous apercevons les députés... s'avilissant dans les antichambres... troquant des promesses de votes contre des promesses de places... Les ministres n'ont plus qu'une unique préoccupation... défendre leurs portefeuilles contre la rapacité des rivaux... ; l'instabilité ministérielle... rend impossible la réalisation des grands projets...

« Si jamais scandale a été offert par le monde politique en France, sans en excepter le règne honteux des Pompadour et des Dubarry, c'est celui qu'offre notre patrie au moment des élections... Tant de manœuvres corrompues... ne pouvaient que produire une Chambre sans dignité, sans noblesse et sans élévation... Le vice fondamental (qui ronge la France)... c'est l'application exagérée des droits de l'individu, c'est le mépris de l'autorité... Quiconque a réfléchi à la formation et à la décadence des États a pu se convaincre que, s'ils ont constamment dû leurs développements à la vigueur de l'autorité, leur chute fut toujours produite par l'excès de liberté ou par l'envahissement de l'individualité... Pendant les quatorze années du Consulat et de l'Empire chaque Français n'était-il pas ravi d'abdiquer ses droits personnels en faveur de l'homme qui portait si haut le renom de sa patrie ?... Quiconque a vécu sous une monarchie absolue a pu, comme nous, se convaincre que l'autorité y montre plus de sollicitude pour le sort des classes ouvrières que ne le font les gouvernements constitutionnels, et qu'elle ne manque jamais à son devoir, qui est de protéger ces classes intéressantes contre l'exploitation des bourgeois... »

« (De Louis XIV à 1815)... Par les guerres en partie glorieuses s'est établi l'ascendant de notre patrie. C'est par ce moyen que Louis XIV a détruit l'anarchie intérieure... qu'il a placé l'Espagne sous l'ascendant de la France... etc., etc... que Louis XVI (a aidé) les Américains du Nord... c'est par la guerre que la Révolution française manifesta son existence en Europe... c'est par la guerre que Napoléon sema les principes régénérateurs depuis le Tage jusqu'au Niémen et jusqu'au Tibre; c'est par la guerre qu'il remua l'Espagne, le Portugal, la Pologne, l'Italie, l'Allemagne entière, et qu'il conquit à notre patrie ce glorieux prestige qui fait que dans les moments critiques tous les peuples tournent la tête vers elle... Aucun de ces grands changements qui fixent l'attention des historiens ne s'est fait que par la guerre ; jusqu'à la religion qui emprunte le secours des armes pour reporter la foi à sa source, au tombeau du Sauveur. Ce n'est pas en vain que la voix du monde entier appela Dieu le Dieu des armées. Le souverain de la France ceignit toujours l'épée... Depuis 89 la France a vu dans son sein se former un parti dont l'idée fixe est de désarmer la patrie (1). La guerre est odieuse à ce parti. C'est lui qui a eu le courage de monter à la tribune pour déclarer que la France ne devrait jamais mettre son épée au service d'une cause étrangère (2)... Si les nations qui composent aujourd'hui l'Europe étaient proportionnées... si des races et des nationalités n'étaient pas dominées par d'autres races et d'autres nationalités (3), nous comprendrions...

(1) Il est certain que le parti républicain démocratique a toujours poussé au désarmement. C'est lui qui, sous le second Empire, a pour une bonne part contribué à empêcher le gouvernement impérial (la responsabilité de celui-ci dans les désastres de la patrie n'en est pas moins écrasante) de modeler les institutions militaires de la France sur celles de la Prusse, comme le prince le demandait dès 1842 dans les brillants articles du journal *le Progrès du Pas-de-Calais*

(2, 3) Ici s'accuse déjà cette politique néfaste, sans précédent dans l'histoire, et qui a eu pour résultat de diminuer et d'abaisser la France, en aboutissant à l'unité italienne et à l'unité allemande.

qu'on ait négligé d'être prêt à chaque instant pour en appeler aux armes..... Les partisans de la paix à tout prix ont voulu représenter la guerre comme le signal de la ruine. C'est un mensonge. La guerre déplace des intérêts plutôt qu'elle ne les détruit... On a pareillement exagéré les dépenses qu'elle occasionne... Jusqu'en 1809, les armées impériales ne coûtèrent rien au Trésor de la France. La guerre doit être évitée, la sagesse le veut, mais on doit la provoquer... quand les paix sont factices... Cet état n'est-il point celui de la France et de l'Europe depuis 1830 ?

« Rien, depuis vingt-cinq ans, n'a été fondé en France... (Il faut revenir) au grand homme qui résuma en lui tous les caractères de la nationalité et du génie français, et qui, en corrigeant les erreurs de la Révolution et en la réconciliant avec la vieille France, est devenu le symbole vivant du progrès uni à la fidélité au passé, de l'ordre et de la liberté.

« De 1790 à 1800 le pouvoir en France a dépensé, pour soutenir la guerre, dix milliards et a usé de toutes les générations valides de vingt à cinquante ans, et au terme de cette lutte notre patrie était refoulée au dedans de ses limites... Les quatorze années du Consulat et de l'Empire furent, au contraire, d'une grande prospérité... Les guerres de l'Empire furent si peu meurtrières que la population... ne cessa jamais de s'accroître... Les campagnes de l'Empereur furent les plus économiques en hommes et en matériel de toutes les campagnes connues...

« Est-ce suivant ses mœurs et ses goûts que la France est gouvernée depuis vingt-cinq ans ?... La gloire est en deuil... L'armée... boit les humiliations qu'on lui sert systématiquement ; l'agiotage et l'amour du lucre remplacent les belles passions de nos ancêtres... N'étaient les prodiges de vaillance des armées impériales dont le souvenir nous protège encore... nous serions tombés dans le mépris des nations...

« La France est déchirée par les partis... La réconciliation générale ne peut être amenée que par l'intervention d'un nouveau principe. Déjà, il y a quarante ans, sous les auspices des idées impériales, fut donné au monde le magnifique spectacle d'un pays... qui, tout à coup, se calmait, se réconciliait, rétablissait l'ordre... reprenait sa place (en Europe); c'est à ces mêmes idées impériales qu'il appartient aujourd'hui de faire la paix entre les partis. Dans cette charte napoléonienne le démocrate trouve sa satisfaction pour son besoin d'égalité; le bourgeois, sécurité pour ses travaux... le légitimiste, respect pour la tradition historique et pour le pouvoir. Aux hommes ardents et amis des nouveautés la carrière est ouverte par un gouvernement qui ne redoute pas de tenter l'avenir; aux hommes sensibles aux souvenirs historiques... le chef impérial offre toute garantie en disant : « Depuis « Clovis jusqu'à Louis XVI et jusqu'à la Convention, je suis « solidaire de tout ce qui s'est fait en France. » N'oublions pas cette force et ce prestige qui firent vivre à côté l'un de l'autre à la cour de l'Empereur un régicide et un Montmorency. — Les idées impériales sont seules capables de donner au parti légitimiste le baptême de nationalité qui doit (le) régénérer... Notre conviction intime est que par les idées impériales seules peut se faire la réconciliation des légitimistes avec le peuple français; ce sont ces idées seules qui peuvent sauver la France... Bourgeois... légitimistes... démocrates, ralliez-vous sous les bannières de l'impérialisme, de celui qui, avec un juste orgueil, a pu dire : « J'ai dessouillé la « Révolution, ennobli les peuples et raffermi les rois » ; et les événements qui se se préparent donneront lieu au pouvoir fort que vous constituerez de rétablir la grandeur de la patrie, seul but de votre politique. »

CHAPITRE VII

AFFAIRE DE BOULOGNE

Après l'affaire suisse, le prince se considère comme dégagé vis-à-vis du gouvernement de Juillet — Campagne de presse; le *Commerce* et le *Capitole*. — Le club des Cotillons et le club des Culottes de peau. — Préparation d'une descente en France. — La foi de ses compagnons. — Le prince songe à Lille. — Le commandant Mésonan est chargé d'entrainer le général Magnan; Lombard et Parquin cherchent à embaucher des officiers. — Les rapports de Mésonan avec le général Magnan. — Le prince se décide pour Boulogne. — Les préparatifs. — Proclamations. — Cinquante-six personnes composent le corps expéditionnaire; leurs noms. — Plus de la moitié des conjurés (des domestiques) ne savaient rien de ce qu'on attendait d'eux; les autres, sauf Persigny et Conneau, ne connaissaient ni le jour, ni l'heure, ni le lieu du débarquement. — Le bateau; son nom; ce qu'il contenait; la légende de l'aigle; la légende de la folle orgie. — Allocution du prince en cours de navigation. — Ce qu'il emportait d'argent. — 6 août, débarquement à Wimereux. — Rencontre avec les douaniers. — Guilbert, Bally. — Le plan. — L'entrée à Boulogne. — Le poste de la place d'Alton. — Rencontre du sous-lieutenant de Maussion. — Le sous-lieutenant Ragon, le capitaine Col-Puygelier. — Les conjurés pénètrent dans la caserne. — Les sergents Rinck et Chapolard. — Allocution du prince. — Le sergent-major Clément. — Le sous-lieutenant de Maussion. — Brillante et courageuse conduite du capitaine Col-Puygelier. — Coup de pistolet du prince, qui blesse le soldat Geouffroy. — Les conjurés sont repoussés de la caserne. — Dispositions prises par le capitaine Col-Puygelier. — Le maire et le sous-préfet organisent la résistance. — Les conjurés se dirigent vers le château, où ils échouent après avoir bousculé le sous-préfet. — Ils se rendent à la colonne de la Grande Armée. — La poursuite. — La dispersion. — La fusillade sur la plage. — Assassinat du sieur Faure. — Le prince et plusieurs de ses compagnons sont pris dans l'eau et menés au château. — Durée de l'échauffourée. — Dépêche du sous-préfet au ministre de l'intérieur. — Dépêche du ministre de la guerre. — Les journaux. — M. Ximènes Doudan. — Le prince de Metternich. — 7 août, le prince est transféré à Paris. — Attentat déféré à la Chambre des pairs — Opinion des journaux sur cette juridiction. — Qu'en penser? — Le *Capitole*. — La *Gazette de France*. — Cruelle situation des anciens dignitaires de l'Empire. — 12 août, arrivée du prince à Paris. — En réalité, l'émotion de la cour avait été profonde. — Le Roi à Boulogne. — Interrogatoire des accusés. — Lettre du père du prince, le roi Louis. — Rapport de M. Persil. — 16 septembre, arrêt de mise en accusation. — 28 septembre, ouverture des débats. — Les accusés et leurs défenseurs. — Discours du prince; de la forme et du fond. — Audiences des 28 et 29 septembre, interrogatoires, témoignages, réquisitoire, Berryer, le général Montholon; 1er octobre, plaidoiries de Ferdinand Barrot, Delacour, Barillon, Nogent-Saint-Laurent, Jules Favre, Lignier, Ducluzeau, Persigny; réplique du procureur général; réponse du prince. — 6 octobre, arrêt. — Le prince à Ham; ses lettres. — Les pairs qui ont rendu l'arrêt et ceux qui se sont abstenus.

Du jour où le prince se fut réfugié en Angleterre, il se considéra comme dégagé de toute gratitude envers le gouvernement de Juillet et comme libre de reprendre l'offensive contre lui; il s'abandonna au démon qui le possédait, à cette invincible foi dans sa destinée qui le ressaisit tout entier et qui finit par l'entraîner irrésistiblement — nonobstant le profond échec de Strasbourg — à tenter de nouveau la fortune dans une aventure semblable à celle du 30 octobre 1836.

Il prépare le terrain, non seulement, comme nous venons de le voir, avec des publications telles que les *Lettres de Londres* et l'*Avenir des idées impériales,* mais en outre au moyen d'une campagne de presse proprement dite. Deux journaux paraissent dans le cours de l'année 1839 : le *Commerce,* rédigé par MM. Mocquard (1) et Mauguin, et le *Capitole,* rédigé par MM. Ch. Durand, Paul Merruau, Pierre Bonnet, Alexandre Perrin. Cette dernière feuille est fondée par un M. de Crouy-Chanel (2), qui reçoit à cette fin 140,000 francs du prince (3), somme considérable pour la fortune modeste du prétendant, mais insuffisante pour faire vivre ce journal plus de six mois. On aura une idée de cette publication par les extraits suivants. C'est d'abord un dialogue entre la colonne de la place Vendôme et la colonne de Juillet (4) : «... Et c'est ainsi que la France est conduite ! s'écrie la colonne impériale... Votre gouvernement est une sorte d'obstacle inerte aux élans de la France... tout manque de ressorts... le scepticisme mine votre nationalité et ferait oublier sous la lâche indifférence de ces temps les vertus

(1) Né à Bordeaux en 1791; secrétaire d'ambassade; chargé d'affaires en Bavière; avocat à Paris; de 1830 à 1839, sous-préfet de Bagnères-de-Bigorre.

(2) Ou prince de Croy, né en Prusse (1793); descendant des rois de Hongrie; 1814, fait partie de la maison militaire de Louis XVIII; prend part aux événements de Juillet; revendique la couronne de Hongrie.

(3) Déclaration de M. de Crouy-Chanel au chancelier Pasquier, 27 août 1840, procès de Boulogne.

(4) 18 septembre 1839. (Le *Capitole* de juin à novembre 1839.)

guerrières ou civiques des temps qui ne sont plus... Je rappelle au monde que la France eut un jour la suprématie sur les nations vaincues, qu'elle fut à la fois guerrière et civilisatrice. Bouclier magique, si, grâce à votre pusillanimité, l'ennemi se présente encore aux portes de la France, je l'aveuglerai de mes gloires. S'il veut me braver, il lira sur mon front des pages triomphantes qui, lui rappelant la force passée, lui feront craindre la force à venir... Monument éternel de votre prospérité passée, je serai comme un mentor muet dont l'exemple et la majesté seuls peuvent ramener dans une vie meilleure celui qui va se perdre. Aujourd'hui enfin, aujourd'hui que toute sève généreuse semble être morte ou détournée, je veux rappeler ce que le génie d'un homme peut faire surgir du génie d'un peuple. Dieu, si le bronze se ranimait!!!..... » — « On a(1), dit le lendemain le *Capitole*, accusé l'Empereur d'avoir trop aimé la guerre. Le vulgaire a cru un moment à cette accusation. Mais on n'a pas réfléchi que la guerre lui avait été léguée par la République... Napoléon et son système impérial, mal jugés d'abord, mais bien connus aujourd'hui, se mariaient mieux que tout autre prince et tout autre régime aux idées démocratiques qui venaient d'apparaître en Europe... Napoléon seul pouvait contenter le présent et rassurer l'avenir. La grande mission n'a pas été comprise, ou elle l'a été trop tard... Plus et mieux que tout autre, (le peuple) regrette l'homme universel qui devait assurer la prospérité et la gloire nationales... » Un peu plus tard, il annonce en ces termes la publication d'une histoire de Napoléon par le général B*** :
« C'est une œuvre nationale ; c'est l'histoire de Napoléon écrite par lui-même, c'est cette grande épopée militaire qui commence à Toulon pour finir à Waterloo, c'est ce style magique qui électrisait nos soldats au froid sommet des Alpes et sous le ciel dévorant de l'Égypte, aux champs d'Austerlitz et sur les bords de la Bérésina ; ce sont les bulletins de ces batailles homériques tracés par la main même de celui qui faisait et défaisait les royautés, ce sont ces pages cent fois plus sublimes, cent fois

---

(1) 19 septembre 1839.

plus authentiques que tout ce qui a été écrit jusqu'à ce jour. »

C'est alors aussi que se fondent à Paris deux clubs bonapartistes, le *Club des Cotillons*, dont faisaient parties Mmes de Salvage, de Faverolles, Regnault de Saint-Jean d'Angély, de Querelles, Gordon, etc., et le *Club des Culottes de peau*, composé de MM. de Montholon, de Vaudoncourt, Voisin, Laborde, de Mésonan, Bouffé-Montauban, Piat, Dumoulin, etc.

Dans les premiers mois de l'année 1840 le prince se décide à faire le nécessaire pour passer à l'exécution de ses projets. « Il n'y a guère (1) qu'un an ou dix-huit mois que j'ai commencé d'entretenir en France des intelligences. Tant que j'ai cru que l'honneur me défendait de rien entreprendre contre le gouvernement, je suis resté tranquille ; mais lorsqu'on m'a persécuté en Suisse, sous prétexte que je conspirais, j'ai recommencé à m'occuper de mes anciens projets. »

Chose bien digne de remarque, tous ceux qui avaient pris part à l'affaire de Strasbourg lui étaient restés fidèles, et tous ou presque tous étaient prêts à marcher de nouveau au premier signe du maître, et à marcher (se montrant bien ainsi de véritables croyants dont la foi ne raisonne pas et ne veut pas raisonner) sans avoir été prévenus longtemps à l'avance, passivement, aveuglément. Les dépositions devant la Cour des pairs, comme nous le verrons bientôt, le prouvent de la façon la plus éclatante.

Le prince, qui avait choisi Strasbourg en 1836 à cause du colonel Vaudrey et parce que cette ville n'était pas loin de la frontière, songea tout d'abord à Lille, qui lui offrait ce double avantage de ne pas être à une grande distance d'un port de la Manche, et surtout d'avoir pour commandant militaire le général Magnan. Celui-ci, qui avait commencé par être simple soldat sous l'Empire et qui y avait gagné ses premiers grades, avait été indiqué à Louis-Napoléon comme ayant gardé un profond souvenir de l'Empereur, comme un militaire désireux

(1) 19 août 1840, interrogatoire de Louis-Napoléon devant la commission d'instruction de la Chambre des pairs (Pasquier, Decazes, Portalis, Girod de l'Ain, maréchal Gérard, Persil).

d'avancer plus haut et plus vite, par suite comme un homme capable de se dévouer au triomphe de la cause bonapartiste. C'était une nouvelle recrue du prince, le commandant comte le Duff de Mésonan, ancien chef d'escadron d'état-major (1), qui l'avait amené à jeter les yeux sur le général Magnan. En 1829, il l'avait connu à Brest; depuis lors il était toujours resté en relation avec lui; il fut donc chargé d'amorcer l'affaire. En même temps, ou plutôt un peu auparavant, à la fin du mois de mars 1840, le sieur Lombard que nous avons vu figurer dans l'échauffourée de Strasbourg, ancien chirurgien militaire, arriva à Lille, où il connaissait un certain nombre d'officiers, avec lesquels il s'empressa de se mettre en rapport et de renouer. On lui fit l'accueil le plus cordial, et c'est ainsi qu'après avoir pris ses repas à la pension des officiers il se fit conduire plusieurs fois par les uns sur les remparts, par les autres à la citadelle. Ces promenades réitérées avec un homme qui s'était gravement compromis dans l'attentat de Strasbourg finirent par attirer l'attention, à ce point que le général Magnan se vit obligé de réunir chez lui les officiers qui avaient accompagné Lombard dans ses pérégrinations suspectes et de leur adresser de sévères remontrances. La chose avait fait tellement de bruit, le préfet s'en étant mêlé, qu'il dut en faire l'objet d'un rapport spécial au ministre de la guerre. L'affaire alla jusqu'au Roi, qui déclara « qu'il couvrait les officiers de son indulgence (2) ».

Sur ces entrefaites (première semaine d'avril), le commandant Parquin arrivait à son tour pour aider Lombard dans son travail d'investigation et dans celui de préparation du terrain des opérations projetées. Ce nouvel agent était bien choisi, car il avait laissé dans l'armée une grande réputation de bravoure, et, d'autre part, il connaissait, lui aussi, plusieurs officiers de la garnison, qui l'aimaient et le tenaient en haute estime (3). Mais

---

(1) Mésonan ayant été, suivant lui, injustement mis à la retraite, avait vivement protesté dans les journaux en 1838, et c'est alors qu'ayant reçu du prince une lettre de condoléance, il finit par devenir un de ses agents les plus actifs et les plus dévoués.

(2) Déposition du général Magnan devant la Cour des pairs; audience du 30 septembre, *Moniteur*.

(3) Déposition du général Magnan devant la Cour des pairs.

c'est à Mésonan que dans ces préliminaires le rôle principal avait été dévolu. Il consistait, comme nous l'avons dit, à gagner le général Magnan à la cause du prince.

Mésonan commence par aller le voir, et sa visite est si bien accueillie qu'il reçoit bientôt une invitation à un dîner où il se trouve avec le vicomte de Saint-Aignan, préfet du département, le lieutenant général Corbineau et quelques officiers supérieurs. Lors de cette première rencontre, et ensuite durant ce dîner qui montre bien par la qualité des convives que le général ne se doutait aucunement des intentions du commandant, celui-ci ne prononça aucune parole qui pût le faire soupçonner, se contentant par sa bonne grâce et par ses démonstrations amicales de pénétrer plus avant dans l'affection, la confiance et l'intimité du général.

Deux mois après, en juin 1840, de Mésonan revenait à Lille et retournait chez le général, qui, tout de suite, le réinvitait à dîner. C'était le 16. Le lendemain 17, de Mésonan lui faisait une visite de digestion, et, quand il jugea le moment propice, il tira de sa poche une lettre du prince dont il donna lecture au général et qui était ainsi conçue : « Mon cher commandant, il est important que vous voyiez de suite le général en question ; vous savez que c'est un homme d'exécution et que j'ai noté comme devant être un jour maréchal de France. Vous lui offrirez 100,000 francs de ma part et 300,000 francs que je déposerai chez un banquier à son choix, à Paris, dans le cas où il viendrait à perdre son commandement. »

Le général, stupéfait par cette communication faite à brûle-pourpoint, s'écria : « Commandant ! à moi ! à moi ! une pareille lettre ! Je croyais vous avoir inspiré plus d'estime. Jamais je n'ai trahi mes serments, jamais je ne les trahirai... Mais vous êtes fou ! Mon attachement, mon respect pour la mémoire de l'Empereur ne me feront jamais trahir mes serments au Roi... Vous êtes fou de vous mettre du parti du neveu... c'est un parti ridicule et perdu... Quand je serais assez lâche, assez misérable pour accepter les 400,000 francs du prince, je les lui volerais, car le dernier des caporaux me mettrait la main au collet... Je devrais vous faire arrêter... mais il est indigne de moi de dénoncer l'homme que j'ai reçu à ma table. Sauvez-vous ! » Mésonan lui fait observer qu'il manque une belle occasion de faire fortune. Et le général de reprendre : « La fortune à ce prix-là, je n'en veux pas ! Commandant Mésonan, pour Dieu ! par attachement pour moi, par honneur pour vous, renoncez à vos projets, je n'en dirai rien à personne. » Le général ouvre la porte de son cabinet et lui dit en le poussant dehors : « Allez vous faire pendre ailleurs (1) ! »

Le général manquait à son devoir en ne faisant pas arrêter Mésonan, ainsi qu'il le reconnut devant la Cour des pairs. Il allégua alors qu'il fut retenu par un sentiment de pitié. Ce n'est qu'à la fin de juin, une fois le commandant bien parti, qu'il se décida, après avoir révélé cet incident à un officier supérieur, le commandant Cabour, à se rendre chez le préfet pour lui en donner officiellement connaissance, avec mission d'en informer le ministre de l'intérieur.

Au commencement du mois de juillet, le commandant Mésonan, qui n'était pas allé se faire pendre, reparaissait à Lille pour la troisième fois et revenait à la charge auprès du général, ce qui semblerait bien prouver que l'attitude de celui-ci n'aurait pas été aussi terrible ni aussi indignée qu'il l'a faite complaisamment dans ses dépositions. Devant la commission d'instruction (2), en présence même du général Magnan avec qui il était confronté, le commandant Mésonan déclare, en effet, qu'il « a causé longuement politique avec le général ; que celui-ci lui a ouvert un cœur qui était froissé par quelques promotions, qu'il s'est même exprimé à ce sujet avec beaucoup de chaleur, que lui Mésonan n'a fait aucune ouverture de la part du prince ; qu'il a pu faire voir au général plusieurs lettres de celui-ci, mais que ces lettres ne contenaient rien de pareil aux offres dont on parle ». Magnan réplique que Mésonan ne lui a montré qu'une seule lettre, celle qu'il a citée. Devant cette affirmation, Mésonan déclare « que si le prince a fait des pro-

(1) Dépositions du général Magnan.
(2) Voir le *Moniteur* du 16 septembre 1840.

positions au général, il est possible qu'il lui ait fait voir la lettre dans laquelle elles étaient contenues, *mais qu'il ne se rappelle pas* ». Ajoutons enfin que dans son interrogatoire Louis-Napoléon dit ne pas se souvenir d'avoir écrit cette lettre (1).

Quoi qu'il en soit, devant ce troisième retour offensif du commandant Mésonan, le général le signale au procureur du Roi comme un agent du prince, écrit à nouveau au ministre de la guerre, mais, tout cela, après lui avoir encore dit : « Vous êtes fou ! partez ! » toujours suivant sa propre déclaration (2).

Le prince, ayant échoué auprès du général Magnan et ne parvenant pas à corrompre par l'entremise de Parquin et de Lombard quelques officiers de la garnison de Lille, dut abandonner son idée première de soulever une grande ville, et, décidé à agir sans tarder plus longtemps, il jeta son dévolu sur la ville de Boulogne d'un accès relativement facile, d'une très faible garnison, et où il avait une entrée de jeu — bien mince, il est vrai — le concours d'un officier, le lieutenant Aladenize (3), en résidence à Saint-Omer, mais faisant partie du même régiment, le 42ᵉ de ligne, que les deux compagnies détachées à Boulogne.

Alors qu'il envoyait à Lille Lombard, Parquin, de Mésonan, le prince commandait des fusils à Birmingham ; puis il chargeait un sieur Forestier, négociant, d'une double mission en France, d'abord d'embaucher comme domestiques un certain nombre d'anciens militaires, et ensuite d'acheter des uniformes qu'il trouva chez un sieur Legrand, marchand fripier à la rotonde du Temple. Hommes et habillements furent expédiés à Londres (4). Et c'est le docteur Conneau lui-même, l'ami le plus intime du prince et le premier dans la confidence, qui cousut à tous les uniformes les boutons fabriqués (5) à Lon-

---

(1) Personne ne disait la vérité, ni le général Magnan, ni Mésonan, ni le prince.
(2) Voir le *Moniteur*.
(3) Après l'élévation du prince à la présidence de la République, on retrouve Aladenize chef de bataillon de la garde mobile, puis receveur particulier à Rochefort, puis consul à Cagliari.
(4) Déclaration du prince devant la Cour des pairs. (*Moniteur.*)
(5) D'après un journal anglais, le *Chronicle*, il y avait trois espèces de boutons :

dres et portant le numéro 40. Et c'est encore lui qui acheta une presse et imprima de sa main les différentes proclamations qui devaient être lancées en France. C'était d'abord une proclamation à l'armée.

« Soldats !

« La France est faite pour commander et elle obéit. Vous êtes l'élite du peuple et on vous traite comme un vil troupeau. Vous avez recherché ce qu'étaient devenues les aigles d'Arcole, d'Austerlitz, d'Iéna. Ces aigles, les voilà ! Je vous les rapporte. Avec elles vous aurez gloire, honneur, fortune... Soldats ! la grande ombre de l'empereur Napoléon vous parle par ma voix... Soldats ! aux armes !

« *Signé :* Napoléon.

« Le général Montholon, faisant fonctions de major général.
« Le colonel Voisin, faisant fonctions d'aide-major général.
« Le commandant Mésonan, chef d'état-major.

« Boulogne, le... 1840. »

Puis c'était une proclamation aux habitants du département du Pas-de-Calais et de Boulogne :

« ...Bientôt toute la France, et Paris le premier, se lèveront en masse pour fouler aux pieds dix ans de mensonge, d'usurpation et d'ignominie... Écriez-vous avec moi : Traîtres, disparaissez ! l'esprit napoléonien qui ne s'occupe que du bien du peuple s'avance pour vous confondre...

« Habitants de Boulogne, venez à moi et ayez confiance dans la mission providentielle que m'a léguée le martyr de Sainte-Hélène... »

1° des boutons plus petits qu'un shilling, portant le numéro 40 dans une guirlande et fabriqués par Donty et Cie, de Londres ; 2° des boutons portant une épée, un casque, une branche de chêne et de palmier, fabriqués par Boggitt et Cie, de Martin-Lane ; 3° des boutons ne portant que le numéro 40.

C'était encore une proclamation au peuple français : « ...Les mânes du grand homme ne doivent pas être souillés par d'hypocrites et impurs hommages (1)... Banni de mon pays, si j'étais seul malheureux, je ne me plaindrais pas; mais la gloire et l'honneur du pays sont exilés comme moi. Aujourd'hui, comme il y a trois ans, je viens me dévouer à la cause populaire... Un hasard me fit échouer à Strasbourg; le jury alsacien m'a prouvé que je ne m'étais pas trompé... Ceux qui nous gouvernent nous ont promis la diminution des impôts, et tout l'or que vous possédez n'assouvirait pas leur avidité. Ils vous ont promis une administration intègre, et ils ne règnent que par la corruption. Ils vous ont promis la liberté, et ils ne protègent que privilèges et abus... Ils ont promis qu'ils défendraient notre honneur, nos droits, nos intérêts, et ils ont partout vendu notre honneur, abandonné nos droits, trahi nos intérêts... Agriculteurs, ils vous ont laissé pendant la paix de plus forts impôts que ceux que Napoléon prélevait pendant la guerre... Industriels, vos intérêts sont sacrifiés aux exigences étrangères (2)... Vous toutes, classes laborieuses et pauvres, souvenez-vous que c'est parmi vous que Napoléon choisissait ses lieutenants, ses maréchaux, ses ministres, ses princes, ses amis... Lorsqu'on a l'honneur d'être à la tête d'un peuple comme le peuple français, il y a un moyen infaillible de faire de grandes choses, c'est de le vouloir. Il n'y a en France aujourd'hui que violence d'un côté, que licence de l'autre. Je veux rétablir l'ordre et la liberté. Je veux, en m'entourant de toutes les sommités du pays sans exception, et en m'appuyant uniquement sur la volonté et les intérêts des masses, fonder un édifice inébranlable. Je veux donner à la France des alliances véritables, une paix solide, et non la jeter dans les hasards d'une guerre générale... Français ! je vois devant moi l'avenir

---

(1) Le prince veut marquer par là, — non sans raison, — qu'il n'est pas dupe de la ferveur bonapartiste du roi Louis-Philippe.

(2) Accusation bien injuste et d'autant plus singulière qu'il devait, en 1860, entrer dans la voie de la liberté commerciale et s'en faire justement un titre de gloire.

brillant de la patrie! Je sens derrière moi l'ombre de l'Empereur qui me pousse en avant!

« *Signé :* Napoléon.

« Boulogne, le... 1840. »

Ensuite venait un décret ainsi conçu :

« Le prince Napoléon, au nom du peuple français, décrète ce qui suit :

« La dynastie des Bourbons d'Orléans a cessé de régner.

« Le peuple français est rentré dans ses droits.

« Les troupes sont déliées du serment de fidélité.

« La Chambre des pairs et la Chambre des députés sont dissoutes. Un congrès national sera convoqué dès l'arrivée du prince Napoléon à Paris.

« M. Thiers, président du Conseil, est nommé à Paris président du gouvernement provisoire.

« Le maréchal Clausel est nommé commandant en chef des troupes rassemblées à Paris.

« Le général Pajol conserve le commandement de la première division militaire.

« Tous les chefs de corps qui ne se conformeront pas sur-le-champ à ces ordres seront remplacés.

« Tous les officiers, sous-officiers et soldats qui montreront énergiquement leur sympathie pour la cause nationale seront récompensés d'une manière éclatante au nom de la patrie. Dieu protège la France!

« *Signé :* Napoléon.

« Boulogne, le... 1840. »

Enfin le docteur Conneau rédigea sous la dictée du prince différentes pièces relatives notamment au rôle attribué à chacun des principaux conjurés, ainsi qu'aux détails d'exécution de l'entreprise, dont le plan était ainsi tracé (1) :

---

(1) Proclamations et pièces furent saisies sur le colonel Voisin.

...Entrer dans le port de V... (1) à marée montante. Débarquer hommes et chevaux au moyen d'un pont volant sur lequel on aura étendu des couvertures. S'emparer des douaniers. Débarquer les bagages. Aller droit à Wimile prendre des voitures. Donner le mot d'ordre et de ralliement : B... et N... Arrêter tout ce qu'on rencontrera en chemin... Marcher sur le château, ayant une avant-garde commandée par Laborde, Bataille aide de camp, Persigny sergent-major et six hommes (dont deux sapeurs et deux éclaireurs). Parlementer avec la garde du château Choulem. Le château pris, y laisser deux hommes dont l'un se tiendra en dedans et gardera les clefs; l'autre fera sentinelle en dehors. Le capitaine d'Hunin commandera l'arrière-garde, composée de Conneau sergent-major et de dix hommes. A son arrivée à l'Hôtel de ville, il prendra les dispositions suivantes : 1° fermer la porte de Calais; 2° s'établir militairement à la porte de l'esplanade; 3° fermer la porte de Paris; 4° poser une sentinelle sur la place d'Armes... Le corps principal s'emparera de l'Hôtel de ville... on se dirigera sur la caserne... Ces diverses opérations seront faites dans le plus profond silence; mais, une fois la troupe enlevée, on viendra s'établir à l'Hôtel de ville; on fera sonner le tocsin; on répandra des proclamations, et on prendra les dispositions suivantes : 1° s'emparer de la poste aux chevaux; 2° de la douane; 3° du sous-préfet; 4° des caisses publiques; 5° du télégraphe. Le colonel Laborde, le commandant Desjardins et le colonel Montauban s'occuperont chacun de la formation immédiate d'un bataillon de volontaires à huit compagnies. Aussitôt qu'une compagnie sera formée... on la fera monter sur les voitures, etc.

Y compris le prince, le corps expéditionnaire se composait de cinquante-six personnes (2) :

---

(1) Wimereux.
(2) Sur ces cinquante-six personnes, cinq avaient figuré dans l'échauffourée de Strasbourg : *Parquin*, *de Persigny*, *de Querelles*, *Lombard* et *Thélin*.
Ni le colonel *Vaudrey*, ni *Laity*, ni *de Gricourt*, ni *de Bruc* n'ont pris part à l'affaire de Boulogne.

De Montholon (Charles-Tristan), major général, comte de Lée, 58 ans, maréchal de camp en disponibilité (1).

Voisin (Jean-Baptiste), aide-major général, colonel de cavalerie en retraite, 60 ans. 1799, simple canonnier, fait lieutenant sur le champ de bataille d'Austerlitz, lieutenant-colonel en 1813, après un beau fait d'armes à Livourne, dans lequel il fut blessé à la tête; mis à la retraite en 1837 avant d'avoir été promu au généralat.

Le Duff de Mésonan (Séverin-Louis), chef d'état-major, 57 ans, chef d'escadron d'état-major en retraite. En mai 1809, action d'éclat à Flessingue. En 1815, prisonnier des Anglais. En 1834, officier de la Légion d'honneur après une belle conduite à Lyon. En 1837, mis prématurément à la retraite.

Parquin (Charles-Denis), colonel de la cavalerie, 53 ans (2).

Bouffet de Montauban (Hippolyte-François-Athale-Sébastien), colonel des volontaires, 46 ans, ancien officier de lanciers, ancien colonel colombien, ex-général des volontaires parisiens en 1830 et 1831. Alors directeur à Richmond d'une fabrique de savons.

Laborde (Étienne), commandant l'infanterie du centre, 58 ans, lieutenant-colonel en retraite. 1803, simple soldat. Campagnes de l'Empire en Espagne, en Russie, en Saxe, en Belgique, en France. Actions d'éclat, blessures. Ancien officier de la garde impériale, accompagne, en qualité d'adjudant-major, l'Empereur à l'île d'Elbe, où il reste neuf mois, et se trouve à ses côtés à Laffrey.

Lombard (Jules-Barthélemy), lieutenant près le colonel Laborde (3).

Conneau (Henri), chirurgien principal à l'état-major et sergent tout à la fois, 37 ans, docteur en médecine, secrétaire du roi Louis en 1830, puis médecin de la reine Hortense.

---

(1) Ancien aide de camp de Macdonald; blessé à Iéna, à Wagram; aide de camp de Napoléon pendant la campagne de 1815; compagnon de l'Empereur à Sainte-Hélène et un de ses exécuteurs testamentaires. Rétabli sur les cadres de l'armée en 1831.
(2) Voir l'affaire de Strasbourg.
(3) *Ibid*

Fialin de Persigny (1) (Jean-Gilbert-Victor), commandant les guides à cheval en tête de la colonne, 30 ans.

D'Almbert (Alfred), 27 ans, vaguemestre aux gardes à pied, secrétaire intime du prince.

Orsi (Joseph), 32 ans, lieutenant des volontaires à cheval, négociant, banquier de la famille Bonaparte à Florence.

Alexandre Prosper, dit Desjardins, chef de bataillon à l'avant-garde, 51 ans, capitaine en retraite. Décoré, nombreuses campagnes, plusieurs blessures.

Mathieu Galvani, sous-intendant militaire, 54 ans, sous-intendant en réforme.

Napoléon Ornano, commandant la cavalerie à l'arrière-garde, ancien sous-lieutenant au 3ᵉ dragons, 34 ans.

Forestier (Jean-Baptiste-Théodore), lieutenant aux guides, 25 ans, négociant.

Bataille (Martial-Eugène), lieutenant à l'état-major, 25 ans, ingénieur civil, ancien élève de l'École polytechnique (2).

Aladenize (Jean-Baptiste-Charles), 27 ans, lieutenant de voltigeurs au 42ᵉ de ligne.

Vicomte de Querelles (Henri-Richard-Siegfroid), commandant les gardes à pied, 29 ans, lieutenant en disponibilité.

Faure, sous-intendant de la colonne expéditionnaire, ancien huissier.

D'Hunin, capitaine polonais.

Flandin-Vourlat, rentier.

Bachon (Pierre-Paul-Frédéric), vaguemestre général, 30 ans, ancien militaire, ancien écuyer au manège du comte d'Aure, écuyer du prince.

Bure (Pierre-Jean-François), payeur général et sergent à la compagnie des guides à pied, 33 ans, commis de commerce, frère de lait du prince.

---

(1) Voir l'affaire de Strasbourg.

(2) En 1840, écrit une brochure sur les *Envahissements de l'Angleterre et de la Russie dans l'Asie centrale*, puis (en 1846-1849) un *Traité sur les machines à vapeur*. Secrétaire du président ; conseiller d'État sous l'Empire.

Gillemand (Pierre-Joseph-Léon), 40 ans, professeur d'escrime du prince et de Persigny.

Duflos (Pierre-Antoine-Jules), 34 ans, tailleur du prince.

Thélin, 39 ans, valet de chambre du prince.

Desfrançois, 26 ans, ancien soldat au 43° de ligne.

Vervoort (Félix), 32 ans, ancien domestique du château d'Arenenberg, maître d'hôtel du prince.

Picconi (André), 52 ans, courrier du prince.

Bellier (Michel), 33 ans, valet de chambre de Persigny.

Brigaud (Nicolas), 35 ans, ancien soldat au 1er régiment de chasseurs à cheval, ancien garde municipal de Paris, chasseur du prince.

Ancel (Polycarpe), 50 ans, ancien militaire de la garde impériale, ancien garde à pied du Roi, ancien inspecteur des messageries, chasseur du prince.

Hyppemeyer (Jean-Jacques), 22 ans, valet de pied du prince.

Thévoz (Benjamin-Eugène), 30 ans, cocher de la comtesse d'Espel (?).

Graizier (Jean-François), 36 ans, jardinier, ancien militaire.

Cuzac (Léon), 26 ans, cuisinier du prince.

Heywang (Jean-Georges), 34 ans, cuisinier.

Meurisse (Louis), 36 ans, aide-cuisinier chez le prince.

Bernard (Jean-Pierre-Joseph), 28 ans, cultivateur, ancien soldat au 63° de ligne.

Brunet (Jean-Marie), domestique.

Buzenet (Noël-Michel), 38 ans, ancien sergent au 36° de ligne, domestique du prince.

Duhomme (Urbain), 27 ans, ancien militaire, domestique.

Gedbart (François), 38 ans, ancien militaire, domestique.

Jardin (Stanislas-Désiré), 28 ans, ancien militaire au 45° de ligne, domestique.

Koronowski (Casimir), 40 ans, domestique du capitaine d'Hunin.

Lietot (Jean-Louis), 34 ans, domestique du prince, ancien militaire.

Lambert (Hubert-Louis), 33 ans, domestique du prince.

Prudhomme (Marie-Joseph), 22 ans, domestique, ancien soldat, ancien tambour de la garde nationale.

Finckbohner (Martin), 28 ans, domestique de Parquin.

Egger (Jean), ancien militaire, valet de chambre de Voisin.

Peiffer (Bernard), 26 ans, domestique de Montauban.

Masselin (Louis-François), ancien militaire, ancien sculpteur, domestique.

Crétigny (Jean-Henri), 27 ans, domestique.

Pierakowski (Xavier), 30 ans, domestique.

Viengiski (Valentin), 43 ans, domestique.

Ces hommes avaient-ils été embauchés pour une fin précise? Non. Tout ce qui tenait à la domesticité, c'est-à-dire plus de la moitié du corps expéditionnaire, devait marcher par cela seul que les serviteurs suivent leurs maîtres sans se permettre de les interroger (1). C'est ainsi que Duflos (2), Desfrançois (3), Ancel (4), Heywang (5), Prudhomme (6), Gillemand (7), Galvany (8), Vervoort (9), Cuzac (10), Koionowski (11), Graizier (12),

---

(1) « Comment voulez-vous, quand on est là en pleine mer.. on ne peut pas se sauver, et quand on est domestique, on est obligé d'obéir. » (Déposition de *Gedbart* devant la Cour.)

(2) « On me proposa de faire partie d'un déjeuner. Je suis monté sur le bâtiment sans avoir la moindre connaissance de ce qui se préparait. »

(3) Le 3 août, son maître lui demanda s'il serait bien aise d'aller passer quelques jours à la campagne. (Déposition devant la Cour.)

(4) On le prévint le 4 août que le prince devait faire une partie de campagne, et qu'il emmènerait toute sa maison. (*Ibid.*)

(5) Le 4 août, Thélin était allé lui dire que son maître se proposait de faire une promenade en mer, et qu'il ferait bien d'aller aider le cuisinier. (*Ibid.*)

(6) Son maître, le sous-intendant Faure, lui aurait dit qu'il s'agissait d'une partie de chasse. (*Ibid.*)

(7) « Où va-t-on? » dit-il au chef de cuisine, qui répond : « A la maison de campagne du prince, pour une partie de plaisir » (*Ibid.*)

(8) S'embarqua pour une partie de campagne et n'apprit la vérité qu'en pleine mer. (*Ibid.*)

(9) « J'affirme que je ne connaissais pas le but de l'expédition, et que tous les domestiques étaient dans la même ignorance que moi. » (*Ibid.*)

(10) Même déposition.

(11) Il suivit son maître sans savoir où ils allaient Il soutient *n'avoir jamais vu le prince et n'avoir pas même appris qu'il fût sur le bateau*. (Déposition devant la Cour.)

(12) « ...L'on m'a fait embarquer sur le *Château d'Édimbourg*. Un monsieur que je ne connaissais pas et qu'on m'a dit être le prince Louis-Napoléon nous a

Picconi, Bellier, Brigaud, Hyppemeyer (1), ne savaient ni où ils allaient, ni ce qu'on attendait réellement d'eux.

Quant aux autres, d'un rang social plus élevé, amis ou collaborateurs du prince, ils savaient bien que celui-ci avait le projet de renouveler la tentative de Strasbourg; mais, à part Forestier et Bataille, qui s'étaient rendus, par ordre, à Boulogne, pour prévenir le lieutenant Aladenize et pour aider au débarquement, Persigny et Conneau, les intimes de Louis Bonaparte, personne, jusqu'au dernier moment, ne connaissait le jour, ni l'heure du départ, ni même, une fois sur le navire, le lieu où l'on devait aborder. Le général Montholon (2), le colonel Voisin (3), le commandant Parquin (4), de Montauban (5), le colonel Laborde (6), le commandant Mésonan (7), Lombard (8), le capitaine Desjar-

annoncé qu'il allait en France. Alors je me suis dit : *Voilà la place de jardinier qui m'était promise.* »

(1) Voir Déclarations devant la Cour.

(2) « J'ignorais complètement le projet de Boulogne; je pourrais même ajouter qu'il a mis beaucoup de soin à me le cacher... Ce n'était pas pour Boulogne qu'il avait cru s'embarquer, mais pour Ostende... Je ne savais rien... Il y a mis un mystère très profond, afin de n'être deviné ni dénoncé par personne. » (Déposition devant la Cour.)

(3) « Ce n'est que pendant la traversée qu'il nous a fait part de son projet. » (*Ibid.*)

(4) N'a été instruit de l'affaire que sur le paquebot. Le président lui pose cette question : « Vous n'avez pas su que vous aviez pour mission de réunir les chevaux de selle et que vous aviez le commandement de l'avant-garde? » et Parquin de s'écrier : « *Je n'ai rien su du tout !* » (*Ibid.*)

(5) En mer il interroge le colonel Laborde, qui lui répond : « *Nous allons à Ostende ou à Hambourg* », puis le prince lui-même, qui lui dit : « *Nous allons à la campagne.* »

(6) Louis Bonaparte proposa, sous prétexte de santé (*sic*), de faire un petit voyage de huit à dix jours en Belgique. Il interroge le général Montholon, qui lui répond : « Je ne puis rien vous dire; je n'en sais pas plus que vous. » Il ne connut le projet qu'à bord. (Déposition.)

« Avez-vous accepté de Louis-Napoléon, lui dit le président de la Cour, la mission d'organiser les volontaires, de vous emparer de la poste aux chevaux et de commander l'infanterie au centre? » Et il répond : « Je n'ai appris tout cela que par le rapport de M. Persil, et j'en ai été fort étonné. »

(7) N'a su que sur le bateau. « Le prince avait son secret à lui, et il ne l'a communiqué à personne... Nous reçûmes l'*ordre* d'aller à Gravesend *sans savoir pourquoi*; nous pouvions le présumer, mais nous ne le savions pas... » (*Ibid.*)

(8) « Ce n'est qu'à bord du paquebot que j'ai su qu'on devait débarquer à Wimereux. Le prince disait : « Quand je suis sûr d'un ami, je n'ai pas besoin de « lui faire de confidence; je lui dis : Marche! et il marche. » (*Ibid.*)

dins (1), Ornano (2), Orsi (3), d'Almbert, secrétaire intime du prince (4), Bure, son frère de lait (5), Thélin, son fidèle valet de chambre (6), ne savaient rien !

Si le prince eut des confidents comme Conneau et de Persigny (7), il ne prit conseil que de lui-même ; seul il se résolut, et seul il arrêta son plan ; ayant une invincible foi en son étoile, pourquoi aurait-il livré ses idées, ses espérances et ses projets à l'examen et à la discussion ?

Il comptait agir un peu plus tôt qu'il ne le fit, si l'on en juge par le contrat qui fut passé avec un sieur Rupello pour l'affrétement d'un navire, et qui est ainsi conçu : « M. Rupello loue l'*Edimburgh-Castle* (8) pour un mois, pour une partie de plaisir, avec faculté de se rendre où ses amis et lui voudraient aller. Il préviendra deux jours à l'avance. Il payera 100 livres sterling (2,500 francs) par semaine, *à partir du 6 juillet jusqu'au 6 août*. Dans le cas où ses amis changeraient d'avis et

---

(1) N'a su qu'à bord. C'est l'acte d'accusation qui lui a fait connaître qu'il avait été désigné pour commander l'avant-garde. (Déposition.)

(2) Ignorait qu'il avait été désigné comme commandant la cavalerie à l'arrière-garde. (*Ibid.*)

(3) N'a su qu'à bord. (*Ibid.*)

(4) S'il connaissait d'une façon générale les intentions du prince, il n'a commencé à soupçonner quelque chose qu'au bout de plusieurs heures de traversée et en voyant des uniformes. Ignorait son grade. (*Ibid.*)

(5) N'avait connaissance de rien.

(6) Le prince ne lui a révélé ses projets qu'au milieu de la traversée.

(7) « Je n'ai point été le conseiller du prince dans cette entreprise. » (Lettre écrite de la prison du palais du Luxembourg par Persigny à son défenseur, Me Barillon.)

(8) Le navire est ainsi dénommé, avec des variantes d'orthographe, dans le rapport du préfet Gauja; dans la déposition faite par le sieur James Crow, capitaine du bateau; dans le *Moniteur* du 20 août 1840. — *Castle-of-Edimburg*, dit le journal *l'Écho du Nord*. — Il est désigné sous le nom français de *Château d'Édimbourg* par le lieutenant du port Pollet, et à la Cour des pairs, par le rapporteur M. Persil et par le procureur général, M. Franck-Carré. — Enfin, il est appelé aussi *City-of-Edimbourg* dans le rapport du sous-préfet Launay-Leprevost; dans les lettres de service saisies sur le colonel Voisin; — et encore la *Cité* ou la *Ville d'Édimbourg*. — (Voir *Journal des Débats*, 8 août 1840, l'*Annotateur boulonnais*, la *Boulonnaise*, août 1840; brochure : *le Prince Louis-Napoléon Bonaparte à Boulogne, révélations historiques et diplomatiques*, etc. Paris, Auguste Gallois, éditeur, 1840; le *Herald*. — Voir autre brochure : *Simple exposé de l'expédition de Boulogne et quelques mots sur le prince Napoléon-Louis*. Paris, chez les marchands de nouveautés. 1840.)

où la partie de plaisir serait différée, il payera 100 livres sterling à titre d'indemnité. »

Enfin, le 3 août, les bagages furent chargés sur le navire (1), notamment deux voitures, neuf chevaux, des caisses d'uniformes (2), et un certain nombre de paniers de vin et de liqueurs (3).

(1) On a dit alors et on dit encore que le prince avait débarqué en portant un aigle dans ses bras ou sur son chapeau. Il sera difficile de détruire cette légende ridicule et grotesque. Le préfet du Pas-de-Calais, Gauja, disait, il est vrai, en post-scriptum de sa dépêche : « On a trouvé un aigle vivant à bord de l'*Edimburg-Castle*. Il appartenait à Louis-Bonaparte. » Cet aigle, paraît-il, aurait été acheté par Parquin, sur le port de Londres, au moment du départ. En tout cas, ce qui est certain, c'est que l'aigle n'a pas été débarqué, qu'il n'a joué aucun rôle dans l'affaire, et que le prince n'a jamais daigné rien dire sur ce misérable incident. La *Presse* du 21 novembre 1848 insère cet extrait du journal *le Progrès du Pas-de-Calais* : « Après l'expédition de Boulogne, l'aigle fut déposé à l'abattoir de la ville... Il s'échappa... On le retrouva dans un champ près de Croizilles .. Il devint la propriété de M. Delaury, restaurateur à Arras ; puis il fut acheté par M. Delannoy-Dugarin, marchand de charbon dans la même ville. »

Le *Morning-Chronicle*, en novembre 1848, déclare que l'aigle appartenait à un officier du navire.

(2) De Montholon, Voisin, Mésonan, etc , déclarent devant la Cour que c'est sur l'ordre du prince, qui les avait chez lui (?), que leurs uniformes ont été embarqués.

(3) On emporta un assez grand nombre de bouteilles de vin. Le capitaine du paquebot, James Crow, interrogé par M. Davy, sous-inspecteur des douanes à Boulogne, déposa ainsi : « Ils ont bu énormément, et je n'ai jamais vu plus boire qu'ils ne l'ont fait, et de toutes espèces de vin » Le préfet Gauja, dans le *post-scriptum* de sa dépêche, s'exprime ainsi : « Le capitaine du paquebot (James Crow) nous a dit que les rebelles avaient bu seize douzaines de bouteilles de vin, sans compter l'eau-de-vie et les liqueurs. Les soldats du 42e présents à l'action nous ont assuré que les rebelles étaient presque tous ivres... » On dut emporter, en effet, un nombre assez important de bouteilles. Il fallait bien donner à boire à tout ce monde durant les quarante-huit heures que dura le voyage. On fit au moins quatre repas sur le navire, et en outre, durant les longues heures de la traversée, surtout à cette époque de grandes chaleurs, il n'est pas très étonnant que la consommation des liquides ait été considérable Et cependant, si l'on compte, on verra que seize douzaines de bouteilles pour une soixantaine de personnes, cela ne fait pas quatre bouteilles par tête. La « folle orgie », comme l' « histoire de l'aigle », sont des faits que la passion politique a perfidement présentés et amplifiés, et c'est un devoir de les ramener à leurs proportions vraies et de les raconter scrupuleusement tels qu'ils se sont passés. Il ne résulte d'aucune pièce de l'affaire qu'aucun conjuré ait été arrêté en état d'ébriété. En novembre 1848, le colonel Bouffet-Montauban écrit au *National* que sur le paquebot il n'y avait pas de vin embarqué, que tous les passagers étaient malades, et que le fait allégué d'une énorme consommation de liquides plus ou moins spiritueux est un *conte de matelot*. — Le commissaire du port, M. Bergeret, aurait saisi à bord : 5 épées, 2 sabres, 3 pistolets, 1 canne à épée, 21 napoléons, 6 souverains, 2 pièces de

Le 4 août au matin Louis Bonaparte s'embarque à Gravesend, le général Montholon, le colonel Voisin, le colonel Laborde, Orsi à Margatz, les autres à Greenwich, à Blakwall, à Ramsgate, la troupe se divisant ainsi afin de ne pas éveiller l'attention des autorités anglaises. C'est dans ce but aussi et afin de ne pas devancer l'heure et le jour fixés à Forestier qui avait prévenu Bataille et Aladenize, que le paquebot ne se rendit pas directement à destination, et que, courant de longues bordées, il changea plusieurs fois de direction.

Le 5 août, le prince, dit-on, réunit tout le monde sur le pont et prononça cette allocution : « Mes amis, j'ai conçu un projet que je ne pouvais vous confier à tous, car dans les grandes entreprises le secret seul peut assurer le succès. Compagnons de ma destinée, c'est en France que nous allons. Là nous trouverons des amis puissants et dévoués. Le seul obstacle à vaincre est à Boulogne ; une fois ce point enlevé, notre succès est certain ; de nombreux auxiliaires nous secondent, et si je suis secondé, comme on me l'a fait espérer, aussi vrai que le soleil nous éclaire, dans quelques jours nous serons à Paris, et l'histoire dira que c'est avec une poignée de braves tels que vous que j'ai accompli cette grande et glorieuse entreprise !... » — Le prince emportait (1) en billets de la banque d'Angleterre, en or et en argent, une somme de 400,000 francs, l'héritage maternel. Thélin, Cuzac, et Bure étaient porteurs de rouleaux d'or. Et c'est ce dernier qui, sur l'ordre du prince, un peu avant le débarquement, donna 100 francs à chaque homme (2).

Le 6 août, après minuit, le bateau vint mouiller à un quart de lieue de la côte, en face de Wimereux, petit port situé à quatre kilomètres environ au nord de Boulogne. De deux à trois heures du matin un canot se détachant du navire fit quatre voyages successifs pour amener à terre tout le person-

---

5 francs, 3 pièces de 2 francs, 1 pièce de 1 franc, une petite médaille en cuivre portant cette incription : *Perruques perfectionnées;* 23 ou 24 caisses de vin, bière, ginger-beer, soda-water, brandy ; un nécessaire de femmes avec bobines et aiguilles ; un album de dessins du prince.

(1) Rapport Persil.
(2) Déposition de Bure.

nel de l'expédition. Forestier, Bataille et Aladenize, qui n'était arrivé de Saint-Omer que quelques heures auparavant, se trouvaient déjà sur la plage. Un sous-brigadier des douanes, le sieur Audinet, attiré par le bruit, aperçoit le canot dans son *va-et-vient* et le hèle. Une voix lui répond : « Nous sommes des hommes du 40ᵉ de ligne, et nous allons de Dunkerque à Cherbourg ; mais une roue de notre paquebot s'est brisée, et voilà pourquoi nous débarquons. » Audinet va prévenir le brigadier Guilbert ; celui-ci avise immédiatement le lieutenant des douanes Bally, qui, suivi de quelques douaniers, aborde avec eux la colonne expéditionnaire alors débarquée tout entière. Il demande des explications. « Ne vous opposez pas au débarquement, lui répond-on, ou vous serez traités comme des Bédouins. » Une voix s'écrie : « Ne leur faisons pas de mal, c'est de la douane. » Comme on n'a ni le temps ni l'envie de parlementer, on leur signifie purement et simplement que, de gré ou de force, ils vont marcher avec la troupe qui vient de débarquer, et qu'ils lui serviront de guides et d'éclaireurs. Montauban s'adressant au brigadier Guilbert lui dit : « Savez-vous qui vous escortez?... C'est le prince Napoléon ! » Et, comme celui-ci lui fait observer qu'il sera révoqué, il ajoute : « On ne révoque pas des gens qui sont entraînés par force. Soyez sans inquiétude. La famille du prince est riche ; elle ne vous abandonnera pas. » Là-dessus le général Montholon s'approche de lui et lui offre de l'argent qu'il refuse (1). Le prince le voit si bouleversé que, pris de pitié, il lui permet de s'en aller sous la condition de ne rien dire (2).

Quant au lieutenant des douanes Bally, on lui dit : « Savez-vous bien que c'est le prince Louis-Napoléon qui est à notre tête ! Boulogne est à nous, et dans peu de jours le prince sera proclamé empereur des Français par la nation qui le désire et par le ministère français qui l'attend (3). » Le malheureux lieutenant, abasourdi, ne trouve rien à répondre, si ce n'est qu'il

---

(1) Déposition de Guilbert devant la Cour.
(2) *Ibid.*
(3) Rapport du préfet.

est bien fatigué pour aller jusqu'à Boulogne. Mésonan intervient et s'écrie : « Il n'y a pas de fatigue qui tienne, il faut marcher ! » Puis c'est le tour de Parquin qui le menace en mettant la main au sabre : « Allons ! marche (1) ! » Mais le prince s'interpose pour l'officier, comme il avait fait pour le soldat, et dit : « Je veux bien que vous retourniez à Wimereux, mais sous condition que vous irez directement et sans dire un mot de ce qui vient de se passer (2). » C'est en vain que le général Montholon lui avait offert de l'argent, et que le prince lui avait promis une pension de 1,200 francs dans le cas où il viendrait à perdre son emploi. Enfin la troupe s'ébranle et se dirige vers Boulogne.

Le plan, ainsi qu'il résulte des ordres ci-dessus relatés, était bien simple. Il consistait, avant tout, à s'emparer de la caserne où tenaient garnison deux compagnies du 42e de ligne, à entraîner ces troupes, à enlever le château qui servait d'arsenal, à prendre possession des différents monuments publics, à garder toutes les portes, puis à organiser rapidement une force militaire qui, dans une marche sur Paris, deviendrait une véritable armée irrésistiblement portée en avant par le flot populaire.

C'est vers cinq heures du matin que la colonne expéditionnaire pénétra dans la ville. Elle arrive bientôt place d'Alton, où était installé un poste composé de quatre hommes et d'un sergent. Le voltigeur Jean-Baptiste Coisy (3) était alors en faction. Il aperçoit d'abord Aladenize qui marchait en tête, puis Lombard qui portait un drapeau, et enfin un brillant état-major suivi de soldats. Les prenant pour des militaires parfaitement authentiques, il se conforme au règlement et crie : « *Aux armes !* » afin que le poste vienne rendre les honneurs. Le poste sort, s'aligne et présente les armes. Aladenize leur dit : « Voilà le prince ! Sergent, venez avec nous ! » Celui-ci répond qu'il ne peut quitter son poste sans en avoir reçu l'ordre du comman-

---

(1) Déposition de Bally.
(2) Rapport du préfet.
(3) Déposition devant la Cour.

dant de la place. « Je suis envoyé par votre colonel, reprend Aladenize; vous pouvez me suivre; le gouvernement est changé! » Le sergent Morange, qui avait remarqué que le drapeau était surmonté d'une aigle (1), et qui d'ailleurs ne connaissait que la consigne, donne à ses hommes l'ordre de mettre l'arme au bras et persiste énergiquement dans son refus. « Vous vous en repentirez », lui dit Parquin. « Tu seras puni demain! » s'écrie un autre. Aladenize s'adresse alors aux quatre hommes et cherche à les entraîner, mais ceux-ci refusent d'abandonner leur chef de poste. Furieux, il va prendre par le bras le dernier de la file, le sieur Serret (Joseph), et lui dit : « Viens! tu seras bien récompensé, tu n'auras pas de regrets (2). » Le soldat reste fidèle à son devoir.

La troupe des conjurés continue son chemin et s'engage dans la Grand'Rue. Elle rencontre un officier de la garnison, le sous-lieutenant de Maussion. Un officier de la suite de Louis Bonaparte vient à lui et lui dit : « Vous ne connaissez pas le prince? » Interloqué, ne comprenant pas, le jeune sous-lieutenant balbutie une réponse négative. « Venez, je vais vous présenter! » continue l'officier. M. de Maussion résiste, fait observer, ne sachant pas quel était ce prince (3), qu'il n'était pas dans une tenue convenable... Bon gré, mal gré, la présentation a lieu, et tout en marchant, car on avançait toujours, le prince lui dit : « J'espère que vous serez des nôtres... Je suis venu ici pour rendre à la France humiliée le rang qui lui convient!... » Quelques moments après, M. de Maussion, sous un prétexte quelconque, abandonnait le prince et courait chez son chef, le capitaine Col-Puygelier, pour l'aviser de l'invraisemblable événement qui était en train de s'accomplir. Presque en même temps arrivait le sous-lieutenant Ragon qui était logé à la caserne et qui venait informer son commandant de ce qui se passait. Celui-ci, qui était sorti de grand matin, rentrait précisément pour revêtir son uniforme, parce qu'il avait, quelques

---

(1) Déposition de Morange.
(2) Déposition de Serret.
(3) Déposition de M. de Maussion.

instants auparavant, rencontré un soldat qui lui avait affirmé qu'un détachement du 40ᵉ se présentait à la caserne.

En effet, la colonne expéditionnaire était arrivée à la porte de la caserne. Sans perdre une minute, le lieutenant Aladenize dit au soldat qui était en faction, un sieur Febvre : « Factionnaire, criez : Aux armes ! Voilà le prince ! » Celui-ci obéit et crie : Aux armes (1) ! Le poste sort, présente les armes, et le prince avec sa suite entre dans la caserne sans l'ombre d'une difficulté. On met immédiatement deux factionnaires devant la caserne, avec la consigne de ne laisser entrer aucun officier et de ne permettre à personne de sortir du quartier. Déjà la foule se rassemblait devant la porte de la caserne, et un officier du prince vint alors lui jeter des pièces de monnaie, voire même des pièces de cent sous, en lui disant : « Criez : Vive l'Empereur ! » Et la foule de crier comme un seul homme (2).

Deux sergents notamment, les soldats de Rinck et Chapolard, entendant du bruit dans la cour de la caserne, regardent par la fenêtre, puis descendent et se trouvent en présence d'Aladenize, qui les prend l'un et l'autre par la main et les conduit au prince. « Voilà, dit-il, en présentant celui-ci, un ancien militaire à qui il faut une paire d'épaulettes. » — « Je vous fais capitaine de grenadiers ! » répond Louis Bonaparte (3). Quant à l'autre, le prince lui prend immédiatement la main et lui dit : « Bonjour, brave, je te nomme officier (4) ! »

Aladenize, qui commande en maître, grâce à sa situation d'officier du régiment, fait descendre les deux compagnies, les range en carré, ordonne de présenter les armes et fait battre au drapeau.

Le prince s'avance, se place au milieu des soldats et leur adresse une longue allocution.

Aladenize fait avancer le sergent-major Clément et le présente au prince, qui lui dit : « Je vous nomme capitaine et je

---

(1) Déposition de Febvre.
(2) *Idem* de Gendre.
(3) *Idem* de Chapolard.
(4) *Idem* de Rinck.

vous donne la croix que j'ai portée moi-même. » Il veut détacher sa croix et n'y parvient pas, et comme un de ses officiers lui fait observer qu'il va déchirer son uniforme, le prince s'écrie : « Vous n'en êtes pas moins chevalier de la Légion d'honneur. » Il nomme aussi officiers les autres sous-officiers.

Le sous-lieutenant de Maussion arrive; Aladenize va vivement à lui, et les deux officiers parlementent longtemps ensemble. « Criez : Vive l'Empereur! » lui dit-il, et M. de Maussion de répondre : « Non, jamais! Vive le Roi toujours! »

Alors survient le capitaine Puygelier. A la porte de la caserne un officier du prince l'aborde immédiatement : « Capitaine, soyez des nôtres, lui dit-il, le prince Louis est ici; votre fortune est faite. » Puygelier, pour toute réponse, met le sabre à la main et s'écrie : « Où est ma troupe? Je veux la voir! » On l'entoure; on le saisit; on veut lui enlever son sabre. Il résiste à ceux qui l'assaillent et leur jette ces mots au milieu de la mêlée : « Vous le briserez, où je m'en servirai, car j'ai bon poignet! » Il parvient à se dégager, se précipite vers ses soldats et leur crie : « Vous êtes des hommes d'honneur, n'est-ce pas? Eh bien! ce qu'on vous demande, c'est une trahison! » Louis-Napoléon intervient alors et dit à Puygelier : « Capitaine, je suis le prince Louis, soyez des nôtres, et vous aurez tout ce que vous voudrez! » « Prince Louis ou non, répond l'officier, je ne vous connais pas. Je ne vois en vous qu'un usurpateur; vous venez ici comme un traître, je vous engage à vous retirer. Napoléon, votre prédécesseur, a abattu la légitimité, et c'est en vain que vous viendriez la réclamer! »

Le prince reste interdit.

Le capitaine s'écrie : « Soldats, on vous trompe! vive le Roi! A moi! » Les partisans de Louis Bonaparte l'entourent : « Assassinez-moi, dit-il, mais je veux accomplir mon devoir! » Aladenize lui fait observer qu'il va être la cause d'une boucherie. « Tant pis, ajoute encore Col-Puygelier, nous en ferons une s'il le faut! »

A ce moment, le capitaine Laroche et le sous-lieutenant Ragon arrivent, sabre nu, appelant les soldats et criant : Vive le Roi ! Le capitaine commandant Col-Puygelier se dispose à faire marcher sa troupe, lorsque le prince, affolé, croyant sa vie en danger, tire un coup de pistolet qui atteint le grenadier Geouffroy à la bouche (1).

Le capitaine Puygelier, soutenu par ses soldats, parvient à refouler les conjurés en dehors de la caserne, dont il fait fermer les portes. Puis, sans perdre un instant, il ordonne une distribution de cartouches, dépêche deux tambours avec quatre grenadiers battre la générale, charge le sous-lieutenant Maussion avec vingt soldats de s'emparer du port, assure la garde de la caserne, et se dirige lui-même avec le sous-lieutenant Ragon et vingt hommmes vers la ville haute pour empêcher la prise du château et le pillage de l'arsenal.

Presque en même temps, il était environ six heures du matin, le maire de Boulogne, M. Adam, et le sous-préfet, M. Launay-Leprovost, avaient été avisés, ce dernier par un notaire, M. Dutertre (2), que « des hommes parcouraient les rues de la ville en criant : Vive l'Empereur ! » Ils se hâtent de prendre des mesures de défense ; ils réunissent les gendarmes ; ils préviennent le lieutenant du port, le directeur-chef des douaniers, le commandant de la garde nationale, le commissaire de police (3).

Les conjurés, après avoir été repoussés de la caserne, se dirigent vers le château, en répandant des proclamations et en distribuant de l'argent. Ils passent devant la sous-préfecture. Le sous-préfet s'avance au-devant d'eux sur la voie publique et les somme au nom du Roi de se séparer et d'abattre leur drapeau. Le prince donne l'ordre de passer outre. Comme le sous-préfet fait mine de vouloir barrer le chemin, il reçoit en pleine poitrine un coup de l'aigle qui surmonte le drapeau. En se défendant, il est blessé aux mains (4). Il est obligé de

---

(1) « Il y a des moments où on ne peut pas se rendre compte de ses intentions. Lorsque j'ai vu le tumulte commencer à la caserne, j'ai pris mon pistolet ; il est parti sans que j'aie voulu le diriger contre qui que ce soit. » (Déposition du prince devant la Cour.) La blessure de Geouffroy fut légère.

(2) Déposition du sous-préfet.

(3) Ordre lui est donné de faire fermer les portes du château.

(4) « ...Comme je parais le coup avec mes mains, celles-ci furent excoriées et

livrer passage aux conjurés, mais il s'empresse d'aller de porte en porte chercher les gardes nationaux, en leur donnant comme lieu de rendez-vous la place d'Alon, où il finit par en réunir environ deux cents, sous les ordres du colonel Sansot.

Arrivés au château, les rebelles tentent en vain d'y pénétrer. Comme le temps presse, ils ont recours à la hache pour briser la porte dite de Calais, mais celle-ci résiste à tous leurs efforts. Obligés de renoncer à la prise de l'arsenal, désorientés, vaincus pour ainsi dire sans combat, ils se décident, n'ayant plus de plan arrêté ni de but déterminé, à se rendre à la colonne de la Grande Armée distante de la ville d'un kilomètre environ; on monte au sommet et on y fait flotter le drapeau impérial (1).

La troupe du sous-lieutenant Ragon, après avoir assuré la défense du château en y laissant quelques hommes, s'était repliée sur la ville basse et avait rejoint la force véritable de Boulogne, la garde nationale, qui, précédée de quelques gendarmes à cheval, se met, sous les ordres du colonel Sansot, flanqué du sous-préfet, à la poursuite des conjurés. Dès que ceux-ci aperçoivent cette petite armée, ils abandonnent précipitamment la colonne autour de laquelle ils étaient groupés et fuient dans toutes les directions. Le prince, désespéré, voulait se faire tuer au pied même de la colonne, mais ses amis l'entraînent. Lombard seul est arrêté là, sur la colonne, où il ne voulait pas abandonner le drapeau. Le lieutenant de gendarmerie, avec trois gendarmes, poursuit ceux qui se sauvent à travers champs et s'empare d'Aladenize, de Bouffé-Montauban et de cinq autres. Desjardins est appréhendé au moment où il veut enfourcher le cheval d'un paysan. Ornano est bientôt découvert dans une cabane où il venait de se cacher. Sur le port le commissaire de police Bergeret et le capitaine de la garde nationale Chauveau-Soubitez arrêtent le commandant Parquin et le général Montholon.

La plupart des conjurés, poursuivis par la troupe et par la

---

reçurent quelques contusions... » (Déposition du sous-préfet devant la Cour.)

(1) « Le drapeau était attaché au moyen d'un mouchoir rouge au bas et d'un foulard bleu au haut de la hampe. » (Déposition d'un sieur Lejeune, maçon.)

garde nationale, arrivent à la mer; à grands cris ils hèlent en vain le capitaine du paquebot pour qu'il leur envoie une embarcation. Les uns, presque tous, restent sur la plage et se rendent; les autres, en petit nombre, et notamment Persigny, Conneau, Mésonan, Galvani, etc., ainsi que le prince, se jettent à la nage pour atteindre un canot qui se trouvait là par hasard, ancré à peu de distance du rivage. C'est alors que les soldats et les gardes nationaux se mettent à tirer sur ces malheureux sans défense, presque à bout portant(1), alors qu'ils essayent de se hisser dans le canot qui chavire. Le colonel Voisin reçoit deux balles, l'une dans les reins et l'autre à la poitrine; le prince est atteint (2) d'une balle qui se perd dans son uniforme; le sieur Viengiki est grièvement blessé à l'épaule (3); le capitaine d'Hunin se noie; le sieur Faure est tué. Le sieur Galvani, qui avait disparu dans les flots, parvient à regagner le rivage. En même temps le lieutenant du port, Pollet (4), après s'être emparé du bateau anglais et lui avoir donné l'ordre d'appareiller pour Boulogne, au risque d'être victime de cette abominable fusillade (5) monte dans un canot avec cinq hommes et deux gendarmes, se dirige vers les rebelles tombés à la mer et recueille le prince, ainsi que trois officiers.

(1) A 150 pas. (Déposition du sous-lieutenant Ragon.) Mais voir ci-dessous : à 15 pas, dit le *National;* à bout portant, disent la *Colonne de Boulogne* et le *Journal de Calais.*
(2) Voir le journal *le Commerce* du 9 août 1840.
(3) On dut l'amputer.
(4) Déposition de Pollet.
(5) *Le correspondant du « National »* : « Les gardes nationaux se réunirent et criblèrent de coups de fusil ces hommes désarmés, qui, ayant de l'eau jusqu'à mi-corps, se trouvaient à quinze pas du rivage sans espoir de salut, faisant ainsi, comme je l ai entendu dire à l'un d'eux, la chasse aux canards... »
Journal « la Colonne de Boulogne » : « Si la plupart des citoyens déplorent la précipitation avec laquelle on a fait feu sur des hommes dont la chance alors était de se noyer ou de se rendre, que dire de la mort du sous-intendant militaire (Faure), ayant de l'eau jusqu'aux aisselles, ne pouvant se défendre, et tué à bout portant par un garde national? Cet acte a soulevé l'indignation de toutes les classes de la population. »
Le « Journal de Calais » : « On regrette généralement les coups de fusil qui ont été tirés sur des fuyards, sur des hommes qui se débattaient déjà dans l'eau contre la mort. C'est un cordonnier qui a tué à bout portant le sous-intendant Faure, au moment où il lui présentait son épée pour se rendre »

Un autre canot, conduit par le notaire Dutertre, capitaine de la garde nationale, retire de l'eau une cinquième personne. Les deux barques vont accoster au quai, où une voiture, dans laquelle montent le sous-préfet et le maire, vient prendre le prince pour le mener au château. Celui-ci est tellement transi et grelottant qu'un sieur Lejeune, entrepreneur de bâtiments, ôte son habit pour le lui donner (1). Voisin, Persigny, Conneau, Mésonan, Viengiki, non moins ruisselants, suivent dans une voiture.

En arrivant au château, le prince obtient l'autorisation de se mettre immédiatement au lit.

Toute la colonne expéditionnaire était prisonnière.

Il était à peine huit heures. L'échauffourée avait donc duré environ trois heures.

A huit heures et demie, le sous-préfet adressait au ministre de l'intérieur une première dépêche ainsi conçue :

« Louis Bonaparte vient de faire une tentative sur Boulogne. Il est poursuivi, et déjà plusieurs des siens sont arrêtés. »

Puis à neuf heures un quart cette seconde dépêche :

« Louis Bonaparte est arrêté. Il vient d'être transféré au château, où il sera bien gardé. La conduite de la population, de la garde nationale et de la troupe de ligne a été *admirable* (2). »

Le lendemain, 7 août, le *Moniteur* publiait le document suivant : *Circulaire du ministre de la guerre.* — 7 août 1840, cinq heures du soir.

« Général,

« Le territoire français a été violé par une bande d'aventuriers... Repoussés dans les flots qui venaient de les vomir, Louis Bonaparte et tous ses adhérents ont été pris, tués ou noyés... *etc., etc.....*

« *Le pair de France, ministre de la guerre,*

« Cubières. »

(1) Déposition du sieur Lejeune
(2) Le mot était malheureux.

La presse accueillit avec dédain et mépris cette nouvelle aventure. « Tout Paris, écrit le *Journal des Débats* (1), a appris aujourd'hui avec une indignation mêlée de pitié qu'une tentative plus folle encore et plus coupable que l'échauffourée de 1836 venait d'être faite sur la ville de Boulogne par l'amnistié de Strasbourg, M. Louis Bonaparte. Nous n'avons pas besoin de dire que cette entreprise a misérablement échoué. Les aigles, les proclamations emphatiques, les prétentions impériales de M. Louis Bonaparte n'ont réussi qu'à le couvrir une seconde fois d'odieux et de ridicule... En vérité, l'excès de folie que dénote une pareille entreprise confond... Voilà un jeune homme qui, parce qu'il s'appelle Napoléon, se croit l'héritier direct de la gloire et de la couronne d'un grand homme, et qui se figure qu'il n'a qu'à paraître en France pour que tout le monde se jette à ses pieds... Il n'a été cette fois encore que la dupe de sa propre vanité. Il n'a pris sa mission que dans son ambition ridicule. Il joue le rôle de héros et il ne voit pas qu'il déshonorerait le nom qu'il porte si un pareil nom pouvait être déshonoré..... Avec quelques phrases empruntées aux bulletins et aux proclamations de l'Empereur, il a cru qu'il allait faire soulever l'armée, la garde nationale et le pays! Cependant l'excès même du ridicule ne peut pas couvrir le crime, le sang a coulé... Ceci passe la comédie... On ne tue pas les fous, soit, mais on les enferme. »

« La nouvelle échauffourée du prince Louis ne saurait être trop sévèrement qualifiée, dit le *Constitutionnel* du 7 août. Ce jeune homme, qui fait tant de bruit du nom qu'il porte, a bien peu le sentiment des devoirs que ce nom impose... Le fils de la reine Hortense avait été insensé à Strasbourg, aujourd'hui il est odieux. Sa monomanie de prétendant faisait hausser les épaules ; elle indignera aujourd'hui tous les cœurs honnêtes. Il se croit héroïque, et il n'est que tristement ridicule... — Dans cette misérable affaire (numéro du 8 août), l'odieux le dispute au ridicule... La parodie se mêle au

---

(1) 8 août 1840.

meurtre, et, tout couvert qu'il est de sang, Louis Bonaparte aura la honte de n'être qu'un criminel grotesque. D'où a pu lui venir, en effet, cette incroyable démence qui le pousse à tenter la conquête de la France avec quelques séides de l'Empire et une troupe de laquais déguisés en soldats?... A Strasbourg, M. Louis avait espéré fasciner la garnison en endossant la capote ou l'uniforme de l'Empereur et en se coiffant du petit chapeau ; à Boulogne, il apportait un aigle vivant. L'Empereur avait dit à Cannes en débarquant : « L'aigle « volera de clocher en clocher jusque sur les tours de Notre-« Dame. » M. Louis a cru probablement mieux faire en apportant un aigle vivant pour matérialiser la sublime métaphore... Cela donne la mesure de l'intelligence de cet incroyable prétendant... On rirait de mépris au récit de ces actes de démence, si le sang n'avait pas coulé (1) ! »

La *Presse* (2) du 8 août s'exprimait ainsi : « M. Louis Bonaparte s'est placé dans une position telle que nul en France ne peut honorablement aujourd'hui éprouver pour sa personne la moindre sympathie, ni même la moindre pitié. Le ridicule est dans l'avortement si misérable de ses projets, dans cette fuite précipitée, dès le premier signe de résistance, dans cette subite métamorphose de farouches conspirateurs en tritons effrayés et transis. L'odieux est dans l'ingratitude qui oublie qu'une fois déjà la clémence royale a pardonné généreusement un crime... que Napoléon eût fait expier chèrement à ses auteurs dans les vingt-quatre heures.. Le fils de l'ex-roi de Hollande n'a pas plus d'esprit que de cœur... Il n'est pas même un chef de parti, il n'en est que la méchante caricature... (3). »

La presse étrangère n'était pas moins impitoyable : « Je viens, écrivait le correspondant du *Times*, de voir Louis-Napoléon. Le pauvre diable est dans un triste état. Il a manqué se

(1, 2) Huit ans après, le *Constitutionnel* et la *Presse* portaient aux nues le prince Louis-Napoléon.
(3) Le langage du *National* (9 août 1840) était tout différent : « Ce jeune homme porte un nom magique, un nom qui apparaît au pays comme un symbole de puissance, un gage de nationalité; les souvenirs les plus brillants l'entourent et le protègent. »

noyer, et les balles l'ont serré de près. S'il en avait reçu une, c'eût été, après tout, la meilleure fin d'un aussi mauvais imbécile (*mischievous blockhead*). »

Le *Morning-Post* dit : « ... Le maniaque Louis-Napoléon, dont le nom vient encore de se produire d'une manière si ridicule..... »

Le *Sun* s'écrie : « ... Ce fou de Louis-Napoléon... il serait de la dignité et de l'intérêt du gouvernement français de l'enfermer dans un hospice d'aliénés... »

L'opinion publique ne lui était pas favorable, et la lettre suivante (1) montre bien quel était alors le sentiment général : « Nous apprenons aujourd'hui le second acte des folies du successeur d'un héros. Ce successeur d'un héros est un méchant fou. J'espère bien qu'on va le lier et le mettre dans une citadelle. Je ne sais quels sont ces généraux Voisin et Montholon dont on rapporte qu'ils accompagnaient ce maniaque dans son expédition. Il est bien pressé. J'aurais pensé qu'il aurait pris patience jusqu'à l'arrivée des cendres de son oncle. »

M. de Metternich (2) écrivait, le 20 août, de Kœnigswart, à M. Apponyi : « Je ne vous parle pas de l'échauffourée de Louis Bonaparte. Je n'ai pas le temps de m'occuper de toutes les folies de ce bas monde... »

Le mercredi 7 août, vers minuit, deux berlines à quatre chevaux s'arrêtaient devant la porte du château. Dans la première monta le prince, vêtu d'un paletot blanchâtre et portant encore le gilet et le pantalon d'uniforme. Il était très abattu. A sa droite s'assit M. Lardenois, officier supérieur de la garde municipale de Paris ; en face de lui prirent place deux gardes municipaux. La seconde voiture contenait quatre de ces gardes.

On raconte qu'au moment de son départ, alors qu'il descendait un escalier conduisant dans la cour du château, il tourna ses regards vers les fenêtres où se trouvaient ses compagnons d'infortune, en leur criant : « Adieu, mes amis ! Je proteste

(1) Lettre de M. Ximénès Doudan, datée de Broglie, 8 août 1840.
(2) *Mémoires du prince de Metternich*, t. VI, p. 158, 159. 1883, édit. Plon.

contre mon enlèvement ! » et que ceux-ci lui répondirent :
« Adieu, prince. L'ombre de l'Empereur vous protégera ! »

Les deux voitures étaient escortées par des dragons, et tout le long de la route il y avait des sentinelles de distance en distance.

Le 9 août, le prince arrivait à Ham.

Le matin même de ce jour, une ordonnance royale déférait l'attentat de Boulogne à la juridiction de la Chambre des pairs. Presque tous les journaux (1) critiquèrent cette résolution, soutenant qu'on aurait dû saisir le jury. Le *Journal des Débats* opinait dans un sens contraire : « S'exposer, disait-il, à un second verdict de Strasbourg, eût été une inconcevable folie... Dans quel cas la tranquillité publique, la sûreté de l'État dépendra-t-elle davantage d'un acquittement ou d'une condamnation que dans celui où le droit à la couronne est la question même? Comme prétendant au trône, M. Louis Bonaparte est ridicule, nous le savons, ridicule aux yeux de tout le monde ; accusé, il n'est pas impossible peut-être que le neveu de l'Empereur trouvât un second jury de Strasbourg ; c'est une chance, quelque peu probable qu'on la suppose, à laquelle le gouvernement aurait été insensé et coupable de s'exposer. »

Quoi qu'il en soit, pour un gouvernement issu de la Révolution, se réclamant avant tout des principes de 1789, et fondé soi-disant sur la volonté du peuple, la mesure dut être douloureuse, d'autant plus que la composition même de la Chambre des pairs devait être en même temps d'un grand embarras. C'est bien pour cela que le journal bonapartiste *le Capitole* écrivit alors le virulent article qui suit : « La pairie peut-elle être à l'égard de son justiciable dans les conditions d'indépendance et d'impartialité requises par la loi ? Généraux, préfets, conseillers d'État, ambassadeurs, pensionnaires de tous les régimes, fonctionnaires révocables et dépendants, leur conscience de juge n'est point réellement protégée par l'inamovibilité qui assure la bonne administra-

---

(1) Notamment le *Constitutionnel*, le *Temps*, la *Quotidienne*, la *Gazette de France*, la *Presse*, la *France*, le *Siècle*.

tion de la justice... Conçoit-on... le neveu de l'Empereur, assis sur la sellette, en présence de deux cents créatures de l'Empire (1) à chacune desquelles il peut rappeler dix à douze serments prêtés à sa dynastie et autant de bienfaits reçus de la munificence napoléonienne ?... Se figure-t-on, par exemple, le plus grand dignitaire de la pairie, M. Pasquier, rappelant l'illustre accusé à la foi du serment et aux droits de la reconnaissance ? M. Pasquier, l'auditeur au Conseil d'État, le maître des requêtes, le procureur général du sceau des titres, l'officier de la Légion d'honneur, le baron, le directeur des ponts et chaussées, le préfet de police de l'Empereur !... »

La *Gazette de France* (2) dit à son tour : « Si on les traduit devant la Cour des pairs, ils auront donc pour juges les hommes qui étaient à l'île d'Elbe et qui ont débarqué à Fréjus pour faire nne révolution ! Ils seront donc condamnés par les maréchaux et les généraux qui, à cette époque, ont pris les armes pour une usurpation ! Leur arrêt sera donc signé par MM. Grouchy, Gérard, Soult... L'accusé répondra que cette élection (de Louis-Philippe) a été faite par 219 députés nommés par 150,000 électeurs, tandis que l'empire héréditaire a eu pour lui quatre millions de suffrages... Lui dira-t-on qu'il n'y a point de sympathies dans le pays pour l'Empire ? Il vous montrera la colonne Vendôme, et le monument que M. Thiers fait élever aux Invalides, et toutes les images étalées dans nos rues... Lui objectera-t-on... que pour le pays l'Empereur n'a pas d'héritier ? Il nous répondra : « Qu'en « savez-vous ?... »

Le 12, à minuit, le prince arrivait à Paris, et il était incarcéré à la Conciergerie, dans la chambre occupée cinq ans auparavant par Fieschi, sous la garde de trois surveillants, sans

(1) Comme nous le verrons, plus de la moitié des pairs s'abstinrent. La situation était cruelle pour la pairie. S'abstenir, c'était manquer à son devoir envers la royauté de Juillet, dont on avait accepté ou même sollicité les faveurs. C'était bien dur, d'autre part, de voter une condamnation après avoir été comblé par Napoléon Ier. Désertion ou ingratitude, telle était la douloureuse alternative. Que fallait-il donc faire ?... Ils n'auraient pas dû être pairs du roi Louis-Philippe.

(2) Numéro du 10 août 1840.

obtenir d'avoir auprès de lui son valet de chambre, Bellier.

Les jours suivants, les autres prisonniers furent amenés de Boulogne.

Chose singulière, malgré l'opinion des journaux, malgré le sentiment général, l'émotion avait été profonde à la cour. C'est bien pour cela que le 17 août le Roi crut devoir se rendre à Boulogne en grande solennité, accompagné de deux ministres, du général Magnan, de la Reine, du duc et de la duchesse de Nemours, du duc d'Aumale, du duc de Montpensier, de la princesse Clémentine, de la princesse Adélaïde. Il venait passer la revue de la garde nationale, de la troupe et des douaniers, et distribuer des récompenses à l'occasion de l'attentat du prince Napoléon. « Mes chers camarades de la
« garde nationale de Boulogne, du 42ᵉ régiment de ligne et
« des douanes, dit-il en ouvrant la cérémonie, j'ai voulu
« venir dans votre ville afin d'être envers vous l'organe de la
« reconnaissance de la France pour le zèle que vous avez mis
« à réprimer une tentative insensée..... J'ai voulu consacrer
« par cette solennité la GLOIRE que la ville de Boulogne s'est
« acquise dans cette circonstance..... »

Le capitaine Col-Puygelier est nommé major. Le colonel Santot de la garde nationale est promu au grade de commandeur de la Légion d'honneur.

Le 19 août, une commission d'instruction nommée par la Chambre des pairs et composée du chancelier Pasquier, du duc Decazes, du comte Portalis, du baron Girod de l'Ain, du maréchal Gérard, de M. Persil, à laquelle se joignent le procureur général Frank-Carré, les substituts Boully, Glandaz et Nouguier, et les juges d'instruction Zangiacomi et Boulloche, se rend à la prison de la Conciergerie, où ils interrogent les accusés de midi à cinq heures.

C'est alors que paraît dans les journaux la lettre suivante :

« Florence, 24 août 1840.

« ...Je sais que c'est un singulier moyen et peu convenable de recourir à la publicité ; mais quand un père affligé, vieux, malade, ...expatrié, ne peut venir autrement au secours de son fils malheureux, un semblable moyen ne peut qu'être approuvé par tous ceux qui portent un cœur de père. Convaincu que mon fils, le seul qui me reste, est victime d'une infâme intrigue et séduit par de vils flatteurs, de faux amis et peut-être par des conseils insidieux, je ne saurais garder le silence sans manquer à mon devoir. Je déclare donc que mon fils Napoléon-Louis est tombé encore dans un piège épouvantable, dans un effroyable guet-apens, puisqu'il est impossible qu'un homme qui n'est pas dépourvu de moyens et de bon sens se soit jeté de gaieté de cœur dans un tel précipice... Je recommande mon fils égaré et séduit à ses juges et à tous ceux qui portent un cœur français et de père.

« Louis DE SAINT-LEU. »

Le 15 septembre, M. Persil, désigné comme rapporteur, soumet son travail à la Chambre des pairs, qui en adopte les conclusions, et qui, le 16, rend un arrêt de mise en accusation pour crime d'attentat à la sûreté de l'État, en visant les articles 87, 88, 89 et 91 du Code pénal, contre vingt et un accusés : *Napoléon-Louis Bonaparte, Montholon, Voisin, Mésonan, Parquin, Bouffet-Montauban, Laborde, Lombard, Conneau, Fialin dit de Persigny* (1), *d'Almbert, Orsi, Alexandre Prosper dit Desjardins, Galvani, Ornano, Forestier, Bataille, Aladenize, Bure, Flandin, de Querelles (absent), Vourlat (absent)*.

Parlant du gouvernement de Napoléon Ier, M. Persil s'écrie : « ...un système de gouvernement qui nous a fait, il est vrai, recueillir d'amples moissons de gloire, mais que ne signalaient à notre reconnaissance ni un ardent amour de la liberté et de l'égalité, ni un profond respect pour les droits du citoyen...

---

(1) Interrogatoire de *Persigny*.
Demande : Vous prenez le nom de Persigny; c'est celui de Fialin que vous devez porter ?
Réponse : Persigny est le nom que portait mon grand-père.
Demande : Votre grand-père jouissait-il du titre de vicomte ?
Réponse : Mon arrière-grand-père était comte.

Ce qui pouvait être un bien, ce qui a pu être commandé par une inexorable nécessité dans les premières années du siècle... serait aujourd'hui un insoutenable anachronisme... »

Les débats s'ouvrirent le 28 septembre. Il y avait très peu de curieux aux abords du palais du Luxembourg (1). La Cour était présidée par le chancelier M. Pasquier. Le siège du ministère public était occupé par le procureur général M. Frank-Carré. Les avocats étaient Mes Berryer, Marie et Ferdinand Barrot pour le prince ; Me Delacour pour Mésonan ; Me Barillon pour Persigny, Conneau, Lombard, Montauban ; Me Ducluzeaux pour Forestier ; Me J. Favre pour Aladenize ; Me Nogent-Saint-Laurens pour Laborde ; Me Lignier pour Ornano, Galvani, d'Almbert, Orsi ; Me Ferdinand Barrot pour Voisin, Parquin, Bataille, Desjardins ; Me Berryer pour le général Montholon.

Louis-Napoléon Bonaparte est introduit le premier, suivi de Me Berryer. Il paraît fort jeune et n'offre aucune ressemblance avec son oncle. Il est en habit avec gilet blanc et cravate noire, et porte la plaque de la Légion d'honneur. Tous les accusés ont une mise élégante et sont gantés de blanc. Ils vont s'asseoir sur deux bancs placés derrière celui de leurs défenseurs. Sur le premier banc se trouvent un officier de gendarmerie, le prince, le général Montholon, un maréchal des logis de gendarmerie, le colonel Voisin, le commandant Mésonan, deux gendarmes, le commandant Parquin, Bouffet-Montauban, Lombard, Persigny, Forestier ; sur le deuxième banc il y a les autres accusés avec trois gendarmes.

Après la lecture de l'acte d'accusation qui ne relate que des faits déjà connus, le chancelier Pasquier allait procéder à l'interrogatoire du prince, lorsque celui-ci demanda la parole.

« Pour la première fois de ma vie il m'est enfin permis d'élever la voix en France et de parler librement à des Français.

---

(1) « Irez-vous voir le procès de Louis Bonaparte ? j'ai idée qu'il sera ennuyeux. Coppet, 28 septembre 1840. » (Lettre de M Ximénès Doudan à M. le vicomte d'Haussonville.)

« Malgré les gardes qui m'entourent, malgré les accusations que je viens d'entendre, plein des souvenirs de ma première enfance, en me trouvant dans ces murs du Sénat, au milieu de vous que je connais, messieurs, je ne peux pas croire que j'aie ici besoin de me justifier, ni que vous puissiez être mes juges.

« Une occasion solennelle m'est offerte d'expliquer à mes concitoyens ma conduite, mes intentions, mes projets, ce que je pense, ce que je veux.

« Sans orgueil comme sans faiblesse si je rappelle les droits déposés par la nation dans les mains de ma famille, c'est uniquement pour expliquer les devoirs que ces droits nous ont imposés à tous.

« Depuis cinquante ans que le principe de la souveraineté du peuple a été consacré en France par la plus puissante révolution qui se soit faite dans le monde, jamais la volonté nationale n'a été proclamée aussi solennellement, n'a été consacrée par des suffrages aussi nombreux et aussi libres que pour l'adoption des constitutions de l'Empire.

« La nation n'a jamais révoqué ce grand acte de sa souveraineté, et l'Empereur l'a dit : « *Tout ce qui a été fait sans elle est illégitime.* »

« Aussi, gardez-vous de croire que me laissant aller aux mouvements d'une ambition personnelle, j'aie voulu tenter en France, malgré le pays, une restauration impériale. J'ai été formé par de plus hautes leçons et j'ai vécu sous de plus nobles exemples.

« Je suis né d'un père qui descendit du trône sans regret le jour où il ne jugea plus possible de concilier avec les intérêts de la France les intérêts du peuple qu'il avait été appelé à gouverner.

« L'Empereur, mon oncle, aima mieux abdiquer l'Empire que d'accepter par des traités les frontières restreintes qui devaient amener la France à subir les dédains et les menaces que l'étranger se permet aujourd'hui. Je n'ai pas respiré un jour dans l'oubli de tels enseignements. La proscription imméritée et cruelle qui pendant vingt-cinq ans a traîné ma vie des marches du trône sur lesquelles je suis né jusqu'à la prison d'où je sors en ce moment, a été impuissante à irriter comme à fatiguer mon cœur ; elle n'a pu me rendre étranger un seul jour à la dignité, à la gloire, aux droits, aux intérêts de la France. Ma conduite, mes convictions l'expliquent.

« Lorsqu'en 1830 le peuple a reconquis sa souveraineté, j'avais cru que le lendemain de la conquête serait loyal comme la conquête elle-même, et que les destinées de la France étaient à jamais fixées ; mais le pays a fait la triste expérience des dix dernières années. J'ai pensé que le vote de quatre millions de citoyens qui avaient élevé ma famille nous imposait au moins le devoir de faire appel à la nation et d'interroger sa volonté ; j'ai cru même que si, au sein du congrès national que je voulais convoquer, quelques prétentions pouvaient se faire entendre, j'aurais le droit d'y réveiller les souvenirs éclatants de l'Empire, et d'y parler du frère aîné de l'Empereur, de cet homme vertueux qui, avant moi, en est le digne héritier, et de placer en face de la France aujourd'hui affaiblie, passée sous silence dans le congrès des Rois, la France d'alors si forte au dedans, au dehors si puissante et si respectée. La nation eût répondu : république ou monarchie ; empire ou royauté. De sa libre décision dépend la fin de nos maux, le terme de nos dissensions.

« Quant à mon entreprise, je le répète, je n'ai point eu de complices. Seul j'ai tout résolu, personne n'a connu à l'avance ni mes projets, ni mes ressources, ni mes espérances. Si je suis coupable envers quelqu'un, c'est envers mes amis seuls. Toutefois, qu'ils ne m'accusent pas d'avoir abusé légèrement de courages et de dévouements comme les leurs. Ils comprendront les motifs d'honneur et de prudence qui ne me permettaient pas de révéler à eux-mêmes combien étaient étendues et puissantes mes raisons d'espérer un succès.

« Un dernier mot, messieurs. Je représente devant vous un principe, une cause, une défaite : un principe, c'est la souveraineté du peuple ; la cause, celle de l'Empire ; la défaite, Waterloo. Le principe, vous l'avez reconnu ; la cause, vous l'avez servie; la défaite, vous voulez la venger. Non, il n'y a pas de désaccord entre vous et moi, et je ne veux pas croire que je puisse être dévoué à porter la peine des défections d'autrui.

« Représentant d'une cause politique, je ne puis accepter comme juge de mes volontés et de mes actes une juridiction politique. Vos formes n'abusent personne. Dans la lutte qui s'ouvre il n'y a qu'un vainqueur et un vaincu. Si vous êtes les hommes du vainqueur, je n'ai pas de justice à attendre de vous, et je ne veux pas de votre générosité! »

Cette harangue produisit une profonde impression. La forme en est vraiment belle; on ne saurait l'imaginer ni plus digne, ni plus noblement fière, ni plus éloquente. Sur le fond, sur le point de vue politique du prince, sur la conception napoléonienne elle-même, ayant pour base le principe de la monarchie et celui de la souveraineté populaire absolue — deux principes qui semblent contradictoires et incomposibles — et prétendant créer, en dehors de la royauté légitime et de la république, une troisième forme gouvernementale participant contre toute raison de l'une et de l'autre, il y aurait beaucoup à dire. Mais, au regard de la monarchie de Juillet qui entendait elle-même réaliser ce système dans des conditions étroites, et qui offrait ce spectacle étrange, ne représentant rien par soi-même, de vouloir représenter tout à la fois la Révolution et le Droit — d'être simultanément la légitimité, la république et l'empire, — la thèse du prince avait bien sa valeur, comme aussi sa récusation ne manquait pas de fondement.

Les audiences du 28 et du 29 et une partie de celle du 30 furent consacrées aux interrogatoires et à l'audition des nombreux témoins. Le procureur général Frank-Carré prononça son réquisitoire (1), où, s'adressant directement au prince et parlant de son « imagination en délire », il s'exprime ainsi :

« ...L'épée d'Austerlitz, elle est trop lourde pour vos mains débiles... Le nom de l'Empereur, sachez-le bien, appartient plus à la France qu'il ne vous appartient à vous... C'est dix années

---

(1) Il affecte de ne jamais appeler de Persigny que Fialin.

après cette grande révolution de Juillet, l'un des événements les plus mémorables et les plus féconds de notre histoire, que, sans être découragé par le déplorable dénouement de deux tentatives insensées, Louis-Napoléon vient proclamer... nous ne savons quel droit d'anéantir nos institutions !... » — De tout le reste il n'y a pas une citation à faire ; l'orateur fut loin d'être à la hauteur de la situation, et le réquisitoire fut des plus médiocres.

Ce même jour, 30 septembre, après le procureur général, Berryer prit la parole : « ...Serait-il donc vrai que les hommes... qui ont un respect plus profond pour la foi jurée... soient précisément les hommes les plus exposés à être considérés comme des factieux... et que l'on compte parmi les citoyens les plus purs... ceux qui... se sentent assez de faiblesse... pour ne pouvoir porter ni une foi ni un devoir? Et pour la dignité de la justice, quelle atteinte, messieurs, quand elle se trouve appelée à condamner comme un crime ce que naguère il lui était enjoint d'imposer... comme un devoir ! ...S'agit-il d'appliquer à un sujet rebelle... des dispositions du Code pénal? Le prince a fait autre chose; il a fait plus que de venir attaquer le territoire... il est venu contester la souveraineté à la maison d'Orléans ; il l'a fait au même titre et en vertu du même principe politique que celui sur lequel vous avez posé la royauté d'aujourd'hui... En 1830 le peuple a proclamé sa souveraineté... N'est-ce rien que de changer tout le système des droits publics d'un pays? N'est-ce rien que de renverser le principe des lois fondamentales et d'en substituer un autre?... Qu'a dit le prince Napoléon? La souveraineté nationale est déclarée en France, et cette souveraineté de la nation, comment peut-elle se transmettre? Comment cette délégation peut-elle être constatée, si ce n'est par une manifestation certaine, incontestable, de la volonté nationale? En votre présence il dit : « Cette manifestation incontestable de la volonté « des citoyens, je ne la vois pas dans la révolution des 219 dé- « putés et d'une partie de la Chambre des pairs, en 1830... « Par les votes constatés sur l'adoption des constitutions de « l'Empire, quatre millions de votes, en 1804, ont déclaré que

« la France voulait l'hérédité dans la descendance de Napo-
« léon... Voilà mon titre !... » Parmi ceux qui vont siéger,
combien y en a-t-il qui... ont travaillé et se sont efforcés de
rétablir le principe que le retour de la maison de Bourbon avait
effacé de nos lois ! Combien qui sont descendus jusque dans
les engagements et la fièvre des partis, dans les ardeurs individuelles les plus passionnées, pour rétablir ce dogme de la
souveraineté du peuple... dont j'ai entendu souvent beaucoup
de ceux qui m'écoutent réclamer la consécration comme le
testament en quelque sorte de la nation française... comme
l'acte auquel il fallait rendre la vie... Est-ce donc un fantôme, messieurs, est-ce donc une illusion que l'établissement
de la dynastie impériale? Ce qu'elle a fait retentit assez dans
le monde et se fit sentir assez loin, non seulement en France,
mais chez tous les peuples de l'Europe !... Non, ce ne fut pas
un rêve que l'établissement de l'Empire. L'Empereur est mort,
et tout a fini avec lui? Qu'est-ce à dire? Ces dynasties fondées,
établies, jurées au nom de la souveraineté nationale, est-ce à
dire qu'elles ne promettent de durée au pays que celle de la
vie d'un homme? C'est ainsi qu'il vous faut attaquer les garanties mêmes du pouvoir que vous venez défendre pour repousser celui qui avait été fondé par la consécration de la volonté
nationale, consécration unanime, — plus éclatante que celle
de 1830, — par la nation appelée tout entière à émettre son
vote. L'Empire est tombé. Mais alors a succombé le dogme
populaire sur lequel l'Empire était fondé. Qu'avez-vous fait
depuis? Vous avez relevé ce dogme, vous avez restitué cette
souveraineté populaire qui a fait l'hérédité de la famille impériale. L'héritier est devant vous. Et vous allez le juger dans un
pays où tous les pouvoirs de l'État sont sous le principe de la
souveraineté nationale, vous allez le juger sans interroger le
pays? Ce n'est pas une de ces questions qu'on vide par un
arrêt !... Est-ce ici la matière d'un jugement? N'est-ce pas là
une de ces situations uniques dans le monde, et où il ne peut
y avoir qu'un acte politique... Le droit d'hérédité a été consacré par vous dans un principe que vous avez posé. Ce droit

d'hérédité est réclamé par un héritier incontestable, vous ne pouvez pas le juger. Il y a entre vous et lui une cause victorieuse et une cause vaincue, il y a le possesseur de la couronne et la famille dépossédée. Mais encore une fois, je le répéterai toujours, il n'y a pas de juges parce qu'il n'y a pas de justiciables!... Quand tant de choses saintes et précieuses ont péri, laissez au moins la justice au peuple, afin qu'il ne confonde pas un arrêt avec un acte de gouvernement... On a parlé de reconnaissance! N'a-t-il pas été interdit au prince de mettre le pied sur le territoire français?... Parce qu'il était en dehors du droit commun?... N'y était-il pas (en effet) quand vous exigiez d'un État voisin qu'il chassât le prince alors auprès de sa mère mourante... Le ministère qui gouverne aujourd'hui... a accusé cette politique désolante qui, renfermant toute la pensée de la France dans les intérêts matériels,... frémissait à l'idée de guerre et laissait tomber la grande influence de la France sur les Espagnes pour les livrer à l'influence ennemie de l'Angleterre... A peine a-t-il touché le pouvoir qu'il a senti... qu'il fallait faire sortir la France dévouée à l'égoïsme, à l'individualisme... de ce joug matériel qui éloignait toute pensée de sacrifice; qu'il fallait réveiller d'autres sentiments dans cette fière et glorieuse patrie, et, ne pouvant le faire au nom du gouvernement actuel, il a voulu réveiller des souvenirs, et il est allé invoquer la mémoire de celui qui avait promené la grande épée de la France depuis l'extrémité du Portugal jusqu'aux bords de la Baltique... Toutes les sympathies impériales, tous les sentiments bonapartistes ont été profondément remués... La tombe du héros, on est allé l'ouvrir! On est allé remuer ses cendres pour les transporter à Paris!... Est-ce que vous ne comprenez pas ce que de telles manifestations ont dû produire sur le jeune prince? Le besoin de ranimer... les souvenirs de l'Empire... a été si grand que sous le règne d'un prince qui, dans d'autres temps, avait demandé à porter les armes contre les armées impériales et à combattre (1) celui

---

(1) Le roi Louis-Philippe. Voir ci-dessus, p. 17

qu'il appelait l'usurpateur corse, le ministère a dit : « Il fut le
« légitime souverain de notre pays... »; et vous ne voulez pas
que ce jeune homme... se soit dit : Le nom qu'on fait retentir, c'est à moi qu'il appartient! — S'il y a eu un crime,
c'est vous qui l'avez provoqué par les principes que vous
avez posés... par les actes solennels du gouvernement; c'est
vous qui l'avez inspiré par les sentiments dont vous avez
animé les Français et, entre tout ce qui est Français, l'héritier
de Napoléon lui-même... Vous faites allusion à la faiblesse
des moyens, à la pauvreté de l'entreprise, au ridicule de l'espérance du succès? Eh bien! si le succès fait tout... je vous
dirai : La main sur la conscience, devant Dieu, dites : « S'il
« eût réussi, s'il eût triomphé, ce droit, je l'aurais nié; j'aurais
« refusé toute participation à ce pouvoir, je l'aurais méconnu,
« je l'aurais repoussé. » Moi, j'accepte cet arbitrage suprême,
et quiconque d'entre vous, devant Dieu, devant le pays, me
dira : « S'il eût réussi, je l'aurais nié, ce droit », — celui-là,
je l'accepte pour juge! (*Mouvement dans l'auditoire.*) ...On veut
vous faire juges; mais vous, qui êtes-vous? En remontant à
l'origine de vos existences, vous marquis, comtes, barons,
vous ministres, maréchaux, à qui devez-vous vos grandeurs?...
En présence des engagements qui vous sont imposés par les
souvenirs de votre vie, des causes que vous avez servies, de
vos serments, des bienfaits que vous avez reçus, je dis qu'une
condamnation serait immorale!... (1). »

Après avoir lu ce discours, on comprend que l'illustre légitimiste ait accepté de défendre la cause d'un Bonaparte. C'était
une occasion inespérée de faire une virulente critique de la
politique pusillanime des dix dernières années et de dénoncer
le jeu bonapartiste du Roi; c'était surtout infliger solennellement une accablante leçon de probité politique et au roi Louis-
Philippe et aux anciens favoris de l'Empire.

---

(1) Ce discours est extrait du *Moniteur*, où l'on lit la note suivante : « Des
portions considérables du discours de M. Berryer nous ont échappé, à cause de la
distance à laquelle nous sommes de l'orateur. » Nous n'en donnons ici que les
principaux passages, dont la sténographie laisse beaucoup à désirer.

Quand Berryer eut achevé sa plaidoirie pour le prince, le général de Montholon se leva, ne prononça que quelques paroles et termina ainsi : « J'ai reçu le dernier soupir de l'Empereur, je lui ai fermé les yeux ; c'est assez expliquer ma conduite. » Berryer, ensuite, dans une courte allocution, présenta sa défense.

Dans la séance du 1ᵉʳ octobre, on entend les plaidoiries de Ferdinand Barrot, de Delacour, de Barillon (1), de Nogent-Saint-Laurent, de J. Favre. Ce dernier, qui, comme nous l'avons dit, défendait Aladenize, s'écria : « Napoléon lui-même que vous avez glorifié..., que serait-il à ce point de vue, sinon un conspirateur plus heureux que les autres? Lorsqu'il abandonna sans ordre ses soldats en Égypte, que fit-il dans ce pays?... un appel à la force... Ceux qui ont été les témoins, les acteurs de ce grand événement peuvent nous dire de quels misérables accidents pouvait dépendre son échec... comment celui qui a élevé si haut la fortune de la France pouvait être considéré comme ayant flétri ses lauriers et mourir comme un misérable brouillon, et comment ses illustres lieutenants pouvaient n'être regardés que comme les complices d'une criminelle tentative... Que les pouvoirs sociaux soient avares du sang versé, de peur que sur l'échafaud le condamné ne se dresse et ne dise à quelques-uns de ses juges : J'ai conspiré, mais vous avez conspiré avant moi, et si vous m'avez condamné, c'est afin de vous faire oublier et de donner des gages... »

Persigny obtient la parole, mais, arrêté par le président qui ne lui permet pas d'achever son discours, il le publie dans le journal *le Capitole* du 4 octobre. « L'idée napoléonienne, disait-il, qui fut l'expression la plus sublime de la Révolution française, qui rattacha les siècles passés au nouveau siècle, qui du sein de la démocratie la plus agitée fit surgir l'autorité la plus gigantesque, qui remplaça une aristocratie de huit siècles par une hiérarchie démocratique, accessible à tous les

---

(1) Parlant du prince, il dit : « Ce qui n'est pas contestable, c'est l'ascendant immense, irrésistible, qu'il exerce sur tous ceux qui l'approchent... »

mérites, à toutes les vertus, à tous les talents, la plus grande organisation sociale que les hommes aient conçue ; l'idée napoléonienne qui prodigue l'égalité, veut aussi assurer aux peuples les plus grandes libertés, mais ne leur en accorde la jouissance complète qu'après les avoir étayées de solides institutions, associant ainsi les doctrines de liberté aux doctrines d'autorité ; l'idée napoléonienne qui songe surtout au peuple, ce fils de sa prédilection, qui ne le flatte pas, mais qui s'occupe sans cesse de ses besoins et place sa plus grande gloire dans l'extinction de la mendicité et dans l'organisation du travail ; l'idée napoléonienne qui marche à la tête des voies industrielles que sa glorieuse épée débarrasse de toute entrave, et appelle l'Europe à une vaste confédération politique ; l'idée napoléonienne enfin, cette grande école du dix-neuvième siècle, légitimée par le génie, illustrée par la victoire, sanctifiée par le martyre, l'idée napoléonienne, vous la connaissez, messieurs les pairs, car vous avez servi à ses triomphes, vous qui fûtes les compagnons de la gloire de l'Empereur (1)... La dynastie napoléonienne est une dynastie populaire, sortie toute radieuse des mains de la Victoire et du Génie, personnification des principes et des intérêts de la Révolution, reflet de toutes les gloires de cette grande époque et expression vivante de la démocratie française, dynastie qui, forte de l'éclat de cent victoires, pouvait faire pâlir la majesté même des huit siècles capétiens... »

Dans la séance du 2 octobre M⁰ Lignier et M⁰ Ducluzeau présentèrent la défense de leurs clients. Puis le procureur général répliqua : « Le gouvernement de Juillet, dit-il, est le plus libéral qui fut jamais... La puissance qui est née de la révolution de Juillet est la puissance légitime par excellence, parce qu'elle représente le régime nouveau ; parce qu'elle est la réalisation la plus complète de cette grande régénération de 1789...; parce que sa légitimité se fonde sur la base des sentiments nationaux, des intérêts nouveaux du pays.. Le gouvernement

---

(1) Toute cette partie est au *Moniteur*.

de Juillet a une origine nationale et pure et des tendances libérales et généreuses... Il n'a pas eu le malheur d'arriver après une invasion étrangère, mais après le triomphe des lois sur la révolte du pouvoir; il est le produit de la volonté nationale librement exprimée par les mandataires légaux du pays. C'est précisément parce que son origine repose sur la victoire de l'ordre et des lois, parce qu'il est la négation la plus formelle du principe de l'insurrection qu'il possède... cette puissance et cette autorité qui donnent le droit de punir la rébellion... »

Berryer allait répondre, lorsque le prince, le devançant, s'exprima ainsi : « ...En priant M. Berryer de vouloir bien expliquer ici mes intentions dénaturées ainsi que mes droits, j'ai voulu par là faire mon devoir envers ma naissance et ma famille... Maintenant qu'il ne s'agit que de mon sort, je ne veux pas me mettre à l'abri d'une exception; je veux partager le sort des hommes qui ne m'ont pas abandonné au jour du danger, je prie M. Berryer de ne pas continuer ces débats. »

Le quatrième jour après la dernière audience, c'est-à-dire le 6 octobre, la Cour des pairs rendait son arrêt. Elle acquittait Desjardins, Galvani, d'Almbert, Bure, « attendu qu'il n'y a pas de preuves suffisantes qu'ils se soient rendus coupables de l'attentat commis à Boulogne-sur-Mer, le 6 août dernier ».

— Puis, « attendu qu'il résulte de l'instruction et des débats qu'ils se sont, le 6 août dernier, rendus coupables à Boulogne-sur-Mer d'un attentat dont le but était de détruire le gouvernement, de changer l'ordre de successibilité au trône et d'exciter la guerre civile en armant et en portant les citoyens et habitants à s'armer les uns contre les autres... », elle condamnait :

Le prince *Charles-Louis-Napoléon Bonaparte* à l'emprisonnement perpétuel (1), dans une forteresse située sur le territoire continental du royaume.

---

(1) Les journaux (voir le *Capitole*, la *Gazette de France* du 8 octobre 1840) citent ces paroles du prince au greffier qui venait de lui lire l'arrêt : « Monsieur, on disait autrefois que le mot *impossible* n'était pas français; aujourd'hui, on peut en dire autant du mot *perpétuel* »

Jean-Baptiste-Charles Aladenize, à la peine de la déportation.

Charles-Tristan de Montholon, Denis-Charles Parquin (1), *Jules-Barthélemy Lombard, Jean-Gilbert-Victor Fialin*, dit *de Persigny*, chacun à vingt années de détention (2).

Séverin-Louis Le Duff de Mésonan, à quinze années de détention.

Jean-Baptiste-Théodore Forestier, Jean-Baptiste Voisin, Napoléon Ornano, chacun à dix années de détention.

Hippolyte-François-Athale-Sébastien Bouffet-Montauban, Martial-Eugène Bataille, Joseph Orsi, chacun à cinq années de détention.

Henri Conneau, à cinq années d'emprisonnement.

Étienne Laborde, à deux années d'emprisonnement.

Il n'était pas statué à l'égard de Flandin-Vourlat et de Querelles, tous les deux absents.

Quelques heures après la lecture de l'arrêt, le prince, accompagné du colonel Lardenois, partait pour Ham, où il arrivait le lendemain 7 octobre à midi pour y être incarcéré en compagnie du général Montholon et du docteur Conneau. Le colonel Voisin et le lieutenant-colonel Laborde étaient internés à Chaillot, dans une maison de santé; les autres condamnés étaient conduits à Doullens.

Avant de partir, le prince avait écrit les lettres suivantes :

« Mon cher Monsieur Berryer,

« Je ne veux pas quitter ma prison de Paris sans vous renouveler tous mes remerciements pour les nobles services que vous m'avez rendus pendant mon procès. Dès que j'ai su que je serais traduit devant la Cour des pairs, j'ai eu l'idée de vous demander de me défendre, parce que je savais que l'indépendance de votre caractère vous mettait au-dessus de petites

---

(1) Parquin meurt dans la citadelle de Doullens le 19 décembre 1845.
(2) Persigny, enfermé dans la citadelle de Doullens, puis à l'hôpital militaire de Versailles, et enfin laissé en liberté dans cette ville.

susceptibilités de parti, et que votre cœur était ouvert à toutes les infortunes comme votre esprit était apte à comprendre toutes les grandes pensées, tous les nobles sentiments. Je vous ai donc pris par estime, maintenant je vous quitte avec reconnaissance et amitié.

« J'ignore ce que le sort me réserve, j'ignore si jamais je serai dans le cas de vous prouver ma reconnaissance, j'ignore si jamais vous voudrez en accepter des preuves, mais, quelles que soient nos positions réciproques en dehors de la politique et de ses désolantes obligations, nous pouvons toujours avoir de l'estime et de l'amitié l'un pour l'autre, et je vous assure que si mon procès ne devait avoir eu d'autre résultat que de m'attirer votre amitié, je croirais encore avoir immensément gagné et je ne me plaindrais pas du sort.

« Adieu, mon cher Monsieur Berryer; recevez l'assurance de mes sentiments d'estime et de reconnaissance.

« Napoléon-Louis Bonaparte. »

« *A Monsieur Marie, bâtonnier de l'ordre des avocats, à Bellevue, près Paris.*

« Monsieur,

« Avant de partir, je viens vous remercier des bons conseils que vous m'avez donnés pendant mon procès et du plaisir que vous m'avez fait en m'assistant de votre présence pendant les débats de la Chambre des pairs. La pensée que j'ai exprimée dans la première phrase de mon discours est bien vraie ; quoique je vienne d'apprendre que je suis condamné à une reclusion perpétuelle, je n'emporte du procès qu'une idée agréable et douce. Je me suis trouvé pour la première fois de ma vie en communication journalière avec mes compatriotes qui m'ont montré de la sympathie ; mes gardiens étaient fâchés de me garder ; mes juges étaient fâchés de me juger ; mes avocats semblaient heureux de me défendre. De quoi ai-je à me plaindre? Croyez-donc, Monsieur, que j'emporte un souvenir agréable et plein de reconnaissance des moments que nous avons passés ensemble, et je vous prie d'en accepter ici la sincère expression.

« NAPOLÉON-LOUIS. »

« MON CHER MONSIEUR FERDINAND BARROT,

« Je veux encore, avant de partir, vous dire combien j'ai été heureux de faire votre connaissance. Je pars avec la consolante idée d'avoir acquis votre amitié, et permettez-moi de vous assurer de la mienne. Je n'oublierai jamais la peine que vous vous êtes donnée pour me venger de tous les outrages auxquels j'ai été en butte; et puisque vous m'avez dit vous-même que les liens qui se forment dans le malheur sont plus durables que les autres, permettez-moi de croire que notre amitié survivra longtemps à la clôture du procès.

« Recevez, etc.

« NAPOLÉON-LOUIS. »

La Chambre des pairs se composait de 312 membres : 306 pairs, plus 6 princes du sang (1). 167 ont siégé; 152 ont rendu l'arrêt; 160 se sont donc abstenus (2).

L'arrêt a été *fait et délibéré en la Chambre du conseil*, par : le comte Portalis, le duc de Broglie, le duc de Reggio, le marquis de la Guiche, le comte d'Haussonville, le marquis de Louvois, le comte Molé, le comte de la Roche-Aymon, le duc Decazes, le comte d'Argout, le comte Raymon de Bérenger, le comte Claparède, le marquis de Dampierre, le vicomte d'Houdetot, le baron Mounier, le comte de Pontécoulant, le comte Reille, le comte Germiny, le baron Dubreton, le comte de Bastard, le marquis de Pange, le duc de Praslin, le duc de Crillon, le duc de Coigny, le comte Siméon, le comte de

(1) Voir *Almanach royal* de 1840
(2) Voir le *Moniteur*

Saint-Priest, le maréchal Molitor, le comte Bourke, le comte d'Haubersart, le comte de Breteuil, le comte de Richebourg, le comte de Montalivet, le comte Cholet, le comte Lanjuinais, le marquis de Laplace, le vicomte de Ségur-Lamoignon, le comte Abrial, le comte de Ségur, le comte de Bondy, le baron Davillier, le comte Gilbert-Desvoisins, le comte d'Anthouard, le comte Excelmans, le vice-amiral comte Jacot, le comte Pajol, le comte Perregaux, le comte Roguet, le comte de Larochefoucauld, le baron Girod de l'Ain, le baron Atthalin, Aubernon, Bertin de Vaux, Besson, Boyer, le vicomte de Caux, le comte Desroys, le comte Dutaillis, le duc de Fézensac, le baron de Tréville, Gauthier, le comte d'Heudelet, le baron Malhouet, le comte de Montguyon, le baron Thénard, le comte Turgot, Villemain, le baron Zangiacomi, le comte de Ham, le comte Bérenger, le baron Berthezène, le comte de Colbert, le comte de la Grange, le comte Daru, le comte Baudrand, le baron Neigre, le baron Duval, le comte de Beaumont, le baron de Reinach, le marquis de Rumigny, Barthe, le comte d'Astorg, le comte de Gasparin, le comte d'Hédouville, de Cambacérès, le vicomte de Chabot, le baron Feutrier, le baron Fréteau de Peny, le vicomte Pernety, de Ricard, le marquis de Rochambeau, le comte de Saint-Aignan, le vicomte Siméon, le comte de Rambuteau, le comte d'Althon-Sée, de Bellemarre, le marquis d'Andigné de la Blanchaye, le comte de Monthion, le marquis de Belbœuf, Chevandier, le baron Darriule, le baron Delort, le baron Dupin, le comte Durosnel, le comte d'Harcourt, le vicomte d'Abancourt, Humann, le baron Jacquinot, Kératry, le comte d'Audenarde, le vice-amiral Halgan, Merilhou, Odier, Paturle, le baron de Vendœuvre, le baron Pelet, Périer, le baron Petit, le vicomte de Préval, le baron de Schonen, le chevalier Tarbé-de-Vaux-Clairs, le vicomte Virlet, le vicomte Villiers du Terrage, le vice-amiral Villaumez, Bourdeau, le baron Gérandeau, Rouillé de Fontaine, le baron de Daunant, le marquis de Cambis d'Orsan, le vicomte de Jessaint, le baron de Saint-Didier, le baron Voirol, Maillard, le duc de la Force, le baron Dupont-Delporte, le baron Nau de Champlouis, Gay-Lussac, le marquis de Boissy, le vicomte Bozelli, le vicomte Cavaignac, Cordier, Étienne, le comte Jules de La Rochefoucauld, Lebrun, le marquis de Lusignan, le comte Merlin, Persil, le comte de Sainte-Hermine, le baron Teste, de Vandeul, Viennet, Rossi, le comte Serrurier.

Les pairs qui se sont abstenus sont les suivants : *d'abord*, les quinze pairs dont les noms sont inscrits au compte rendu de la première audience, mais ne figurent pas à la suite de l'arrêt : le chancelier Pasquier, le duc de Castries, le comte de Noé, le comte Mollien, le comte Dejean, le marquis de Talhouët, le vicomte Dode, le duc de Brancas, le comte Ph. de Ségur, le maréchal Gérard, le baron Aynard, le comte Corbineau, le baron Rohaut de Fleury, le comte Harispe, Aubert; *puis* (1) le duc d'Albuféra, le marquis d'Aligre, le comte Ambrugeat, le marquis d'Aragon, le marquis d'Aramon, le comte Aubusson de la Feuillade, le marquis d'Audiffret, le marquis d'Aux, le baron de Barante, le marquis de Barthélemy, le prince de Beauveau, le comte Beker, le maréchal duc de Bellune, Bérenger de la Drôme, le baron Bignon, le marquis de Biron, le marquis de Boisgelin, le comte Boissy d'Anglas, le marquis Boissy du Coudray, le comte Bonet, le baron Brayer, le comte Bresson, le marquis de Brézé, le baron de Brigode, le duc de Brissac, le baron Brun de Villeret, le duc de Cadore, le comte de Caffarelli, de Causon, le comte de Castellane, le comte du Cayla, le comte de Cessac, le marquis de Chabrillan, le marquis de Chanaleilles, le comte de Choiseul, Gouffier, le comte Compans, le maréchal duc de Conegliano, le marquis de Cordoue, le comte de Courtavel, Cousin, le marquis de Crillon, le comte Curial, le maréchal duc de Dalmatie, Daunou, le comte Davout, Despans-Cubières, le vicomte Dubouchage, le baron Duchatel, l'amiral baron Duperré, le prince d'Eckmühl, le comte Émeriau, le comte d'Erlon, le marquis Escayrac de Lauture, Faure, le comte de Flahaut, le comte

---

(1) Ces pairs n'ont même pas siégé.

Gazan, le duc de Grammont-Caderousse, le comte Grammont-d'Aster, le comte de Greffulhe, le baron Grenier, le maréchal marquis de Grouchy, le comte Guéheneuc, le comte Pelet de la Lozère, le baron Pelet de la Lozère, le comte Herwyn de Nevèle, Humblot-Conté, le duc d'Istrie, le marquis de Jaucourt, le vice-amiral Jurien de la Gravière, le comte Klein, le comte de Laforest, le marquis de Lamoignon, le marquis de la Houssaye, de la Pinsonnière, Laplagne-Barris, le comte de la Riboisière, le duc de La Rochefoucauld, le baron de Lascours, le marquis de Lauriston, le comte de la Villegontier, le baron Ledru des Essarts, le comte Lemercier, Lepoitevin, le comte de Lezay-Marnésia, le baron Lombard, le baron Malaret, le comte Marchand, le baron de Mareuil, le duc de Massa, le marquis de Nathan, le comte de Monbadon, le comte de Montalembert, le duc de Montebello, le duc de Montmorency, le vicomte de Morel-Vindé, le baron de Moroques, le duc de Mortemart, le baron Mortier, le comte de Mosbourg, le marquis de Mun, le duc de Noailles, le comte d'Ornano, le duc de Périgord, le duc de Plaisance, Poisson, le baron Portal, le comte de Preissac, le comte de Puységur, le comte Rampon, le comte Ricard, le duc de Richelieu, le vicomte Rogniat, le vice-amiral de Rosamel, le vice-amiral baron Roussin, le comte Roy, le duc de Sabran, le comte de Saint-Cricq, le baron Saint-Cyr-Nugues, le comte de Saint-Aulaire, le marquis de Saint-Simon, le duc de Saulx-Tavannes, le vicomte Schramm, le vicomte de Sébastiani, le baron Séguier, le comte de Sesmaisons, le comte de Sparre, le marquis de Talaru, le maréchal duc de Tarente, le comte de Tascher, Tripier, le comte de Turennes, le maréchal comte Valée, le duc de Valentinois, le comte de Vandreuil, le marquis de Vérac, le vice-amiral comte Verhuel, le baron Voysin de Gartemps, le prince de Wagram. — Plus les six princes du sang.

On voit par les chiffres et par les énumérations qui précèdent que le prince ne fut pas condamné par la moitié des membres de la Chambre des pairs, même en faisant abstraction des six princes du sang.

CHAPITRE VIII

LA PRISON DE HAM

7 octobre 1840, le prince est interné à Ham. — Son logement, son mobilier, son costume. — La manière dont il est traité. — Montholon, Conneau, Thélin. — Dévouement de Conneau. — Le prince reçoit beaucoup de visites. — Il cultive des fleurs. — Les troupes qui passent au loin le saluent. — Il monte à cheval dans la cour du château. — Le wisht du soir. — Il reçoit beaucoup de lettres; extraits de sa correspondance avec une Anglaise, avec une Française. — Le nom de *Badinguet*. — La *Belle Sabotière*. — Les écrits du prince. — Il se plaint au ministre de la rigueur de la surveillance. — Fin 1845, il demande à se rendre auprès de son père malade; lettre au ministre; lettre au Roi. — Refus du gouvernement. — Le prince s'adresse en vain à M. Thiers. — M. Odilon Barrot ne parvient pas à obtenir une mise en liberté provisoire dans les conditions voulues par le prince. — Lord Londonderry échoue également. — Les préparatifs de l'évasion. — La fuite.

C'est le 7 octobre 1840 que le prince fut interné dans la citadelle de Ham (1) qui depuis fort longtemps avait été érigée en prison d'État. C'est là qu'on avait enfermé, en 1830, les ministres de Charles X, et c'est précisément dans le logement occupé par l'un d'eux, et situé dans une des tours, que fut placé le nouveau prisonnier. Il se composait de deux pièces dont les fenêtres étaient garnies de barreaux. L'une lui servait de cabinet de travail et de salon. C'était la première en entrant (2). Elle était meublée d'un grand bureau en acajou,

---

(1) En forme de grand carré flanqué de quatre tours rondes liées ensemble par trois remparts. La plus grosse tour fut construite par Louis de Luxembourg, connétable de Saint-Pol, sous Louis XI. Une seule porte ouvre du côté de la ville par un pont-levis jeté sur un fossé desséché. Au sud et à l'est, les murs de la forteresse sont baignés par le canal de Saint-Quentin. Au milieu de cette vieille enceinte s'élèvent deux constructions en briques qui servent de casernes; c'est à l'extrémité de l'une d'elles qu'est située la prison d'État. Au milieu de la cour, un arbre planté en 1793 par Bourdon (de l'Oise). (Extrait du *Moniteur* du 24 juillet 1849.)

(2) Ce détail a son importance, à cause de l'évasion du prince.

d'une vieille commode, d'un canapé, d'un fauteuil, de quatre chaises de paille, d'une table en sapin couverte d'un tapis vert, et d'un paravent tapissé de dessins du *Charivari*. Peu à peu le prince y avait ajouté quelques gravures relatives à l'épopée napoléonienne, un portrait de sa mère, les bustes de l'Empereur et de l'impératrice Joséphine par Chaudet, des statuettes de soldats de la garde impériale, et enfin, sur des planches (1) fixées au mur, un certain nombre de livres, et notamment une collection du *Moniteur* et cinquante volumes du *Journal des Débats* (2). La seconde pièce servait de chambre à coucher, où il y avait un lit en bois peint, une toilette en bois blanc, un poêle en faïence, quelques sièges et deux tablettes en sapin sur lesquelles étaient placés des objets de toilette en argent aux armes impériales (3). Le prince était vêtu soit d'une capote militaire avec un bonnet de police (4), soit d'une redingote bleue boutonnée, avec un képi rouge, garni de ganses d'or (5).

Le gouvernement de Juillet, il faut le reconnaître, traitait son prisonnier avec une grande bienveillance (6). On lui avait accordé beaucoup en emprisonnant avec lui le général Montholon et le Dr Conneau, et en lui permettant de garder son valet de chambre Thélin (7). On ne pouvait faire plus, et la suite prouva qu'on en avait fait trop, car c'est grâce au concours de ces deux derniers qu'il put s'évader. La présence de ces trois hommes qui ne le quittaient pour ainsi dire pas dut adoucir considérablement les amertumes et les douleurs de la

---

(1-2) Voir *Moniteur* du 19 février 1849, article *Variétés; Étude sur Napoléon III*, par Fourmestraux. — Voir aussi, dans la *Revue de l'Empire* (1845), les lettres de Ham, p. 251 et suiv.

(3) *Gazette des Tribunaux*, juillet 1846, *Tribunal correctionnel de Péronne, évasion du prince*.

(4) *Étude sur Napoléon III*, par Fourmestraux.

(5) *Ibid*.

(6) « L'appartement occupé par le prince était large, bien meublé et pourvu de tout ce que le confort domestique réclame. Il ne me fallut qu'un coup d'œil pour juger que le prisonnier était traité avec bonté. » (Louis Blanc, *Révélations historiques*, t. II, p. 220.) — « Pour le prince, le général Montholon et le docteur Conneau, l'allocation mensuelle pour la table était de 600 francs, soit 20 francs par jour. On dînait à cinq heures et demie. Les repas étaient faits par la cantinière. » (Ch.-Ed. Temblaire, *Revue de l'Empire*, p. 260, 261, 262. 1845.)

(7) Thélin avait la libre sortie en 1841.

captivité, d'autant plus qu'ils l'aimaient bien. Le Dr Conneau (1) ne poussa-t-il pas le dévouement, lorsqu'il fut amnistié en 1844, jusqu'à demander comme une grâce de rester en prison avec le prince?

Toutes les personnes qui voulaient le voir en obtenaient la permission (2). On était très large (3). Toute la ville de Ham était en relation avec lui. Dans le jardin, d'une quarantaine de mètres, qu'on lui avait concédé et aménagé sur le rempart du fort, il cultivait des fleurs (4). Les habitants de Ham

(1) Voir la déposition du docteur Conneau devant le tribunal correctionnel de Péronne, audience du 9 juillet 1836, *Gazette des Tribunaux* du 10 : « La reine Hortense a eu la bonté, dans son testament, d'exprimer le désir que je restasse auprès de son fils. C'était pour moi un ordre, je n'y ai pas manqué un seul moment. » Il signa alors la déclaration suivante : « Ayant obtenu de M. le ministre de l'intérieur la faveur que j'avais demandée dans ma lettre du 24 octobre de continuer à partager la captivité du prince Napoléon tant qu'elle durera, et persistant aujourd'hui dans la même détermination, je déclare avoir élu mon domicile dans la prison de Ham et me soumettre sans restriction à toutes les conditions que l'autorité a cru devoir m'imposer. Château de Ham, le 28 novembre 1844. »

(2) C'est ainsi que Louis Blanc, à la fin de l'année 1840, obtint la permission de le voir. C'est un socialiste qui venait en voir un autre. « Mon *Credo*, lui dit le prince, c'est l'Empire. L'Empire n'a-t-il pas élevé la France au sommet de la grandeur? Ne lui a-t-il pas rendu l'ordre? Ne lui a-t-il pas donné la gloire? Pour moi, je suis convaincu que la volonté de la nation, c'est l'Empire. — Mais l'Empire, c'est le principe héréditaire? — Sans doute... l'important, c'est que le gouvernement, quelle que soit sa forme, s'occupe du bonheur du peuple... » — « Alors, continue Louis Blanc dans son récit, il se mit à parler de l'urgence des réformes sociales... Autant ses opinions politiques m'avaient déplu, autant je fus étonné de son empressement à admettre les principes du socialisme dont, plus tard, il devait si bien faire usage pour se frayer une route à l'Empire... Souvenez-vous, lui dis-je, que l'Empire, c'était l'Empereur. L'Empereur peut-il sortir du tombeau?... Comment accompliriez-vous avec son nom ce qu'il ne lui serait pas donné à lui d'accomplir de nos jours avec son génie? L'Empire ressuscité ne serait possible que sous la forme d'un météore sanglant... — Quand je pris congé de lui... il me serra dans ses bras avec un élan dont je ne pus me défendre de rester ému. Et ses dernières paroles furent : « N'oubliez pas d'embrasser pour moi Mme Gordon. » (*Révélations historiques*, t. II, p. 221.) — M. Belmontet, autorisé par M. de Rémusat, ministre de l'intérieur, se rend à Ham, où il est reçu par le commissaire de police, « qui lui propose de faire évader le prince sous l'uniforme d'un soldat » M. Belmontet en parle au prince, qui réfléchit pendant quelques instants, puis qui s'écrie : « Non! le peuple français ne s'occuperait plus de moi... Je ne veux pas qu'il m'oublie. » (Voir les *Nouveaux Mémoires d'un bourgeois de Paris*, par le docteur L. Véron, p. 54. 1866.)

(3) Il recevait fréquemment un pharmacien de Ham, M. Acar. (Louis Blanc, *Révélations historiques*, t. II, p. 220.)

(4) « Ce qui m'occupe beaucoup maintenant, c'est le jardinage... Notre nature

ne cessaient de lui demander des bouquets qu'il pouvait donner en toute liberté (1), ce qu'il faisait souvent, car en horticulteur habile il récoltait abondamment. C'est dans ce jardin dominant la campagne, faite de nombreuses prairies traversées par une foule de ruisseaux, que le prince, plusieurs fois par jour, voyant au loin, et vu lui-même d'en bas par les passants, venait se promener. C'est ainsi que presque tous les détachements de troupes qui traversaient Ham s'arrêtaient au pied de la citadelle pour apercevoir le prisonnier et pour le saluer (2).

Dans la cour du château il avait la permission de faire de l'équitation (3). Il y fit même une chute en 1842, et on remarqua alors que le même jour, Henri V, aux environs de Prague, s'était cassé la jambe en tombant de cheval.

Le soir, les trois prisonniers se réunissaient ordinairement et souvent jouaient au whist. Presque toujours le commandant du fort venait aussi et prenait part au jeu.

Dans la journée, le prince travaillait de longues heures. Il recevait (4) et envoyait beaucoup de lettres. A une grande dame de l'aristocratie anglaise il écrivait (5) : « Je ne désire pas sortir des lieux où je suis, car ici je suis à ma place ; avec le nom que je porte, il me faut l'ombre d'un cachot ou la lumière du pouvoir... Ma vie (6) se passe ici d'une manière bien monotone, car les rigueurs de l'autorité sont toujours les mêmes ; cependant je ne puis pas dire que je m'ennuie, parce que je me suis créé des occupations qui m'intéressent. J'écris

a des consolations inconnues à ceux qui furent toujours heureux... » (Lettre du prince à M. Vieillard, 20 février 1841. — Voir Georges Duval, p. 262.)

(1) *Moniteur* du 19 février 1849 (article *Variétés*).

(2) Voir la *Revue de l'Empire*, t. V.

(3) On a surnommé Louis-Napoléon *Badinguet*. D'où vient ce surnom? Il voudrait dire, en picard, badaud, étourdi, et, d'après la version la plus plausible, l'invention en devrait être attribuée aux militaires du fort de Ham, alors qu'ils voyaient le prince monter à cheval dans la cour du château, cultiver des fleurs, etc. La vérité est qu'on ne peut rien affirmer de positif à cet égard.

(4) On lui écrivait beaucoup sous le couvert de M. Ancelin, bijoutier à Ham. (V. Lettre du prince à M. Peauger, 4 février 1844, numéro du 1er août 1894 de la *Nouvelle Revue*.)

(5) 13 janvier 1841. (Voir *Portraits politiques contemporains : Louis-Napoléon Bonaparte*, par A. de la Guéronnière. 1851.)

(6) 14 août 1841. (*Ibid.*)

des réflexions sur l'histoire d'Angleterre, et puis j'ai planté un petit jardin dans un coin de mon réduit. Mais tout cela remplit le temps sans remplir le cœur (1), et quelquefois on le trouve bien vide de sentiments. Je ne me plains nullement de la position que je me suis faite, et je m'y résigne complètement... »
A la date du 18 avril 1843, il écrivait à un M. L*** une lettre qui révèle l'état d'esprit dans lequel il se trouvait alors : « Si demain on ouvrait les portes de ma prison... si... on venait m'offrir de changer ma position actuelle pour l'exil, je refuserais une telle proposition, car ce serait à mes yeux une aggravation de la peine... Je préfère être captif sur le sol français que libre à l'étranger. Je connais d'ailleurs ce que vaut une amnistie de la part du pouvoir actuel. Il y a sept ans, après l'affaire de Strasbourg, on vint une nuit m'arracher à la justice du pays, et, sans écouter mes protestations, sans même me donner le temps de prendre les vêtements les plus nécessaires, on m'entraîna à deux mille lieues de l'Europe. Ayant appris à New-York la nouvelle de la grave maladie de ma mère, je revins en Angleterre. En arrivant, quelle fut ma surprise de voir que toutes les portes du continent m'étaient fermées, et quelle fut mon indignation en apprenant que, pour m'empêcher d'aller fermer les yeux de ma mère mourante, on avait répandu cette calomnie (tant de fois reproduite et démentie) que j'avais promis de ne plus revenir en Europe... En Suisse... à peine le corps de ma mère reposait-il dans le cercueil, que le gouvernement français voulut me faire renvoyer du sol hospitalier où j'étais devenu propriétaire et citoyen... Voilà quels furent, à mon égard, les effets de l'amnistie violente du gouvernement. Croyez-vous que je puisse en désirer une seconde? Banni depuis vingt-cinq ans, trahi deux fois par le sort, je connais de cette vie toutes les vicissitudes et toutes les douleurs, et, revenu des

---

(1) Cependant on raconte que le gouvernement, qui avait certainement le plus vif désir d'adoucir autant que possible les rigueurs de l'emprisonnement, ferma les yeux sur les relations intimes du prince avec une jeune blanchisseuse, Éléonore Vergeot, dite Alexandrine la Belle Sabotière, qui, plus tard, épousa Bure, le frère de lait de Louis-Napoléon. On prétend qu'il en aurait eu deux enfants.

illusions de la jeunesse, je trouve dans l'air natal que je respire, dans l'étude, dans le repos de ma prison, un charme que je n'ai pas ressenti lorsque je partageais les plaisirs des peuples étrangers, et que, vaincu, je buvais à la même coupe que les vainqueurs de Waterloo. » Il entretenait une correspondance assez active avec un publiciste, M. Peauger (1), dans le but de créer ou d'acheter un grand journal parisien. Dans une lettre du 9 mars 1844, nous remarquons ce passage : « Convaincu que le gouvernement actuel ferait le malheur de la France, je me suis résolu à tout entreprendre pour le renverser, bien décidé à laisser ensuite le peuple entier choisir la forme de gouvernement qui lui conviendrait le mieux. Le rôle de libérateur suffisait à mon ambition, et je n'étais pas assez fou pour avoir la prétention de fonder une dynastie sur un sol jonché de tous les débris des dynasties passées... » Dans une autre du 8 septembre de la même année, il déclare que « l'histoire peut absoudre le gouvernement absolu ou terrible qui répand le sang des coupables, mais (que) celui qui répand le sang innocent doit être flétri... » Dans une troisième, du 30 septembre, il estime qu'un journal franchement napoléonien ne réussirait pas, car « il faut présenter un couteau par le manche et non par la lame » ; qu'il faut « fonder un journal d'extrême gauche, qui allie aux idées démocratiques les souvenirs de l'Empire » (2).

Le prince écrivait encore notamment à une Française (3), fille d'un ancien préfet de l'Empire, et voyant souvent l'ex-roi de Hollande à Florence : «... (Votre) lettre est venue au milieu des tristes souvenirs d'un triste anniversaire me ranimer à

---

(1) Voir la *Nouvelle Revue*, livraisons du 1ᵉʳ et du 25 août 1894. — On voit par ces lettres combien la question d'argent le préoccupait. A cet égard on a raconté (voir le *Galignani's Messenger*, 1873) que l'année suivante, en 1845, il y aurait eu une convention passée entre le prince et le duc de Brunswick pour s'aider réciproquement dans la revendication de leurs droits et l'accomplissement de leurs projets respectifs.

(2) C'est pour cela que le 6 juin 1844 il écrit à Ledru-Rollin : « Je serais heureux d'avoir comme représentant un homme dont les convictions politiques se rapprochent si intimement des miennes... » (Voir le *Temps* du 12 janvier 1895.)

(3) 6 mai 1844. (Voir la *Revue de Paris*, numéro du 15 avril 1894.)

l'espérance et me dire : *Tout n'est pas fini, puisqu'il y a encore un cœur noble et élevé qui s'intéresse à toi!*..... A votre voix, j'ai senti mon cœur se réchauffer, et l'atmosphère de ma prison, que l'indifférence des miens et l'inimitié rendent parfois si lourde, m'a semblé plus légère. Je me suis relevé ; un rayon d'espoir a brillé dans mon âme, et je me suis senti transporté dans un autre monde..... Il y a en moi deux êtres, l'homme politique et l'homme privé ; l'homme politique est et restera inébranlable ; mais l'homme privé est bien malheureux. Abandonné de tout le monde, de ses anciens amis, de sa famille, de son père même, il se laisse aller souvent à ses souvenirs, à ses regrets..... Quand tout le monde, excepté peut-être les soldats qui me gardent, me montre de l'indifférence, vous, vous venez guérir une de mes profondes blessures en me ramenant l'affection de mon père !... Mon père, malheureusement, ne m'a pas jugé comme vous ; souvent il a prêté à mes actions le mobile le plus sordide, et j'avoue que c'est ce qui m'a le plus froissé de sa part..... Moi, agir par intérêt ! Mon Dieu, aujourd'hui que j'ai dépensé presque toute ma fortune pour soutenir dans le malheur les hommes dont j'ai compromis l'existence, je donnerais tout mon héritage pour une caresse de mon père. Qu'il donne à Pierre ou à Paul toute sa fortune, que m'importe ! je travaillerai pour vivre, mais qu'il me rende son affection ! je ne m'en suis jamais rendu indigne, et j'ai besoin d'affection ! Il y a beaucoup d'hommes qui vivent très bien avec le cœur vide et l'estomac plein ; pour moi, il faut que j'aie le cœur plein, peu m'importe l'estomac. » A la même (1), il disait : « ... Quoique je ne vous connaisse qu'à peine, je vous aime tendrement..... Pourquoi?..... Savez-vous pourquoi la colombe qu'on a arrachée de son nid et transportée en pays lointain retrouve au milieu des airs la route qui la ramène aux lieux de sa naissance? Savez-vous pourquoi vous-même vous vous sentez transporté par un sentiment de douce béatitude en voyant du haut d'une montagne les riantes val-

---

(1) 28 septembre 1844. (Voir la *Revue de Paris*.)

lées et l'horizon qui se perd dans les vapeurs? Je comprends le bonheur presque comme vous : commander pour faire le bien ou obéir à ce qu'on aime, voilà pour un homme la véritable félicité... » Puis il revient sur les sentiments de son père à son égard : « J'avoue que je ne conçois pas sa conduite à mon égard; qu'ai-je donc fait pour mériter son mépris et son indifférence?..... Le temps serait bien long pour moi ici, si je ne me créais pas des occupations suivies. J'ai entrepris depuis dix-huit mois un travail formidable, c'est l'histoire de l'artillerie depuis son origine..... Quand, du haut des montagnes bleues qui entourent Florence, vous regarderez, par un beau soleil couchant, cette ville éparpillée dans toute la vallée de l'Arno, quand vous jetterez vos regards sur l'horizon, point qui nous charme toujours parce qu'il est vague, indéfini, poétique comme notre avenir, alors pensez à moi et songez qu'il y a une âme tendre, respectueuse et dévouée qui rompt ses entraves, traverse les Alpes et les Apennins et vole près de vous, toutes les fois que vous l'appelez par un souvenir. On raconte l'histoire de deux palmiers dont l'un, situé près de Tarente, jetait au vent la poussière de ses fleurs qui étaient transportées à l'autre palmier qui végétait sur les rivages de la Grèce, et cette correspondance aérienne suffisait pour les vivifier, les soutenir, reverdir tous les ans leur feuillage desséché par le soleil. J'ai toujours ri de cette histoire; aujourd'hui j'y ajoute foi, car elle me touche!... »

Il lui écrivait encore (1) : « J'ai perdu ma fortune, mes amis; toutes celles que j'ai aimées se sont données à d'autres, et je reste seul ici, sans d'autres soutiens qu'une espérance vague et incertaine... Vous me donnez bien peu de détails sur mon père. Lui parlez-vous de moi? Pourquoi donc m'en veut-il? Je ne conçois rien à ses procédés envers moi... »

Puis le découragement s'empare de plus en plus de lui, et dans une autre lettre (2) il s'écrie : « Je me laisse aller au hasard, sans savoir où j'aborderai... »

---

(1) 15 février 1845. (Voir la *Revue de Paris*.)
(2) 2 novembre 1845. (*Ibid.*)

Le prince n'était pas seulement occupé par une nombreuse correspondance (1). C'est à Ham qu'il écrit ses *Fragments historiques*, qu'il traite la *Question des sucres*, qu'il fait insérer des articles dans le journal *le Progrès du Pas-de-Calais* et dans le *Guetteur de Saint-Quentin*, qu'il publie une brochure sur l'*Extinction du paupérisme*, qu'il rédige (2) un mémoire, envoyé à Arago, sur la *Production des courants électriques*. En 1844, il songe à une histoire de Charlemagne (3), et à ce sujet il entre en correspondance avec M. de Sismondi. En 1845, il s'occupe de la jonction de l'océan Pacifique et de l'océan Atlantique. Le ministre plénipotentiaire du Guatemala, M. Castellan, vient lui offrir de se mettre à la tête de l'entreprise du canal de Nicaragua et lui écrit : « Je suis heureux de faire savoir à Votre Altesse que le gouvernement de cet État, pleinement convaincu que le vrai moyen de réaliser le capital nécessaire à cette entreprise est de la placer sous le patronage d'un nom indépendant comme le vôtre par la fortune et par la position, et qui, en attirant la confiance des deux mondes, éloigne ici toute crainte de domination étrangère, — que le gouvernement, dis-je, s'arrête à Votre Altesse comme à la seule personne qui puisse remplir ces diverses conditions... »

Le ministère, comme nous l'avons dit, s'était efforcé d'adoucir, autant que possible (4), pour le prince, les rigueurs

---

(1) Voir (G. DUVAL, *Napoléon III*, p. 282 à 290) plusieurs lettres à Mme Cornu, sa filleule, fille d'une femme de chambre de la reine Hortense, relativement à des recherches par elle faites à la Bibliothèque royale, notamment pour son *Manuel d'artillerie*.

(2) « Le prince Louis-Napoléon a envoyé à l'Académie une note intéressante sur la théorie de la pile. Les recherches du prisonnier de Ham ont été dirigées vers le point obscur et délicat qui sépare l'hypothèse de Volta de la théorie chimique qui lui a succédé. L'auteur a cherché à démontrer que la présence de deux métaux différents dans le circuit n'est pas une condition nécessaire de la production du courant, etc. L'examen fait de cette note par M. Arago et M. Becquerel lui a été très favorable et prouve encore une fois que son auteur sait user honorablement des loisirs que lui a faits la politique. » (Voir le feuilleton du *National*, numéro du 31 mai 1843.)

(3) Déjà en 1841, il avait correspondu à ce sujet avec Mme Cornu. (Voir G. DUVAL, *Napoléon III*, p. 269, 270.)

(4) La Bibliothèque royale avait reçu l'ordre de mettre à sa disposition tous les

de l'emprisonnement, mais sur un point les mesures prises étaient extrêmement sévères; on avait été préoccupé, et à la suite des affaires de Strasbourg et de Boulogne on avait bien raison de l'être, de l'influence que le prince pouvait exercer sur le soldat et des tentatives nouvelles auxquelles il serait peut-être amené si on lui laissait une trop grande liberté d'allures avec les militaires composant la garnison. D'un autre côté, on craignait qu'il ne cherchât à fuir, et qu'il ne trouvât dans les dévouements aveugles qu'il savait susciter, des secours venant de l'extérieur pour aider à une évasion. Aussi, il était interdit à tout soldat de parler au prisonnier, de lui présenter les armes. Non seulement il ne devait jamais être perdu de vue, mais il devait toujours sinon être accompagné, du moins suivi à quelques pas.

Le prince souffrait de cette surveillance étroite et incessante, il se considérait comme enchaîné et trouvait sa chaîne trop courte, comme aussi trop lourde; il était impatient de trouver un peu de liberté dans sa servitude. Il se plaignit d'abord au commandant de citadelle, qui lui répondit qu'il était l'esclave de la discipline et qu'il ne pouvait qu'exécuter les ordres très précis qui lui étaient donnés. Alors, il écrivit au ministre (1) : « ...Le gouvernement, disait-il, qui a reconnu la légitimité du chef de ma famille, est forcé de me reconnaître comme prince et de me traiter comme tel. La politique a des droits que je ne prétends pas contester; que le gouvernement agisse à mon égard comme envers un ennemi, qu'il me prive des moyens de lui nuire, je n'aurai pas à me plaindre, mais en même temps sa conduite sera inconséquente s'il me traite comme un prisonnier ordinaire, moi, fils d'un roi, neveu d'un empereur et allié à tous les souverains de l'Europe... Le gouvernement devrait reconnaître le principe qui m'a fait ce que je suis, car c'est par ce principe qu'il existe lui-même. La souveraineté du

---

livres qu'il demanderait. (Lettre de Louis-Napoléon à M. Peauger, 9 mars 1844. — Voir la *Nouvelle Revue* du 1ᵉʳ août 1894.)

(1) 28 mai 1844.

peuple a fait mon oncle empereur, mon père roi, et m'a fait prince français par ma naissance! N'ai-je donc pas droit au respect et aux égards de tous ceux pour qui la voix d'un grand peuple, la gloire et l'infortune sont quelque chose?... Ce dont je me plains, c'est d'être la victime de mesures vexatoires que ne commande en rien le soin de ma surveillance... Un tel système de terreur a été mis en œuvre dans la garnison et parmi les employés du château, que nul n'ose lever les yeux sur moi, et qu'il faut ici à un homme beaucoup de courage pour être simplement poli (1). Au milieu de cette France que le chef de ma famille a rendue si grande, je suis traité comme l'était un excommunié du treizième siècle. Chacun fuit à mon approche, et l'on semble redouter mon contact comme si mon souffle même était contagieux. Cette insultante inquisition qui me poursuit jusque dans ma chambre, qui s'attache à mes pas lorsque je vais respirer l'air dans un coin écarté du fort, ne s'arrête pas à ma personne, elle veut encore pénétrer jusqu'à mes pensées. Les effusions de mon cœur dans les lettres que j'adresse à ma famille sont soumises au plus sévère contrôle, et si quelqu'un m'écrit en termes trop sympathiques, la lettre est confisquée et son auteur dénoncé au gouvernement... Le traitement que j'endure est à la fois injuste, illégal et inhumain... »

Le gouvernement commit la faute de se laisser impressionner par ces plaintes. Les consignes devinrent moins sévères, les mesures de surveillance moins rigoureuses. On permit même à Thélin, le valet de chambre du prince, de sortir à sa guise et d'aller à Ham faire les commissions de son maître (2).

(1) Cependant il laissait écrire dans le *Moniteur* du 29 février 1849, alors qu'il était président de la République : « ...On le saluait, on lui parlait à voix basse et on lui présentait les armes ; il n'était jamais suivi, malgré la consigne, qu'à cinquante ou cent pas; les gardiens mêmes étaient polis ; on les eût pris pour des soldats... Voilà comment se manifestaient, à l'égard d'un jeune homme inconnu, mais portant un nom couvert des plus grandes gloires, les derniers mouvements de l'affection populaire... »

(2) Cependant il écrivait encore le 6 janvier 1845 : « ...Les années s'écoulent avec une désespérante uniformité, et ce n'est que dans ma conscience et mon

Il y avait cinq ans que le prince était interné. Le roi de Hollande, réfugié à Florence, était tombé gravement malade et avait envoyé à Paris un sieur Silvestre Poggioli pour exprimer au gouvernement son désir de voir son fils en Italie avant de mourir (1). Cette démarche n'ayant pas abouti, Louis-Napoléon écrivit la lettre suivante :

« Fort de Ham, le 25 décembre 1845.

« Monsieur le ministre de l'intérieur,

« Mon père, dont l'état de santé et l'âge réclament les soins d'un fils, a demandé au gouvernement qu'il me soit permis de me rendre auprès de lui. Ses démarches sont restées sans résultat. Le gouvernement, m'écrit-on, exige de moi une garantie formelle. Dans cette circonstance ma résolution ne saurait être douteuse. Je dois faire tout ce qui est compatible avec mon honneur pour pouvoir offrir à mon père les consolations qu'il mérite à tant de titres. Je viens donc, Monsieur le ministre, vous déclarer que, si le gouvernement français consent à me permettre d'aller à Florence remplir un devoir sacré, je m'engage sur l'honneur à revenir me constituer prisonnier dès que le gouvernement m'en témoignera le désir. »

Le ministère ayant répondu que cette affaire concernait avant tout le Roi, le prince écrivit à Louis-Philippe :

« Sire,

« Ce n'est pas sans émotion que je viens demander à Votre Majesté, comme un bienfait, la permission de quitter même

---

cœur que je trouve la force de résister à cette atmosphère de plomb qui m'entoure et m'étouffe. Cependant l'espoir d'un meilleur avenir ne m'abandonne pas, et j'espère qu'un jour je pourrai encore vous revoir... » (Voir *Portraits politiques contemporains*, par A. de la Guéronnière. 1851.)

(1) « ...Combien je suis heureux de savoir que vous me conservez toujours votre tendresse... Le seul bonheur dans ce monde consiste dans l'affection réci-

momentanément la France, moi qui ai trouvé depuis cinq ans dans l'air de la patrie un ample dédommagement aux tourments de la captivité; mais aujourd'hui mon père malade et infirme réclame mes soins, il s'est adressé pour obtenir ma liberté à des personnes connues par leur dévouement à Votre Majesté, il est de mon devoir de faire de mon côté tout ce qui dépend de moi pour aller auprès de lui. Le conseil des ministres n'ayant pas cru qu'il fût de sa compétence d'accepter la demande que j'avais faite d'aller à Florence, en m'engageant à revenir me constituer prisonnier dès que le gouvernement m'en témoignerait le désir, je viens, Sire, avec confiance, faire appel aux sentiments d'humanité de Votre Majesté et renouveler ma demande en la soumettant, Sire, à votre haute et généreuse intervention. Votre Majesté, j'en suis convaincu, appréciera, comme elle le mérite, une démarche qui engage d'avance ma reconnaissance, et touchée de la position isolée sur une terre étrangère d'un homme qui mérita sur le trône l'estime de l'Europe, elle exaucera les vœux de mon père et les miens propres. — Je prie, Sire, Votre Majesté de recevoir l'expression de mon profond respect...

« N.-L. B.

« Fort de Ham, le 14 janvier 1846. »

Cette lettre fut transmise par le prince de la Moskowa. Le ministère s'opposa à une réponse favorable du Roi, par le motif que c'eût été la grâce par voie indirecte, et que la grâce, après avoir été méritée, devait être franchement demandée.

Le prince fait alors appel à l'historien du Consulat et de l'Empire; M. Thiers lui répond que le désir d'embrasser un père mourant, appuyé de la promesse de revenir en prison à

proque des êtres créés pour s'aimer... Le désir que vous manifestez de me revoir.. est pour moi un ordre... Un nouveau but s'offre à mes efforts, c'est d'aller vous entourer de mes soins et de vous prouver que si depuis quinze ans il a passé bien des choses à travers ma tête et mon cœur, rien n'a pu en déraciner la piété filiale, base première de toutes les vertus... » (G. DUVAL, p. 294, lettre au roi Louis, 19 septembre 1845.)

la première sommation du ministre de l'intérieur, aurait dû être un gage suffisant pour le gouvernement ; qu'il est désolé de ne pouvoir lui être utile ; qu'il n'a aucune influence dans le Conseil, mais qu'en toute occasion où il pourra soulager son infortune, sans manquer à son devoir, il sera heureux de le faire et de lui prouver sa sympathie pour le nom glorieux qu'il porte.

Il s'adresse à M. Odilon Barrot, qui parvient à obtenir du ministre de l'intérieur, M. Duchatel, que le prince sera mis en liberté provisoire sous la condition qu'il écrira au gouvernement la lettre suivante : « Sire, mon père a fait parvenir à Votre Majesté un vœu que recommandent l'état de sa santé et les infortunes qui ont rempli et honoré sa vie. J'avais cru faciliter la réalisation de ce vœu en prenant l'engagement de me reconstituer prisonnier aussitôt que le désir m'en serait manifesté. J'espérais que le gouvernement de Votre Majesté verrait dans mon engagement une garantie de plus et une obligation nouvelle à ajouter à celle que devra m'imposer la reconnaissance. Cet engagement a soulevé des objections ; je le retire pour me réunir purement et simplement au vœu de mon père et me confier aux généreuses inspirations de Votre Majesté. Lorsqu'en vous transmettant ma prière, Sire, je vous parlais de reconnaissance, c'est spontanément et avec la conscience du devoir qu'elle impose. Je prie Votre Majesté, etc. »

Le 2 février 1846, le prince répondait à Odilon Barrot : « Je ne crois pas pouvoir mettre mon nom au bas de la lettre dont vous m'avez envoyé le modèle... Si je signais... je demanderais réellement grâce sans oser l'avouer, je me cacherais derrière la demande de mon père comme un poltron qui s'abrite derrière un arbre pour éviter le boulet. Je trouve cette conduite peu digne de moi. Si je croyais honorable et convenable d'invoquer purement et simplement la clémence royale, j'écrirais au Roi : Sire, je demande grâce ; mais telle n'est pas mon intention... Je souffre, mais, tous les jours, je me dis : Je suis en France, j'ai gardé mon honneur intact, je vis sans joies, mais aussi sans remords, et tous les soirs je m'endors satisfait.

Rien de mon côté ne serait venu troubler le calme de ma conscience, le silence de ma vie, si mon père ne m'eût manifesté le désir de me revoir auprès de lui pendant ses vieux jours. Mon devoir de fils vint m'arracher à cette résignation, et je me décidai à une démarche dont je pesai toute la gravité, mais qui portait en elle ce caractère de franchise et de loyauté que je désire mettre dans toutes mes actions... Les ministres... m'ont fait transmettre une réponse qui prouve un grand mépris pour le malheur. Sous le coup d'un pareil refus, ne connaissant même pas encore la décision du Roi, mon devoir est de m'abstenir de toute démarche et surtout de ne pas souscrire à une demande en grâce déguisée en piété filiale... Je n'avancerai pas d'une ligne. Le chemin de l'honneur est étroit et mouvant : il n'y a qu'un travers de main entre la terre ferme et l'abîme... J'attends avec calme la décision du Roi, de cet homme qui a comme moi traversé trente années de malheur... Du reste, je m'en remets à la destinée et je m'enveloppe d'avance dans ma résignation.

« Recevez, etc.

« Napoléon-Louis Bonaparte. »

Odilon Barrot voit le Roi, plaide la cause du prince, mais il échoue et lui écrit, à la date du 25 février, qu'il n'y a rien à espérer dès l'instant qu'une garantie explicite n'a pas été donnée (1). C'est en vain aussi que s'entremet un membre de la Chambre des pairs d'Angleterre, lord Londonderry, déclarant au nom de Louis-Napoléon que si les portes de Ham s'ouvraient devant lui, il s'engageait à partir pour l'Amérique après

---

(1) Odilon Barrot raconte dans ses *Mémoires* (t. III, p. 34) qu'il eut avec le Roi une longue et vive conversation, dans laquelle il chercha à lui persuader qu'il était d'une bonne politique pour lui de faire cesser un emprisonnement qui, en se prolongeant indéfiniment, finirait par attirer l'attention et l'intérêt sur celui qui en était l'objet; qu'il était préférable d'écraser de nouveau ce jeune ambitieux sous le poids de la générosité royale; que la circonstance de la mort prochaine du roi Louis était favorable, et que la grâce paraîtrait être accordée plutôt au père qu'au fils... « Je trouvai, dit-il, le Roi inflexible... »

avoir passé près de son père une seule année en Italie (1).

Le prince, voulant à tout prix sortir de prison, se décide alors à tenter une évasion. Il lui répugnait de se sauver comme un malfaiteur, mais il n'avait pas le choix des moyens pour recouvrer sa liberté. En cas d'insuccès, il avait pris la résolution de se brûler la cervelle (2).

Vers le 15 mai (1846), il fait part au docteur Conneau de son projet d'évasion. Celui-ci s'en étonne et le combat. Il le considère comme presque impraticable (3), la surveillance étant fort active, les consignes étant aussi sévères que multipliées, et le commandant Demarle ne manquant jamais de mettre lui-même le prince sous clef la nuit et ne le perdant pour ainsi dire pas de vue le jour. Mais Louis-Napoléon était un homme qui ne subissait aucune influence; c'était un VOYANT, il avait VU son évasion, et il n'y avait rien à dire; jamais il ne fut donné à personne de le faire revenir d'une résolution. Il faut reconnaître que son projet était opportunément et bien conçu. On faisait des réparations dans le corps de logis qu'il occupait, et précisément dans l'escalier qui menait de son appartement à la cour. De nombreux ouvriers allaient et venaient. L'idée de se déguiser en ouvrier et de sortir comme tel du fort lui vint immédiatement à l'esprit. Et cette idée — c'est là, pourrait-on dire, le trait de génie — il résolut de la réaliser avec une audace et une simplicité invraisemblables qui devaient dérouter toutes les précautions. L'administration du fort avait bien pris des mesures pour que la venue des ouvriers ne permît pas au prince de tenter une évasion. A leur entrée et à leur sortie, qui se faisaient par groupes, ils étaient soigneusement examinés un à un. Mais que le prince s'en allât, seul, par

---

(1) M. Vatout intervient aussi.

(2) « Le désir de revoir encore mon père sur cette terre m'a fait tenter l'entreprise la plus audacieuse que j'aie jamais exécutée et pour laquelle il m'a fallu plus de résolution et de courage qu'à Strasbourg et à Boulogne, car j'étais décidé à ne pas supporter le ridicule qui s'attache à ceux qu'on arrête sous un déguisement. » (Lettre à M. Degeorge, rédacteur en chef du *Progrès du Pas-de-Calais*. Voir la *Gazette des Tribunaux* de juillet 1846.)

(3) Dans le courant de mai, le prince avait demandé à Robert Peel et à lady

la grande porte, en plein jour, et devant tout le monde, c'était une éventualité à laquelle personne n'avait pu songer. D'autre part, le commandant Demarle étant indisposé depuis quelques jours, au lieu d'être debout dès l'aube, ne paraissait plus qu'après sept heures, lorsque les portes du fort étaient déjà ouvertes et lorsque les ouvriers étaient déjà au travail. Jamais l'occasion de fuir ne pourrait être plus favorable. Thélin alla à Ham faire les acquisitions nécessaires (1) pour le déguisement du prince, et l'évasion fut fixée au 25 mai.

Le 24, le prince écrivit d'abord un billet ainsi conçu : « Je déclare que tout ce que je laisse en partant dans ma chambre et mon salon appartient en toute propriété à M. le docteur Conneau, qui pourra en disposer comme bon lui semblera » — puis les deux lettres suivantes, l'une datée du 25 et adressée à l'aumônier du fort de Ham : « Monsieur le doyen (2), je voudrais bien que vous eussiez la bonté de remettre à demain ou à après-demain la messe que vous vouliez célébrer aujourd'hui au château, car, m'étant levé avec de vives douleurs, je suis obligé de prendre un bain pour les calmer » ; — l'autre, au général Montholon : « Mon cher général, vous serez bien étonné de la décision que je viens de prendre, et

---

Cramford, qui étaient venus le voir, de lui céder, prétextant un voyage prochain de son valet de chambre en Belgique, le passeport d'un de leurs domestiques, ce qui fut fait. (Voir *Louis-Napoléon prisonnier au fort de Ham*, par Pierre HACHET-SOUPLET, p. 211.)

(1) On trouve dans une publication intitulée : *Papiers et correspondance de la famille impériale*, et faite sous le gouvernement de la Défense nationale, édition collationnée sur le texte de l'Imprimerie nationale, t. II, Garnier frères, 1871, les mentions suivantes :

Achat de f^d (foulard)........	3 fr.
Une b^e (blouse).............	5 fr. 25
Une (*idem*)...................	3 fr. 75
Un b^{on} (bâton *ou* bourgeron) .	3 fr. 50
Un p^{on} (pantalon)............	2 fr. 75
Une chemise..................	3 fr. 75
Tablier et cravate.............	2 fr. 50
Potasse, braise...............	0 fr. 75
Au total :	25 fr. 25

Le 29 avril, Bure envoyait 2,025 francs à M. Conneau; même source.

(2) L'abbé Tirmarche, sous l'Empire évêque d'Adras et aumônier des Tuileries.

encore plus que, l'ayant prise, je ne vous aie pas prévenu d'avance. Mais je crois qu'il valait mieux pour vous vous laisser ignorer mes projets qui ne datent que de peu de jours; et puis j'ai la conviction que mon évasion ne peut qu'être avantageuse à vous et aux autres amis que je laisserai en prison. Le gouvernement ne vous retient prisonnier qu'à cause de moi, et lorsqu'il verra (1) que je ne compte nullement user contre lui de ma liberté, il ouvrira, je l'espère, les portes de toutes les prisons. — Mon père est très malade, mon devoir est d'aller le rejoindre. Croyez, général, que je regrette bien de ne pas avoir été vous serrer la main avant de partir; mais cela m'eût été impossible, mon émotion eût trahi mon secret que je voulais garder. J'ai pris des mesures pour que la pension que je vous fais vous soit payée. Comme vous pouvez d'avance avoir besoin d'argent, j'ai remis à Conneau 2,000 francs qu'il vous donnera; ce sera les mois de la pension payés jusqu'à la fin de septembre. Je vous écrirai dès que je serai arrivé en lieu de sûreté. Adieu, mon cher général; recevez l'assurance de mon amitié... »

Le 25 mai, de bon matin, le prince se déguise. Sur ses vêtements (2) il passe une chemise de grosse toile, coupée à la ceinture, un pantalon et une blouse bleus; il se met une forte

---

(1) Le prince ne se trompait pas. Le 1ᵉʳ juin 1846, le général Montholon recevait la lettre suivante :

« GÉNÉRAL,

« Je me suis empressé de mettre sous les yeux du Roi la lettre que vous m'avez fait l'honneur de m'adresser. Sa Majesté, toujours disposée à oublier les torts et toujours heureuse de donner des preuves de sa clémence, a accueilli avec intérêt votre demande et a consenti aussitôt à votre mise en liberté. Vous sortirez, général, du château où vous êtes détenu en ce moment dès que l'instruction relative à l'évasion du prince Louis-Napoléon sera terminée et que la justice aura prononcé sur cette affaire. Je me félicite d'avoir été l'intermédiaire d'une grâce qui, je n'en doute pas, sera appréciée par vous comme elle mérite de l'être.

« Recevez. .
« *Le pair de France,*
Ministre secrétaire d'État de la guerre,
« B. DE SAINT-YON. »

(2) Voir la *Gazette des Tribunaux.*

couche de rouge au visage, sur la tête une perruque noire à longs cheveux, puis une casquette « usée avec de la pierre ponce » ; il chausse des sabots qui le grandissent ; et enfin il coupe ses moustaches, ce qui achève de le rendre méconnaissable (1). Il était alors sept heures moins un quart. Thélin appelle les ouvriers (2) qui se trouvaient dans l'escalier et les introduit dans la salle à manger, où il leur offre un petit verre ; puis il revient près du prince et lui dit : c'est le moment ! Le docteur Conneau regarde par la fenêtre et aperçoit près de la porte donnant accès à la cour les jambes d'un des deux gardiens (3) qui se trouvaient là en faction ; il en avise le prince, mais il lui dit : « Ne craignez rien, on ne vous reconnaîtra pas ! » Thélin descend le premier, prend à part Issali, l'un des deux gardiens, et lui parle, en ayant soin de lui faire tourner le dos à la porte. Le prince, la pipe à la bouche et un rayon de bibliothèque sur son épaule, descend à son tour. Il avait la figure complètement cachée par la planche en arrivant près de l'autre gardien, Dupin-Saint-André (4). Il passe ! Il rencontre presque immédiatement, au milieu de la cour, un garde du génie et l'entrepreneur des travaux qui examinaient un plan. Il passe ! Un tambour vient de son côté, il l'évite ! Le voilà au pont-levis ; il passe devant le sous-officier de planton qui lisait une lettre ! il passe devant le portier-consigne ! il passe devant le factionnaire (5) ! Le prince est dehors, mais il n'a pas fait quelques pas qu'il croise deux ouvriers qui le regardent et qui disent : « Oh ! c'est Berthoud ! » Il ne bronche pas et continue sa route.

(1) « Moi-même, dit le docteur Conneau dans sa déposition devant le tribunal de Péronne, je l'aurais rencontré, que je n'aurais pas reconnu le prince dans cet ouvrier ainsi accoutré. »
(2) Déposition de l'entrepreneur J.-B. Destoulet.
(3) Déposition de Conneau
(4) « Je n'ai cessé d'être à mon poste avec mon camarade, nous avons sans doute vu le prince, mais nous ne l'avons pas reconnu ; nous étions là tous les deux, il a fallu absolument que le prince passât entre nous. » (Déposition du gardien Dupin-Saint-André.)
(5) Déposition de Conneau. — On raconte qu'alors il laissa tomber sa pipe et qu'il se baissa pour la ramasser.

Thélin avait suivi le prince. Bientôt il le rattrape pour le dépasser et courir à Ham. Au bout d'une demi-heure, il en revient avec une voiture (1), où le prince, après avoir abandonné sa fameuse planche sur la route (2), monte à côté de lui pour gagner Saint-Quentin. Avant d'arriver à cette ville, il jette dans un fossé une partie de son déguisement (3), notamment sa blouse, son pantalon et ses sabots, et il met pied à terre pour faire le tour de la ville *extra muros* pendant que Thélin va changer de chevaux : il doit le retrouver sur la route de Valenciennes. Le maître et le serviteur se séparent. Le prince marche fort vite et atteint bientôt la route de Valenciennes. Le temps passe (4), et Thélin ne paraît pas. Le prince s'inquiète. Thélin ne l'aurait-il pas distancé? Il aperçoit un cabriolet qui arrive en sens inverse. Il l'arrête et demande au voyageur qui l'occupe s'il n'a pas croisé une voiture venant de Saint-Quentin. C'était le procureur du Roi, en personne, qu'il interrogeait, et qui lui répondit fort gracieusement d'une façon négative. Quelques moments après, Thélin rejoignait le prince, et l'on filait, bride abattue, vers Valenciennes (5), où l'on était rendu vers deux heures. Ils descendent à la gare du chemin de fer, où ils attendent jusqu'à quatre heures le train de Bruxelles. Durant ces deux mortelles heures il y eut un instant critique. Thélin s'entend appeler par son nom à haute et intelligible voix, et par qui? par un employé de la gare, un habitant de Ham (6), qui lui demande des nouvelles du prince!

(1) Louée la veille chez le loueur Fontaine.
(2) Trouvée par la bergère Deschassaing, sur la droite, en face du cimetière, au delà du faubourg de Ham. (Voir lettre du prince à M Souplet, ouvrage de M. P. Hachet-Souplet, p. 219.)
(3) Trouvée dans un fossé par le cantonnier Auguste Camus.
(4) « On devient superstitieux quand on a éprouvé d'aussi fortes émotions, et quand, à une demi-lieue de Ham, je me trouvai sur la route en attendant Charles, en face de la croix du cimetière, je tombai à genoux devant la croix et remerciai Dieu . Ah! n'en riez pas! Il y a des instincts plus forts que tous les raisonnements philosophiques... » (6 juin 1846, lettre à M. Vieillard.)
(5) Déposition d'Annet Chopinot, postillon à Saint-Quentin : « Il y en a un qui m'a dit : Postillon, cent sous de pourboire .. Ils m'embêtaient toujours pour la marche, je leur ai dit : Vous m'e nbêtez, à la fin! »
(6) Un ancien gendarme de Ham. (Voir la *Gazettes de Tribunaux*.)

Enfin les deux fugitifs montent en wagon et franchissent la frontière sans encombre. Après s'être arrêté à Bruxelles, le prince s'embarquait à Ostende pour l'Angleterre (1).

Pendant ce temps-là, que s'était-il passé au fort de Ham ? Immédiatement après l'évasion, le docteur Conneau s'empressa de placer dans le lit du prince un mannequin, préparé de la veille, qui, à distance, n'avait pas une trop mauvaise tournure. Néanmoins il a soin de fermer la porte de communication entre la chambre à coucher et le salon. Dans cette dernière pièce, quoiqu'il fasse au dehors une chaleur ardente (sic) (2), il allume un grand feu, afin de donner plus de vraisemblance à l'indisposition du prince. Il procède à une petite mise en scène avec des cafetières, des fioles, des verres, etc., pour bien faire croire que le prince prend des remèdes. Bientôt le commandant Demarle se présente et demande à voir son prisonnier. Le docteur lui explique que celui-ci est souffrant et qu'il n'est pas visible, attendu qu'il a pris une purgation. Le commandant n'insiste pas et se retire. Conneau, pour bien établir aux yeux de l'entourage que le prince était bien là réellement indisposé, pour en montrer les preuves, se dévoue et absorbe lui-même le remède (3). Sacrifice inutile, le purgatif n'agit pas ; alors (4) il en simule les suites à l'aide d'un mélange de café, de pain bouilli et d'acide nitrique, qui répand une odeur des plus désagréables. L'*homme de peine (sic)* qui fait le service, interrogé après cela

---

(1) Lettre de Louis-Napoléon à M Degeorge, rédacteur en chef du *Progres du Pas-de-Calais* : « ...Mais, mon cher Degeorge, si j'ai éprouvé un vif sentiment de joie lorsque je me sentis hors de la forteresse, j'éprouvai une bien triste impression en passant la frontière ; il fallait, pour me décider à quitter la France, la certitude que jamais le gouvernement ne me mettrait en liberté, si je ne consentais pas à me déshonorer ; il fallait enfin que j'y fusse poussé par le désir de tenter tous les moyens pour consoler mon père dans sa vieillesse... Quoique libre, je me sens bien malheureux... Si vous le pouvez, tâchez d'être utile à mon bon Conneau... »

(2) Déposition de Conneau.

(3) « J'avais dit que le prince avait pris un remède, il fallait nécessairement que ce remède fût pris ; alors je me suis exécuté. » (Déposition de Conneau.)

(4) « L'homme de peine qui a senti cela a dû avoir la pensée que le prince s'était réellement purgé. » (*Ibid.*)

par le commandant, répond que le prince ne va pas trop mal (1). Après le déjeuner, le commandant revient. Le docteur Conneau lui dit que le prince est très fatigué, mais qu'il va voir s'il peut être reçu. Il entre dans la chambre et en sort presque aussitôt (tout en adressant quelques mots au prince, comme s'il avait été là), pour exprimer au commandant tous les regrets de celui-ci de ne pouvoir lui ouvrir sa porte. A l'heure du dîner, le commandant se représente, le docteur Conneau pénètre encore dans la chambre à coucher et en revient sur-le-champ en disant que le prince dort. Le commandant s'assied en disant : « Le prince ne dormira pas toujours ; je vais attendre. » Il fait observer que Thélin n'est pas là et s'en étonne. Le docteur Conneau lui répond qu'il avait sans doute de nombreuses commissions à faire à Ham. A un moment, le commandant s'écrie : « Le prince a remué. — Non, non, dit Conneau, laissez-le dormir. » — Enfin, le commandant perd patience, se lève, entre dans la chambre, va droit au lit et découvre le mannequin. « Le prince est parti ! s'écrie-t-il. — Oui, répond le docteur, qui ne pouvait plus cacher la vérité. — A quelle heure? — A sept heures du matin. — Quelles étaient les personnes de garde? — Je n'en sais rien. » Là-dessus, sans autres paroles, le commandant sortit (2).

Le 10 juillet suivant, le tribunal correctionnel de Péronne condamnait Thélin à six mois d'emprisonnement et Conneau (3) à trois mois, en renvoyant des fins de la prévention le commandant Demarle et les gardiens Dupin et Issali.

Le 28 mai 1846, à son arrivée à Londres, le prince avait écrit à l'ambassadeur de France, M. de Sainte-Aulaire : « Monsieur, je viens déclarer avec franchise à l'homme qui a

---

(1) « Il me parlait comme s'il venait de le voir ; je suis resté toute la journée sous cette influence qu'il l avait vu, qu'il venait de le quitter... » (Déposition du commandant Demarle.)

(2) Déposition du commandant : « ...Tout ce qu'il était possible de faire, je l'ai fait ; si j'ai péché, c'est par excès de délicatesse, parce que je pensais que le gouvernement voulait que j eusse tous les égards possibles. C'est ce que m'avait recommandé M. le maréchal avant mon départ pour Ham.... »

(3) Défendu par Mᵉ Nogent-Saint-Laurens.

été l'ami de ma mère, qu'en m'échappant de ma prison je n'ai cédé à aucun projet de renouveler contre le gouvernement français les tentatives qui m'ont été si désastreuses. Ma seule idée a été de revoir mon vieux père. Avant de me résoudre à cet extrême parti de la fuite, j'ai épuisé tous les moyens de sollicitation pour obtenir la permission d'aller à Florence, en offrant toutes les garanties compatibles avec mon honneur. Mes démarches ayant été repoussées, j'ai fait ce que firent les ducs de Guise et de Nemours, sous le règne de Henri IV, dans des circonstances semblables. Je vous prie, Monsieur, d'informer le gouvernement français de mes intentions pacifiques, et j'espère que cette déclaration toute spontanée pourra servir à abréger la captivité de mes amis qui sont encore en prison. »

CHAPITRE IX

LES OEUVRES DU PRINCE

Opinion de Béranger sur le prince comme écrivain. C'est un grand styliste. — 1832 : *Rêveries politiques* : la vérité gouvernementale, c'est l'union de Napoléon II et de la République ; — la civilisation, la liberté, la République, l'affranchissement des peuples, voilà ce qui sortira du génie de Napoléon ; — une génération ne peut enchaîner les générations futures ; — tout le peuple doit voter ; il ne doit y avoir d'autre aristocratie que celle du mérite ; — le peuple doit sanctionner l'avènement du souverain ; — au résumé, une monarchie-république. — Chateaubriand sur les *Rêveries*. — 1833 : *Considérations politiques et militaires sur la Suisse*. — 1834 : *Manuel d'artillerie* : opinion d'Armand Carrel ; du *National* ; de Louis Blanc ; jugement de l'Association française, l'Institut historique. — 1839 : les *Idées napoléoniennes* : le système napoléonien répond à tout ; — la Fédération européenne ; — Napoléon est l'exécuteur testamentaire de la Révolution ; il a amené le règne de la Liberté en sauvant la France et l'Europe de la contre-révolution ; — critique de la Restauration et du gouvernement de Juillet ; — les guerres de l'Empire ont été des bienfaits pour l'Europe ; — une cour de cassation européenne pour régler les différends internationaux ; — l'Europe napoléonienne ; — aucun gouvernement ne saurait être aussi libéral que celui de Napoléon, qui donnerait la liberté de la tribune et la liberté de la presse ; — en rejetant Napoléon, les peuples ont rejeté tout un avenir d'indépendance. — Lettre du prince à Lamartine : Napoléon fut le roi du peuple. — *L'Exilé*. — 1841 : *Fragments historiques*, où il fait le procès du gouvernement de Juillet. — Août 1842 : *Analyse de la question des sucres*, où il se montre très protectionniste. — Le prince journaliste : le *Progrès du Pas-de-Calais* ; il est pour le suffrage universel à deux degrés ; — il est l'adversaire des expéditions lointaines et de l'expansion coloniale ; — réformes parlementaires ; — le principe de la souveraineté du peuple rend un gouvernement indestructible, un électeur devient un homme d'ordre ; — le plébiscite ; — les députés font de mauvais ministres ; — les crises ministérielles répétées sont désastreuses ; — les fonctions de ministre et de député doivent être incompatibles ; — opinion de Bastiat. — Pas de fortifications à Paris. — Le clergé ne doit pas sans restriction avoir le droit d'enseigner. — Il faut un budget des cultes. — L'Université ne doit pas être athée ni le clergé ultramontain. — Il faut régler le fonctionnement des machines et indemniser ceux dont elle fait le travail. — Prescience géniale de la force militaire de la Prusse ; remarquables articles sur l'organisation de l'armée. — La guerre ne doit pas avoir d'autre objet que de repousser une invasion. — Il condamne ainsi par avance toutes les guerres du second Empire. — Brochure sur l'extinction du paupérisme : le budget doit aider les travailleurs ; les caisses d'épargne ne servent qu'à ceux qui peuvent économiser. — Projet d'une vaste association où les terres incultes seront exploitées par les bras inoccupés. — Colonies agricoles : 300 millions avancés par l'État. — Les prud'hommes, classe entre les patrons et les ouvriers. — Réponse du prince à des ouvriers. — Conception chimérique. — Sa déclaration au sujet des titres nobiliaires. — Son idée de joindre l'océan Atlantique et l'océan Pacifique.

« Si mon suffrage littéraire, disait Béranger à M. Lefebvre-Duruflé, peut être agréable à l'Empereur, dites-lui que je le regarde comme le premier écrivain du siècle. »

Il faut reconnaître que Louis-Napoléon fut un remarquable prosateur. Son style est plein de grandeur, de poésie, de lyrisme. La phrase coule facile, abondante, harmonieuse, superbe; elle s'avance et se déroule comme un fleuve imposant et majestueux. Les images y sont souvent d'une magnifique envolée. S'il n'était pas fait pour régner, il l'était, certes, pour écrire et pour compter parmi nos plus illustres écrivains. Presque toutes ses pages sont d'une splendide écriture, mais on y trouve la preuve manifeste que chez cet homme, hors de pair par la hauteur de la pensée comme par le courage personnel, l'imagination était la faculté maîtresse, sinon la faculté unique, la folle du logis, et que c'est bien elle qui, après l'avoir fait monter si haut, l'a fait, hélas! tomber si bas.

Il commence par publier en 1832 un opuscule intitulé : *Rêveries politiques*, qui, malgré le titre, est bien loin d'avoir le ton inspiré de celui qui parut quelques années plus tard : *Les idées napoléoniennes*. Dans les *Rêveries*, avant d'indiquer les grandes lignes d'une constitution, il critique l'état de choses existant et formule les données de la politique napoléonienne.

« Que voit-on partout? dit-il. Le bien-être de tous sacrifié au caprice d'un petit nombre... Malheur aux souverains dont les intérêts ne sont pas liés à ceux de la nation... Les gouvernements faibles qui sous un masque de liberté marchent à l'arbitraire, qui ne peuvent que corrompre ce qu'ils voudraient abattre, qui sont injustes envers les faibles et humbles envers les forts, ces gouvernements-là conduisent à la dissolution de la société... Oui, le jour viendra, et peut-être n'est-il pas loin, où la vertu triomphera de l'intrigue, où le mérite aura plus de force que les préjugés, où la gloire couronnera la liberté. Pour arriver à ce but, chacun a rêvé des moyens différents ; je crois qu'on ne peut y parvenir qu'en réunissant les deux causes populaires, celle de Napoléon II et celle de la République. Le fils du grand homme est le seul représentant de la plus grande gloire, comme la République celui de la plus grande liberté. Avec le nom de Napoléon on ne craindra plus le retour de la Terreur, avec le nom de la République on ne craindra plus le retour du pouvoir absolu... Si un jour les peuples sont libres, c'est à Napoléon qu'ils le devront. Il habituait le peuple à la vertu, seule base d'une république. Ne lui reprochez pas sa dictature : elle nous menait à la liberté, comme le soc de fer qui creuse les sillons prépare la fertilité des campagnes. C'est lui qui porta la civilisation depuis le Tage jusqu'à la Vistule, c'est lui qui enracina en France les principes de la république. L'égalité devant les lois, la supériorité du mérite, la prospérité du commerce et de l'industrie, l'affranchissement de tous les peuples, voilà où il nous menait au pas de charge... Plus il y a d'intelligences qui se montrent, plus les institutions doivent être républicaines. Les premiers besoins d'un pays sont l'indépendance, la liberté, la stabilité, la suprématie du mérite et l'aisance également répandue... Le meilleur gouvernement sera celui où tout abus du pouvoir pourra être corrigé, où, sans bouleversement social, sans effusion de sang, on pourra changer et les lois et le chef de l'État, car une génération ne peut assujettir à ses lois les générations futures... Pour que l'indépendance soit assurée, il faut que le gouvernement soit fort ; pour qu'il soit fort, il faut qu'il ait la confiance du peuple, qu'il puisse avoir une armée nombreuse. Pour être libre, il faut que tout le peuple, indistinctement, puisse concourir aux élections des représentants de la nation, il faut que la masse qu'on ne peut jamais corrompre soit la source constante d'où émanent tous les pouvoirs... Les trois pouvoirs de l'État seraient : le peuple, le Corps législatif et l'Empereur. Le peuple aurait le pouvoir électif et de sanction ; le Corps législatif aurait le pouvoir délibératif ; l'Empereur, le pouvoir exécutif... Le pouvoir sera toujours obligé de régner d'après les désirs du peuple, puisque les deux Chambres seront immédiatement élues par la masse. Il n'y aura plus de distinction de rang ni de fortune, chaque citoyen concourra également à l'élection des députés. Il n'y aura plus ni aristocratie de naissance ni aristocratie d'argent, il n'y aura plus que celle du mérite. La forme du gouvernement est stable lorsqu'elle est appuyée sur toute la nation. La souveraineté du peuple est garantie parce qu'à l'avènement de chaque nouvel empereur la sanction du peuple sera demandée. Le peuple n'ayant pas le droit d'élection, mais seulement celui d'approbation, cette loi ne présente pas les inconvénients de la royauté élective. Il y a un juge suprême qui est le peuple ; c'est à lui de décider de son sort, c'est à lui à mettre d'accord tous les partis. On parle de combats éternels... et cependant il serait facile aux souverains de consolider la paix pour toujours ; qu'ils consultent les rapports et les mœurs des diverses nations entre elles, qu'ils leur donnent leur nationalité et les institutions qu'elles réclament, et ils auront trouvé la vraie balance politique. Alors tous les peuples seront frères, et ils s'embrasseront à la face de la tyrannie détrônée, de la terre consolée et de l'humanité satisfaite. »

Ainsi, ni la monarchie ni la république, mais une monarchie républicaine ou une république monarchique, c'est-à-dire l'empire, un gouvernement héréditaire qui ne l'est pas en droit, mais qui l'est en fait, tel est le système, avec le peuple, souverain suprême, approuvant l'avènement de chaque nouvel empereur, sans admettre, même par hypothèse, que cet empereur puisse jamais être un autre qu'un Napoléon. N'est-ce pas ainsi qu'avait débuté l'ère napoléonienne : *République française; Napoléon empereur*, ainsi qu'il était dit dans les pièces officielles et gravé sur les pièces de monnaie ?

Chateaubriand, auquel il envoie ses *Rêveries politiques*, lui répond de Lucerne, le 7 septembre 1832 :

« Prince, j'ai lu avec attention la petite brochure que vous avez bien voulu me confier; j'ai mis par écrit, comme vous l'avez désiré, quelques réflexions naturellement nées des vôtres et que j'avais déjà soumises à votre jugement. Vous savez, Prince, que mon jeune roi est en Écosse; que tant qu'il vivra il ne peut y avoir pour moi d'autre roi de France que lui. Mais si Dieu, dans ses impénétrables desseins, avait rejeté la race de saint Louis, si notre patrie devait revenir sur une élection qu'elle n'a pas sanctionnée (1), et si les mœurs ne lui rendaient pas l'état républicain possible, alors, Prince, il n'y a pas de nom qui aille mieux à la gloire de la France que le vôtre... »

En 1833, il publie une brochure intitulée : *Considérations politiques et militaires sur la Suisse*, et en 1834 un *Manuel d'artillerie* qu'il envoie au célèbre journaliste Carrel, dont on rapporte, à ce sujet, les paroles suivantes : « Les ouvrages politiques et militaires de Napoléon-Louis Bonaparte annoncent une forte tête et un noble caractère; le nom qu'il porte est le plus grand des temps modernes; c'est le seul qui puisse exciter fortement les sympathies du peuple français. Si ce jeune homme sait comprendre les nouveaux intérêts de la France, s'il sait oublier ses droits de légitimité impériale pour ne se rappeler que la souveraineté du peuple, il peut être appelé à jouer un grand rôle (2). » Quelle était la valeur de cette œuvre technique? « Nous pensons, lit-on dans le journal de l'*Institut historique* (3), que le *Manuel d'artillerie* (4) publié par notre collègue le prince Napoléon-Louis Bonaparte mérite d'occuper une place distinguée dans la bibliothèque des officiers français,

---

(1) Il parle du gouvernement de Juillet et veut dire, en définitive, que tout vaut mieux que le règne de l'usurpateur et traître Louis-Philippe.

(2) Voir la *Relation historique des événements du 30 octobre 1836*, par M. Armand Laity. Paris, lib. Thomassin et Cie, 1838.

(3) Tome IV, 1836, p. 76, 77. — Rapport lu à la 1re classe de l'Institut historique par Plivard, ancien élève de l'École polytechnique, chef d'escadron d'artillerie, membre de la 3e classe de l'Institut historique. (Voir le 1er vol., 18, L. C., 63.)

(4) « ...Je me suis appliqué pendant près de trois ans à un ouvrage d'artillerie que je sentais être au-dessus de mes forces, afin d'acquérir par là quelques cœurs dans l'armée et de prouver que si je ne commandais pas, j'avais au moins

et qu'il doit être un ouvrage précieux pour MM. les officiers de la République helvétique... En se rendant utile aux jeunes officiers de son arme, le prince Napoléon a dignement payé la dette de l'hospitalité, et il a montré, pour me servir de ses expressions, que les neveux du capitaine d'artillerie de Toulon n'ont point dégénéré (1). »

Les *Idées napoléoniennes* parurent en 1839. Elles ne constituent autre chose qu'un acte d'adoration. C'est du sentiment, c'est de l'enthousiasme, c'est de l'ivresse. La doctrine napoléonienne, c'est la vérité révélée, c'est la sagesse descendue sur la terre; Napoléon, cela dit tout, cela résume tout, cela résout tout; Napoléon, c'est comme un Dieu. De ces *idées napoléoniennes* on parvient cependant à dégager cette formule que le système napoléonien est un système complet et parfait, parce qu'au lieu de ne donner satisfaction qu'à l'aristocratie comme l'ancien régime et la monarchie restaurée, qu'à la bourgeoisie comme le gouvernement de Juillet, qu'à la démocratie comme la République, l'Empire repose au contraire sur cette trinité qu'il vivifie à son tour dans une admirable synthèse. Dans le passé il n'y a jamais eu d'édifice politique qui puisse lui être comparé, et dans l'avenir il n'y aura jamais rien qui puisse le surpasser. Écoutez!

les qualités requises pour commander. » (G. DUVAL, lettre à M. Vieillard, 10 juin 1842.)

(1) Le *National* écrivait, le 12 mai 1836 : « ...Nous avons droit de nous étonner qu'il ait fallu sept ans aux plus fortes têtes de l'artillerie pour mettre à fin u volume in-8° de 500 pages. Sept ans, tandis qu'un simple capitaine d'artillerie au service de la Suisse a conçu, rédigé et publié en moins de deux ans un manuel qui ne le cède en rien à l'aide-mémoire officiel de France. Et ce capitaine était loin d'avoir à sa disposition toutes les ressources que possède notre comité suprême... La partie consacrée à l'artillerie de campagne .. constitue un véritable traité, le plus complet et le plus succinct en même temps qui ait été fait sur la matière. L'auteur y a fait preuve d'une grande intelligence du but et des moyens de l'artillerie. Le paragraphe intitulé *Service et tactique* est surtout un petit modèle de clarté, de précision, qui en apprend plus que bien des gros livres... » Armand Carrel avait déjà dit dans le même journal, en parlant des écrits du prince : « Ils annoncent une bonne tête et un noble caractère. Il y a de profonds aperçus, qui dénotent de sérieuses études et une grande intelligence des temps nouveaux. » Louis BLANC (*Histoire de dix ans*, t. V, p 113) dit que le *Manuel d'artillerie* est un ouvrage où le résultat des plus savantes études est exposé dans un style ferme, clair et précis.

« Le régime établi en 1800, guidé par un génie supérieur, avait fondé partout des institutions progressives sur des principes d'ordre et d'autorité ; mais l'ancien régime se présenta en 1814 et 1815 sous le masque d'idées libérales. Ce cadavre s'enveloppa de lambeaux aux couleurs nouvelles, et l'on prit le linceul d'un mort pour les langes d'un enfant plein d'avenir... Un guide nous est apparu. Ce guide, c'est l'homme extraordinaire qui, second Josué, arrêta la lumière et fit reculer les ténèbres..... Nous qui avons eu à notre tête un Moïse, un Mahomet, un César, un Charlemagne, irions-nous chercher autre part que dans ses préceptes un exemple et une synthèse politiques?... Les grands hommes ont cela de commun avec la divinité qu'ils ne meurent jamais tout entiers. Leur esprit leur survit, et l'*idée napoléonienne* (1) a jailli du tombeau de Sainte-Hélène, de même que la morale de l'Évangile s'est élevée triomphante, malgré le supplice du Calvaire. »

L'*idée napoléonienne* consiste « à reconstituer la société française bouleversée par cinquante ans de révolution, à concilier l'ordre et la liberté, les droits du peuple et les principes d'autorité..... Elle prend les anciennes formes et les nouveaux principes..... Elle appuie son système sur des principes d'éternelle justice ; elle remplace le système héréditaire des vieilles aristocraties par un système hiérarchique qui, tout en assurant l'égalité, récompense le mérite et garantit l'ordre. Elle trouve un élément de force et de stabilité dans la démocratie parce qu'elle la discipline. Elle trouve un élément de force dans la liberté parce qu'elle en prépare sagement le règne en établissant des bases larges avant de bâtir l'édifice... Elle ne voit en France que des frères faciles à réconcilier et dans les différentes nations de l'Europe que les membres d'une seule et

---

(1) « . .Je publiai contre l'avis de tous les *Idées napoléoniennes*, afin de formuler les idées politiques du parti et de prouver que je n'étais pas seulement un hussard aventureux.. J'ai rattaché le fil.. je suis... à vingt lieues de Paris une épée de Damoclès pour le gouvernement... je ne demande plus aux dieux qu'un vent qui me conduise. Moi, j'ai la foi, cette foi qui vous fait tout supporter... cette foi qui seule est capable de remuer les montagnes. » (G. Duval, p 278, 279, lettre à M. Vieillard, 10 juin 1842.)

grande famille. » (On voit percer là l'idée de la Fédération européenne, des États-Unis d'Europe ou plutôt d'un EMPEREUR D'EUROPE ; c'était bien là en effet la pensée, le rêve de Napoléon Ier.)..... « Elle réunit la nation au lieu de la diviser..... elle donne à chacun l'emploi qui lui est dû, la place qu'il mérite selon sa capacité et ses œuvres, sans demander compte à personne ni de son opinion ni de ses antécédents politiques..... elle vogue à pleines voiles sur l'Océan de la civilisation, au lieu de rester dans un étang bourbeux..... L'*idée napoléonienne* se fractionne en autant de branches que le génie humain a de phases différentes ; elle va vivifier l'agriculture, elle invente de nouveaux produits... elle aplanit les montagnes, traverse les fleuves, facilite les communications et oblige les peuples à se donner la main. Elle emploie tous les bras et toutes les intelligences. Elle va dans les chaumières... avec les moyens nécessaires pour étancher la soif du pauvre, pour apaiser sa faim ; et de plus elle a un récit de gloire pour éveiller son amour de la patrie ! L'*idée napoléonienne* est comme l'idée évangélique... ce n'est qu'à la dernière extrémité qu'elle invoque le dieu des armées... L'*idée napoléonienne* repousse loin d'elle la corruption, la flatterie et le mensonge... Quoiqu'elle attende tout du peuple, elle ne le flatte pas... L'*idée napoléonienne* est une idée de paix plutôt qu'une idée de guerre, une idée d'ordre et de reconstitution... » Ainsi, fraternisation des nations européennes — fusion des partis — gouvernement d'aristocratie, de bourgeoisie et de démocratie — développement du commerce — récompense de chacun — extinction du paupérisme — gloire et en même temps paix — voilà le système napoléonien.

« ..... Napoléon, dit-il encore, en arrivant sur la scène du monde, vit que son rôle était d'être l'exécuteur testamentaire de la Révolution... Lorsque la Révolution mourante... légua à Napoléon l'accomplissement de ses dernières volontés, elle dut lui dire : « Affermis sur des bases solides les principaux résultats de mes efforts ; réunis les Français divisés, repousse l'Europe féodale liguée contre moi, cicatrise mes plaies, éclaire les nations, exécute en étendue ce que j'ai dû faire en profon-

deur; sois pour l'Europe ce que j'ai été pour la France... »
« L'empereur Napoléon, continue-t-il, a contribué plus que tout autre à accélérer le règne de la liberté, en sauvant l'influence morale de la Révolution et en diminuant les craintes qu'elle inspirait. Sans le Consulat et l'Empire, la Révolution n'eût été qu'un grand drame... La Révolution se serait noyée dans la contre-révolution, tandis que le contraire a eu lieu, parce que Napoléon enracina en France et introduisit partout en Europe les principaux bienfaits de la grande crise de 89 et que, pour nous servir de ses expressions, il dessouilla la Révolution, affermit les rois et ennoblit les peuples. Il dessouilla la Révolution en séparant les vérités qu'elle fit triompher des passions qui dans leur délire les avait obscurcies ; il raffermit les rois en rendant le pouvoir honoré et respectable ; il ennoblit les peuples en leur donnant la conscience de leurs forces et ces institutions qui relèvent l'homme à ses propres yeux. L'Empereur doit être considéré comme le Messie des idées nouvelles.....

« Quel était le but de Napoléon? la liberté !... oui, la liberté !... Et plus on étudiera l'histoire, plus on se convaincra de cette vérité... La liberté, dira-t-on, n'était pas assurée par les lois impériales. Son nom n'était pas, il est vrai, en tête de toutes les lois, ni affiché à tous les carrefours; mais chaque loi de l'Empire en préparait le règne paisible et sûr... La gloire de Napoléon est comme le soleil; aveugle qui ne la voit pas. Des détracteurs obscurs ne changeront pas l'influence irrécusable d'actes patents; quelques gouttes d'encre répandues dans la mer ne sauraient altérer la couleur de ses eaux... Et si dans le séjour céleste où repose maintenant sa grande âme Napoléon pouvait encore se soucier des agitations et des jugements qui se heurtent ici-bas, son ombre irritée n'aurait-elle pas le droit de répondre à ses accusateurs : ... Vous qui me blâmez, qu'avez-vous fait pendant vingt-quatre ans d'une paix profonde? avez-vous... réuni les partis autour de l'autel de la patrie? avez-vous donné à la Chambre des pairs l'organisation démocratique de mon Sénat?... Avez-vous donné à votre système électoral la base démocratique de mes assemblées de canton?... avez-vous facilité l'accès à la Chambre représentative en assurant une rétribution aux députés?... avez-vous amélioré le sort des classes pauvres?... avez-vous rétabli la loi du divorce?... avez-vous organisé la garde nationale de telle sorte qu'elle soit une barrière invincible à l'invasion?... avez-vous contenu le clergé dans ses attributions religieuses?... avez-vous conservé à l'armée cette considération et cette popularité qu'elle avait acquises à si juste titre? Avez-vous rendu à nos débris de Waterloo le peu de paix qui leur revenait comme prix du sang qu'ils ont versé pour la France? Avez-vous assuré à la France des alliés sur lesquels elle puisse compter au jour du danger? Avez-vous diminué les charges du peuple? Enfin avez-vous affaibli cette centralisation administrative que je n'avais établie que pour organiser l'intérieur et pour résister à l'étranger? »

Après avoir ainsi fait la critique de la Restauration et surtout du gouvernement de Juillet, il revient à sa thèse, à son idée fixe, à sa foi que la France ne peut être heureuse et grande qu'avec l'Empire, auquel on reproche injustement d'avoir fait la guerre : « ...Les guerres de l'Empire ont été comme le débordement du Nil : lorsque les eaux de ce fleuve couvrent les campagnes de l'Egypte, on pourrait croire à la dévastation; mais à peine se sont-elles retirées que l'abondance et la fertilité naissent de leur passage! » La comparaison n'est-elle pas ingénieuse? L'image n'est-elle point une vraie trouvaille? Cette thèse de l'Empereur apportant à l'Europe dans les plis du drapeau français, malgré les horreurs de la guerre, les principes nécessaires, les principes féconds, les principes régénérateurs, les principes immortels de 1789, n'a-t-elle pas été soutenue et developpée à satiété par la plupart de ceux qui se réclamaient de la démocratie même la plus avancée?

Quel était le but de l'Empereur? ajoute le prince. Ce n'était pas seulement d'enseigner à l'Europe l'Évangile nouveau, de lui apprendre la liberté, l'égalité et la fraternité; c'était — gigantesque entreprise — de faire disparaître les barrières existant entre les peuples, de fondre les races en une seule nationalité et de fonder l'empire d'Europe sous le sceptre de Napoléon et de ses héritiers : « Une confédération européenne, dit-il...; remplacer entre les nations de l'Europe l'état de nature par l'état social, telle était la pensée de l'Empereur. La politique de l'Empereur... consistait à fonder une association européenne solide en faisant reposer son système sur des nationalités complètes et sur des intérêts généraux satisfaits. Si la fortune ne l'eût pas abandonné, il aurait eu dans ses mains tous les moyens de constituer l'Europe... Pour cimenter l'association européenne, l'Empereur eût fait adopter un code européen, une Cour de cassation européenne redressant pour tous les erreurs, comme la Cour de cassation en France redresse les erreurs, de ses tribunaux... Les intérêts européens auraient dominé les intérêts nationaux, et l'humanité eût été satisfaite... »

Et pour qu'on ne s'y trompe point, le prince s'exprime d'une façon explicite : « L'Europe napoléonienne fondée, l'Empereur eût procédé en France aux établissements de paix... Il eût consolidé la liberté... Le gouvernement de Napoléon, plus que tout autre, pouvait supporter la liberté, par cette unique raison que la liberté eût affermi son trône, tandis qu'elle renverse les trônes qui n'ont pas de base solide. La liberté eût affermi sa puissance, parce que Napoléon avait établi en France tout ce qui doit précéder la liberté ; parce que son pouvoir reposait sur la masse entière de la nation, parce que ses intérêts étaient les mêmes que ceux du peuple... Aimé surtout des classes populaires, Napoléon pouvait-il craindre de donner des droits politiques à tous les citoyens ?... Déjà, en 1803, Napoléon prévoyait que la liberté fortifierait son pouvoir : ayant ses plus chauds partisans dans le peuple, plus il abaissait le cens électoral, plus ses amis naturels avaient des chances d'arriver à l'Assemblée législative ; plus il donnait de pouvoir aux masses, plus il affermissait le sien. La liberté de discussion dans les Chambres n'eût pas eu non plus d'effets dangereux pour le gouvernement impérial ; car, tous étant d'accord sur les questions fondamentales, l'opposition n'eût servi qu'à faire naître une noble émulation... Enfin, la liberté de la presse n'eût servi qu'à mettre en évidence la grandeur des conceptions de Napoléon, qu'à proclamer les bienfaits de son règne... Avec Napoléon, on arrivait sans secousses et sans troubles à un état normal où la liberté eût été le soutien du pouvoir, la garantie du bien-être général... C'est avec l'impression d'un rêve enivrant qu'on s'arrête sur le tableau de bonheur et de stabilité qu'eût présenté l'Europe si les vastes projets de l'Empereur eussent été accomplis. Chaque pays circonscrit dans ses limites naturelles, uni à son voisin par des rapports d'intérêts et d'amitié, aurait joui à l'intérieur des bienfaits de l'indépendance, de la paix et de la liberté. Les souverains, exempts de crainte et de soupçon, ne se seraient appliqués qu'à améliorer le sort de leurs peuples et à faire pénétrer chez eux tous les avantages de la civilisation... Les peuples étrangers, impatients des maux momentanés de la guerre, oublièrent ce que Napoléon leur apportait, et pour un mal passager ils repoussèrent tout un avenir d'indépendance. »

Ainsi tous les peuples auraient fini, en communiant dans la religion napoléonienne, par ne plus avoir qu'une seule et même opinion sur toutes les questions fondamentales, et par trouver le bonheur parfait, ainsi que la paix définitive. La parole de l'Écriture : *Et tradidit mundum disputationibus eorum*, aurait cessé d'être une vérité !

Lamartine ayant maltraité l'Empereur dans une lettre à M. Chapuys-Montlaville qui lui avait fait part de son intention de publier un Plutarque français, Louis-Napoléon lui écrivit : « Ce fut Napoléon qui, arrêtant les passions, fit triompher partout en Europe les vérités de la révolution française... Napoléon eut ses torts et ses passions; mais ce qui le distinguera éternellement de tous les souverains aux yeux des masses, c'est qu'il fut le roi du peuple, tandis que les autres furent les rois des nobles et des privilégiés... Consul, il établit en France les principaux bienfaits de la révolution; empereur, il répandit dans toute l'Europe ces mêmes bienfaits. Sa mission, d'abord purement française, fut ensuite humanitaire. »

Ce qui prouve bien le lyrisme de cet esprit, c'est le morceau suivant (1), écrit à Ham et intitulé : *l'Exilé* (2) :

« O vous que le bonheur a rendu égoïste, qui n'avez jamais souffert les tourments de l'exil, vous croyez que c'est une peine légère que de priver les hommes de leur patrie. Or, sachez-le, l'exil est un martyre continuel, c'est la mort, mais

---

(1) Voir *Étude sur Napoléon III*, par E. FOURMESTRAUX, 1862. — Voir OEuvres de *Napoléon III*, t. I, *Mélanges*, édit. Plon.

(2) Alors aussi il écrit plusieurs pages bien curieuses où s'accuse et s'extériorise le lyrisme incoercible de cette étrange nature. L'une est intitulée *le Credo* : « Je crois en Dieu... Rien n'est fait de soi-même. Lorsque je vois un temple, je pense à l'ouvrier qui l'a bâti ; lorsque j'admire les surprenants phénomènes de l'univers, je baisse le front devant la Volonté souveraine qui a fait la nature et ordonné le monde... Je crois en Jésus-Christ... qui a revêtu notre enveloppe mortelle, afin de nous faire comprendre, en s'abaissant jusqu'à nous, la morale divine, et d'un coup éleva notre espèce de cent coudées en faisant passer dans notre âme la foi, la charité, l'espérance, ces dons du Ciel... Il est né de la Vierge Marie, prenant ainsi pour origine la seule vertu qui fût restée au genre humain, l'innocence, et l innocence du pauvre... Il a été crucifié. Il fallait qu'il fût crucifié pour nous apprendre à pardonner à nos ennemis, comme il pardonnait lui-même à ses bourreaux. Il mourut... Avec lui, tout n'avait pas disparu. Sur la terre restait une image vénérée, un principe divin... il transforma le monde, et l'on vit le droit remplacer la force, l'amour remplacer la haine, l'égalité remplacer l'oppression. »

L'autre a pour titre *la Captivité* : « De cet empire immense qui embrassait le monde, voilà donc tout ce qui reste, un tombeau et une prison ; un tombeau pour prouver la mort du Grand Homme, une prison pour faire mourir sa cause. Que sont-ils devenus, ces quatre millions de Français qui ont élevé le trône impérial, et ces millions de soldats qui l'ont défendu jusqu'à Waterloo, et ces hommes que l'Empereur avait faits si puissants pour qu'ils transmissent, après sa mort, à ses héritiers son sceptre plébéien, son épée nationale, son code civilisateur ? Ils sont tous morts, sans doute, car *aucun*, dans le malheur, n'est venu me tendre la main... Si j'obéissais à cet instinct de la nature, qui fait qu'on aime ceux qui vous nourrissent, et qu'on hait ceux qui vous fustigent, je n'aimerais que les étrangers qui m'ont nourri, et je haïrais mes compatriotes qui, enfant m'ont banni, homme m'ont persécuté et calomnié. Mais heureusement l'amour de la patrie chasse de mon cœur ces faiblesses humaines .. je remercie ceux qui m'ont frappé de cette condamnation qui rompt l'exil... Oh ! certes, parfois, lorsqu'au bout du cinquantième pas un homme me barre le passage, ou lorsque le papier qui renferme l'expression de la sympathie d'un ami m'arrive tout ouvert, je me surprends à regretter le lac et les montagnes où j'ai passé mon enfance... Mais de ces souvenirs... une idée me réveille : cette idée, c'est d'être en France ! Elle change tout à mes yeux. Je ne vois plus ni barreaux, ni murs, ni police ; je ne vois plus que le sol, que les habitants de ma patrie... » (Voir *Napoléon III intime*, par M. Fernand GIRAUDEAU, p. 99 et 100.)

non la mort glorieuse et brillante de ceux qui succombent pour la patrie, non la mort plus douce de ceux dont la vie s'éteint au milieu des charmes du foyer domestique, mais une mort de consomption lente et hideuse qui vous mine sourdement et vous conduit sans bruit et sans effort à un tombeau désert. Dans l'exil, l'air qui vous entoure vous étouffe, et vous ne vivez que du souffle affaibli qui vient des rives lointaines de la terre natale. Étranger à vos compatriotes qui vous ont oublié, sans cesse étranger parmi ceux avec lesquels vous vivez, vous êtes comme une plante transportée d'un climat lointain, qui végète faute d'un coin de terre où elle puisse prendre racine. L'exilé peut trouver sur la terre étrangère des âmes généreuses, des caractères élevés qui s'efforceront d'être pour lui prévenants et affables ; mais l'amitié, cette harmonie du cœur, il ne la rencontre nulle part, car elle ne repose que sur une communauté de sentiments et d'efforts... Exilé, vrai paria des sociétés modernes, si tu ne veux pas avoir le cœur brisé à chaque instant, il faut, comme le dit Horace, que tu t'enveloppes dans ta vertu, et que, la poitrine couverte d'un triple airain, tu sois inaccessible aux émotions... Ne te laisse jamais aller à un épanchement de cœur, à des entraînements sympathiques qui tendraient à te rappeler au souvenir de tes compatriotes, ils viendraient l'injure à la bouche te demander de quel droit, toi exilé, tu oses venir exprimer une opinion sur les affaires de ton pays !... Si tu rencontres sur la terre étrangère un déserteur, c'est-à-dire un de ces hommes dont les antécédents se rattachent à ta famille et avec lequel tu as passé les premières années de l'enfance, arrête l'élan qui te pousse vers lui, ne lui tends pas la main, car tu le verrais fuir avec précipitation... et il n'a pas tort, car ton contact semble porter la contagion ; ton baiser est comme le souffle du désert qui dessèche tout ce qu'il touche. Si l'on savait qu'il t'a parlé, on le priverait du pain qui fait vivre ses enfants. C'est un crime aux yeux des grands du jour que d'être lié avec un exilé... Prends garde à chaque pas que tu fais, à chaque mot que tu prononces, à chaque soupir qui s'échappe de ta poitrine, car il y a des gens payés pour dénaturer tes actions, pour défigurer tes paroles, pour donner un sens à tes soupirs! Si l'on te calomnie, ne réponds pas... l'exilé doit être calomnié sans répondre, il doit souffrir sans se plaindre; la justice n'existe pas pour lui. Heureux ceux dont la vie s'écoule au milieu de leurs concitoyens, et qui, après avoir servi leur patrie avec gloire, meurent à côté du berceau qui les a vus naître! Mais malheur à ceux qui, ballottés par les flots de la fortune, sont condamnés à mener une vie errante... et qui, après avoir été de trop partout, mourront sur la terre étrangère sans qu'un ami vienne pleurer sur leur tombe! »

Dans cette page se révèle d'une façon intense la nature sentimentale et poétique de Louis-Napoléon.

Au fort de Ham, en 1841, il publie les *Fragments historiques* (1688-1830). Au moyen de l'histoire d'Angleterre, où il va chercher ses exemples, il dresse un acte d'accusation contre le gouvernement de Juillet. « Un gouvernement, dit-il, peut souvent violer impunément la légalité et même la liberté; mais s'il ne se met pas franchement à la tête des grands intérêts de la civilisation, il n'a qu'une durée éphémère. Il crut (Charles II) qu'en remplaçant les idées d'honneur et de gloire par le développement des intérêts matériels, en détruisant la foi par l'astuce et les consciences par la corruption, il sortirait du dédale des passions politiques. Quant à la nation, peu lui importait qu'elle s'y perdît... Les gouvernements qui ne sont ni assez populaires pour gouverner par l'union des citoyens, ni assez forts pour les maintenir dans une oppression commune, ne peuvent se soutenir qu'en alimentant la discorde entre les partis... Elle est triste, l'histoire d'un règne (Charles II) qui ne se signale que par les procès politiques et des traités honteux, et qui ne laisse, après lui, au peuple, qu'un germe de révolution, et aux rois, qu'un exemple déshonorant. Il n'y a jamais eu, chez les peuples libres, de gouvernement assez fort pour réprimer longtemps la liberté à l'intérieur, sans donner de la gloire au dehors... On ne viole pas impunément la logique populaire. Maintenir la paix en réveillant des symboles de guerre ; charger le peuples d'impôts pour faire assister les flottes et l'armée à des traités honteux ; tendre journellement tous les ressorts du pouvoir, sans même garantir le repos public, voilà les inconséquences dont le peuple, tôt ou tard, devait leur demander compte ! Les Stuarts (1) ne cherchaient jamais par l'application de quel grand principe, par l'adoption de quel grand système ils pouvaient assurer la prospérité et la prépondérance de leur pays, mais par quels expédients mesquins, par quelles intrigues cachées ils pouvaient soutenir leur pouvoir toujours dans l'embarras. L'histoire d'Angleterre dit hautement aux rois : Marchez à la tête des idées de votre siècle, ces idées vous suivent et vous soutiennent ; marchez à leur suite, elles vous entraînent ; marchez contre elles, elles vous renversent. »

« En 1685, le trône d'Angleterre était occupé par un roi simple de mœurs, exempt de vices et doué de qualités privées recommandables à son avènement ; on se souvenait que, jeune encore, il s'était battu avec courage, pendant les troubles civils, et que, exilé avec sa famille, pendant la république et le protectorat, il avait été élevé à l'école du malheur. Il s'annonçait comme l'homme le plus capable de faire le bonheur du peuple qu'il était appelé à gouverner. Il en fut cependant tout autrement. Il appelait le progrès une utopie, la gloire une chimère, l'honneur un préjugé, la misère des classes pauvres une malheureuse nécessité. A l'intérieur, ce n'était qu'arbitraire et corruption ; à l'extérieur, ce n'était que faiblesse et lâcheté. Le roi avait beau se vanter d'être entouré d'hommes qui avaient servi tour à tour la République, Cromwell et Charles II, ces hommes ne représentaient aucun parti, aucun intérêt, car les transfuges n'emportent jamais leur drapeau. »

En août 1842, il publie une brochure intitulée : *Analyse de la question des sucres*, où il traite le problème du régime éco-

---

(1) Lisez : les d Orléans.

nomique de la France, et où il se montre protectionniste décidé, adversaire résolu des idées libérales qu'il devait faire triompher en 1860 : « Le premier intérêt d'un pays ne consiste pas dans le bon marché des objets manufacturés, mais dans l'alimentation du travail. Protéger le consommateur aux dépens du travail intérieur, c'est, en général, favoriser la classe aisée au détriment de la classe indigente, car la production, c'est la vie du pauvre, le pain de l'ouvrier, la richesse du pays. L'intérêt du consommateur, au contraire, oblige le fabricant à devenir oppresseur. Pour dominer la concurrence et livrer ses produits au plus bas prix possible, il faut qu'il maintienne des millions d'individus dans la misère, qu'il réduise journellement les salaires, qu'il emploie de préférence les femmes et les enfants, et laisse sans occupation l'homme valide qui ne sait que faire de sa force et de sa jeunesse. L'Angleterre a réalisé le rêve de certains économistes modernes; elle surpasse toutes les autres nations dans le bon marché de ses produits manufacturés. Mais cet avantage, si c'en est un, n'a été obtenu qu'au préjudice de la classe ouvrière. Le vil prix de la marchandise dépend du vil prix du travail, et le vil prix du travail, c'est la misère du peuple. Si, en France, les partisans de la liberté commerciale osaient mettre en pratique leurs funestes théories, la France perdrait en richesse une valeur d'au moins deux milliards ; deux millions d'ouvriers resteraient sans travail, et notre commerce serait privé du bénéfice qu'il tire de l'immense quantité de matières premières qui sont importées pour alimenter nos manufactures. Une nation est coupable de mettre à la merci des autres son approvisionnement des denrées de première nécessité. Pouvoir, d'un jour à l'autre, être privé de pain, de sucre, de fer, c'est livrer sa destinée à un décret étranger, c'est une sorte de suicide anticipé qu'on a voulu prévenir en accordant une protection spéciale aux grains et au fer français (1). »

(1) Quand on se rappelle la politique commerciale du second Empire, n'est-il pas curieux de constater combien, avant de monter sur le trône, le prince était protectionniste?

Le prince est aussi journaliste, et pendant les années qu'il passe à Ham, il fait de temps en temps paraître des articles dans le journal *le Progrès du Pas-de-Calais* (1). Il y traite les questions à l'ordre du jour, et notamment les principaux problèmes d'organisation politique, sociale, économique, militaire.

Chose singulière, en matière électorale, il préconise alors l'élection à deux degrés (2). « Elle donne des droits politiques à tout un peuple sans offrir les dangers et les inconvénients de ce que l'on entend ordinairement par suffrage universel ; c'est une organisation hiérarchique et démocratique, hiérarchique, car on est d'abord électeur parce qu'on est d'abord citoyen, ensuite on est membre d'un collège électoral parce qu'on s'est acquis la confiance des citoyens, et puis député parce qu'on s'est acquis la confiance des électeurs. Il y a donc plusieurs degrés à parcourir, mais l'organisation est en même temps démocratique, parce que le peuple entier en forme la base. Cette influence de la volonté populaire doit agir et réagir, mais par degrés et par échelons. Lorsque le peuple vote en masse sur la place publique et donne directement son suffrage, c'est, pour ainsi dire, tout le sang d'un corps qui afflue vers le tête ; il y a malaise, congestion, étourdissement ; les intérêts mêmes du peuple y sont mal représentés parce que ce n'est plus la réflexion et le jugement qui élisent, mais la passion et l'entraînement du moment qui décident du choix. Nous avons un exemple frappant de cette vérité dans la démocratie des petits cantons suisses. Le peuple, assemblé en masse sur la place publique, choisit tous ses représentants, et quoiqu'il fasse usage de toute la plénitude de sa souveraineté, c'est cependant dans ces cantons que l'esprit rétrograde est le plus enraciné. Dans leurs assemblées populaires il n'y a pas de vieux préjugés qu'ils ne sanctionnent, il n'y a pas d'améliora-

---

(1) Numéro du 28 octobre 1843 : « ..Ce n'est plus, et nous n'en avons jamais fait un mystère pour personne ; depuis plus de quinze mois, le prince Napoléon-Louis Bonaparte envoie de sa prison de Ham des articles au *Progrès*... »

(2) *OEuvres de Napoléon III*, édit. Plon, tome I.

tions qu'ils ne repoussent. » Ses idées se modifièrent par la suite, mais on voit qu'à l'origine, tout en réclamant le suffrage universel, il en redoutait l'application directe.

Il n'est pas non plus partisan d'une politique coloniale, d'une politique d'expansion au dehors. « Si la France, dit-il, était dans un état normal, le gouvernement pourrait se borner à répéter à ses administrés ces paroles du Seigneur : « Crois-« sez et multipliez. » Il pourrait leur dire : Parcourez les mers, et partout où vous trouverez un rivage, continent, île ou rocher, implantez-y, comme germe d'une civilisation nouvelle, votre race intelligente et laborieuse. Malheureusement, dans l'état actuel de l'Europe, la France ne peut pas étendre, sans inconvénient, sa domination sur des points isolés, situés au bout du monde. Au lieu d'éparpiller ses forces, il faut qu'elle les concentre ; au lieu de prodiguer ses trésors, il faut qu'elle les ménage, car le jour peut arriver où elle ait besoin de tous ses enfants et de toutes ses ressources (1). » Une fois monté sur le trône, il ne s'est pas, hélas ! souvenu de cette sage politique.

Dans le fonctionnement et dans les mœurs du parlementarisme il soutient (2) qu'il y a des améliorations à introduire. Il faut exiger qu'un projet de loi ne soit valable qu'autant qu'il a été lu trois fois devant les Chambres. Les intérêts lésés se soumettraient sans murmure, car ils n'attribueraient pas la mesure qui les blesse au hasard, mais à la volonté clairement manifestée des représentants de la nation. Il faut obliger un député qui veut s'absenter, à s'arranger avec un député de l'opinion opposée, afin que les absences n'influent pas sur la force des partis. Il faut abolir la tribune et obliger chaque député à parler de sa place. Avec une tribune, une Chambre ressemble trop à un théâtre où les grands acteurs seuls peuvent réussir. Avec une tribune, les avocats, seuls, remportent, en général, tous les triomphes.

---

(1) Voir le *Progres du Pas-de-Calais* du 14 juin 1841.
(2) *Ibid.*, 18 septembre 1843. *Signé :* XX.

S'il descend ainsi dans les détails de l'organisation politique, il revient bien vite à cet exposé didactique qui lui est si cher des principes napoléoniens (1)... « Un gouvernement doit puiser sa force morale dans un principe et sa force physique dans une organisation... L'adoption d'un principe reconnu par tous lui donnera l'opinion, l'établissement d'une vaste organisation lui donnera tous les bras. Supposons qu'un gouvernement accepte franchement le principe de la souveraineté du peuple, c'est-à-dire l'élection, il aura pour lui tous les esprits; car quel est l'individu, la caste, le parti qui oserait attaquer le droit, produit légal de la volonté de tout un peuple? Supposons encore qu'il organise la nation en donnant à chacun des droits et des devoirs fixes, c'est-à-dire une place dans la communauté, un degré sur l'échelle sociale, il aura enrégimenté tout le peuple et assuré cet ordre véritable qui a pour base l'égalité des droits et pour règle la hiérarchie du mérite... Donnez au prolétaire le plus anarchique des droits, une place légale dans la société, vous en faites à l'instant un homme d'ordre, dévoué à la chose publique, car vous lui donnez des intérêts à défendre. Les hommes sont ce que les institutions les font... Les institutions en France doivent être marquées au coin de la démocratie... La malheureuse Irlande jouit, sous certains rapports, d'une plus grande liberté que la France de Juillet. Ici, par exemple, vingt personnes ne peuvent se réunir sans l'autorisation de la police... »

Dans une lettre (2) adressée le 28 octobre 1843 au rédacteur du journal *le Loiret* (3), il affirme la doctrine plébiscitaire... « Jamais je n'aurai d'autre désir que de voir le peuple entier légalement convoqué choisir librement la forme du gouvernement qui lui conviendra. Issu d'une famille qui a dû son élévation aux suffrages de la nation, je mentirais à mon origine,

---

(1) *Progrès du Pas-de-Calais*, 4 octobre 1843. Signé : Napoléon-Louis Bonaparte.

(2) Voir le *Progrès du Pas-de-Calais* du 28 octobre 1843.

(3) Le journaliste lui avait écrit pour lui demander à quel titre il rentrerait dans la grande famille française.

à ma nature, et qui plus est, au sens commun, si je n'admettais pas la souveraineté du peuple comme base fondamentale de toute organisation politique. J'ai réclamé, il est vrai, une première place, mais sur la brèche. J'avais une grande ambition, mais elle était hautement avouable, l'ambition de réunir autour de mon nom plébéien tous les partisans de la souveraineté nationale, tous ceux qui voulaient la gloire et la liberté. »

Il fait la critique (1) du personnel parlementaire... « Pour apprendre l'art de gouverner, qui est sans contredit l'art le plus difficile de tous, on n'exige aucun apprentissage... Il suffit d'appartenir à la nuance politique qui constitue la majorité de la Chambre pour être censé tout savoir, pour être réputé capable de remplir tous les ministères, c'est là un grand vice de notre organisation constitutionnelle ; l'opinion politique de l'homme est tout ; la valeur intrinsèque, ses connaissances spéciales ne sont rien. Ainsi nous voyons un avocat à la tête des travaux publics, un industriel régler les intérêts de l'agriculture, etc., puis, au premier coup de sifflet que pousseront les Chambres, la décoration change, les rôles sont intervertis, le ministre du commerce passe à l'intérieur, le ministre de la guerre aux affaires étrangères, et ainsi de suite. Il résulte de cette anarchie que les bureaux seuls décident les questions importantes... Le gouvernement constitutionnel eût été, suivant nous, bien mieux établi si le ministère, composé des spécialités les plus éminentes du pays, eût eu à sa tête un seul chef responsable devant les Chambres... Si les Chambres eussent blâmé la politique dirigeante, le président eût cédé la place à un autre ; mais son renvoi n'eût pas eu l'effet désastreux des changements actuels des ministères... Le ministère représente des intérêts immuables et une influence passagère ; les intérêts immuables doivent être représentés par des hommes immuables ; l'influence passagère, au contraire, doit obéir à la manifestation légale des désirs du pays... En un mot, la politique doit avoir son orateur ; mais

---

(1) *Progrès du Pas-de-Calais*, 17 novembre 1843.

les affaires doivent avoir leurs ministres. » En somme, ce qu'il combat, c'est le gouvernement parlementaire, dans la forme anglaise, pratiqué par la Restauration et par le gouvernement de Juillet, c'est-à-dire le système dans lequel le ministere est exclusivement recruté dans les Chambres. Il n'est pas douteux que dans un pays comme la France, où la démocratie déborde et où ni les lois, ni les traditions, ni les mœurs ne mettent obstacle à l'ascension politique des plus infimes, la situation de ministre est un but qu'il est donné à tous de viser, et qu'il résulte de là une course aux portefeuilles, une attaque et une défense des portefeuilles, qui fausse tout, qui pervertit tout et qui peut tout perdre. Le Parlement, pour être le maître, n'a pas besoin que les ministres soient pris dans son sein, et à cet égard, l'idée napoléonienne a bien sa valeur. Quand l'Empire est tombé, ce n'est plus ce parlementarisme mitigé qui régnait, c'était le parlementarisme pur, celui d'ailleurs, il faut le reconnaître, qui existe partout où le souverain règne et ne gouverne pas. Néanmoins, il y aurait peut-être là un nouvel essai à tenter. Cette incompatibilité des fonctions de ministre et de député fut proposée au mois de mars 1849 à l'Assemblée nationale, par l'éminent économiste Bastiat, lors de la discussion de la loi électorale. « Il n'y a qu'en Angleterre, pays aristocratique, disait-il, où l'on a décidé le contraire, et en France, depuis la Restauration... Je ne connais pas une compatibilité aussi fausse en principe et aussi funeste dans son application que celle d'un représentant pouvant devenir et aspirant à devenir ministre... Si la loi dit aux représentants : Vous pouvez etre ministres vous-mêmes, il suffit pour cela que vous mettiez les ministres dans leur tort, ne voyez-vous pas de suite quels inconvénients, quelles intrigues un pareil langage peut faire naître dans une Assemblée législative?... Je crois qu'il n'y a pas de plus grand danger que cette confusion de pouvoirs dans la personne des représentants. Si l'on voulait chercher les causes de presque toutes les grandes calamités politiques, de toutes les guerres inutiles, des profusions, des dilapidations, des corruptions, on les trouverait presque toujours dans les luttes, dans les intrigues, dans les coalitions que suscite au sein des assemblées électives précisément l'admissibilité des députés dans les ministères... Je crois qu'il faudrait n'avoir jamais jeté les yeux sur l'histoire de la Grande-Bretagne, et, de plus, je crois qu'il faudrait avoir dormi depuis 1824 jusqu'à nos jours, pour n'être pas frappé de ces dangers... Je défie aucun des représentants d'oser voter une pareille organisation pour les conseils généraux, je les défie de dire que lorsqu'il se formera une opposition systématique... que c'est le chef de cette opposition qui devra devenir préfet. Aucun de vous ne voudrait faire ce présent à son département, et cependant vous allez l'introduire dans l'enceinte législative elle-même où les questions sont plus brûlantes... Sous le régime déchu les crises ministérielles ont fait un mal immense... La question se résume à savoir si l'admissibilité des députés au ministère n'est pas une cause de crise ministérielle et de conflit de pouvoirs. Cela ne peut faire l'objet d'un doute... (les coalitions) se formeront au moins sur le terrain des principes, puisque les ambitions personnelles seront hors de cause. Mais en sera-t-il ainsi quand la loi dira aux représentants : Un portefeuille est le prix de la victoire! Et remarquez que ce dangereux langage s'adresse justement au représentant qui a le plus de valeur, le plus de mérite, le plus de génie, le plus de force de caractère... Ce sont ces hommes qui, malheureusement, tourneront leur génie contre le bien public, parce qu'il y aura un intérêt personnel qui les poussera malgré eux. Il ne faut pas connaître le cœur humain pour dire le contraire. »

Et comme le citoyen Charlemagne s'écrie : « ... (Autrefois) où prenait-on (les ministres)? dans les antichambres de Versailles! à l'OEil-de-bœuf! Comment étaient-ils nommés? par les intrigues des courtisans, quelquefois par des moyens plus honteux. On a vu alors une courtisane, au milieu d'une orgie, dicter au monarque ses choix!... » le citoyen *Saint-Gaudens* lui répond : « Quelle est l'assemblée républicaine qui n'a pas déclaré cette incompatibilité entre les fonctions de ministre...

et les fonctions de représentant? Je tiens ici toutes nos constitutions, vous n'en trouverez pas une seule où l'incompatibilité ne soit consacrée... Ce système fonctionne très bien aux États-Unis depuis quatre-vingts ans ; je vous engage à l'adopter. » Lamartine combat la thèse de Bastiat. Il n'est personne, c'est vrai, qui ne soit effrayé « de ces trames d'ambition déplaçant les majorités », qui puisse récuser « les inconvénients, les dangers présentés à si juste titre par M. Bastiat », mais, dans son système, les inconvénients seraient bien autrement graves ; les hommes supérieurs, ne pouvant plus arriver au ministère, ne se porteraient plus à la députation, et le résultat serait « l'abaissement du niveau intellectuel, moral et politique de l'Assemblée ». Dans le cas contraire, « ... ces grandes ambitions, par cela même qu'elles sont grandes, ne sont pas des ambitions vulgaires... elles ne tiennent pas à la dénomination de ministre, il leur suffit de régner par d'autres mains, elles auront des ministres de paille ; il y aura ce qui a eu lieu en 1793 sous le ministère des girondins... (Ceux-ci) ne daignèrent pas être ministres, et les agents ministériels responsables, obscurs, qu'ils mirent à leur place leur obéirent, firent le 10 août et renversèrent trône et constitution. Voilà le système de l'irresponsabilité ! »

Bastiat revient à la charge. C'est un spectacle lamentable et qui pervertit le sens moral de la nation, et qui déconsidère le pouvoir dans l'esprit des masses, que celui de ces hommes qui oublient si vite, une fois qu'ils sont ministres, les principes qu'ils ont soutenus quand ils étaient dans l'opposition. « Ces hommes de talent et de génie... la loi actuelle qui leur permet d'arriver au ministère, tourne précisément contre le bien public ; ce génie que nous devons admirer, ils s'en servent, mais pourquoi? Très souvent pour faire du mal... Il me semble que c'est abaisser beaucoup la valeur du mandat législatif que de croire, que de dire, que d'insinuer que le génie d'un grand homme sera inutile, parce que cet homme ne sera que représentant. Je crois, au contraire, que quand il ne sera que représentant, qu'il ne pourra être que représentant, il pourra avoir une très grande autorité dans cette Assemblée, autorité d'autant plus grande qu'elle ne pourra être soupçonnée... »

Le prince n'est alors (1) partisan ni du libre-échange (2), comme nous l'avons vu, ni du développement de la conquête de l'Afrique, ni de la construction des fortifications de Paris. « Toutes les industries de la France souffrent, parce qu'on a témérairement baissé les tarifs qui les protégeaient contre la concurrence étrangère... Tous les trésors de la France sont gaspillés, tout ce qu'elle a de forces vitales est dépensé en pure perte, soit sur les sables brûlants d'Afrique, soit sur les déserts de l'Océan, soit dans les montagnes de pierres qui s'élèvent autour de Paris. »

Il n'admet pas (3) que le clergé ait le droit absolu d'enseigner, ni, d'autre part, qu'on puisse supprimer le budget des cultes. « ...Permettre (aux ministres de la religion) d'élever sans contrôle des écoles, c'est leur permettre d'enseigner au peuple la haine de la révolution et de la liberté... Leur retirer leur salaire, c'est les laisser retomber de tout leur poids sur le peuple, c'est les forcer à exiger de nouveau la dîme pour leur entretien, à faire trafic des choses saintes et à laisser le pauvre sans cette assistance religieuse qui le console de sa misère. Oter au clergé la rétribution de l'État, c'est exclure le pauvre de l'Église. « On n'a pas droit, a dit l'empereur Napoléon, de « priver le pauvre de ce qui le console de sa pauvreté. » Toutes les cérémonies du culte doivent être gratuites pour le peuple. Pour faire disparaître les ferments de discorde qui vont aujourd'hui en augmentant, il faut deux choses : que l'Université cesse d'être athée, et que le clergé cesse d'être ultramontain. De l'union des prêtres et des laïques réagira une double action également favorable à la société. Les prêtres deviendront

---

(1) *Progrès du Pas-de-Calais*, 19 novembre 1843.
(2) Il écrit du fort de Ham, à la date du 4 décembre 1843, à M. X., la lettre suivante : « ...Quant aux machines, ne pensez-vous pas qu'il y aurait lieu à en régler l'emploi, et qu'il serait de toute justice d'établir en principe que toute invention qui enrichit les uns en privant les autres de travail doit indemnité à ceux dont elle tue l'industrie?... » (Voir la *Presse* du 19 novembre 1848.)
(3) *Progrès du Pas-de-Calais*, 13 décembre 1843.

citoyens, et les citoyens deviendront plus religieux. Alors, mais alors seulement, nous serons heureux de voir, comme en Allemagne, les ministres de la religion à la tête de l'éducation, enseignant à la jeunesse la morale du Christ, morale sublime qui détruisit l'esclavage, apprit aux hommes qu'ils étaient égaux, et que Dieu leur avait mis au fond du cœur une foi et un amour pour croire au bien et pour s'aimer. »

Il revient sur la question du régime commercial de la France et écrit ces lignes bien curieuses : « Le Brésil, le Portugal ont assez d'énergie et d'indépendance pour repousser tout traité de commerce avec l'Angleterre. Le gouvernement français seul sera assez faible et assez pusillanime pour sacrifier à une exigence politique nos plus graves intérêts. »

Tous ces articles de journaux n'ont rien de vraiment remarquable, mais le prince montre une prescience de génie dans son exposé magistral des réformes à introduire dans l'organisation militaire de la France. Là il est incomparable. Plus d'un quart de siècle avant la guerre de 1870, il donne la Prusse comme modèle à la France. N'a-t-il point, dès lors, une plus grande et une plus lourde responsabilité devant l'histoire de n'avoir pas fait passer ses idées dans la pratique alors qu'il était le maître? Mais le fût-il à ce point qu'il aurait pu les appliquer envers et contre tous? N'était-il pas le seul homme en France à penser de la sorte? N'avait-il pas contre lui et la Chambre et la nation? Qui admettait la nécessité du service militaire universel? Malheureusement, de par son nom, il était dans une situation fausse pour accomplir cette réforme nécessaire au salut de la patrie. « Un des reproches les plus graves, écrit-il (1), qu'on puisse adresser au gouvernement, c'est de n'avoir pas organisé militairement le pays de façon que la France n'ait jamais à craindre une invasion… Un des généraux qui contribuèrent le plus à l'organisation militaire de la Prusse exprima un jour cette pensée : que dans un État bien organisé on ne devait pas savoir où commence le soldat et où finit le

---

(1) 29 avril, 3 mai 1843. Le *Progrès du Pas-de-Calais* et *OEuvres de Napoléon III*, t. II : *De l'organisation militaire de la France*, édit. Plon, 1856.

citoyen. Ces paroles dépeignent la philosophie d'un système qui sera infailliblement adopté par toutes les puissances du continent, parce qu'il répond aux nouvelles exigences des peuples de l'Europe. Il ne suffit plus aujourd'hui à une nation d'avoir quelques centaines de chevaliers bardés de fer ou quelques milliers de condottieri et de mercenaires pour maintenir son rang et son indépendance, il lui faut des millions d'hommes armés, car lorsque la guerre éclate, les peuples s'entre-choquent en masse, et, une fois la lutte engagée, c'est le génie du chef et la bravoure des troupes qui décident de la victoire, mais c'est en revanche l'organisation seule qui résiste dans les revers et sauve la patrie. Il est donc indispensable, pour chaque nation, de pouvoir mettre sur pied des armées nombreuses. C'est un devoir d'organiser nos forces..., pour nous mettre à jamais à l'abri d'une invasion. Profitons donc de nos propres malheurs et des exemples des peuples étrangers... Les Prussiens surent profiter de leurs revers, et, pour empêcher qu'un nouveau Iéna vînt encore détruire en un jour leur patrie, ils établirent chez eux la plus belle organisation militaire qui ait jamais existé parmi les nations civilisées. Eh bien, nous aussi, nous vivons sur notre gloire passée..., nous sommes sans défense... Il s'agit d'une question d'existence... Le problème à résoudre est celui-ci : Pour résister à une coalition, il faut à la France une armée immense composée d'hommes exercés; de plus, il faut que cette armée puisse encore se reformer avec des hommes exercés dans le cas d'un premier revers... Si le gouvernement est jaloux de satisfaire les grands intérêts de la patrie, il s'efforcera de réduire les charges du pays en diminuant le nombre des troupes permanentes et en augmentant considérablement les troupes de réserve; il établira dans chaque grande division territoriale un arsenal pour armer les populations en cas d'invasion, au lieu de laisser tous les approvisionnements et les dépôts d'armes dans les places des frontières. Il organisera l'armée de façon qu'elle puisse passer en peu de temps et sans encombre du pied de paix au pied de guerre... Il maintiendra toujours son armée aux frontières, organisée en brigades et en corps d'armée... Nous avons une armée belle et brave sans doute, mais qui ne compte que 344,000 hommes, nombre insuffisant en cas de guerre et fardeau écrasant en temps de paix. L'armée n'a point de réserve... Il nous faut près d'un an pour passer du pied de paix sur le pied de guerre, et l'armée, dispersée sur tout le territoire et loin des frontières, non seulement n'est pas réunie en corps d'armée, mais elle n'est embrigadée qu'au centre du royaume... 510,000 hommes, c'est insuffisant pour une guerre moyenne, et la réserve est un mot vide de sens, car qu'est-ce qu'une réserve de 95,000 hommes ou de 143,000 sans cadres et dont toute l'organisation est comprise dans ces mots : « Elle pourra être appelée à des revues et exercices... » Mais ce qui nous a vivement peiné, c'est de voir le général Préval se déclarer opposé en principe à toute organisation de réserve. Lorsqu'il parle de l'organisation militaire de la Prusse, il a soin de la représenter comme un joug de fer imposé aux populations et opposé à nos mœurs, à nos institutions françaises, oubliant que s'il y a en Europe un peuple capable de supporter une pareille organisation, c'est le peuple français, car l'institution prussienne est basée sur l'égalité la plus complète et même sur des principes démocratiques. Elle est tyrannique sans doute, comme toutes les lois qui, adoptant de grands principes, soumettent tous les hommes aux mêmes charges et obligent le riche comme le pauvre à payer sa dette à la patrie. Mais cette tyrannie de la loi doit être l'apanage d'une société démocratique, car c'est là que gît la véritable égalité... Le gouvernement n'est pas assez sûr de l'assentiment général pour adopter des institutions égalitaires qui, depuis trente ans, font la gloire de la Prusse monarchique. Ainsi la Prusse, dont la population est près de deux fois et demie moins nombreuse que celle de la France, peut, pour défendre son territoire, mettre sur pied 530,000 hommes; il suffit d'un roulement de tambour pour réunir ces troupes... Ce système offre des avantages immenses. Il ne s'agit pas de savoir si les soldats qui ont passé trois ans sous les drapeaux sont aussi rompus au métier des armes que ceux qui y sont demeurés huit ans, mais de

trouver une organisation qui, au jour du danger, donne des milliers d'hommes exercés... Le système prussien résout le problème matériellement et moralement, car non seulement sous le rapport militaire, mais encore sous le rapport philosophique, il mérite d'être admiré, puisqu'il détruit toute barrière entre le citoyen et le soldat, et qu'il élève le sentiment de chaque homme en lui faisant comprendre que la défense de la patrie est son premier devoir... En Prusse, on ne connaît pas ce trafic (de la traite des blancs), et qui se résume par ces mots : « acheter un homme », quand on est riche pour se dispenser du service militaire et envoyer un homme du peuple se faire tuer à sa place ; il n'y a pas de remplaçants. L'organisation prussienne est donc la seule qui convienne à notre nature démocratique, à nos mœurs égalitaires, à notre situation politique, car elle se base sur la justice, l'égalité, l'économie, et a pour but, non la conquête, mais l'indépendance. Nous voudrions élever la garde nationale au rang de l'armée (1)... Les avantages de ce système seraient immenses... Quand même tous ces avantages ne seraient pas consacrés par ce projet, nous dirions encore qu'il faudrait l'adopter ou en adopter un équivalent, par la seule et unique raison qu'organisée de la sorte, la France serait à l'abri de toute invasion, qu'elle pourrait défier l'univers et répéter avec plus de justesse ce mot des fiers Gaulois : Si le ciel venait à tomber, nous le soutiendrions sur le fer de nos lances !... Napoléon s'écriait au Conseil d'État : « Poursuivez donc
« les bans de la garde nationale ; que chaque citoyen con-
« naisse son poste ; au besoin, que M. Cambacérès que voilà
« soit dans le cas de prendre son fusil si le danger le re-
« quiert, et alors vous aurez vraiment une nation maçonnée
« à chaux et à sable, capable de défier les siècles et les
« hommes ! »

(1) Projet : 1° Armée permanente de 200,000 hommes ; 2° réserve de l'armée ; 3° garde nationale du 1er ban ; 4° garde nationale du 2e ban. Service militaire de vingt à quarante et même à soixante ans. On aurait ainsi de 1,200,000 à 1,500,000 hommes. Le recrutement devrait se faire par province.

La guerre? il la repousse en principe : « Si, dit-il (1), la guerre est souvent une nécessité lorsqu'on a une grande cause à défendre, c'est au contraire un crime de la faire par caprice sans avoir un grand résultat pour but, un immense avantage pour raison. La France vous demandera compte, ne fussent-ils qu'en petit nombre, des hommes morts glorieusement, mais sans nécessité, dans toutes vos expéditions stériles; car si l'humanité permet qu'on hasarde la vie de millions d'hommes sur les champs de bataille pour défendre sa nationalité et son indépendance, elle flétrit et condamne ces guerres immorales qui font tuer des hommes dans le seul but d'influencer l'opinion publique et de soutenir par quelque expédient un pouvoir toujours dans l'embarras. »

Dans ces sages paroles on trouve la plus accablante condamnation de la guerre de Crimée, de la guerre d'Italie, de l'expédition du Mexique.

En mai 1844, il fait paraître une brochure sur l'*Extinction du paupérisme* (2), où, après avoir énoncé cette singulière proposition que « la quantité de marchandises qu'un pays exporte est toujours en raison directe du nombre de boulets qu'il peut envoyer à ses ennemis », il aborde la question même du paupérisme. « Le prélèvement de l'impôt, dit-il, peut se comparer à l'action du soleil qui absorbe les vapeurs de la terre pour les répartir ensuite, à l'état de pluie, sur tous les lieux qui ont besoin d'eau pour être fécondés et pour produire. Lorsque cette restitution s'opère régulièrement, la fertilité s'ensuit; mais lorsque le ciel, dans sa colère, déverse partiellement en orages,

---

(1) *Progrès du Pas-de-Calais*, 5 novembre 1844.
(2) Louis-Napoléon envoie cette brochure à George Sand, qui lui répond, le 26 novembre 1844 : « . .Vos préoccupations et vos écrits prouvent que nous aurons en vous un grand citoyen... » La *Démocratie pacifique*, journal du parti avancé, écrit, à la date du 25 juin 1844, au sujet de ce travail : « Voilà un prince (pourquoi n'est-ce qu'un prince sans couronne que sa mauvaise étoile a jeté dans une prison?) qui donne un noble exemple aux puissants de ce monde; voilà un homme, né sur les marches du trône, qui non seulement déplore cette cruelle anomalie d'un état social dans lequel, à côté de la plus extrême opulence, se rencontre la plus extrême misère, mais qui, de plus, travaille dans la mesure de ses forces à la réparation d'une aussi criante injustice. Puisse un tel exemple ne pas rester stérile! »

en trombes et en tempêtes les vapeurs absorbées, les germes de production sont détruits, et il en resulte la stérilité..... C'est toujours la même quantité d'eau qui a été prise et rendue. La répartition seule fait donc la différence. Équitable et régulière, elle crée l'abondance ; prodigue et partielle, elle amène la disette. Il en est de même d'une bonne ou mauvaise administration. Si les sommes prélevées chaque année sur la généralité des habitants sont employées à des usages improductifs, comme à créer des places inutiles, à élever des monuments stériles, à entretenir au milieu d'une paix profonde une armée plus dispendieuse que celle qui vainquit à Austerlitz, l'impôt, dans ce cas, devient un fardeau écrasant, il épuise le pays, il prend sans rendre..... C'est dans le budget qu'il faut trouver le premier point d'appui de tout système qui a pour but le soulagement de la classe ouvrière. Le chercher ailleurs est une chimère. »

Comme on le voit, c'est du socialisme.

Il continue : « ...Les caisses d'épargne sont utiles sans doute pour la classe aisée des ouvriers... mais pour la classe la plus nombreuse qui n'a... aucun moyen de faire des économies, ce système est complètement insuffisant. Vouloir, en effet, soulager la misère des hommes qui n'ont pas de quoi vivre en leur proposant de mettre tous les ans de côté un quelque chose qu'ils n'ont pas est une dérision ou une absurdité. Qu'y a-t-il donc à faire ? Le voici : Notre loi égalitaire de la division des propriétés ruine l'agriculture, il faut remédier à cet inconvénient par une association qui, employant tous les bras inoccupés, recrée la grande propriété et la grande culture sans aucun désavantage pour nos principes politiques..... Il faut appeler dans les campagnes ceux qui sont de trop dans les villes, et retremper en plein air leur esprit et leur corps. La classe ouvrière ne possède rien, il faut la rendre propriétaire. Elle est comme un peuple d'ilotes au milieu d'un peuple de sybarites. Il faut lui donner une place dans la société et attacher ses intérêts à ceux du sol. Enfin, elle est sans organisation et sans liens, sans droits et sans avenir ; il faut lui donner des droits et un avenir, et la relever à ses propres yeux par l'association, l'éducation, la discipline. »

Oui, il faut au nom de la justice, de la solidarité, de la pitié, améliorer autant que possible le sort des humbles. Mais croire résoudre ainsi la question sociale, c'est une erreur. Quand celui qui n'a rien aura quelque chose, il voudra davantage, il voudra autant que les autres, et il sera tout aussi impatient de l'organisation sociale et tout aussi révolutionnaire, s'il n'a pas de religion, s'il n'a pas le respect de la propriété, s'il n'a pas cette croyance que la différence des conditions, quelque douloureuse qu'elle soit, est la loi du développement de l'humanité, et que l'égalité absolue serait le retour à la barbarie et inaugurerait un régime social où les souffrances et les misères seraient considérablement surexaltées dans le plus effroyable chaos.

« En France, poursuit le prince, il y a 9,190,000 hectares de terres incultes. Que les Chambres décrètent que toutes ces terres incultes appartiennent de droit à l'association ouvrière, sauf à payer annuellement aux propriétaires actuels ce que ceux-ci en retirent aujourd'hui; qu'elles donnent à ces bras qui chôment ces terres qui chôment également, et ces deux capitaux improductifs renaîtront à la vie l'un par l'autre. (Il faut créer) des colonies agricoles qui, répandues sur toute la France, formeraient les bases d'une seule et vaste organisation dont tous les ouvriers pauvres seraient membres sans être personnellement propriétaires. (Des) avances (seraient) nécessaires... (elles) seraient fournies par l'État... Trois cents millions (seraient) payés en quatre ans... Au bout de dix ans, le gouvernement pourrait prélever un impôt de huit millions, sans compter l'augmentation naturelle des impôts indirects..... Cette avance de trois cents millions ne serait donc pas un sacrifice, mais un magnifique placement..... »

Les colonies agricoles une fois créées, il faudrait instituer avec des prud'hommes une sorte de corps-tampon entre la classe ouvrière et la classe capitaliste. « Aujourd'hui, ajoute-t-il, le règne des castes est fini, on ne peut gouverner qu'avec les masses… gouverner, ce n'est plus dominer les peuples par la force et la violence, c'est les conduire vers un meilleur avenir, en faisant appel à leur raison et à leur cœur ; mais comme les masses ont besoin d'être instruites et moralisées, et qu'à son tour l'autorité a besoin d'être contenue et même éclairée sur les intérêts du plus grand nombre, il est de toute nécessité qu'il y ait dans la société deux mouvements également puissants : une action du pouvoir sur la masse et une réaction de la masse sur le pouvoir….. Nous voudrions qu'on créât entre les ouvriers et ceux qui les emploient une classe intermédiaire jouissant de droits légalement reconnus et élue par la totalité des ouvriers. Cette classe intermédiaire serait le corps des prud'hommes. Nous voudrions qu'annuellement tous les travailleurs ou prolétaires s'assemblassent dans les communes pour procéder à l'élection de leurs représentants ou prud'hommes, à raison d'un prud'homme par dix ouvriers. La bonne conduite serait la seule condition d'éligibilité. Tout chef de fabrique ou de ferme, tout entrepreneur quelconque serait obligé par une loi, dès qu'il emploierait plus de dix ouvriers, d'avoir un prud'homme pour les diriger et de lui donner un salaire double de celui du simple ouvrier. Ces prud'hommes rempliraient dans la classe ouvrière le même rôle que les sous-officiers remplissent dans l'armée. Ils formeraient le premier degré de la hiérarchie sociale, stimulant la louable ambition de tous en leur montrant une récompense facile à obtenir….. Par ce moyen, chaque dizaine d'ouvriers renfermerait en elle un germe de perfectionnement. Ce qui améliore les hommes, c'est de leur offrir toujours devant les yeux un but à atteindre, qui soit honorable et honoré ! — Dans chaque département….. s'élèveraient des colonies agricoles offrant du pain, de l'instruction, de la religion, du travail à tous ceux qui en manquent ; et Dieu sait si le nombre en est grand en France. — Ces institutions charitables, au milieu d'un monde égoïste, livré à la féodalité de l'argent, doivent produire le même effet bienfaisant que ces monastères qui, au moyen âge, vinrent planter, au milieu des forêts, des gens de guerre et des serfs, des germes de

lumière, de paix et de civilisation..... Les colonies agricoles auraient deux buts à remplir, le premier de nourrir un grand nombre de familles pauvres en leur faisant cultiver la terre, soigner les bestiaux, etc. ; le second, d'offrir un refuge momentané à cette masse flottante d'ouvriers auxquels la prospérité de l'industrie donne une activité fébrile et que la stagnation des affaires ou l'établissement de nouvelles machines plonge dans la misère la plus profonde. Tous les pauvres, tous les individus sans ouvrage trouveraient dans ces lieux à utiliser leurs forces et leur intelligence au profit de toute la communauté. . .
. . . .
Lorsque l'industrie privée aura besoin de bras, elle viendra les demander à ces dépôts centraux, qui par le fait maintiendront toujours les salaires à un taux rémunérateur, car il est clair que l'ouvrier, certain de trouver dans les colonies agricoles une existence assurée, n'acceptera de travail dans l'industrie privée qu'autant que celle-ci lui offrira des bénéfices au delà de ce strict nécessaire que lui fournira toujours l'association générale..... On prélèvera sur les bénéfices de chaque établissement une somme destinée à créer pour chaque ouvrier une masse individuelle. Le fonds constituera une véritable caisse d'épargne qui délivrera à chaque ouvrier, au moment de son départ, en sus de sa solde, une action dont le montant sera réglé d'après ses jours de travail, son zèle, sa bonne conduite, de sorte que l'ouvrier laborieux pourra, au moyen de sa masse individuelle, s'amasser, au bout de quelques années, une somme capable d'assurer son existence pour le reste de ses jours, même en dehors de la colonie..... Nous demandons pour la masse flottante des travailleurs de grands refuges... qui, lorsque l'activité... du pays se ralentira, conserveront le surplus des forces non employées, pour le rendre ensuite au fur et à mesure du mouvement général. Nous demandons, en un mot, de véritables *deversoirs* de la population, *réservoirs* utiles du travail, qui maintiennent toujours à la même hauteur cet autre niveau de la justice divine qui veut que la sueur du pauvre reçoive sa juste rétribution... Les prud'hommes

de l'industrie privée... partageront avec les maires des communes le droit d'envoyer aux colonies agricoles (les ouvriers) qu'ils ne pourront pas employer... Les prud'hommes de la colonie, au fait de la capacité de chacun, chercheront à placer avantageusement dans l'industrie privée tous ceux dont celle-ci aurait besoin..... Au-dessus des prud'hommes il y aura des directeurs... élus par les ouvriers et les prud'hommes réunis. Au-dessus des directeurs... il y aura un gouverneur par chaque colonie, nommé par les prud'hommes et les directeurs réunis. L'administration se composera du gouverneur et d'un comité formé d'un tiers de directeurs et de deux tiers de prud'hommes... Chaque année, (les) comptes (seront) communiqués à l'Assemblée générale des travailleurs et soumis au conseil général du département. Tous les ans les gouverneurs des colonies se rendront à Paris, et là, sous la présidence du ministre de l'intérieur, ils discuteront le meilleur emploi à faire des bénéfices dans l'intérêt de l'association générale..... L'avance (de 300 millions) rapportera au bout de vingt ans à la France 1 milliard, à la classe ouvrière 800 millions, au fisc 37 millions. . . . .
La pauvreté ne sera plus séditieuse lorsque l'opulence ne sera plus oppressive; les oppositions disparaîtront et les prétentions surannées qu'on attribue à tort ou à raison à quelques hommes s'évanouiront comme les folles brises qui rident la surface des eaux sous l'équateur et s'évanouissent en présence du vent réel qui vient renfler les voiles et faire marcher le navire. C'est une grande et sainte mission, bien digne d'exciter l'ambition des hommes, que celle qui consiste à apaiser les haines, à guérir les blessures, à calmer les souffrances de l'humanité en réunissant les citoyens d'un même pays dans un intérêt commun, et en accélérant un avenir que la civilisation doit amener tôt ou tard..... Aujourd'hui, le but de tout gouvernement habile doit être de tendre par des efforts à ce que l'on puisse dire bientôt : Le triomphe du christianisme a détruit l'esclavage; le triomphe de la révolution française a détruit le servage; le triomphe

des idées démocratiques a détruit le paupérisme (1)! »

Tel est le plan du prince pour arriver à l'extinction du paupérisme, à la suppression de la misère et à la réconciliation des classes. C'est, en un mot, l'enrégimentement des ouvriers sous la haute main de l'État providence; c'est une vaste et colossale organisation du genre phalanstérien où toute liberté et toute initiative individuelles disparaissent, conception chimérique qu'il ne tenta pas de réaliser quand il fut à la tête du gouvernement de la France.

Quand on est au pouvoir, quand on est aux prises avec les hommes et les choses, les idées changent, et voilà pourquoi il oublia de même, une fois sur le trône, cette profession de foi que nous lisons dans le *Progrès du Pas-de-Calais* à la date du 23 décembre 1844 : « Nous trouvons aussi illogique de créer des ducs sans duché que de nommer des colonels sans régiment, car si la noblesse avec privilèges est opposée à nos idées, sans privilèges elle devient ridicule. »

En 1845 le prince fait paraître un travail sur le canal de Nicaragua ou projet de jonction des océans Atlantique et Pacifique au moyen d'un canal.

---

(1) Un M. Castille, imprimeur, lui transmet une lettre de ses ouvriers qui remercient le prince d'avoir pensé à eux en écrivant ce travail. A la date du 14 octobre 1844, il adresse à M. Castille la lettre suivante : « ...Un témoignage de sympathie de la part d'hommes du peuple m'a semblé cent fois plus précieux que ces flatteries officielles que prodiguent aux puissants les soutiens de tous les régimes; aussi m'efforcerai-je toujours de mériter les éloges et de travailler dans l'intérêt de cette immense majorité du peuple français, qui n'a aujourd'hui ni droits politiques ni bien-être assurés... »

CHAPITRE X

LA PREMIÈRE ÉLECTION DU PRINCE A L'ASSEMBLÉE NATIONALE

La révolution du 24 février prend le prince au dépourvu. — Sa situation. — Il vient à Paris. — 28 février, sa lettre au gouvernement provisoire; son sentiment intime. — Il reçoit l'ordre de repasser la frontière; seconde lettre du prince au gouvernement provisoire. — Sentiments de Persigny et de Vaudrey. — Aux élections d'avril, il n'est porté dans aucun collège. — Pourquoi? — Sa lettre du 11 mai. — Ses partisans. — Comité bonapartiste. — 24 mai, nouvelle missive du prince à l'Assemblée sur le projet de loi de bannissement des familles ayant régné en France. — 26 mai, discussion; Vignerte, Napoléon Bonaparte, Ducoux, Sarrut, le président. — 2 juin, proposition Pietri abolissant les lois de bannissement contre la famille Bonaparte; Crémieux, ministre de la justice, déclare qu'elles ont été anéanties par la révolution de 1848. — Valeur de l'exception faite en faveur des Bonaparte seuls. — Observations judicieuses de Clément Thomas. — L'Assemblée abroge explicitement l'article 6 de la loi de 1832. — Silence unanime de la presse sur la candidature du prince aux élections complémentaires de juin 1848; affiches; élection du prince dans quatre départements. — A part la *Gazette*, silence persistant des journaux, aucune émotion publique. — Le 8 juin, jour de la proclamation du scrutin à Paris, changement à vue; le nom de Napoléon est dans toutes les bouches; l'*Union*; Lamennais dans le *Peuple constituant*; le *Bien public*, le *Constitutionnel*; le *Peuple* de Proudhon; la *Vraie République*, les *Débats*. — Dès la première heure, le mot *Empire* est prononcé — La nation a peur du socialisme. — La province. — L'Assemblée constituante est profondément impressionnée par l'élection du prince. — Le *Journal des Débats*. — Journée du 10 juin. — Le gouvernement prépare une demande d'application de la loi de 1832 contre le prince. — Proclamation du général Piat. — Séance de l'Assemblée; le prince Napoléon Bonaparte; le ministre Flocon. — Le général Clément Thomas sur la place de la Concorde; coups de feu; Lamartine dépose la proposition relative à la loi de 1832; discours de Pierre et de Napoléon Bonaparte; les *Débats*, la *Vraie République*, le *Siecle*, la *Patrie* blâment cette proposition. — *Quid* de leur thèse? — La proscription ne devait-elle pas être maintenue contre le prince? — Curieux article du *Charivari*. — Séance du 13 juin; le citoyen *Degousée*; *Jules Favre*, rapporteur de l'élection de la Charente-Inférieure, soutient l'admission; *quid* de son discours. — *Buchez*, rapporteur de l'élection de la Seine, conclut à la non-admission. — *Desmares*, rapporteur de l'élection de l'Yonne, propose l'admission. — Discussion : *Vieillard*; *Marchal* parle en homme politique; *Fresneau*; *Clément Thomas*; *Repellin*; *Louis Blanc* est pour l'admission, tout en envisageant le premier l'éventualité de la candidature du prince à la présidence de la République; *Pascal Duprat* répond à Louis Blanc; *de Lasteyrie* est pour l'admission, combattue par *Ledru-*

Rollin au nom du gouvernement, dans un discours d'une remarquable dialectique. — M. Bonjean donne lecture de la lettre du prince en date du 24 mai. — Jules Favre. — Admission votée par assis et levé à une grande majorité. — Agitation à Paris, rassemblements. — Ledru-Rollin donne sa démission de membre du gouvernement. — Les *Débats* critiquent et le *Siecle* approuve la décision de l'Assemblée. — Bruit de l'arrestation des amis du prince. — Contre-ordre relatif à l'arrestation du prince. — Le *Charivari*, le *Représentant du peuple* (Proudhon), la *Réforme*, la *Vraie République*, la *Patrie* jettent un cri d'alarme. — La *Gazette de l'Yonne*. — Le *Napoléon républicain*, l'*Aigle républicaine*, etc. — Agitation bonapartiste. — Mémorable article de la *Vraie République* sur l'élection du prince. — Lettre du prince à l'Assemblée; effet désastreux; le général Cavaignac, Baune Antony Thouret, Glais-Bizoin, Raynal, le ministre de la guerre, Jules Favre; renvoi de la discussion au lendemain. — Le *Siecle*. — Adresse du prince à ses électeurs. — Séance du 16 juin, démission du prince. — La *Patrie*. — La *Vraie République* dénonce le prince comme un futur usurpateur. — Campagne bonapartiste; l'*Unité nationale*; le *Bonapartiste* pose la candidature du prince à la présidence de la République. — Élection de la Corse; lettre du prince; son habileté. — Ce que dit le *Siecle* des électeurs des campagnes. — Le *Petit Caporal*; rassemblements sur les boulevards. — La constitution de 1848 et la présidence; discussion dans les bureaux; Thiers, de Rémusat, de Cormenin, de Beaumont, Pagnerre tiennent pour l'élection par le peuple; Léon Faucher, pour l'élection par l'Assemblée. — Dans la commission, M. Marrast est le seul commissaire opposé à l'élection par le peuple. — Les journaux.

La révolution du 24 février 1848, éclatant comme un coup de foudre, prit le prince au dépourvu. Il n'était pas prêt. D'ailleurs, il n'était pas riche et ne comptait que quelques rares partisans. Pourtant il n'hésita pas une minute, et le lendemain même de la chute de la monarchie orléaniste il arrivait à Paris et descendait rue du Sentier chez son ancien précepteur, M. Vieillard (1).

Le 28, il écrivait (2) au gouvernement provisoire :

« Messieurs,

« Le peuple de Paris ayant détruit par son héroïsme les der-

---

(1) « ...Lorsque la révolution de 48 éclata, il n'y eut ni un cri, ni une manifestation quelconque en faveur des Bonaparte.. » (Odilon Barrot, *Mémoires*, t. I, p. 216.)
A la fin de mars, il (Louis-Napoléon) n'avait aucun plan nettement arrêté. . Un seul club, l'*Avenir*, cour des Miracles, annonçait une tendance napoléonienne. (*Histoire de la révolution de 1848*, par Garnier-Pacès, t IV, p 102.)
(2) Lettre qui aurait été apportée à l'Hôtel de ville par M. de Persigny. (Taxile Delord, *Histoire du second Empire*.)

niers vestiges de l'invasion étrangère, j'accours de l'exil pour me ranger sous le drapeau de la République qu'on vient de proclamer.

« Sans autre ambition que celle de servir mon pays, je viens annoncer mon arrivée aux membres du gouvernement provisoire et les assurer de mon dévouement à la cause qu'ils représentent, comme de ma sympathie pour leurs personnes.

« Agréez, Messieurs, l'assurance de mes sentiments.

« Louis-Napoléon Bonaparte. »

Il acceptait la République, oui, avec un dévouement sincère, mais en la fondant sur les idées napoléoniennes, mais à la condition qu'elle vivrait sous sa présidence, ou plutôt sous son consulat, mieux encore sous la forme d'un second Empire dont il serait le chef. Il y avait donc un mot de trop dans cette lettre quand il ajoutait : « Sans autre ambition que celle de servir mon pays. » Prétendant, il l'était dans l'âme. C'était son honneur de l'être. Un nouveau règne napoléonien, c'était toute sa foi, le cri d'espérance de sa vie entière. Il n'avait lutté, il n'avait souffert, il n'avait joué son existence que pour cela. Lui, un simple soldat de l'armée républicaine ! Sa destinée n'était pas celle-là (1). Ces protestations républicaines furent faites en pure perte ; le gouvernement provisoire lui

(1) C'est pourtant ce sentiment exclusivement républicain qui animait alors Persigny et Vaudrey, et qui leur inspirait les professions de foi suivantes : « Aux électeurs de la Loire, 18 mars 1848... Hier, je croyais sincèrement que, entre des habitudes monarchiques de huit siècles et la forme républicaine, but naturel de tous les perfectionnements politiques, il fallait encore une phase intermédiaire, et je pensais que le sang de Napoléon, inoculé aux veines de la France, pouvait, mieux que tout autre, la préparer au régime complet des libertés publiques ; mais après les grands événements qui viennent de s'accomplir, je déclare que la république régulièrement constituée pourra compter sur mon dévouement le plus absolu. *Signé :* Fialin-Persigny (*sic*). » — « Aux électeurs de la Côte-d'Or. Dijon, 22 mars 1848... Vous connaissez mes convictions démocratiques ; un gouvernement républicain pour la France a été le rêve et l'espérance de toute ma vie (?). Aujourd'hui nous avons ce gouvernement, mais il vient de naître... Il faut, pour affermir à jamais son établissement, n'envoyer à l'Assemblée que des hommes aux convictions républicaines déjà éprouvées .. Si votre confiance m'est acquise, honorez-moi de vos suffrages Vive la République ! *Signé :* Vaudrey. »

intima l'ordre de repasser immédiatement la frontière (1).

Il adressa alors cette seconde lettre aux membres du gouvernement :

« Paris, le 29 février 1848.

« Messieurs,

« Après trente-trois années d'exil et de persécutions, je croyais avoir acquis le droit de retrouver un foyer sur le sol de la patrie. Vous pensez que ma présence à Paris est maintenant un sujet d'embarras, je m'éloigne donc momentanément. Vous verrez dans ce sacrifice la pureté de mes intentions et de mon patriotisme.

« Recevez, Messieurs, l'assurance de mes sentiments de haute estime et de sympathie.

« Louis-Napoléon Bonaparte. »

Aux élections du mois d'avril à l'Assemblée constituante, le prince ne fut porté dans aucun collège. Son expulsion était trop récente, et d'autre part ses amis n'avaient pas encore eu le temps en quelques semaines d'improviser une organisation sérieuse du parti. Il sentait d'ailleurs la nécessité de préparer le terrain à sa réapparition sur la scène politique, et c'est à cette fin que fut communiquée à la presse la lettre suivante :

« Londres, le 11 mai 1848.

« Mon cher Monsieur Vieillard,

« Je n'ai pas encore répondu à la lettre que vous m'avez adressée à Saint-Lô parce que j'attendais votre retour à Paris et l'occasion de vous expliquer ma conduite.

« Je n'ai pas voulu me présenter comme candidat aux

(1) Le journal *Express* de Londres annonce, le 2 mars, que le steamer *Lord-Warden* a ramené Louis-Napoléon à Folkestone

élections (1) parce que je suis convaincu que ma position à l'Assemblée eût été extrêmement embarrassante. Mon nom, mes antécédents ont fait de moi, bon gré, mal gré, non un chef de parti, mais un homme sur lequel s'attachent tous les regards des mécontents. Tant que la société française ne sera pas rassise, tant que la Constitution ne sera pas fixée, je sens que ma position en France sera très difficile, très ennuyeuse et même très dangereuse pour moi.

« J'ai donc pris la résolution de me tenir à l'écart et de résister à toutes les séductions que peut avoir pour moi le séjour de mon pays.

« Si la France avait besoin de moi, si enfin je croyais pouvoir être utile à mon pays, je n'hésiterais pas à passer sur toutes ces considérations secondaires pour remplir un devoir; mais dans les circonstances actuelles je ne puis être bon à rien; je ne serais tout au plus qu'un embarras.

« D'un autre côté, j'ai des intérêts personnels graves à surveiller en Angleterre. J'attendrai donc encore quelques mois ici que les affaires prennent en France une tournure plus calme et plus dessinée.

« J'ignore si vous me blâmerez de cette résolution ; mais si vous saviez combien de propositions ridicules me surviennent, même ici, vous comprendriez combien davantage à Paris je serais en butte à toutes ces intrigues.

« Je ne veux me mêler de rien ; je désire voir la République se fortifier en sagesse et en droits, et, en attendant, l'exil volontaire m'est très doux, parce que je sais qu'il est volontaire.

« Recevez, etc.

« LOUIS-NAPOLÉON BONAPARTE. »

Cette lettre est très curieuse en ce qu'elle indique que le prince, à la date du 11 mai 1848, c'est-à-dire trois semaines

(1) La vérité est que le prince avait eu la pensée de se présenter. Le 12 mars 1848, Odilon Barrot reçoit la visite de M. de Persigny, qui vient, au nom du prince, lui demander ce qu'il faut faire. (Voir Odilon BARROT, *Mémoires*, t. III, p. 500.)

avant les élections complémentaires du 4 juin, rendues nécessaires par suite de démissions ou d'élections multiples (1), c'est-à-dire à la veille du scrutin, ne songeait pas à se porter candidat, à devenir membre de l'Assemblée nationale. Il ne voulait que rassurer sur ses intentions et ménager l'avenir. L'heure ne lui paraissait pas encore venue. Il se trompait. Les apôtres de la religion bonapartiste, les fervents de la première heure, les amis quand même, étaient allés de l'avant, plus napoléoniens que le prince, espérant contre toute espérance, et se mettant immédiatement à l'œuvre pour préparer l'avènement du nouveau Messie. Au mois d'avril, un comité bonapartiste avait été formé par Persigny, — la cheville ouvrière, l'âme de cette entrée en campagne, si audacieuse, si aventureuse, — par Laity, par Bataille et quelques autres des échauffourées de Strasbourg et de Boulogne : une poignée d'hommes, toujours les mêmes ! auxquels étaient venues se joindre un très petit nombre de personnes, comme MM. Hyrvoix, Laloue, le journaliste Tremblaire, sous la présidence du général Piat.

Vers le milieu de mai, on discute dans les bureaux de l'Assemblée un projet de décret bannissant la famille d'Orléans, et le bruit se répand qu'on doit y englober la famille Bonaparte, ou tout au moins le prince Charles-Louis-Napoléon Bonaparte, qui adresse alors à l'Assemblée la lettre suivante :

« Londres, le 24 mai 1848.

« CITOYENS REPRÉSENTANTS,

« J'apprends par les journaux du 22 qu'on a proposé dans les bureaux de l'Assemblée de maintenir contre moi seul la loi d'exil qui frappe ma famille depuis 1816. Je viens demander aux représentants du peuple pourquoi je mériterais une sem-

(1) A Paris, douze élections nouvelles, par suite de l'annulation de l'élection de M. Schmitz, de la démission de MM. Béranger, Caussidière, et de l'option pour un autre département de MM. Bastide, Pagnerre, Marrast, Dupont de l'Eure, Cavaignac, Crémieux, Lasteyrie, Bethmont, Recurt.

blable peine. Serait-ce pour avoir toujours publiquement déclaré que dans mes opinions la France n'était l'apanage ni d'un homme, ni d'une famille, ni d'un parti? Serait-ce parce que, désirant faire triompher le principe de la souveraineté nationale qui seul pouvait mettre un terme à nos dissensions, j'ai deux fois été victime de mon hostilité contre le gouvernement que vous avez renversé (1)? Serait-ce pour avoir consenti par déférence pour le gouvernement provisoire à retourner à l'étranger, après être accouru à Paris au premier bruit de la Révolution? Serait-ce enfin pour avoir refusé par désintéressement les candidatures à l'Assemblée, qui m'étaient proposées, résolu de ne retourner en France que lorsque la nouvelle Constitution serait établie et la République affermie (2)? Les mêmes raisons qui m'ont fait prendre les armes contre le gouvernement de Louis-Philippe me porteraient, si on réclamait mes services, à me dévouer à la défense de l'Assemblée, résultat du suffrage universel. En présence d'un roi élu par deux cents députés, je pouvais me rappeler être l'héritier d'un empire fondé sur l'assentiment de quatre millions de Français; en présence de la souveraineté nationale, je ne peux et ne veux revendiquer que mes droits de citoyen français; mais ceux-là, je les réclamerai sans cesse avec l'énergie que donne à un cœur honnête le sentiment de n'avoir jamais démérité de la patrie.

« Recevez, etc. »

Dans la séance du vendredi 26 mai, le décret de bannissement de la famille d'Orléans vient en discussion. Le citoyen *Vignerte* s'écrie : « Quant à la famille Napoléon, nous l'admettons provisoirement parce qu'elle n'est pas dangereuse... » Le citoyen *Napoléon Bonaparte* (3) demande la parole : « Il y a, dit-il, un mot contre lequel je réclame avec toute l'énergie

---

(1) Cette lettre fut lue par M. Bonjean dans la séance du 13 juin à l'Assemblée, séance dont nous allons rendre compte. A ce passage, le *Moniteur* porte cette mention : *On rit.*

(2) Le *Moniteur* : (*Ah! ah! Interruption prolongée.*)

(3) Fils de Jérôme.

de mes sentiments froissés, c'est le mot de situation provisoire. »
(*Voix nombreuses* : *Très bien !*) — Le citoyen *Ducoux* intervient : « Je combats de toutes les forces de mon âme l'assimilation qu'on a voulu établir entre la famille Bonaparte et la famille d'Orléans. La famille Bonaparte n'a plus aujourd'hui que la signification d'une valeur historique, elle n'est plus que la tradition d'une glorieuse époque que nous pouvons admirer sans doute, mais que personne ne peut avoir la folie de tenter de recommencer. » — Le citoyen *Sarrut* propose un amendement tendant à l'abrogation de l'art. 6 de la loi d'avril (10-11) 1832, interdisant à perpétuité le territoire de la France et de ses colonies aux ascendants et descendants de Napoléon, à ses oncles et tantes, à ses neveux et nièces, à ses frères, à leurs femmes et à leurs descendants, à ses sœurs et à leurs maris. Le *président* fait alors cette observation : « Relisez le projet de décret, et vous abandonnerez votre amendement. » Et l'Assemblée de rire. En effet, le décret ne mentionnait que le bannissement prononcé contre la famille des Bourbons, sans rappeler celui de la famille Bonaparte, qui rentrait, dès lors, dans le droit commun, par suite de cette abrogation implicite. Il était ainsi conçu : « Le territoire de la France et de ses colonies, interdit à perpétuité à la branche aînée des Bourbons par la loi du 10 avril 1832, est interdit également à Louis-Philippe et à sa famille. »

Néanmoins, les bonapartistes n'étaient pas tranquilles, et ils désiraient une abrogation explicite des lois de proscription du 16 janvier 1816 et du 10 avril 1832. C'est pour cela que M. *Pietri*, dans la séance du vendredi 2 juin, vint déposer une proposition dans ce sens : « La République, dit-il, ne saurait maintenir la proscription prononcée par la légitimité et la quasi-légitimité contre la famille Bonaparte qui a expié pendant trente-trois années d'exil la gloire et les malheurs de la France. La révolution de Février a donné raison à la prophétie de Napoléon, et tous les membres de sa famille ont salué avec enthousiasme l'ère nouvelle de la République. Pour eux comme pour nous, la grande époque impériale ne rappelle plus un trône, mais la puissance et la grandeur de la France. Aussi n'ont-ils pas hésité à faire acte d'adhésion à la République, et leur présence à Paris dans les moments les plus critiques a prouvé que leur adhésion était toute française, et que la République... peut compter sur leur patriotisme. »

Le citoyen *Crémieux*, ministre de la justice, se lève alors : « Il n'est pas, dit-il, besoin de revenir sur la loi de 1832, elle est abolie par le fait et par le droit... La gloire de Napoléon appartient à la France. La renommée de Napoléon reste comme un de ces souvenirs immenses qui s'étendent sur l'histoire d'un peuple et la couvrent d'un éclat immortel. (*Très bien!*) Tout ce qu'il y a de populaire dans cette gloire, nous l'acceptons avec empressement; la proscription de sa famille serait pour la France actuelle une honte. (*Oui! oui!*) Déclarer que la loi de 1832 a pu survivre une heure au triomphe de nos barricades de février, ce serait presque commettre un crime; je demande donc qu'on déclare, par un ordre du jour motivé, qu'il n'y a pas lieu d'anéantir la loi de 1832. » (*Appuyé.*)

Ainsi les mêmes hommes qui proscrivaient les Bourbons et les d'Orléans épargnaient les Bonaparte! Dès l'instant qu'on admet en principe la proscription, les raisons données pour ne pas frapper la famille de Napoléon étaient pitoyables. Et le général *Clement Thomas* répondait judicieusement au citoyen ministre Crémieux : « Parmi les membres de la famille Bonaparte, il s'en trouve un qui a fait des tentatives pour rétablir, non la République, mais l'Empire; eh bien! si les portes de la France lui sont ouvertes, qu'il se rappelle que nous l'acceptons comme citoyen, mais qu'il renie un passé que nous n'accepterons jamais. »

L'Assemblée prend alors en considération par un vote à peu près unanime la proposition Pietri, ainsi conçue : « L'art. 6 de la loi du 10 avril 1832 relatif au bannissement de la famille Bonaparte est abrogé », préférant cette solution à celle qui avait été indiquée par le ministre de la justice.

Il est probable qu'elle n'ignorait point alors que le prince était, de par sa volonté ou celle de ses fanatiques amis, candidat à la députation au moins dans le département de la Seine. Elle pensait sans doute que cette candidature, qui n'était point posée par le prince lui-même, ne pouvait être sérieuse ; mais il peut parfaitement se faire qu'elle n'en ait pas eu vraiment connaissance. Si l'élection à la présidence de la République fut prodigieuse, celle du 4 juin 1848 fut plus extraordinaire encore, attendu que pas un journal (1) non seulement ne soutient, mais ne mentionne même la candidature du prince. Le silence unanime de la presse devait la tuer dans l'œuf. Les faits et gestes du comité bonapartiste dont les membres faisaient de la propagande auprès des amis, des connaissances, des domestiques et des fournisseurs, restaient inconnus. Il a suffi de quelques mauvaises affiches d'un format bien modeste (2), et sans doute aussi d'une distribution de bulletins faite intelligemment, par des agents dévoués, aux abords des scrutins, pour que le nom de Napoléon, à la stupeur générale, sortît triomphant des urnes. Nous donnerons ici trois de ces affiches curieuses :

1er juin 1848.

« Nommer Napoléon-Louis Bonapar[te] membre de l'Assemblée nationale,

« C'est protester contre les traités de 1814 et de 1815, et c'est faire acte de protestation contre l'étranger qui a proscrit Napoléon et sa famille.

« En nommant Napoléon-Louis Bonaparte, les ouvriers témoigneront de leur reconnaissance d'avoir pensé à eux alors qu'il était dans les cachots de Ham s'occupant de l'améliora-

---

(1) Pour s'en convaincre, on n'a qu'à parcourir les feuilles de l'époque dans les jours qui précèdent celui de l'élection.

(2) Affiches de 30, 40 centimètres. Papier rose. — C'est le général Montholon notamment qui s'occupa des affiches et des bulletins. Pour solder les dépenses, il fit de nombreux billets. (Voir *Papiers et correspondance de la famille impériale*, 1871.)

tion du sort de la classe ouvrière, en faisant publier son ouvrage sur le paupérisme, ouvrage saisi par la police de Louis-Philippe.

« Citoyens! nommons donc à l'Assemblée nationale Napoléon-Louis Bonaparte, enfant de Paris.

« Vive la République!

« Pour une réunion d'ouvriers,

« REY,
« rue Sainte-Hyacinthe, n° 8.
« MAULDE et RENOU, imprimeurs. »

On remarquait encore cette autre affiche :

CANDIDATURE DE NAPOLÉON-LOUIS BONAPARTE

« AUX ÉLECTEURS DE PARIS.

« CITOYENS,

« La réaction ne se cache plus; elle vous propose de nommer à l'Assemblée nationale le prince de Joinville, le fils de Louis-Philippe, chassé par vous, il y a trois mois.

« Deux fois ramenés par les baïonnettes étrangères, les Bourbons ont été quatre fois expulsés de France. La nation n'en veut plus.

« Il est un autre nom qui fut toujours associé à nos triomphes et à nos malheurs. Quand nos drapeaux victorieux flottaient à Vienne, à Berlin, à Moscou, l'Empereur était à notre tête, les Bourbons maudissaient nos victoires. Quand les hordes étrangères inondaient notre territoire, les Bourbons triomphaient, l'Empereur allait mourir à Sainte-Hélène.

PRONONCEZ ET JUGEZ

« Nous vous proposons de nommer à l'Assemblée notre concitoyen Napoléon-Louis Bonaparte, *enfant de Paris*. Il s'est formé à la rude école de l'exil et de la captivité. Soldat de l'indépendance italienne en 1831, il voulut plus tard, à Strasbourg et à Boulogne, arracher la France au joug de la honte en proclamant la souveraineté du peuple. Il a payé de sept ans de captivité l'honneur d'avoir précédé l'héroïque population de Paris.

« On l'a rangé parmi les prétendants. Il repousse loin de lui cette qualification, car il sait que le général Bonaparte était le plus grand citoyen de la France avant d'en être le premier magistrat, et qu'aujourd'hui, comme alors, le pouvoir doit être au plus digne.

« Envoyez Napoléon-Louis Bonaparte à l'Assemblée. C'est un des nobles enfants de la France. Nous vous en répondons.

« Vive la République !

« Signé : *Un vieux républicain de 92, soldat de Zurich et de Waterloo* (1). — *Un ouvrier combattant des barricades de Février.* »

Puis celle-ci :

CANDIDATURE DE NAPOLÉON-LOUIS BONAPARTE

« Aux électeurs de la Seine.

« Citoyens,

« Nous avons encore un membre de la famille Napoléon, éloigné de la France. Souvenez-vous, citoyens, que ce ne sont pas les Français qui ont exilé le glorieux martyr de Sainte-Hélène, mais les baïonnettes étrangères qui sont venues imposer une famille odieuse qui a constamment travaillé à la ruine de notre patrie.

« Rappelons-nous tous les bienfaits de Napoléon et de sa grandeur infinie.

« Rappelons-nous aussi les bienfaits et la grandeur d'âme de Joséphine, la bien-aimée de la France.

(1) C'était Armand Laity.

« Nommons tous Napoléon-Louis Bonaparte, petit-fils de Joséphine, neveu du grand Napoléon ; il est digne de son oncle par son courage et par ses idées démocratiques.

« Lisez l'*Extinction du paupérisme* qu'il a écrite à la prison de Ham. Je suis sûr que vous saurez apprécier son cœur, ses talents et son amour du peuple.

« Vive la République !

« Salut et fraternité !

« DAMERVAL,
« *Ancien militaire,*
« *aujourd'hui ouvrier vannier.*
« 17, à la Halle aux blés.

« Paris, imprimerie d'Aubusson, passage des Panoramas, 16. »

Le dimanche 4 juin, le prince était élu par 84,420 voix. Il arrivait le cinquième et avant-dernier. Avec lui étaient nommés Caussidière, par 157,000 voix ; Changarnier, par 105,539 ; Thiers, par 97,394 ; Victor Hugo, par 86,960, et Pierre Leroux, par 67,000.

On apprenait bientôt qu'il avait été élu aussi par l'Yonne, par la Charente-Inférieure et par la Corse. En outre, dans plusieurs départements, il avait réuni un certain nombre de suffrages (1).

La presse enregistre ces élections sans faire de réflexions. Avant le scrutin, elle ne parlait pas du prince ; après, elle n'en parle pas davantage, du moins dans les premiers jours qui suivirent. En cherchant bien dans les journaux de l'époque, on trouve pourtant ceci dans la *Gazette de France* du 5 juin :
« Et maintenant, M. Louis Bonaparte se présente et vous dit : Je suis héritier selon les constitutions de l'Empire ; j'apporte les trois millions de votes que feu mon oncle Napoléon le Grand a recueillis, puisqu'on ne compte plus les six millions de votes donnés à Louis XVI et à sa dynastie en 1789. Que

---

(1) Dans l'Eure, notamment, il réunit 4,760 suffrages ; dans la Sarthe, 19,390.

quelqu'un en montre autant que moi, et je lui cède la place. »
Et le journal d'ajouter : « Va donc pour M. Louis-Napoléon.
En fait de prétendants, il en vaut un autre. » Mais, en définitive, l'élection du prince ne cause aucune émotion ; tout d'abord on n'y fait pas attention ; ce n'est qu'un Bonaparte de plus qui vient se joindre aux trois Bonaparte, déjà membres de l'Assemblée nationale. Tout d'un coup la situation change complètement. Le 8 juin, on procède à l'Hôtel de ville à la proclamation du nom des élus parisiens. Les acclamations les plus vives (1) accueillent celui de Louis Bonaparte ; les chapeaux s'agitent, et un grand nombre de gardes nationaux lèvent la crosse en l'air en témoignage de leur sympathie. Alors c'est comme une traînée de poudre dans Paris et dans la France entière, cette élection dont on ne disait rien devient le sujet de toutes les conversations. Le nom de Napoléon vole de bouche en bouche. Désormais il remplit la presse. Cette situation extraordinaire, cette situation prépondérante acquise par le prince, on peut dire, en quelques heures, cette importance énorme, éclose d'une façon foudroyante, est un des phénomènes les plus curieux, les plus saisissants et les plus invraisemblables de notre histoire.

Lamennais écrit dans le *Peuple constituant* : « Le nom de Louis Bonaparte est le drapeau d'une conspiration. Depuis longtemps des rêves d'ambition remplissaient la tête de ce jeune homme qui nous apportait d'Angleterre, il y a quelques années, l'aigle de l'Empire dans une cage. L'Empire est mort avec l'Empereur, il était l'Empire tout entier ; mais l'ombre même de cette grande gloire peut réveiller au fond de certaines âmes souffrantes de nos hontes passées et de nos hontes présentes, des sentiments dont la générosité même serait en ce moment dangereuse pour la République. »

Ainsi, dès la première heure, le mot d'*empire* est prononcé.

Le *Bien public* s'écrie : « M. Louis Bonaparte est l'homme des surprises. Il arrive on ne sait pas par quelle porte ni à

(1) Voir la *Patrie* du 9 juin 1848.

quel moment...; à la stupéfaction générale il sort trois fois du scrutin. Par quelle alchimie électorale, par quelles objurgations occultes trois départements se sont-ils entendus pour jeter ce défi à la République? Est-ce pour récompenser les parades en petit chapeau et en redingote grise, qu'un jeune écervelé est venu jouer deux fois devant l'Europe?... Est-ce sa captivité? Est-ce la gloire de son oncle? C'est bien assez pour cela de la colonne Vendôme, de l'Arc de triomphe et du mausolée des Invalides. Est-ce la politique impériale? Nous devons la démentir. Est-ce la puissance militaire? Nous ne saurions trop la repousser. Est-ce la restauration d'une dictature? Alors *caveant consules*... Ce nom de Louis Bonaparte vient à surnager sur la houle des partis... Paris fermente; on entend crier : Vive Napoléon!... Quel est le mystère de toute cette intrigue? Est-ce que par hasard la famille Bonaparte se croirait appelée deux fois en un siècle à escamoter la République?... Nous n'avons à ce sujet aucune inquiétude. »

On voit avec quelle netteté la question est posée tout de suite, avant que le prince ait paru.

« Louis-Napoléon, dit l'*Union* du 10 juin, reste ce qu'il est, un prétendant à l'Empire... Lorsqu'on a proclamé le nom de Louis-Napoléon à l'Hôtel de ville, il y a eu un hourra qui a ému les voûtes et est allé se perdre en échos retentissants dans la place publique. Peuple et soldats jetaient en l'air leurs chapeaux; les tambours ont battu aux champs... M. Bonaparte jeté comme une espérance dans la République! Quoi! M. Bonaparte! ce nom de despotisme armé, que de 1812 à 1814 toutes les mères de France sans exception avaient maudit! Justement. On ne sait pas de quoi est capable un peuple qui a peur de l'anarchie. Et Bonaparte est nommé par quatre départements. » L'*Union* donne le mot de l'énigme. Le pays avait peur. Le prince se présentait avec son nom prestigieux. C'était le sauveur!

« Tout le monde, ajoute l'*Union*, en présence de l'élection du citoyen Louis-Napoléon, se fait aujourd'hui cette question :

Le nouveau Directoire évitera-t-il un nouveau 18 brumaire (1) ? »

Napoléon, coup d'État, Empire, tout cela ne fait qu'un forcément, fatalement. Voilà la thèse.

Le *Constitutionnel* se contente de faire cette déclaration : « On s'explique peu le succès inattendu du citoyen Bonaparte. »

« Il y a huit jours, le citoyen Bonaparte, dit le *Peuple* de Proudhon, n'était qu'un point noir dans un ciel en feu ; avant-hier, ce n'était qu'un ballon gonflé de fumée ; aujourd'hui, c'est un nuage qui porte dans ses flancs la foudre et la tempête. »

La *Vraie République* (2) fait remarquer « que les républicains ont été tout à fait surpris par cette élection, dont le *secret* sera sans doute connu avec le temps ».

Les *Débats* (3) « déclarent qu'une nomination qui a produit une vive sensation est celle de M. Louis Bonaparte. Quelle portée faut-il y voir ? Est-ce une manifestation impérialiste ? On parle de sourdes intrigues... de conspirations napoléoniennes. »

En province, l'effet produit n'est pas moins grand. A la date du 9 juin, le *Propagateur des Ardennes* écrit : « On a trouvé cette nuit, placardées sur les murs de Charleville, un grand nombre de proclamations excitant à la révolte. Nous nous sommes procuré une de ces affiches : « Français, après avoir de nou-
« veau chassé la tyrannie qui nous avait trompés en juillet,
« nous nous sommes encore laissé tromper par une tyrannie
« plus hypocrite et plus infâme en ce qu'elle se cache sous le
« voile de la démocratie ; au lieu d'un roi qui nous dépouil-
« lait, nous en avons plusieurs qui s'engraissent à nos dépens.
« Ardennais, courons donc aux armes, brisons nos fers, mon-
« trons un exemple que la France se hâtera de suivre, et plaçons

---

(1) *Union* du 10 juin 1848.
(2) Numéro du 12 juin 1848. — Thoré, rédacteur en chef (George Sand, Barbès, Pierre Leroux).
(3) Numéro du 9 juin 1848.

« à notre tête le seul homme qui en soit digne. Plaçons-y
« Louis-Napoléon.

« Vive l'Empereur ! »

Déjà !

Le journal ajoute (1) : « Vous vous pressez trop, messieurs les réactionnaires, l'heure d'un 18 brumaire n'a pas encore sonné, et Louis-Napoléon n'est pas de taille à jeter les représentants du peuple par la fenêtre. Les menées des ennemis de la République nous étaient depuis longtemps connues, nous savions qu'on travaillait dans notre département en faveur de Louis-Napoléon; nous savions qu'on exploitait les souvenirs glorieux de l'Empire... Toutes ces tentatives échoueront devant le bon sens public. »

L'*Indépendant de Saintes,* du 8 juin, dit : « ... Les élections qui viennent d'avoir lieu ont fourni un bien petit nombre de votants... mais nous sommes persuadés que sans la candidature de Louis-Napoléon qui s'est produite au dernier moment, il y aurait eu moins de votants encore. Ce nom, lancé nous ne savons par qui et dans quelle intention, a trouvé aussitôt de vives sympathies parmi les habitants des campagnes... On nous assure que des communes entières, munies de bulletins portant *Paillet, ancien député,* les ont déchirés et remplacés par ceux de Louis-Napoléon. Plusieurs, dit-on, portaient : *Vive l'Empereur! A bas la République!* Vainement, on s'est efforcé de faire comprendre aux électeurs que Louis-Napoléon était banni du territoire français, et qu'il ne pouvait être nommé représentant, ils répondaient : « Est-ce que le peuple
« n'est pas souverain? Est-ce que la volonté du peuple qui le
« fera représentant n'est pas plus forte que celle des hommes
« qui l'ont banni? — Mais, leur disait-on, l'Assemblée natio-
« nale cassera l'élection. — Eh bien ! nous le renommerons
« une seconde fois, et il faudra bien à la fin qu'on l'accepte! »

L'accueil enthousiaste fait à la proclamation du scrutin de

---

(1) *Journal des Débats,* 11 juin 1848.

Paris, à l'Hôtel de ville, impressionna profondément l'Assemblée nationale. A la séance du lendemain, 9 juin, une émotion extraordinaire (1) régnait sur tous les bancs ; on était indigné des cris qui avaient été proférés, et le *Journal des Débats*, pour traduire le sentiment des représentants du peuple, s'écriait : « Tous ceux qui pourraient s'être abandonnés à des rêves insensés ont pu recueillir, dès le premier jour, dès la première heure, l'expression de la volonté du pays. »

Le 10 juin, une foule nombreuse se presse aux abords de l'Assemblée, à l'heure de l'ouverture de la séance. Elle veut voir Louis-Napoléon. Jusqu'à quatre heures de l'après-midi elle attend le prince pour l'acclamer. Dans la crainte que l'ordre ne fût troublé, le gouvernement avait massé des troupes de ligne et des bataillons de garde mobile sur le pont de la Concorde et devant le palais de l'Assemblée.

Le soir (2), la commission exécutive et les ministres se réunissent au palais du Luxembourg en séance extraordinaire et décident que, le lundi 12, il serait présenté à l'Assemblée nationale des mesures d'urgence contre l'élection de Louis-Napoléon.

Le lundi matin, une proclamation du général Piat est affichée sur les murs de la capitale. Elle invite les ouvriers à ne pas écouter les factieux qui se servent du nom de Napoléon pour les engager dans une insurrection (3). Néanmoins, des groupes se forment sur les boulevards, sur la place de la Concorde et devant le péristyle du palais de l'Assemblée. On crie surtout : « Vive Napoléon (4) ! »

A la Chambre, le citoyen Napoléon Bonaparte (5) demande la parole : « Louis-Napoléon Bonaparte, dit-il, a été nommé

---

(1) *Journal des Débats* du 11 juin.
(2) Voir la *Patrie* du 11 juin.
(3) Voir la *Gazette de France* des 12 et 13 juin.
(4) Des cris de : *Vive Napoléon! Vive l'Empereur!* sont partis de quelques détachements de la garde nationale et de la ligne. Les placards, les biographies en faveur de Louis Bonaparte sont répandus avec profusion. Des hommes à cheval et en voiture parcourent les principales rues en répandant des imprimés et en criant : Vive Napoléon! (*Gazette de France* des 12 et 13 juin. — Voir la *Patrie* du 13 juin.)
(5) *Moniteur* des 12 et 13 juin. — Fils de Jérôme.

représentant du peuple dans plusieurs départements; il a été nommé dans le département de la Seine. Son élection fait l'objet de toutes les préoccupations... Je suis son parent, son ami, je ne viens pas me faire l'apologiste de son passé politique ; ce passé m'est complètement étranger, citoyens, et je ne comprendrais pas que vous lui en fissiez un crime. Il est des lois de justice, de loyauté, d'opportunité politique que vous devez observer envers lui comme envers tout citoyen qui n'a jamais rien entrepris contre la République. Quoi de plus naturel que des gens qui veulent attaquer la République s'arment contre elle de ce nom sous lequel ils cachent leurs coupables intrigues ? Est-ce une raison pour vous, citoyens, de rendre Louis Bonaparte responsable des agitations que son nom soulève ? Le citoyen Bonaparte est parti... il est retourné à Londres, où il est resté parfaitement étranger à toutes les menées qui se font en son nom depuis quelques jours... Il a refusé positivement, nettement, plusieurs candidatures... Son élection a été inopinée ; personne ne s'y attendait ; elle a étonné tout le monde et moi tout le premier ; elle a surpris Louis Bonaparte lui-même. »

C'était vrai ; mais il y avait eu le nom magique de Napoléon ! Mais si le prince n'avait rien fait par lui-même, quelques amis, prodigieux d'activité, de résolution et de foi, avaient agi suffisamment pour que la candidature de Louis Bonaparte, héritier de l'Empereur et passionnément dévoué aux intérêts démocratiques, frappât et retint l'attention des électeurs.

Le citoyen Flocon, ministre du commerce, répond à Napoléon Bonaparte que le gouvernement, comprenant toute la gravité qui peut s'attacher à la situation présente, prend et prendra toutes les mesures nécessaires pour que la sécurité de la République, pour que l'indépendance et la liberté de la nation ne puissent pas être à un moment compromises.

L'incident clos, M. de Lamartine prend la parole pour faire un discours sur la politique intérieure.

A l'extérieur, la foule était grande aux abords de l'Assemblée, toujours dans l'espérance de voir passer le prince. On crie : « Vive Napoléon ! » A deux heures, on bat le rappel ; de nombreux pelotons de la garde nationale arrivent place de la Concorde ; en outre, deux régiments de cavalerie et un régiment de ligne entourent et protègent le palais de l'Assemblée. Toute la police est sur pied. Le bruit du tambour ne cesse de se faire entendre et retentit jusque dans la Chambre, qui ne prête qu'une oreille distraite au discours du grand orateur. Le ministre de la guerre et les membres de l'Assemblée qui sont militaires ou officiers dans la garde nationale ont revêtu leur uniforme.

Le flot populaire grossissant toujours (1), M. Clément Thomas, commandant en chef de la garde nationale, monte à cheval, accompagné par les questeurs de la Chambre, les généraux de division Cavaignac et Négrier, et donne à la garde nationale l'ordre de faire évacuer la place. Comme le refoulement ne s'effectue que très lentement et très péniblement, le général Clément Thomas perd patience et s'écrie, en s'adressant aux troupes : « Chargez-moi toute cette canaille ! » A ce moment, plusieurs coups de feu sont tirés, et un capitaine de la garde nationale est blessé.

Ces nouvelles se répandent dans l'Assemblée. Lamartine interrompt son discours. « Pendant que je parlais, dit-il, un coup de feu, plusieurs coups de fusil, assure-t-on, étaient tirés, l'un près le commandant de la garde nationale de Paris, l'autre sur un des braves officiers de l'armée, un troisième enfin sur la poitrine d'un officier de la garde nationale. (Sensation.) Ces coups de fusil étaient tirés aux cris de : Vive l'Empereur ! Messieurs, c'est la première goutte de sang qui ait taché la révolution, éternellement pure et glorieuse, du 24 février. Gloire à la députation, gloire aux différents partis de la République. Du moins ce sang n'a pas été versé par leurs mains ; il a coulé non pas au nom de la liberté, mais au

---

(1) Journal *l'Assemblée nationale* : « A trois heures, une colonne de trois à quatre mille personnes se dirige sur la Chambre, au cri de : Vive Napoléon II ! A quatre heures, la place est couverte de groupes nombreux criant : Vive Napoléon ! (Numéro du 13 juin.)

nom du fanatisme des souvenirs militaires et d'une opinion naturellement, quoique involontairement peut-être ennemie invétérée de toute république. (*Bravo! bravo!*)... Lorsque l'audace des factions est prise en flagrant délit et prise la main dans le sang français, la loi doit être appliquée d'acclamation. (*Oui... oui!*) Voici la déclaration que le gouvernement... »

Le citoyen Larabit : « Je proteste contre le vote par accla-
« mation. » (*Longue agitation*).

« Considérant que Charles-Louis Bonaparte est compris dans la loi de 1832 qui exile du territoire français les membres de la famille Bonaparte ;

« Considérant que s'il a été dérogé de fait à cette loi par le vote de l'Assemblée nationale, qui a admis trois membres de cette famille à faire partie de l'Assemblée, ces dérogations tout individuelles ne s'étendent ni de droit ni de fait aux autres membres de la même famille (1) ;

« Considérant que la France veut fonder en paix et en ordre le gouvernement républicain et populaire sans être troublée dans son œuvre par les prétentions ou les ambitions dynastiques de nature à former des partis ou des factions dans l'État et, par suite, à fomenter même involontairement des guerres civiles ;

« Considérant que Charles-Louis Bonaparte a fait deux fois acte de prétendant en revendiquant une république avec un empereur, c'est-à-dire une république dérisoire au nom du sénatus-consulte de l'an XIII ;

« Considérant que des agitations attentatoires à la république populaire que nous voulons fonder, compromettantes pour la sûreté des institutions et pour la paix publique, se sont déjà révélées au nom de Charles-Louis-Napoléon Bonaparte (et nous parlions avant le fatal incident) ;

« Considérant que ces agitations, symptômes de manœuvres coupables, pourraient créer une difficulté dangereuse à l'établissement pacifique de la République, si elles étaient

(1) Napoléon Bonaparte, fils de Jérôme ; Lucien Bonaparte, Pierre Bonaparte

autorisées par la négligence ou la faiblesse du gouvernement ;

« Considérant que le gouvernement ne peut accepter la responsabilité des dangers que courraient la forme républicaine des institutions et la paix publique s'il manquait au premier de ses devoirs en n'exécutant pas une loi existante justifiée plus que jamais pendant un temps indéterminé par la raison d'État et le salut public,

« Déclare qu'il fera exécuter, en ce qui concerne Louis Bonaparte, la loi de 1832 jusqu'au jour où l'Assemblée nationale en aura autrement décidé. » (*Bravo ! bravo ! Applaudissements redoublés. Toute l'Assemblée se lève comme un seul homme en agitant les mains et en criant : Vive la République* (1) *!*)

Après une pareille manifestation, le prince semble irrémédiablement perdu.

Le citoyen Bonaparte (2) (Pierre-Napoléon) monte à la tribune au milieu d'un profond silence : « Représentants du peuple, tous ceux qui portent mon nom flétrissent et flétriront l'attentat qui vient de se commettre. Il est possible que ceux qui l'ont commis crient : *Vive l'Empereur !* mais ils sont bien coupables, en versant le sang français, d'avoir profané le nom de l'homme qui avait tant d'horreur de la guerre civile, de l'homme qui, pour l'éviter, en 1815, a sacrifié sa couronne et sa famille. (*Marques d'asssentiment.*) Les vieux soldats de la Loire le savent, la France le sait. Pour ma part, je ne comprends pas des soupçons que je ne mérite pas... A la première nouvelle de notre heureuse révolution, je suis accouru de l'exil, j'ai prêté spontanément, entre les mains du gouvernement provisoire, mon serment de fidélité à la République ; je n'en prêterai jamais d'autre. (*Bravo ! bravo !*) La main sur la conscience, je puis dire que je suis républicain de père en fils. (*Très bien ! très bien !*)..... Si la République était attaquée par des réactionnaires ou des anarchistes, je suis également prêt à quitter ces bancs pour me porter au premier rang de ses défenseurs. (*Marques unanimes d'assentiment.*) La Répu-

(1) Mention du *Moniteur*.
(2) Fils de Lucien.

blique, je la veux inviolable, elle est mon idole; je ne ne veux qu'elle, et j'aimerais mieux mourir que de voir autre chose. » (*Bravo! bravo! Applaudissements prolongés.*)

Le fils du roi Jérôme, le citoyen Napoléon Bonaparte, vient dire à son tour : « ... L'Empire est un souvenir que la grande majorité des Français respecte comme une grande époque, mais que personne de nous, sachez-le bien, n'entend invoquer ici pour le présent ni pour l'avenir; c'est une chimère que l'Empire; aujourd'hui c'est une grande époque dans l'histoire... » Il termine en protestant contre toute corrélation entre les troubles qui sont commis et le nom contre lequel on demande un décret de proscription (1).

« Nous n'entendons pas, dit le *Journal des Débats*, porter un jugement contre M. Louis-Napoléon. Qu'il soit étranger à ces intrigues, comme l'ont affirmé avec énergie M. Napoléon Bonaparte et M. Pierre Bonaparte, c'est possible. Il est possible que le parti démagogique cherche à s'emparer d'un nom glorieux... La mesure prise... contre M. Louis Bonaparte est une mesure de prudence et de nécessité peut-être. La France veut décider elle-même de son sort. Elle n'acceptera un gouvernement que de l'Assemblée qu'elle a nommée... La France ne reconnaît pas de prétendants. Elle a des droits, et personne n'en a qu'elle. Nous n'avons pas de rois ou d'empereurs à faire! »

« Au milieu de la foule, dit la *Vraie République* (2), on a crié : *Vive l'empereur Napoléon!*... L'agitation a pour drapeau le nom d'un prince... Donc elle est faite contre la République... »

Le *Siècle* (3) est d'avis que le gouvernement fait fausse route. « Nous doutons que la réflexion soit favorable à l'expédient dont la commission a voulu faire un bouclier pour la République. La République nous paraît assez forte pour n'avoir pas besoin de s'abriter derrière une loi de proscription que l'Assemblée nationale avait déchirée de ses propres mains en-

---

(1) Fait singulier, dans cette séance du lundi 12 juin, l'Assemblée ne statue pas sur la proposition du gouvernement.
(2) Numéro du 13 juin.
(3) Numéros des 12 et 13 juin.

proclamant l'abolition des traités de 1815 et en admettant dans son sein trois membres de la famille de Napoléon. » Est-il prudent, est-il sage de vouloir aujourd'hui exhumer cette loi de bannissement? Et lorsque, sur la foi de cette abrogation, proclamée par les votes de l'Assemblée elle-même, trois ou quatre départements ont porté leurs libres suffrages sur un quatrième membre de cette famille, prétendre lui fermer par cette invocation posthume d'une loi d'exil les portes de la représentation nationale, n'est-ce pas aller contre le but qu'on veut atteindre, et grandir soi-même le péril contre lequel on s'efforce de se prémunir? Ne s'expose-t-on pas à voir les populations relever l'espèce de défi qu'elles peuvent croire ainsi porté à leur libre suffrage? Et ne serait-il pas possible que d'ici à un mois on se trouvât en présence des mêmes difficultés accrues et compliquées par la persistance des citoyens à réélire le candidat repoussé? . . . . Ne vaudrait-il pas mieux laisser Louis-Napoléon venir s'asseoir au sein de la représentation nationale? De deux choses l'une : ou il est innocent des desseins qu'on lui prête, et alors sa conduite déconcertera les machinations auxquelles il prête à son insu le concours de son nom; ou ce nom est pour lui le principe secret d'une ambition coupable, et alors l'inviolabilité du mandat populaire ne le protégera pas contre la responsabilité des complots que la loi atteint partout. On peut même ajouter qu'un prétendant vu de près deviendrait beaucoup moins dangereux; le public serait bien plus vivement frappé de la disproportion qui peut exister entre l'homme et le rôle. »

La *Patrie* (1) condamne aussi la déclaration faite à l'Assemblée par le gouvernement : « La commission exécutive a tort... Boulogne et Strasbourg sont là pour nous édifier sur ce qu'on doit attendre du prince Louis. Que la commission exécutive et que l'Assemblée nationale surtout y prennent garde. Le prince Louis peut avoir d'excellentes intentions, et nous voulons le croire; mais permettez-lui... d'entrer à la Chambre, et

(1) Numéro du 13 juin 1848.

de lui-même il donnera la mesure de sa véritable valeur. La tribune laissée libre au prince Louis ne montrera, nous le croyons, qu'un obscur représentant du peuple ; défendez-lui cette même tribune, elle deviendra pour lui le marchepied d'un prétendant. »

Ce raisonnement était faux à l'égard d'un homme qui s'appelait Napoléon et qui, par le fait de son entrée au Parlement, de sa présence à Paris, allait se trouver en contact intime et journalier avec la population si inflammable de la grande ville, où il devait, à cette époque si troublée et si désorientée de notre histoire, enfanter un irrésistible courant napoléonien. Louis Blanc se trompe donc aussi quand, dans ses *Révélations historiques*, après avoir écrit « qu'au mois de juin (1) personne en France ne connaissait M. Louis Bonaparte autrement que comme le neveu de son oncle et l'auteur de deux folies fameuses…, » il ajoute : « La commission exécutive le fit vivre à force de le craindre. Les discussions soulevées par son élection au sein de l'Assemblée nationale le mirent en vue. » Par cela seul qu'il avait été élu et plusieurs fois élu, il devenait tout-puissant, d'autant plus que cette toute-puissance se révélait dans un coup de foudre.

« Le prince Louis, dit le *Charivari* (2), a poussé de terre en quarante-huit heures ; il se montre aux yeux étonnés comme un phénomène de végétation. — Demandez le portrait du prince Louis, un sou ! Demandez le *Napoléon républicain* (3), un sou ! l'*Aigle républicaine* (4), un sou, toujours un sou ! Il y a encore le *Napoléonien* (5)… Refusez le portrait, on vous le met de force dans la main ; rejetez le *Napoléon républicain*, on vous le glisse dans la poche. L'aigle napoléonienne vole sur la foule, de chapeau en chapeau, ne pouvant comme autrefois voler de clocher en clocher. Hier, on distribuait de petits drapeaux tricolores avec cette inscription : *Vive le prince Louis !* Les passants n'en voulaient pas, on les leur mettait de

---

(1) Tome II, p 179. Leipzig, Durr, 1859.
(2) Numéros des 12 et 13 juin.
(3, 4, 5) Journaux dont il va être question.

force à la boutonnière. On se demande quelle rosée bienfaisante a tout à coup fait éclore ces fleurs du bonapartisme. D'où vient cet amour subit... pour un inconnu ?... Le prince Louis ne fait rien comme tout le monde, il ne lui arrive que du surnaturel. Le prince Louis a complètement négligé d'édifier les hommes sérieux sur ses mérites réels. Qu'a-t-il fait? Qu'a-t-il pensé? Qu'a-t-il écrit? Quand a-t-il donné la mesure de sa personne? A quoi a-t-il employé les heures oisives de son exil?... Le prince Louis (n'est pas) autre chose pour les gens raisonnables qu'un capitaine suisse... »

Sottise! — Mais c'était bien là la note de la classe dirigeante, la note des hommes politiques, qui, à la première heure, à l'heure décisive, ignorant ce qu'ils auraient dû connaître, à savoir les écrits du prince et par conséquent la grande valeur de l'héritier de Napoléon, parlaient comme le *Charivari* et allaient, dans leur profonde habileté, le faire ou du moins le laisser monter au fauteuil de la présidence de la République, croyant innocemment n'y mettre qu'un chapeau!

Dans la séance du mardi 13 juin, l'Assemblée nationale allait statuer sur l'élection du prince. Le citoyen *Degousée*, convaincu que la cause de celui-ci, à la suite de ce qui s'était passé la veille, était perdue, voulut faire la part du feu et prit les devants. « Citoyens, dit-il, le 2 de ce mois nous avons déposé une proposition demandant l'abrogation de l'article 6 de la loi du 10 janvier 1832, relative au bannissement de la famille Bonaparte... Les circonstances graves qui ont surgi me font un devoir de présenter un amendement ainsi motivé :

« Néanmoins ces dispositions sont *provisoirement* maintenues en ce qui concerne le citoyen Charles-Louis-Napoléon Bonaparte, à raison des deux tentatives faites par lui pour établir en France un gouvernement dynastique, tentatives qui se renouvellent aujourd'hui en son nom, — et je crois sans sa participation; mais enfin, dans les circonstances graves où nous sommes, quand hier soir encore, pour rendre libres les abords de ce palais, nous avons été obligés, à neuf heures du soir (1), de faire faire par le commissaire de police des sommations réitérées et de les faire suivre par des charges de cavalerie, et quand à la vue du palais national, au milieu des représentants, nous entendions le cri de : « *A bas la République ! Vive* « *l'Empereur !* » nous croyons que ce n'est pas le cas d'admettre le citoyen Louis-Napoléon ; et nous le croyons assez bon citoyen lui-même pour s'abstenir provisoirement. Je me suis servi du mot provisoirement parce que j'espère que sous peu, dans quinze jours ou un mois, l'abrogation complète de l'article 6 de la loi de 1832 aura lieu. »

Les dernières paroles de l'orateur se perdirent dans le bruit, la conclusion si bienveillante de celui-ci ne cadrant pas avec la sévérité de ses observations.

C'est alors que le citoyen *Jules Favre* monta à la tribune pour rendre compte au nom du 7e bureau des opérations électorales du département de la Charente-Inférieure, où le prince avait été élu par 23,022 voix. « La loi de 1832, dit-il, aux yeux du pays tout entier, vous l'avez déclarée abrogée par votre ministre de la justice. Le citoyen Bonaparte n'est plus un simple citoyen, ce n'est plus un prétendant, c'est un élu du peuple. Dès lors cette consécration souveraine change sa situation ; si elle lui impose de grands et solennels devoirs, elle lui crée aussi des droits qui, je pense, trouveront ici autant de défenseurs que de représentants... Vous demandez contre lui une mesure exceptionnelle ; au nom de quel fait ? Le citoyen Louis Bonaparte s'est-il montré mêlé à ces agitations ? Avez-vous lu sa correspondance ? Avez-vous surpris sa main semant l'or dans ces groupes organisés qui menacent la tranquillité publique ? Oh ! alors l'Assemblée tout entière se joindra à vous... pour faire triompher la liberté contre l'étendard dérisoire d'un empire impossible... (*Très bien !*) La position du citoyen Louis Bonaparte est celle d'un simple citoyen qui a été élu par le peuple ; s'il a commis un crime, qu'on le poursuive ; mais si on ne prend pas sa main dans le complot, on n'a pas le droit de

---

(1) Ainsi toute la journée du 12, jusqu'à une heure avancée de la nuit, la place de la Concorde et les abords de l'Assemblée furent envahis par la foule

porter atteinte à son inviolabilité. Voilà ma pensée clairement résumée. Maintenant vous venez au nom de la raison d'État... prétendre que le fait seul de la présence du citoyen Louis Bonaparte, même innocent, même étranger à ces manifestations coupables qui ont amené hier un déplorable attentat, que sa présence, dis-je, peut être une cause de trouble inquiétante pour la paix publique. Eh bien! messieurs, je dis que quand bien même cette éventualité serait certaine, comme c'est nous qui l'avons faite, comme c'est nous qui avons, pour ainsi dire, provoqué, toléré, encouragé la souveraineté nationale, nous devons la subir et nous ne devons pas laisser écrire dans une déclaration que la République que nous avons fondée est tellement chancelante que la présence d'un seul homme peut la mettre en danger. (*Très bien! très bien!*) Quant à moi, j'ai la conviction profonde du contraire; j'ai la conviction profonde que dans un zèle excessif et mal entendu la commission exécutive a mal à propos grandi la personnalité du citoyen Louis Bonaparte, et qu'elle a laissé croire que l'État populaire français pouvait être renversé par le souffle d'un pygmée! (*Mouvement...*) Le lieu de son combat, ce sera la tribune, et... ce qu'il y avait de plus politique et de plus sage, c'était de l'y convier. (*C'est vrai...*) Est-ce que vous ne comprenez pas... que si le citoyen Louis Bonaparte était assez fou, assez insensé pour rêver à l'heure qu'il est une sorte de parodie de ce qu'il a fait en 1840, il serait couvert par le mépris de ses concitoyens et celui de la postérité? (*Agitation en sens divers.*) Cependant cet homme... irait changer la position que lui a faite le suffrage populaire contre le misérable rôle d'un factieux qui serait mis hors la loi et traîné au bout de vingt-quatre heures sur la claie; non, cela n'est pas possible... Croyez-vous qu'il soit dangereux de le voir paraître à cette tribune?... Ne le redoutez pas plus que je ne le redoute moi-même!... Il n'y peut paraître qu'à la condition de mettre à l'instant même sous ses pieds toutes ses folies... de se grandir... en dépouillant cette misérable parodie du manteau impérial qui ne va pas à sa taille... Le citoyen Louis Bonaparte paraissant à cette tribune et y faisant entendre les paroles généreuses qui ont été prononcées par l'un des membres de sa famille, paroles qui, quant à moi, m'ont ému jusqu'aux larmes (*chuchotements et bruits divers*), tuerait d'un seul coup ce qu'on appelle le parti bonapartiste... (*Mouvements prolongés.*) Le citoyen Louis Bonaparte, en France, n'y sera rien qu'un citoyen; le citoyen Louis Bonaparte, repoussé, au contraire, par votre vote, sera rejeté dans sa qualité de prétendant, et il repassera la mer avec quelques centaines de mille de suffrages des électeurs, qui jusqu'à un certain point lui donneront une sorte de légitimité. (*Réclamations nombreuses.*) Voilà le danger que je veux éviter, voilà la politique à laquelle je ne veux pas m'associer. Cette pensée, messieurs, a été celle de la majorité de votre bureau; en conséquence, j'ai l'honneur de vous proposer l'admission du citoyen Louis Bonaparte. »

Discours d'avocat et de rhéteur, ce n'était pas là le langage d'un homme d'État qui connaît le tempérament national et l'histoire de son pays.

Le citoyen *Buchez*, rapporteur de l'élection de la Seine au nom du 10ᵉ bureau, vient présenter des conclusions diamétralement opposées : « ..... Par le fait des circonstances... l'élection de Louis Bonaparte amène chez nous un nouveau prétendant. Que s'est-il passé depuis l'élection? Ce ne sont pas de simples cris de : *Vive Bonaparte !* qui ont été seulement prononcés; il en a été prononcé d'autres qui étaient autre chose qu'un appel à des souvenirs, qui étaient plus que cela... L'Assemblée nationale doit suivre la ligne politique qui est indiquée, qui est déterminée, qui est décidée par les circonstances... Pouvez-vous douter qu'il s'agisse ici d'un prétendant lorsqu'il s'est présenté deux fois, non pas pour renverser un gouvernement qui pesait sur la France, mais pour réclamer l'Empire en son nom, en vertu d'un sénatus-consulte ancien, comme étant l'héritier direct du trône impérial? (*C'est cela !*)... N'a-t-on pas crié : *Vive l'Empereur !*... C'est un prétendant... Vous dites que vous pouvez le recevoir ici. Oui, mais il sera accompagné de l'acclamation populaire, qui le grandira tous les jours! » (*Rumeurs confuses.*) C'était la vérité même, et le citoyen Buchez parlait en homme politique, n'écoutant que la froide raison.

Le citoyen *Desmares*, rapporteur, au nom du 6° bureau de l'élection de l'Yonne, déclare, sans autre discours, que celui-ci a conclu à l'admission du citoyen Louis Bonaparte.

Le citoyen *Vieillard* vient défendre la cause du prince : « On a dit que sa triple élection était le résultat d'un complot, et que, transportant la conspiration du collège électoral dans la rue, c'était lui qui soudoyait avec je ne sais quel trésor emprunté à je ne sais quelles puissances, tous ces attroupements, toutes ces manifestations criminelles dont vous avez été témoins depuis deux jours. Je donne à ces assertions le plus formel démenti ; je le donne en son nom parce que je le connais ; son élection a été le résultat tout simple, tout naturel du nom qu'il porte. »

Les Persigny, Laity et Cie durent déployer une activité prodigieuse avant les opérations électorales, mais seulement au point de vue des moyens matériels de faire aboutir cette élection : affiches, bulletins, etc. Le silence universel de la presse est la preuve de la vérité de la déclaration de M. Vieillard, à savoir que le nom seul a tout fait, dans les conditions psychologiques où se trouvait le corps électoral. M. Vieillard donne ensuite lecture de la lettre du prince en date du 11 mai 1848, déjà citée, et il ajoute : « Le citoyen Louis Bonaparte ne prétend à rien qu'à être citoyen français, membre de l'Assemblée nationale, et à venir ici jouir de toutes les immunités que le suffrage universel lui a conférées. »

Le citoyen *Marchal* répond : « Celui qui frappe à notre porte est un prétendant. S'il ne l'est pas aujourd'hui, il l'a été ; par deux fois il a fait acte de prétendant ; rappelez-vous Strasbourg ; rappelez-vous Boulogne... Me fît-il maintenant les déclarations les plus formelles, les protestations républicaines les plus énergiques, je n'en persisterais pas moins à lui refuser l'entrée de cette salle et le territoire de la République... S'il ne porte plus le drapeau de prétendant, des factieux voudront encore l'en couvrir, et il ne dépendra pas de lui que des ennemis de la République ne se servent de son nom et de sa personne pour fomenter des troubles... Rappelez-vous enfin que c'est à Louis Bonaparte que d'anciennes constitutions rattachent les éventualités de l'héritage impérial. »

Le citoyen *Fresneau* ne veut pas que des *subtilités* puissent prévaloir contre le sentiment populaire qui vient de se faire entendre dans quatre départements... « Y a-t-il une raison d'État suffisante, une conspiration assez sérieuse pour que le langage des électeurs dans quatre départements ne soit pas entendu ?... Il vous a envoyé un descendant de l'Empereur, parce qu'il aime l'Empereur (*agitation*); le pays vous l'a envoyé en toute confiance, parce qu'il a foi dans sa souveraineté. »

Le citoyen *Clément Thomas*, qui commandait la garde nationale, déclare que le prince ne saurait être rendu responsable du coup de fusil qui a été tiré.

Le citoyen *Repellin* s'écrie : « Si les mouvements tumultueux qui s'accomplissent dans la rue au nom de : *Vive l'Empereur !* prennent de la consistance, un jour viennent à acclamer Louis Bonaparte dictateur ou empereur... (*Allons donc !*) y a-t-il un de vous qui puisse dire qu'il ne se rencontrera pas ici et partout enfin bien des gens pour excuser ce 18 brumaire et pour le colorer d'un prétexte de bien public ? Cela s'est fait toujours, et cela peut se faire encore. »

Le citoyen *Vieillard* se lève pour protester.

Louis Blanc apporte l'appui de l'extrême gauche au prince : « L'embarras pour la République existerait si, par le décret qu'on vous propose, vous en veniez à irriter les sympathies que peut avoir excitées celui que vous appelez un prétendant, à donner une importance néfaste à des agitations factices peut-être, soldées peut-être, dont le mépris public fera justice. Ne grandissez pas les prétendants par l'éloignement; il nous convient de les voir de près, parce que, alors, nous les mesurerons mieux. (*Très bien !*) L'oncle de Louis-Napoléon, que disait-il ? Il disait : « La République est comme le soleil. » Laissez le neveu de l'Empereur s'approcher du soleil de notre République, je suis sûr qu'il disparaîtra dans ses rayons

(*Mouvement.*) Je ne crains pas, quant à moi, les prétendants, je ne les crains pas. Et quelles seraient donc les prétentions du neveu de l'Empereur? J'ignore ce qu'il veut, ce à quoi il aspire ; mais il serait vraiment peu digne du bruit qu'on fait autour de son nom, s'il s'imaginait qu'aujourd'hui l'Empire est à refaire... Non ! L'Empire ne sera pas refait, parce que le temps des empereurs et des rois est à jamais passé... Il viendrait faire concurrence avec un nom à une République qui est précisément la grande victoire de la raison humaine et de l'égalité sur le prestige des noms, sur le respect imbécile des majestés de convention. Qu'il vienne donc faire concurrence à l'égalité ! Il n'y a pas à la République que nous avons fondée, qui s'appuie sur des millions de suffrages... de concurrence sérieuse... Ne faites pas dire que la République a peur d'un homme... Si la candidature du citoyen Louis Bonaparte (à la présidence de la République) pouvait être posée, elle le serait précisément par nos débats et par nos terreurs. (*C'est vrai !*) Voulez-vous empêcher Louis Bonaparte d'arriver à jamais comme président de votre République? Écrivez dans la Constitution l'article que voici :

« Dans la République fondée le 24 février 1848, il n'y a
« pas de président. »

« Faites cet article-là, vous tuez la candidature du citoyen Louis-Napoléon. » (*Rires et bruit.*)

Le citoyen *Pascal Duprat* répond à Louis Blanc : « ... Ce n'est pas le nom que je viens accuser ici. On vous a dit qu'il ne fallait pas craindre un nom ; ce nom, vous ne l'avez pas craint..., vous l'avez introduit ici, parce que ce nom, alors, n'était pas une faction, parce que ce nom, alors, n'était pas menaçant pour la République, parce que, autour de ce nom, quand vous l'avez admis, il n'y avait ni complot, ni sédition, ni rumeurs publiques. Ainsi donc, en admettant ce nom, vous avez rendu un hommage juste et légitime au passé ; si ce nom eût été repoussé, j'aurais réclamé moi-même pour qu'on l'admît, quoiqu'il y eût peut-être une certaine justice à ce que ce nom qui a tué la liberté subît une expiation. (*Rumeurs.*)

Mais ici ce n'est pas le nom que vous repoussez. Voyez ce qui se passe autour de vous. Est-ce que vous n'avez pas partout sur vos places publiques, dans la foule qui vous environne, la physionomie de la guerre civile?... Je ne dis pas que le citoyen Louis Bonaparte ait mis sa main dans ce complot, je ne dis pas qu'il soit le chef et l'âme de cette sédition qui se prépare, ou qui plutôt éclate autour de vous ; mais enfin c'est peut-être le malheur de son passé. Pouvez-vous le dégager du passé qui, hier encore, dominait vos esprits et vos consciences? Pouvez-vous oublier qu'il a été deux fois le prétendant à un Empire impossible, je le veux, mais enfin le prétendant à l'Empire?... En repoussant Louis Bonaparte, ce n'est pas le nom que vous proscrivez, c'est la République que vous défendez ! »

L'Assemblée venait d'entendre le langage de la raison même.

Le citoyen *Ferdinand de Lasteyrie* monte alors à la tribune pour exposer les idées d'une partie de la droite : « Citoyens, je ne suis pas bonapartiste ; les souvenirs de l'Empire devant lesquels je m'incline ne m'inspirent aucune sympathie... Si je viens soutenir les conclusions de votre commission, c'est au nom de la souveraineté nationale... Je croirais manquer à mon devoir si je ne venais protester au nom de ce grand principe... Il y a quelque chose de plus haut que la loi... les principes... ils sont au-dessus de nous... (*Marques d'assentiment.*) C'est au nom de la République de 1848 qu'on rappelle les lois que deux dynasties de Bourbons avaient forgées dans le sentiment de leur impopularité pour se défendre contre la dynastie de Bonaparte... Dans les tentatives du citoyen Bonaparte il n'y avait rien de républicain, j'en conviens. Il avait pu rêver, en présence d'une dynastie qui n'était pas du goût de la France (elle l'a bien prouvé depuis), il avait pu rêver que sa propre dynastie avait quelque chance. Insensé, si de pareils rêves se renouvelaient aujourd'hui. Parle-t-on des faits plus récents... faits déplorables... criminels?... Trop de doutes planent encore... Qu'il vienne ici, et alors s'il est reconnu coupable, ne craignez pas de demander l'autorisation de le poursuivre. Mais s'il est innocent, vous auriez fait un abus de pouvoir inqualifiable en frappant par avance un innocent... Si Louis Bonaparte se présente ici en bon citoyen, il a droit à ce que chacun de nous lui tende fraternellement la main... »

Le gouvernement intervient alors en la personne de *Ledru-Rollin :* « Une loi existe..... Il n'y a pas d'argument, si développé qu'il soit, qui puisse prévaloir contre un fait... On vient dire : Vous violez la souveraineté du peuple... Comment! vous reconnaîtriez que un, deux, trois départements constituent la souveraineté du peuple?... *(Très bien ! très bien ! Réclamations.)* Les auteurs de la Déclaration des droits de 1793... déclarent que la souveraineté du peuple existe dans l'ensemble et ne peut exister dans un individu seulement... Autrement, c'est du protestantisme ; ce n'est pas la foi dans la souveraineté du peuple. La souveraineté du peuple existe dans l'universalité, dans l'absolu. Autrement... il peut convenir à un département de nommer un prétendant... Il peut convenir à un département de nommer le comte de Paris ou Henri V. Quel est celui d'entre vous qui viendrait soutenir qu'un département ainsi égaré et protestant pèse lui seul dans la balance autant que l'ensemble de la nation?... *(Mouvement prolongé.)* En droit et en fait, quand la souveraineté du peuple, qui est l'universalité que vous représentez, décide que le département s'est mépris, vous ne pouvez pas dire qu'on attente à la souveraineté, car la majorité de la nation constitue, dans son essence, la souveraineté entière, absolue, indivisible du peuple... Ce qu'il faut respecter, c'est l'ensemble de la nation, et non pas le vœu isolé d'un département. Voilà les principes. On a laissé entrer dans cette enceinte des membres de la famille Napoléon... Je considère cela comme un acte de magnanimité... mais ces membres n'avaient pas dans leurs précédents de conspirations... A Paris, des embauchages ont eu lieu pour former une nouvelle garde impériale... il y a eu de l'argent distribué, il y a eu sur la place publique du vin versé à profusion... à tout le monde, au nom de l'empereur Napoléon; un attentat a été commis près de nous au cri de : *Vive Napoléon empereur !* Hier, vous avez tous entendu, comme moi, entre la porte Saint-Denis et la porte Saint-Martin, des cris de *Vive Napoléon! vive l'Empereur* (1)! Il y a plus, trois journaux ont été fondés en quatre jours... déclarant qu'il faut élire un président à l'instant même et nommer Louis Bonaparte... annonçant qu'une grande partie de la banlieue allait se rendre au-devant de lui pour lui former un immense cortège, une entrée triomphale! N'est-ce rien que cela?... Nous avons fait notre devoir, faites le vôtre!... (*Mouvement prolongé.*) Prévenir pour conjurer des malheurs probables, telle est notre pensée. (*Très bien! très bien!*) Avant tout nous sommes des hommes d'État; nous ne pouvons pas nous laisser guider seulement par des sentiments, nous avons à maintenir l'ordre... L'émeute sévit; on s'est battu hier; on peut se battre ce soir, cette nuit; une loi existe; pourquoi ne l'exécuterions-nous pas?... On avait proscrit à jamais, et nous venons demander l'exécution provisoire!... Deux fois il a été prétendant, deux fois il a parlé au nom des droits héréditaires de l'Empire. Eh bien! depuis qu'il est nommé, est-il venu dire : Je m'incline devant la République... Je mourrai simple citoyen de la République que ce peuple a glorieusement fondée. (*Applaudissements.*) A-t-il dit cela? Qu'il le dise, et alors votre loi... pourra être modifiée! »

De toutes parts on crie : Vive la République! L'Assemblée est profondément agitée par ce discours d'une si puissante dialectique. Le sort du prince paraît compromis. C'est alors que le citoyen *Bonjean* s'élance à la tribune : « Il n'est pas exact de dire, s'écrie-t-il, que le prince Louis n'a pas fait acte d'adhésion à la République. » Et il donne lecture de la lettre du 24 mai 1848 que nous avons reproduite (2).

(1) Si les journaux relatent très sommairement l'incident du boulevard, on n'y parle ni d'argent distribué, ni de vin versé.
(2) Voir p. 272. « Dans cette circonstance, l'orage qui s'était formé sur sa tête et qui semblait devoir le foudroyer s'évanouit comme par enchantement devant cette simple lettre; de tout le bruit que l'Assemblée avait fait, de toutes les colères du parti républicain il ne restait que le retentissement du nom de Napoléon, l'exaltation de sa puissance supposée, son antagonisme ouvert avec une république maudite par une grande partie de la nation; tous ces vains et inutiles éclats du gouvernement n'avaient servi que d'échos et de truchements à l'ambition du

Jules Favre revient à la charge en faveur du prince : « Je demande si la loi peut avoir ses préférences, ses exclusions, si admettre un pareil principe, ce ne serait pas pervertir la morale publique et faire descendre de cette tribune une doctrine funeste qui pourrait engendrer mille périls. Lorsque trois membres de la famille Bonaparte ont été admis au milieu de vous, la loi de 1832 a été formellement abrogée. (*Non ! non !*) Le citoyen Louis Bonaparte a par deux fois troublé la tranquillité publique... Ces faits existaient lors de la discussion de la prise en considération de la proposition du citoyen Pietri, ils étaient acquis à l'histoire... Cependant vous n'avez pas élevé la moindre objection contre l'abrogation de la loi de 1832 en ce qui touche le citoyen Louis Bonaparte... Les affiches apposées dans Paris, annonçant la candidature du citoyen Louis Bonaparte... vous les avez respectées... Ce que vous demandez à l'Assemblée, c'est l'arbitraire dans l'exécution de la loi. (*C'est vrai !*) Que reste-t-il ? Un seul fait... c'est celui qui s'est produit hier... Pouvez-vous insinuer que de près ou de loin le citoyen Louis Bonaparte soit coupable de pensées pareilles ? (*Mouvement en sens divers.*) Dès l'instant que le citoyen Louis Napoléon a été élu représentant du peuple, il ne pourrait, sans être taxé d'infamie, conserver les souvenirs en vertu desquels il ferait revivre des droits qui, grâce à Dieu, sont éteints. Il est impossible sur une simple fiction, sur une insinuation, lorsque rien n'est prouvé, de décréter, par une mesure de suspicion, qu'un représentant du peuple ne sera pas admis. » (*Mouvements en sens divers. Aux voix !*)

L'Assemblée vote l'admission du prince, à une grande majorité (1).

---

prétendant... Le premier pas venait d'être fait vers l'Empire... » (Odilon Barrot, *Mémoires*, t. I, p. 231.)

(1) « La masse des conservateurs était fort peu touchée des périls de la République, et, de plus, les républicains mécontents, comme MM. Louis Blanc, Jules Favre, Crémieux et beaucoup d'autres, se faisaient du bonapartisme une arme contre la Commission exécutive ; ajoutez les partisans de la famille Bonaparte, ceux qui lui étaient liés par les intérêts ou même les simples souvenirs, ou ceux

Paris ce jour-là était agité ; il y avait foule sur la place de la Concorde et sur les terrasses des Tuileries. Un certain nombre de curieux portaient à leur chapeau une petite plaque figurant un aigle (1). Des forces considérables avaient été mises sur pied et occupaient tous les abords de l'Assemblée. On dégagea la place de la Concorde et on fit évacuer les Tuileries. C'est alors qu'une tentative de barricade fut faite rue du Mont-Thabor, au coin de la rue Castiglione ; des arrestations eurent lieu, mais les personnes arrêtées furent délivrées par la foule. Au coin de la rue de Rivoli, un sieur Savary, gardien de la paix, fut assailli et blessé aux cris de : Vive Louis-Napoléon! Vive l'Empereur!

Les murs se couvrent de placards en faveur du prince, contenant, par exemple, une constitution de l'Empire napoléonien. A la porte des Tuileries on vend une médaille à l'effigie de Louis-Napoléon avec la date de sa naissance et celle de son élection ; des hommes promènent dans les rues son portrait gravé, collé sur une planche portée au bout d'un bâton (2).

La *Patrie* annonce qu'après le vote d'admission Ledru-Rollin a donné sa démission de membre de la Commission exécutive.

« Quel est au fond, disent les *Débats* (3), le sens de ce vote? C'est que la souveraineté réside dans une fraction autant que dans l'ensemble, qu'elle est aussi entière dans une partie que dans le tout. M. Louis-Napoléon, exclu du territoire de France par une loi qui subsiste encore, devient l'élu d'un département, et cette élection a le pouvoir d'abroger, d'oblitérer et d'abolir la loi. La question a été très nettement posée en ces

---

qui se ralliaient à elle par les espérances de l'avenir, et on ne s'étonnera pas que la Chambre ait voté par *assis et levé*, à une assez forte majorité, l'admission de Louis Bonaparte. » (Odilon BARROT, *Mémoires*, t. I, p. 226, 227.)

(1) *Débats* du 14 juin.
(2) *Débats* du 14 juin. — Des ouvriers de la manufacture de tabac tentent d'entraîner leurs camarades au cri de : *Vive Napoléon!* On annonce l'arrestation de Laity. (*Siècle*, 14 juin.)
(3) Numéro du 14 juin.

termes... L'interprétation donnée... par l'Assemblée à la doctrine de la souveraineté nationale nous paraît être le renversement de tous les principes connus et possibles. » On ne pouvait mieux dire.

Le *Siècle* (1), au contraire, estime que M. Jules Favre a établi jusqu'à la dernière évidence que, dans l'opinion de la Chambre tout entière, il ne restait plus rien de la loi de 1816... « Le 2 juin, le langage du ministre de la justice (déclarant que la loi de 1832 n'avait pu survivre une heure aux barricades de Février) était ratifié par des acclamations unanimes; non seulement il ne provoquait aucun désaveu de la part de la commission exécutive, mais le gouvernement par sa conduite en acceptait la solidarité. Est-on bien venu aujourd'hui à opposer cette loi de 1832 comme une fin de non-recevoir à la volonté souveraine des électeurs qui, sur la foi des actes de l'Assemblée nationale et du pouvoir exécutif lui-même, ont cru cette loi néfaste ensevelie sous les barricades de Février? — M. J. Favre n'a pas traité avec moins de vérité et de talent le côté politique de la question; il ne lui a pas été difficile de prouver que la générosité avait la valeur d'un bon calcul; le moyen de grandir un prétendant, c'est d'afficher la crainte qu'il inspire, c'est de lui donner le double prestige de l'éloignement et de la persécution, c'est surtout de personnifier en lui la violation d'un principe aussi imposant que celui de la souveraineté nationale. Ce que la politique conseille bien plutôt, c'est de convier le citoyen dont le nom pourrait avoir une influence dangereuse à venir s'asseoir au foyer de la représentation nationale et se soumettre au niveau de la loi commune. La tribune est un mauvais terrain pour les prétendants; les regards du public les mesurent à leur taille réelle..... L'effet du vote d'admission a été immense. Si nos secrètes pensées, si nos vœux intimes se rattachaient à l'absurde chimère d'une parodie de l'Empire, au lieu de nous réjouir de la résolution de l'Assemblée, nous nous associerions

---

(1) Numéro du 14 juin.

aux regrets et au dépit que semblaient éprouver un certain nombre de républicains de la veille. Car nous sommes convaincu profondément qu'un prétendant ne saurait vivre et respirer longtemps dans l'atmosphère de la représentation nationale et en face de la tribune. Selon nous, l'Assemblée a fait acte de sagesse et de déférence bien avisée pour la souveraineté nationale... Selon l'expression de M. de Lamartine, elle a conspiré avec le prétendant, comme le paratonnerre conspire avec les nuages pour en dégager la foudre. Le gouvernement s'égarait, l'Assemblée l'a contenu, elle l'a redressé, elle a mieux aimé se montrer généreuse, confiante, que de rendre force à un vieux décret de proscription qu'elle a implicitement aboli il y a un mois. Il faut la féliciter sans réserve de cet acte de raison et de courage. Les acclamations de la garde nationale l'ont déjà accueillie au sortir de la séance; à ces acclamations vont répondre, nous en sommes sûr, celles de la France entière, car la France se souvient que les lois d'exception, que les lois de salut ne l'ont jamais préservée d'aucun péril. »

Dans son numéro du 15 juin le *Siècle* développe la même thèse : « ...Pourquoi les Bonaparte ont-ils été exclus du territoire français par les Bourbons? Évidemment parce que sous les principes monarchiques on admettait que les Bonaparte pouvaient croire tenir de leur naissance un droit au trône, et que la France ne voulait pas, à ses risques et périls, ouvrir un conflit entre deux dynasties. Cette exclusion avait-elle encore un sens quelconque contre les Bonaparte après la proclamation de la République et l'abolition explicite et formelle de tout privilège de naissance? Certainement non. Les Bonaparte sont de simples citoyens français, et nous ne sachions pas qu'ils réclament d'autres titres et d'autres droits. Mais, dit-on, Louis Bonaparte en qualité de prince français a tenté deux fois de se faire proclamer empereur... Notre opinion sur ces deux tentatives est aujourd'hui ce qu'elle était lorsque nous avons eu à les qualifier, mais nous ne comprenons pas que la République puisse se dire ou se voir blessée par un effort tenté pour interroger le peuple sur la validité de l'élection de la dynastie d'Orléans. Les organes de la République, avant et après le 24 février, n'ont-ils pas toujours soutenu que cette élection a été surprise au peuple, qui ne l'a jamais formellement ratifiée? Par la proclamation du principe républicain la loi du bannissement contre les Bonaparte a été virtuellement abrogée... Est-il une abrogation plus formelle, une désuétude mieux constatée que celles qui ont frappé la loi de bannissement contre les Bonaparte, le jour où l'Assemblée souveraine a dit : Il n'y a plus de rois, plus de princes, plus de monarchie... Il n'y a aucune similitude entre la position d'un Bourbon et celle de Louis Bonaparte. La loi qui bannit la famille des Bourbons a été rendue par la République... par une Assemblée sortie du suffrage le plus universel, le plus direct qui ait jamais été pratiqué chez aucun peuple. »

Puis, par une contradiction inexplicable avec la thèse à notre sens erronée qu'il vient de soutenir, le *Siècle* ajoute sans réflexions : « Un journal a pensé que la citation suivante des *Mémoires* de l'empereur Napoléon ne manquerait pas aujourd'hui d'opportunité : « Lorsqu'une déplorable faiblesse et une
« versatilité sans fin se manifestent dans les conseils du pouvoir,
« lorsque, cédant tour à tour à l'influence des partis contraires
« et vivant au jour le jour sans plan fixe, sans marche assurée,
« il a donné la mesure de son insuffisance, et que les citoyens
« les plus modérés sont forcés de convenir que l'État n'est plus
« gouverné, lorsqu'enfin à sa nullité au dedans l'administration
« joint le tort le plus grave qu'elle puisse avoir aux yeux d'un
« peuple fier, je veux dire l'avilissement au dehors, alors une
« inquiétude se répand dans la société, le besoin de conservation
« l'agite, et promenant sur elle-même ses regards, elle semble
« chercher UN HOMME qui puisse la sauver. Ce génie tutélaire,
« une nation nombreuse le renferme toujours dans son sein...
« Que le sauveur impatiemment attendu donne tout à coup un
« signe d'existence, l'instinct national le désire et l'appelle, les
« obstacles s'aplanissent devant lui, et tout un grand peuple
« volant sur son passage semble dire : Le voilà ! » (*Mémoires de Napoléon Ier*, 6e volume, 18 *brumaire*, pages 49 et 50).

Les journaux annoncent l'arrestation de M. de Persigny, cet incomparable agent du prince qui avait si merveilleusement fait réussir l'élection du 4 juin, et celles de Mme Éléonore Gordon, de M. Tremblaire, journaliste dévoué à la cause bonapartiste, de M. Thomassin, l'imprimeur de la brochure, de Laity, etc. ; mais, en admettant qu'elles aient eu lieu, il n'apparaît point qu'aucune d'elles ait été suivie de poursuites, sans doute, à cause de l'admission du prince; ce qui amena aussi le ministre de la justice à expédier un contre-ordre à la résolution qui avait été prise de rechercher et d'arrêter celui-ci. Le 12 juin, à une heure du soir, le ministre de l'intérieur avait, en effet, envoyé aux préfets et sous-préfets la dépêche suivante :

« Par ordre de la Commission du pouvoir exécutif faites arrêter Charles-Louis-Napoléon Bonaparte, s'il est signalé dans votre département. Transmettez partout les ordres nécessaires. — Signalement : âge de 40 ans, taille 1 mètre 70, cheveux et sourcils châtains, yeux petits et gris, nez grand, bouche moyenne, lèvres épaisses, barbe brune, moustaches blondes, menton pointu, visage ovale, teint pâle. Marques particulières : tête enfoncée dans les épaules, épaules larges, dos voûté (1). »

(1) Voir la *Gazette de France* et la *Patrie* de juin. Tous les préfets lancent des proclamations. Comme échantillon, voici celle de M. Marc Dufraisse, préfet de l'Indre : « Citoyens, deux fois, à Strasbourg et à Boulogne, la folle ambition d'un prétendant a tenté de précipiter dans la guerre civile la France qui le repoussait justement de son sein. Deux fois ses complots odieux ont échoué... La royauté déchue... se rendit complice des attentats du prétendant impérial. L'impunité d'abord, puis la mollesse de la répression ont enhardi le cœur vulgaire de ce conspirateur insensé. L'honneur insigne, mais immérité, que viennent de lui décerner quelques hommes égarés, coupables peut-être, a ranimé ses pensées d'usurpation et ravivé ses espérances criminelles effrontées. Votre indignation légitime, éclatante, apprendra à Charles-Louis-Napoléon Bonaparte que le peuple français, magnanime jusqu'au pardon, jusqu'à l'oubli des forfaits dignes du châtiment le plus sévère, ne se résignera jamais à laisser relever un trône, quel que soit le nom de l'audacieux, de l'imprudent qui aspire à y monter, et que la République naissante ne craint pas le 18 brumaire de l'an VI; que si le fugitif tombait entre vos mains patriotes, amenez-le devant vos magistrats républicains et livrez-le sans pitié à la justice de la révolution. Salut et fraternité. » — Le préfet du Gard, de son côté, dit aux habitants de Nîmes : « Les ennemis de la République répandent le bruit que Louis-Napoléon a été proclamé empereur. Rien n'est plus faux... »

La presse n'est occupée que du prince. « Que trois mois après la révolution républicaine de février, lit-on dans le *Charivari* (1), il se présente un homme pour vous dire : Je suis le fils de mon père ou le neveu de mon oncle, ainsi ouvrez-moi les Tuileries, portez-moi sur le pavois dans la salle du trône... et criez : ... *Vive l'Empereur!* voilà de quoi confondre les imaginations les plus accessibles au merveilleux. Et pourtant le fait arrive. O prodige des prodiges! Il s'est trouvé parmi les oisifs, les badauds, les tragiques refusés au théâtre de l'Odéon..., de quoi former un parti bonapartiste... Vive le prince Louis!... Voilà un homme. Quarante ans, une campagne dans l'Helvétie, rien que le grade de capitaine suisse et pas la croix. On lui a fait des injustices, il a droit à l'avancement. Vive l'Empereur! — Mais on la dit un peu négligée, l'éducation politique de votre empereur... Le prince Louis entend l'éducation de l'aigle et du canard de Barbarie ; c'est royal, mais c'est insuffisant. Parlez-lui d'économie politique, d'administration, d'alinéas, de l'air des *Lampions,* de la première chose venue qui ne se rattache pas à l'éducation de l'aigle et du canard, et vous le collerez immédiatement. »

A cet homme d'une intelligence exceptionnelle on fait tout d'abord la réputation d'un imbécile, et le *Charivari* n'est que l'écho des propos qui courent dans le monde politique. Comme aussi, dès la première heure, on prononce le mot d'*Empire*. « En faisant subir, dit la *Gazette de France* (2), à son acte de naissance une modification, en prenant le nom de Napoléon au lieu de celui de Louis, apparemment pour ne pas devenir Louis XIX, ne semble-t-il pas s'appuyer sur la constitution impériale? » « Le citoyen Louis Bonaparte, dit le *Représentant du peuple* (3), a été admis malgré ses antécédents impérialistes, malgré sa qualité officielle de prétendant, malgré la conspiration flagrante et les aveux formels de ses partisans ; il a été admis comme il avait été élu... parce que prince, parce que

---

(1) Numéro du 14 juin.
(2) Numéro du 15 juin.
(3) Proudhon, rédacteur en chef.

neveu de l'Empereur, parce qu'il porte en lui l'espoir d'une présidence dynastique, d'une monarchie constitutionnelle... Il y a huit jours, le citoyen Bonaparte n'était qu'un point noir dans un ciel en feu ; avant-hier, ce n'était qu'un ballon gonflé de fumée ; aujourd'hui, c'est un nuage qui porte dans ses flancs la foudre et la tempête... » La *Réforme* (1) s'écrie en parlant de l'Assemblée : « Son vote la tuera tôt ou tard. » — Les prévisions de la *Vraie République* (2) sont les mêmes : « Quelles que soient les protestations qui ont été faites dans l'intérêt du prince Louis Bonaparte pour limiter son rôle à celui de représentant du peuple, il est très évident que telle n'est pas sa pensée. Il a d'autres projets. S'il aimait sincèrement la République... il se serait abstenu d'intervenir pour s'exposer aux funestes conseils des fauteurs de tyrannie, qui ne manqueront pas de l'entourer de leurs flatteries. Qu'on lise les journaux établis tout exprès dans l'intérêt de sa personne, on y verra qu'il est offert au peuple comme l'*homme de la situation* (3), le seul qui puisse tirer l'État du péril où l'ont mis trois mois de révolution... Les espérances de ses partisans sont hautement avouées ; il sera placé à la tête de la République. » La *Patrie* (4) n'est pas moins nette : « La candidature de Louis-Napoléon a excité de vives sympathies parmi les ouvriers et les cultivateurs. La popularité du neveu de l'Empereur est grande, surtout dans la banlieue de Paris !... Nous ferons tous nos efforts pour que cette popularité n'aille pas au delà du respect qu'on doit à un grand souvenir... Les populations des campagnes se sont vivement émues à ce nom magique de Napoléon. Dans la chaumière et dans l'atelier l'image du vainqueur d'Austerlitz est religieusement conservée avec la redingote grise de rigueur et le petit chapeau traditionnel. Les enfants entourent la vieille qui file sa quenouille et lui disent : « Parlez-nous de lui, grand'-« mère ! » Conservez toujours cette pieuse adoration pour le

---

(1) Ribeyrolles, rédacteur en chef.
(2) Thoré, rédacteur en chef, 15 juin 1848.
(3) Souligné dans le texte.
(4) 15 juin 1848.

martyr de Sainte-Hélène, braves travailleurs de Paris et de la banlieue. Mais n'oubliez pas que sous la redingote grise se cachait le manteau de César et sous le petit chapeau la couronne de l'Empereur... L'Empire est un grand poème. Il n'est pas de voix assez puissante pour entonner de nouveau ce chant grandiose dont le bruit sut étouffer jusqu'à la liberté... »

En province la note est la même qu'à Paris : « Une inspiration soudaine, dit la *Gazette de l'Yonne*, et comme instinctive, a propagé de commune en commune et de canton en canton le nom de Louis Bonaparte, et sans aucun concert antérieur, sans affiches, sans bulletins imprimés et par un vote silencieux, 14,600 voix environ ont élu le candidat impérial... Cette élection est l'œuvre unique des habitants de la campagne et des ouvriers... Il faut l'expliquer comme exprimant le besoin d'un gouvernement homogène et fort. Le vote s'adresse plutôt à une idée qu'à un homme... »

Quelques jours après l'élection du prince, des journaux bonapartistes apparaissent. Ils sont de petit format, contiennent le portrait de l'Empereur ou celui du prince, et chantent les gloires de l'Empire. Il y a le *Napoléon républicain*, dont le premier numéro ainsi daté : Dimanche 11 au mercredi 14 juin 1848, porte comme épigraphes : *Le peuple est le seul souverain, Abolition de la peine de mort,* et contient sous la rubrique : *Républicaine ou Cosaque,* l'article suivant : « Français (c'est l'Empereur qui parle), j'avais désiré que mon corps reposât au bord de la Seine, au milieu de ce peuple français que j'ai tant aimé. Dieu a exaucé le plus cher de mes vœux. Mon âme est toujours avec vous. Je reviens après un quart de siècle, mûri par le malheur, la retraite et la méditation... Je l'ai dit du rocher de l'exil : la démocratie, comme la corruption, coule à pleins bords ; avant 1850 la France, l'Europe entière, sera républicaine ou cosaque ! — Démocratie ou monarchie ! Vertu ou vice ! République ou esclavage ! Régénération ou dégradation ! Vie ou mort ! Peuple français, et vous Italiens, Prussiens, Autrichiens... voilà ce qui vous est offert ! — Ennemis des peuples, despotes encroûtés, aristocraties corrompues, vous avez élevé contre moi toutes les puissances de la fourberie... afin de m'absorber dans l'œuvre militaire, de faire diversion, de m'ôter le temps d'organiser la démocratie révolutionnaire... Je n'étais pas né pour la guerre : mon expédition d'Égypte l'a bien prouvé. J'avais de fortes vocations scientifiques ; je voulais que la science, l'art pénétrât partout ;... JE VOULAIS QUE L'OUVRIER FUT HEUREUX ET GAGNAT SES SIX FRANCS PAR JOUR (1) ;... je voulais organiser la Commune, ce grand problème, cette question de vie ou de mort des sociétés modernes. Les despotes, les parasites, les fainéants, les repus, les cochons à l'engrais (mot de Bonaparte consul), aperçurent vite que.. le mérite, la vertu, le progrès, la démocratie... allaient être à l'ordre du jour ;... que l'intrigue, le vice, la corruption qui forment la base des vieilles sociétés européennes allaient être forcés dans leurs derniers retranchements ; que par la force des choses le peuple révolutionnaire allait conquérir le monde... Alors ils déchaînèrent contre moi toutes les puissances de la calomnie... ils me forcèrent d'accepter la guerre que je ne voulais pas... parce qu'un pouvoir démocratique... ne peut vouloir LA PAIX A TOUT PRIX (2). Dès lors la coalition des despotes forma le vœu impie d'anéantir l'Empire français, de faire une guerre acharnée, incessante, au pouvoir qui était le produit de l'élection tacite des masses, à l'homme qui était l'incarnation du principe révolutionnaire, qui représentait et réalisait autour de lui le triomphe du mérite personnel sur la naissance ou l'intrigue, de l'égalité relative sur le privilège, de l'élément populaire sur l'aristocratie. — Alors, j'ajournai mes plans de régénération intérieure, je m'absorbai dans l'étude de la guerre, j'entrepris de conserver intacte cette grande nationalité française. Il me fallut... faire marcher le peuple français à la conquête de la paix par la destruction des dynasties féodales. »

Dans un autre article intitulé : *la République bourgeoise*, c'est encore Napoléon Ier qui parle : « La coalition a refait la monarchie... principe usé. Elle ne réussit qu'à introniser

---

(1) *Sic.* Souligné en grosses lettres dans le texte.
(2) *Ibid.*

l'aristocratie bourgeoise, ce régime des médiocrités, qui avait prétendu confisquer les conséquences de la grande révolution de 89. La Restauration coûta un milliard à la France. Louis le Gros, mon successeur, passa son règne à traduire les auteurs latins, à puiser dans Horace des billets obscènes pour ses maîtresses. La moralité de son règne fut la découverte de mets perfectionnés auxquels il donna son nom (les côtelettes à la Louis XVIII, etc., etc.). Charles X..., homme stupide et bigot... Louis-Philippe..., homme corrupteur, s'entoura de corrompus. Toutes les formes hideuses de la spéculation et du trafic des consciences se résumèrent dans ce règne... Pas une idée, pas un élan généreux... dans ces dix-huit années de corruption... »

Un troisième article a pour titre : *Aux hommes purs qui gouvernent la France.* « La république que vous voulez, c'est la courtisane usée qui donne de l'or pour des caresses à ses nombreux amants... Le peuple, votre maître, vous chassera... Et toi, peuple, lorsque tes commis violent le mandat que tu leur as donné, souviens-toi du *drapeau rouge* du Champ de Mars et du courage de tes pères en 1793... »

Vient ensuite une proclamation :

A L'ARMÉE DE LIGNE
AUX OUVRIERS. — AUX GOUVERNANTS DÉMISSIONNAIRES

« Citoyens soldats, nous sommes tous égaux, libres et FRÈRES... Vous ne devez à vos chefs l'obéissance aveugle et passive que lorsque vous êtes en face de l'ennemi; mais... dans nos rues... en face de vos frères... vous ne voudrez pas agir comme des machines... La République... seule peut vous donner... l'avancement légitime dû à vos services et à votre dévouement. Ils ont encore un grand intérêt à rétablir la monarchie qui les maintiendra à vos dépens dans les privilèges, grades supérieurs et autres avantages dont la royauté vous a toujours frustrés. On va donc tendre des pièges aux soldats qui sont sortis du peuple... afin de les exciter à frapper leurs frères... Si les représentants... osent faire des lois... contre les réunions paisibles... refusez d'obéir aux ordres de chefs criminels qui oseraient vous commander de violer le DROIT DE RÉUNION... Le véritable ennemi du peuple, c'est le chef militaire ou aristocrate qui commande aux soldats de tirer sur les citoyens qui veulent jouir du droit de réunion... »

Dans un second numéro, daté *du mercredi 14 au vendredi 16 juin* 1848, Napoléon Ier prend encore la parole : « ...Je désirerais pour le peuple français l'admiration de l'Europe et du monde... Français, veillez... Le czar de toutes les Russies que Dieu nous a infligé dans son courroux est prêt, *nouvel Attila*, à se ruer sur nous avec ses hordes barbares... Quand la rouille de l'or ou du vil intérêt vous aura gangrenés, le vautour du Nord fondra sur nous, le nom français périra, et alors se réalisera, *si vous le permettez,* ma prophétie de Sainte-Hélène : « Avant 1850, l'Europe entière sera républicaine ou cosaque ! »

Puis on lit une nouvelle proclamation : « Français !... Le vieux système est à bout, le nouveau n'est point assis. La révolution de Février... a pour mission de prévenir la lutte entre le pouvoir et le peuple, en organisant la Commune, en associant le capital au travail, en augmentant le bien-être de tous, en réalisant l'harmonie des intérêts. La véritable *égalité* est dans l'association du maître et du salarié... il n'y a pas de fraternité possible sous l'*esclavage du salaire*... »

« A la garde bourgeoise. Braves gens ! vous jouez aux vieux soldats d'une manière étonnante. En voyant votre discipline, votre belle tenue, votre propreté, vous le dirai-je? vous me rappelez ma vieille garde... Je ne comprends pas ce garde bourgeois qui voit dans un frère revêtu d'une blouse un factieux, un anarchiste, un ennemi, une bête fauve bonne à traquer.... »

Dans un troisième numéro (1), Napoléon Ier s'écrie : « Français ! essayez donc et sans hésitation d'accorder entre eux le libre et fréquent exercice du suffrage universel avec la mise

---

(1) Numéro du vendredi 16 au dimanche 18 juin.

en lumière d'un homme qui soit tout à vous, comme je le fus...
Quelle réponse fis-je à David, votre peintre républicain, lorsqu'il me consulta pour avoir à me peindre d'une manière caractéristique : « David, lui dis-je, représentez-moi calme sur « un cheval fougueux ! » L'histoire a soulevé la pierre de mon tombeau, l'Europe ne m'y refoulera pas.

« NAPOLÉON. »

Suivent des aphorismes comme ceux-ci : « Entre le peuple et son élu pas d'intermédiaires qui s'arrogent le droit de les remplacer l'un et l'autre. » — « C'est au profit de l'unité d'action que la souveraineté populaire engendre son chef. » — « Les assemblées ne doivent être que des moyens de simple consulte au milieu des jours d'embarras. » — « Amasse les charbons ardents de la confiance sur le front de la responsabilité. » — « Peuple, ne fais pas le pouvoir petit, de peur qu'il ne te le rende. » — « La souveraineté populaire et son *alter ego* ont à se contre-balancer dans un perpétuel tête-à-tête. »

Le dernier numéro [cette publication bonapartiste fut supprimée le 27 juin par le gouvernement (1)] est du dimanche 18 au mercredi 21 juin et contient une allocution prononcée par Napoléon Ier *du fond de son tombeau*... « Plus d'une fois, la nuit, la main sur le front, le panorama du pays s'est développé dans ma tête... Comme le père de famille, je ne pensais qu'à vous... »

On peut mentionner l'*Aigle républicaine*, qui parut deux fois avec cette épigraphe : « Jamais je n'ai cru, jamais je ne croirai que la France soit l'apanage d'un seul homme ou d'une seule famille ; jamais je n'ai invoqué d'autres droits que ceux de citoyen français.

« NAPOLÉON-LOUIS. »

« Républicains de la *veille*, s'écrie-t-elle, républicains du

---

(1) Ainsi que les autres.

lendemain et du *surlendemain*, s'il en existe, rassurez-vous tous, le prince Louis-Napoléon ne doit vous donner aucun ombrage. Républicains de toutes les couleurs, de toutes les nuances, depuis le bleu douteux jusqu'au rouge foncé, soyez sans aucune crainte, le neveu du grand homme ne veut point jeter le bâton impérial dans les roues de votre char démocratique. Lisez plutôt... ces lignes... (citées comme épigraphe)... Voilà qui est clair, je pense, d'une clarté à interdire toute équivoque; douter maintenant des intentions du prince Louis, ce serait lui faire injure, ce serait douter de sa bonne foi... En arrivant sa première parole a été, dit-on, celle-ci : « Rien n'est changé en « France, il n'y a qu'un républicain de plus. » Voilà certes une profession de foi des plus satisfaisantes..... Quel doit être l'avenir du prince Louis-Napoléon au milieu de la République française? A cette question nous n'avons rien autre chose à répondre, sinon qu'il est des secrets que Dieu seul connaît. »

On trouve aussi dans ce numéro une chanson qui aurait été composée lors de l'évasion de Ham :

> Fermez la cage, l'aigle est parti.
> . . . .
> Te voilà libre ! aigle, poursuis ta route,
> Dans ton beau ciel voyage à prompts relais;
> Et cependant prête l'oreille... écoute,
> Et tu pourras entendre nos souhaits!
> . . . .

Puis on trouve un article où il est dit : « Que manque-t-il à sa renommée? Ne nous revient-il pas portant au front la double auréole d'un double martyre?... Aux victimes les plus obscures on s'intéresse, comment ne pas s'intéresser à l'homme qui a pour titre : *Neveu du grand Napoléon?* »

. . . .
. . . .

Un second numéro publie le portrait du prince et l'article suivant :

PAROLES D'UN REVENANT, OU LETTRE DE L'EMPEREUR
A SON NEVEU LOUIS-NAPOLÉON.

« 19 juin 1848.

« *De mon nouveau palais des Invalides.*

« Les morts vont vite! vous le savez... Paris républicain mérite d'être observé. Ma belle colonne de bronze, voilà mon observatoire : cet observatoire-là m'appartient, c'est mon œuvre, et je ne pense pas qu'on songe encore à m'en déshériter. C'est là que chaque nuit j'aime à établir mon quartier général. Bertrand et Duroc m'accompagnent; à eux deux ils forment mon état-major; quant à mon armée, elle est là autour de moi. Vous devinez maintenant pourquoi je ne veux pas quitter Paris : l'amant craint de s'éloigner de sa maîtresse, et ma maîtresse à moi, c'est la France; elle le sait bien; je ne lui ai jamais donné d'autre rivale que la gloire!... La France dans ce moment cherche; elle tâtonne, elle ressemble quelque peu à Diogène cherchant un homme à l'aide de sa lanterne allumée en plein midi. L'histoire ne dit pas si Diogène trouva ce qu'il cherchait... Quant à la France, elle trouvera, soyez sûr... D'ici là, je vous approuve de lui souhaiter une république sage, grande et intelligente... Tout vient à point à qui sait attendre (1). »

Ces publications bonapartistes, l'affluence ininterrompue de curieux sur la place de la Concorde pour voir passer le prince qui ne paraît pas et qui se fait ainsi d'autant plus désirer, entretiennent une grande agitation qui absorbe toute l'attention du public comme celle des hommes politiques. Louis-Napoléon prend une importance considérable. « Nous ne croyons pas, disent les *Débats* (2), que tant d'efforts n'aboutissent qu'à faire retomber la France sous la dictature d'un souvenir! La France n'a pas aboli les privilèges, la

(1) On peut citer encore la *République napoléonienne,* etc.
(2) Numéro du 16 juin 1848.

noblesse, la royauté héréditaire elle-même pour se courber devant un nom, quelque glorieux qu'il soit... L'Empereur est couché dans sa tombe, il n'a légué son génie à personne, et ce génie, d'ailleurs, ne l'oublions pas, était le génie du despotisme... »

« Les ambitions rivales, dit la *Vraie République* (1), s'émeuvent du singulier succès, si imprévu, que le prince Louis Bonaparte, le prétendant au trône de France, vient d'obtenir... par une conspiration inexplicable... Que signifie cette apparition subite et ce triomphe improvisé... quand le prince avait été expulsé de France il y a deux mois, quand personne n'avait pensé à lui aux premières élections? Et comment donc, tout à coup, cette candidature occulte que ne recommandaient ni la publicité des journaux, ni la connivence ouverte d'aucun parti, ni les antécédents personnels, a-t-elle réussi avec tant d'éclat? Il y a certainement là-dessous une intrigue très secrète, mais très étendue par de puissantes ramifications. Il faut éclaircir ce mystère devant la France étonnée, car il semblerait que le prince a dû avoir le concours de certaines influences très prépondérantes pour remuer ainsi à la fois et sans paraître, ni lui ni ses agents, des populations entières... Qui donc avait donné le mot d'ordre à huis clos et l'avait fait circuler jusque dans les villages? Qui donc a enregimenté les paysans de l'Yonne, de la Mayenne, de la Sarthe, de la Charente, et même les électeurs de Paris? Cela ne s'est pas fait en un jour, et personne n'a aperçu la main mystérieuse qui écrivait sur 200,000 bulletins le nom impérial... De quel côté vient le complot? Ce n'est pas quelque ministre pour conserver son portefeuille sous la présidence du *futur empereur!* Serait-ce M. Thiers... (qui)... n'est peut-être pas très éloigné de l'Empire?... Napoléon est le seul homme du dix-neuvième siècle qui l'ait empêché de dormir. N'y aurait-il pas moyen de refaire l'Empire et d'être le Richelieu impérial d'un Louis XIII sans valeur politique?... Sitôt la Constitution bâclée, on ferait passer le prince président de

---

(1) Numéro du 16 juin.

la République, toutes conditions réglées à l'avance, M. Thiers grand vizir et ses amis ministres... Nous espérons que ce secret sera découvert un jour. Le triomphe momentané du prince Bonaparte est une menace pour la République... Assurément si la République doit avoir un président nommé... par une élection directe et universelle, il se pourrait que le nom éclatant de Bonaparte réunît la majorité des voix... »

Cet article constitue un document précieux, car il précise et confirme trois points historiques du plus haut intérêt : le premier, c'est que l'élection du prince fut bien pour tout le monde une surprise profonde ; le second, c'est que le nom seul de Napoléon fit tout ; le troisième, c'est que l'Empire (1) apparut immédiatement aux yeux de tous comme un événement possible et même probable.

C'est alors que le prince, pour calmer l'émotion produite par l'agitation bonapartiste, crut devoir adresser à l'Assemblée nationale la lettre suivante, qui fut lue par le président dans la séance du 15 juin :

« Londres, 14 juin 1848.

« Monsieur le président,

« Je partais pour me rendre à mon poste, lorsque j'apprends que mon élection sert de prétexte à des troubles déplorables et à des erreurs funestes. Je n'ai pas recherché l'honneur d'être représentant du peuple, parce que je savais les soupçons injustes dont j'étais l'objet ; je rechercherais encore moins le pouvoir. Si le peuple m'impose des devoirs, je saurai les remplir ; mais je désavoue tous ceux qui me prêteraient des intentions ambitieuses que je n'ai pas. Mon nom est un symbole

---

(1) « Le prince Louis !... qu'il soit député, puisqu'un nombre suffisant d'électeurs lui a donné ses suffrages .. mais qu'on en ait peur ; qu'on lui suppose les chances de faire un 18 brumaire et de prendre la place de son oncle !. . Allons donc ! L'Empire est dans notre histoire une glorieuse parenthèse, mais elle est fermée ! Le prince Louis sera redoutable si vous l'écartez de la Chambre... Laissez-le venir... Lui-même se chargera de vous débarrasser de lui. Il a donné sa mesure ; laissez-le la donner encore. » (Alphonse Karr, *les Guêpes*, 1848.)

d'ordre, de nationalité et de gloire, et ce serait avec la plus vive douleur que je le verrais servir à augmenter les troubles et les déchirements de la patrie. Pour éviter un tel malheur, je resterais plutôt en exil ; je suis prêt à tous les sacrifices pour le bonheur de la France. Ayez la bonté, Monsieur le président, de donner connaissance de cette lettre à mes collègues. Je vous envoie une copie de mes remerciements aux électeurs.

« Recevez l'assurance de mes sentiments distingués.

« Louis-Napoléon Bonaparte. »

L'effet produit par cette lettre fut désastreux. Elle contenait en effet une phrase malheureuse, qui, quoique précédée et suivie des déclarations les plus sages et les plus élevées, souleva dans l'Assemblée un *tolle* général. Quand le président lut ces mots : « *Si le peuple m'impose des devoirs, je saurai les remplir* », ce ne fut sur tous les bancs qu'un cri de colère et d'indignation. Le *général Cavaignac*, ministre de la guerre, s'élance à la tribune : « ...L'émotion, dit-il, qui m'agite ne me permet pas d'exprimer, comme je le désirerais, toute ma pensée. Mais ce que je remarque, c'est que dans cette pièce qui devient historique, le mot de « *République* » n'est pas prononcé. (*Mouvements d'indignation.*)

(*De toutes parts* : Vive la République ! Vive la République !)

« Je me borne à signaler cette pièce à l'attention de l'Assemblée nationale, à l'attention et au souvenir de la nation entière. » (*Applaudissements.*)

(*De toutes parts* : Vive la République !)

Le citoyen *Baune* succède au général Cavaignac : « Citoyens représentants, je viens à mon tour, au nom de la République, protester contre la déclaration de guerre d'un prétendant. (*Très bien ! très bien !*) Nous ne craignons pas un 18 brumaire ! » (*Non ! non ! Voix nombreuses :* Qu'il essaye ! qu'il vienne !) — Le citoyen *Antony Thouret* s'écrie : « ...Toutes les prétentions, de quelque prétendant que ce soit, disparaîtront devant vos mépris ! »

(*Acclamations générales. Oui! oui! Très bien!*) — Le citoyen *Glais-Bizoin* : « Qu'il vienne ici! il faut qu'il vienne! » — Le citoyen *Raynal* : « Il faut qu'il vienne! » — Le citoyen *Antony Thouret* continue : «...Je demande à vous signaler une phrase décisive dans la lettre de Louis Bonaparte... « Si le peuple m'impose « des devoirs, je saurai les remplir... » ...Je considère cette phrase comme un appel à la révolte (*Oui! oui!*) contre la République française. En conséquence, je demande qu'il soit décrété à l'instant que Louis Bonaparte est traître à la patrie! » (*Oui! oui! Non! non!*) — Le *citoyen ministre de la guerre* demande à l'Assemblée de remettre au lendemain la suite à donner à cet incident. — Le citoyen *Jules Favre* déclare « qu'il n'y a dans l'Assemblée qu'un sentiment, c'est l'indignation exprimée par le citoyen ministre de la guerre... S'il arrivait, ajoute-t-il, que, par une inconcevable folie, il vînt le lendemain du jour où son admission a été prononcée, non pas pour lui, — grand Dieu! — mais par respect pour le principe de la souveraineté électorale et de l'égalité de tous devant la loi, qu'il vînt porter à la souveraineté populaire, représentée par l'Assemblée nationale, un insolent défi (*Très bien!*), soyez sûrs que c'est dans le fond de nos cœurs que nous devons puiser les moyens d'y répondre. Je ne crois pas que l'Assemblée doive se séparer sans avoir pris une résolution (*mouvement*)... qui indique au pays qu'unanimement, sans aucune espèce de division, si elle respecte le droit, elle est aussi le défenseur vigilant de l'ordre public, qu'elle est unanime à condamner, à réprouver, à s'armer contre les prétentions insensées d'un homme qui ne la respecterait pas... Dès l'instant qu'un soupçon, un indice, quelque chose de plus grave, se révèle, nous devons au pays, nous nous devons à nous-mêmes, par une résolution unanime, d'ordonner que la lettre et la pièce qui l'accompagne, seront déposées entre les mains du ministre de la justice pour qu'il y donne telle suite qu'il avisera. » — Malgré ce discours, l'Assemblée se rangea à l'avis du gouvernement et renvoya la discussion au lendemain.

Le *Siècle* rendant compte de la séance dit : « Sur l'annonce d'une lettre adressée au président par Louis Bonaparte, tous les représentants, sur le point de quitter leurs places, ont été tout à coup frappés d'immobilité. » Ceci montre bien quel événement considérable avait été l'élection du prince. — Et le journal ajoute : « Il serait difficile de décrire l'émotion qui a éclaté de toutes parts lorsqu'a retenti cette phrase : « Si le peuple... » Les exclamations se croisaient de tous côtés. « C'est un prétendant! C'est un prétendant! »

Une adresse aux électeurs, jointe à la lettre au président, était ainsi conçue : « Citoyens, vos suffrages me pénètrent de reconnaissance. Cette marque de sympathie, d'autant plus flatteuse que je ne l'avais point sollicitée, vint me trouver au moment où je regrettais de rester inactif alors que la patrie a besoin du concours de tous ses enfants pour sortir des circonstances difficiles où elle se trouve placée. Votre confiance m'impose des devoirs que je saurai remplir; nos intérêts, nos sentiments, nos vœux sont les mêmes. Enfant de Paris, aujourd'hui représentant du peuple, je joindrai mes efforts à ceux de mes collègues pour rétablir l'ordre, le crédit, le travail, pour assurer la paix extérieure, pour consolider les institutions démocratiques et concilier entre eux les intérêts qui semblent hostiles aujourd'hui parce qu'ils se soupçonnent et se heurtent au lieu de marcher ensemble vers un but unique : la prospérité et la grandeur du pays. Le peuple est libre depuis le 24 février, il peut tout obtenir sans avoir recours à la force brutale. Rallions-nous donc autour de l'autel de la patrie, sous le drapeau de la République, et donnons au monde le grand spectacle d'un peuple qui se régénère sans violence, sans guerre civile, sans anarchie. — Recevez, mes chers concitoyens, l'assurance de ma sympathie et de mon dévouement... »

Dès que le prince eut connaissance du désastre causé par sa lettre, il n'hésita pas, et pour prévenir la proscription, sacrifiant le présent afin de sauvegarder l'avenir qu'il ne croyait pas si proche, il écrivit au président de l'Assemblée une nouvelle lettre ainsi conçue, qui fut communiquée aux représentants dans la séance du 16 juin (1) : « Monsieur le président, j'étais fier d'avoir été élu représentant du peuple à Paris et dans trois autres départements. C'était à mes yeux une ample réparation pour trente années d'exil et six ans de captivité. Mais les soupçons injurieux qu'a fait naître mon élection, mais les troubles dont elle a été le prétexte, mais l'hostilité du pouvoir exécutif m'imposent le devoir de refuser un honneur qu'on croit avoir été obtenu par l'intrigue. Je désire l'ordre et le maintien d'une république sage, grande et intelligente, et puisque involontairement je favorise le désordre, je dépose, non sans de vifs regrets, ma démission entre vos mains. Bientôt, j'espère, le calme renaîtra et me permettra de rentrer en France comme le plus simple des citoyens, mais aussi comme un des plus dévoués au repos et à la prospérité de son pays (2). » Et le *Moniteur* ajoute simplement qu'après la lecture de ce document l'Assemblée passa à l'ordre du jour. Cette lettre si simple et si touchante, et dans laquelle, pour répondre au général Cavaignac, il faisait explicitement acte d'adhésion à la République, c'était un coup de maître. « Elle est, dit la *Patrie* du 17 juin, conçue en termes convenables, et la vérité nous force à dire qu'elle respire même une certaine dignité. Comment juger cette retraite soudaine? Est-

(1) Comment le prince, s'il était à Londres, a-t-il pu faire parvenir à la séance du 16 juin une lettre déterminée par la séance du 15? On prétendit alors, non sans vraisemblance, qu'il était à Paris, et on précisa même en disant qu'il avait logé d'abord rue Basse-du-Rempart, puis rue de Varennes. « C'est, remarque dans son numéro du 18 juin la *Vraie République,* la seule explication possible de l'à-propos inexplicable de cette seconde lettre. » — D'après la légende, quand il arriva à Paris, on défaisait les barricades, et, comme il était à pied, une femme lui dit : « Allons, jeune homme, remettez un pavé en place », et le prince de répondre en s'exécutant de bonne grâce : « Mais, ma brave femme, je ne suis venu à Paris que pour cela ! » (J. Richard, *Comment on a restauré l'Empire,* p. 27.)

(2) Elle fut remise le 16 à midi et demi au président Sénart par M. Frédéric Briffault, homme de lettres, domicilié à Londres depuis plusieurs années et descendu à Paris, *Hôtel de Hollande,* rue de la Paix, qui venait d'arriver deux heures auparavant de Londres, d'où il était parti la veille dans la soirée. « Elle était écrite sur papier bleuâtre, commun, sans armoiries (dit, page 92, l'*Assemblée nationale comique,* par A. Lireux) ; il n'y avait pas de ponctuation ; des mots étaient raturés ; l'écriture était celle d'une femme, tremblée, mais lisible ; le cachet de cire portait un soleil, et au-dessous cette devise : *Je crois et j'espere.* Voilà le signalement de la pièce curieuse. »

T. I.   21

ce désintéressement?... Est-ce calcul? Bien faible et bien misérable serait la République si... elle avait encore peur de l'ombre d'un despote et de la présidence d'un enfant sans génie et sans consistance. Pauvres grands hommes qui nous gouvernent! Il n'en a pas fallu plus pourtant pour faire pâlir leur astre qui décline. Le souvenir du 18 brumaire, le souvenir de Napoléon, une chimère, un fantôme, voilà ce qui les destitue... Vous avez grandi celui que vous vouliez fouler aux pieds. Quatre départements envoyaient à l'Assemblée l'héritier d'un grand nom populaire, vous deviez vous incliner devant cet arrêt de la souveraineté électorale... Les exils ne tuent pas les prétendants, ils les ennoblissent, ils les désignent... Sous une forme ou sous une autre, soit pour la représentation nationale, soit pour la présidence (car toute autre prétention serait par trop audacieuse et par trop folle), nous risquons de voir prochainement cette candidature renaître de ses cendres. »
— Le même jour, la *Patrie* dit encore : « ...Le pays inquiet... cherche un homme... N'a-t-il pas été sur le point... devant Louis-Napoléon... de s'écrier, comme Archimède : « Je l'ai « trouvé! » Par bonheur, l'aigle vivant de Boulogne n'a pu retenir un cri de joie, le pays s'est retourné à ce cri et n'a plus vu qu'un enfant déguisé en Napoléon et laissant traîner à terre les pans de sa redingote grise beaucoup trop grande pour sa taille... » — Le 18 juin, la *Patrie* ajoutait : « La lettre que M. Louis Bonaparte a adressée hier à l'Assemblée pour donner sa démission ne manque pas d'une certaine dignité... Tout porte à croire qu'à l'occasion M. Louis Bonaparte peut trouver un secrétaire précieux... La démission... est un acte d'une grande habileté... Mais que les populations ne s'y laissent pas tromper... Dans les élections nouvelles qui vont avoir lieu plus tard, lorsqu'il s'agira de nommer un président de la République, le parti de M. Louis Bonaparte ne manquera pas de mettre tout en œuvre pour agir sur les populations des campagnes que nous ne cesserons de prémunir contre un fâcheux entraînement... Le langage de Louis Bonaparte est celui que tous les prétendants passés, présents et futurs ont tenu et tien-

dront en exil… Le citoyen Louis Bonaparte, qu'on ne l'oublie pas, cachera toujours le prince Louis-Napoléon. »

Le *Siècle* regrette la tournure que les événements ont prise : « Nous aurions beaucoup mieux aimé voir (le prince)…venir prendre possession d'un mandat non contesté et choisir à côté des trois membres de sa famille une place où… il aurait exercé sa neuf centième part de souveraineté… La démission… contribue à rehausser la position de celui dans lequel on a maladroitement affecté de voir un prétendant redoutable : il conserve le prestige de l'éloignement et il y ajoute le mérite du sacrifice ; afin de ne pas fournir un aliment aux soupçons et un prétexte aux désordres, il décline un honneur dans lequel il voyait la compensation de trente années d'exil… (ensuite il fait) des vœux pour le maintien d'une république sage, grande et intelligente, ce qui n'est peut-être pas exempt d'habileté. N'avions-nous pas raison de soutenir que le plus sage était d'ouvrir à deux battants, pour Louis-Napoléon, les portes de l'enceinte législative ? Nous ne voyons dans l'histoire d'aucun peuple que l'usurpation ait jamais germé sur ce terrain : ce n'est ni dans le sénat romain, ni dans le parlement britannique, ni dans le conseil des *Cinq-cents* que César, Cromwell et Bonaparte ont gagné les éperons de leurs dictatures. »

La *Vraie République* (1) insère une lettre signée *Savary*, ouvrier cordonnier et employé au gaz, où il est dit : « … Il n'est plus permis d'en douter, Louis Bonaparte nourrit la pensée d'une usurpation de la souveraineté du peuple qui dans son ingénuité a cru qu'un prince pouvait se contenter d'être son représentant. Les antécédents de Louis-Napoléon, ses deux tentatives, ses maximes de gouvernement contenues dans sa brochure *les Idées napoléoniennes*, la réserve qu'il garde dans ses déclarations… tout le prouve jusqu'à l'évidence. A l'heure qu'il est, tout ce qui ne peut vouloir d'une république sociale et populaire se groupe autour d'un nom déjà si fatal à la liberté et aux droits du peuple, et ne pouvant faire de la monarchie avec

(1) Numéro du 17 juin 1848.

Henri V ou avec d'Orléans, ils rêvent d'en faire avec un Bonaparte. »

Malgré la démission du prince, la campagne bonapartiste continue. Le journal *l'Unité nationale* (1) soutient qu'avec la République il faut de la gloire, qu'il faut un nom réveillant d'anciens souvenirs. « Certes, nous ne voulons pas un empereur, tout le monde s'y opposerait. La France entière est républicaine, mais elle doit désirer avant tout à la tête de son gouvernement un homme qui représente un principe. Le grand Napoléon est tombé parce qu'il a organisé le despotisme, son neveu a une belle tâche à remplir, qu'il inscrive sur la bannière de la France le mot *Fraternité*, et tous nos maux cesseront... Le suffrage qui honore le neveu de l'Empereur est une belle et noble pensée nationale... Cette élection est pour tous les Français une première revanche de la Sainte-Alliance de 1815. »

Le journal *le Bonapartiste* (2) donne cet extrait de la *Liberté* : « ... Le peuple français ne veut ni de roi, ni d'empereur, mais encore une fois il lui faut à la tête du gouvernement un citoyen ayant une immense popularité. A nos yeux, Louis Bonaparte est le seul homme qui puisse sauver le pays de l'anarchie. L'empereur Napoléon a comblé le pays de gloire et de puissance. Ses prospérités et ses infortunes furent des prospérités et des infortunes nationales. Tout ce qu'il y a de bon et de grand en France : administration, armée, codes, routes, monuments, canaux, Légion d'honneur, etc., se ressent encore de l'influence du plus beau génie des temps modernes. Personne plus que l'empereur Napoléon n'eut ce qu'il appelait la fibre populaire; Henri IV fut son seul rival... Napoléon, poursuivi par des rois imbéciles et abandonné par des amis ingrats, tomba grand et mourut pauvre... Le souvenir de Napoléon se trouvant partout sur nos monnaies, sur nos places, au coin de nos rues, dans les produits des arts et de la littérature, dans les palais du riche, dans les chaumières du pauvre...

(1) Voir le *Bonapartiste* du 17 juin 1848.
(2) Numéro d 17 juin 1848

comment a-t-on pu se montrer étonné de ce que ce même souvenir, glorieux et impérissable, ait protégé son plus proche parent, l'héritier le plus direct de son nom?... L'Assemblée nationale a compris Napoléon; elle a communié avec le peuple dans ce pur sentiment de nationalité reconnaissante, elle s'est montrée impériale et juste... Ce Louis-Napoléon si ridiculement attaqué, persécuté, si follement grandi, se trouve en ce moment l'un des candidats à la présidence de la République de par la grâce de ses ennemis... »

Le prince est hors de France, le prince a dû résigner son mandat de député : cela ne fait rien! il est marqué providentiellement au front pour être le chef de l'État!

L'élection de la Corse ne fut connue qu'après la démission. Le prince adressa alors la lettre suivante au président de l'Assemblée nationale :

« Monsieur le Président,

« Je viens d'apprendre que les électeurs de la Corse m'ont nommé leur représentant à l'Assemblée nationale malgré la démission que j'avais déposée entre les mains de votre prédécesseur. Je suis profondément reconnaissant de ce témoignage d'estime et de confiance, mais les raisons qui m'ont forcé à refuser les mandats de la Seine, de l'Yonne et de la Charente-Inférieure subsistent encore; elles m'imposent un autre sacrifice. Sans renoncer à l'honneur d'être un jour représentant du peuple, je crois devoir attendre pour rentrer dans le sein de ma patrie que ma présence en France ne puisse, en aucune manière, servir de prétexte aux ennemis de la République. Je veux que mon désintéressement prouve la sincérité de mon patriotisme, je veux que ceux qui m'accusent d'ambition soient convaincus de leur erreur. Veuillez, Monsieur le Président, faire agréer à l'Assemblée nationale ma démission, mes regrets de ne point encore participer à ses travaux et mes vœux ardents pour le bonheur de la République, etc.

« Louis-Napoléon Bonaparte. »

Cette nouvelle lettre de démission venait confirmer la première de la façon la plus heureuse; il était impossible de se tirer d'un mauvais pas avec plus de décision, plus de tact, plus d'habileté, plus de sens politique. Il marquait nettement aux électeurs son désir de se voir à nouveau élu à l'Assemblée nationale, et en même temps il adhérait chaleureusement à la République.

Répondant à la *Gazette de France*, le *Siècle* (1) dit : « Malheureusement ou heureusement pour la *Gazette*, son *président héréditaire,* ce n'est pas du tout à celui-ci qu'on paraît songer. Dans les campagnes le nom de Napoléon continue à produire son effet comme s'il s'agissait d'une résurrection du grand empereur. Un voyageur nous contait aujourd'hui que dans une réunion très nombreuse de paysans de la Vienne l'opinion que le véritable Napoléon de Rivoli, de Marengo, d'Austerlitz, venait de reparaître, avait trouvé presque tous les esprits crédules. *Ces hommes-là ne meurent pas,* disaient les paysans, ou bien : *Ils reviennent toujours à propos.* A Paris, un ouvrier à qui son interlocuteur disait que Louis Bonaparte « serait un mauvais président de la République », répondit l'autre jour, sans se déconcerter : « S'il est bon, je veux l'avoir; « s'il est mauvais, je veux le savoir. »

« Non ! s'écriait le *Petit Caporal* (2), dans son quatrième numéro daté du 22 au 25 juin 1848, le p'tit Caporal n'est pas mort; c'est le Christ de la gloire... Qu'avez-vous à lui reprocher? d'avoir, enfant parricide, égorgé la République sa mère; mais la République elle-même lui avait dit : *Feri ventrem,* frappe le ventre! tant elle rougissait de sa dégradation. Ce n'était plus la forte femme aux puissantes mamelles, au bras courageux, au cœur vaillant, mais une sorte de Messaline qui, vêtue d'un tissu... se vautrait dans le boudoir de Barras. Non, le p'tit Caporal ne mourra pas! Comme le Christ est présent

---

(1) Numéro du 20 juin 1848.
(2) Journal de la jeune et vieille garde. Justice, Liberté, Clémence, Égalité, Union, Fraternité. Rédacteurs : É. le Marco-Saint-Hilaire, Wolowski, d'Abrantès, Thierry, Eugène Wœstyn, Galvani, Charles Deslys, Élie Berthet, etc.

dans l'hostie, il est présent, lui, dans toute idée de gloire et de grandeur, et le peuple communie avec lui ! »

Dans les premiers jours de la seconde quinzaine de juin il y avait, tous les soirs, des rassemblements assez considérables sur les boulevards et surtout sur la place de l'Hôtel de ville; on criait : « Vive Napoléon ! Vive l'Empereur ! » et on forçait les passants à proférer les mêmes cris.

On ne se sentait pas gouverné, on avait peur; Louis-Napoléon apparaissait tout à coup comme une planche de salut, la seule.

A l'Assemblée, la commission (1) chargée d'élaborer un projet de Constitution procédait à son travail. Plusieurs points étaient d'une extrême importance. Le pouvoir exécutif serait-il nommé par le suffrage universel direct ou par l'Assemblée nationale, ou encore par le suffrage universel sur des candidatures limitativement désignées par l'Assemblée? Le président serait-il rééligible? Aurait-il le droit de dissolution? Les princes des anciennes maisons régnantes seraient-ils éligibles? On se tromperait fort si l'on pensait que ces graves problèmes furent longuement examinés et discutés. « On aura peine à croire, dit M. de Tocqueville (2), qu'un sujet si immense, si difficile, si nouveau, n'y fournit la matière d'aucun débat général ni même d'aucune discussion fort approfondie. On était unanime pour confier le pouvoir exécutif à un seul homme. » Le système de l'élection par le peuple avait été soutenu dans les bureaux par MM. Thiers, de Rémusat, Berryer, de Cormenin. Ce dernier disait (3) : « Autant donc qu'il sera possible de faire appel à la souveraineté du peuple, on sera plus à fond et à flot dans le principe... Le peuple français s'est réservé le droit de se choisir un chef de son propre choix... Où le peuple peut faire nous n'avons point à faire. Or le peuple peut faire un président tout aussi facilement qu'un

(1) Nommée le 19 mai 1848. (Cormenin, Marrast, de Tocqueville, Lamennais, Vivien, Dufaure, Martin, Woirhaye, Coquerel, Dupin, Corbon, Tourret, Odilon Barrot, de Beaumont, Considérant, Pagès, Dornès, Vaulabelle.)
(2) *Mémoires*, p. 273 à 279.
(3) Voir les *Débats* du 16 juillet 1848.

député... Ne dites pas que vous savez mieux que le peuple souverain ce qui convient au souverain... vous seriez des insolents... Si vous nommiez... le président, vous fouleriez aux pieds le suffrage universel... Vous pourriez ne nommer qu'un personnage de coterie, une illustration de couloir, un barbouilleur de tribune; le peuple choisira l'homme de la situation, son homme à lui qui pourrait très bien n'être pas le vôtre... » M. *Gustave de Beaumont* disait : « Le chef du pouvoir exécutif ne sera fort en présence de l'Assemblée unique qu'à la condition d'avoir une même origine, c'est-à-dire de procéder comme elle du suffrage universel et direct... Quelques membres paraissent craindre que le pouvoir exécutif ne soit trop puissant; j'aurais bien plutôt une crainte opposée. Quant à l'antagonisme que l'on croit devoir se produire entre l'Assemblée et le président, issus tous les deux d'une source commune, c'est une chimère dont il est puéril de s'effrayer. Cette lutte ne saurait s'établir naturellement entre l'Assemblée qui a seul tout le pouvoir législatif et le président qui n'a absolument que le pouvoir exécutif... »

M. *Pagnerre* était du même avis : « On craint trop de fortifier le pouvoir exécutif; pour moi, je crains de le trop affaiblir... je ne voudrais pas que, par son origine même, il se trouvât placé sous la dépendance du pouvoir législatif... Il est bien vrai que le président réunira plus de suffrages que chacun des membres de l'Assemblée pris à part, mais il en aura beaucoup moins que l'Assemblée tout entière. Il n'est que l'expression de la majorité, tandis que l'Assemblée dans son ensemble est l'expression de l'universalité des citoyens... On craint encore, si on donne une origine identique au président et à l'Assemblée, de produire un antagonisme... ce danger est beaucoup moins grave qu'on ne le pense. Il ne faut pas se laisser tromper par les réminiscences du passé... La Constitution actuelle proclame la séparation des pouvoirs... L'antagonisme ne pourrait naître entre des pouvoirs si nettement définis que par l'usurpation. Or, si je ne vois pas que le président soit bien défendu contre les usurpations de l'Assemblée, je vois, au contraire, que l'Assemblée est puissamment armée contre les usurpations du président. »

Léon Faucher soutient très judicieusement la thèse contraire : « Aux États-Unis... la nomination du premier magistrat... émane du suffrage indirect de l'élection à deux degrés... Le suffrage direct et universel appliqué à l'élection du président me paraît constituer le danger le plus sérieux. En effet, vous mettrez en présence deux pouvoirs qui auront la même origine, qui croiront avoir les mêmes droits, mais contre lesquels la force résultant de cette origine et de ces droits ne se distribuera pas dans une mesure égale. Le pouvoir exécutif, qui a l'avantage de l'unité, qui délibère seul et qui ne compte qu'avec lui-même, l'emportera bientôt sur l'Assemblée qui se partage nécessairement en majorité et en minorité. Tout conflit (et les occasions de conflit ne manqueront pas) aboutira donc à l'abaissement de l'Assemblée, et le président de la République obtiendra quand il le voudra la dictature... Le peuple français sort à peine du moule de la monarchie. Nos mœurs sont monarchiques et militaires... Si vous appelez le peuple entier à choisir le président de la République, il choisira, sous le nom de président, l'équivalent d'un roi ; il fondera peut-être une nouvelle dynastie. Il se laissera séduire par la puissance du sabre ou par l'éclat d'un nom historique. Il fera ce qu'il a fait sous le Consulat et sous l'Empire, il choisira, non pas entre les illustrations parlementaires, mais entre les prétendants... Si vous voulez fonder une république, confiez à l'Assemblée le choix du président. Si vous invoquez l'intervention du suffrage universel, sachez-le bien, vous allez établir un gouvernement qui ne sera pas la République. » Ces déclarations font le plus grand honneur à Léon Faucher, qui, au milieu de l'aveuglement général, montra supérieurement de la clairvoyance et de l'esprit politique. Il tint là le langage d'un homme d'État, un langage vraiment prophétique (1).

(1) Quelques bureaux adoptèrent un amendement excluant de la présidence tous les princes appartenant à des familles ayant régné sur la France ; d'autres, un amendement imposant trois ans ou même dix ans de domicile aux candidats à

Dans le sein de la Commission M. de Cormenin apporta un « petit article tout rédigé » par lequel le président devait être élu directement par le peuple. Marrast seul s'y opposa. Ledit petit article « fut adopté sans difficultés (1) ». Avoir — surtout en France — un chef d'État élu par le peuple, c'est un monarque à brève échéance ou c'est un dictateur. On reste confondu quand on voit que « ces vérités ne furent point exposées (2) », que « même elles furent à peine entrevues dans le sein de la Commission (3) ». Le fameux « petit » article fut voté par elle quelques jours avant l'élection du prince. Au lendemain du 4 juin, un esprit avisé remit la question sur le tapis, mais c'était voté, et l'on passa outre. On tremblait (4), on redoutait une révolution sociale ; on ne se trompait guère, puisqu'on était à la veille des journées de Juin, et on n'avait alors qu'une idée : « arriver rapidement à placer un chef puissant à la tête de la République (5) », et on ne rendit point inéligibles les membres des anciennes familles régnantes, parce que, pour beaucoup, ce « chef puissant » ne pouvait être qu'un prince. En revanche, la Commission n'accorda pas au chef de l'État le droit de dissolution. On trouvait que l'élection populaire lui donnait une toute-puissance suffisante ; c'était une grande faute, car en cas de conflit il n'y avait plus de solution. En outre, la Commission se prononça pour la non-rééligibilité du président. « Grande erreur », dit Alexis de Tocqueville dans ses *Souvenirs* (6), qui ajoute : « Du moment où il avait été décidé que ce seraient

---

la présidence. Ils ne devaient pas aboutir ; l'opinion publique ne leur était pas favorable, et dans l'Assemblée nationale les démocrates ne voulaient pas mettre d'entraves à la liberté du suffrage, tandis que les conservateurs avaient, tous, des arrière-pensées de restauration monarchique.

(1) *Souvenirs de M. de Tocqueville.*
(2) *Ibid.*
(3) *Ibid.*
(4) « Quand il pleut, dit le journal *la Liberté*, on ne s'informe pas à qui peut appartenir le parapluie qui vous est offert. »
(5) « Le gouvernement est tombé dans le mépris. La popularité de Louis-Napoléon n'a pas d'autre cause. S'il y avait un gouvernement en France, il n'y aurait pas de prétendant... » (Lettre du 18 juin de Léon Faucher à M. Nathalis Briavoine.)
(6) Pages 279 et 280

les citoyens eux-mêmes qui choisiraient directement le président, le mal était irréparable, et... c'était l'accroître que d'entreprendre témérairement de gêner le peuple dans son choix (1). »

Le journal *la Vraie République* (2) attaque vivement le travail de la Commission : « La présidence a passé d'emblée... Pour qui est-elle?... Ce que vous craignez du prince Bonaparte, héritier de Napoléon... c'est le prétendant à la présidence. Mais pourquoi faites-vous exprès cette présidence?... Il n'y a qu'un pas de la présidence à l'Empire. Comment s'est donc appelé Napoléon avant d'être Empereur? Directeur, Consul, premier Consul, Consul à vie... Vous voyez bien que les noms ne font rien à la chose... Un 18 brumaire est bientôt fait, et ce n'est pas l'héritier de Bonaparte qui s'en gênerait. La belle puissance qu'une assemblée de parleurs, nommés isolément par quelques milliers de provinciaux, tandis que le président est nommé par toute la France, et qu'il tient dans sa main le sabre... la bourse... tous les fonctionnaires... Le président le plus incapable ou le plus faible sera toujours le maître de la France, et forcément il trouvera bien vite que cette fiction de la séparation des pouvoirs est absurde et impraticable; en réalité, que la lutte instituée par la Charte (*sic*) paralyse l'action gouvernementale, et qu'il faut de l'unité dans la vie d'un peuple; et cette unité, il l'établira à son profit, parce qu'il sera plus fort que l'Assemblée... »

---

(1) « Dans le comité de constitution (voir Odilon Barrot, *Mémoires*), M. *de Cormenin* proposait que le président fût rééligible une fois. M. *Voirhaye* appuyait. Il importe, disait-il, de ne pas se priver des services d'un homme aimé par la nation; il est nécessaire de rendre la Constitution assez élastique pour ne pas l'exposer à être brisée par les impossibilités qu'elle impose. » M *de Beaumont* et M. *de Tocqueville* opposèrent à cette proposition le danger de trop intéresser le président à employer tous les moyens dont il disposerait pour s'assurer une réélection... ‹ Le seul palliatif, ajoute Odilon Barrot, que la commission crut devoir apporter au danger de cette élection directe fut d'exiger que l'élu réunît au moins deux millions de suffrages; mais le remède aggravait plus qu'il n'atténuait le mal, car c'était précisément le trop grand nombre de suffrages et les prétentions qui en devaient naturellement dériver qui créaient le danger si justement redouté pour la République. »

(2) Numéro du 18 juin 1848.

Le *National* (1) voit aussi le danger et le signale avec un grand sens politique : « Il serait plus raisonnable et plus efficace (au lieu de faire nommer le président pour la première fois — système mixte — par l'Assemblée) de décréter que pendant un laps de temps qui pourrait être fixé de quinze à vingt ans et même plus, aucun des membres des dynasties qui ont régné sur la France ne pourrait être élu président. Qu'on ne vienne pas crier à la proscription, on n'interdit pas à ceux des membres des anciennes dynasties... le droit de servir leur pays... Il leur sera permis de se rendre utiles, mais non pas au premier rang... D'ailleurs, ils crient si fort et si haut qu'ils ne demandent qu'une chose : d'être simples citoyens français, qu'il faut bien satisfaire à leurs plus chers désirs et leur donner cette occasion éclatante d'être uniquement ce qu'ils paraissent vouloir être... »

Le *Siècle* (2) blâme le *National :* « On voudrait exciter l'imagination du peuple sur cette candidature et en augmenter les chances, qu'on ne s'y prendrait pas autrement. Si le prince Louis Bonaparte conspire, et qu'on ait saisi des preuves, il faut les produire au grand jour... Si, au contraire, il demeure étranger à toutes les agitations... ne doit-on pas craindre que l'apparence d'une proscription... ne l'entoure d'un nouveau prestige? Et si, malgré le vote d'un décret d'exclusion, la France réalisait vos craintes, quelle autorité alors pourrait infirmer la puissance du suffrage universel? »

Le *Journal pour rire* (3) publie une caricature qui obtient un grand succès sur les candidats à la présidence, le prince de Joinville et Louis-Napoléon. Tous les deux, la main sur le cœur, l'un tenant un coq, l'autre tenant un aigle, s'écrient, le premier : « Je suis l'oncle de mon neveu » ; le second : « Je suis le neveu de mon oncle. »

Puis, tout disparaît devant les terribles journées de Juin; l'agitation bonapartiste cesse, et le silence se fait sur le prince.

(1, 21 juin.
(2) 22 juin.
3, 24 juin

Il faut aller jusqu'au 15 août 1848 pour trouver dans les journaux la mention du service célébré en l'Hôtel des Invalides en l'honneur de la mémoire de Napoléon, et la manifestation d'un certain nombre de vieux soldats en uniforme venant place Vendôme déposer au pied de la colonne des couronnes d'immortelles, dont l'une portait l'inscription suivante : *Veille sur nous du haut des cieux !*

A cette occasion, le *Petit Caporal* s'écrie : « Lundi soir, le 15 août, Paris célébrait à la fois l'anniversaire de la naissance du Petit Caporal et de l'Assomption de la Vierge. Marie et Napoléon, rapprochement providentiel... Le peuple n'oublie pas Napoléon... il a pardonné à l'Empereur ses fautes pour ne se rappeler que les bienfaits du Petit Caporal... »

Le prince va bientôt faire parler de lui (1).

---

(1) Louis BLANC, dans ses *Révélations historiques,* t. II, donne la lettre suivante, qui aurait été tenue et lue par les généraux Cavaignac, Lamoricière, Bedeau, le colonel Charras, etc., et qui semble prouver que le prince aurait vu tout de suite l'avenir à lui réservé :

« *Au général Rapatel.*

« Londres, 22 juin 1848.

« Général, je connais vos sentiments pour ma famille. Si les événements qui se préparent tournent dans le sens qui lui soit favorable, vous êtes ministre de la guerre. »

CHAPITRE XI

LA SECONDE ÉLECTION DU PRINCE A L'ASSEMBLÉE NATIONALE ET SON ÉLÉVATION A LA PRÉSIDENCE DE LA RÉPUBLIQUE

I

Élections complémentaires à l'Assemblée nationale. — Lettres du prince au roi Jérôme, au général Piat. — Sa visite à Louis Blanc. — Attitude de la presse : l'*Union*, le *Bien public*, la *Réforme*. — Brochure annonçant le débarquement du prince à Boulogne; lettre du prince Napoléon, fils de Jérôme. — Circulaire d'Aristide Ferrère. — Affiches électorales. — Le prince est élu par cinq départements. — Il obtient un nombre de voix considérable dans d'autres départements. — La proclamation du scrutin à Paris. — Opinion des *Débats*, du *Constitutionnel*, de l'*Union*, du *Commerce*, du *Bien public*, de l'*Ère nouvelle*, du *Times*.

Dans la seconde quinzaine du mois d'août on commença à s'occuper des élections qui devaient avoir lieu au mois de septembre pour pourvoir aux vacances existant dans l'Assemblée nationale.

Le prince estima qu'après sa démission et son exil volontaire de deux mois il pouvait reparaître sur la scène politique. Mais il voulut d'abord tâter l'opinion, et, à cette fin, il écrivit à son oncle Jérôme la lettre suivante :

« Londres, 27 août 1848.

« Mon cher oncle,

« Vos sages conseils au sujet des élections qui se préparent n'ont fait que prévenir la lettre que j'allais vous écrire dans le même sens. Je crois comme vous qu'actuellement il y a devoir pour moi à accepter le mandat de mes concitoyens, s'ils me font l'honneur de m'accorder encore leurs suffrages. Dans des circonstances qui heureusement ne sont plus, je n'ai pas hésité à prolonger mon exil, plutôt que de laisser mon nom servir de prétexte à des agitations funestes. Aujourd'hui que l'ordre est affermi, j'espère que d'injustes préventions ne m'empêcheront plus de travailler comme représentant du peuple à l'affermissement, au bonheur, à la gloire de la République. Veuillez faire connaître quels sont mes sentiments, et recevez, mon cher oncle, etc.

« Louis-Napoléon Bonaparte. »

Cette missive, en réalité faite pour le public, fut communiquée à la presse et insérée dans tous les journaux.

En même temps, le prince écrivait au général Piat : « Général, vous me demandez si j'accepterais le mandat de représentant du peuple dans le cas où je serais réélu. Je vous réponds oui, sans hésiter. Aujourd'hui qu'il a été démontré sans réplique que mon élection dans quatre départements... n'a pas été le résultat d'une intrigue, et que je suis resté étranger à toute manifestation, à toute manœuvre politique, je croirais manquer à mon devoir si je ne répondais pas à l'appel de mes concitoyens. Mon nom ne peut plus être un prétexte de désordres. Il me tarde donc de rentrer en France et de m'asseoir au milieu des représentants du peuple qui veulent organiser la République sur des bases larges et solides. Pour rendre le retour des gouvernements passés impossible, il n'y a qu'un moyen, c'est de faire mieux qu'eux, car, vous le savez, général, on ne détruit réellement que ce qu'on remplace... Recevez, etc. »

Afin de s'assurer le concours des démocrates, voire même des socialistes, le prince, au commencement de septembre (1),

(1) Voir *Révélations historiques*, par Louis Blanc, p. 227

alla faire une visite à Louis Blanc, qui habitait alors à l'hôtel de Brunswick, dans Jermyn-Street. Il voulait le convaincre que son seul désir, que son unique ambition était de servir la République, qu'il était entièrement dévoué à la cause du peuple, et que sur les questions sociales, notamment, ses vues avaient beaucoup d'analogie avec les siennes. « Le langage, dit Louis Blanc, que Louis Bonaparte me tint à Londres, conduisait si peu à l'idée de l'Empire, que lorsque je recueille à cet égard mes souvenirs, l'impression produite sur mon esprit est celle d'un rêve (1). »

La candidature du prince est posée un peu partout. Ce n'est plus de la part des feuilles publiques l'invraisemblable silence du mois de juin 1848, mais elle est loin de faire le bruit qu'on pourrait croire, et la presse, en grande majorité, ne s'en occupe pour ainsi dire même pas (2). Il faut remarquer que les journaux n'étaient pas alors ce qu'ils sont aujourd'hui. Cependant, à la date du 11 septembre, on lit dans l'*Union* : « La candidature de Louis-Napoléon se présente de nouveau comme un danger pour la République, puisque les partisans de l'héritier de Bonaparte sont résolus à en faire un candidat pour la présidence (3). L'Assemblée, après l'avoir admis comme représentant, ne pourra voter aucune exclusion contre lui. Aussi ne sommes-nous pas surpris d'entendre dire que la présence de Louis-Napoléon dans l'Assemblée pourrait amener le gouvernement à proposer la nomination du président de la République par l'Assemblée elle-même. Ce nom de Napoléon revient encore cette fois comme une fatalité pour le régime républicain. »

Le *Bien public* (4) dit : « ... Que de vieux officiers, qui n'ont qu'un Dieu, Napoléon, qu'un culte, l'Empire, fantômes encore debout, se dévouent corps et âme a ressusciter un

---

(1) *Révélations historiques,* p. 228.
(2) Sans comprendre, sans prévoir l'importance de l'homme, les grands journaux, d'ailleurs, attendaient, se réservaient.
(3) Tout de suite encore la question de la présidence se pose chez beaucoup avec cette idée que la présidence du prince est inévitable.
(4) Septembre 1848.

autre fantôme, cela se conçoit... Nous leur laissons volontiers la majestueuse et inoffensive satisfaction de porter des reliques... La France a encore à user bien des talents avant d'arriver à son *numéro*. Sa nomination ne peut être qu'un danger, un danger pour nous, un danger pour lui. Il disparaîtrait bientôt dans l'abîme de son incapacité... Nous demandons des précautions contre M. Louis Bonaparte. Pourquoi? Parce qu'il ne reparaît pas au milieu de nous en simple citoyen... »

La *Réforme*, pour répondre à un bruit qui court, écrit : « Le prétendu désistement du prince Louis est une des mille rouéries imaginées depuis quelques jours au profit de sa candidature impériale... Si la candidature ne réussit pas, ce ne sera pas faute d'expédients de tout genre. Ce qui nous émerveille, c'est l'argent qu'elle a dû coûter (1). Quel luxe exubérant de proclamations et de circulaires ! Dans l'Yonne, dans la Charente-Inférieure, dans la Moselle et dans le Nord, les recruteurs courent la campagne, et l'enthousiasme (avec prime sans doute) n'est pas moins fervent qu'à Paris. Comment ne pas croire à la fin de toutes nos calamités dès l'avènement d'un prince si magnifique ? »

On répand une brochure (2) intitulée : *Débarquement de Louis Bonaparte à Boulogne, et sa proclamation au peuple français*, où le prince revendique la succession de l'Empereur. Son cousin Napoléon Bonaparte, fils de Jérôme, écrit (3) alors au rédacteur de l'*Événement* « que cette brochure est l'œuvre d'un faussaire ». « Mon cousin, ajoute-t-il, n'a point quitté l'Angleterre. S'il est représentant du peuple, il en remplira les devoirs. Sa conduite déjouera toutes les intrigues des malveillants. Il n'a d'autre ambition que celle de jouir de ses droits de citoyen dans notre commune patrie après un si long exil, et il prouvera qu'aucun membre de l'Assemblée nationale n'est plus dévoué que lui à la République, plus disposé à

---

(1) Allégation faite sans preuves.
(2) Libraire-éditeur passage Richer. 1848.
(3) 29 septembre 1848. Journal *la Patrie*

flétrir et à combattre tout ce qui pourrait en compromettre le repos. Veuillez... »

La campagne électorale du prince se réduit à peu de chose. Quelques partisans travaillent pour lui. Un sieur Aristide Ferrère, à la date du 3 septembre 1848, envoyait de Londres dans plusieurs départements une circulaire ainsi conçue (1) :

« Monsieur,

« Quelques-uns de vos compatriotes ont pensé à Louis-Napoléon pour leur représentant. Ils le considèrent comme le seul conciliateur possible entre des opinions extrêmes qu'une malheureuse et déplorable lutte n'a fait qu'envenimer. Ils ont vu dans ses écrits ses intentions réformatrices, ils savent qu'il désire affranchir de tout impôt les produits du sol, réduire l'armée, diriger dans de nouvelles voies l'intelligence et le savoir de nos ouvriers, s'occuper sérieusement de la population des campagnes en améliorant l'existence des laboureurs par une augmentation bien entendue des travaux agricoles et par l'application des idées napoléoniennes au temps actuel, rendre la France aussi riche et aussi grande par son commerce et son industrie qu'elle était puissante par les armes il y a quarante ans... Il acceptera aujourd'hui les suffrages de ses concitoyens. Il me serait agréable, Monsieur, de connaître l'opinion de votre canton, et si, après l'avoir sondée, vous voulez m'en faire part, je vous en serai très reconnaissant.

« A. F.

« Londres, 87, Picadilly. »

Quelques affiches sont apposées sur les murs de la capitale durant les jours qui précèdent l'élection du 17 septembre.

(1) Voir brochure : *Suffrage universel Empire électif et décennal*, par Aristide Ferrère. Paris, imprimerie de Jules Juteau et Cⁱᵉ, rue Saint-Denis, 345

En voici une (1) intitulée : *Nommons Louis-Napoléon Bonaparte*, et ainsi conçue :

« La République… est dans le cœur, dans la pensée de Louis-Napoléon Bonaparte.

« Ses écrits, comme la profession si simple, si patriotique, que fait en son nom le général Montholon, ce fidèle ami de l'Empereur, ne peuvent nous laisser aucun doute à cet égard. Les études de sa vie d'exilé, ses méditations de captif, ont été pour l'amélioration du sort des travailleurs, pour l'intérêt français. Prouvons-lui la reconnaissance du peuple, il mérite notre confiance et ne la trahira pas; comme nous, il a mangé le pain du malheur; comme nous il aime, la patrie, sa gloire, sa prospérité; comme nous, il veut le développement le plus complet du principe démocratique. — Comme Napoléon, il a pris pour devise : Tout pour le peuple français ! — Rendons à la patrie un de ses enfants, le proscrit de la Royauté. Nommons Louis-Napoléon Bonaparte notre représentant à l'Assemblée nationale.

« *Signé :* Les ouvriers : Louis Laisné, Antoine Taquli, Berger, Adolphe Hannan, Ch. Malaizly, E. Noiret, typographes; Domé, mécanicien; Cayasse, imprimeur. »

L'affiche la plus importante était la suivante, où des explications étaient d'abord données sur la nationalité du prince :

« Le droit de bourgeoisie que Louis Bonaparte doit à la reconnaissance des paysans de l'Argovie, Lafayette le devait à la reconnaissance des Américains, Arago le doit à l'estime des Écossais. C'est comme Français que Louis-Napoléon Bonaparte a été condamné en 1840 par la Cour des pairs. — Louis-

---

(1) De format bien modeste.

Napoléon est Français. — Louis-Napoléon est Français, toujours Français, de résidence comme de droit, de cœur comme de naissance. Il l'est politiquement plus que ceux qui s'attaquent à lui, et qui depuis longtemps courbent le front devant l'étranger et y cherchent un appui, que lui, neveu de l'Empereur, n'a jamais cherché que parmi vous. Les devoirs de Louis-Napoléon sont tout tracés par ses souvenirs. Il a relu, il a médité les conseils adressés par Napoléon à son fils... C'était à l'époque où Napoléon disait : *Dans quarante ans l'Europe sera républicaine ou cosaque*. Or, Louis-Napoléon ne veut pas qu'elle soit cosaque. Il fera donc tout ce qui dépendra de lui pour que la France soit et reste républicaine, aux conditions qui peuvent seules consolider la République, c'est-à-dire le bien-être du peuple, la liberté défendue contre tous les genres de despotisme, l'égalité réelle, la fraternité vraie qui transporte dans la vie politique et dans la vie civile les mœurs et la camaraderie de cette franc-maçonnerie qu'on a tant calomniée et qui assure à chaque citoyen l'assistance, le bon vouloir et l'appui d'un autre citoyen, son frère, dans toutes les épreuves auxquelles nous sommes tour à tour exposés sur cette terre de travail et de douleur, le pardon de l'erreur, l'amnistie! Voilà des principes d'où il est facile de faire découler, quand on le voudra, des lois prévoyantes, protectives et secourables, et Louis-Napoléon le veut pour sa part, et il y travaillera de toutes ses forces, de toute son ardeur, car il a pour lui les leçons du glorieux passé de son oncle et les belles espérances d'un âge qui lui permet de réaliser ce que les hommes usés des anciens régimes n'ont plus la force de retarder longtemps. Le passé n'a que des vieillards pour défenseurs. Louis-Napoléon est assez jeune pour promettre de défendre notre avenir. Ses études, ses travaux n'ont pas eu d'autre objet; il s'est livré dans sa prison avec persévérance, avec fruit, à l'examen de toutes les questions sociales et politiques... Électeurs, croyez-en la voix d'un vieux soldat qui a conquis honorablement ses grades sur les champs de bataille de la République et de l'Empire;

qui en 1815 s'est exilé volontairement à Sainte-Hélène pour aller prodiguer à Napoléon durant six années les soins d'un fils (son testament le proclame), et qui s'est attaché à l'infortune de son neveu. J'ai partagé les sept ans de captivité qu'il a endurées dans la forteresse de Ham, et, nourri de six années de confidences du grand homme, alors qu'il regrettait surtout les beaux jours de la République... j'ai souvent répété à l'héritier de son nom ses paroles de liberté et de paix, derniers regrets, derniers vœux de Napoléon ! Croyez-moi, la liberté publique et privée, l'indépendance nationale, la paix avec l'honneur..., vos droits, votre bien-être, votre dignité n'auront pas de meilleur défenseur dans l'Assemblée nationale que celui qu'on a calomnié près de vous comme un ambitieux, et qui se présente à vous comme un patriote, comme un républicain sincère, comme un concitoyen dévoué, Louis-Napoléon Bonaparte.

« Le général MONTHOLON. »

Cette affiche était admirablement faite, et, signée d'un tel nom, du nom d'un général qui s'était illustré et qui était devenu populaire par son dévouement inaltérable et touchant pour l'Empereur dont il avait recueilli les dernières paroles et dont il avait fermé les yeux, elle dut produire un grand effet. C'était un coup de maître.

En voici une autre :

CANDIDATURE DE LOUIS-NAPOLÉON BONAPARTE

« ÉLECTEURS,

« Un citoyen qui a déjà obtenu vos suffrages comme représentant du peuple, le neveu du héros dont le puissant génie éleva la France au premier rang des nations civilisées, après avoir renoncé aux élections qu'il devait au bon esprit du peuple et de l'armée, alors que notre jeune République pouvait craindre que sa présence à Paris servit de prétexte à l'intrigue et devînt un sujet de troubles et de discordes, persuadé, cette fois, que la République a puisé toute la force qui lui est nécessaire dans les épreuves mêmes par où elle a passé, se rend aux vœux de tous les Français qui ont su voir en lui le partisan d'une démocratie sage, mais progressive. Le citoyen Louis-Napoléon Bonaparte a donné depuis longtemps des preuves incontestables de la vérité de ses opinions républicaines en déclarant qu'il n'avait jamais cru et qu'il ne croirait jamais que la France fût l'apanage d'un homme ou d'une famille, et qu'il n'avait d'autre désir que de voir le peuple entier légalement convoqué choisir librement la forme de gouvernement qui lui conviendrait; l'épreuve est faite; le peuple a parlé; il a proclamé la République démocratique; Louis-Napoléon Bonaparte la défendra avec vous. Qu'il nous soit permis de croire que le jour où l'Assemblée nationale lancerait un mot d'amnistie en faveur des malheureux, condamnés par suite de circonstances que nous devons tous déplorer, le citoyen dont les œuvres sur l'extinction du paupérisme attestent la popularité serait heureux de voir cesser les larmes du vieillard, de la veuve et de l'orphelin dont les soutiens gémissent dans les prisons de l'État, et nous vous engageons à élire *cet enfant de Paris, notre frère à tous*, avec la conviction qu'une fois assis au sein de l'Assemblée nationale... sa voix se réunira toujours à celles qui demanderont l'application franche et loyale de notre immortelle devise : *Liberté, égalité, fraternité*. C'est avec de semblables sentiments qu'après trente-quatre ans d'exil Louis-Napoléon Bonaparte, l'ex-élu de quatre départements, arrivera parmi nous sur les bords de la Seine où s'élève le tombeau du soldat, de l'économe politique qui travailla pendant vingt ans à la grandeur, à la prospérité et à l'émancipation du peuple qu'il aimait tant, et laissa la France riche et imposante malgré ses revers. — Citoyens, industriels, travailleurs et soldats, en appelant le neveu de Napoléon à la représentation nationale, nous accomplirons un acte de justice, et nous pourrons traduire le sens de ce vote purement républicain par ces mots : — *A la mémoire du grand homme la patrie reconnaissante.*

« 14 septembre 1848.

« *Signé :* Desjardins, Leblanc, Deschamps, Fossard, Dufour, Moreaux, Mialhe (S. M.). »

Autre affiche :

CANDIDATURE DE LOUIS-NAPOLÉON BONAPARTE (1)

« La manière dont se préparent encore les élections de Paris en partageant la société en deux classes hostiles peut causer de nouveaux malheurs, de nouvelles catastrophes. Au nom de la patrie en deuil, écoutez la voix de la raison. Fixez vos choix sur ceux des candidats qui peuvent servir à la réconciliation publique. Citoyens, il est un nom qui vibre au cœur de 35 millions d'hommes, un nom qui est tout un symbole d'ordre, de gloire, de patriotisme. Celui qui a l'honneur de le porter aujourd'hui a gagné la confiance et l'affection du peuple par toute une jeunesse d'études, de souffrances, de courage et d'adversité. Eh bien ! que l'élu du peuple soit aussi l'élu du commerce, de l'industrie, de la propriété ! Que son nom, accepté par tous, soit un premier gage d'oubli, de réconciliation, car sans la réconciliation des classes, plus de paix, plus d'industrie, plus de crédit, mais la misère et l'anarchie. — *Pour une réunion de propriétaires, fabricants, commerçants et ouvriers.*

« *Signé :* Pommeret, *ancien notaire ;* J. Chauvel, *négociant ;* Clapier, *fabricant ;* Ch. Petitclerc, *ex-délégué du Luxembourg ;* Duterle, *ex-délégué du Luxembourg ;* G. Toussaint, *ouvrier.* »

(1) Imprimerie centrale des chemins de fer, de Napoléon Chaix et Cᵉ, rue Bergère, 8.

Nous citerons encore l'affiche suivante :

CANDIDATURE DE LOUIS-NAPOLÉON BONAPARTE

« Quelques électeurs, jaloux de connaître personnellement... Louis-Napoléon Bonaparte... ont eu avec lui une longue conversation... et ils en ont rapporté la conviction profonde que l'adoption de Louis-Napoléon Bonaparte pour candidat est un excellent choix. Louis-Napoléon a étudié... toutes les questions d'administration, de gouvernement et d'organisation sociale qui ont été soulevées de nos jours. Il n'est pas une doctrine sur laquelle il ne se soit appesanti et qu'il ne discute avec sagacité. Rapportant les opinions émises par les différents partis, il les pèse, les apprécie, et fait bonne et sévère justice de ce qui lui paraît faux ou controuvé. Il a suivi avec une attention extrême les discussions à l'Assemblée nationale et en parle comme s'il les possédait de mémoire. Le crédit public et les divers systèmes de finances ont été, de sa part, l'objet des plus sérieuses investigations. Louis-Napoléon a surtout exposé avec une grande lucidité d'idées et une grande sûreté d'expressions la situation du crédit au moment de la révolution de Février. Il était, dès cette époque, au courant du malaise de la France. La Révolution seule, a dit le prince, pouvait conjurer le mal. Si le gouvernement provisoire avait... décrété la création d'un vaste établissement de crédit... le pays était sauvé... Au lieu de cela, on a laissé le crédit s'affaisser, les maisons de banque qui fournissaient à la circulation 60 à 80 millions par mois ont suspendu tout à coup leurs opérations. Toutes les sources de l'alimentation du travail... se sont taries à la fois, et l'on n'a rien fait pour remédier à cela... L'une des personnes présentes ayant fait observer que peut-être il eût été dangereux d'aventurer des capitaux dans un pareil moment, bien peu de maisons étant solides alors, Louis-Napoléon a répondu que dans un temps de crise nulle maison n'est solide, mais que l'État n'en doit pas moins venir en aide au crédit.

C'est une très grande catastrophe que la chute de cinq ou six cents établissements... l'État doit tout faire pour en conjurer ou en atténuer les effets. Perdre 40 ou 50 millions n'eût été rien : on les eût retrouvés décuplés au budget des recettes. Dans un État où le commerce est compté pour quelque chose, le crédit est d'ordre public, et un gouvernement qui sait son métier ne doit pas permettre qu'il s'arrête un instant. Louis-Napoléon a parlé de l'agriculture en homme qui en a étudié les divers systèmes en Suisse, en Allemagne et en Angleterre... En France, tout est à organiser pour le crédit. Mais que faire? Il faut renverser cette maxime : *On ne prête qu'au riche*, et la remplacer par celle-ci : *On ne prête qu'au pauvre*. Un homme est toujours solvable s'il est moral et s'il travaille... Il faut que l'on s'habitue à prêter au travail... Les profits du petit commerce et des petites industries sont dévorés par les escompteurs qui prêtent à 12 pour 100... Louis-Napoléon a successivement parlé de l'armée et de la marine. Il a ajouté : Ne craignez pas la guerre. Messieurs, l'armée et la marine françaises, si dévouées, si remplies de courage et de patriotisme, sont les plus sûrs garants que nous puissions avoir de la paix européenne. Les vices de notre organisation judiciaire ne lui ont pas échappé. Il s'est exprimé à cet égard en légiste consommé... Les frais de procédure sont trop élevés, a-t-il dit, ce qui rend la justice inaccessible aux classes pauvres... Le tribunal de commerce de la Seine rend 75,000 jugements par an... C'est un impôt de 4 à 6 millions prélevés sur le commerce souffrant et malheureux, ce qui est une iniquité. Mes efforts à l'Assemblée nationale tendraient à faire cesser cet abus. Sur toutes les questions Louis-Napoléon s'est exprimé avec la même netteté et la même franchise, et a constamment révélé un esprit droit et convaincu (1). »

Les élections eurent lieu les 17 et 18 septembre, et le prince fut élu par cinq départements, dans la Seine par 110,752 voix

---

(1) Imprimerie Schneider, rue d'Erfurth.

(262,000 votants, 406,896 inscrits), dans la Moselle par 17,813 voix (104,006 inscrits, 36,489 votants), dans l'Yonne par 42,086 voix (108,470 inscrits), dans la Charente-Inférieure par 39,820 voix (47,332 votants, 137,174 inscrits), dans la Corse par 30,193 voix (32,968 votants). En outre, il obtenait dans le Nord 19,685 suffrages, dans l'Orne 9,734, dans la Gironde 3,426.

A Paris, quand le scrutin eut été dépouillé, la proclamation du nom de Louis Bonaparte fut accueillie sur la place de l'Hôtel de ville (1) par les fanfares des musiques de la garde nationale qui se mirent à jouer l'air connu : *Veillons au salut de l'Empire.* Puis une partie de la foule poussa de nombreux cris de : *Vive Napoléon ! Vive l'Empereur !* Le gouvernement, avisé que cette manifestation bonapartiste devait se reproduire dans la soirée sur les boulevards où l'on voulait dans une retraite aux flambeaux faire une ovation retentissante au prince (2), prit d'importantes mesures de sûreté pour maintenir la tranquillité dans la capitale.

« Cette élection nous afflige, s'écrie le *Journal des Débats* (3), nous ne comprenons pas ; comme disait Montaigne, tout ce que je sais, c'est que je ne sais rien. » Il trouve cette « nomination extraordinaire… » « un caprice… une énigme… un X… » Le *Constitutionnel* (4) se contente de dire qu'elle « n'a pas encore un sens bien défini ». Suivant l'*Union* (5), « l'importance du chiffre de voix obtenues par Louis-Napoléon donne un caractère particulier à son élection… Est-ce une protestation contre la République au profit d'une tentative de restauration impériale ? Est-ce une candidature à la présidence de la République ?… Le nouvel élu n'est… pas un représentant de plus… il est posé devant l'Assemblée et devant le pouvoir comme une menace… Ce fait est certainement le plus consi-

---

(1) Voir les *Débats* du 22 septembre.
(2) *Gazette des Tribunaux* du 23 septembre.
(3) 22 septembre.
(4) 21 septembre
(5) *Ibid*

dérable depuis la révolution de Février... Le souvenir des tentatives de Strasbourg et de Boulogne suscitera toujours des appréhensions. » On ne pouvait envisager la situation présente et parler de l'avenir avec plus de clairvoyante intelligence.

Le *Commerce* (1) ne veut pas prendre le prince au sérieux. « Louis Bonaparte, s'écrie-t-il, le héros bouffon des échauffourées de Strasbourg et de Boulogne! L'inintelligent et burlesque plagiaire de l'épopée impériale! »

Le *Bien public* (2) donne la même note : « Il y a aujourd'hui un parti nouveau en face de la République... c'est le parti militaire moins la gloire, c'est l'Empire civil dans une parade de Franconi, c'est l'humiliation de la France dans la décadence du Bas-Empire. Ce parti ne nous effraye pas, il a pu éblouir un instant le peuple par le prestige du petit chapeau et de l'épée d'Austerlitz. Mais ce n'est qu'un chapeau sans tête, et de cette glorieuse épée, tombée des mains du héros de Strasbourg dans le greffe de la cour d'assises, il ne reste que le fourreau... mais il nous est impossible de ne pas nous attrister d'un résultat qui place la République entre M. Louis Bonaparte et M. Raspail, entre l'Empire et la Terreur. »

L'*Ère nouvelle* dit, pour expliquer le succès du prince, qu'il est dû au petit commerce souffrant et découragé, aussi à l'armée et enfin aux électeurs de la banlieue, et ajoute que c'est là ce qui « constitue pour le gouvernement de la République la gravité de la situation ».

En Angleterre, le *Times* ne croit pas à l'avenir du parti bonapartiste et traite le prince de *marionnette*.

(1) Septembre 1848.
(2) *Ibid*.

II

Le 25 septembre, le prince vient prendre séance à l'Assemblée. — Il arrive de Londres. — Son admission — Son discours. — Appréciation des journaux : les *Débats*, l'*Événement*, la *Presse*, le *National*, l'*Union*. — Entrevue du prince et des représentants de la Montagne et du socialisme, notamment avec Proudhon. — Il s'assure aussi le concours du docteur Véron, directeur du *Constitutionnel*. — Rapport de Marrast sur le projet de constitution. — Le *Siecle* combat le système de la nomination du président de la République par l'Assemblée, ainsi que l'*Union*, la *Gazette de France*, l'*Univers*, le *Bien public*, le *National*. — Brochure de M. de Cormenin dans le même sens. — Au contraire, les journaux rouges, comme la *Démocratie pacifique*, la *Réforme*, ne veulent pas de l'élection par le suffrage universel. — Le *Journal des Débats* ne prend pas parti. — 5 octobre, l'Assemblée discute la question de la nomination du Pouvoir exécutif. — Félix Pyat ne veut pas de président. — M. de Tocqueville tient pour l'élection par le peuple. — Prophétique discours de M. de Parieu en sens contraire. — MM. Fresneau, Lasteyrie, de Lamartine, Dufaure, Victor Lefranc opinent dans le même sens que M. de Tocqueville; MM. Grévy, Flocon, Martin de Strasbourg, Leblond, dans le même sens que M. de Parieu. — Rejet d'un amendement de M. Grévy qui confie le pouvoir exécutif au conseil des ministres. — L'Assemblée vote l'élection par le suffrage universel direct. — Émile de Girardin approuve. — Les *Débats* raillent la gauche de se défier du suffrage populaire. — Amendement Antony Thouret tendant à rendre inéligibles à la présidence les membres des familles ayant régné en France. — M. Voirhaye le combat, ainsi que MM. Coquerel et Lacaze, qui interpelle le prince. — Celui-ci déclare qu'il n'est pas prétendant. — M. de Ludre. — Déclaration d'Antony Thouret, qui retire son amendement. — Rejet de l'amendement de Ludre tendant aux mêmes fins. — Appréciation des journaux : la *Patrie*, l'*Union*, le *National*. — Abrogation de la loi du 10 avril 1832 prononçant le bannissement contre la famille Bonaparte. — Le *Siecle*. — Séance du 12 octobre : Amendement Mathieu de la Drôme donnant à l'Assemblée le droit de suspendre le président de la République aux deux tiers des voix, repoussé sur l'intervention de M. Vivien et du général Cavaignac. — Obligation imposée au président de la République de prêter serment, contrairement à l'opinion de Crémieux, mais conformément à l'avis de l'évêque d'Orléans. — Réflexions d'Odilon Barrot dans ses *Mémoires*. — Rejet d'une proposition d'ajourner l'élection présidentielle. — Ce que disait M. Dupin.

Le 25 septembre, à l'Assemblée nationale, la séance était commencée depuis quelque temps déjà, lorsqu'il se fait tout à coup, vers le milieu du côté gauche, au-dessus du banc où siège M. de Lamartine, un mouvement inaccoutumé. M. Marrast, le président, réclame le silence. On lui répond par une manœuvre de lorgnettes si générale et exécutée avec tant de précision que lui-même s'arme aussi de sa grande jumelle qu'il braque dans la même direction... C'était lui (1)! Le journal la Presse, auquel nous empruntons ce récit, ajoute encore : Il était entré incognito, sans tambour ni trompette. Il supporte avec une impassibilité parfaite l'inquisitoriale avidité de tous ces regards, et les représentants du peuple constatent « qu'il est de taille moyenne, d'une physionomie douce, d'une attitude modeste, et qu'il n'a avec l'Empereur aucune espèce de ressemblance ». Le prince avait fait son apparition accompagné de M. Vieillard, et était allé s'asseoir sur un banc de la gauche (2), entre celui-ci et M. Havin.

Le président donne alors la parole à M. Clément pour rendre compte, au nom du 9ᵉ bureau, des élections du département de l'Yonne. Après un rapport (3) de quelques lignes, l'admission du prince est prononcée par l'Assemblée tout entière. Il demande la parole, et, comme il semble vouloir parler de sa place, on crie de toutes parts : « A la tribune! à la tribune! » Il s'exécute sans hésiter, tire un papier de sa poche, et, au milieu d'un profond silence, lit la déclaration suivante d'un ton très ferme : « Citoyens représentants, il ne m'est pas permis de garder le silence après les calomnies dont j'ai été l'objet. J'ai besoin d'exposer ici hautement, et dès le premier jour où il m'est permis de siéger parmi vous, les vrais sentiments qui m'animent et qui m'ont toujours animé. Après trente-trois ans de proscription et d'exil, je retrouve enfin ma patrie et mes concitoyens. La République m'a fait ce bonheur, que la République reçoive mon serment de reconnaissance et de dévouement, et que mes généreux compatriotes qui m'ont honoré des suffrages qui m'ont amené dans cette enceinte, soient bien convaincus qu'ils me verront toujours un des plus

---

(1) Louis-Napoléon (voir la *Patrie* du 27) aurait quitté Londres le 23 au soir, et, après avoir traversé la Hollande, serait arrivé par le chemin de fer du Nord le 24 à sept heures du soir. Il serait descendu 27, boulevard des Italiens, chez M. de Bassano. (Voir la *Presse* du 10 juillet 1849.)

(2) Sur le septième banc de la troisième section de gauche.

(3) A la grande hilarité de l'Assemblée, il y était dit : « .. Sur la liste electorale étaient inscrits cent huit mille quatre cent SEPTANTE électeurs. »

dévoués à cette double tâche qui est la nôtre à tous : au maintien de la tranquillité, ce premier besoin d'un pays, et au développement des institutions démocratiques dont le peuple a besoin et qu'il a le droit de réclamer. Longtemps je n'ai pu consacrer à la France que les méditations de l'exil et de la captivité. Aujourd'hui la carrière où vous marchez m'est ouverte ; recevez-moi dans vos rangs, mes chers collègues, avec le sentiment d'affectueuse sympathie qui m'anime moi-même. Ma conduite, vous ne devez pas en douter, sera toujours inspirée par le devoir, toujours animée par le respect de la loi. Ma conduite prouvera que nul ici plus que moi n'est dévoué à la défense de l'ordre et à l'affermissement de la République.»

L'Assemblée fit le meilleur accueil à cette déclaration, dont la lecture fut suivie d'une approbation unanime (1).

Les *Débats* disent dédaigneusement : « M. Louis Bonaparte est venu lire un petit discours qui a semblé généralement convenable. »

L'*Événement* (2) montre plus de bienveillance : « Son discours d'introduction est simple et, nous le dirons avec plaisir, sans prétentions. Il a salué fort poliment ses collègues, et, comme tout homme de bonne compagnie le doit en entrant dans un salon, il a tout d'abord présenté ses respects à la maîtresse de la maison, la République. L'Assemblée l'a écouté avec beaucoup de bienveillance. » — La *Presse* montre la faute qui a été commise : « Quel inconvénient aurait eu en juin cette admission proclamée en septembre ? Le gouvernement n'a-t-il pas commis une maladresse insigne en donnant lui-même à ce cauchemar de ses nuits, à ce fantôme de ses jours, les proportions colossales dont il s'est fait ensuite un argument ? Ne doit-il pas regretter aujourd'hui tout cet étalage de mauvais vouloir, toutes ces velléités de proscription qui

---

(1) Une foule considérable occupait tous les abords du palais de l'Assemblée nationale depuis midi pour faire une ovation au prince, qui, ne voulant donner aucun ombrage au gouvernement, parvint à y échapper à son arrivée comme à son départ.

(2) Victor Hugo et Vacquerie

ont produit une agitation fâcheuse qu'il eût été si facile d'éviter? Au mois de juin M. Louis-Napoléon avait été nommé par trois départements, il arrive aujourd'hui avec une quadruple élection. Ne voilà-t-il pas un beau résultat? » — Le *National*, qui soutient le général Cavaignac, se montre méfiant, méprisant et irrité : « Cette gloire d'emprunt a fait son entrée dans l'enceinte républicaine, sans tambour ni trompette, ni plus ni moins que si elle eût été ce qu'il y a au monde de plus obscur et de plus vulgaire. Nous n'aurons pas le courage d'escorter d'ironie cette entrée dont la modestie forcée était peut-être aussi un calcul. L'Assemblée en l'accueillant n'a voulu songer qu'à une chose, qu'il arrivait de l'exil et que probablement il ne l'oublierait pas. » — Et la *Presse* de dire : « O égarement de la peur! Comment vouliez-vous donc qu'il y entrât? » — L'*Union* est bienveillante : « Il est impossible d'être à la fois plus simple, plus modeste, plus convenable que le citoyen Bonaparte. » C'était la note juste. Ce journal ajoute : « C'est un homme de taille ordinaire, à la démarche un peu embarrassée, au visage immobile et sans autre distinction qu'une paire de longues moustaches abondamment pourvues... La Chambre est restée calme et n'a montré d'autre sentiment que celui de la curiosité... » Puis il dit, plein de confiante illusion en sa propre cause (1) et sans avoir perçu la force latente du sentiment bonapartiste : « Le prétendu parti impérialiste a été dissous aujourd'hui. Désavoué par son chef, il ne saurait relever la tête sans aller se briser au reproche d'hypocrisie le plus odieux, le plus sanglant de tous dans ce pays de France, façonnée à la religion de l'honneur. »

La première pensée du prince qui se considérait déjà, *ipso facto*, comme candidat à la présidence de la République fut de se mettre en rapport avec des représentants autorisés des socialistes et des montagnards, espérant que le bonapartisme serait de nature à leur donner satisfaction et qu'il pourrait rallier à lui un grand nombre de suffrages du parti avancé. Le

(1) Légitimiste

lendemain de son arrivée, il faisait prier Proudhon, Schmelz, Joly, ami intime de Ledru-Rollin, de venir le voir chez M. de Bassano. Ceux-ci, le jour même, 26 septembre, se rendaient à cette invitation. Louis Bonaparte parla peu (1), écouta Proudhon avec bienveillance et parut d'accord avec lui sur presque tout. Ainsi il reconnaissait que les socialistes étaient calomniés ; il blâmait la politique de Cavaignac, les suspensions de journaux, l'état de siège ; il trouvait ridicules les projets financiers des Garnier-Pagès, Goudchaux, Duclerc. Proudhon admettait qu'il se portât candidat à la présidence, mais il estimait qu'il ferait sagement de déclarer qu'il n'entendait en aucune façon se prévaloir du sénatus-consulte de 1804 ; que si, à une autre époque, il avait pu revendiquer une conronne à laquelle la volonté de l'Empereur lui donnait plus de droits que l'élection de la Chambre de 1830 n'en créait à Louis-Philippe, aujourd'hui que la France s'était librement constituée en République il ne devait plus avoir d'autre ambition que de donner à tous l'exemple de l'obéissance à la souveraineté du peuple et du respect à la Constitution. Le prince répliqua en protestant d'une manière générale contre les calomnies répandues sur son compte, mais sans s'expliquer d'une manière catégorique. Proudhon et ses amis furent persuadés qu'il n'avait plus rien de commun avec le conspirateur de Strasbourg et de Boulogne, et qu'il était possible que « comme la République avait péri autrefois par la main d'un Bonaparte, elle fût fondée de nos jours par la main d'un autre Bonaparte ». Il leur parut bien intentionné, avoir une « tête et un cœur chevaleresques », être « plus plein de la gloire de son oncle que d'une forte ambition », et, somme toute, présenter « un génie médiocre » qui ne ferait point « grande fortune ». Pas plus que les autres, Proudhon ne sut dégager l'intrinsèque de son interlocuteur, qui (si l'on peut dire qu'il y eût une partie engagée dans cet entretien) la gagna haut la main sur lui. Le traité d'alliance était conclu. Le prince enlevait au

(1) Tout ceci est extrait d'une lettre de Proudhon, écrite de la Conciergerie, en juillet 1849, à Émile de Girardin. (Voir a *Presse* du 10 juillet 1849.)

parti républicain socialiste nombre de voix, et, pour l'instant, c'est tout ce qu'il pouvait désirer.

Il voyait en même temps le docteur Véron, personnage important par sa situation de directeur du *Constitutionnel* (1). Il lui avait écrit la lettre suivante : « Monsieur, désirant voir de près toutes les personnes distinguées de mon pays, j'avais naturellement l'envie de faire votre connaissance. Aujourd'hui qu'un ami commun m'assure que vous voudriez bien accepter chez moi un dîner d'auberge, je m'empresse de saisir cette occasion qui me permettra de causer avec un homme dont j'ai souvent entendu parler... » Pendant ce dîner, le prince lui déclara qu'à son sentiment il fallait asseoir la société sur ses bases éternelles, faire revivre dans tous les cœurs le respect des lois, de l'ordre, de la propriété, de la famille, avant de songer à d'importantes innovations et à de grands progrès.

C'est alors que s'ouvrirent les débats sur la Constitution. Armand Marrast avait déposé un rapport sur le projet de la commission où il disait, traitant le point capital de l'élection du président de la République : « La minorité (2) pensait qu'en le faisant nommer directement par le suffrage universel on courait le risque de placer en face de la représentation nationale un pouvoir égal, quoique différent ; qu'on pouvait ainsi établir une rivalité dangereuse ; donner à la souveraineté deux expressions au lieu d'une ; rompre l'harmonie, toujours nécessaire, entre l'autorité qui fait la loi et le fonctionnaire qui en assure l'exécution ; que, dans ce pays surtout, le suffrage universel concentré sur un seul homme lui donnait une puissance toujours sollicitée par des tentatives fatales à la liberté. La minorité aurait donc désiré remettre à l'Assemblée, déléguée de la souveraineté du peuple, la nomination du président de la République ; elle croyait par là concilier à la fois ce qu'exige la rigueur des principes et ce que commande la situation d'un régime nouveau. Cette opinion n'a pas prévalu.

---

(1) Voir le *Constitutionnel* du 24 septembre 1850
(2) Constituée par lui seul, Marrast, qui faisait preuve en ces quelques lignes d'une grande intelligence politique.

La majorité a été convaincue que l'une des conditions vitales de la démocratie, c'est la force du pouvoir. Elle a donc voulu qu'elle reçût cette force du peuple entier qui seul la donne, et qu'au lieu de lui arriver par transmission intermédiaire, elle lui fût donnée par communication directe et personnelle. Alors il résume sans doute la souveraineté populaire, mais pour un ordre de fonctions déterminé, l'exécution de la loi. La majorité n'a pas craint qu'il abusât de son indépendance, car la Constitution l'enferme dans un cercle dont il ne peut pas sortir. L'Assemblée seule demeure maîtresse de tout système politique; ce que le président propose par ses ministres, elle a le droit de le repousser; si la direction de l'administration lui déplaît, elle renverse les ministres; si le président persiste à violenter l'opinion, elle le traduit devant la haute cour de justice et l'accuse. Contre les abus possibles du pouvoir exécutif la Constitution se prémunit en le faisant temporaire et responsable. Le président, après une période de quatre ans, ne peut être réélu qu'après un intervalle de quatre autres années. Il n'a aucune autorité sur l'Assemblée; elle en conserve une toute-puissante sur ses agents. Il ne peut jamais arrêter ou suspendre l'empire de la Constitution et des lois; il ne peut ni céder un pouce du territoire, ni faire la guerre, ni exécuter un traité sans que l'Assemblée y consente; il ne peut pas commander en personne les armées; il ne peut nommer les hauts fonctionnaires dépendant de lui qu'en conseil des ministres; il ne peut révoquer les agents électifs que de l'avis du Conseil d'État; l'Assemblée nationale choisit seule les membres de la Cour suprême; et, sauf les magistrats du parquet, le président de la République ne peut nommer les juges que d'après les conditions déterminées par la loi. »

Le journal *le Siècle* combat la nomination par l'Assemblée, parce qu'il faut que « l'autorité de l'Assemblée reste intacte et respectée dans la querelle des prétendants à la présidence... Quelle est aujourd'hui en France la base du droit public? Évidemment, c'est la souveraineté du peuple exprimée par le suffrage universel. De quelle source émanent les pouvoirs de l'Assemblée constituante? Du suffrage universel. Si l'Assemblée elle-même a foi dans ce principe, qui est son principe de vie, elle doit sans contredit confier au suffrage universel la nomination du président de la République... On se défie donc de la sagesse de la nation. Qu'est-ce autre chose que mettre en suspicion le suffrage universel que nier le droit souverain sur lequel s'appuie le gouvernement nouveau, que porter moralement un coup presque irréparable à la République?... Non, croyons au bon sens, au patriotisme de la majorité nationale. » Voilà les pitoyables raisons, voilà les sophismes sur lesquels s'étayait l'opinion favorable à l'élection du prince par le peuple. Dans son numéro du 5 octobre, le *Siècle* dit encore : « Nous espérons que le gouvernement, avant de heurter l'immense majorité du pays, avant de mettre en suspicion le principe sur lequel reposent les institutions démocratiques qu'il se propose de fonder, pèsera les conséquences de sa détermination. Le choix du président par l'Assemblée est absolument injustifiable en principe, il est en fait d'un immense danger. (Cela revient à dire) que le peuple est incapable de faire un bon choix, qu'il est juste de le traiter en mineur ; c'est tout simplement consommer une usurpation, c'est substituer sa propre sagesse à celle de la nation, l'autorité de quelques-uns à celle de tous, la volonté arbitraire des délégués du peuple à la volonté souveraine du peuple lui-même... La majorité sera faible, et l'élu de cette fraction, de cette petite majorité, n'aura jamais l'influence ni le prestige qui appartient à l'élu véritable de la nation. »

M. de Cormenin, dans une brochure, soutient la même thèse : « L'Assemblée... n'a pas plus le droit de nommer le président qu'elle n'aurait le droit de nommer les députés, et pourtant si elle peut nommer le représentant du pouvoir exécutif, pour quelle raison ne pourrait-elle pas nommer les membres de la législature? ...Les députés défont le lendemain les lois qu'ils ont faites la veille, et ils ne pourraient pas dénommer le président qu'ils avaient nommé? Un président élu par le peuple est un homme indépendant, mais responsable de droit et de fait... Mais une Assemblée de sept cents membres est un être collectif et irresponsable de droit et de fait... Si l'Assemblée nomme le président, si elle tient les rênes, si elle fouette les chevaux, si elle embourbe le char de l'État, on ne s'en prendra qu'à elle de l'indolence du laquais qu'elle aura fait monter derrière sa voiture... Le peuple doit faire lui-même tout ce qu'il peut faire... C'est le droit naturel, imprescriptible, inaliénable de la souveraineté. Or, le peuple ne peut pas faire lui-même les lois, mais il peut faire lui-même un président. Concluez... Le peuple, notre maître à tous, est-il donc un traître pour qu'on le regarde en dessous? Est-il un sot pour qu'on se croie plus d'esprit que lui? Est-il un aveugle pour qu'on se permette de le conduire? Est-il un égaré pour qu'on prétende à le ramener? Est-il un sujet pour qu'on se donne avec lui des airs de souverain?... Le président nommé par l'Assemblée basculerait sans cesse de la majorité à la minorité. Il n'aurait à lui ni autorité propre, ni initiative propre, ni politique propre, ni gouvernement propre, ni responsabilité que la menteuse et nominale responsabilité d'un valet de pouvoir qui parade dans une antichambre... Et... si la majorité était changée, diriez-vous que le président de la République, nommé par vous, qui n'exprimeriez plus le pays, le représenterait à son tour véritablement? »

C'est aussi l'*Union* (1), journal légitimiste, qui préfère l'élection du président par le peuple, la nomination par l'Assemblée offrant « des dangers infiniment plus graves; et en pareil cas, de deux maux il faut choisir le moindre ». C'est encore le *Bien public* (2), organe conservateur : « Il y a, dit-il, dans trois millions de suffrages, lorsqu'ils se portent sur un nom, une puissance qu'aucune Assemblée ne saurait communiquer à son président. L'élection est une auréole de popularité. Dans une république la popularité est une condition de gouvernement. Elle impose le respect aux partisans, le silence aux adver-

(1) Numéro du 7 octobre 1848.
(2) Numéro du 6 octobre 1848. (Lamartine.)

saires. Le pays se reconnaît dans son premier magistrat, comme il se reconnaît dans l'Assemblée. Chaque citoyen peut se dire : Je l'ai nommé... j'ai passé en quelque sorte en lui ; je suis en essence et en volonté dans sa volonté et dans son essence. Il est moi, je suis lui... Nous ne connaissons pas de plus sûr moyen de populariser et de fortifier la présidence que de l'extraire du sein des masses comme la personnification de leur volonté. Le peuple sera d'autant plus attaché à la République qu'il nommera lui-même les deux pouvoirs... »

Il en est de même de l'*Univers* et de la *Gazette de France*.

Le *National*, qui soutient le général Cavaignac, finit par accepter l'élection du président de la République par le suffrage universel, mais il préférerait que le principe inscrit dans la Constitution ne fût pas appliqué pour la première élection présidentielle.

Les journaux avancés tiennent pour l'élection par l'Assemblée. (D'ordinaire ils vantent la sagesse du peuple; pour un peu ils proclameraient son infaillibilité; mais au fond ils se méfient des entraînements populaires, et ils n'ont pas tort.) « Le devoir d'un gouvernement républicain, dit la *Démocratie pacifique* (1), est de maintenir la République, et non pas de s'agenouiller devant tous les caprices, devant tous les entraînements souvent éphémères d'un corps électoral qui fait son apprentissage. » La *Reforme* (2) s'exprime ainsi : « Élu par le suffrage universel, il élevera en face de l'Assemblée pouvoir contre pouvoir. Au lieu d'avoir créé un gouvernement, vous aurez préparé une lutte. Élu par l'Assemblée, le président pourra toujours être détruit par un vote de l'Assemblée. En principe, il est dangereux de nommer un président. Élu par le suffrage universel, c'est la dictature en fleur. Élu par l'Assemblée, c'est un roseau. » Les *Débats* (3) déclarent que pour eux la lumière n'est pas encore faite. « Ne nous faisons pas d'illusion, disent-ils, l'abolition de la royauté a laissé un vide

---

(1) Journal de V. Considérant.
(2) Rédacteur en chef : de Ribeyrolles.
(3) 6 octobre 1848.

immense dans le royaume de saint Louis et de Louis XIV, dans l'empire de Charlemagne et de Napoléon..... On a aboli la royauté, on n'a pas aboli la nature des choses qui veut un pouvoir exécutif et qui le veut fort et indépendant... Si le pouvoir exécutif est faible, on tombe dans l'anarchie ; s'il est fort, on sera toujours à la veille d'une usurpation... Le trône est renversé, mais ce trône renversé a été debout pendant quatorze siècles... Si c'est la Chambre qui nomme le président, que sera ce fantôme de président? Quelle indépendance aura-t-il? Ne sait-on pas que tout pouvoir nommé est dans la dépendance de ceux qui le nomment?... De l'autre côté, (on dit :) Si c'est le peuple qui nomme le président, voyez quelle carrière ouverte aux partis !... Ce sera une guerre civile... Vous aurez beau dire : C'est un président qui est à nommer, d'autres diront ou penseront : C'est un empereur! c'est un roi! Ne croyez pas avoir borné l'ambition du pouvoir exécutif en ayant borné ses attributions et sa durée... Vous connaissez bien mal le cœur humain si vous croyez qu'un président, appuyé sur des millions de votes, se contentera longtemps de tenir la première place dans les réunions publiques et d'être la représentation humble et méprisée de ce qui fut la royauté de France ! »

C'est le 5 octobre que, dans la discussion du projet de constitution, fut abordée par l'Assemblée nationale la grave question de la nomination du pouvoir exécutif. *Félix Pyat*, qui parle d'abord, ne veut point de président : « Les corps à deux têtes sont des monstres, et les monstres ne vivent pas... Un président nommé par la majorité absolue des suffrages aura une force immense et presque irrésistible. Une telle élection est un sacre bien autrement divin que l'huile de Reims et le sang de saint Louis... L'homme ainsi investi de cette magistrature pourra dire à l'Assemblée..... : Je suis à moi seul le peuple entier... J'ai six millions (1) de suffrages... Je vaux à moi seul plus que toute l'Assemblée, je représente mieux le

---

(1) Il ne pensait pas si bien prédire.

peuple, je suis plus souverain que vous. Citoyens, il y a là un danger, un danger véritable... Hors de l'unité, collision sourde ou flagrante... duel infaillible entre les deux parties représentatives de la souveraineté. Tous ces inconvénients tombent si le pouvoir exécutif est ce qu'il doit être, le bras de l'Assemblée; le bras obéira à la tête... Ajoutez le mot *héréditaire* au président de votre Constitution, et vous avez un roi véritable... »
Ce discours fit une profonde sensation dans l'Assemblée, et on le comprend, car c'est la vérité politique même qui parlait par la bouche de l'orateur. Chose singulière, c'est M. de Tocqueville qui lui succéda à la tribune pour soutenir l'élection par le peuple, lui que son passé, ses études, son milieu, sa rare intelligence auraient dû préserver de cette erreur; mais, comme bien d'autres de son bord, il était obsédé, hypnotisé par la peur de la démagogie et par la nécessité d'un pouvoir exécutif fort, et cela passait avant tout. « Le conseil des ministres, dit-il, qui ne peut être nommé qu'avec votre concours, est un frein immense... l'Assemblée nationale, au sein de laquelle le conseil des ministres est pris, peut toujours donner le pouvoir exécutif... (celui-ci) n'est que l'agent (de l'Assemblée), mais nous voulons lui donner une certaine force... (sinon) il n'a rien, il ne sera qu'un instrument passif qui sera obligé d'obéir au moindre caprice de l'Assemblée... Eh bien, un système de cette nature, ce n'est que le système de la Convention... Une Convention... est-ce cela que l'Assemblée a voulu? Je ne crois pas qu'elle ait voulu faire une Convention... (*Mouvement.*) Est-ce que le peuple, est-ce que la nation française n'est pas nourrie dans cette idée qu'elle doit nommer le pouvoir exécutif? Est-ce que pour un grand nombre de citoyens la République ne consiste pas dans cet acte? »

M. de Parieu n'a pas de peine à faire justice de cette argumentation. Il prononce un remarquable discours plein de bon sens et de sagesse politique.... « Les membres de l'Assemblée, dit-il, sont bien plus capables que les électeurs d'apprécier l'aptitude du citoyen qu'il s'agit de porter à la première magistrature de la République... Si la nomination du président a lieu par le suffrage universel, croyez-vous qu'il n'y a pas à craindre un retour vers les souvenirs puisés dans les anciennes formes de gouvernement? Et s'il est vrai que ce péril puisse être à craindre, pourquoi vous y exposer? Si quelque prétendant voulait faire valoir ses prétentions sur la France, vous lui auriez préparé à l'avance le cadre de ses adhérents. (*Sensation*.) Ce que nous voulons, c'est un pouvoir fort envers ceux qui doivent obéir à la loi, un pouvoir faible contre ceux qui font la loi... Quand un président aura été nommé par le suffrage universel, comment l'empêcherez-vous de s'agiter, de se débattre contre les chaînes fragiles de la Constitution et de les rompre?... La Convention n'avait pas à côté d'elle un pouvoir exécutif; elle administrait elle-même, elle gouvernait par ses comités... S'agit-il de donner une direction capitale au pays? non; c'est pour exécuter les lois, pour être le premier magistrat de la République que le président sera nommé. Est-ce qu'il y aurait quelque chose d'exorbitant à ce qu'une pareille nomination soit faite par l'Assemblée?... »

D'après *M. Fresneau*, si l'on nomme en un quart d'heure un président de la République par un coup de majorité, on aura fait un président qu'on ne pourra pas prendre au sérieux. D'après *M. Grévy*, « l'Assemblée, qui a été toute-puissante pour l'organisation du pouvoir législatif, serait-elle moins puissante pour l'organisation du pouvoir exécutif?... S'il est nommé par la nation, il aura de plus pour lui la force immense que donnent des millions de voix. Or qu'on ne l'oublie pas, ce sont les élections de l'an X qui ont donné à Bonaparte la force de relever le trône pour s'y asseoir. » *M. de Lasteyrie* est pour l'élection populaire. « On voudrait que celui qui est chargé de représenter le pays n'ait aucune puissance propre, aucune indépendance, aucune règle autre que les délibérations 'de l'Assemblée nationale elle-même. Ce serait la perte de l'ascendant de la France, la mort de sa liberté... Si l'Assemblée venait à changer d'opinion, il faudra donc que celui qu'elle a investi de sa confiance change comme elle. Où sera la liberté du président?... Si le pouvoir exécutif est faible vis-à-vis de vous, il ne peut être que faible au dehors... Sous la République, nous voulons que le suffrage universel soit une vérité. La première règle de tout gouvernement, c'est d'être fidèle à son principe. » *M. de Lamartine* vient apporter à cette thèse l'appui de son incomparable éloquence... « Si le président est nommé par l'Assemblée... on dira qu'il n'est que le favori d'un favori. (*Sensation.*) Votre prérogative à vous, c'est le pouvoir irresponsable... Vous devez vouloir que le pouvoir responsable ait aussi l'origine de sa prérogative dans le peuple tout entier, autrement ce ne serait plus un pouvoir, ce serait une aiguille destinée à marquer l'heure de vos caprices et à reproduire vos oscillations. (*Vive sensation.*) Vous avez donc un autre motif d'hésitation dans vos pensées. Eh bien! je vais soulever autant qu'il est en moi le poids secret qui pèse sur la pensée et sur la conscience de l'Assemblée. (*Mouvement général.*) A une autre époque, quand il nous a paru qu'il y avait inopportunité entre la situation de la République et des noms d'individus dont le crime est leur gloire (*longue interruption*), nous vous avons apporté ici... un ajournement à la jouissance des droits de citoyen. Ces temps sont changés; vous qui êtes souverains, vous en avez décidé autrement!... Eh bien!... on craint qu'un fanatisme posthume (*sourires*) ne s'attache aux héritiers... et n'entraîne la nation dans un danger. Ce danger est-il possible? Je ne le nierai pas; je ne dis ni oui ni non; je ne sais pas lire plus que vous dans les ténèbres de l'avenir (*mouvement*), mais cependant je ne puis m'empêcher de dire que pour arriver à des usurpations... (et ici je ne parle pas des hommes mêmes, je les respecte trop pour leur supposer de pareils projets; moi, je crois à la parole des honnêtes gens; je suis convaincu, comme ils l'ont dit à cette tribune, qu'ils consacreront leur vie à la défense de la République, mais je parle de leurs partis). Eh bien! je dis que si ces groupes, ces factions tentaient une usurpation, elles seraient trompées dans leurs espérances; je dis que pour arriver à des 18 brumaire dans le temps où nous sommes, il faut deux choses : il faut de longues années de terreur en arrière, et il faut des Marengo et des victoires en avant. (*Applaudissements.* — *Sensation, longue interruption...*) Est-ce qu'on est bien venu à nous proposer de dire à ce pays, déjà trop refroidi, trop ralenti dans son mouvement vers les institutions populaires : Nous te privons de ta part dans la souveraineté que nous avons à peine écrite, nous t'exilerons de ta propre République? (*Agitation.*) Est-ce là le moyen de recruter les forces intellectuelles de la confiance, de la foi à la République que nous voulons fonder et que nous ne pouvons fonder qu'avec le concours unanime de ce peuple? Je sais bien que si je voulais glacer davantage l'esprit du peuple, je n'inventerais pas un plus habile et plus funeste moyen. (*Mouvement prolongé...*) Je ne connais pas sur terre de moyen plus efficace de rattacher la volonté de tous à la forme de la République que d'inviter cette volonté, son vote et sa main, à la nomination du pouvoir exécutif... Voilà un citoyen qui, au lieu de sortir de l'urne avec des millions de voix qui attestent des millions de points d'appui... sortira peut-être... à une majorité quelconque du sein de l'Assemblée... où sera sa force, où sera son autorité?... Je dirai que le président pourra sortir du scrutin de l'Assemblée avec la suspicion de quelques brigues. Eh bien! de quel respect voulez-vous que cette autorité soit entourée quand on pourra dire à ceux qui l'auront nommé : Toi, tu l'as nommé parce qu'il était ton parent et que tu voulais grandir avec lui. (*Sensation.*) — Toi, tu l'as nommé parce qu'il était ton ami et que tu voulais grandir ta fortune par la sienne (*mouvement prolongé*); toi, tu l'as nommé parce qu'on t'a promis une ambassade. (*Nouveau mouvement.* — *Longue interruption.* — *La séance est suspendue pour donner à l'agitation générale le temps de se calmer...*) En recourant au suffrage universel, vous craignez de créer un pouvoir exécutif dont la force pourrait dégénérer en usurpation. Est-il bien temps de parler de la force excessive du pouvoir au moment où un trône vient de rouler dans la poussière?... La prudence véritable... est de chercher par tous les moyens... à créer pour le pouvoir cette force qui ne sera jamais de trop d'ici à longtemps. En mettant dans la main de chaque électeur le gage de sa participation à la souveraineté, vous lui donnez le droit et le devoir de se défendre contre l'usurpation, et vous ôtez à l'ambition ses plus grandes chances... Si la République venait à succomber par suite d'un fatal conseil que j'aurais pris sur moi de lui donner, je ne m'en consolerais jamais. Mais s'il y a danger à ce que les multitudes se lèvent quelquefois fascinées par certains noms qui les entraînent comme le mirage entraîne les troupeaux, j'ai foi aussi dans la maturité d'un pays que cinquante-cinq ans de vie politique ont façonné à la liberté; et si cette confiance devait être trompée, je dirais encore qu'il y a des époques où il faut dire comme les anciens : *Alea jacta est*, le sort en est jeté! Il faut laisser quelque chose à faire à la Providence qui sait mieux que nous ce qui nous convient... Nous périrons peut-être à l'œuvre, mais nous aurons la gloire d'avoir péri par votre principe... Si le peuple veut qu'on le ramène aux carrières de la Monarchie, s'il veut quitter les réalités de la République pour courir après un météore qui lui brûlera les mains, il en est le maître, après tout il est le roi actuel, il est son propre souverain ; il ne nous restera plus qu'à dire comme le vieux Caton : *Vixtrix causa diis placuit, sed victa Catoni*. Cette protestation serait l'éternelle accusation de cette nation assez imprudente pour sacrifier une liberté si chèrement acquise, et serait notre absolution devant le tribunal de la postérité! » (*Profonde sensation.*)

« L'occasion était trop belle pour M. de Lamartine, dit Odilon Barrot dans ses *Mémoires* (1), de montrer une fois de plus tout ce que son jugement a de faux en politique, et il n'y manqua pas... Il s'est reproduit tout entier dans ce discours où le talent de l'orateur n'est égalé que par les inconséquences et les énormités de l'homme d'État. Les applaudissements, était-ce à l'artiste de paroles ou à l'homme politique qu'ils s'adressaient? L'orateur avait-il mérité l'enthousiasme reconnaissant des républicains pour avoir répandu le faux éclat de

(1) Tome II, p. 447.

son éloquence imagée sur l'arrêt de mort de la République ? pour avoir solennellement livré les destinées de son pays au hasard d'un coup de dé ? pour, après avoir signalé l'écueil, y conduire sciemment le vaisseau de l'État ? enfin, pour avoir couronné tant de folies par le découragement et le fatalisme ? Oh ! peuple artiste, amoureux et admirateur avant tout de la forme ! »

Le premier amendement mis aux voix fut celui de M. *Grévy*, qui confiait le pouvoir exécutif à un conseil des ministres. Il réunit 158 suffrages et fut rejeté par 643. L'amendement *Flocon* et *Leblond*, donnant à l'Assemblée la nomination du président, vint ensuite en discussion. « L'Assemblée, dit M. Flocon, réunit tous les pouvoirs du peuple souverain; dans mon système, elle en délègue une partie et retient l'autre... Le grand danger, c'est de voir la liberté devenir victime d'une usurpation, et je dis qu'avec le système que je combats, une usurpation serait toujours à craindre. En présence des deux pouvoirs, il faut un modérateur en cas de conflit; si le pouvoir exécutif est nommé par l'Assemblée, le conflit est impossible; mais quand le pouvoir exécutif est nommé par le suffrage universel, quand les deux pouvoirs procèdent de la même origine, du suffrage universel, où sera la véritable volonté du peuple? C'est pour cela que je crois qu'il y aurait un immense danger à ce que le pouvoir exécutif fût nommé par le suffrage universel. Je ne puis pas admettre la doctrine qui consisterait à remettre les destinées de la République au hasard d'un coup de dé. (*Très bien !*) Il est facile, quand il se présente une question difficile, d'en renvoyer la solution au peuple en disant : Je m'en lave les mains! (*Sensation.*) Beaucoup de personnes veulent le pouvoir exécutif éclatant; moi, je le veux modeste et utile. On parle beaucoup de la nécessité d'avoir un gouvernement fort; moi, je crois que le premier besoin d'un pays est d'avoir une bonne administration. Dans mon opinion, le pouvoir exécutif ne doit être que le premier serviteur de l'État. Pour conférer à ce pouvoir un rôle secondaire, pourquoi faire intervenir le souverain? » M. *Martin* (*de Strasbourg*) intervient au nom de la minorité de la commission et soutient que la raison et la logique s'opposent à la nomination du président par le peuple. « C'est pour la République une question de vie ou de mort. (*Exclamation.*) La pondération des pouvoirs nous conduit à un conflit, à une impasse, et, au bout, il y a une usurpation ou une révolution. Ce système nous donne un roi électif, il nous donne plus qu'un roi ; dans aucun pays, dans aucun temps, aucune dictature n'a été constituée d'une manière aussi formidable... » M. *Dufaure* n'éprouve pas ces craintes : « Vous avez un pouvoir chargé de faire les lois, vous avez un autre pouvoir chargé de les exécuter. D'où viendra le conflit ? Pourquoi le danger sera-t-il plus à redouter de la part du président nommé par l'Assemblée et irrévocable que de la part du président nommé par le suffrage universel et irrévocable ? Nous avons l'exemple de la nomination du pouvoir exécutif par l'Assemblée : c'est la Constitution de l'an III. Qu'en est-il résulté ? Quatre années les plus terribles, les plus vides, les plus stériles en vertus, en grandes choses, qui aient paru depuis cinquante-cinq ans. Qu'en est-il résulté ensuite ? Que ce pouvoir affaibli a tendu la main à un parti pour envoyer ses adversaires à Sinnamari ! Qu'en est-il résulté enfin ? Qu'au 18 brumaire, la France, fatiguée de ce gouvernement, a applaudi à l'attentat et s'est jetée dans les bras du despotisme ! (*C'est vrai ! c'est vrai !*) Quand le chef du pouvoir exécutif aura été nommé par ses concitoyens, il y aura encore des dangers. Comment y pourvoir ? Par la constitution, en définissant nettement les limites de l'un et de l'autre pouvoir. » (*Très bien ! très bien !*) M. *Victor Lefranc* parle dans le même sens. L'amendement *Flocon* et *Leblond* est rejeté par 602 voix contre 211 (1). Puis est adopté, par 627 voix contre 130, l'article 43 de la constitution, ainsi conçu : « Le président est nommé, au scrutin secret et à la majorité absolue des votants, par le suf-

---

(1) Proudhon avait déposé un amendement ainsi conçu : « Dans le cas où le suffrage universel n'amènerait pas une majorité absolue pour un des candidats à la présidence de la République, la nomination... sera faite par le peuple de Paris. »

frage direct de tous les électeurs des départements français et de l'Algérie. »

« L'intrigue, — dit la *Presse* (1), — a été battue... 602 voix viennent de lui crier : On ne passe pas!... Il n'y a en présence que deux systèmes sérieux : celui qui repousse le président comme une superfétation et un danger, et celui qui, instituant un président, le fait nommer par le suffrage universel. Entre les deux systèmes il n'y a place que pour une inconséquence, un contresens, une absurdité. Vous nommez un président qui a aujourd'hui une majorité ; mais si cette majorité change, le destituera-t-elle? Non, car il est irrévocable... Qui cédera? personne. Voilà donc la guerre déclarée. Le pouvoir exécutif à l'époque du Directoire était nommé par les Chambres... ; (alors) la France ne trouve que des motifs de honte et de tristesse..., (et,) succombant sous le poids de son ignominie, il finit par sauter par les fenêtres, aux applaudissements de la France indignée. » Le *Journal des Débats* (2) continue à se tenir sur la réserve, mais il dit aux membres de la gauche : « Et vous aussi, républicains de la veille, vous avez donc peur du suffrage universel! Vous avez trouvé le peuple bon pour vous nommer représentants, vous ne le trouvez plus bon pour nommer un président de la République! Vous vous défiez des masses, vous redoutez leur entraînement, leur inexpérience, leur légèreté! »

Dans la séance du 9 octobre, M. Antony Thouret monte à la tribune pour soutenir un amendement ainsi conçu : « Aucun membre des familles qui ont régné sur la France ne pourra être élu président ou vice-président de la République. »
— « Vous avez le droit, dit-il, de les exclure des deux hautes magistratures de la République, où ils seraient si commodément placés pour la renverser... Mon amendement sera défendu, d'une part, par les graves enseignements de l'histoire; de l'autre, par la sagesse des représentants qui m'écoutent et dont le devoir est de défendre la République contre ceux que

---

(1) Numéro du 8 octobre 1848.
(2) *Ibid.*

l'histoire me donne le droit d'appeler les ennemis naturels de la République. » — M. *Voirhaye* lui succède : « Il est évident pour tous qu'une naissance royale ou impériale n'est pas un bon moyen de faire son éducation républicaine; il est évident pour tous que, quand une République vient de s'établir dans un pays qui a été longtemps monarchique, où les citoyens qui sont nés sur les marches du trône... ne peuvent peut-être pas avoir puisé dans leur naissance, dans leur éducation, l'amour de la République, c'est une chose sage, juste, de les tenir dans je ne sais quelle suspicion patriotique; ce n'est pas aux princes qu'il faut demander un enseignement républicain. Quant au parti qu'il y a à prendre, nous différons d'avis avec M. Antony Thouret; faut-il (et voilà toute la différence), faut-il dire au peuple — qui sans doute n'est pas disposé à confier à un homme qui a été prince les destinées d'une République nouvelle, — faut-il dire au peuple dans la constitution : Il y a interdiction, — ou bien faut-il s'en rapporter à l'admirable bon sens du peuple? faut-il s'en rapporter à ses instincts démocratiques? (*Agitation.*) ...Nous croyons que l'instinct démocratique qui est en France n'ira pas chercher un ennemi de la République pour le placer à sa tête. »

M. *de Ludre* déclare qu'il a confiance dans l'instinct du peuple, mais qu'il veut, précisément parce qu'il le respecte, lui épargner toute occasion de faire fausse route. (*Sourires.*) — Pour M. *Coquerel*, « on demande quoi? Une loi contre un homme! (*Rumeurs.*) Avec un peuple comme le peuple français, une exclusion est une désignation! » (*Sensation.*) M. *Lacaze* parle aussi contre l'amendement : « Quant à celui qui pourrait affecter des prétentions à la souveraineté, il est là, qu'il s'explique! Il a protesté de son dévouement pour la République; devons-nous le juger capable de manquer à cet engagement solennel? »

A ces mots, tous les regards se portent sur le prince, qui se lève et demande la parole. L'Assemblée entière lui crie : « Parlez! parlez! »

« Je ne viens pas parler, dit-il, contre l'amendement. Certainement j'ai été assez récompensé en retrouvant mes droits de citoyen pour n'avoir maintenant aucune autre ambition. Je ne viens pas, non plus, réclamer pour ma conscience contre les calomnies qu'on m'a prodiguées et... (*l'orateur s'arrête un instant*) le nom de prétendant qu'on me donne. Mais c'est au nom de trois cent mille électeurs qui m'ont élu que je viens réclamer (*il s'interrompt de nouveau*), et que je désavoue le nom de prétendant qu'on me jette toujours à la tête! » Sur ce, le prince quitte brusquement la tribune et retourne à son banc. L'Assemblée reste quelques instants sous le coup de la surprise causée par la brièveté de cette déclaration péniblement formulée. Évidemment le prince n'était pas prêt, mais il n'avait pas cru pouvoir garder le silence devant la mise en demeure si impérieuse du précédent orateur. L'impression était celle de la déception, et, précisément à cause de cela, à cause de cet insuccès oratoire, M. Antony Thouret remontait à la tribune et déclarait insolemment à haute et intelligible voix qu'après ce qu'il venait de voir et d'entendre il retirait son amendement comme désormais inutile. Et l'Assemblée (1), partageant sans doute ce sentiment, rejetait un amendement de *M. de Ludre*, tendant aux mêmes fins. Parce que le prince s'était montré piètre orateur, on concluait que l'homme n'était pas à craindre. O légèreté française!

« M. Bonaparte, dit la *Patrie* (2), s'est exprimé avec un embarras qui démentait mieux que toutes les protestations cette qualité de prétendant!... » — « D'un air timide et embarrassé, dit l'*Union* (3), — jusqu'à l'humilité; d'une voix fortement émue et qui s'harmonise assez mal avec une accentuation germanique fortement prononcée, M. Louis Bonaparte déclare : « qu'il repousse cette qualification de prétendant... » , puis,

---

(1) Une grande partie de l'Assemblée accueillit cette insolence par des éclats de rire Celui qui en était l'objet opposait à cette insulte son visage impassible et son regard terne; peut-être couvait-il en ce moment, dans les replis de sa pensée, l éclatante revanche qu il devait prendre plus tard. » (Odilon BARROT, *Mémoires*, t. II, p. 452.)
(2) Numéro du 10 octobre 1848.
(3) *Ibid*

comme l'écolier qui n'est pas bien certain d'avoir récité sa leçon tout entière, il promène sur l'auditoire un œil mal assuré, hésite, se consulte et finit par rejoindre ce bon M. Vieillard, son maître bien-aimé, qui l'attend sur son banc comme Mentor attendait Télémaque à la suite de leur naufrage. Est-ce donc un naufrage que la démarche de M. Louis Bonaparte? Nous laissons à l'Assemblée encore stupéfaite le soin de prononcer... M. Antony Thouret aura assurément, comme esprit malin et caustique, tous les honneurs de cette journée. On n'est pas sans pitié avec plus d'égards et de goût... » — Le *National* n'est pas moins impitoyable : « Il s'est dirigé lentement et avec une émotion mal déguisée vers cette tribune si fatale aux médiocrités et aux impuissances. Il a dit à peine quelques paroles, et pourtant la voix lui a manqué plus d'une fois... Laborieuse allocution, prononcée avec un accent étranger qui excuse les fautes de langage de l'orateur (?). Nous sommes forcés de traduire, car ce n'est pas précisément en français qu'il s'est exprimé... Il ne manquait à ce pauvre spectacle que les électeurs qui ont nommé M. Louis Bonaparte. Nous ne voulons pas être trop cruels envers un homme condamné à cet accablant contraste en sa propre personne, d'une telle insuffisance et d'un tel nom! » — Fallait-il que le *National* jugeât cet homme redoutable pour oser conclure — et dans quel langage! — d'un insuccès de tribune à une incapacité notoire! Le journal ajoute : « ...Tant que vous ne vous découronnerez pas vous-même de cette auréole d'emprunt dont vous affublent des partisans officieux, vous serez à bon droit suspect au républicanisme français, et vous resterez pour lui un prétendant qui n'ose pas s'avouer... Quels sont vos mérites, vos services? Nous interrogeons votre passé, et il nous répond par ces deux mots, qui sont toute votre histoire : Strasbourg! et Boulogne!... L'Assemblée a rendu un solennel hommage au peuple français en refusant d'inscrire dans la Constitution une précaution quelconque contre les prétendants... »

La question du bannissement de la famille Bonaparte était restée en suspens. Dans sa séance du 11 octobre, l'Assemblée adopte, sans discussion, et par assis et levé, la proposition dont voici le texte : « L'article 6 de la loi du 10 avril 1832, relative au bannissement de la famille Bonaparte, est abrogé. »

« A partir de la révolution de Février, dit le *Siècle*, le décret de bannissement de la famille de Napoléon avait été lacéré, comme les traités de 1815; il était, comme eux, une représaille de l'étranger contre nos vingt-cinq années de victoire; il était imposé à la France au même titre que notre rançon, que l'interdiction de relever les fortifications d'Huningue et que tant d'autres humiliants sacrifices... L'Assemblée a voulu arracher du recueil de nos lois une page néfaste qui rappelait les plus mauvais jours de la Restauration. »

Dans la séance du 12 octobre, la discussion de la Constitution continue, et *M. Mathieu de la Drôme* propose un amendement disposant que l'Assemblée a le droit de suspendre aux deux tiers des voix le président de la République. « Certes, dit-il, une usurpation n'est pas à redouter... Mais ce qu'on peut redouter, ce sont des tentatives... L'Assemblée nationale a droit de mettre le président en accusation, mais c'est là une garantie qui est vaine... S'il faut des preuves...; des preuves, on n'en aura jamais!... » L'amendement est repoussé, après cette réponse de M. *Vivien* « que la crainte des conflits était chimérique, les pouvoirs étant essentiellement distincts, puique l'Assemblée fait les lois et que le président les exécute (1) ». Le général Cavaignac avait dit (2) : « Il y a huit mois, la mesure avait un caractère de sûreté générale; aujourd'hui, elle en aurait un tout personnel. Ce serait une mesure de circonstance contre un homme, l'interdit jeté sur le choix d'un peuple; le désir que j'ai de connaître enfin le choix de la nation est devenu une soif ardente. »

L'Assemblée vote l'obligation du serment pour le président de la République. M. *Crémieux* l'avait combattue en rappelant

---

(1) « Toujours cette admirable simplicité, cette même niaiserie politique, inconcevable chez des hommes d'esprit et d'expérience. » (Odilon BARROT, *Mémoires*, . II, p. 452.)

(2) Odilon BARROT, *Mémoires*, t. II, p. 472.

que le gouvernement provisoire l'avait abolie comme une cause d'immoralité. M. *l'évêque d'Orléans* lui répondit que faire paraître le président devant Dieu, la main étendue, lui promettant de garder la Constitution inviolable et de consacrer sa vie à la défendre, c'était placer la Constitution sous la plus puissante des sanctions, celle de la religion. « Qui se trompait, ajoute Odilon Barrot dans ses *Mémoires* (1), du Juif ou de l'évêque catholique ? L'événement a répondu, et il était facile à pressentir. Ce qu'il était plus difficile de prévoir, c'est que ceux-là mêmes qui invoquaient la religion du serment comme la plus puissante des garanties, et qui faisaient intervenir Dieu dans les engagements d'un homme, seraient les premiers à bénir et à glorifier au nom de ce même Dieu le parjure éclatant de cet homme. »

Une proposition d'ajourner l'élection présidentielle, fixée au 10 décembre, fut repoussée par 587 voix contre 232. « La France a soif d'un gouvernement ! » disait *M. Dupin*. L'impatience de la majorité était telle qu'on parla même de faire procéder à cette élection avant que la Constitution fût promulguée.

III

Agitation bonapartiste. — Le mouvement se prononce en faveur du prince. — Journaux napoléoniens, le *Petit Caporal*, etc. — Bruit d'un soulèvement bonapartiste ; 24 octobre, lettre du prince Napoléon-Jérôme qui le dément ; 25 octobre, déclaration de M. Dufaure à l'Assemblée ; le prince Napoléon ; Clément Thomas ; tumulte. — Clément Thomas remonte à la tribune et accuse le prince Louis d'être un candidat à l'Empire ; nouveau tumulte. — Dépit du *National*. — Le prince assiste rarement aux séances de l'Assemblée ; réflexions d Odilon Barrot dans ses *Mémoires*. — 26 octobre, discours du prince Louis à l'Assemblée. — Grand effet. — La légende de sa nullité s'effondre. — Réponse de Clément Thomas. — Singulière attitude de l'Assemblée. — Presque tous les journaux parisiens combattent la candidature du prince, l'*Union,* le *Constitutionnel,* le *Bien public* (Lamartine), la *Révolution démocratique et sociale* (Delescluze), le *Peuple* (Proudhon), la *Liberté de penser* (Jules Simon), les *Débats*, le *Siècle*, qui soutient le général Cavaignac ; le *National* surtout aussi,

---

(1) Tome II, p. 473.

qui accuse le prince d'avoir rempli à Londres les fonctions de policeman; la vérité sur cette légende. — La *Presse,* par la plume d'Émile de Girardin, apporte un appui considérable au prince, qui a encore pour lui la *Gazette de France,* la *Liberté,* l'*Assemblée nationale,* et enfin le *Constitutionnel,* qui finit par se rallier sous l'inspiration de M. Thiers. — La presse de province; un très grand nombre de journaux soutiennent la candidature princière : le *Courrier du Havre,* le *Journal de l'Aisne,* le *Capitole* de Toulouse, le *Mémorial des Pyrénées,* le *Journal du Loiret,* l'*Écho de l'Oise,* l'*Hebdomadaire* de Béziers, l'*Aube* de Troyes, le *Mémorial bordelais,* la *Gazette du Languedoc,* l'*Éclaireur de l'Hérault,* le *Périgord,* l'*Opinion du Gers,* la *Province de la Haute-Vienne,* l'*Argus soissonnais,* l'*Union franc-comtoise,* le *Journal de Rodez,* l'*Écho de Vésone,* l'*Indicateur de l'Hérault,* le *Journal de Maine-et-Loire,* le *Journal de la Nièvre,* etc.; la combattent : le *Messager du Nord,* le *Moniteur de l'armée,* la *Gazette du Midi,* le *Peuple du Puy-de-Dôme,* le *Breton,* le *Courrier du Nord,* la *Démocratie des Hautes-Pyrénées,* le *Courrier de Nantes,* la *Fraternité de l'Aude,* le *Franc-Comtois,* le *Bien public* de la Haute-Marne; l'*Impartial* de la Meurthe, l'*Écho du Nord,* etc. — Les journaux étrangers : le *Heraldo,* la *España,* l'*Émancipation* de Bruxelles, le *Morning-Post,* le *Morning-Herald,* le *Northen-Star,* le *Globe,* presque tous contraires à la candidature du prince. — Opinion du journal belge *l'Observateur.* — Les journaux comiques : le *Charivari,* la *Revue comique,* l'*Assemblée nationale comique.* — Chansons, brochures, lettres, affiches et comités électoraux. — Attitude des hommes politiques, de Cormenin, Ferdinand Barrot, Boulay de la Meurthe, Léon Faucher, Thiers, Bugeaud, Changarnier, Molé, Odilon Barrot, Berryer, Falloux, Montalembert, Guizot, duc de Broglie, Victor Hugo, Crémieux, tous pour le prince; — contre : Étienne Arago, George Sand. — L'évêque d'Orléans, membre de l'Assemblée, et le cardinal de la Tour d'Auvergne, évêque d'Arras, se prononcent pour Cavaignac; mais l'évêque de Langres et l'abbé Leblanc, députés, se prononcent pour le prince avec la grande majorité du clergé. — Attitude de l'armée; outre Changarnier, Bugeaud, les généraux Bedeau, Rulhières, Oudinot, Lebreton, Baraguey d'Hilliers prennent parti pour Louis-Napoléon. — Lettre du général Stourm en faveur du prince. — Déclaration du prince aux délégués du congrès des journaux de province; sa lettre aux ouvriers charpentiers de Troyes; sa lettre au *Constitutionnel* sur les affaires de Rome, 2 décembre 1848; sa lettre au nonce du Pape, où il se prononce pour le maintien du pouvoir temporel. — Déclaration du cardinal Antonelli sur la résolution du Pape de ne pas chercher un refuge en France, où le chef du gouvernement est le fils d'un régicide. — MM. Thiers, Molé, Berryer veulent rédiger le manifeste du prince; celui-ci impose le sien. — Circulaire Aristide Ferrère. — Attitude du général Cavaignac; lettre du banquier Odier; réponse du ministre de l'intérieur, Dufaure, qui fait l'éloge de Cavaignac; intervention des autres ministres dans la lutte électorale; des brochures favorables à Cavaignac, des portraits, des biographies sont répandus à profusion jusque dans les casernes. — Odilon Barrot, dans ses *Mémoires,* déclare que Cavaignac n'a rien négligé pour assurer le succès de son élection. — Manifestations de la place Vendôme. — Avant la fin de novembre, le prince s'occupe de la formation de son premier ministère. — La question d'argent est un de ses soucis; vaine préoccupation. — Les anciens militaires sont pour lui de merveilleux agents électoraux qui ne lui coûtent rien. — Les révélations faites, en août 1851, par le journal *le Messager de l'Assemblée* sur ce qu'aurait fait le prince en novembre 1848 pour se procurer de l'argent. — Élection du 10 décembre. — Le *Journal des Débats.* — Ce que disent Berryer à la réunion de la rue de Poitiers, Lamartine dans le

Bien public, de Girardin dans la *Presse ;* ce que disait plus tard Félix Pyat. — Les journaux anglais. — Lettre de Léon Faucher à un ami sur la valeur de Louis-Napoléon. — Les journaux rouges parlent de coup d'État. — La *Patrie.* — Préoccupation du président de l'Assemblée, M. Marrast ; réponse attribuée à Changarnier. — Le peuple avait élu non un président de la République, mais un empereur.

Dès que la question du pouvoir exécutif eut été réglée, l'agitation bonapartiste recommença. L'idée d'un pouvoir fort s'était emparée de l'esprit de la nation. Tous les renseignements qui arrivaient des départements annonçaient (1) qu'il se faisait un grand travail dans l'âme des masses, et que le mouvement napoléonien se prononçait de plus en plus.

Les journaux bonapartistes rentraient en scène. Le *Petit Caporal* écrivait, dans son numéro du 15 octobre : « Qu'est-ce que l'épée d'Austerlitz ? Vous le savez, vous qui utilisiez les loisirs de votre prison en traitant de la constitution de l'artillerie et de l'extinction du paupérisme. Est-ce le glaive envoyé à Clovis par l'empereur Anastase ? Non ! Le fer de Clovis, ébréché par l'assassinat, fut brisé comme un verre à la défaite d'Arles ! L'épée de Charlemagne ? Non ! Elle repose près du grand empereur dans le caveau d'Aix-la-Chapelle. Celle de Philippe-Auguste ? Elle fut brisée à Bouvines. Celle de saint Louis ? Non ! les tronçons en furent enfouis sous les ruines de Carthage. Celle de François Ier ? Non, le roi chevalier la rendit à Pavie. Celle de Henri IV ? Les favoris de la Reine en firent un poignard, dont ils armèrent le bras de Ravaillac. Non ! toutes celles-là furent ensanglantées, et l'épée d'Austerlitz est vierge. L'épée d'Austerlitz... c'est l'intelligence, c'est le génie qui, après trente ans, rayonnent sur la France, c'est le regard paternel jeté par l'Empereur sur les invalides de son armée, sur les souffrances de l'ouvrier ; c'est la vaste intelligence qui comprenait tous les besoins du pays... qui créait le Code... c'est le génie qui se leva sur le chaos révolutionnaire et illumina quinze ans la patrie. Prince, vous êtes l'héritier de l'épée d'Austerlitz ! » Dans le numéro daté 16 au 22 octobre

---

(1) Odillon BARROT, *Mémoires*, t. II, p. 465.

1848, le *Petit Caporal* s'écrie : « On l'aime : saluant respectueusement les blessés prussiens, hommage rendu au courage malheureux ; donnant un parterre de rois au génie de Talma ; brûlant les preuves qui devaient envoyer le comte d'Hadzfeld à l'échafaud pour ne pas faire pleurer une femme, une mère ; détachant la croix pour en décorer un brave, oublié par ses officiers ; partageant le modeste repas de ses grenadiers au bivouac d'Austerlitz ; jetant son manteau aux épaules d'une cantinière sous l'âpre vent de la Bérésina ; embrassant son armée sur la joue du général Petit, à l'heure des adieux de Fontainebleau ; relevant le courage de la veuve et assurant le sort de l'orphelin, apparaissant soudainement dans la cabane du pauvre... Prince, vous aussi, vous avez été touché des misères du peuple et, prisonnier, vous avez écrit un livre sur l'extinction du paupérisme... »

En novembre, il dit : « En descendant au fond de sa conscience, le prince Louis y aura rencontré la mémoire de l'œuvre napoléonienne, et, communiant sous les mêmes espèces, l'oncle et le neveu se seront trouvés face à face dans le sanctuaire des mystères psychologiques. Alors le prince aura courbé la tête et recueilli pieusement les sublimes leçons du grand homme : la République est aujourd'hui le seul gouvernement possible ; aveugle qui le nierait ; opérez cette œuvre de fusion qui sera l'éternelle garantie de l'ordre... amnistie complète... Votre cœur s'est ému déjà au spectacle des souffrances de la classe laborieuse ; étudiez à nouveau cette question... L'association doit sauver le monde... Laissez à la pensée sa liberté... l'aigle ne veut point de chaînes ; plus de guerre ; encouragez l'industrie ; protégez l'agriculture, ces deux mamelles de l'État ; la paix partout, la paix toujours, à moins que...? Renseignez le peuple..., appelez à vous les capacités les plus hautes, les intelligences les plus nobles, les dévouements les plus désintéressés... L'armée votera tout entière pour Louis-Napoléon ; Louis-Napoléon, c'est l'élu de Marengo, d'Austerlitz, de Wagram, de Champaubert. Au nom de Napoléon l'armée doit toute sa gloire, toute sa popularité ;

au général Cavaignac que doit-elle? Quelques croix d'honneur ramassées sur les barricades!... »

La candidature du prince à la présidence de la République se posait d'elle-même. La France entière prononçait le nom de Napoléon.

Le 24 octobre, les journaux publiaient la note suivante, qui leur était envoyée par le prince Jérôme-Napoléon Bonaparte : « Des personnes bien informées ayant averti le représentant Louis-Napoléon Bonaparte que des insensés travaillaient dans l'ombre à préparer une émeute en son nom dans le but évident de le compromettre aux yeux des hommes d'ordre et des républicains sincères, il a cru devoir faire part de ces bruits à M. Dufaure, ministre de l'intérieur. Il a ajouté qu'il repoussait énergiquement toute participation à des menées si complètement opposées à ses sentiments politiques et à la conduite qu'il a tenue depuis le 24 février. »

Le lendemain, à la Chambre, M. Dufaure disait : « J'ai lu avec un profond étonnement cette note... J'ai déclaré immédiatement à notre collègue que les personnes qui se disaient bien informées étaient très mal informées (*rires*); que je pouvais assurer que dans la capitale il y a des éléments de désordre, mais de toute autre couleur (*nouveaux rires*); qu'il ne se préparait aucune émeute en son nom. (*Hilarité et approbation.*) Je regrette que notre honorable collègue, M. Louis-Napoléon Bonaparte, en faisant imprimer la lettre dont je viens de parler, n'ait pas jugé à propos, pour rassurer un peu l'opinion, d'ajouter aux renseignements que lui avaient donnés des personnes qu'il dit bien informées les renseignements très positifs que le ministre de l'intérieur lui donnait. (*Très bien ! bravo !*) Il en est résulté que contre sa volonté, certainement, il a inspiré des inquiétudes qu'il aurait ainsi calmées. » (*Nouvelle approbation.*)

Le prince Jérôme-Napoléon Bonaparte monte alors à la tribune. De toutes parts on crie : « Non !... pas vous !... Louis !... Louis !... l'autre !... l'autre ! » — « J'ai demandé la parole », commence-t-il... Toute l'Assemblée l'interrompt : « L'autre ! Louis !

Louis ! » Tous les regards se dirigent vers le banc où siège d'ordinaire le prince Louis, mais il est absent. Le prince Jérôme recommence : « C'est moi... » Pour la troisième fois, on l'accueille de même : « Pas vous ! Louis ! l'autre ! » Enfin il parvient à prononcer cette phrase : « C'est moi qui ai adressé aux journaux la note dont il s'agit... » M. Clément Thomas se lève alors et dit : « Ce n'est pas la première fois que je constate l'absence de M. Louis Bonaparte... (*Un membre s'écrie : Il n'y est jamais ! — On rit.*) D'où vient donc qu'on ait la prétention de se présenter comme candidat... » L'Assemblée, irritée de voir l'orateur s'engager sur un terrain comme celui-là, l'interrompt longuement par de vives rumeurs. Mais il continue à foncer, comme le taureau, droit devant lui : « ... Vous ne pouvez pas nier qu'il y a des personnes qui vont se présenter comme candidats à des fonctions très élevées ; eh bien ! je dis, moi, que ce n'est pas en ne se présentant pas aux séances, en s'abstenant dans les votes les plus significatifs, ce n'est pas en évitant de se prononcer dans les questions qui intéressent le plus le pays, ce n'est pas en évitant de dire ce qu'on veut, où l'on va, qu'on peut prétendre gagner la confiance d'un pays démocratique comme la France. (*Très bien !... — S'adressant alors au prince Jérôme qui l'interrompt :*) Je lui demanderai s'il n'est pas vrai que des agents parcourent les départements en proclamant la candidature de son cousin, je lui demanderai si ce fait n'est pas vrai et si on ne s'adresse pas pour cela à la partie la moins éclairée de la population et en appuyant sa candidature des promesses les plus absurdes. (*Mouvement.*) Si cela est vrai, cette candidature est des plus singulières. (*Bruit.*) Je demanderai à M. Napoléon Bonaparte à quel titre son cousin peut se présenter comme candidat à la présidence de la République. (*Nouveau tumulte.*) Je le regarde comme un bon citoyen, mais je dis que pour prétendre à une position si élevée, si importante, il faut s'appuyer sur des titres réels... » (*Longue interruption.*) M. Pierre Bonaparte s'approche de la tribune et interpelle avec violence l'orateur. Des cris : A l'ordre ! se font entendre de toutes parts. Un grand nombre de membres quittent leur place et descendent dans l'hémicycle. Le tumulte est intense durant quelques minutes. Le prince Jérôme-Napoléon Bonaparte remonte à la tribune : « Je ne viens pas, dit-il, répondre à M. Clément Thomas, je croirais manquer aux convenances si je le suivais sur le terrain où il s'est placé si malencontreusement. (*Rires.*) Il n'avait pas le droit de venir poser ici une candidature quelconque. Je demande à l'Assemblée, par un ordre du jour motivé, de déclarer que M. Thomas est sorti de son droit. (*Exclamations générales.*) Sinon cette tribune ne serait plus qu'une arène de luttes personnelles, ce qui serait indigne d'une grande Assemblée. » (*Assez! l'ordre du jour!*) M. Clément Thomas veut jouer jusqu'au bout son rôle d'enfant terrible : « Le citoyen Jérôme Bonaparte a dit que j'étais venu porter à cette tribune une candidature. Ce n'est pas là ce que j'ai fait. J'ai rempli un devoir, parce que celui dont il est question et qui se porte candidat à la présidence n'est pas un candidat à la présidence, mais un candidat à l'Empire. » (*Exclamations.*)

Le *National*(1), rendant compte de cette séance, dit à propos du discours de Dufaure : « Nous donnerions difficilement une idée de la gaieté que ces paroles ont fait éclater dans l'Assemblée... C'est une réclame! criait-on à la fois de tous les côtés. Et les rires recommençaient de plus belle. M. Louis Bonaparte n'assistait pas à la séance, c'est assez son habitude ; en général il ne se prodigue pas, et l'on dirait qu'il se plaît à envelopper dans un nuage mystérieux l'éclat de son nom et la majesté de ses secrètes espérances... L'incident dont il a été l'occasion lui aurait appris que tous les moyens ne sont pas bons pour occuper de soi le public, que la nation française est railleuse de sa nature, et que le charlatanisme a chez nous peu de chance de succès quand il est assez maladroit pour se faire prendre en flagrant délit. M. Jérôme Bonaparte a fait d'inutiles efforts pour relever son cousin de cet état piteux. Il y a des fautes irréparables. » Le *National* sentait déjà monter le flot du bona-

---

(1) Numéro du 26 octobre.

partisme; pourtant il ne se résignait pas à se l'avouer à soi-même, et il prenait son désir pour la réalité. Le prince, en effet, ne venait pas régulièrement à l'Assemblée; il s'y montrait le moins possible, et, en cela, il faisait preuve d'habileté; il sentait qu'il était nécessaire de garder sa distance et de ne pas se mêler trop souvent au commun des martyrs. « Ceux des représentants, dit Odilon Barrot (1), qui, en admettant Louis-Napoléon comme représentant, avaient espéré qu'une fois assis sur les bancs de l'Assemblée, ils auraient tous les jours l'occasion de l'interpeller, de l'attaquer et de l'amoindrir, furent déjoués dans leurs calculs. Louis-Napoléon n'assistait, en effet, que bien rarement aux séances (2), et lorsque, par accident, il s'y élevait quelque débat à son sujet, ses cousins se chargeaient de parler pour lui. Il savait bien que ce n'était pas là qu'était sa force; ses chances étaient ailleurs, et il n'en négligea aucune. »

Après ce qui s'était passé à la séance du 25 octobre, le prince ne crut pas pouvoir garder le silence, et le lendemain même il venait lire à la tribune de l'Assemblée le discours suivant : « Citoyens représentants, l'incident regrettable qui s'est élevé hier à mon sujet ne me permet pas de me taire. Je déplore profondément d'être obligé de parler encore de moi, car il me répugne de voir porter sans cesse devant cette Assemblée des questions personnelles, alors que nous n'avons pas un moment à perdre pour nous occuper des intérêts de la patrie. (*Adhésions*.) Je ne parlerai pas de mes sentiments et de mes opinions; je les ai déjà exprimés, et jamais personne n'a pu encore douter de ma parole. Quant à ma conduite parlementaire, de même que je ne me permettrai jamais de demander compte à aucun de mes collègues de celle qu'il entend tenir, de même je ne reconnais à aucun le droit de m'interpeller sur la mienne. Ce compte, je ne le dois qu'à mes commettants. De quoi m'accuse-t-on? D'accepter du sentiment populaire une candidature que je n'ai pas recherchée et qui m'honore. Eh bien! oui, je l'accepte, cette

---

(1) *Mémoires*, t. III, p. 18.
(2) Il s'était fait inscrire au Comité de l'instruction publique. (Voir la *Presse* du 20 octobre 1848.)

candidature, parce que trois élections successives et le décret unanime de l'Assemblée nationale contre la proscription de ma famille m'autorisent à croire que la France regarde mon nom comme pouvant servir à la consolidation de la société! (*Réclamations nombreuses et énergiques.*) Ceux qui m'accusent d'ambition connaissent peu mon cœur... (*Sourires.*) Si un devoir impérieux ne me retenait pas ici, si les sympathies de mes concitoyens ne me consolaient pas de l'animosité de quelques attaques et de l'impétuosité même de quelques défenses, il y a longtemps que j'aurais regretté l'exil... (*Interruption.*) Il n'est permis qu'à peu de personnes d'apporter ici une parole éloquente au service d'idées saines et justes. N'y a-t-il donc qu'un moyen de servir son pays? Ce qu'il lui faut surtout, ce sont des actes; ce qu'il lui faut, c'est un gouvernement ferme, intelligent et sage, qui pense plus à guérir les maux de la société qu'à les venger. Ce gouvernement sera à même de repousser, par sa seule force, mille fois mieux qu'avec les baïonnettes, les théories qui ne sont fondées ni sur l'expérience, ni sur la raison. Je vois qu'on veut semer mon chemin d'écueils et d'embûches. Je n'y tomberai pas. Je suivrai la voie que je me suis tracée sans m'irriter des attaques et montrant toujours le même calme. Rien ne me fera oublier mes devoirs. Je n'aurai qu'un but : celui de mériter l'estime de l'Assemblée, et avec elle la confiance de ce peuple magnanime qu'on a si légèrement traité hier. (*Nouvelles réclamations.*) Je déclare à ceux qui voudraient organiser contre moi un système de provocation que dorénavant je ne répondrai à aucune interpellation, à aucune espèce d'attaque de la part de ceux qui voudraient me faire parler quand je veux me taire. Je resterai inébranlable contre toutes les attaques, impassible contre toutes les calomnies. » La réponse était faite de main de maître. Elle était pleine de crânerie, comme d'habileté politique. Cet homme n'était donc pas le *minus habens,* le piètre sire (1) qu'on disait. Mais on lui

---

(1) C'était pour ces profonds politiques de l'Assemblée, qui devaient se faire *rouler* par lui, non seulement un incapable, mais un homme taré. Un député d'alors, un de ceux, — et non des moindres, — qui devaient plus tard être

avait fait cette réputation-là, et les grands esprits de la majorité conservatrice de l'Assemblée, par un aveuglement qui confond, l'acceptèrent longtemps comme parole d'Évangile. Ils croyaient sans doute qu'il ne faisait que lire ce qui avait été écrit par son ancien précepteur M. Vieillard.

M. Clément Thomas monte à la tribune : « Je voulais savoir, dit-il, si ce qu'on raconte partout de la candidature de M. Louis Bonaparte, des démarches qui sont faites dans les départements pour pousser à cette candidature, n'étaient pas aussi un complot organisé dans le but de le rendre suspect à tous les partisans de la liberté en France. (*Rires.*) Je lui avais demandé de quels titres il l'appuierait, il nous a dit que c'est sur son nom. Eh bien! il nous reste à savoir si les Français, après avoir combattu pendant soixante ans pour la liberté, trouveront cette garantie suffisante. » — L'orateur descend de la tribune. Pas un mot n'est prononcé. Aucun mouvement ne se produit dans l'Assemblée. Tous ces hommes semblent paralysés et accablés par le sentiment de l'inéluctabilité de l'événement qui se prépare. Le président se lève et déclare que le procès-verbal est adopté.

La presse parisienne presque tout entière attaque le prince et combat passionnément la candidature qu'il vient de poser.

L'*Union* déclare que Louis Bonaparte n'est qu'un nom et que sa cause est un fétichisme. Néanmoins elle reconnaît qu'il a les plus grandes chances. «C'est (1) une honte, c'est une misère, c'est un mystère, c'est une folie, c'est tout ce qu'on voudra ; c'est un fait!... En France, il y a un sentiment qu'on n'avoue pas, et il est pourtant universel, c'est le besoin du pouvoir... Louis-Napoléon (2)... paraît plus propre à recevoir une impulsion dans le sens de la majorité ; pour les uns, il est un but, un terme,

---

ministres de l'Empire, disait à ma mère, Mme Thirria, qui lui demandait ce qu'il pensait du prince Louis : « J'en pense que c'est une arsouille. » C'était aussi injuste qu'inepte, mais nous devons à la vérité historique de ne rien omettre pour bien marquer l'opinion des hommes dirigeants de cette époque sur la valeur de celui qui allait jouer un si grand rôle.

(1) Numéro du 6 novembre 1848. (Rédacteur en chef : Laurentie.)
(2) Numéro du 16 novembre.

un repos; pour les autres, il n'est qu'un moyen d'échapper à l'exploitation d'un parti installé au pouvoir par surprise et déterminé à s'y maintenir par tous les moyens imaginables, au prix des plus affreux malheurs... Louis-Napoléon n'est pas le vrai Napoléon;... le grand, l'oncle, celui-là est mort; n'importe, dès qu'il s'appelle Napoléon, il est bon! qu'il soit nommé au plus tôt! Et là-dessus les votes s'apprêtent. » — Quelques jours après (1) : « ...Ce n'est pas nous (2) qui avons provoqué ce nom à sortir de son silence; ce n'est pas nous, c'est la République! C'est elle qui a ravivé les souvenirs d'impérialisme, identifiés le plus souvent depuis 1815 avec... le libéralisme; c'est elle qui a eu des ovations pour l'empereur Napoléon ; c'est la République qui a ravivé l'idée bonapartiste, c'est elle qui a fait la candidature de Louis-Napoléon... Le peuple a pris au sérieux l'apparition de ce nom qui résume la force, la grandeur, l'activité et le génie, et ne s'enquérant pas si ces grandes choses s'étaient transmises avec le nom, ni même d'où venait le nom, il l'a pris comme une puissance de salut. Louis Bonaparte n'est pas un candidat de parti; la preuve, c'est qu'en France il n'y a pas de parti bonapartiste. Le parti bonapartiste de 1815 est devenu tour à tour le parti libéral de la Restauration, le parti orléaniste de 1830 et le parti républicain de 1848. La candidature de Louis-Napoléon est la manifestation par un nom propre d'idées et de tendances diamétralement contraires à la politique qui s'est levée sur la France depuis huit mois... »

Suivant le *Constitutionnel,* « le prince est un jeune homme encore inconnu qui porte un nom immortel, le plus grand nom de nos annales. Le nom et la descendance suffisent en fait d'hérédité monarchique, mais un président de la République ne doit-il pas être l'une des capacités les plus éprouvées ? Toutefois... il paraît certain qu'il existe... un grand entraînement vers cette candidature... » Cette opposition du *Constitutionnel,* alors inspiré par M. Thiers, devait bientôt cesser, comme nous allons le voir.

(1) 28 novembre.
(2) Légitimistes.

Le *Bien public*, qui soutient la candidature de Lamartine, écrit (1) : « M. Louis Bonaparte offre à la France son nom. Cela veut dire que M. Louis Bonaparte doit être président de la République, parce qu'il est le neveu de son oncle. Cette théorie nous paraît peu républicaine, c'est tout simplement la théorie de l'hérédité monarchique. Pourquoi avons-nous fait trois révolutions en soixante ans? Précisément parce que nous avons pensé que le gouvernement d'une grande nation ne devait pas être un nom... Le nom que porte M. Louis Bonaparte n'est pas un principe... Le génie n'est pas héréditaire... Ce qu'il faut à la République, ce n'est pas un nom, mais un homme. » — Le journal précité ne disait pas assez; la vie d'une nation ne dépend ni d'un nom, ni d'un homme. — La même feuille ajoutait (2) un peu plus tard : « ...Les partis... n'osant pas se montrer eux-mêmes ont construit une machine... composée de toutes les illusions, de toutes les déceptions, de tous les contresens, de tous les faux souvenirs, de toutes les fausses promesses, de tous les charlatanismes dont il soit donné à l'idolâtrie de se forger une idole. Il y a de la gloire pour les soldats, des exemptions d'impôts pour les propriétaires, de l'impérialisme pour les amis d'un pouvoir fort, des 18 brumaire pour les ennemis de la liberté, de l'esprit de conquête pour les ambitieux, de la légende pour la crédulité populaire, de l'audace pour les hommes d'esprit, de la niaiserie pour les imbéciles, et de tous ces métaux de mauvais alliage ils ont pétri cette figure qu'ils appellent Napoléon ressuscité du tombeau, et ils disent au peuple : Prends! c'est la République... C'est le fantôme de la monarchie, mais ce n'est pas elle; c'est le fantôme de la liberté, mais ce n'est pas elle; c'est le fantôme de la gloire, mais ce n'est pas elle; c'est le fantôme de la concorde, mais ce n'est pas elle; c'est le fantôme de la République, mais ce n'est pas elle encore. C'est moins que la République, moins que la gloire, moins que la monarchie, moins que la concorde, moins que la liberté, c'est le néant! »

(1) Numéro du 28 octobre
(2) Article de Lamartine sans doute.

La *Révolution démocratique et sociale,* rédigée par Delescluze, s'écrie (1) : « Nous ne comprendrons jamais, pour notre part, qu'après avoir proclamé la République démocratique, une et indivisible, l'Assemblée nationale ait condamné la France à se donner un maître. Pourquoi les bons citoyens ont-ils combattu l'institution de la présidence? Parce qu'ils y voyaient une cause d'affaiblissement pour la République et une sorte de gage donné au rétablissement de la royauté. Maintenant qu'ont-ils à faire, si ce n'est de demander au vote une atténuation de l'abus consacré par la constitution en portant leurs suffrages sur le citoyen qui peut leur offrir le plus de garanties?... Louis-Napoléon (2) est l'indigne héritier d'un grand homme, le continuateur obligé d'une politique antidémocratique, l'allié nécessaire des despotes et des rois... Napoléon est mort tout entier; il n'avait pas d'ancêtres, il n'a pas laissé de descendants... Qui donc vous donne le droit de parler en son nom? Il a fait de grandes choses, mais il a tué la liberté, usé le sang de la France au service de son insatiable ambition; c'est par lui que l'invasion étrangère a deux fois souillé le sol sacré de la patrie; nous lui devons la honte et les malheurs d'une double restauration... Répondez, Altesse Impériale... où sont vos travaux, vos services? Vous vous êtes donné la peine de naître... Que vous ayez endossé le harnais de *policeman* (sic), c'est le passe-temps de princes... Ailleurs, vous avez voulu vous déguiser en puritain, vous avez abjuré votre patrie, comme si la patrie était un vêtement qu'on dépose ou reprenne à volonté. Plus tard... vous vous rappelez l'issue de cette honteuse échauffourée sur la plage de Boulogne, vous n'avez conquis que le ridicule... Vous n'êtes pas plus Français que républicain... A en croire les prôneurs de la candidature impérialiste le peuple tout entier va donner son suffrage à l'imbécile et impuissant restaurateur du régime napoléonien. »

Proudhon (3), dans le journal *le Peuple,* fulmine contre le

---

(1) Numéro du 8 novembre. — Elle soutient Ledru-Rollin.
(2) Numéros des 11 et 12 novembre 1848.
(3) 27 octobre 1848.

prince : « Quoi! cet écervelé veut régner sur la France!... Lui qui, en entrant un matin dans Strasbourg en culotte jaune et en petit chapeau... se laissa prendre dans un cul-de-sac..., comme un blaireau dans son terrier! Lui qui, coupable du même crime que le duc d'Enghien, aurait dû être traité comme le duc d'Enghien... Lui que plus tard nous avons vu revenir en France par Boulogne un aigle sur le poing, comme un valet de fauconnerie!... Lui qui s'évada de prison, déguisé en blouse, une planche sur l'épaule, et cassa sa pipe en passant sur le pont-levis... Lui qui, depuis, fut sergent de ville à Londres! qui joua la comédie à Eglinton!... Il est drôle le Napoléon avec sa pipe cassée! avec son aigle! avec sa culotte de peau!... Je demande à M. Louis Bonaparte s'il renonce aux droits que lui conférait certain sénatus-consulte de 1804, invoqué par lui sous Louis-Philippe... Vous serez tous soldats, soldats à vie, comme Napoléon sera président. Vos femmes seront cantinières, vos garçons tambours, vos filles à douze ans feront l'œil aux tourlourous. — Ah! vous vous plaigniez des quarante-cinq centimes de la République! vous payerez quatre-vingt-dix avec l'*Empereur*. Ah! vous trouviez que c'était trop lourd un budget de mille huit cent quarante millions? vous l'aurez de deux milliards, plus la communauté de la gamelle... Viens donc, Napoléon, viens prendre possession... de ce peuple de courtisans... Ils disent de toi que tu n'es qu'un crétin, un aventurier, un fou... Tu as fait la police et joué la comédie... Viens, tu es l'homme qu'il nous faut... Viens... les apostats de tous les régimes sont là qui t'attendent, prêts à te faire litière de leurs consciences comme de leurs femmes!... Viens terminer nos discordes en prenant nos libertés, viens consommer la honte du peuple français! Viens! viens! viens! la France est en folie, il lui faut UN HOMME ! »

M. *Jules Simon* écrit, dans le journal *la Liberté de penser* (1) : « ...Ces deux tentatives de Strasbourg et de Boulogne, quel

---

(1) 27 octobre.

en est le sens? Vous avez voulu, par deux fois, être empereur : c'est un passé peu rassurant pour nous... Si aujourd'hui, ne voulant pas plus de l'Empire que nous n'en voulions alors, nous armons nous-mêmes ce prétendant de Strasbourg et de Boulogne sur ce seul fondement qu'il nous promet de ne plus vouloir, étant puissant, ce qu'il a voulu deux fois étant impuissant, ne serons-nous pas les plus insensés de tous les hommes?... Du côté de la sincérité, vous n'avez rien à nous donner que votre parole, et nous avons, nous, à vous opposer votre propre histoire. Voilà ce que nous pensons de votre caractère, ce que nous pensons de votre capacité!... Vous ne savez pas parler en public, même médiocrement. Vous n'êtes pas jurisconsulte... Où seriez-vous devenu général? Vous avez commandé en chef deux armées, dont la plus nombreuse n'avait pas quinze soldats... Ce sont là toutes vos campagnes, à moins que vous ne comptiez aussi celle que vous avez faite à Londres, dans les rangs de la police, un bâton de constable à la main... Seriez-vous donc un homme d'État?... personne n'en sait rien. Vous avez publié quelques petites brochures : c'est un mince bagage qui vous ouvrirait à peine les portes d'une académie de province. Vous n'oserez pas les donner sérieusement comme une preuve de capacité politique. Si ces brochures, *que je n'ai pas lues* (1), avaient quelque valeur, on en saurait quelque chose dans le monde; il faut qu'elles soient bien profondément médiocres. Puisque vous avez passé votre vie à enseigner le maniement du fusil à quarante soldats thurgoviens, à rêver pour la France des guerres civiles impossibles, ou à mener à Londres la vie efféminée de l'aristocratie anglaise, vous n'avez jamais pu donner la mesure de votre capacité comme homme politique... Pour beaucoup d'esprits — et des meilleurs — vos deux ridicules tentatives sont une

---

(1) Il juge un homme sans avoir pris la moindre connaissance de ses œuvres! De ce que des écrits sont peu connus (comment ceux-là ne l'étaient-ils pas!) s'ensuit-il pour un esprit sensé qu'un écrivain est sans valeur? S'il avait lu, il aurait pu traiter le prince de rêveur, d'utopiste, d'illuminé; mais il aurait appris (ce qu'il n'aurait pas dû ignorer) qu'en tout cas il n'avait certes pas en face de lui un homme ordinaire.

preuve d'incurable ineptie... Vous êtes votre propre idole, vous ne songez qu'à votre grandeur, vous jouez la France pour votre ambition, vous n'avez que des convoitises, vous n'avez pas une idée... Vous êtes le membre le plus négligent et le plus inepte de l'Assemblée... Comme Français, comme moraliste, je vous demande compte de cette audacieuse exploitation de l'ignorance et des passions hostiles, dont nous donne le spectacle un prétendant deux fois vaincu, un représentant infidèle et incapable!... En deux mois de législature, vous désertez dix-huit fois l'urne du scrutin... On dit aux paysans et aux ouvriers que vous avez des richesses immenses, que vous les emploierez en largesses; que, grâce à vous, les impôts seront diminués, le commerce relevé, le travail partout repris, la crise financière terminée. Les misérables qui colportent de tels mensonges vous servent-ils à votre insu?... Si cela est, en vous taisant vous devenez leur complice; il s'agit là de tout votre honneur... Tout ce qui est à la fois intelligent et honnête est contre vous... Qui est-il? de quoi est-il capable? que croit-il? que veut-il? Personne ne le sait; personne même ne peut le soupçonner... La confiance n'attendait pour renaître que l'élection d'un président dont le caractère est inconnu, la capacité inconnue, la volonté, la croyance, la foi politique inconnues? Est-ce sérieusement que l'on parle ainsi?... On croit rêver quand on assiste à de tels spectacles. Car, enfin, remontons jusqu'à Strasbourg, ou seulement jusqu'au mois de mai dernier, je conjure tous les esprits sincères d'avouer que jamais ils n'avaient pris M. Bonaparte au sérieux... Après Strasbourg, quel était, je le demande, le sentiment de la France entière? Cette conspiration, si ridiculement avortée, ne parut-elle pas d'un enfant ou d'un fou? Quand il revint à Boulogne avec un aigle apprivoisé, si je ne me trompe, épisode burlesque... on ne daigna pas davantage s'occuper de cette fantaisie obstinée de devenir empereur... Lorsque, tout récemment, nous entendîmes ce nom, tout le monde se disait : Ce prétendant-là est le prétendant ridicule... »

Le *Journal des Débats* (1) accueille avec dédain la déclaration du prince : « ...M. Louis Bonaparte ne se fait pas d'illusions vaniteuses, c'est son nom qu'il offre à la France, son nom seul. Il s'appelle Louis-Napoléon Bonaparte, voilà son titre unique. M. Louis Bonaparte veut bien oublier sa campagne de Strasbourg et son expédition de Boulogne; il est le neveu de l'Empereur, et on lui doit encore des remerciements pour la modération qu'il montre en bornant son ambition au simple poste de président de la République... Ce nom rappelle d'immenses victoires, mais il rappelle également d'immenses défaites, et l'Europe tout entière conjurée contre la France. Ce nom est un nom d'ordre, mais c'est un nom de despotisme, et Dieu nous garde, pour notre honneur, d'avoir la parodie de l'Empire après avoir eu celle de la Terreur!... Le souvenir que ce nom éveille n'est pas le souvenir de Marengo et d'Austerlitz. N'exagérons rien, ce n'est pas non plus le souvenir du 18 brumaire. Il faudrait une grande puissance d'imagination pour voir les grenadiers de l'oncle derrière le neveu, débitant d'un air embarrassé les phrases qui sont écrites sur son papier. C'est un mélange de prétention et d'impuissance. » Trois jours après (2), il ajoute : « Depuis que la France a été amenée, le 24 février, à courir une aventure..., elle est prête à courir toutes les autres... L'Assemblée nationale représente fidèlement ces sentiments du pays; elle met intrépidement à la loterie... On pouvait faire nommer le président par l'Assemblée, cela eût mis dans le gouvernement une sorte d'unité; cela n'eût pas tout livré au hasard, mais le hasard est le seul Dieu que la France adore... En faisant nommer le président par le pays, tout est obscur et inconnu. Tant mieux, c'est là ce qui nous plaît et ce qui nous attire. Personne ne peut savoir ce que nous serons demain. *Dis ignotis!* le sort s'accomplira! le dé est jeté!... Nous ne croyons tant au destin que parce que nous ne croyons plus en nous-mêmes. Ne voyant de port nulle part, nous demandons

(1) Numéro du 27 octobre 1848.
(2) Numéro du 30 octobre 1848.

aux vagues de se presser et de se hâter les unes sur les autres, afin qu'elles nous jettent quelque part, à l'est ou au nord, peu importe !... Le président (1) prétera serment de fidélité à la République. Faible garantie ! Qui viole les lois ne s'embarrasse guère d'avoir, de plus, un serment à violer... Mais enfin, si le président est un ambitieux qui se mette au-dessus des lois, s'il dissout la Chambre, s'il en appelle à la force ?... Le président sera de plein droit déchu de ses fonctions; les citoyens seront tenus de lui refuser obéissance; la Haute Cour se réunira d'elle-même et mettra le président en accusation... Oui, si le président se laisse mettre en accusation. Franchement, n'est-ce pas un peu puéril, et croit-on que l'homme du 18 brumaire, par exemple, après avoir fait sauter par les fenêtres les représentants du peuple, serait venu humblement subir la justice de cinq juges et de douze jurés ?... Qu'est-ce (2) qu'une constitution pour un homme que l'élection a tiré de pair et qui se voit prêt à retomber dans la foule, s'il ne brise pas les liens que la loi met à son pouvoir ?... La République française (3), par la voix de son prophète et de son rapsode, a choisi pour son Dieu tutélaire... le hasard. *Jacta est alea ;* le mot est dans toutes les bouches, comme la pensée dans tous les cœurs... La France joue ; elle veut jouer ; les yeux bandés, elle tire le gâteau des rois. Où est le port ? Où est le pilote ? Où est l'étoile lumineuse qui doit nous guider dans ces ténèbres insondables ? »

Le *Siècle* ne se contente pas, comme les *Débats*, de combattre la candidature du prince, il patronne celle du général Cavaignac : « Si la nation (4) réfléchit, si elle veut rentrer dans le repos, au lieu de s'exposer à de nouvelles aventures ; si elle tient compte du mérite éprouvé et des droits véritables ; si elle juge, en un mot, au lieu de se livrer à l'engouement, certes, son choix ne sera pas difficile, elle nommera le général Cavai-

(1) 4 novembre 1848.
(2) 6 novembre 1848.
(3) 10 décembre 1848.
(4) 27 octobre 1848.

gnac. Sur quoi (1) se fonde la confiance qu'inspire Louis-Napoléon? Peuvent-ils croire à son habileté? L'issue des équipées de Strasbourg et de Boulogne les en empêche. Peuvent-ils garantir ses opinions républicaines? Nous n'entendons pas, quant à nous, les contester; mais les cris de *Vive l'Empereur!* au milieu desquels il a essayé deux fois sous le dernier gouvernement de saisir le pouvoir, laisseront à d'autres quelques doutes. Héritier de l'Empire, on lui en demanderait la gloire; l'armée ne comprendrait jamais qu'on la forçât de rester l'arme au bras, immobile témoin d'une guerre européenne. Celui-ci devrait à tout risque soutenir le nom qu'il porte. Voter pour lui le 10 décembre, ce serait donc probablement, qu'on le voulût ou non, voter la guerre. » Il dit encore (2) : « L'avènement de Louis Bonaparte, c'est l'inconnu, c'est l'inquiétude, c'est peut-être une révolution ; c'est le réveil des passions populaires et de la politique des prétoriens ; c'est l'avènement au pouvoir d'un homme dont on ne connaît ni les vues, ni les engagements, ni la position, ni la portée d'esprit. Lui remettre les destinées de la France, n'est-ce pas les confier au hasard lui-même? Notre principal motif (3) pour repousser cette candidature, c'est qu'elle cache toute sorte d'embûches et qu'en soi elle n'est qu'un mensonge. Qui osera soutenir en effet que par lui-même et pour ses propres mérites Louis-Napoléon peut réunir une majorité? Voyez comment les partis le jugeaient en 1840. Ceux-ci le nommeront parce qu'ils espèrent être déchargés de leurs impôts, ceux-là parce qu'ils regrettent le dernier gouvernement, d'autres parce qu'ils s'imaginent qu'on peut refaire l'Empire sans l'Empereur; d'autres, enfin, parce qu'ils sont impatients de traverser les épreuves qui doivent les ramener à la légitimité monarchique... Pensez-vous que tous ceux qui se seront unis un moment avec des vues diverses... se mettront aisément d'accord pour maintenir sur le siège de la présidence l'homme dont le nom aura été surtout un mot de ralliement

---

(1) 6 novembre 1848.
(2) 17 novembre 1848.
(3) 18 novembre 1848.

contre la République?... Ils s'entendront après l'élection pour pousser à un autre résultat. Supposez qu'une insurrection... éclate tout à coup au cri de : « *Vive l'Empereur!* » qui aura mission de la réprimer? qui? Celui-là même que la multitude ameutée voudra faire monter à un rang plus haut, qu'elle voudra faire asseoir sur le trône de Napoléon! Vous figurez-vous l'homme qui sera l'objet de ces désirs, de ces vœux, de cette ovation, contraint d'y résister par la force, luttant contre l'entraînement des masses, qui se prononcera en sa faveur, obligé de combattre à outrance et peut-être à coups de canon ses amis et son parti! Nous lui supposerons toutes les vertus républicaines que vous voudrez, mais nous n'en aurons pas moins de peine à concevoir qu'il déploie une grande, une formidable énergie pour empêcher la chute de la République, c'est-à-dire sa propre élévation. On va faire à Louis Bonaparte une situation impossible! »

Qu'on lise et qu'on retienne toutes ces réflexions pleines de sens et tous ces pronostics qui s'imposent déjà avec tant de force.

Le même journal dit encore (1) : « Tous ceux qui portent M. Louis-Napoléon à la présidence sont, ou républicains, ou impérialistes, ou partisans de quelque restauration. Aux républicains nous demandons si la République sera plus en sûreté entre les mains du prétendant malheureux et impuissant de Strasbourg et de Boulogne qu'entre celles du général Cavaignac. Aux impérialistes, pour ne pas faire de querelle avec eux, nous ferons volontiers cette concession qu'il ne manque à l'Empire qu'un homme : l'Empereur ; à la contre-révolution... nous ne demandons que de nous instruire sur deux points : Où va-t-elle? Par quels moyens se propose-t-elle d'arriver à son but? Est-ce à la régence qu'elle aspire?... est-ce à la monarchie de droit divin?... Maintenant, par où va-t-on à ce but, quel qu'il puisse être?... On ne peut aller à une contre-révolution qu'à travers la banqueroute et la guerre civile... Il est vrai que les

---

(1) 5 décembre 1848

Bonaparte, à ce qu'on assure, sont destinés à essuyer les plâtres de la reconstruction. C'est quelque chose, mais que coûtera au pays leur règne et leur chute?... » « Par un choix (1) aventureux, téméraire, auquel auront concouru les passions les plus opposées, allons-nous tout remettre au hasard?... On marche vers l'inconnu, même vers les abîmes; vous demandez de nous confier à quoi? à une circulaire! à un programme!... Et les républicains? On va les faire disparaître!... Et les royalistes?... On les satisfera sans peine!... mensonge ou illusion!... Louis Bonaparte le candidat des restaurations (2)!... On ne le prend pas pour ce qu'il a fait... on ne le prend pas pour ce qu'il fera... on ne le prend que sur la foi de ce qu'il est capable de laisser faire... le renversement de la République, la fin du bonapartisme et une restauration. C'est à une restauration que l'on va. A laquelle?... Votre moyen, c'est le règne de quelques jours de M. Louis Bonaparte. Vous attendez deux choses de M. Louis Bonaparte : la première, que ne pouvant vivre avec la République, son parti, aidé du vôtre, l'écrasera; la seconde, que son insuffisance étalée perdra à tout jamais la cause du bonapartisme en France. »

Le *National* fait rage (3) : « Quelques personnes pensent qu'il est impolitique de s'occuper de M. Louis Bonaparte, attendu, disent-elles, que c'est lui donner une importance qu'il n'a pas. Elles auraient raison... si M. Louis Bonaparte par ses manœuvres ou par celles de ses adhérents, par les fanfares impériales qui retentissent en son honneur, par l'exploitation de souvenirs historiques... par sa tactique de silence au moyen de laquelle il cherche à suppléer à son insuffisance, n'avait pris à la face du pays un rôle à la fois éclatant et sournois, public et mystérieux qu'il ne suffit pas de taire pour l'annuler... Un nom! voilà donc ce que M. Louis Bonaparte apporte à la France comme solution des grands problèmes du moment. Un nom!

---

(1) 6 décembre 1848.
(2) 7 décembre 1848.
(3) 27, 28, 29 octobre. — Organe de Cavaignac. — Rédacteur en chef : Léopold Duras.

voilà son titre à la plus haute dignité de la République !... Ne parlez pas de mérite personnel, d'une longue expérience acquise dans la pratique des affaires, de ces œuvres éclatantes de la pensée qui immortalisent les grands esprits, de services politiques, administratifs, militaires, de tout ce qui dans une République nous paraissait à nous bonnes gens devoir créer les candidatures légitimes ; M. Louis Bonaparte a changé tout cela. Il répond à tout par cette raison sans réplique : son nom ! c'est le *Sans dot* de Molière dans toute sa vérité. Oh ! qu'on a bonne grâce à invoquer le nom de son oncle sous une République !... Comment ne souriez-vous pas vous-même à ces ridicules préjugés ?... Vous vous arrangez une gloire postiche ; vous vous placez sous le patronage non de vos actes, mais d'un passé qui ne vous appartient pas... C'est d'ailleurs d'un merveilleux à-propos que d'en appeler dans un pays qui a brisé la monarchie sous toutes ses formes à ces fictions surannées d'hérédité en matière politique... Nous savons comme tout le monde que M. Louis Bonaparte est parfaitement innocent (1), sinon du fond, du moins de la forme de tout ce qu'on lui fait dire ou écrire. Or cette forme nous paraît singulièrement maladroite... La candidature de M. Louis Bonaparte est une insolente contradiction de ce grand mouvement historique qui n'est lui-même que la marche progressive... de la raison humaine : c'est un privilège de race mis à la place du mérite personnel, c'est un imbécile préjugé cherchant à triompher des vérités conquises par tant de luttes douloureuses. Quant à nous, nous avons toujours méprisé, toujours combattu, nous mépriserons, nous combattrons toujours ces inqualifiables préjugés qui s'inclinent sottement devant le prétendu prestige d'un *nom*, d'une descendance quelconque, qui sont un ridicule outrage à l'égalité, et qui placent la source du droit au pouvoir dans nous ne savons quelle *problématique* filiation du sang et dans d'*équivoques mystères d'alcôve*... (2). »

(1) Toujours le même aveuglement ou la même mauvaise foi !
(2) Allusion à l'opinion généralement répandue que le prince était le fils de l'amiral Verhuel.

Le *National* ne gardait plus aucun ménagement et allait jusqu'au bout... « On met en avant son nom ! mais ne voit-on pas que c'est avouer pour lui la plus déplorable indigence de mérite ? Et puis, quel merveilleux topique à appliquer aux maux passagers de la France qu'un nom !... (Dans son factum)... le prince prend en quelque sorte sous sa protection le peuple... Ceci est de l'insolence... Le peuple n'a pas besoin de la protection d'un prince, fût-il cent fois plus Bonaparte que M. Bonaparte lui-même. Et l'Assemblée dans laquelle revit la majesté du peuple tout entier n'a pas besoin qu'un *ancien constable anglais* (1) vienne à cet égard lui donner des leçons... Il a fait contre Strasbourg une première campagne dont l'univers sait le résultat ; puis il a tenté sur Boulogne une expédition maritime où il a eu la gloire de tuer (2) de sa main un soldat français... Évidemment le citoyen Louis Bonaparte brille à la fois par le conseil et l'exécution, *consilio manuque*, comme *Figaro* ! Mais quelque génie administratif et

(1) Encore une légende ! On n'a cessé pendant longtemps de jeter à la tête du prince qu'il avait fait partie de la police anglaise. C'était un mensonge ; mais, ainsi que dans l'histoire de l'aigle, il y avait un fait vrai que la passion politique s'acharna à exploiter calomnieusement contre lui. En Angleterre, il est admis qu'un citoyen peut, sous certaines conditions, prêter aide à l'autorité pour contribuer au maintien de l'ordre public, et les hommes les plus distingués s'honorent d'accomplir ce devoir civique comme s'ils n'étaient que de simples mortels. Il y a dans ces mœurs quelque chose de très démocratique, de très égalitaire et de très républicain. Et au lieu d'en faire un grief, voire un crime, au prince, il n'eût été que juste de l'honorer grandement d'avoir daigné, dans sa situation, accomplir à l'occasion le métier de constable. A cet égard, il y a lieu de citer le document suivant : « Londres, paroisse de Saint-James. — Au bureau de police de Marlborough-Street, le 6 avril 1848, le prince Louis-Napoléon, demeurant n° 3, King-Street, Saint-James, a prêté serment comme constable spécial pour *deux mois*, entre les mains de S. P. Bingham, esquire, et a commencé ses fonctions le 10 avril comme constable pour la paroisse de Saint-James, *pendant les meetings chartistes*, sous les ordres du comte de Grez. » (Extrait des registres de la police de Marlborough-Court.) On remarquera les mots que nous avons soulignés. — La *Liberté* (novembre 1848) répond à ce sujet au *National*, à la *Réforme*, à la *République*, que les gentlemen et les hommes d'État les plus éminents de l'Angleterre se font inscrire sur les listes des constables volontaires ; que l'Angleterre n'ayant pas de garde nationale, tout homme du monde croit s'honorer (ainsi)... Que dirait-on, ajoute le journal, de lord Russell ou de Palmerston, s'ils se fussent trouvés à Paris pendant les journées de Juin et si, accusés de fomenter des troubles, ils se fussent offerts pour marcher dans les rangs de la garde nationale ?

(2) Blesser seulement.

militaire qu'il ait déployé dans ces deux rencontres, et quelques succès qu'il y ait obtenus, il n'a pas encore acquis une assez haute renommée pour bouleverser la France, disperser l'Assemblée nationale et mettre la constitution dans sa poche... Le prince (1) porte un nom immortel?... qu'importe! l'étiquette du sac change-t-elle rien au contenu?... Battre en retraite, voilà toute sa stratégie (2); se taire, voilà toute son éloquence; subir, tristement subir sans un seul mouvement de fierté, sans un seul élan du cœur, les attaques les plus poignantes à la fois et les plus méritées, voilà ses Marengo et ses Austerlitz!... Ce qu'il vaut (3) réfute ce qu'il veut... Il a dit : Je suis un nom, une agrégation de syllabes, quelque chose comme un son, un écho historique, un souvenir ou plutôt un prétexte de souvenir... Il ne nous est pas donné de comprendre à quoi peut travailler un nom. Un nom est-il par hasard capable d'administrer? de parler à une Assemblée? de combiner les mouvements d'une armée sur le champ de bataille?... Que signifie ce nom? En politique extérieure il signifie conquêtes, coalition de l'Europe, en un mot, la guerre, avec tous ses hasards... On aura beau faire, le nom de M. Louis Bonaparte rappellera l'Empire à l'Europe et semblera indiquer de la part de la France la volonté de recommencer une ère glorieuse, mais funeste; seulement ce serait l'Empire moins le génie de l'Empire... A l'intérieur... le système impérial est antipathique au génie de la démocratie. L'élection de M. Louis Bonaparte serait un non-sens et un danger. La France ne se laissera pas prendre à cette ridicule piperie d'un nom... M. Bonaparte (4) est une menace pour la République; la dernière espérance des partisans secrets des restaurations monarchiques... ses traditions de famille, son propre passé, les conseils intéressés des ambitieux et des flatteurs qui l'entourent, tout l'invite à l'usurpation. Sa nomination serait la honte éternelle et

---

(1) 1er novembre 1848.
(2) 4 novembre 1848.
(3) 6 novembre 1848.
(4) 16 novembre 1848.

L'ÉLÉVATION A LA PRÉSIDENCE.

la ruine temporaire de la France... » « Il ne s'est rendu célèbre (1) que par des entreprises extravagantes et des échecs ridicules. Son seul exploit militaire a été de blesser dangereusement un soldat français. La seule fonction publique qu'il ait jamais exercée est celle de limier de la police anglaise. Il n'a jamais donné aucune preuve de capacité. Il ne nous a rendu aucun service... avec lui... la liberté est compromise, l'ordre et la paix sont menacés, la confiance se retire, le travail chôme, l'industrie s'arrête, le commerce est mort... Ce nom retentit aux oreilles de l'Europe comme une fanfare impériale qui sonne une marche en avant sur le Rhin et sur nos frontières des Alpes. » — « Il a daigné écrire (2) ou... on a écrit pour lui. Qui lui?... le paladin d'Eglinton, le constable de Londres, l'ex-citoyen de Thurgovie, le puissant orateur parlementaire, le représentant assidu à ses devoirs, l'héritier collatéral de glorieuses syllabes, la personnification de la redingote grise, le petit chapeau fait homme, ce candidat d'une chimère, d'une impossibilité, ce je ne sais quoi, ombre projetée par un passé illustre, énigme vivante, rêve de superstitions posthumes, fantôme évoqué par le souvenir, qu'on appelle le prince Louis Bonaparte... Il y a dans ce manifeste des flatteries à tous les partis... On ne peut imaginer une quête de suffrages plus humblement prosternée, plus mendiante... l'ambitieux besacier adore les saints de toutes les paroisses... C'est fin et c'est naïf, c'est belliqueux et pacifique, c'est démocratique et impérial ; en un mot, c'est ceci et c'est aussi cela... à moins que ce ne soit autre chose encore, c'est tout et rien, tout ce que vous voudrez, rien de ce que vous ne voudrez pas... Le prince commence par mettre sa candidature sous l'invocation de son oncle... Que disaient donc les comédies en parlant de ces *coquins de neveux?* Le prince Louis réhabilite cette profession si longtemps calomniée et ouvre une ère nouvelle pour cet intéressant degré de parenté... Son nom, avoue-t-il, est son seul titre... Ce serait donc un nom

(1) **22** novembre.
(2) **30** novembre. — Au sujet du manifeste du prince que nous allons reproduire.

qui gouvernerait, un nom qui administrerait, un nom qui ferait les traités.., un nom qui nommerait aux emplois, un nom enfin qui pourvoirait à tout, et non pas une pensée, une expérience, un homme... Il s'appelle Bonaparte ! et ces syllabes magiques lui donnent toute espèce de mérites et de droits... Voulez-vous rétablir l'ordre ?... rien de plus simple... il s'agit tout uniment de ramener la confiance... Mais comment ? Vous êtes bien curieux. Inclinez-vous et croyez ; il n'y a que la foi qui sauve... Vous ne verriez pas sans plaisir protéger la propriété... il y a... une recette infaillible... *c'est maintenir l'indépendance et la sécurité de la possession...* Cela prouve qu'il n'y a pas de pertes irréparables en ce monde, pas même celle de cet infortuné M. de la Palisse... Savez-vous qu'il est capable *d'admettre toutes les économies qui sans désorganiser les pouvoirs publics permettent la diminution des impôts les plus onéreux au peuple ?* On n'avait pas... trouvé cela avant M. Louis Bonaparte... Il ne verrait nulle difficulté *à fonder le bien-être de chacun sur la prospérité de tous ;* sublime axiome économique trop longtemps ignoré par l'humanité... A la fin le bouquet... Il veut... convier à l'œuvre commune, sans distinction de partis, les hommes que recommandent à l'opinion publique leur haute intelligence et leur probité. Quel admirable appel ! Et comme chacun doit s'y trouver naturellement désigné ! Qui est-ce qui ne se croit pas plus intelligent et plus probe que son voisin ? Ambitieux de tous les étages, de toutes les insuffisances, de toutes les incapacités, non, certes, vous ne sifflerez pas, vous applaudirez... Monarchistes de tous les systèmes et de toutes les dynasties, sectaires des idées les plus antisociales,... déguisent sous le masque de cette candidature leurs regrets, leurs espérances, leurs projets réciproquement hostiles, et réunis pour la bataille n'attendent pour se diviser que la victoire qu'ils espèrent remporter ensemble ; c'est une coalition de rancunes... contre la République... Étrange coalition (1), qui donc trompe-t-on ?... Eh ! mais, tout le monde !... » — Le *Na*-

---

(1) 4 décembre

tional (1) revient sur le manifeste du prince que l'on trouvera ci-après : « Après avoir donné seulement... la fine fleur de la mouture princière, nous en donnerons tout aujourd'hui : la farine, le son même, et nous viderons jusqu'au fond du sac... Feuilletons donc un instant la préface du manifeste... Voici la parade carnavalesque d'Eglinton où l'homme des mascarades napoléoniennes chevaucha si agréablement. Tournons cet autre feuillet, nouveau changement de costume, il ne s'agit plus d'uniforme de l'Empire, d'armure du moyen âge, mais simplement du bâton de constable : le descendant de Napoléon est une espèce d'officier de police anglais... Son nom ! il ne sort pas de là ! son nom ! c'est sa force ; son nom ! c'est son mérite ; son nom ! toujours son nom ! c'est son droit... S'il se place ainsi sous le patronage de ces syllabes historiques, c'est parce qu'en faisant oublier sa personne elles évoquent dans les souvenirs du peuple une de ces glorieuses personnalités qui n'ont pas plus d'héritiers que d'aïeux et qui sont les seules de leur race. Par cet artifice il s'absorbe lui-même dans ce magique rayonnement d'une gloire défunte. Candidat d'une illusion d'optique qui fait apparaître aux regards superstitieux des masses le fantôme de l'Empire, il demande que l'on vote en sa personne l'intronisation d'un souvenir, d'une ombre... Cette candidature n'est rien que la conspiration d'un rêve contre les invincibles réalités du temps... Le nom impérial est un symbole d'ordre et de sécurité ? d'ordre par le despotisme... de sécurité par la guerre. Cessez donc de faire mentir ce nom ; il signifie la gloire, qui le nie ? mais la gloire ruineuse ; il signifie une domination jalouse !... il signifie la liberté de la presse confisquée, la tribune esclave, la pensée muette et enchaînée... Le prince ajoute qu'il ne faut pas qu'il y ait d'équivoque entre lui et les électeurs... L'équivoque est entre ses actes et ses paroles, entre son passé et son présent... L'équivoque est dans sa candidature même qui invoque l'Empire et le désavoue... qui considère comme un titre à la présidence d'une

---

(1) 6 décembre

démocratie un droit dynastique ; l'équivoque est dans l'adulation à tous les partis, dans cette position ambiguë de créature de toutes les volontés, de tous les espoirs, ce qui ne peut l'amener qu'à être un président d'impuissance, de bascule et de mystification... Ce que le prince ne dit pas, c'est que, quoi qu'il puisse arriver, quel que soit l'avenir, il ne profitera pas d'une défaillance accidentelle de l'esprit public... pour modifier la constitution, pour tenter de transformer son autorité à terme en autorité viagère ou même héréditaire... Que signifient ces banalités sentencieuses, et qui pourrait les prendre au sérieux ? Bonnes gens qui vous payez de mots, saluez !... Promesses à la Bourse, saluez, agioteurs !... Des aphorismes de vaudeville ne sont pas de la politique. »

Si le prince est ainsi injurié par les uns et attaqué violemment par d'autres, son étoile lui amène un puissant et merveilleux auxiliaire en la personne d'un journaliste hors de pair, Émile de Girardin, qui épouse avec passion la cause bonapartiste. Dans la *Presse* du 27 octobre il écrit : « Un seul candidat a la certitude d'obtenir plus de la moitié des suffrages exprimés, et au moins deux millions de voix, c'est M. Louis-Napoléon Bonaparte, nommé quatre fois en juin dernier... et cinq fois en septembre. M. Louis-Napoléon Bonaparte aura l'immense majorité dans les campagnes et dans beaucoup d'ateliers, où le nombre des années écoulées, les revers de 1814 et de 1815 et la captivité de Sainte-Hélène semblent avoir plutôt grandi que diminué l'ombre, le prestige, le souvenir de l'Empire! Il aura les votes de beaucoup de légitimistes qui, ne croyant pas à la durée de la République, disent que, comme il faudra inévitablement passer sur la planche napoléonienne pour en revenir à une troisième restauration, le plus court est d'y passer tout de suite... Il aura la voix de tout ce qui, dans le commerce et l'industrie, n'aperçoit pas une autre issue pacifique pour sortir du provisoire... Il aura enfin la voix de tous les hommes sensés et prévoyants qui raisonnent ainsi... il détend la situation trop fortement tendue; il aplanit les difficultés, il n'en crée pas; il facilite les solutions dans l'avenir, il n'en complique aucune ; il n'a pas eu de commandement militaire qui doive inspirer la crainte d'un ascendant sur l'armée dont il serait tenté d'abuser. Plus la majorité qui l'élira sera considérable, et plus elle lui rendra la tâche facile, en lui donnant la force de résister à toutes les exigences... Ainsi, plus la pyramide est large dans sa base, et moins elle est aisée à ébranler et à renverser. Il ne saurait donc y avoir d'hésitation. Toutes les classes, toutes les opinions doivent se réunir pour n'avoir qu'un seul candidat, afin que l'épreuve qu'il nous reste à traverser soit décisive. Or, s'il est un candidat dont le nom se prête MIRACULEUSEMENT, il faut le dire, à cet accord de toutes les opinions et de toutes les classes, c'est le candidat qui s'appelle Louis-Napoléon Bonaparte... C'est l'avenir... Il simplifie tout et n'exclut rien ! »

Il n'exclut rien : c'était bien, comme nous le verrons, la pensée, la conviction des principaux hommes politiques du grand parti conservateur, qui se montraient dès le commencement de novembre favorables à la candidature du prince.

Aussi la *Presse* (1) dit-elle bientôt : « Elle a trouvé, tout à coup, des concours inattendus... Les hommes politiques dont le nom a le plus d'autorité s'y rallient ; ils comprennent que l'élection de M. Louis Bonaparte est la seule voie de salut... que s'il reste à la France un moyen de conjurer les périls suspendus au-dessus d'elle, c'est en faisant servir au rétablissement de l'ordre, du crédit et du travail, à la pacification des esprits le sentiment populaire qui porte les masses vers l'héritier de Napoléon. Il n'y a plus en France ni pouvoir, ni liberté... Qui nous les rendra ?... Napoléon est le poète du peuple ; les noms des batailles qu'ils ont gagnées et perdues ensemble sont dans la mémoire de tous les vieillards et dans l'imagination de tous les enfants... Que signifie (2) ce nom (de Cavaignac) ?... c'est l'état de siège. L'état de siège, c'est la banqueroute. La banqueroute, c'est la misère. La misère, c'est une révolution nouvelle. Une révolution nouvelle, c'est le

(1) 1ᵉʳ novembre 1848.
(2) 7 novembre 1848.

retour à la guillotine. » Elle répond au *National* (1) : « Est-ce que M. Louis-Napoléon puise dans la caisse des fonds secrets? Est-ce qu'il a des croix de la Légion d'honneur à jeter par centaines? Est-ce qu'il a quatre-vingt-six préfets à ses ordres, et une légion de sous-préfets et de fonctionnaires de toutes classes? Est-ce qu'il a neuf ministres occupés tous d'assurer le succès de sa candidature? Est-ce qu'il a dans les mains ce ressort plus puissant encore que la séduction des promesses, la crainte des destitutions? De quelles ressources dispose-t-il? Parlez, vous qui accusez!... » Elle s'adresse (2) aux débris de la vieille armée (*sic*) : « ...Généraux, colonels, officiers, soldats de l'Empire, dans chaque département, comptez-vous! prenez vos dispositions; arrêtez votre plan; adressez à tous vos anciens compagnons d'armes un fraternel appel; distribuez-vous les rôles dans chaque canton ; n'épargnez aucun effort, et que tous ceux qui ont la croix sur laquelle sont inscrits ces mots : *Honneur et patrie,* lui demandent le 10 décembre de les inspirer et de les soutenir... Le peuple criera (3) : Vive Napoléon! avec les transports que la multitude éprouve à faire entendre un cri longtemps étouffé. »

La *Presse* dit enfin (4) : « Nous nous sommes attachés à la candidature de Louis Bonaparte, comme on s'attache à la branche, dernier espoir de salut de l'homme qui se noie, comme on s'attache au mât brisé quand le vaisseau va sombrer, comme on s'attache à la pierre qui vous arrête dans la chute au fond de l'abîme, comme on s'attache à la plus légère trace qui sert à vous guider dans l'immensité du désert, comme on s'attache enfin à la plus faible lueur dans l'obscurité profonde... »

---

(1) 23 novembre 1848.
(2) 1ᵉʳ décembre 1848.
(3) 4 décembre 1848.
(4) Elle fait flèche de tout bois. Dans le numéro du 15 novembre, elle insère une *Lettre d'un octogénaire*, où il est dit : « (Cavaignac) républicain de naissance! Leur première jeunesse (des enfants Cavaignac) se passa dans l'antichambre du roi Murat, derrière la voiture duquel je les ai vus grimper, auquel je les ai vus donner des assiettes pendant son dîner, duquel ils portaient la livrée(?)... »

La *Gazette de France* soutient aussi la candidature du prince. Déjà, à la suite de la séance du 26 octobre, elle s'était fait honneur par son sang-froid et son impartialité. Elle disait alors (1) : « Nous ne pouvons nous empêcher de blâmer l'inconvenance de ces hostilités systématiquement organisées contre un collègue. La dignité de l'Assemblée est singulièrement compromise par de tels écarts d'inconvenance et d'impolitesse... (Il a parlé) avec une dignité et une convenance qu'il est impossible de ne pas reconnaître. Nous ne sommes pas suspects de partialité pour lui, mais nous pouvons dire qu'il a pris... le premier rang parmi les hommes qui aspirent à la présidence élective. » Puis elle prend parti pour lui : « Louis-Napoléon (2) n'est pas un nom, c'est une situation. Sa nomination nous arrache à un pouvoir exécutif né de l'insurrection... Il n'est pour nous qu'un chef... qui veut sincèrement l'appel à la nation... Nous sommes impérialistes, oui, comme le peuple qui va nommer Napoléon (contre) Cavaignac (parce que celui-ci) ne veut pas de l'appel au peuple... » Elle accuse le général Cavaignac (3) de mettre abusivement au service de sa candidature tous les rouages gouvernementaux... « Pour se cramponner au pouvoir qu'il sent échapper à ses mains inhabiles, devant quels moyens recule-t-il ? Despotisme, intimidation, corruption, flatteries, tout est employé pour forcer le vote en sa faveur. Les journaux qui soutiennent et prônent sa candidature descendent à l'injure la plus grossière contre son compétiteur. Tout ce que la haine peut inventer de plus perfide et de plus odieux est mis en œuvre pour flétrir et repousser un concurrent redoutable; sa vie privée est attaquée; à défaut d'actes, on incrimine les intentions qu'on lui prête; la caricature officielle le poursuit de ses crayons mercenaires, déverse la risée sur sa personne. A entendre les salariés du pouvoir, Louis-Napoléon est un idiot, un dissipateur, un aventurier auquel les fous et les im-

---

(1) 27 octobre 1848.
(2) 24 novembre 1848.
(3) 3 décembre 1848.

béciles seuls peuvent accorder leurs suffrages... Contraints... (d'abandonner) la légitimité, unissons-nous en faveur d'un candidat dont le nom est... une protestation vivante contre les tendances de l'anarchie et du désordre; cédons à l'entraînement populaire... » Elle dit encore (1) : « Entre M. Cavaignac et Louis-Napoléon, nous n'hésitons pas... M. Cavaignac représente l'insurrection... M. Louis-Napoléon, c'est le vote universel... Nous marchons à un but comme au milieu de flots de lumières. La France va reprendre la direction de ses destinées... »

A la fin de novembre, elle estime qu'en votant pour Louis-Napoléon on vote contre la prolongation de l'Assemblée, qu'on amène sa dissolution; qu'en amenant cette dissolution, on fait naître l'appel au peuple qui, par ses choix libres, composera une nouvelle Assemblée conforme au sentiment du pays.

Le journal *la Liberté* dit : « Cavaignac, c'est la dictature et l'état de siège; Lamartine, c'est la faiblesse et l'indécision; Ledru-Rollin, c'est la violence et l'illusion; Raspail, c'est la présomption et le charlatanisme; Louis-Napoléon, c'est l'ordre et l'avenir. »

Le *Constitutionnel*, vers le milieu de novembre, se prononce pour le prince. A la date du 15, il publie un article émanant de M. Thiers (2) : « ...Nous pensons que les suffrages modérés se concentreront sur le nom de M. Louis-Napoléon Bonaparte, nous approuvons nettement cette disposition du parti modéré. Si le choix à faire eût dépendu de nous seuls, nous aurions, il est vrai, préféré pour candidat un des hommes éminents... dont les talents ont pu rendre d'éclatants services (3)!... Mais il était facile de se rendre compte qu'au moment où se posait la question des candidatures, une partie considérable de la population était déjà décidée en faveur de M. Louis-Napoléon. Parmi ceux qui cultivent les campagnes ou qui

---

(1) Numéro du 9 décembre 1848.
(2) Voir la déclaration du *Constitutionnel* en date du 31 juillet 1851, signée du docteur L Véron. — Voir aussi le *Constitutionnel* du 24 septembre 1850 : « Tous les articles qui appuyèrent la candidature du prince ne furent insérés qu'après avoir été lus et approuvés par M. Thiers. » (L. Véron.)
(3) Par exemple, M. Thiers!

travaillent dans les ateliers, un très grand nombre avait fait choix d'avance de M. Louis-Napoléon, sous l'influence de deux sentiments presque instinctifs : le souvenir d'un grand nom, le désir d'ôter le gouvernement de la république des mains de la minorité qui le possède depuis huit mois... Essayer de détourner vers un troisième candidat les votes nombreux acquis à M. Louis Bonaparte, c'est tenter une chose impossible... Il n'y avait de politique et de sage qu'une seule résolution : accepter le candidat déjà porté par beaucoup d'électeurs et concentrer sur cette candidature toutes les voix de la population amie de l'ordre... Le général Cavaignac est aux yeux du pays le représentant de cette minorité dont les doctrines produisent alternativement l'anarchie et la dictature. Nous avons opté pour M. Louis Bonaparte, que les républicains du socialisme, ceux de la Montagne, ceux de l'anarchie, ceux de la dictature attaquent avec un ensemble et une ardeur qui justifient tout à fait la préférence des modérés... »

Le *Constitutionnel* dit encore (1) : « ... On peut être républicain en votant pour M. Louis Bonaparte. Dire que sa présidence serait une restauration impériale... le manifeste parfaitement clair du prince et le bon sens protestent contre cette supposition... On choisit (2) ce candidat pour un nom, dites-vous? Est-ce qu'il n'était pas banni pour un nom? Le peuple dit à un citoyen dont le nom immortel est resté cher à son cœur : A cause de ton nom, les monarchies t'ont mis hors la loi; à cause de ton nom, je te confie pour quatre ans l'exécution de la loi. Il y a là un noble exemple de la piété du peuple. C'est un acte qui sort du cœur et de l'âme de la France... Ce nom de Napoléon signifie l'ordre!... M. Louis Bonaparte (3)

(1) 1ᵉʳ décembre 1848, toujours par la plume de M. Thiers.
(2) 2 décembre 1848. (*Ibid.*)
(3) 5 décembre 1848. (M. Thiers.) A cette date, en feuilleton, sous la signature : *Barthélemy*, le *Constitutionnel* publie la pièce de vers suivante :

Vox populi, vox Dei!

Il faut un nom! un nom populaire et sublime,
Assez grand pour combler la grandeur de l'abîme,

n'est pas un homme de génie, c'est vrai; c'est un homme droit, sensé, instruit, modeste, parfaitement calme; il n'a pas gagné les batailles de Marengo et de Rivoli; il n'a pas fait le Code civil, c'est encore vrai..., mais avec lui c'est la République sage... »

Le journal *l'Assemblée nationale* écrit à la date du 8 décembre : « ... Il est impossible de méconnaître dans tout cela le doigt de la Providence. En effet, comment expliquer ce qui se passe par le raisonnement humain? Une candidature a surgi tout à coup. D'abord regardée comme impossible, elle a grandi peu à peu, sans efforts, sans secours; tous les obstacles se sont aplanis, toutes les oppositions indépendantes l'ont acceptée ou bien ont cessé de lui être hostiles... Les popu-

. . . .
Un nom dont le poids seul, quand le peuple le lance,
Précipite avec lui la douteuse balance;
Un nom que peut l'histoire à peine contenir
La gloire du passé, l'essor de l'avenir,
Un de ces rares noms rehaussés de mystère,
Que de mille en mille ans Dieu fait luire à la terre,
Un nom qui soit connu de tout homme vivant,
Qui soit solennisé par un culte fervent,
Qui soit comme une base à l'ère qui se fonde,
Tel que Napoléon, le premier nom du monde!
Or, ce magique nom, ce nom ressuscite,
. . . .
Le travailleur le mêle au bruit de ses marteaux;
Il sort de nos cités, il sort de nos hameaux;
Il se dresse à travers le pavé de la rue,
A travers les sillons que creuse la charrue;
. . . .
Le peuple l'a gardé pour son Dieu domestique.
. . . .
L'image impériale offre la même empreinte
Que le jour où tomba cet empereur titan,
Le plus grand naufrage qu'emporta l'Océan;
Et pourquoi? D'où lui vient ce culte impérissable?
. . . .
C'est parce que, planant d'une double hauteur,
Non moins que grand guerrier il fut législateur.
. . . .
C'est qu'il sut, au milieu de tant d'erreurs écloses,
Concevoir et fonder un grand ordre de choses;
C'est parce qu'apparu dans des jours désastreux,
Où les partis rivaux se dévoraient entre eux,
Il asservit au frein l'écumante anarchie,
Qu'il posa le talon sur sa tête fléchie;
C'est qu'au char de l'Etat il rendit son essieu
Et protégea les droits de tous, même de Dieu..

lations des campagnes sont devenues enthousiastes, la plupart des hommes modérés se sont rattachés à cette candidature... La présidence de Louis-Napoléon, d'abord considérée par beaucoup comme un inconnu plein de périls, est devenue une espérance chargée de promesses. *Oui, la Providence le conduit par la main.* Tout lui réussit, tout tourne à son avantage, pendant que chaque pas de son adversaire devient une chute. »

Quelle était l'attitude des journaux de la province? Un très

. . . .
La France veut un terme aux douleurs de neuf mois.
Courage! il n'est pas loin, ce terme qu'elle implore;
Le nom qui la sauva peut la sauver encore!
L'instinct du peuple est sûr, il s'en est souvenu,
Et ce nom jaillira des flancs de l'inconnu.
. . . .
Avec nul des partis il n'a fait de traité;
Son drapeau, c'est celui de la France, c'est le nôtre;
Son maître, c'est le peuple, il n'en connaît point d'autre.
. . . .
Vous craignez, d'tes-vous, qu'en ce suprême office,
Le sang de l'Empereur en lui ne se trahisse...
Il croit qu'on peut marcher par un autre chemin,
Qu'on se peut faire grand comme par des victoires
En conquérant des biens plus vrais, moins transitoires.
. . . .
Quand on fait circuler sur sa terre flétrie
Des fleuves de travail, de luxe, d'industrie,
Qu'on rallume des arts le consolant flambeau,
Il croit qu'un pareil rôle est encore assez beau.
. . . .
Les traits maternels dont il est l'héritier
Reproduisent le front, le type tout entier
De cette Joséphine, idole de la France...
. . . .
On ne s'est pas armé d'une autre calomnie :
On l'a destitué de sens et de génie...
. . . .
Le malheur.. . . . .
Lui donna, pour former son cœur et sa raison,
Trente-trois ans d'exil et six ans de prison.
. . . .
Oui, nous honorerons l'oncle dans le neveu;
Oui, nous ajouterons cette œuvre a notre culte;
Oui, nous épargnerons cette poignante insulte
A celui qui mettait les rois à ses genoux,
A l'Empereur défunt, toujours vivant pour nous,
Qui sur le piédestal où le soutient sa garde,
D'un œil plus flamboyant aujourd'hui nous regarde
Et semble s'écrier de sa voix de canon :
France que j'aimais tant, souviens-toi de mon nom!

grand nombre soutient la candidature du prince. C'est le *Courrier du Havre :* « Au moins avec l'inconnu avons-nous l'espérance. Hélas! avec le connu la boîte de Pandore s'est vidée sur la France de tous les maux qu'elle a pu contenir... Le déluge a fondu sur nous; pourquoi ne verrait-on pas dans le nom de Napoléon providentiellement revenu aux conseils de la nation un arc-en-ciel qui annonce à notre pays que les eaux dont il a été couvert vont se retirer pour ne plus revenir?... » C'est le *Journal de l'Aisne :* « Ce qui nous a fait nous prononcer pour M. Louis Bonaparte, c'est que le nom qu'il porte, c'est que tout le passé et l'histoire de sa famille le lient invinciblement à la cause de l'ordre, des vrais intérêts de la société. Un nom comme le sien est une garantie d'ordre... Les généraux ne peuvent supporter l'idée de cet avancement frauduleux d'un officier (1) qui n'a gagné ses grades sous la monarchie que par des alternatives de bouderies républicaines et de servilisme monarchique; d'un général qui n'a pas remporté une victoire, si ce n'est celle qu'ont gagnée pour lui les braves généraux Négrier, Duvivier, Bedeau, Lafontaine, Bourgouin, Bréa, aux dépens de leur vie... L'armée est fatiguée de ce régime honteux qui nous donne toutes les charges de la guerre sans nous en donner les gloires... » C'est le *Capitole de Toulouse,* pour qui le prince est « le seul homme possible dans le présent et dans l'avenir ». C'est le *Mémorial des Pyrénées :* « Les uns nommeront Louis Bonaparte parce qu'il s'appelle Napoléon, les autres parce que son nom est synonyme d'ordre et de force; ceux-ci parce qu'il n'a point de passé politique et peut accepter tous les concours... ceux-là pour bien d'autres raisons encore. » C'est le *Journal du Loiret :* « Ce vœu populaire, on le sent partout, il nous pénètre de toutes parts; il est dans l'air que nous respirons; il sera irrésistible. Louis-Napoléon n'est pas l'homme d'un parti, il sera l'homme du pays... Avec un président qui appuiera son autorité sur de glorieux souvenirs et sur l'amour des masses, l'action des partis n'est

---

(1) Le général Cavaignac.

plus dangereuse... Dans de telles conditions le président n'aura pas besoin d'armée à l'intérieur ; il sera libre soit de la licencier s'il est en paix avec l'étranger, soit de l'employer au dehors si l'étranger nous attaque. Parmi les candidats, Louis-Napoléon seul peut rallier en une masse compacte toutes les fractions du grand parti patriote, rétablir le crédit et prévenir la banqueroute... Avec lui la République s'assied dans son calme et dans sa force; la France est sauvée! » C'est l'*Écho de l'Oise,* qui déclare que Louis-Napoléon ne pactisera jamais avec l'anarchie et défendra toujours et avant tout la religion, la famille et la propriété. C'est le *Courrier du Havre,* qui revient à la charge : « Aujourd'hui, ce candidat est un crétin, un idiot; demain, ce même candidat, s'il est élu, menace la France d'un 18 brumaire... Un 18 brumaire pourtant ne se fait guère par des imbéciles... On l'accuse d'être un symbole de guerre?... Que devient l'article de la Constitution qui... réserve à l'Assemblée le droit de déclarer la guerre?... Le président ne respectera pas la volonté de l'Assemblée nationale? Pourquoi cela? Parce que son oncle n'a pas respecté celle du Conseil des Cinq-Cents? C'est donc le *nom* qui vous fait peur? Alors pourquoi user votre encre et votre papier à dire sur tous les tons qu'un *nom* n'est rien?... » C'est encore le *Capitole de Toulouse* : «M. Louis-Napoléon serait-il à la tribune tel qu'on nous le présente, ne serait-il rien autre chose que le neveu de son oncle... que nous le préférerions à tous ces aventuriers politiques... Derrière le nom historique de Napoléon il y a pour nous des idées. La démocratie d'abord... le pouvoir ensuite, c'est-à-dire précisément ce qui nous manque... Ses titres? Eh! mon Dieu! il n'en a pas de meilleurs que cet assentiment général et populaire... il les tient du hasard et de la naissance tout autant que de son mérite personnel; mais enfin ces titres n'en sont pas moins des titres réels, évidents, irrécusables, imposants, puisqu'il les doit aussi aux sentiments les plus intimes et les plus généreux de la France. Il n'a pour lui que son nom; mais ce nom, c'est celui de Napoléon, le nom cher à la France. »

Un peu plus tard, il dit : « Est-il vrai ou faux que les recettes diminuent, tandis que les dépenses s'accroissent ; que les valeurs ont subi une dépréciation de vingt milliards ; que la propriété étouffe sous le poids de l'impôt ; que le riche s'est appauvri et que le pauvre est sans asile ; que nous touchons enfin d'une part à la misère et de l'autre à la banqueroute ? Est-il vrai ou faux que nous avons essayé de tous les systèmes depuis la licence jusqu'au despotisme, que nous sommes descendus de chute en chute, de M. de Lamartine au général Cavaignac... Que conclure ?... Qu'il faut en finir avec tous ces vieillards cacochymes du gouvernement provisoire... Qu'il faut surtout réhabiliter le pouvoir... Être ou ne pas être, toute la question est là... M. Louis Bonaparte est la seule issue naturelle, la seule issue possible. Voilà tout le mystère de sa popularité. » C'est l'*Hebdomadaire de Béziers* : « Qui sera le président de la République ? Toute la France a répondu sans hésiter : Louis-Napoléon Bonaparte ! Lui seul simplifie la question et laisse entrevoir un terme à toutes les agitations qui depuis Février ruinent notre malheureux pays. Les révolutionnaires ont fait leur temps... leur incapacité, leur hypocrisie, leur ambition... n'inspirent plus que le dégoût... Le peuple... a sifflé les acteurs de Février ; il est temps enfin que le rideau tombe sur leur ignoble parade, il est temps qu'une ère nouvelle se lève, que la confiance renaisse, que l'agriculture écoule ses produits, que le commerce et l'industrie reprennent leur activité ; il est temps enfin d'avoir un gouvernement fort et puissant ! » C'est l'*Indépendant de l'Ouest :* « L'élection de cet homme (*Cavaignac*) serait une honte et une calamité pour la patrie... Accusé d'avoir cherché à se faire de la plus horrible des insurrections un marchepied à la dictature, il n'a rien répondu... il a mis sous ses pieds tous principes et toute légalité... il a renié ses déclarations les plus formelles... il n'a eu ni une conviction, ni une opinion raisonnable, ni une idée... il n'a rien fait pour relever le crédit, pour rassurer les esprits... Sa politique au dehors a été déplorable et misérable... Ce n'est qu'un ambitieux peu scrupuleux sur les moyens à employer... Nous redoutons qu'il ne livre la France en curée à cette nuée de vautours rouges qui ne veut que sang et destruction. » Accusations injustes qui montrent à quel ton la polémique était montée. Au sujet de la cérémonie de la promulgation de la Constitution, on va jusqu'à reprocher à Cavaignac d'avoir caché son uniforme sous un caban d'Afrique! d'avoir eu peur de s'enrhumer, alors que les généraux Lamoricière et Changarnier ne prenaient pas tant de précautions; et on rappelle que le 15 décembre 1840 le prince de Joinville, depuis Courbevoie jusqu'aux Invalides, suivait le corbillard impérial, tête nue et en simple uniforme, par un froid de plus de 15 degrés. La *Presse* renchérit encore en ajoutant qu'à la cérémonie des victimes de Juin, Cavaignac avait *une tenue d'écurie*. — C'est l'*Aube* de Troyes : « Il est l'inconnu?... mais où allez-vous donc avec les éléments dont se compose aujourd'hui le gouvernement? à la banqueroute et peut-être à l'anarchie... » C'est le *Mémorial bordelais* : « Les services publics sont désorganisés, nos finances épuisées, la source de l'impôt est tarie, l'emprunt impossible, le travail arrêté, la confiance perdue, le commerce anéanti, l'industrie éteinte, les propriétés ont perdu une grande partie de leur valeur, la guerre sociale est imminente... Le milieu qui entoure le général Cavaignac, les souvenirs de famille, ses propres entraînements le portent vers les hommes les plus avancés... Le prince Louis-Napoléon, au contraire, par ses traditions de famille, est naturellement enclin à servir la cause de l'ordre et de l'autorité, dont le nom qu'il porte est le plus glorieux symbole; sa candidature est le signal d'un retour vers ces principes salutaires, bases éternelles des sociétés; ceux qui les premiers l'ont proclamée, ce sont les travailleurs des campagnes... dont il est dit : *La voix du peuple, c'est la voix de Dieu!*... La confiance ne peut renaître, le crédit revenir, le commerce reprendre, l'industrie rouvrir ses ateliers, la société se rasseoir... que par la constitution d'un pouvoir fort et durable. Louis-Napoléon, élevé au pouvoir suprême par un acte de RELIGION POPULAIRE, PREND UN CARACTÈRE SACRÉ... » C'est la *Gazette du Lan-*

guedoc (1) : « ... Les nouvelles des départements sont unanimes pour annoncer qu'un torrent irrésistible se forme en faveur de Louis-Napoléon. » C'est l'*Éclaireur de l'Hérault :* « M. Louis Bonaparte... réunira l'immense majorité des suffrages... Dans les populations urbaines... certains voteront pour s'affranchir de la République rouge, d'autres pour s'accrocher à une idée monarchique, d'autres pour s'allier à un candidat dont les antécédents ne blessent ni les susceptibilités dynastiques ni les traditions reçues de la centralisation. Quant à nos populations rurales, le nom seul de Napoléon a réveillé en sursaut toutes les gloires de l'Empire, et les sympathies les plus vives, les plus chaudes, les plus ardentes sont déjà acquises à l'héritier du nom de l'Empereur. Le 10 décembre... sera un véritable jour de fête pour nos cultivateurs. La noble figure apparaîtra comme aux grands jours de sa puissance; elle dominera le scrutin comme elle dominerait sur tous les champs de bataille, elle sera là comme sur le plateau d'Austerlitz; grands et petits, jeunes et vieux viendront déposer dans l'urne l'expression de leur pensée intime. Un immense hourra d'acclamation retentira sur les avenues de chaque canton, et l'élection de Louis-Napoléon est inévitable! » Et encore : « La présidence de la République sera dévolue à Louis-Napoléon, et ce sera le grand flot populaire qui va se charger du scrutin. » C'est encore l'*Hebdomadaire de Béziers :* « C'est aujourd'hui une véritable candidature d'enthousiasme... Le peuple a un admirable instinct qui le trompe rarement... il comprend ceux qui sont ses véritables amis, et il se jette dans leurs bras au moment du danger. La Providence semble avoir fait surgir tout à coup le nom de Napoléon pour nous sauver. » C'est le *Périgord :* « ... Les paysans en masse proclament à l'avance Louis-Napoléon Bonaparte président de la République... Les hommes d'ordre... essayeraient-ils de s'opposer à ce MOUVEMENT IRRÉSISTIBLE ET PROVIDENTIEL, qu'ils s'y briseraient impuissants et confondus. Quand on ne peut pas arrêter un grand mouve-

---

(1) Le même journal dit encore : ‹ La candidature de Louis-Napoléon est née des entrailles du peuple... »

ment populaire, il est de première règle politique de tâcher au moins de le diriger... Ce n'est point la bannière du prince Louis Bonaparte que nous prenons en main, c'est la volonté de la population agricole que nous acceptons!... » C'est l'*Opinion du Gers* : « L'élection de Louis-Napoléon n'est pas seulement pour la France un gage de bonheur et d'espérance, elle assure la paix européenne, elle fonde au dehors la prépondérance pacifique de notre pays... Les traités de 1815 seront refaits à l'avantage de la France; il est dans les destinées du nom de Napoléon d'assurer la grandeur de la patrie dans la paix comme dans la guerre. » C'est la *Province de la Haute-Vienne* : « Louis-Napoléon est adopté par le pays comme un symbole d'ordre, de paix, de conciliation; on voit en lui ce principe d'autorité que les hommes de Février se sont efforcés de renverser, et en dehors duquel cependant aucun gouvernement n'est possible... Son nom, en sortant de l'urne, sera une grande protestation contre les principes révolutionnaires. Louis-Napoléon résume l'autorité forte, la liberté bien ordonnée... » C'est l'*Argus soissonnais*, qui fait remarquer que sur 380 journaux départementaux il en est 100 au plus pour le général Cavaignac. C'est l'*Union franc-comtoise* : « ... Avec Louis Bonaparte le peuple possédera deux forces qui ont manqué aux précédents gouvernements : le peuple et l'armée... L'exil l'a rendu forcément étranger à nos divisions et à nos luttes : il n'appartient à aucun parti, seul il se trouve donc libre pour choisir les hommes de gouvernement à droite, à gauche, au centre... Avant tous les partis; en dehors de tous les partis, malgré tous les partis, le peuple a prononcé en faveur de Louis Bonaparte. » C'est le *Journal de Rodez* : « Il est impossible de méconnaître que soit par un besoin instinctif d'ordre et d'autorité qui se personnifient dans de glorieux souvenirs, soit pour écarter définitivement des affaires la minorité violente et ultra-révolutionnaire qui depuis huit mois a si gravement compromis les destinées du pays, une fraction de plus en plus considérable des hommes qui représentent l'opinion modérée tend à porter ses suffrages pour la présidence de la

République sur la personne de Louis-Napoléon Bonaparte. »
C'est l'*Écho de Vésone (Dordogne)* : « La candidature de Louis
Bonaparte... est dans l'air ; elle naît sans effort dans nos campagnes par son élan spontané sans qu'on se soit concerté, de
telle sorte que ses partisans ont pu dire que c'était une INSPIRATION CÉLESTE, une RÉVÉLATION SURNATURELLE, un ENSEIGNEMENT D'EN
HAUT. » C'est l'*Indicateur de l'Hérault* : « Le nom de Louis-Napoléon se propage de proche en proche, de bouche en bouche... »
C'est le *Journal de Maine-et-Loire* : « Le nom de Louis Bonaparte
est pour tous l'ancre de salut qui doit les sauver du naufrage... »
C'est le journal *le Loiret*, qui dit encore : « Louis-Napoléon ne veut
pas jeter aveuglément son pays dans les horreurs d'une guerre
qui serait inutile... Si les puissances étrangères veulent nous
déclarer la guerre, elles nous la déclareront tout aussi bien...
avec tout autre... Louis-Napoléon moins que personne serait
une cause de troubles et de désordres, parce que personne
n'est entouré d'une aussi grande popularité. Nous avons plus
de confiance dans ce merveilleux instinct de la nation que
dans la raison des hommes d'État du jour. » Et quelques jours
après : « Quand nous voyons du milieu de nos tempêtes révolutionnaires s'élever la candidature d'un homme qui n'a
pris part à aucun de ces événements sinistres, que la captivité
ou l'exil ont tenu à l'écart des rancunes et des dissensions ;
un homme qui, s'il est prince par le hasard de la naissance,
est démocrate et républicain par le cœur ; un homme enfin qui
a souffert, qui a étudié, qui a écrit pour le peuple, qui a
l'amour des classes souffrantes au fond du cœur, et dont le
nom majestueux et populaire rayonne au-dessus de nos troubles
civils comme un symbole de concorde et de prospérité, n'êtes-vous pas des aveugles de le repousser ?... » C'est le *Journal de
la Nièvre* : «... C'est parce que le nom de Napoléon est pour les
masses le symbole de la force, de l'autorité et de l'ordre, le
symbole de l'éclat et de la dignité dans le pouvoir qu'on les
voit s'attacher à ce nom avec une confiance inébranlable...
Oui, peuple, c'est toi qui dans ta sagesse instinctive, providentielle... dictes aujourd'hui à la France le seul nom qui

puisse la sauver de l'abîme. Ce nom... immortel, qui depuis un demi-siècle a constamment grandi dans les souvenirs et que grandiront encore les siècles à venir, ce nom qu'un trait de lumière divine t'a montré pour le salut du pays... tu sauras le faire triompher... parce qu'il est à toi, parce qu'il t'appartient... » C'est encore la *Gazette du Languedoc :* « Les paysans comptent bien qu'une fois président, M. Louis Bonaparte cassera les reins à la République. »

La moitié environ des journaux de province (1) soutient ainsi avec la même ardeur, avec le même lyrisme la candidature princière. Ceux qui tiennent pour Cavaignac, ou pour un autre, comme Lamartine, ou Ledru-Rollin, ou Raspail, ne la combattent pas avec moins de passion. C'est, par exemple, le *Messager du Nord :* « Ouvriers français, vous dont le prince sollicite les suffrages avec tant d'acharnement, voterez-vous pour celui qui de ses royales mains bâtonnait dans les rues de Londres les ouvriers anglais demandant de justes réformes? » C'est le *Moniteur de l'armée :* « C'est à la France à juger si elle peut compter sur les sentiments patriotiques d'un Bonaparte qui a servi tantôt la Suisse comme capitaine, tantôt l'Angleterre comme constable, et dont tous les exploits consis-

(1) Notamment encore : l'*Assemblée nationale* de Dijon, l'*Océan* de Brest, l'*Impartial de la Bretagne,* le *Journal de Toulouse,* le *Mémorial agenais,* la *France centrale,* le *Journal de Rennes,* la *Gazette d'Auvergne,* l'*Ami de l'ordre* d'Amiens, l'*Écho du Midi,* la *Foi bretonne,* la *Bretagne,* le *Journal de Coutances,* le *Journal d'Avranches,* l'*Abbevillois,* la *Bourgogne,* l'*Étoile du peuple* de Rennes, le *Courrier de la Gironde,* l'*Indépendant* de Toulouse, la *Revue* du Havre, le *Courrier de la Somme,* le *Réformiste* de Douai, le *Courrier du Pas-de-Calais,* l'*Étoile du peuple* de Nantes, l'*Opinion* d'Auch, le *Mémorial* de Rouen, l'*Union dauphinoise,* la *Gazette de Cambrai,* l'*Ordre* de Limoges, l'*Écho de l'Aveyron,* l'*Hermine* de Nantes, le *Charentais,* l'*Intérêt public* de Caen, le *Courrier de l'Eure,* la *Province* de Limoges, le *Journal d'Épernay,* l'*Impartial* de Rouen, le *Mémorial des Pyrénées,* le *Républicain* de Tarbes, l'*International des Basses-Pyrénées,* le *Journal de Lot-et-Garonne,* le *Journal d'Indre-et-Loire,* le *Journal de la Marne,* l'*Indicateur des Côtes-du-Nord,* le *Phare de la Manche,* l'*Union* du Mans, le *Journal de Nevers,* le *Mémorial* de Moulins, la *Vérité des Ardennes,* le *Conciliateur* de Limoges, la *Liberté du Morbihan,* la *Sentinelle* de Saint-Étienne, le *Courrier du Gard,* l'*Abeille* de Chartres, le *Journal du peuple* de Bayonne, l'*Émancipateur* de Cambrai, l'*Indépendant de la Charente-Inférieure,* le *Commerce* de Dunkerque, la *Gazette de Flandre,* la *Liberté* de Lille, l'*International* de Bayonne.

tent dans un coup de pistolet tiré à Boulogne, au pied de la colonne (1), sur un soldat français, et le gourdin de police mis dans ses mains pour assommer les démocrates de Londres. » C'est la *Gazette du Midi :* « Louis Bonaparte, c'est-à-dire le candidat de l'ignorance, des affections aveugles, ce mannequin traîné à l'Assemblée par M. Vieillard, épelant assez mal ses leçons écrites, se sauvant comme un écolier et qu'on ne retrouve jamais quand il faudrait répondre... (2). » C'est le *Peuple du Puy-de-Dôme :* « ... Il y a de par le monde un aventurier sans esprit, sans talent, sans mérite d'aucune sorte, tour à tour soldat obscur en Suisse, constable volontaire à Londres, inepte conspirateur honteusement pris et plus honteusement relâché, si étranger à la France qu'il en peut à peine bégayer la langue. Le hasard de la naissance a fait l'injure au plus grand capitaine du siècle d'égarer son nom glorieux sur la tête de ce ridicule personnage, et voilà que les intrigants de tous les régimes, les plus vils histrions s'assemblent autour de ce nigaud comme l'a justement qualifié la spirituelle princesse Clémentine, et après l'avoir coiffé du tricorne impérial et hissé sur un brancard de foire, ils s'en vont promenant ce trompe-l'œil à travers les carrefours des villes et des campagnes. » C'est le *Breton :* « Sait-elle, la bourgeoisie, ce que cache ce nom? un ambitieux ou un incapable. Dans le premier cas nous sommes menacés du despotisme, dans l'autre cas de l'anarchie... N'est-il pas à craindre qu'il ne prenne cette manifestation de la faveur populaire pour un désir de retour vers une époque de gloire militaire et de despotisme? D'ailleurs, qu'il veuille ou non la guerre contre l'Europe, il la fera, ne fût-ce que pour échapper aux agitations intérieures et parce que le nom qu'il porte est une menace pour toutes les nationalités. » C'est le *Courrier du Nord,* dont le rédacteur en chef écrit à Odilon Barrot : « Le pays voudrait d'un mannequin richement vêtu, d'un comédien

(1) Erreur; tiré dans la caserne.
(2) « J'écarte ce nom que j admire, dit un peu plus tard M. Poujoulat dans ce journal; ...il n'est qu'une illusion pour les uns, une machine de guerre pour les autres... Aux yeux de tout penseur prévoyant, ce nom est un orage de plus et non pas une solution... »

habillé en empereur, et il faudrait le lui donner sans même lui crier qu'il se trompe... Ne nous résignons que lorsque sa guérison sera devenue impossible. Dans le camp où vous allez fourvoyer votre haute probité... c'est un mélange peu édifiant de passions et d'intérêts inconciliables; de partisans de Henri V et du comte de Paris, de l'Empire et de la présidence héréditaire; des hommes sans affection et sans confiance pour le candidat qu'ils patronent, disposés à exploiter son incapacité ou son inexpérience, les uns au profit de leur ambition personnelle, les autres au profit d'un prétendant dont cette incapacité doit préparer la venue. » C'est la *Démocratie des Hautes-Pyrénées* : « ... A tous ceux qui s'aveugleraient au point de croire... au républicanisme de l'incurable prétendant, de cet empereur de parade, de cet Arlequin qui n'a pas même réussi à singer le geste du grand homme, nous crierons : ... On veut vous faire voter pour un ridicule pasquin que tous les partis feront mouvoir à leur gré... » C'est le *Courrier de Nantes* : « ... A peine peut-il lire à l'Assemblée les médiocres discours que lui composent ses amis politiques; ses services envers la France sont nuls; il est plus connu comme Anglais ou comme Suisse que comme Français. Loin d'avoir rendu des services à la mère patrie, il a deux fois apporté sur notre sol la guerre civile... » C'est la *Fraternité de l'Aude* : « Louis-Napoléon est le candidat des nobles, des usuriers, des ambitieux... » C'est le *Franc-Comtois* : « Avec M. Louis Bonaparte... il y aura une cour, une meute toujours affamée, une presse subventionnée, choses qui coûtent beaucoup d'argent. » C'est le *Bien public de la Haute-Marne* : « M. Louis Bonaparte, pendant une vie de quarante ans, n'a fait preuve que de légèreté, d'incapacité et de sottise... » C'est l'*Impartial de la Meurthe* : « Je ne veux pas voter pour cet homme (L.-N.)... parce que je ne veux pas voter pour un Suisse ni pour un dandy anglais, ni pour un parjure, ni pour un assassin d'un soldat français, ni pour le Don Quichotte de Boulogne et de Strasbourg, ni pour un mannequin ou l'héritier d'une redingote grise, ni pour un cosmopolite qui sur quarante ans de vie n'a passé que peu de temps en

France, ni pour un orateur qui en est réduit à lire des discours composés par son conseil de tutelle. » C'est l'*Écho du Nord* : « Il y a en ce moment un homme qui peut vous rappeler les services, la gloire de Napoléon; cet homme, ce n'est pas le neveu de l'Empereur, c'est le général Cavaignac... Lui aussi s'est illustré en Afrique... Comme Napoléon... il a triomphé dans Paris... d'une révolte tout autrement formidable que celle de Vendémiaire... Cavaignac a un avantage que n'avait pas Napoléon... il ne songe qu'au bien de la France (1)... »

Dans la presse étrangère nous relevons cette déclaration du journal espagnol le *Heraldo* : « Louis-Napoléon a posé sa candidature en termes modestes, pleins de dignité, sans orgueil, sans fanfaronnade, sans bassesse, sans hypocrisie... Un nom est une garantie et un programme... Son nom est synonyme de gloire, de prospérité... » Un autre journal du même pays, la *España* (2) de Madrid, écrit : « Louis-Napoléon a un nom qui produit toujours un effet électrique sur les Français, et il est impossible, que tous ceux qui ont pleuré l'héroïque victime de Sainte-Hélène ne votent pas pour lui, ne serait-ce que comme protestation en faveur d'une grande infortune nationale... La nation n'a pas oublié l'homme qui a succombé avec elle à Waterloo, et... il y aurait une étrange injustice à

---

(1) Les principaux journaux de province qui combattent la candidature du prince et appuient celles de Cavaignac ou de Ledru-Rollin, quelquefois celles de Lamartine ou de Raspail, sont encore les suivants : le *Citoyen* de Dijon, le *Loing* de Montargis, le *Franc Républicain* d'Auch, la *Voix du peuple* de Marseille, le *Républicain de Vaucluse*, le *Travailleur* de Nancy, l'*Écho de la République de l'Ain*, l'*Indépendant du Loiret*, le *Haro* de Caen, le *Libéral du Nord*, la *Démocratie salinoise*, le *Journal de la Meuse*, le *National de l'Ouest*, le *Républicain de la Dordogne*, le *Constituant* de Toulouse, le *Peuple du Puy-de-Dôme*, le *Patriote de la Meurthe*, le *Progrès d'Indre-et-Loire*, qui dit : « Lorsqu'il se rend au milieu de ses amis, M. Louis Bonaparte se fait précéder d'un chasseur en grande livrée qui annonce son entrée par ces mots solennels : Le prince! Aussitôt les dames se lèvent et forment la haie. Le prince, une main derrière le dos et l'autre dans son gilet, par imitation de son oncle, s'avance en distribuant les saluts et les sourires à la cour, touchants préludes aux graves fonctions de président de la République et qui montrent combien le candidat de la *Presse* est pénétré de l'esprit de son siècle et des mœurs de notre pays. »

(2) 9 novembre 1848.

reprocher à Louis-Napoléon de n'avoir pas d'antécédent dans sa patrie... Il n'a pas passé son exil dans une inaction coupable... il a publié un *Manuel d'artillerie*, et les six années... de Ham... ont été consacrées à son livre sur l'*Extinction du paupérisme* et à plusieurs travaux de politique et d'administration qui lui ont valu les éloges de tous les hommes impartiaux. L'objection la plus grave contre (sa) candidature, c'est qu'elle peut amener la restauration du régime impérial... Si les institutions républicaines sont les seules que la France veuille accepter, si c'est là le vœu national et universel, peut-on craindre sérieusement qu'un homme se mette en opposition avec cette force imposante devant laquelle l'Empereur lui-même échouerait aujourd'hui, s'il voulait recommencer le 18 brumaire... La France est fatiguée de l'état où elle vit depuis Février, elle veut en sortir le plus tôt possible. En votant pour Louis-Napoléon, les commerçants, les manufacturiers, les propriétaires et les agriculteurs croiront voter le rétablissement de la confiance... Louis-Napoléon offre de grands avantages; il a d'abord un nom qui jouit d'une immense et incontestable popularité. Ensuite il est naturellement placé dans une situation qui ne peut éveiller dans l'esprit de personne ces petits sentiments d'envie et de jalousie qu'il est si difficile d'étouffer dans le cœur d'un ancien camarade et d'un supérieur. C'est maintenant à la France de comprendre... qu'il faut aujourd'hui pour consolider les institutions républicaines naissantes choisir un homme... qui soit la *vérité de la situation, la transition rationnelle et indispensable* du régime monarchique... à une constitution républicaine... » —L'*Émancipation de Bruxelles* raille les adversaires du prince qui ressassent l'éternel refrain qu'il n'a pour lui que son nom : « Le prince Napoléon a le droit de demander à son tour si M. Emmanuel Arago est à Berlin par droit de conquête ou par droit de naissance. M. Emmanuel Arago est fils de son père, il n'a pas d'autre titre. M. Garnier-Pagès n'est devenu un personnage que parce qu'il a usurpé le nom de son frère, ce qui est terriblement féodal... Voilà de singuliers démocrates! C'est-à-dire que les primitifs de l'Église républicaine font commerce du nom de leur père ou du nom de leur frère, ou du premier nom venu, pour s'élever aux plus hautes fonctions, et le seul nom auquel ils prétendent barrer le passage, c'est le nom de Napoléon. »

En revanche, la presse anglaise presque tout entière lui est défavorable. C'est ainsi qu'on lit dans le *Morning-Post* (1) : « La bibliothèque de Louis-Napoléon a été vendue aux enchères. Parmi ses livres était une belle édition, reliée en maroquin, du poème de *Jocelyn* de Lamartine. Il y a sur cette édition ces mots écrits de la main du prince en français : « *Entrepris la « lecture de ce livre à Florence, le dimanche* 5 *mai* 1837. — *Aban-« donné cette lecture, l'ouvrage étant trop sublime pour moi*. — « *Recommencé la lecture une deuxième fois, le lundi* 6, *sans être « plus heureux. — Recommencé par un nouvel effort le* 9 *et aban-« donné définitivement*. » Dans un moment où l'auteur et le critique sont en présence comme candidats rivaux à la présidence de la République, l'anecdote n'est pas sans intérêt. » Voici maintenant le *Morning Herald* : « ... Sans vouloir rien dire de trop sévère à cet Adonis de quarante ans, nous pouvons bien insinuer que ses antécédents, pour nous servir d'un mot français, sont particulièrement désastreux... ; pour montrer à quel point ce fardeau (du poids d'un empire) était peu mesuré à ses forces, il se laissa... aller à toutes sortes de folies et d'escapades. Soit comme officier badois, soit comme compilateur d'un manuel d'artillerie, comme sujet suisse, comme aventurier au service de la Pologne, comme conspirateur et fauteur d'insurrections à Strasbourg, comme conspirateur et fauteur d'insurrections à Boulogne, avec son aigle apprivoisé (2), son cortège de maîtresses, sa légion de cuisiniers, il a toujours été... également ridicule... » Le *Northern Star* le

---

(1) Numéro du 6 décembre 1848.

(2) Le *Morning-Chronicle* répond à son confrère anglais de façon à détruire cette légende (mais les légendes peuvent-elles jamais disparaître?) : « L'aigle avait été trouvé par l'un de nos officiers qui l'emporta à bord, comme un oiseau de bon augure... On le trouva donc... quand le vaisseau fut pris, mais il n est *nullement exact* de prétendre que le prince ait abordé avec lui. »

couvre d'injures : « Il y a quelques chances pour l'élection de Louis-Napoléon, le plus méprisable... de tous les candidats. La seule marchandise que cet aventurier jette sur le marché, c'est un *nom*, le nom d'un despote qui étrangla la première République, effaça les derniers vestiges de la liberté et mit la France à la veille de sa ruine. En dépit de tous ses crimes, Napoléon impose encore à la France ; son nom continue à être un talisman pour la multitude des campagnards ignorants. Son neveu ne se présente ni avec la renommée d'un guerrier, ni avec l'éloquence d'un orateur, ni avec les qualités intellectuelles d'un homme d'État. Un garçon de charrue ferait un meilleur président que lui... Il est dans sa quarante et unième année, et il est passé en proverbe qu'un fou à quarante ans reste fou... » Le *Globe* fait remarquer « que Louis-Napoléon conserve le titre de prince, et qu'il n'en serait pas ainsi s'il n'avait pas des vues ultérieures... »

Citons enfin l'*Observateur belge*, qui déclare « qu'il a contre lui... lui-même et le bon sens ». Parlant d'une entrevue que le prince a eue avec les membres du congrès de la presse départementale, le même journal dit encore : « Les explications du prince étaient tellement vagues, données en termes si confus, si embarrassés, que les personnes présentes sont sorties... bien convaincues de sa complète nullité... Cette nullité est peut-être à leurs yeux le mérite le plus réel du prince... »

A Paris, ce n'est pas seulement la plupart des journaux politiques qui le combattent ; les feuilles comiques et satiriques l'attaquent sans relâche. Le *Charivari* s'acharne après lui. Il narre, par exemple, la *Journée du prince* : le matin, M. Vieillard lui donne des leçons de prononciation française ; on laisse l'orthographe de côté, le prince n'en ayant pas besoin... On lui fait ensuite répéter les mots charmants et les reparties heureuses qu'il doit prononcer le jour de son avènement : Rien n'est changé en France, il n'y a qu'un Suisse de plus... Il s'obstine à dire : Rien n'est *chanché* en Suisse, il n'y *arre* qu'un *Vranzais de blus*... A onze heures arrive le professeur d'histoire. « Quel est le fondateur de la monarchie française? — Napoléon. — Comment s'appelait le roi qui gagna la bataille d'Arbelles? — Napoléon. — Qui est-ce qui fit les fortifications de Paris? — Napoléon. — Par qui Pompée fut-il défait? — Par Napoléon... » Le *Charivari* raconte une visite du prince aux Invalides : « Prince, lui disait Vieillard, voilà le moment de dire à ces vieux braves... les quelques mots que je vous fais apprendre depuis huit jours. Commencez, je vous soufflerai... — Bas engore, bas engore... Che attends d'afoir vu la grande marmite où on fait le pouillon des invalides. — Demandez à goûter le bouillon, lui disait Vieillard, cela flattera beaucoup les glorieux débris. — Che ne brends jamais rien entre mes repas et je n'aime pas le pouillon... — Il faut que nous partions... — Bas engore, bas engore... — Que vous reste-t-il encore à voir? — L'infalite à la tête de pois... » — Il publie (1) une gravure représentant le petit chapeau sur un fût de colonne, flanqué à droite et à gauche d'un grenadier et d'un paysan qui saluent les yeux bandés, avec ce titre : *Le chapeau d'un capitaine suisse, hommage renouvelé de Gessler.* Il écrit (2) : « Nous trouvons le manifeste napoléonien très bien rédigé, et tous les rédacteurs du *Charivari* prennent l'engagement solennel de voter pour le prince Louis, s'il parvient à apprendre ce morceau par cœur d'ici au 10 décembre et à le réciter d'une façon à peu près convenable à la tribune... C'est là un travail difficile, mais les cinq voix du *Charivari* valent bien cela... » « Les chevaliers d'industrie (3) les plus compromis, les agents d'affaires les plus mal famés se vantent, faussement sans doute, quoiqu'il n'y ait pas lieu de s'en vanter, d'être les agents électoraux de Louis-Napoléon... »

Le *Journal pour rire* fait paraître une suite de charges : C'est un aveugle tendant la main et guidé par un aigle qu'il tient avec une chaîne. — C'est le prince (avec le petit chapeau enfoncé jusqu'au cou et portant cette inscription : AVIS

---

(1) Ch. Philippon, fondateur, 23 novembre 1848.
(2) 29 novembre 1848.
(3) 30 novembre 1848.

IMPORTANT (1), *il y a quelque chose là-dessous*) qui dit un : *Petit Empire, s'il vous plaît!* Au bas de la gravure : *Ne le croyez pas, il n'y a rien sous ce chapeau-là.* (Note de l'éditeur.) — C'est Napoléon Scapin marchant à grandes enjambées au trône de France. — C'est un invalide qui, dans un jardin devant la statue de Napoléon Ier, dit à un jeune tourlourou : « Ne te laisse pas emberlificoter, cadet, ces plantes-là ne laissent jamais de graines. » — C'est (2) Louis-Napoléon dans un soleil, coiffé du petit chapeau sur des oreilles d'âne, que des badauds regardent, avec cette légende : *Voilà donc le peuple qui s'intitule le plus spirituel de la terre.* — C'est le prince affichant lui-même ses proclamations, avec cette exclamation de Napoléon Ier : *Allons! le voilà encore qui fait des siennes.* — C'est le prince sur un baudet avec le costume de son oncle, sous le titre : *Ce que nous verrons l'an prochain si Louis-Napoléon est nommé président.* — C'est notamment un groupe de paysans qui, croyant à la suppression des impôts, reçoivent le percepteur à coups de fusil. — Ce sont des voltigeurs de la vieille garde qui se jettent sur les bureaux de tabac et sur les bureaux de poste... — C'est un char entrant à l'hôtel de la Présidence et traîné par des gens qui ont les yeux bandés. Dedans se trouvent : Louis-Napoléon à cheval sur les épaules de Napoléon Ier, avec une cage contenant un aigle; Émile de Girardin jouant de la grosse caisse, Thiers soufflant dans un cornet à piston, etc. Des légitimistes et des orléanistes, ayant aussi un bandeau sur les yeux, poussent les roues. Le titre est le suivant : *L'un portant l'autre. L'un prônant l'autre. L'un traînant l'autre. L'un poussant l'autre.* — C'est Louis-Napoléon porté sur le pavois par des paysans poussés par des légitimistes, avec cette légende : *Pauvres niais, voyez donc qui vous pousse.* — C'est un paysan qui s'écrie : « Pisqu'il y aura pus ni conscription, ni impositions, ni rien du tout à payer quand la République aura Napoléon pour roi, je votons pour Napoléon. Vive Napoléion! » — Sous le titre : *Deux vrais farceurs,* c'est le prince

(1) 18 novembre 1848.
(2) 25 novembre 1848.

assis, les mains derrière le dos; Thiers, à moitié dissimulé, tient une plume et écrit, faisant croire que c'est Louis-Napoléon. Légende : *Monseigneur improvisant un petit discours manifeste, pas si bête que de coutume.* — C'est Thiers, Odilon Barrot, Montalembert, jetant sur un précipice une planche représentant Louis-Napoléon, avec cette légende : *Ils jettent une planche sur la mer Rouge... les imprudents!* Sur l'autre bord, les armées étrangères protestent. — C'est une procescession, — le jubilé des culottes de peau. — Thiers en évêque, Girardin portant en bannière la redingote grise et le petit chapeau, bénissent, l'un et l'autre, la foule agenouillée.

La *Revue comique* (1) publie les caricatures suivantes : Le prince (2) est coiffé du petit chapeau. Un costumier lui montre le masque de Napoléon Ier et lui dit : « Il ne vous manque plus que le masque, mais ne prononcez pas un mot. » — Béranger présente un bonnet de coton au prince qui vient de se coiffer du petit chapeau : « Viens, mon petit, en voilà un qui t'ira mieux, il est moins lourd. » — Un portemanteau est habillé des habits de Napoléon Ier, avec cette légende : *L'habit ne fait pas le moine;* dans le fond, la République accourt, tenant un martinet. — Louis-Napoléon, avec un corps d'aigle, le chapeau de Napoléon Ier, un faux nez, est monté sur une roulette que traîne un vieillard. — Sur une locomotive se trouvent un aigle à la tête du prince et un gamin au bonnet phrygien armé d'un fouet, avec cette légende : *Route de Londres; l'oiseau reconduit par un gamin de Paris.* — La statue (3) de Napoléon Ier, avec ces mots : Austerlitz, Marengo; en face celle du prince, avec cette inscription : Strasbourg, Boulogne; comme titre : *L'homme de bronze et l'homme de plâtre.* — Napoléon Ier (4), grandeur nature, est assis; à ses pieds le prince, tout petit, en grenouille. — Louis-Napoléon en panier percé dont les anses

---

(1) Caricatures extraites du *Puppet-Show* de Londres
(2) *Ibid.*
(3) *Ibid.*
(4) *Ibid.*

sont tenues par des cocottes. — En oie avec le petit chapeau et le grand cordon de la Légion d'honneur, sur la colonne Vendôme, qui porte cette inscription : *L'effet que ça ferait !* — L'expédition de Strasbourg : Il offre un verre de vin à une sentinelle : « Mon pon ami, che souis le fils de l'Empereur et che fou nomme maréchal de France. Pufez cette fer de rhoum, être bien pon ! » — Encore l'expédition de Boulogne. États de service : Il tue un soldat d'un coup de pistolet. — Il emporte (1) le chapeau, les bottes, l'épée de Napoléon Ier, qui, soulevant la pierre de son tombeau, crie : Au voleur ! au voleur ! — Un renard coiffé du petit chapeau essaye en vain d'atteindre des raisins portant : Austerlitz, Marengo, etc. — Un âne est coiffé du petit chapeau au-dessus de ces vers :

> On prétend que Caligula
> Fit son cheval consul de Rome.
> Quoi d'étonnant à cela ?
> En France, on va bien au delà,
> Puisque d'aucuns veulent qu'on nomme,
> Se basant sur ce précédent
> D'une autorité fort antique,
> Un âne comme président
> De notre jeune République.

Thiers est représenté coiffé du petit chapeau ; et on lit ces vers :

> Ce petit foutriquet, dont la France se moque,
> A du bonapartisme arboré le drapeau.
> Des brillants souvenirs qu'avec bruit il évoque,
> Aux campagnards séduits il présente l'appeau ;
> Et pour mieux soutenir son candidat baroque,
> Astucieux serpent, il a changé de peau.
> Du vainqueur d'Austerlitz il a pris la défroque,
> La redingote grise et le petit chapeau.
> . . . .

(1) Extrait du *Puppet-Show*.

Ce pygmée, affublé d'un harnais de bataille,
Espère en vain grandir sa misérable taille :
Mais ce n'est que le tiers d'un faux Napoléon !

Un aigle mord le prince. — « Pour préparer le prince à ses hautes destinées et lui apprendre tout ce qui concerne son état, on lui enseigne à apprivoiser un aigle ; mais l'aigle n'aime pas ces gens-là, le mord, et crânement. » — La *Revue comique* fait suivre cette caricature des réflexions suivantes : « Quand quelque héros de hasard, à la tête d'une bande de valets et d'intrigants, s'en viendra dire en arborant un drapeau quelconque : « Citoyens ! reconnaissez en moi le fils ou « le neveu du grand prince un tel ; aux armes ! marchons « sur les Tuileries ! » — les citoyens lui répondront tout simplement : « Vous êtes avant tout notre ennemi ; vous venez « nous voler notre liberté et notre repos, et votre appel « aux armes devant amener l'effusion du sang à votre profit, « c'est une tentative d'assassinat que vous faites sur chacun « de nous. Or on prend les assassins et les voleurs, et on les « traduit en cour d'assises. Il n'y a aucune différence entre vous « et Rinaldo-Rinaldini, Mandrin, Cartouche, Schinderanes et « les autres héros de grands chemins. » — Le prince empaille un aigle, avec cette légende : « *Le parti crétin* » et ce commentaire : Il y a un grand nombre d'individus en France qu'un motif singulier rend partisans décidés de Louis-Napoléon. — « Pourquoi votez-vous pour lui ? — Parce qu'il est un homme nul. — Et vous ? — Parce que c'est un niais. — Et vous ? — Parce que c'est un imbécile. » Ces gens-là sont convaincus que le salut de la République exige impérieusement qu'on place un crétin à sa tête... Un Barrot vous dira lui-même que le jeu des institutions constitutionnelles exige un homme parfaitement nul. Nous votons, dites-vous, pour le soliveau, vous vous trompez, c'est pour une autre fable. — Laquelle, s'il vous plaît ? — Pour le chat et le singe ; rappelez-vous les marrons du feu.

La *Revue comique* publie, en outre, des historiettes, facéties, chansons. En voici quelques-unes : *Ce que dit M. Thiers*

quand il dort : « D. Pourquoi appuyez-vous le prince Louis?
— R. Parce que son incapacité est notoire; parce qu'il est impossible; parce que c'est la révolution à refaire; avec le prince Louis, c'est la lutte qui recommence, et avec la lutte toutes les incertitudes, mais aussi toutes les espérances de l'avenir. » — *Conversation d'un bourgeois et d'un garde national :* « En 1848, nous avions Louis-Philippe; si Louis Bonaparte nous arrivait en 1849... 1849 serait l'an pire... Hi! hi! hi! »

LE NEVEU DE LA COLONNE

Chanson. — AIR : *J' suis né paillasse.*

Quoique je sois votre Empereur
    Par le droit de naissance,
Je veux bien de chaque électeur
    Tenir la présidence.
    Dam! cela durera
    Tant que ça pourra!

. . . .

Si vous n'avez plus le héros,
    Vous aurez sa défroque.
Dans mon portemanteau
J'ai son petit chapeau,
    Sa culotte collante...

. . . .

Je connais très bien Marengo
    Par les poulets d'auberge,
    Austerlitz, Iéna,
    J'ai bien mieux que cela
    Dans ma vie éclatante...
A Strasbourg, portant mon drapeau,
    Je singe le grand homme,
Grandes bottes, petit chapeau,
    Lorgnettes, habit vert-pomme.
    A Boulogne plus tard,
    Je plonge comme un canard,
    Avec l'aigle expirante...
L'Empire étant tombé dans l'eau
    Et l'aigle hors de service.

A Londres, je mets le manteau
D'un agent de police.
. . . .
Après ces glorieux hauts faits,
France, je conjecture
Que tu vas faire le succès
De ma candidature.
Six cent mille francs de plus,
Ça n'est pas de refus,
Quand la bourse est en souffrance.

BOUTADE D'UN RÉPUBLICAIN

Air : *Allez-vous-en, gens de la noce.*

Pour trôner à la présidence,
Napoléon est désigné;
. . . .
Bien qu'un César de bas étage
Ne vaille pas un Laridon,
Nommez-le donc!
. . . .
L'Empire n'est point à sa taille,
Et pourtant, rouvrant les tombeaux,
Il va sur les champs de bataille
Jeter vos enfants les plus beaux.
. . . .
Vive la guerre universelle!
Bons paysans, nommez-le donc!
. . . .
Pages, menins, dames d'atour,
Ou chambellans à large panse,
S'étaleront sur l'édredon.
. . . .
Le peuple paiera la dépense,
Bons paysans, nommez-le donc!
. . . .
Il va de titres et de grades
Affubler plus d'un favori;
A la cabale qui le prône
Il répartira maint cordon,
Et vous saurez ce qu'en vaut l'aune.
Bons paysans, nommez-le donc!

VOTONS POUR BONAPARTE

Air : *Gai, gai, marions-nous.*

. . . .
A la France, on peut dire
Quel sera son bonheur,
Car elle aura l'Empire
Complet... moins l'Empereur,
La guerre sans la victoire,
Le nom sans le héros.
Nous n'aurons pas la gloire,
Nous aurons les impôts.

Avènement :

Désigné par le choix d'une foule égarée,
Sur un char triomphant, en costume éclatant,
L'héritier d'un grand nom va faire son entrée;
Vous le verrez, le char l'attend!

Un autre journal, l'*Assemblée nationale comique* (1), publie des plaisanteries et des charges du même genre. En voici un échantillon. Un représentant s'écrie : « Je suis certain « d'avoir vu tantôt notre collègue le prince Louis dans la salle « des conférences; allez le chercher, il ne nous manque que « lui pour être en nombre. » Le vénérable Duponceau, chef des huissiers, s'élance lui-même et rencontre effectivement le prince qui regardait les mouches voler. « Monsieur le prince « Louis, lui dit-il, pourquoi n'entrez-vous pas? — Che beux « pas, che beux pas... on m'affre oublié dans cette local debuis « ce matin... Terteifle! che suis empété, mais che beux pas « entrer toute seule... — Qui donc vous en empêche, mon- « sieur le prince?... les chemins sont ouverts. — Ya... che « les gonnais... mais ch'attends le brudente Fieillard... On « m'affre voulu décha faire endrer dedans, mais c'être un « pièche bour me faire barler. — Prince, vous avez le droit de

---

(1) Auguste Lireux, rédacteur en chef.

« garder le silence. — Ya. — M. le président ne souffrira pas
« qu'on vous force de parler. — Ya. — Le scrutin vous
« attend. — Che le gonnais bas... — Je veux dire qu'on vous
« prie de voter. — Che vote jamais tute seule. — Eh bien,
« c'est de la part de M. Vieillard que je viens vous chercher.
« — Ya!... oh!... terteifle!... alors che volais bien endrer
« dedans... pour mettre la betite garte dans le boîte. »

Une foule de chansons paraissent encore ; toutes ou presque
toutes tournent le prince en ridicule.

Les trois chapeaux (1) :

> Je viens savoir si son chapeau
> Pourrait convenir à ma tête.
> . . . .
> Mais, mon prince, ce chapeau-là
> Est un peu grand pour votre tête.
> . . . .
> Je ne puis combler votre vœu
> Soit pour le fond, soit pour la forme,
> Tellement de l'oncle au neveu
> La différence est énorme...

*Histoire de M. Louis Bonaparte, racontée par Athanase Pied-
ford, sergent à la 2ᵉ du 3ᵉ du 1ᵉʳ, à Jérôme Gauvin, conscrit du
Calvados* :

> . . . .
> A prosailler, v'là qui s'livre,
> Ambitionnant l'titr' d'auteur.
> Il accoucha d'un p'tit livre
> Qui cherche encore un lecteur.
> . . . .

*Histoire du prince racontée par l'aigle de Boulogne avant qu'il
fût empaillé* :

> . . . .
> J'expie, hélas! au fond d'une armoire,
> Le triste honneur de l'avoir escorté.

(1) De Charles Gille.

L'ÉLÉVATION A LA PRÉSIDENCE.

>   O destinée
>   Infortunée !
>   Aigle oublié,
> Faut-il vivre empaillé !

Le neveu de mon oncle (1) :

> . . . .
> D'un nom fameux, vomi par la tempête,
> Tu veux en vain te parer aujourd'hui.
> . . . .
> Fuis, faible aiglon, la sainte humanité
> Ne veut s'unir qu'avec la Liberté !
> . . . .
> Reflet d'un grand soleil, tu n'es point le Messie
> Qui doit sauver l'humanité.
> . . . .
> Descendant d'un grand capitaine,
> Pourquoi viens-tu salir son nom ?
> . . . .
> N'espère jamais que la France
> Raccommode un sceptre brisé ;
> On pourrait te croire en démence ;
> Le règne des rois est passé,
> Qui le nie est un insensé.
> . . . .
> Dis-nous les actions de gloire
> Qu'il faut graver sur ton blason.
> J'ai beau consulter ma mémoire,
> Strasbourg, Boulogne et ta prison
> S'offrent toujours à ma raison.
> Du grand homme aimé de la foule,
> Partout l'aigle fut respecté :
> Ton aigle à toi n'est qu'une poule !
> Ah ! respecte la liberté !

Désistement de M. Louis Bonaparte (2) :

> . . . .
> A grands pas vers le Louvre
> J'avançais triomphant.
> . . . .

---

(1) Par Louis Voitelain, ouvrier imprimeur, et Eugène Petit.
(2) Par Little Jestir.

Alors, une voix crie :
Holà ! mon cher neveu,
Approchez, je vous prie,
Que je vous parle un peu :
Foi de Napoléon,
Tu n'es qu'un polisson.

LES GRANDES AVENTURES DU PRINCE.

(Complainte.)

A Strasbourg il se présente
Et dit à la garnison :
« Che être Naboléon,
« Pas groire que che blaisante. »
. . . .
C'est un faux Napoléon
Qu'on met en circulation.
. . . .
Prendrait-il pour un serin
Le grand peuple souverain...

Les faits et gestes du très haut et très puissant et très glorieux prince Louis Bonaparte, mis en lumière par Fenelus, magister de Maricelle :

PAUVRE GARÇON ! RENONCE A TES PROJETS.

Pauvre garçon ! renonce à tes projets !
 Déjà, par un triste caprice,
 Tu quittas le nom de Français
 Pour te faire enfant de la Suisse ;
Pousse plus loin... Du Nord prends le chemin,
Et puisqu'encore ton cerveau se détraque,
Fais-toi bannir du sol républicain
 Et nationaliser Cosaque.

Grande complainte sur Louis Bonaparte :

Alors des gamins par bandes
Accourent de tous côtés,
Montrant d'un air hébété
L'Empereur de contrebande,

L'ÉLÉVATION A LA PRÉSIDENCE.

   Qui, par quelques hommes soûs,
   Leur faisait jeter des sous.
  . . . .
   Je suis le neveu de l'autre.
   Si je vous mens, nom d'un chien !
   Traitez-moi de galopin !

Le prétendant :

   Vous voulez être président?
   Vous avez bien du talent?
    Je parle sans malice...
     Eh bien?
   Le français comme un Suisse,
   Vous m'entendez bien.

Victoires et conquêtes de M. Louis Bonaparte, racontées par l'aigle de Boulogne à l'aigle impériale. (Charles GILLE.)
Le gâteau des prétendants (de MIMA MERCIER) :

   A peine admis dans notre France,
  . . . .
   Fanfan, mon mignon, mon chéri,
   Tu viens briguer la présidence,
   Toi, le rejeton rabougri
   D'un bel arbre aujourd'hui pourri ;
   Tu fais, prétendant de la veille,
   Le républicain ; c'est merveille !
   Va, Fanfan, va donc et va bien ;
   On voit le bout de ton oreille.
   Va, Fanfan, va donc et va bien,
   On n'est pas héritier pour rien.
  . . . .

L'héritier d'un grand homme :

   Défunt mon oncle l'Empereur,
   Ne pouvant m' laisser son grand cœur,
   Me laissa chapeaux, redingotes,
    Gilets et culottes,
   Trois grand's pair's de bottes...
   N' suis-je pas un gaillard bien doté?
   V' là c' que c'est qu' l'hérédité !

L'amoureux de la République :

« Il a le physique... d'un policeman de Londres... Qu'on ne l'oublie pas, les héritiers et les successeurs des grands hommes ont presque toujours été des crétins. »

Simple histoire du prince Louis Bonaparte fait Napoléon :

« Ce qui le recommande?... Toute une existence d'aventures romanesques et grotesques, de contradictions et de niaiseries... Son attitude est celle d'un chat qui guette une souris; il guette la République et attend l'occasion de se jeter sur elle et de la croquer, ni plus ni moins. »

Comme quoi Louis Bonaparte n'existe pas à l'état de grand homme :

« L'oncle avait une figure noble et expressive. Le neveu a une face comme on désire ne pas en rencontrer. Le premier était brun; le second est blond ardent (comme Jocrisse)... Remarquez les oreilles de Napoléon Ier, elles sont petites, fines, délicates, gracieuses; elles ne ressemblent pas aux oreilles du dernier des Napoléons. — Napoléon Ier avait une faiblesse, il prisait, mais il était prisé. L'autre, qu'on prise très peu, chique, dit-on. »

Louis Bonaparte chez M. Gibus :

. . . .
Enfin, voici le dernier,
C'est le chapeau de l'Empire;
Oserez-vous l'essayer
Et vous regarder sans rire?

Le neveu de Napoléon :

. . . .
Moi, je dis d'un ton convaincu :
. . . .
Mon père fut cocu.
Mon oncle était un fier luron,
Nom d'un nom.
J' suis le neveu de Napoléon,
V'là qu' est bon!

L'ÉLÉVATION A LA PRÉSIDENCE.

Manifeste de Louis-Caméléon Bonaparte :

> Ainsi je me fais prétendant
> Pour enfoncer la République,
> Si vous me nommez président.
>
> . . . .
>
> Mon cher oncle, que j'idolâtre,
> Vingt fois en bronze fut moulé ;
> Moi qui ne suis pas mal en plâtre,
> Avant peu je serai coulé.
>
> . . . .
>
> Enfin l'an qui bientôt expire
> Fut fort triste, mais cependant
> Par moi vous aurez un an pire
> Si vous me nommez président.

Dans une gravure, le prince embrasse la République et, par derrière, lui enfonce un poignard dans le dos, en disant : « Je jure fidélité à la République! » Dans une autre, il est représenté à Londres dans les coulisses d'un cirque, tenant une femme sur chaque genou et buvant du champagne. — On voyait aussi paraître nombre de brochures, de lettres, d'affiches (1). Quelques-unes étaient favorables au prince. Un sieur Besuchet, ancien officier de l'Empire, faisait imprimer à ses frais et distribuer quarante mille exemplaires d'une circulaire ainsi conçue :

« Trois cent mille suffrages, en rappelant de l'exil notre concitoyen Louis-Napoléon Bonaparte, ont tracé la route qu'il devait suivre et désigné la place qu'il pouvait ambitionner... La France entière, s'associant au vote spontané de cinq départements, a salué son entrée à l'Assemblée comme présage de la fin prochaine de l'interminable provisoire qui pèse sur nous. Louis-Napoléon vient d'accepter une candidature que de toutes parts lui offraient les vrais patriotes, les hommes d'ordre, de progrès et de liberté ; son programme a retenti

---

(1) Et aussi des pièces de vers et même des poèmes. (Voir notamment *Napoléon, ou les Derniers Jours de l'Empire*, poème en quatre chants, par Charles DE MASSAS. Brière, édit., 29, rue Lamartine.)

dans le cœur de tous les Français. Le moment est venu de manifester hautement nos sympathies pour celui qui sera bientôt l'élu de la nation... Recueillons-nous dans notre conscience et voyons si nous avons un nom plus glorieux, plus sympathique à la France que celui de Napoléon, si nous avons un homme qui mieux que le neveu du grand Empereur, le petit-fils de la bonne Joséphine, l'écrivain qui s'est tant occupé du peuple, puisse se présenter comme le symbole d'union, d'ordre, de clémence et de fraternité. Élevé à l'école du malheur, éprouvé par l'exil, le prince Louis n'est plus au milieu de nous qu'un citoyen animé du plus ardent patriotisme. Pur de toute intrigue politique, étranger à nos discordes dont son cœur a gémi, sa mission sera de réparer, et non de venger ; il n'aura d'autre ambition que celle de contribuer au bonheur de tous... L'Empereur, son oncle, a voulu le bonheur de la France par la gloire ; il voudra, lui, la gloire de la France par le bonheur... »

Dans une brochure intitulée : *Louis-Napoléon et ses concurrents. Dernier examen des candidatures pour la présidence de la République, par M. S...* — (*éditeur, Fleury*), on lit : « Le pouvoir que par deux fois Louis Bonaparte essaya de détruire, n'était-il pas depuis longtemps l'objet d'une réprobation puissante? Sur tous les tons, presque à chaque heure, les prophètes du journalisme ne tonnaient-ils pas contre lui? Ne pleuraient-ils pas sur la France dégradée? Est-il donc bien surprenant qu'un homme, porteur d'un nom qui s'enchâssait le mieux dans l'auréole de nos gloires, d'un nom dont deux arrêts d'exil proclamaient l'incontestable force, ait cru que ce nom seul... suffirait pour briser un sceptre déclaré fatal à la France?... »

Dans une autre : *Suppression de l'impôt du sel. Candidature de Louis-Napoléon Bonaparte à la présidence de la République*, il est dit : « Il a vécu dans l'étude des arts, des sciences et de l'agriculture. Il a écrit que le problème du paupérisme aurait sa solution dans le défrichement et dans la fécondation du sol. Qu'il soit appelé à la présidence de la République, et, nous l'affirmons, une des premières lois qu'il proposera à l'Assemblée nationale sera un pas décisif vers la suppression de l'impôt du sel... — J'ai connu (1) et fréquenté sa famille en exil. J'ai été en relation avec Louis-Napoléon Bonaparte lorsqu'il était dans l'adversité. Je puis vous dire que s'il a souffert pour l'erreur de son courage, il a fait respecter son infortune par le noble emploi de son temps. Il s'est instruit à l'école du malheur... Tout homme qui a fait tourner son infortune à son instruction est... un homme d'élite qui s'épure par l'adversité. Louis-Napoléon Bonaparte est un de ces hommes. »

C'est un MANIFESTE DES OUVRIERS LYONNAIS :

« Nous adoptons la candidature du citoyen Louis-Napoléon Bonaparte : 1° parce qu'il nous a été affirmé et prouvé d'une manière irrécusable que Louis-Napoléon Bonaparte, à qui la République a ouvert les portes de la France, veut la conservation de cette République, qu'il la veut démocratique et sagement progressive, avec le respect de la famille et de la propriété ; 2° parce qu'attribuer au citoyen Louis-Napoléon le projet insensé de rêver une restauration impérialiste est aussi faux qu'absurde, et que d'ailleurs ce projet, s'il pouvait exister, serait irréalisable ; 3° parce qu'enfin le nom de Bonaparte rappelle le génie, le patriotisme et la gloire, et que nous croyons fermement que la France sera aussi heureuse que fière de prospérer à l'abri de ce nom immortel... Ce manifeste est revêtu de milliers de signatures. (*Sic.*)

« Lyon, 27 novembre 1848.

« Les membres du Comité de l'Union républicaine démocratique, chefs électoraux, des Ier, IIe, IIIe et V^e arrondissements.

« *Signe :* Le général HERPET DE SALIENNES, DELCRO, propriétaire ; BOREL D'HAUTERIVE, Alexandre DE SAILLET.

(1) Lettre sur l'élection du président de la République, par le docteur BUREAU-RIOFFREY.

« Le comité du XIVᵉ arrondissement de la Seine déclare accepter et approuver ledit manifeste.

« Paris, le 8 décembre 1848.

« *Signé : Le vice-président,* BERTRAND.
« *Le secrétaire,* C. CHALAND. »

Le même groupe politique parisien fait apposer partout dans la capitale une affiche ainsi libellée :

ÉLECTION DU PRÉSIDENT DE LA RÉPUBLIQUE

Nommons :
Louis-Napoléon Bonaparte.
C'est l'enfant de Paris.
C'est l'élu du département de la Seine.
C'est l'élu du peuple français.

Le Comité des quatorze arrondissements du département de la Seine. — Union républicaine et démocratique pour l'élection du citoyen Louis-Napoléon Bonaparte.

Signé : Le président : MOUTONNET. *Les vice-présidents :* DE SALIENNES, général de brigade, commandeur de la Légion d'honneur ; DELCRO père, propriétaire. *Les secrétaires :* BERTRAND, capitaine en retraite, officier de la Légion d'honneur ; CHALAND, architecte ; LESÈBLE DE SAILLET, ingénieur civil. *Les délégués :* DELAMARE, ingénieur géographe ; J. DE FAGES DE VAUMALE, propriétaire ; CARDON, sous-inspecteur général de la Poste aux commissions ; LACROIX, ancien militaire.

Une société des vrais amis du peuple signe l'affiche suivante :

« ÉLECTEURS !

« La misère nous gagne chaque jour davantage... Le malheureux meurt de faim... L'ouvrier est sans ouvrage ; le cultivateur ne trouve plus l'écoulement de ses produits ; le commerçant ne vend rien ; le propriétaire ne reçoit plus ses revenus ; le capitaliste n'ose plus mettre ses fonds dehors, faute de sécurité. La France qui était si riche, dans quel état est-elle ? La banqueroute du gouvernement est à craindre et nous menace. Pour que la confiance, source de la prospérité de la nation, se rétablisse, il nous faut à la tête du pouvoir un homme qui ait les sympathies du pays. Napoléon sauva la France de l'anarchie à la première révolution. Le neveu du grand homme avec son nom magique, avec sa fortune personnelle, nous donnera la sécurité et nous sauvera de la misère. C'est ainsi que l'a compris une partie considérable de la nation... Qu'on appelle ce peuple laborieux et honnête dont il est dit : La voix du peuple est la voix de Dieu... Nous faisons appel aux commerçants qui désirent voir reprendre les affaires ; aux cultivateurs qui ont besoin de vendre leurs récoltes à un prix raisonnable ; aux ouvriers qui ne peuvent vivre sans travail ; aux pères de famille qui veulent assurer le présent et l'avenir de leurs femmes et de leurs enfants ; à l'armée qui ne sera jamais sourde au nom de Napoléon, aux électeurs de toutes les opinions qui veulent le salut de la patrie... »

C'est une lettre écrite à la *Presse* (1) par quatre ouvriers : « Jamais la naissance de M. Bonaparte ne sera une faute à nos yeux. Sa parenté avec l'Empereur est son premier titre à notre douce amitié et à l'espérance que nous mettons en lui. Il en est de même de son nom, ce nom sera toujours le plus aimé, le plus connu, le plus respecté du peuple. Il sera toujours le plus lumineux, le plus pur, le plus glorieux de notre histoire ; c'est le nom dont s'enorgueillira l'humanité dans son magnifique avenir. C'est le nom écrit dans le cœur de la France : nom universel et vénéré de tous les peuples... Nous voterons pour M. Bonaparte, parce que nous le croyons grand et digne,

---

(1) C'est l'assertion de ce journal (numéro du 19 novembre 1848). La lettre est signée : Pierre Cauvet, Auguste Mettra, Théophile Defourmeaux, Charles Sauty ; mais elle doit être d'Émile de Girardin.

parce que nous le savons bon, patient et simple, parce que nous avons lu son beau livre de l'extinction du paupérisme, livre daté du fort de Ham, labeur du noble prisonnier, suite des grandes idées de l'Empereur, dont la plus belle, la plus constante et la plus sainte fut la destruction de la pauvreté. Nous savons que lorsqu'on évoque la vie de M. Bonaparte pour la retourner contre lui, on oublie toujours ces bonnes pages écrites en faveur du peuple souffrant ; mais nous autres qui pleurons et qui avons eu faim, nous ne les oublierons jamais... Nous voterons pour M. Bonaparte, parce que nous aimons plus Austerlitz que la guerre civile, parce que nous préférons les campagnes d'Égypte, d'Italie, d'Allemagne, de Russie et d'Espagne aux campagnes de Juin, et que les beaux souvenirs à rappeler et à mettre en avant sont, selon nous, les victoires, les capitales conquises, les rois vaincus, les forfaits pardonnés, les églises ouvertes, les blessures cicatrisées, les aigles couvertes de poudre, mais pas de souillures, et non les massacres, les ignominies, les fusillades, les spoliations et les vengeances. Nous voterons pour M. Louis Bonaparte, parce que M. Bonaparte est non seulement un homme, mais est encore un principe, et que ce principe est pour la France la gloire dans le passé, la concorde pour les jours qui viennent. Nous voterons pour M. Louis Bonaparte, parce que nous appartenons à la génération qui naît, et que tout ce qui est jeune doit aimer ce qui est franc... Nous voterons pour lui, la pensée pleine de cette France formidable qu'avait rêvée son oncle, et si son nom sort de l'urne, nous sentirons en nous la joie la plus patriotique, la plus haute. Nous serons prêts à donner notre vie pour M. Bonaparte..., certains d'avance que cette vie servira à la grandeur du pays !... » — C'est une brochure intitulée : *Paroles impériales prononcées par l'Empereur à Sainte-Hélène et réunies par un croyant*, où l'on trouve notamment les citations suivantes (1) : « L'opinion publique est une puissance invisible, « mystérieuse, à laquelle rien ne résiste... Avant mon arrivée

---

(1) Pages 17, 28, 44.

« (retour de l'île d'Elbe), toute la France était déjà pleine d'un
« même sentiment... La France était mécontente, j'étais
« sa ressource, voilà toute la clef de ce mouvement élec-
« trique... Il n'y eut pas de conspiration, et tout le monde
« s'entendit... Je ne suis pas seulement l'Empereur des sol-
« dats, je suis celui des plébéiens... Aussi, malgré tout le
« passé, vous voyez le peuple revenir à moi... Des élections
« libres, des discussions publiques? La liberté? Je veux
« tout cela; la liberté de la presse, surtout; l'étouffer est
« absurde... Je suis l'homme du peuple ; si le peuple veut
« réellement la liberté, je la lui dois, j'ai reconnu sa souve-
« raineté... »

Les publications en sens contraire étaient plus abondantes encore et d'une violence extrême. Voici la *Lettre d'un républicain du lendemain, électeur des départements, à ses concitoyens sur la candidature de Louis Bonaparte à la présidence de la République* (1) : « Est-elle donc sérieuse, cette candidature? Veut-on se moquer de nous?... Est-il possible qu'il faille relever cette bouffonnerie? Si Louis Bonaparte est élu, le second terme de la prophétie de Sainte-Hélène s'accomplira, nous serons Cosaques!... Où sont-elles, les belles choses qu'il a faites? Quelque grande pensée le recommande-t-elle à notre admiration? Il a plus de quarante ans ; à cet âge, on a fait ses preuves; où sont les siennes? A-t-il un passé qui nous garantisse son avenir?... A-t-il vécu parmi nous? Parle-t-il français seulement? Connaît-il nos besoins, nos vœux, nos espérances?... A-t-il dans ses mains notre salut? Son nom! son nom!... Mais il n'a donc que cela?... Et encore l'a-t-il su porter?... Vous dites qu'il est du sang de l'Empereur?... S'il ressemble à quelqu'un, ce n'est sûrement à personne de la famille de Napoléon... Je n'entends bourdonner autour de son hypothétique fortune que de suspects courtisans... des intrigants... des hommes de tapage et de forfanterie, sans conviction, sans moralité... des hommes à expédients, perdus de plaisirs et de dettes, des compagnons de

---

(1) Chez Martinon, rue du Coq-Héron, 5

table, des oisifs et des besogneux, des aventuriers... Supposons Louis-Bonaparte président. Où est l'homme de cœur, l'homme d'esprit, l'homme de raison, qui se fera sa caution devant l'Europe qui le connaît mieux que nous?... Président ou empereur, Louis-Napoléon fera la guerre... A l'en croire, il est homme d'ordre!... Se persuade-t-il que nous avons oublié ses tentatives de Strasbourg et de Boulogne? Son aigle... son petit chapeau, ses domestiques déguisés en soldats, ses mascarades, ses proclamations, son échec au milieu d'un immense éclat de rire, voilà le côté ridicule..... Le titre d'empereur usurpé, un coup de pistolet tiré à bout portant sur un brave capitaine, un brave grenadier blessé de sa main, quelques hommes entraînés, jugés et condamnés, une grâce humblement acceptée pour lui-même et si mal reconnue, sa parole donnée et violée : voilà le côté odieux de sa double aventure... Le voyez-vous, ce conquérant inconnu...? Est-ce bien ce même gentleman dont les danseuses de Londres se disputaient les bonnes grâces, qui, le casque en tête, la lance au poing, les couleurs de sa dame à la boutonnière, chevauchait au tournoi d'Eglington... un fier apprentissage de l'Empire!... Souffrirez-vous qu'une intrigue vous impose ce bourgeois suisse, ce constable anglais?... » — Voici *Les candidats à la Présidence*, par Ernest Bersot, *professeur de philosophie au lycée de Versailles*(1) : « Deux candidats sont en présence. Qui l'emportera? C'est une question, et cette question est notre honte. Le succès de M. Louis Bonaparte!... Nous serons la fable de l'Europe et le scandale de l'histoire... Pourquoi M. Louis plutôt que M. Jérôme ou M. Lucien?... M. Jérôme est l'orateur de la famille à la place de ce pauvre M. Louis, à qui il manque encore pour parler quelques idées et quelques leçons de français. Mais ni M. Lucien, ni M. Jérôme n'ont fait les équipées de Strasbourg et de Boulogne; ils n'ont point apporté d'Angleterre un aigle vivant!... ils n'ont pas été reçus par des douaniers comme des empereurs de contrebande...; ils n'ont point demandé

---

(1) 24 novembre. Imprimerie de Beau jeune, rue de Satory, 28, à Versailles.

pardon à Louis-Philippe ; aussi ils ne seront jamais que de simples représentants... M. Louis... à la bonne heure !... En 1840, à Boulogne,... (il)... perce la gorge d'un malheureux soldat, d'un soldat français, d'un de vos frères ou de vos enfants... voilà ses titres à votre amour !..... Des agents parcourent les campagnes, annonçant que le prince possède des millions, qu'il remboursera l'impôt des 45 centimes et payera les dettes de la nation... voilà les simples pour M. Louis Bonaparte ! Voici les doubles maintenant, et leur calcul :... L'homme étant nul, à peine élevé on le ruine, on substitue au fantôme un personnage réel, et nous voilà revenus au 22 février 1848 ou au 26 juillet 1830..... Un manifeste, signé : Louis Bonaparte, a paru. L'auteur promet de tout concilier : la paix et la guerre, l'ordre et la liberté, la franchise du commerce et le monopole, la centralisation et la décentralisation ; il promet aux loups qu'ils vivront dans l'abondance, et aux agneaux que les loups ne les mangeront plus... Détournons les yeux de ces honteuses misères !... » — Dans une affiche signée F. C. de Damery, et intitulée : *Abdication du parti légitimiste en faveur de Louis-Napoléon Bonaparte,* il est dit : « L'Empire, moins le bras et le génie de Napoléon, c'est chose impossible, parce que l'Empire, ce n'est pas un principe, mais un homme, et qu'il n'est donné à personne de recommencer avec des décors passés, des costumes fripés et vieillis, des figurants éclopés et des acteurs cacochymes, ce drame dont le héros du 18 brumaire avait seul le secret. L'Empire, d'ailleurs, c'est la tyrannie se substituant au double principe de l'hérédité monarchique et de la souveraineté populaire. Ce n'est ni la royauté, ni la démocratie, c'est le régime du sabre et la dictature militaire. C'est la guerre commençant par la conquête et finissant par l'invasion... Pousser Bonaparte au pouvoir pour le renverser plus tard..., compter sur son insuffisance et lui tendre la main pour le trahir... voilà ce que je ne saurais approuver, et le parti des traditions chevaleresques a bien dû se faire quelque violence pour se résigner à un pareil rôle... » — Dans une brochure qui a pour titre : *Louis-Napoléon traité comme il le mérite* (1), on lit : « Tout ce que M. Louis parut avoir tiré de ses études fut un goût prononcé pour les occupations frivoles, pour le doux *farniente* qu'il emprunta à l'Italie... Nous croyons qu'il eût été bien plus facile de trouver dans la bibliothèque du prince l'*Art de bien mettre sa cravate* et le *Manuel du parfait sportsman*, que l'*Histoire de l'Empire* et le Code Napoléon; se lever à midi, après avoir pris son chocolat dans son lit, avoir un nègre pour groom, se faire habiller par Staub, porter des bottes de Sakoski et des gants de Jouvin, étudier les poses du comte d'Orsay, crever des chevaux de louage à New-Market, boire beaucoup et avoir une loge à l'Opéra, souper en tête-à-tête avec les faciles bayadères de Drury-Lane et ouvrir le premier quadrille aux soirées du duc de Wellington, voilà le bulletin officiel de la jeunesse du prince !... (De retour à Londres,) il fut bien et dûment enrôlé constable de la ville de Londres, c'est-à-dire, *proh pudor!* qu'il fut chargé de veiller à la sûreté des bourgeois dont les familles avaient jadis soudoyé les bourreaux de l'Empereur, et à l'entretien des monuments qui perpétuent le souvenir du glorieux désastre de Waterloo!!! ... Il ne lui reste plus qu'un vœu à faire accomplir, un seul... le sera-t-il? Oui, si la France, comme une prostituée, dénoue sa ceinture de vertu et foule à ses pieds dix siècles d'immortalité. Non, si la France songe encore à se découvrir quand elle passe devant la colonne... »

Que résulte-t-il de cette longue revue par nous faite des principales productions de la plume ou du crayon? C'est que le procès du prince a été instruit aussi complètement qu'il était possible devant le tribunal populaire, et que le peuple-roi n'a pas été pris en traître, qu'il a voté en parfaite connaissance de cause, qu'il a su pertinemment quel était l'homme qui lui demandait le pouvoir suprême, et qu'il a, — malgré tout, malgré un passé qui dénotait un caractère aventureux, une imagination d'une envolée audacieuse, une foi aveugle dans son étoile, et qui révélait un catéchisme politique et social

---

(1) Par Rafael Peléz. 1848. Chez Ledoyen, galerie d'Orléans.

aussi hardi que dangereux, — désiré quand même, voulu quand même, acclamé quand même ce nom prestigieux de Napoléon, qu'il aimait, qu'il adorait, et que, peut-être aussi dans un sentiment de fierté patriotique, il entendait laver et venger de toute la boue dont on venait de le couvrir, de toutes les ignobles injures dont on avait osé l'accabler !

Il s'était formé plusieurs comités pour soutenir la candidature du prince. Nous citerons le *Comité napoléonien* (1), composé du général Piat, Persigny, Laity, Pietri, etc., qui tenait ses séances au manège Fitte, rue de la Chaussée d'Antin. Le 24 novembre, un de ses membres, M. Jules Bertin, prononça le discours suivant : « Si mon ardent désir est de voir le citoyen Louis-Napoléon le premier citoyen de France..., c'est parce qu'il est bon, d'un caractère noble et généreux ; c'est parce qu'en fils reconnaissant il chérit sa mère patrie et ne voit en nous que des frères, c'est parce que chaque instant de sa vie a été consacré au progrès, à combattre les coutumes qui s'opposent au bonheur des masses, que, malheureux lui-même, le malheur a toujours été l'objet de sa plus tendre sollicitude, et qu'enfin il est aimé de tous, et que tous ne verront bientôt en lui que la seule main qui peut nous tirer de l'espèce de chaos dans lequel des ambitieux et des incapables nous ont plongés. Louis-Napoléon a vécu comme le plus modeste des hommes ; ses nuits n'ont point été interrompues par l'archet joyeux et le fracas des plaisirs ; le travail et toujours le travail a été son unique loisir... Républicain et dans la forme et dans le fond de son cœur, la République (une République honnête) a toujours été ses plus beaux rêves ! Du fond de sa prison ou plongé dans l'exil, il la voyait descendre resplendissante des cieux... Citoyens ! rendons à ce beau pays et sa splendeur et sa gaieté, si nous ne voulons pas la voir périr. Que nous faut-il pour cela ? un homme autour duquel nous puissions nous rallier... Cet homme, vous l'avez déjà nommé... Louis-Napoléon Bonaparte !... » — Il y avait aussi le *Comité du faubourg*

---

(1) Le premier en date, remontant au mois d'avril 1848, est composé des intimes du prince, Persigny, Laity, Bataille, Tremblaire, Hirvoix, Laloue, Piat.

Montmartre, qui fusionne avec le *Comité napoléonien* pour former le *Comité central électoral* (1), qui était dirigé surtout par un sieur Patorni et qui siégeait soit boulevard Montmartre, n° 10, soit au manège Fitte, soit salle Valentino, rue Saint-Honoré, n° 359 (2). A une des séances, le sieur Patorni s'exprimait ainsi : « ...Pourquoi cet exil? Parce qu'il était du sang de Napoléon, de Napoléon l'élu de la France, de Napoléon tombé victime de l'étranger... Dès qu'il put penser, dès qu'il put aimer, il pensa à sa patrie, il aima la France... Cet exil... devait peser au cœur du jeune Louis-Napoléon, lui qui aurait voulu servir la France, ne fût-ce que comme simple soldat... (En Romagne,) il se mit à la tête de l'insurrection... les forces autrichiennes eurent raison de cette poignée de braves... Louis-Napoléon n'en paya pas moins sa dette à la sainte cause des peuples opprimés... (Il aurait voulu aller combattre en Pologne.) Encore une dette payée à la cause des peuples aux prises avec leurs tyrans. (*Applaudissements prolongés.*)... Les Bonaparte, sortis comme nous tous des rangs du peuple, n'ont jamais oublié leur origine. Chez eux règne la bonté la plus exquise : nulle morgue, nul orgueil, toujours affable, toujours compatissant avec l'infortune. Malheureux, on apprend à plaindre le malheur. (Quand Marie-Louise revendiqua l'épée d'Austerlitz :) Jamais l'épée de mon oncle, s'écria Louis-Napoléon, ne sortira de nos mains! Jamais l'Autriche ne pourra se vanter de posséder ce joyau de notre gloire, cet instrument de ses défaites! (*Cris d'enthousiasme.*) Un procès sur l'épée de Napoléon? Eh bien, nous le soutiendrons, et la France tout entière le soutiendra avec nous, comme une question d'honneur national! — Et l'on a osé dire que Louis-Napoléon s'était fait Suisse? Savez-vous ce qu'il a fait pour rester Français? Il a refusé la main de dona Maria, reine de Portugal... la main de la princesse Olga, la seconde fille de l'empereur de Russie... Louis-Philippe a rétabli Napoléon sur la colonne et ramené

---

(1) Plus tard Société du 10 décembre.
(2) Il y avait aussi des réunions bonapartistes, présidées par un colonel Zenowitz, qui se tenaient au manège Duphot. (Voir la *Presse* du 12 novembre 1848.)

les cendres... par calcul, au profit de sa popularité évanouie ; on faisait de l'hypocrisie, on rendait hommage à un mort et on laissait dans l'exil les vivants. Or, de cette hypocrisie sortirent légitimement les tentatives de Strasbourg et de Boulogne. Gloire à l'homme de cœur qui les tenta... Honneur au courage malheureux!... S'est-il présenté comme empereur? Erreur... (Lisez) ses proclamations. Est-ce là le langage d'un prétendant?... N'est-ce pas celui d'un franc démocrate? (*Oui! oui!*) Le suffrage universel a été proclamé par lui dès 1836 et 1840. Les hommes de 1848 n'ont été que des imitateurs. (*C'est vrai! c'est vrai! Acclamations.*) Il est condamné à un emprisonnement perpétuel. Que répond-il? J'aime mieux la prison en France que la liberté sur la terre étrangère. Et voilà l'homme à qui l'on conteste sa qualité de Français! (*Applaudissements.*) Prisonnier, il emploie les longues heures de la captivité à l'étude... il épuise toutes les matières ;... et voilà l'homme que le *National*... veut faire passer pour un ignorant et un incapable. (*Rire géneral.*) Louis-Napoléon aime-t-il le peuple? Le peuple sait bien que oui, car c'était de ses souffrances et de ses misères qu'il s'occupait à Ham dans cet admirable petit livre, intitulé : *l'Extinction du paupérisme*... Douterez-vous encore, citoyens, des sentiments et des sympathies de notre candidat en faveur du peuple? (*Non! non! Vive Louis-Napoléon!*)... En nommant Louis-Napoléon, nous appelons à la tête du pouvoir le plus honnête homme de la République... »

Quelle était l'attitude des hommes politiques les plus marquants? M. de Cormenin écrivait dans une brochure : « Louis-Napoléon Bonaparte est un nom qui est un souvenir et une espérance. Il a vu deux fois quatre départements et Paris le prendre à l'exil pour le rendre à l'Assemblée. Louis-Napoléon Bonaparte sera élu président, parce que, libre du passé, dégagé du présent, il tient l'avenir ; parce que son nom, c'est la confiance ; parce que son nom, c'est la démocratie organisée ; parce que son nom, c'est le peuple... Le peuple a l'instinct plus sûr, la vue plus nette et le cœur plus grand que les sophistes et les journaux... En nommant Louis-Napoléon, il reconquiert le suffrage universel, la seule et vraie conquête, il assoit sa souveraineté. La nation prend sa robe virile. La campagne le portera parce que, aux yeux des paysans, la France qui s'est appelée Austerlitz se nomme encore Waterloo. Avec Louis-Napoléon il ne craint plus les assignats et les Cosaques : les deux terreurs... »

M. Ferdinand Barrot (1) écrit à M. Chambolle, rédacteur en chef du *Siècle :* « ...(Vous dites) qu'aucun homme de bon sens et de bonne foi ne peut adopter et soutenir la candidature de M. Louis Bonaparte... (qu')il n'y a pas une bonne raison à produire en faveur de cette candidature ridicule, (que) son succès serait la honte et la ruine de la France... Le premier mouvement auquel j'ai obéi en adoptant Louis-Napoléon Bonaparte pour mon candidat, a été, je l'avoue, décidé par les sympathies toutes personnelles qu'il m'inspire... Tous ceux qui le connaissent un peu l'aiment beaucoup ; c'est qu'en effet il n'y a pas d'homme plus naturellement bon, plus fidèle dans ses amitiés, plus oublieux des injures personnelles (2)... Un mot d'abord pour repousser toutes les allégations d'incapacité. L'exil et la prison lui ont conseillé l'étude ; depuis vingt ans il sent leur rude conseil, et, appliqué aux recherches les plus approfondies, aux méditations les plus sérieuses, il y a peu de questions agitées dans la presse et à nos tribunes, dont il n'ait attentivement cherché les solutions... Qu'on demande aux hommes spéciaux, qu'on demande à M. François Arago ce qu'il pense, ce qu'il disait de l'*Histoire de l'artillerie*... J'en suis encore à cette vieillerie politique : *La voix du peuple est la voix de Dieu*. On me dit qu'il y a une majorité acquise dès aujourd'hui à la candidature de Louis-Napoléon Bonaparte, dès lors j'incline de ce côté... Le peuple n'a pas de ces engouements irréfléchis et subtils ; ses instincts sont sûrs ; ceux qui le gouvernent peuvent quelquefois le tromper ; livré à lui-même, il ne se trompe jamais (3)... J'ai eu peur du suffrage universel...

---

(1) Frère d'Odilon Barrot, représentant du peuple. (Voir la *Presse* du 20 novembre 1848.)
(2) Rien de plus juste que ces deux lignes, qui peignent admirablement le prince.
(3) N'est-ce pas là, en effet, ce qu'il faut dire dès lors qu'on a pour tout principe

combien j'avais tort!... Au lieu de chercher uniquement dans la séduction des souvenirs la raison de cette propension générale vers Louis-Napoléon, il serait raisonnable de la chercher et on la trouverait dans la situation même des choses. Ce sont les fautes accumulées, ce sont les désastres et les menaces. qui préoccupent l'opinion, ce sont les doutes que chaque jour accroît et dont s'assombrit l'avenir qui ont fait la fortune de la candidature de Louis-Napoléon Bonaparte... Un nom! dit-on; faire d'un nom un titre au suffrage du pays; n'invoquer qu'un pareil titre, quelle insolence!... Pourquoi méconnaître l'influence des noms, et comment guérir l'esprit humain de cette faiblesse? Le nom n'est pas une illusion, c'est une présomption de nature; le nom, ce sont les traditions de famille, les exemples et les préceptes du foyer... Que promet donc le nom que l'on évoque et que l'on salue? Le despotisme? Qui donc aujourd'hui croit au despotisme après cette révolution de Février... Le besoin le plus pressant, c'est la liberté... Ce nom, dit-on, veut avant tout dire guerres et conquêtes? Il veut dire la gloire et ses douloureux sacrifices... En ce temps où nous vivons, la guerre de peuple à peuple est-elle possible?... Le nom de Napoléon signifie un gouvernement national, une organisation féconde, une puissante administration. Il signifie les capacités appelées sans esprit d'exclusion, les talents glorifiés, les coteries impuissantes. Il signifie la propriété défendue, la société régulière, l'industrie et le commerce ravivés, encouragés et récompensés... Oui, il arrivera... salué par l'enthousiasme qu'inspirent de grands souvenirs; oui, il aura cette puissance qu'on appelle la popularité... Les hommes d'ordre et d'intelligence discerneront le moyen de salut en faisant céder, au besoin, leurs affections particulières; ils s'engageront au milieu du courant populaire pour le

---

politique, pour tout mécanisme gouvernemental le suffrage universel direct? Reste à savoir si l'organisme gouvernemental ne doit dériver que de l'élection populaire qui n'incarne que les intérêts et les volontés du moment, et s'il ne devrait pas y avoir à côté, en contrepoids, d'autres sources du pouvoir qui répondraient aux volontés et aux intérêts permanents.

régler... Ce qui, à mes yeux, est une raison puissante de décider en faveur de Louis-Napoléon Bonaparte, c'est qu'il n'a d'engagement avec aucun parti, qu'il n'a épousé aucune de nos querelles; qu'en arrivant au pouvoir il n'y amène aucune coterie; c'est enfin que personne ne peut aussi bien que lui fonder un gouvernement national... un gouvernement qui appelle également au service des grands intérêts de la France les hommes les plus éminents de tous les partis... Enfin... la présidence de Louis-Napoléon serait la plus sûre défense de notre société républicaine, non seulement contre les attaques de la démagogie, mais contre les tendances rétrogrades et monarchiques. Les nécessités mêmes de sa situation et le soin de sa propre gloire l'éloignent autant d'un 18 brumaire que d'un 3 juin. Le grand Napoléon lui-même vivrait de nos jours, qu'entre toutes les œuvres qu'il pourrait entreprendre, il y en aurait une qui, plus qu'aucune autre, tenterait son génie, *ce serait de fonder la République française*, de la fonder malgré toutes les résistances... Relier à cette époque impériale, où tant d'efforts ont été faits pour la gloire de la France, notre époque républicaine, où une si large carrière s'offre aux efforts pacifiques, ne serait-ce pas... écrire dans l'histoire la plus belle page des temps modernes?... S'il est donné à Louis-Napoléon Bonaparte de mener à fin une telle œuvre, n'aura-t-il pas largement payé sa dette de *reconnaissance à la République* qui lui a rendu sa patrie et le titre de citoyen français?... » — M. H. Boulay de la Meurthe (1) écrit par la voie des journaux la lettre suivante à l'un de ses commettants : « ...Je voterai pour Louis-Napoléon Bonaparte... parce qu'il est incontestablement le candidat de cette immense majorité qui, n'ayant hâté ni de ses efforts, ni même de ses vœux, l'avènement de la République, l'a néanmoins loyalement accueillie, à la condition qu'elle serait honnête et modérée; parce que, étant resté étranger à nos divisions antérieures, il est plus qu'aucun autre en mesure de faire appel à tout ce

---

(1) Député des Vosges Lettre du 1er décembre 1848.

qu'il y a d'élevé et de pur dans les partis pour en composer un grand et glorieux parti national; parce que lui seul aujourd'hui peut ramener à la République tant de cœurs que les républicains exclusifs lui ont aliénés; parce qu'il est le seul dont la nomination ne doive humilier personne; parce que nul n'offre autant que lui de garanties à la réconciliation, à la paix, à l'ordre, à la sécurité; parce que ses ouvrages attestent les études les plus sérieuses et les plus variées; parce que sa longue captivité témoigne d'une grande force d'âme, et que sa conduite, depuis la révolution de Février, ne respire que sagesse, dignité et patriotisme...; ...parce qu'il porte honorablement le nom le plus glorieux de France; parce que, héritier de ce nom, il comprend que le seul moyen d'y ajouter un nouveau lustre, ce n'est pas la guerre, ce n'est pas l'Empire, c'est le salut de la République; parce que dans son héritage il trouve aussi cette prédiction qui a déjà plus de trente ans de date et qui assigne ses destinées à l'Europe : ...dans trente ans cosaque ou républicaine...; parce que sa candidature plaît au peuple; parce qu'il y a là quelque chose de providentiel, et que cette acclamation populaire du grand nom de Napoléon, qui se perpétue depuis un demi-siècle, semble vraiment la voix de Dieu... » — M. Léon Faucher ne cachait pas ses sympathies pour le prince. Il écrivait à ses amis (1) : « On s'oppose inutilement au succès; Louis-Napoléon sera nommé. Le parti modéré l'adopte, comme il adopterait M. de Joinville si cela était possible, pour balayer la faction qui exploite le pays... Nous voulons l'ordre et la paix; en adoptant cette candidature, nous lui donnons le sens qu'elle doit avoir et qu'elle gardera... Louis-Napoléon (2) sera infailliblement élu... (C'est une) candidature que tous les hommes éminents du pays appuient... — (Il) est (3) fermement et loyalement résolu à maintenir la République... — Il est très probable (4) que je voterai pour

---

(1) Lettre à M. Henri Reeve, esquire, 8 novembre 1848.
(2) Lettre à M. le docteur Malveau, 18 novembre 1848.
(3) *Biographie et correspondance*, t. I.
(4) *Ibid.*

Louis-Napoléon... Cela dit que je vois de ce côté le salut du pays... M. Louis-Napoléon n'est nullement l'être ridicule que se plaisent à peindre les calomniateurs officiels... Le hasard ou son choix l'ont placé derrière moi dans l'enceinte législative ; nous causons souvent, et il ne fait voir *qu'un jugement très sain, une instruction étendue et les sentiments les plus nobles.* Pas plus que M. Cavaignac, il n'est un homme *ordinaire;* tout l'avantage que l'un obtient à la tribune, l'autre le regagne dans la conversation et dans les méditations du cabinet... Louis-Napoléon connaît bien l'Europe, ce qui est un grand avantage en France quand on est appelé à prendre part au gouvernement... Tous les hommes éminents du pays, à quelque nuance d'opinions qu'ils appartiennent, s'accordent à penser que la candidature de Louis-Napoléon est une *planche de salut* que la Providence nous envoie dans le naufrage. Oui, MM. Berryer, Montalembert, Molé, Thiers, Odilon Barrot font cause commune avec les paysans et avec l'armée. Les uns font par réflexion ce que les autres font par instinct. C'est sagesse des deux côtés. M. Louis-Napoléon ne donnera là aucun prétexte à la guerre civile, car il ne porte pas ses vues au delà du poste que la Constitution, s'il est nommé, lui assigne (1). »

M. Thiers se posa d'abord en adversaire du prince ; c'est quand il espérait qu'on penserait à lui pour la présidence de la République. Il disait alors (2) : « La présidence de M. Louis Bonaparte serait humiliante pour la France. » Mais il changea bientôt, et, dès la première quinzaine de novembre, à la réunion conservatrice de la rue de Poitiers, il déclarait (3) qu'il ne connaissait ni le général Cavaignac, ni le prince Louis Bonaparte ; qu'il n'était animé à leur égard d'aucun sentiment de haine ou d'affection ; qu'il cherchait seulement à discerner lequel, dans l'avenir, pourrait faire le bien ou le mal du pays.

(1) *Biographie et correspondance*, t I
(2) Déclaration de MM. Ancel, maire du Havre ; Ed. Reydellet ; Louis Vidal, maire de Graville. (Voir le *National* du 6 décembre 1851.)
(3) Voir le *Journal des Débats* du 7 novembre 1848.

Il ajoutait : « Le général Cavaignac paraît avoir une politique indécise qui peut verser... d'un côté autre que le parti modéré... En ce moment, le pays est entraîné vers le prince Louis Bonaparte... Pour l'arrêter, il faudrait faire un effort qui ne serait pas motivé, car on n'a pas assez de confiance dans le général Cavaignac pour se dévouer à sa candidature..... (Une troisième candidature diviserait les voix du parti modéré, dont une portion resterait inévitablement au prince.) Alors, aucun des candidats n'ayant la majorité absolue, l'élection serait... déférée à l'Assemblée nationale, qui nommerait incontestablement le général Cavaignac... Si c'est la nomination du général Cavaignac qu'on veut, il faut le dire. Alors, on traitera avec lui... Pas de candidature au nom des modérés, car c'est l'élection du général Cavaignac par l'Assemblée, et sans conditions... Il faut laisser le pays suivre son penchant !... On se plaint de l'entraînement du pays, on dit que nous devrions y résister ; et pourquoi ?... Est-ce nous qui l'avons créé ?... La France blessée, alarmée, appauvrie, cherche le nom qui lui paraît être le plus grand démenti opposé à tout ce que nous voyons, et c'est par ce motif qu'elle adopte Louis Bonaparte. La faute n'est pas à nous, mais à ceux qui ont gouverné la France pendant huit mois. Quant à nous, nous n'y pouvons rien. Pour moi, je ne connais pas le prince Louis, je n'ai rien de commun avec lui, je ne travaille pas pour lui ; mais lui opposer un concurrent, ce serait, je le répète, mener le triomphe du général Cavaignac, sans avoir obtenu de lui aucune garantie rassurante. Je conclus à ce que nous n'ayons aucun candidat qui nous soit propre, et que chacun de nous recommande celui qu'il croira devoir préférer. »

Le maréchal Bugeaud, dont il avait été question pour la présidence, et qui s'était désisté par une lettre du 6 novembre, afin « de ne pas diviser les suffrages des modérés », écrit, le 3 décembre, au rédacteur en chef du *Constitutionnel*, « qu'il se rallie à l'opinion de la masse des hommes d'ordre », et déclare « qu'il votera pour Louis-Napoléon Bonaparte ». Mais, en même temps, dans une lettre adressée au colonel Lheureux (1), il estimait que « choisir Louis-Napoléon Bonaparte était bien aventureux » ; que cependant « il préférait encore cette solution à la domination de cet infâme *National* ». Le *Constitutionnel,* à la date du 27 novembre, déclare que le général Changarnier votera pour Louis-Napoléon (2). Le *Courrier de la Somme* (3) annonce que M. Molé fera de même. M. Odilon Barrot écrit (4) : « J'aurais préféré toute autre candidature, mais, après bien des hésitations, je me prononcerai pour Louis-Napoléon, par la raison que n'étant engagé avec aucun des partis politiques qui ont fait la révolution, il lui sera plus facile de prendre partout les hommes capables, sans acception d'origine, et de faire ainsi de la vraie conciliation... L'avènement de Louis-Napoléon... fera probablement cesser ces antagonismes si dangereux entre la classe ouvrière et la classe bourgeoise... »

Berryer avait d'abord été hostile à la candidature du prince, car il écrivait dans le courant de novembre à la *Gazette du Midi :* « Quant à M. Louis Bonaparte, pour l'avenir, pour la conduite, pour le système, pour le caractère et les tendances des hommes qui seraient appelés autour de lui s'il devenait président, il n'y a qu'un immense inconnu. Tout est vague et confus dans l'assemblage des idées populaires qui semblent assurer le succès de cette candidature... J'ai réuni un grand nombre de mes amis politiques; d'accord avec la majorité d'entre eux, j'ai exprimé l'opinion qu'il était nécessaire d'indiquer aux hommes honnêtes... un candidat qui ne fût ni M. Cavaignac avec son républicanisme exclusif, ni M. Bonaparte avec sa grande insuffisance et l'inconnu de sa situation. »

---

(1) Citée par M. D'IDEVILLE dans sa *Vie du maréchal Bugeaud,* t. III, p. 388.

(2) La *Démocratie* (mai 1849) dit : « Avant l'élection présidentielle, Changarnier aurait dit à un parent : « Dans quinze jours Napoléon, dans six mois Henri V. »

(3) Voir la *Presse* du 29 novembre 1848. — Quelques semaines auparavant, d'après le *Siecle* du 4 décembre, M. Molé aurait dit : « Si la France nommait Louis-Napoléon, elle serait la risée de l'Europe. »

(4) Voir la *Presse* du 25 novembre 1848. Lettre à M. Eugène d'Arras, rue de Grenelle-Saint-Honoré, n° 53. — Cependant nous devons noter qu'Odilon Barrot dans ses *Mémoires,* t. III, p. 27, dit ceci : « Des efforts furent faits pour me faire prononcer en faveur de l'un des deux candidats... Je m'y refusai obstinément... »

Quelques jours après, les dispositions du grand orateur étaient changées ; il fallait céder, il fallait s'incliner devant la popularité de plus en plus grande du prince. M. de Falloux, M. de Montalembert, M. Guizot (1), le duc de Broglie (2), faisaient de même. Ainsi les hommes considérables de l'époque, les chefs du parti (3) de l'ordre, les légitimistes et les orléanistes les plus influents et les plus éminents portaient le prince à la présidence, mais évidemment ils faisaient contre fortune bon cœur. La situation de celui-ci allait grandissant chaque jour ; un vent de popularité s'était levé en sa faveur, si puissant et si

(1) Voir lettre de Léon Faucher à M. Henri Reeve, esquire, 17 décembre 1848. (*Correspondance de L. Faucher*.)

(2) Voir l'avant-propos des *Mémoires* d'Odilon BARROT, signé : DUVERGIER DE HAURANNE, où il est dit : « Odilon Barrot fut de ceux qui adoptèrent et soutinrent la candidature de Louis-Napoléon Bonaparte ; c'était un mouvement général dans ce qu'on appelait les vieux partis, et bien peu d'entre nous surent y résister. Je m'honore d'avoir été de ceux-là avec mon ami M. de Rémusat... »

(3) Quelques hommes politiques de la gauche acceptaient la candidature napoléonienne, comme Victor Hugo, comme Crémieux qui le déclarait dans une lettre adressée au *Siècle*. La masse des représentants républicains la repoussaient. Dupont (de l'Eure) écrivait à un ami : « Je préfère mille fois le général Cavaignac à Louis-Napoléon, qui, bien qu'il soit le neveu de l'Empereur, n'en est pas moins sans aucune valeur personnelle. Sa nomination pourrait être... une véritable calamité pour la France. » Le journal *la Réforme* (numéro du 27 octobre 1848) rapportait la conversation suivante entre Étienne Arago et le prince : « Si nous vous repoussons, c'est que, voulussiez-vous rester dans le giron républicain, vous seriez forcé par tout ce qui fait cohue derrière vous de marcher vers une monarchie, car ce qui vous pousse en avant, c'est l'ignorance des campagnes... et le fétichisme impérial... » Et, comme Louis Bonaparte lui répond qu'il faudra bien s'incliner devant la volonté de la majorité, son interlocuteur ajoute : « Et c'est pour cela que je voudrais retarder l'élection du président, afin qu'on pût dire à la nation que vous n'avez aucun titre, ni personnel, ni emprunté, à la présidence de la République ; que le reflet de l'astre éteint dont vous cherchez à vous éclairer ne serait qu'un reflet monarchique. » Enfin il oppose à cette observation du prince : « Il est possible de puiser dans le passé de mon oncle des souvenirs républicains », que le consul se transforma bien vite et que les monarchies n'avaient laissé survivre que la mémoire de l'Empereur. — George Sand écrivait de Nohant, le 1ᵉʳ décembre 1848, au rédacteur en chef de la *Révolution démocratique et sociale* : « M. Louis Bonaparte, ennemi par système et par conviction de la forme républicaine, n'a point le droit de se porter candidat à la présidence. Qu'il ait la franchise de s'avouer prétendant... qu'il ne se serve pas d'une institution républicaine pour travailler au renversement de la République. Or, jusqu'ici, son silence comme représentant du peuple, son abstention dans les votes les plus significatifs pour le peuple, les réticences de son manifeste, les promesses insensées dans les campagnes... voilà de quoi éclairer sur ses intentions et sur l'avenir que cette candidature nous réserve... »

impétueux qu'il devait renverser tous les obstacles et balayer toutes les résistances. Les Thiers, les Berryer, les Molé sentaient le flot populaire monter, monter encore, monter toujours, prêt à les culbuter et à les pulvériser sans effort. Ne valait-il pas mieux suivre le courant ou plutôt le diriger? D'ailleurs, on n'avait pas le choix. C'était la carte forcée. On avait de l'expérience, on était rompu aux habiletés de la politique, on finirait bien par gagner la partie. Comment, au surplus, la perdrait-on avec un aussi piètre adversaire que Louis-Napoléon? Il n'était pas de taille à lutter avec tous ces burgraves, avec M. Thiers en particulier; on en ferait ce qu'on voudrait, on s'en débarrasserait quand il ne serait plus nécessaire; on manœuvrerait de façon à lui faire faire le jeu des légitimistes ou des orléanistes. M. Thiers répondait du succès! Il connaissait à fond l'héritier de Napoléon! C'était un honnête homme enclin aux illusions, plus près des rêves que de la réalité. Élevé dans l'exil, étranger aux mœurs, au tempérament du pays, il n'avait aucune des conditions qui permettent de prendre de l'autorité. La science du gouvernement lui faisait défaut, il serait contraint de recourir aux lumières des hommes expérimentés. Il paraissait accessible aux conseils, et l'influence pouvait ainsi s'acquérir facilement sur son esprit. En résumé, il semblait plutôt fait pour la subordination que pour la résistance; on en pouvait faire un instrument; on n'avait point à redouter sa prépondérance (1). Tel était le plan de campagne. En vérité, on reste atterré devant tant de naïveté, tant de candeur, tant d'aveuglement. On ne parvient pas à comprendre comment des hommes d'État aient pu se faire de pareilles illusions et se tromper aussi lourdement. Les écrits du prince ne révélaient-ils donc pas une intelligence peu commune et surtout une grande envolée d'imagination? Le passé ne dénotait-il point d'une façon lumineuse qu'on avait devant soi, non un fantoche, un misérable mannequin, mais un être bien vivant, mais un homme résolu, audacieux, plein de courage

---

(1) Voir de Maupas, *Memoires sur le second Empire*, p. 30.

et de sang-froid, fort d'une idée fixe, animé d'une foi irréductible dans le nom de Napoléon, croyant à sa mission providentielle? Comment pouvait-on supposer que celui qui n'avait pas craint, à deux reprises, de jouer sa tête pour renverser le gouvernement et pour faire reconnaître ses droits d'héritier de Napoléon, consentirait bénévolement, après avoir été sacré par le suffrage populaire, à descendre du pouvoir, alors surtout que la volonté du peuple pourrait être contraire à cette abdication? Dès l'instant qu'on n'avait pas maintenu la proscription de la famille Bonaparte, il fallait, bon gré, mal gré, accepter franchement la situation, telle que les circonstances l'avaient faite, avec toutes les conséquences qui pouvaient logiquement se produire.

Ces hommes politiques avaient depuis quelque temps des rapports assez suivis avec le prince, s'appliquant à l'étudier et cherchant à pénétrer ses idées et ses vues. Mais plus ils le pratiquaient, plus leurs illusions augmentaient. Très simple d'allures, très modeste, il accueillait affablement tous les interlocuteurs et écoutait avec une infatigable patience et une bienveillance extrême toutes les communications qu'on venait lui faire. Sa politesse, sa parfaite urbanité ne se démentaient jamais. Il paraissait timide, craintif, embarrassé. Il parlait fort peu, se tenant aux généralités; mais les autres péroraient, croyant tout lui apprendre et produire une impression durable. Cette attitude encourageait, et on en abusait; on commençait par lui donner des conseils, puis on allait jusqu'à lui faire la leçon, on daignait le protéger. Il poussait la bonté jusqu'à ne pas avoir l'air de s'en apercevoir et même jusqu'à paraître reconnaissant de tant de dévouement et de tant de sollicitude. Quand on le serrait de trop près, il répondait d'une façon évasive, déclarait qu'il entendait accueillir tous les bons vouloirs et avoir comme objectif une conciliation générale. Somme toute, il était impénétrable et montrait une douceur telle que l'insistance était impossible (1).

---

(1) Voir DE MAUPAS, *Mémoires sur le second Empire*, et le comte DE FALLOUX,

Quelle était l'attitude du clergé? Un représentant du peuple, l'abbé Fayet, ancien curé de Saint-Roch, évêque d'Orléans, adressait le 11 novembre 1848 à tous les évêques et archevêques de France la lettre suivante (1) : « Monseigneur, peut-être serez-vous bien aise de connaître la pensée unanime des évêques et des ecclésiastiques de l'Assemblée nationale dans la grave circonstance où se trouve l'Église de France. Après les plus mûres réflexions, il nous a semblé que le choix du général Cavaignac, pour la présidence de la République, offrait à la religion plus de garanties et au pays plus de calme et de stabilité que toute autre candidature... » Dès que cette missive parut dans les journaux, Mgr Parisis, évêque de Langres, écrivit au journal *le Bien public* : « Je crois devoir, en mon nom et au nom de ceux de mes collègues ecclésiastiques avec lesquels j'ai pu en conférer, déclarer qu'un mandat de cette nature n'a été et n'a pu être confié à personne, les ecclésiastiques ne pouvant agir en semblables circonstances qu'à titre de simples citoyens... » De son côté, un autre ecclésiastique de l'Assemblée, l'abbé le Blanc, adressait à l'*Univers* une protestation contre la lettre de Mgr Fayet. Le clergé était donc divisé (2), mais pour la grande majorité Louis-Napoléon était le candidat sympathique (3).

Dans l'armée, le nom de Napoléon remuait l'âme du soldat, et, s'il y avait beaucoup d'officiers républicains, le nombre de ceux qui étaient tout prêts à acclamer le prince était plus con-

---

le Parti catholique, ce qu'il a été, ce qu'il est devenu. (Paris, Ambroise Bray, libraire-éditeur, 1856.)

(1) Voir le *National* du 16 novembre.

(2) La *Presse* cite, à l'adresse du clergé favorable au général Cavaignac, le fait que voici : Dartigoyte, député à la Convention, fit brûler à Auch un plein tombereau d'images et de reliques en dansant la carmagnole autour de ce brasier patriotique. Le père de Cavaignac, qui l'accompagnait, écrivait alors qu'« il secondait l'apostolat philosophique de Dartigoyte en brûlant dans un tombereau deux Vierges à miracles et une foule de saints et de reliques ».

(3) Dans une lettre aux curés de son diocèse, l'archevêque de Paris garde la neutralité et déclare que les prêtres doivent consulter leur conscience et choisir celui qui leur paraîtra le plus digne. — Au contraire, le cardinal de la Tour d'Auvergne, évêque d'Arras, soutient la candidature du général Cavaignac. (Il n'oubliera jamais « la délivrance de l'insurrection de juin, et il votera pour *un sabre!* »)

sidérable encore. Outre le maréchal Bugeaud et le général Changarnier, les généraux Bedeau, Rulhières, Oudinot, Lebreton, Baraguay d'Hilliers se déclaraient pour lui. Les journaux publiaient le document suivant : « Un grand nombre d'officiers généraux et d'officiers de tous grades se sont réunis et ont arrêté cette résolution... : Vu les glorieux souvenirs de l'Empire, la mémoire du génie qui vivra éternellement, la grandeur de son époque ; vu le sacrifice que l'Empereur fit deux fois de sa couronne, de sa famille, de sa fortune et de sa personne à la France qu'il a tant aimée ; vu les malheurs, la probité, l'exil, le courage, les vastes connaissances dans les codes, les lois, les sciences et l'art militaire, l'administration, les mœurs de la France, les intentions pures et honnêtes, le manifeste si éminemment français, les nobles engagements de Louis-Napoléon Bonaparte, neveu de l'Empereur, envers le peuple et l'armée... sont d'avis, devant Dieu et devant les hommes, que l'armée... doit repousser la candidature d'Eugène Cavaignac... et voter pour Louis-Napoléon Bonaparte.

« Pour et au nom des officiers réunis :

« Le général baron STOURM,

« 26, rue de Rivoli. »

La *Gazette de France* du 2 décembre publiait, de son côté, la lettre suivante, adressée à un ancien colonel de l'Empire :

« Berne, 24 novembre 1848.

« ..... J'ai rencontré en lui (le prince) un grand et noble caractère, des sentiments élevés dignes du nom qu'il porte, une rare loyauté, un désintéressement peu commun, un patriotisme ardent et sincère ; en un mot, toutes les qualités qui commandent l'estime... Ouvrez ses ouvrages, et jugez ; ils sont nombreux et variés. Vous y reconnaîtrez le penseur profond et l'écrivain distingué. Il a écrit sur les sciences militaires, sur la politique, sur l'histoire, sur les questions économiques et industrielles, etc., etc., toujours avec une supériorité marquée, *et si une chose peut me surprendre, c'est que tout cela soit si peu connu en France*... Un temps viendra où on lui rendra justice... Je pourrais... parler de ses qualités militaires, de son courage, de sa fermeté, d'actions dont bien d'autres s'honoreraient et qu'il veut laisser dans l'ombre... J'en ai assez dit... pour montrer que Louis-Napoléon Bonaparte est plus qu'un homme ordinaire.

« Le général G. H. Dufour (1). »

Dans la lutte électorale qui est engagée, le prince commence à donner de sa personne. Aux délégués du congrès des journaux de province qui soutiennent sa candidature, il fait cette déclaration (2) : « On me fait les reproches les plus bizarres et les plus contradictoires; tantôt on m'accuse d'être communiste et de vouloir le renversement de l'ordre social, moi le neveu de Napoléon qui compte parmi ses plus beaux titres de gloire celui d'avoir rétabli la société sur ses bases! tantôt on m'accuse de vouloir renouveler le despotisme impérial, de rêver des guerres sans fin, des envahissements de territoires : ces deux calomnies se détruisent l'une par l'autre. Je suis de mon époque et de mon pays; la guerre n'est plus une nécessité de la société moderne, et l'ordre social doit être fermement maintenu et fortifié. Je voulais rester dans la retraite, mais, honoré des suffrages de cinq départements, je n'ai pas cru devoir refuser plus longtemps la mission qui m'était confiée. Maintenant que le vœu populaire veut me déférer un honneur bien plus grand, je tâcherai de m'en rendre digne, et je ne prendrai jamais mon appui que parmi les gens d'ordre et les amis d'une sage liberté. » En réponse à une lettre des ouvriers charpentiers de Troyes, il écrit (3) : « ... Répondez à ceux qui vous parlent de mon ambition que j'en ai une grande, en effet,

(1) Général en chef de l'armée suisse.
(2) Voir la *Presse* du 15 novembre, qui cite le journal *l'Aube*.
(3) 16 novembre.

celle d'arracher la France au chaos et à l'anarchie, et de la rétablir dans sa grandeur morale en même temps que dans sa liberté. Les ouvriers de Troyes, dont vous êtes les interprètes, doivent savoir que dans l'exil et dans la prison j'ai médité sur les grandes questions du travail qui préoccupent les sociétés modernes. Ils doivent croire que de telles études ont laissé en moi d'ineffaçables traces, et que d'aussi sérieux intérêts me seront toujours chers... »

A Rome, la Révolution faisait son œuvre, et, le 15 novembre, le chef du gouvernement pontifical, le ministre Rossi, était assassiné. Le gouvernement français, qu'approuve l'Assemblée nationale, ordonne l'envoi de trois frégates à Civita-Vecchia et charge notre ambassadeur, M. de Corcelles, d'assurer la liberté de Pie IX et de lui offrir un asile en France. Le prince s'était abstenu de voter, comme il s'abstenait presque toujours, ayant pris, dès le principe, la résolution de ne s'engager sur aucune question. Vivement attaqué à cause de cette abstention, il écrit alors au *Constitutionnel :* « Paris, 2 décembre 1848. — Monsieur le rédacteur, apprenant qu'on a remarqué mon abstention dans le vote relatif à l'expédition de Civita-Vecchia, je crois devoir déclarer que, tout en étant décidé à appuyer toutes les mesures propres à garantir efficacement la liberté et l'autorité du Souverain Pontife, je n'ai pu approuver par mon vote une démonstration militaire qui me semblait dangereuse, même pour les intérêts sacrés qu'on voulait protéger, et de nature à compromettre la paix de l'Europe. Recevez, etc. Louis-Napoléon BONAPARTE. » — Puis, comme un de ses cousins, le prince de Canino, pactisait avec les révolutionnaires romains, il écrivait en même temps au nonce du Pape : « Monseigneur, je ne veux pas laisser accréditer auprès de vous les bruits qui tendent à me rendre complice de la conduite que tient à Rome le prince de Canino. Depuis longtemps je n'ai aucune espèce de relations avec le fils ainé de Lucien Bonaparte, et je déplore de toute mon âme qu'il n'ait point senti que le maintien de la souveraineté temporelle du chef vénérable de l'Église était intimement lié à l'éclat du catholicisme, comme à la liberté et à l'indépendance de l'Italie. Recevez, etc. Louis-Napoléon BONAPARTE. » — Quelques jours après, la *Presse* publiait cette déclaration, qui aurait été faite par le cardinal Antonelli (1), à savoir que, si Sa Sainteté devait quitter l'Italie, ce ne serait pas « pour aller dans un pays plein de révolutions et où le chef du gouvernement était le fils d'un régicide ».

Le prince devait, comme candidat, faire une profession de foi. MM. Thiers, Molé, Berryer, etc., depuis qu'ils avaient pris parti pour le prince, le voyaient fréquemment, et, dans ces entrevues, s'appliquaient à lui indiquer le langage qu'il avait à tenir ; bientôt ils firent mieux, ils précisèrent les termes dans lesquels il devrait s'adresser à la nation ; enfin, abusant de la patience angélique de leur interlocuteur et abusés sur son caractère, sa valeur et son ambition, ils allèrent jusqu'au bout, et, un beau matin, ils arrivèrent avec un projet de manifeste, rédigé par M. Thiers. Le prince le prit et promit de l'examiner. Le lendemain, il se rendait rue d'Alger, chez son oncle le roi Jérôme, où il avait l'habitude de rencontrer Conti, Abattucci, Casabianca, Vieillard, Chabrier et quelques autres amis, et il donnait lecture de deux projets de manifeste. Le premier, très développé, soigné de style, redondant, un peu pompeux, eut un grand succès ; le second était plus simple, plus net, plus court, écrit d'un style moins orné ; il eut un succès encore plus grand que le premier, et à l'unanimité on lui donna la préférence. Le premier manifeste était de M. Thiers ; le second était l'œuvre du prince (2). Quand MM. Thiers, Molé, Berryer revinrent (3), le prince se contenta de prendre dans le tiroir de son bureau son propre manifeste, et, de sa voix lente, grave et calme,

(1) Voir *Souvenirs du second Empire*, p. 53, par GRANIER DE CASSAGNAC, qui tenait ces détails du prince lui-même.
(2) *Ibid.*
(3) Non seulement MM. Thiers et Molé voulaient que le prince acceptât un manifeste tout rédigé, mais ils avaient la prétention de régenter Louis-Napoléon jusqu'à lui imposer le sacrifice de ses moustaches. Dînant un jour chez M. Molé avec le prince, M. Thiers dit à celui-ci : « Vous allez très certainement être élevé à la présidence de la République. Eh bien ! pour répondre à l'état et aux tendances de la société actuelle, Molé et moi nous estimons que vous devez couper vos

il le lut à ces messieurs. L'impression fut profonde. Les yeux commençaient à se dessiller. On avait devant soi un penseur, un politique, un homme. La forme du document fut unanimement louée. Quelques légères observations furent présentées sur le fond. Le mot *d'ailleurs*, placé en tête de la dernière phrase, fut seul l'objet d'une critique sérieuse. Le prince maintint son mot, et, allant remettre son manuscrit dans le tiroir, il indiqua ainsi que la discussion était close. Ce manifeste était ainsi conçu : « Pour me rappeler de l'exil, vous m'avez nommé représentant du peuple. A la veille d'élire le premier magistrat de la République, mon nom se présente à vous comme un symbole d'ordre et de sécurité. Ces témoignages d'une confiance si honorable s'adressent, je le sais, bien plus à ce nom qu'à moi-même, qui n'ai rien fait encore pour mon pays. Mais plus la mémoire de l'Empereur me protège et inspire vos suffrages, plus je me sens obligé de vous faire connaître mes sentiments et mes principes... Je ne suis pas un ambitieux qui rêve tantôt l'Empire et la guerre, tantôt l'application de théories subversives. Élevé dans des pays libres, à l'école du malheur, je resterai toujours fidèle aux devoirs que m'imposeront vos suffrages et les volontés de l'Assemblée. Si j'étais nommé président, je ne reculerais devant aucun danger, devant aucun sacrifice, pour défendre la société si audacieusement attaquée ; je me dévouerais tout entier, sans arrière-pensée, à l'affermissement d'une république sage par ses lois, honnête par ses intentions, grande et forte par ses actes. Je mettrais mon honneur à laisser, au bout de quatre ans, à mon successeur, ce pouvoir affermi, la liberté intacte, un progrès réel accompli(1). Quel que soit le résultat de l'élection, je m'inclinerai devant la

---

moustaches. Si lui ou moi nous étions nommés présidents, nous n'en porterions pas(!). » (Voir les *Souvenirs* de Granier de Cassagnac (p. 51), qui tenait ce récit de la bouche même du prince.)

(1) A ces mots, M. Thiers l'interrompit : « Qu'allez-vous faire ? Biffez, biffez cette phrase imprudente. Gardez-vous bien d'engagements de cette sorte. N'engagez rien, réservez tout ! » Le prince consulta ensuite M. de Girardin, qui lui répondit : « Voulez-vous, en effet, mettre votre honneur à laisser, au bout de quatre ans, à votre successeur, le pouvoir affermi... conservez la phrase ; ne le voulez-vous pas, oh! alors, biffez-la bien vite. » Il ne biffa pas la phrase. Il était

volonté du peuple, et mon concours est acquis d'avance à tout gouvernement juste et ferme qui rétablisse l'ordre dans les esprits comme dans les choses, qui protège efficacement la religion, la famille, la propriété, bases éternelles de tout ordre social, qui provoque les réformes possibles, calme les haines, réconcilie les partis, et permette ainsi à la patrie inquiète de compter sur un lendemain. Rétablir l'ordre, c'est ramener la confiance, pourvoir par le crédit à l'insuffisance passagère des ressources, restaurer les finances. Protéger la religion et la famille, c'est assurer la liberté des cultes et la liberté de l'enseignement. Protéger la propriété, c'est maintenir l'inviolabilité des produits de tous les travaux, c'est garantir l'indépendance et la sécurité de la possession, fondements indispensables de la liberté civile. Quant aux réformes possibles, voici celles qui me paraissent les plus urgentes : admettre toutes les économies qui, sans désorganiser les services publics, permettent la diminution des impôts les plus onéreux au peuple ; encourager les entreprises qui, en développant les richesses de l'agriculture, peuvent en France et en Algérie donner du travail aux bras inoccupés ; pourvoir à la vieillesse des travailleurs par les institutions de prévoyance ; introduire dans nos lois industrielles les améliorations qui tendent non à ruiner le riche au profit du pauvre, mais à fonder le bien-être de chacun sur la prospérité de tous ; restreindre dans de justes limites le nombre des emplois qui dépendent du pouvoir et qui souvent font d'un peuple libre un peuple de solliciteurs ; éviter cette tendance funeste qui entraîne l'État à exécuter lui-même ce que les particuliers peuvent faire aussi bien et mieux que lui ; la centralisation des intérêts et des entreprises est dans la nature du despotisme ; la nature de la République repousse le monopole ; enfin préserver la liberté de la presse des deux

---

convaincu qu'il ne serait jamais acculé à une usurpation du pouvoir; il ne doutait pas qu'un coup d'État fût inutile pour faire aboutir ce qui était, après tout, la volonté certaine de la France, le retour à l'Empire. (Voir *Portraits politiques contemporains : Louis-Napoléon Bonaparte*, par A. DE LA GUÉRONNIÈRE, 1851. — Voir aussi le journal *la Presse*, numéro du 10 avril 1851.)

excès qui la compromettent toujours : l'arbitraire et sa propre licence. Avec la guerre point de soulagement à nos maux; la paix serait donc le plus cher de mes désirs. La France, lors de sa première révolution, a été guerrière parce qu'on l'avait forcée de l'être. A l'invasion elle répondit par la conquête. Aujourd'hui qu'elle n'est pas provoquée, elle peut consacrer ses ressources aux améliorations pacifiques, sans renoncer à une politique loyale et résolue. Une grande nation doit se taire ou ne doit jamais parler en vain. — Songer à la dignité nationale, c'est songer à l'armée dont le patriotisme si noble et si désintéressé a été souvent méconnu. Il faut, tout en maintenant les lois fondamentales de notre organisation militaire, alléger et non aggraver le fardeau de la conscription. Il faut veiller au présent et à l'avenir non seulement des officiers, mais aussi des sous-officiers et des soldats, et préparer aux hommes qui ont servi longtemps sous les drapeaux une existence assurée. La République doit être généreuse et avoir foi dans son avenir; aussi, moi qui ai connu l'exil et la captivité, j'appelle de tous mes vœux le jour où la patrie pourra sans danger faire cesser toutes les proscriptions et effacer les dernières traces de nos discordes civiles. — Telles sont, mes chers concitoyens, les idées que j'apporterais dans l'exercice du pouvoir, si vous m'appelez à la présidence de la République. La tâche est difficile, la mission immense, je le sais ; mais je ne désespérerais pas de l'accomplir en conviant à l'œuvre, sans distinction de partis, les hommes que recommandent à l'opinion publique leur haute intelligence et leur probité. D'ailleurs, quand on a l'honneur d'être à la tête du peuple français, il y a un moyen infaillible de faire le bien, c'est de le vouloir (1). »

Ce manifeste était très remarquable ; habile, politique, heureusement présenté, il produisit un grand effet.

Auparavant (12 novembre), la circulaire suivante avait été adressée dans tous les départements par les amis du prince aux personnes connues pour être à même par leur situation

---

(1) 27 novembre 1848.

d'exercer une influence dans l'élection présidentielle : « Messieurs, en présence de tant de souffrances causées par neuf mois de provisoire et qui n'espèrent un soulagement que dans l'élection d'un pouvoir exécutif fort et puissant, vous voudrez bien excuser la liberté que je prends de m'adresser aux personnes qui, comme vous, jouissent d'une si légitime influence dans le pays pour les engager à augmenter la majorité qui est acquise aujourd'hui à Louis-Napoléon. Sa position est exceptionnelle et des plus favorables. Étranger à tous les partis, il peut les concilier tous... Son intention est d'appeler à lui toutes les capacités, sans distinction de leur passé... Son nom est pour tous un symbole d'ordre et de stabilité ; il a une influence immense et incontestable sur les masses, ce qui lui donnera les moyens de protéger efficacement la société contre les attaques dont elle est menacée. Plus la majorité que nous lui donnerons sera grande, plus il aura de force... C'est donc guidé par le sentiment le plus désintéressé que je sollicite votre concours pour la nomination de Louis-Napoléon Bonaparte à la présidence de la République... A. F., 134, faubourg Saint-Honoré. »

De son côté, le général Cavaignac ne restait pas inactif, et le gouvernement travaillait en sa faveur (1). Le 17 novembre 1848, M. Dufaure, ministre de l'intérieur, se faisait écrire par un grand banquier d'alors, M. James Odier, une lettre dans laquelle celui-ci lui demandait si, une fois nommé président de la République, le général Cavaignac pratiquerait une politique d'ordre et de progrès, antipathique à tout mouvement brusque dans le sens des partis extrêmes. M. Dufaure lui répondait à la date du 22 novembre : « ... J'ai pu voir de près, j'ai observé à loisir depuis quatorze ans tous les hommes d'État

---

(1) La *Presse* (18 mars 1849) peint ainsi l'intervent'on du gouvernement : « Action de quatre-vingt-six préfets et de deux cent quatorze sous-préfets et d'une nuée de fonctionnaires battant les campagnes en tous sens pour discréditer la candidature de Louis-Napoléon Bonaparte... ; débordement d'épopées impudentes, de caricatures odieuses, d'affiches officielles payées sur les fonds secrets du ministère ; action de deux cents représentants partis à tire-d'aile pour rendre plus imposante la majorité du chef du pouvoir exécutif. . »

de ce temps-ci; je n'en ai pas connu qui eût la parole plus sincère, le cœur plus droit et plus désintéressé, l'esprit plus juste et plus net que M. le général Cavaignac. Je le tiens pour le vrai républicain de nos jours, républicain sage, ferme et convaincu. Le général Cavaignac sait aussi bien que vous et moi que le gouvernement républicain, comme tout autre, serait impossible en France s'il ne se faisait pas un devoir absolu de respecter religieusement tous les droits, de protéger toutes les libertés, de maintenir énergiquement l'ordre public. Je m'étonne vraiment que ses intentions puissent être douteuses pour qui voit comment depuis cinq mois il a su maintenir l'ordre dans les circonstances les plus difficiles... Je ne concevrais pas l'ombre d'un doute chez ceux qui peuvent lire au fond de son cœur. » Dès le 2 novembre, M. Dufaure avait adressé à tous les préfets une circulaire qui n'était en définitive, sous prétexte d'affirmer la neutralité du gouvernement, qu'un acte, sans franchise, d'intervention officielle et énergique en faveur du chef du pouvoir, le général Cavaignac. « Le rôle du gouvernement, disait-il, se réduit à assurer la liberté, la pureté de l'élection... le gouvernement doit laisser chaque citoyen apprécier dans la parfaite indépendance de sa réflexion le mérite des candidats. Ce n'est pas que je songe à vous interdire des rapports volontaires avec vos administrés. Je désire, au contraire, que vous entreteniez chacun des vrais intérêts de la République. On comprendra sans peine... que la nation doit... se confier à un passé sans reproche, à un patriotisme incontestable, à une résolution mâle, énergique, déjà éprouvée au service de la République, plutôt qu'à de vaines et trompeuses promesses... » Les autres ministres agissaient chacun dans la sphère de ses attributions. *M. Freslon,* ministre de l'instruction publique (1), le recommandait discrètement aux instituteurs. *M. Vivien,* ministre des travaux publics, rappelait aux ouvriers toute la sollicitude du gouvernement pour la classe des travailleurs. *M. Trouvé-Chauvel,* ministre des finances, déposait

(1) Voir *Histoire de la seconde République française,* par M. Pierre DE LA GORCE, t. I, 1887. Plon, éditeur.

un projet de loi réduisant des deux tiers l'impôt sur le sel. Des brochures en faveur de Cavaignac, des biographies ainsi que des portraits du général sont répandus en grande quantité dans la France entière (1). A la quatrième page de tous les journaux, même de ceux qui sont le plus hostiles à cette candidature, on lit cette annonce-réclame en gros caractères (2) : « *Le général Cavaignac devant l'Assemblée nationale. Édition avec portrait, 5 francs le* 100. *Librairie du Commerce, rue Dauphine,* 24. *En ajoutant 6 francs de plus, on recevra* 120 *exemplaires assortis de* 30 *publications nouvelles qui concernent l'élection.* » Le général Cavaignac, tout en ayant une attitude absolument correcte et digne, paye de sa personne et ne néglige rien pour se rendre sympathique. Il assiste à un grand banquet à l'Hôtel de ville; il passe en revue la garde mobile; il visite les prisons et les établissements publics; il assiste au départ de colons pour l'Algérie; il use largement de son droit de grâce en faveur des insurgés de Juin et des condamnés ordinaires; enfin il donne un gage d'importance au parti de l'ordre en dînant à l'archevêché. Odilon Barrot dit (3) : « Le général Cavaignac ne négligea aucun des avantages qu'il pouvait tirer de la possession du pouvoir et de l'action dévouée du monde officiel. Il aurait pu, peut-être, s'en servir avec plus d'habileté, mais on ne peut pas lui reprocher de n'en avoir pas usé. »

Bien avant le 10 décembre, l'enthousiasme était si général (4), le courant bonapartiste était si prononcé que l'élection du

---

(1) On lui reproche d'expédier sa biographie à chaque régiment et de la faire lire dans les chambrées.

(2) Voir les *Débats* du 10 décembre.

(3) *Mémoires*. — Il avait précédemment (le 12 novembre) invité à dîner les ecclésiastiques membres de l'Assemblée.

(4) « On ne se rappelait déjà plus ce qu'avaient coûté de larmes et de sang ces victoires qui ne sont plus que des souvenirs immortels... La malédiction des mères pleurant leurs fils ensevelis dans les neiges de Moscou, la tristesse des campagnes privées des bras qui fécondent le sol; le poids toujours si lourd à porter de la dictature militaire, même quand cette dictature s'appelle Napoléon, tout cela s'était effacé de la mémoire du peuple. Il ne restait plus que le grand empereur, le héros de cent batailles... Louis-Napoléon a été cette légende vivante, et son élection si unanime s'est faite plutôt par entraînement que par réflexion... » (*Portraits politiques contemporains*, par A. DE LA GUÉRONNIÈRE.)

prince ne faisait de doute pour personne. En province, dans plusieurs villes, la promulgation de la Constitution est saluée des cris de : Vive Napoléon ! et même de : Vive l'Empereur (1) ! A Paris, des manifestations bonapartistes se produisent quotidiennement place Vendôme, devant l'hôtel du Rhin (2) où habite alors le prince; du matin au soir, des groupes nombreux stationnent sous ses fenêtres; à certaines heures, la foule est telle qu'elle déborde de la place, étendant ses ailes (3) jusque dans les rues de la Paix, Castiglione et Saint-Honoré. Il en est de même place de la Concorde et devant le palais de l'Assemblée nationale, où on l'acclame chaque fois qu'on l'aperçoit. L'entraînement est si grand qu'on se trompe parfois et qu'on fait une ovation à des gens qui lui ressemblent. On imprime des bulletins de vote en caractères qui imitent l'écriture de Napoléon empereur. Dans leurs annonces les journaux (4) disent « qu'ils sont autographiés sur des actes signés de lui... *Bonaparte*, calqué sur la signature d'une proclamation datée de Milan le 20 mai 1796; *Napoléon*, sur la minute de la lettre du régent d'Angleterre du 14 juillet 1815; *Louis*, sur une dépêche de l'Empereur à Masséna du 18 septembre 1805 (5) ».

Dès la seconde quinzaine de novembre (6), le prince se rendait si bien compte de la situation qu'il s'occupait déjà de la formation de son premier ministère. L'*Univers* annonçait qu'il avait offert à M. de Falloux le ministère de l'instruction publique. En même temps il proposait à M. Léon Faucher le ministère des travaux publics (7), mais alors la question d'ar-

---

(1) Voir la *Patrie* du 24 octobre 1848.
(2) Auparavant, le prince demeurait 36, rue d'Anjou, chez son ami M. Clary. (Voir *Changarnier*, par le comte d'Antioche, p. 229.)
(3) Voir la *Patrie* du 4 décembre 1848.
(4) Voir les *Débats* du 2 décembre 1848.
(5) Les journaux donnent ces anagrammes : Général Eugène Cavaignac : le carnage aigu, vengeance; Louis-Napoléon Bonaparte : bon élu proposé à la nation.
(6) A la date du 27 octobre, l'*Union* s'exprimait ainsi : « Des députés des clubs ultra-démocratiques se sont rendus... chez M. Louis Bonaparte et lui ont proposé un programme que le FUTUR PRÉSIDENT devait accepter. M. Louis Bonaparte a éludé de répondre. »
(7) « Lorsque le prince Louis m'offrit, *il y a déjà près d'un mois,* le ministère

gent le préoccupait beaucoup. Les frais d'une élection dans la France entière allaient forcément être considérables, et il était bien loin (1) d'avoir personnellement les ressources nécessaires pour faire face à d'aussi grosses dépenses. Si, à ce moment, des fidèles vinrent à son secours (2), ce ne fut certainement que dans une mesure restreinte, partant insuffisante, et la plus grande partie des déboursés ne dut être réglée qu'après le 10 décembre. Du jour où sa candidature fut posée, le prince avait songé à se procurer l'argent dont il croyait avoir besoin, et il semble qu'il ait cherché (3), à ce moment, à en trouver au

des travaux publics, je mis dans ma réponse la plus grande réserve... » (Lettre du 17 décembre 1848 à M. Henry Reeve, esquire.)

(1) Avant d'être l'élu du 10 décembre, M. Louis Bonaparte n'avait qu'une fortune extrêmement restreinte et notoirement embarrassée C'est à peine si tous les objets qu'il avait laissés à Londres et qui y furent vendus à l'encan lui rapportèrent de 1,000 à 1,500 livres sterling. (Voir la *Presse* du 12 juin 1850.)

(2) Il avait connu intimement à Londres une riche Anglaise, *miss Howard*, faite plus tard comtesse de Beauregard, qui, en 1848, lui vendit à crédit un domaine dans les États romains, près de Civita-Vecchia, et sur ces terres il emprunta immédiatement 60,000 écus romains, soit 324,000 francs, au marquis E.-L. Pallavicino. (Voir *Papiers et correspondance de la famille impériale trouvés aux Tuileries*. 1871, édit. Garnier.) Cette femme, dit-on, lui aurait déjà donné ou prêté de l'argent pour l'expédition de Boulogne, et, après l'élection du 10 décembre, serait venue s'installer rue du Cirque, près de l'Élysée. — Rapallo, celui qui loua le bateau pour l'expédition de Boulogne, lui aurait prêté 250,000 francs. (*Papiers et correspondance de la famille impériale*, etc.)

(3) Au mois d'août 1851, le *Messager de l'Assemblée*, sous la signature de M. *Eugene Forcade*, publiait les documents suivants :

Circulaire (15 novembre 1848) écrite en anglais et lancée sur la place de Londres.

« La feue duchesse de Saint-Leu, ex-reine Hortense, à l'époque de sa mort, avait des répétitions à exercer sur le gouvernement français qui montaient à la somme de 28,887,000 francs... Ces répétitions étaient fondées sur le traité de Fontainebleau... La légitimité de ces répétitions n'a jamais été mise en question (questioned)... Son Altesse Impériale le prince Louis..., comme seul héritier de sa mère..., est le seul ayant droit à poursuivre le recouvrement de cette créance... *Ce qui se passe maintenant en France et d'autres circonstances plus favorables* donnent la certitude que ces réclamations... recevront bientôt la considération et la satisfaction qu'elles méritent... De ces réclamations, 10 millions ont été, pour le but mentionné dans un acte sous seing privé du 15 novembre... assignés au profit de M X..., banquier à Paris, en ce moment à Londres, par Son Altesse Impériale. Cet acte a été... déposé chez le notaire public de Londres ci-dessous désigné et a été de plus sanctionné par Son Altesse Impériale et par M X..., par un autre acte passé devant le même notaire. Son Altesse Impériale s'engage par cet acte à ce que le premier payement qu'il recevra du gouvernement français moyen d'une cession des droits qu'il aurait pu avoir au payement d'une créance considérable sur l'État français, en vertu du traité de Fontainebleau d'avril 1814. Mais ce projet, à supposer qu'il ait été bien sérieux, n'eut pas de suites, et on le comprend, car une réclamation de cette nature, dont le succès d'ailleurs était bien problématique, aurait pu porter un coup mortel à la candidature du prince.

Ses préoccupations étaient vaines, le nom de Napoléon suffisait à tout et devait amener à ses pieds la nation entière, enivrée par les souvenirs, avide de paix, et redoutant le retour de la Terreur. Une propagande électorale puissamment orga-

soit appliqué à la portion des répétitions ainsi aliénée. M. X..., ayant divisé cette somme de 10 millions en cent parts ou actions, a proposé cent certificats représentant 100,000 francs chaque, et il a proposé de les céder à ceux qui voudraient les payer... 10,000 francs chaque... Ceux qui voudraient des certificats devront s'adresser à M. A. de Pinga, notaire public, étranger et anglais, en son cabinet, n° 3, Bartholomew lane, royal exchange, London. »

« 24 juin 1851. — Je, Rupert Rains, notaire public à Londres... certifie et atteste... Je me me suis présenté... chez M. Abraham de Pinga... je lui ai montré la circulaire (printed paper)... et, après qu'il l'eut prise en main et examinée, sur ma demande, il me déclara que cette circulaire avait été émise par lui-même, et que tout ce qui est énoncé était parfaitement exact...; que cette circulaire a été émise par lui il y a près de trois ans, et enfin qu'il préférait ne pas dire pourquoi l'affaire n'avait pas eu de suite à Londres, à cette époque, ni combien de certificats d'actions avaient été placés. — En foi de quoi j'ai délivré les présentes sous ma signature et mon sceau, pour servir et valoir ce que de droit.

« Londres, ce vingt-quatre juin mil huit cent cinquante et un.

« *In testimonium veritatis.*

« *Signé* : Rupert Rains, notaire.

« N° 2173. Vu au consulat général de France en Angleterre pour légalisation de la signature d'autre part de M. Rupert Rains, notaire public en cette ville.

« Londres, le 24 juin 1851.

« N° 4756, art 58, le droit, 12 fr. 50.

« Pour M. le consul général,
« Par autorisation, le chancelier,
« *Signé* : Rousselin.
« Le chancelier, *signé* : Laurent. »

Ces pièces étaient publiées dans un article du *Messager* intitulé : *Une conséquence financière de la prorogation des pouvoirs*. « Il importe de savoir, disait M. E. Forcade, si le lendemain de la réélection ou de la prorogation on ne viendra pas présenter impérieusement à la France, au nom de Son Altesse Impériale, comme on dit en anglais, une rente à payer de 100 millions. » — D'après les nisée eût été bien inutile (1). D'ailleurs, les anciens militaires, encore nombreux, étaient pour lui de merveilleux agents électoraux, car on avait tout oublié : le despotisme impérial, les flots de sang français répandus à travers toute l'Europe, les folies d'un génie désordonné, les douleurs et les humiliations de deux invasions, l'entrée des armées étrangères à Paris ; on ne se souvenait que des victoires, de la gloire immense de nos armes, de l'épopée surhumaine, de la légende incomparable. Aussi ce ne fut pas une élection, mais une acclamation. Jamais homme, dans aucun pays ni dans aucun temps, ne remporta un pareil triomphe. Le scrutin, ouvert les 10 et 11 décembre 1848, donna les résultats suivants :

Votants (France et Algérie)	7,517,811
Louis-Napoléon	5,572,834
Cavaignac	1,469,156
Ledru-Rollin	376,834
Raspail	37,106
Lamartine	20,938
Changarnier	4,687
Divers, inconstitutionnels (Joinville), blancs, etc.	36,256 (2)

articles 3 et 6 du traité de Fontainebleau (avril 1814), entre l'Empereur et les souverains alliés, articles qui n'auraient jamais été exécutés, Napoléon Ier devait être inscrit sur le grand livre de la rente française pour un revenu annuel de 2 millions, et il devait être réservé, dans les pays auxquels l'Empereur renonçait, pour lui et sa famille, des domaines, ou donné des rentes pour un revenu annuel de 2,500,000 francs, dont 200,000 francs pour le roi Louis et 400,000 francs pour la reine Hortense et ses enfants.

(1) « Le courant, formé des opinions les plus contraires, était devenu irrésistible... Qu'on ne dise pas que tel ou tel personnage qui a appuyé cette élection en est politiquement responsable. Le résultat était hors de la portée de toute influence privée. MM. Molé et Thiers, par exemple, qui crurent devoir patronner hautement la candidature de Louis-Napoléon... n'ont mérité pour cela ni reproche ni remerciement, car s'ils se fussent abstenus... le dénouement eût été absolument le même. » (Odilon BARROT, *Mémoires*, t. III, p. 26.)

« N'oubliez jamais que vous êtes l'instrument dont s'est servi la Providence (votre élection miraculeuse en fait foi) pour rétablir l'ordre... » (Adresse du tribunal de commerce de Rouen, 24 décembre 1848.)

(2) A Paris, les résultats du scrutin furent ceux-ci :

Inscrits	433,632
Votants	341,829

« On votait, disent les *Débats* du 23 décembre, avec cet entraînement qui est l'un des traits du caractère national; la furie française semblait être transportée des champs de bataille dans les salles d'élection... Ce qui a fait le merveilleux succès de M. Bonaparte, c'est le besoin d'ordre et de calme dont la France est aujourd'hui affamée... c'est l'effroi de la France épouvantée par les hommes du 24 février... Elle a si cruellement souffert depuis tantôt dix mois! Quelle famille n'a pas vu l'inquiétude et la crainte venir prendre place au foyer domestique? Riche ou pauvre, lequel d'entre nous, depuis le mois de février, n'a pas eu le cœur déchiré chaque jour par les angoisses de son père... par les terreurs de sa femme et de ses enfants? »

Le 27 décembre, à la *Réunion de la rue de Poitiers*, M. Berryer dit : « La France vient de manifester solennellement son besoin d'ordre, de repos, sa répulsion pour les doctrines monstrueuses qui nous ont épouvantés depuis dix mois; une immense majorité a été donnée à un nom, drapeau commun autour duquel se sont groupés dans une même pensée de salut public tous les partis, tous les honnêtes gens, toute la partie saine du pays. »

Ce n'était pas seulement la masse conservatrice, si considérable alors, qui avait voté pour le prince, c'était aussi la grande majorité des démocrates socialistes dont le mot d'ordre était : « Tout plutôt que Cavaignac », et qui, pour assurer le succès du candidat ayant le plus de chances, abandonnèrent Raspail et Ledru-Rollin.

Lamartine, malgré l'effondrement de sa popularité qui la veille était sans rivale, malgré le poignant échec qui venait de lui être infligé, montre alors autant de grandeur d'âme

Louis Bonaparte.	198,484
Cavaignac.	95,567
Ledru-Rollin.	26,648
Raspail.	15,871
Lamartine.	3,838

Le Consulat avait été voté par 3,011,007 suffrages (1,562 contre); le Consulat à vie, par 3,577,259 (8,374 contre); l'Empire, par 3,521,244 (2,579 contre).

que peu de sens politique en s'écriant dans le *Bien public :*
« Nous ne croyons pas que la République soit exposée à périr parce qu'elle sera couronnée de souvenirs et de poésie impériale; si le peuple l'aime mieux sous ce costume, nous ne disputerons pas ses goûts. La République a sa force en elle-même. On peut la décorer à son sommet d'un nom, d'une tradition, d'une popularité; elle reste inébranlable sur la base de la souveraineté nationale... Que la République ne s'alarme donc pas... Si Napoléon est un grand et glorieux nom, la République est un principe qui a ses racines dans le peuple et son origine en Dieu. »

« Ce n'est pas une élection, dit M. de Girardin (1), c'est une acclamation. Partout on a voté avec une espèce d'enthousiasme calme et consciencieux qui avait quelque chose d'irrésistible et de solennel... Jamais le cœur de la France n'avait au même degré battu de la même pulsation. »

Voilà des déclarations faites sous l'aveuglante clarté des événements et qu'il ne faudra jamais oublier (2).

Trois ans après, en 1851, un homme qui n'est pas suspect disait (3) de cette élection, en s'adressant au prince : « Succès immense, inouï, unique dans les fastes de l'histoire... ; élection profondément démocratique; le peuple en le nommant a obéi à une idée républicaine, à un sentiment révolutionnaire. L'Empereur était un parvenu, chacun pouvait à l'exemple du

---

(1) Décembre 1848. (Voir la *Presse.*)

(2) « A peine son nom est-il jeté sur la place publique, qu'il est murmuré sur toutes les lèvres comme un souvenir et une espérance; le murmure court la rue, il franchit la barrière, il s'étend aux campagnes, il retentit jusque dans les plus humbles villages, il monte comme la vague de l'Océan, jusqu'à ce qu'il se transforme en un grand mouvement d'opinion et qu'il se traduise par six millions de suffrages jetés dans l'urne sans motif, sans raison, et comme par un élan irrésistible de la nation .. Strasbourg et Boulogne, deux folies, deux fautes, deux crimes... ont fait l'élection du 10 décembre... » (*Portraits politiques contemporains,* par A. DE LA GUÉRONNIÈRE, 1851.) — En octobre 1849, Louis Blanc disait à un rédacteur de la *Voix du peuple :* « C'est le nom de Louis Bonaparte, son nom seul, qui l'a fait président de la République; et si vous voulez trouver un coupable, vous avez devant vous... le suffrage universel. » (*Le Peuple,* 29 octobre 1849)

(3) Lettre de Félix Pyat à Louis-Napoléon Bonaparte, 1851, p. 9 Bouvet, libraire.

chef s'affirmer suivant sa valeur. L'Empire répondait ainsi plus ou moins au besoin de justice et d'élévation des masses... un lieutenant passé empereur, un clerc d'huissier roi de Suède, un palefrenier roi de Naples; vingt-quatre simples soldats maréchaux d'empire ; le peuple devenant souverain, voilà le mot de l'énigme, voilà le secret, Monsieur, de la puissance impériale; voilà ce qui a fait la force et la gloire de l'empire ; voilà ce qui a fait encore son prestige aux yeux des masses; ce qui a fait votre élection!... Sous le régime blanc, en dix siècles, le peuple n'avait compté que deux des siens devenus généraux (1), Fabert et Chevert; sous l'Empire, en dix ans, il ne comptait pas deux nobles devenus maréchaux. L'Empire exaltant le peuple, bouleversant le vieux monde, déplaçant nobles et rois, mettant l'Europe et la France sens dessus dessous pour introniser les plus braves, c'était la révolution, la révolution personnifiée, couronnée si vous voulez, mais enfin la révolution. L'Empereur était un agent révolutionnaire promu par le peuple... Le peuple en nommant le neveu de l'Empereur voulait donc la révolution... Le nom de Bonaparte, deux insurrections, un livre communiste, n'étaient pas des titres chez les conservateurs. Ils sont trop amis de la paix pour aimer l'héritier de l'Empire, trop amis de la propriété pour aimer l'auteur des *Idées napoléoniennes,* trop amis de l'ordre pour aimer l'insurgé de Strasbourg. Naturellement, Monsieur, vous n'étiez pas leur homme. Pourquoi donc vous ont-ils choisi? Dans quel but? Qu'ont-ils voulu? Qu'ont-ils fait? Ils ont subi le fait!... Chevaux de Darius, ils ont salué le soleil levant. Ils se sont tournés comme toujours du côté du plus fort, ils ont voté avec le gros scrutin, ils vous ont élu malgré eux, contraints et forcés par la volonté de la masse, entraînés par le courant populaire, et dans l'intention de la

---

(1) Parce que, presque toujours, l'officier était anobli avant d'arriver au généralat. Tout ce qui s'élevait devenait noble. Aujourd'hui, la bourgeoisie, qui a concouru pour une grande part à faire la révolution de 1789, continue à être dédaignée par l'aristocratie, qui lui permet seulement de fumer ses terres. Elle s'est fermé les portes de la noblesse, et elle n'est pas moins menacée par la démagogie.

dominer. Un parti n'abdique pas. Aussi perfides que souples, ils se sont approchés de vous pour mieux vous tenir, ils vous ont embrassé pour vous étouffer... Regardant la présidence comme un sabot pour enrayer la République, le président comme un chapeau pour marquer la place du roi, ils ont voulu... faire enfin du prétendant un pont, une planche à passer de la République à la régence et à la royauté. »

Le *Times* écrit : « L'aspect de Paris et de la France a changé avec une rapidité extraordinaire. En peu de jours les fonds ont monté de 8 pour 100, la ville a repris un air de joie inaccoutumé ; les théâtres se sont remplis de nouveau. Les projets des anarchistes ont été bouleversés par l'irrésistible mouvement qui a entraîné la multitude à rendre hommage à l'idole du jour... » Ce qui ne l'empêche pas d'ajouter bientôt : « Si quelque chose peut plus tard amener la défaite du parti modéré, ce sera d'avoir identifié ses principes avec les intrigues d'une famille méprisable et d'une faction sans scrupule... » Et encore (13 décembre) : « Le peuple français a fait pour ainsi dire un grand acte de foi en se rappelant un ancien attachement à un nom... La confiance de la nation dans cette épreuve hasardeuse dépasse cependant de beaucoup celle que pourraient inspirer les qualités personnelles du candidat... » Le journal anglais fait en outre cette observation pleine de sens politique : « La famille Bonaparte sera au milieu de deux factions probablement exposée à une lutte ouverte avec le parti monarchique et le parti républicain. On reconnaîtra d'ici à peu de temps qu'elle n'appartient ni à l'un, ni à l'autre. »

Le *Morning Advertiser* (15 décembre) estime que l'élection de Louis-Napoléon est le comble de la folie.

Louis Blanc affirme que l'Angleterre accueillit avec un étonnement mêlé de dédain la nouvelle de l'élection du prince (1).

---

(1) Voir le *Nouveau Monde* de Louis Blanc, p. 324, du n° 15, juillet 1849. Dans le même article, il dit : « Un seul nom parle à leur souvenir..., un seul nom ouvre à leur pensée des horizons lointains et a puissance sur leur âme... Une

Ce qui semble établir la vérité de cette assertion, c'est ce qu'écrit alors *Léon Faucher* à un Anglais (1) de ses amis. Il est vrai qu'il venait de recevoir l'offre d'un portefeuille. « Vous
« avez mal jugé le prince Louis, en Angleterre; les conspi-
« rations qui avortent sont toujours ridicules, mais l'insuccès
« prouve peu contre les conspirateurs. D'ailleurs, le prince
« était mal entouré. Ce que je puis assurer, c'est qu'il veut le
« bien, comprend les nécessités politiques et apprécie les
« sages conseils. Il m'a donné une grande idée de l'élévation
« de son âme... Louis-Napoléon présentait la seule chance
« de retour de l'ordre. Je l'ai saisie avec le pays... »

Le *Peuple,* de Proudhon, fait les réflexions suivantes (2) : « Partout on semblait étourdi de la majorité de M. Louis-Napoléon Bonaparte... La voix du peuple, dit-on (3), est la voix de Dieu... ; il faut convenir que le peuple a parlé cette fois comme un homme ivre; mais, dit le proverbe, il est un Dieu pour les ivrognes. »

La *Révolution démocratique et sociale,* dès le 17 décembre, parle de coup d'État et d'Empire (4) : « Partout, pourquoi le cacher? les familiers du prince annoncent qu'il se laissera faire violence et consentira à passer empereur. Tout est prévu déjà. C'est jeudi prochain que se jouera la comédie. Deux régiments de la garnison sont gagnés, trois légions de la garde nationale les suivront aux cris de : Vive l'Empereur!... Porté sur les bras du peuple..., il ira déclarer à l'Assemblée qu'en présence du vœu de Paris et de l'armée, il ne saurait reculer devant les devoirs que la France lui impose, mais qu'il ne consentira jamais à être *Empereur de la République,* s'il n'y est autorisé par le suffrage universel. » N'est-il pas étrange que dès la

méchante gravure suspendue aux murs de leurs chaumières est pour eux toute la politique, toute la poésie, toute l'histoire... »
(1) Lettre du 17 décembre 1848 à M. Henry Reeve, esquire.
(2) 14 décembre.
(3) 18 décembre.
(4) Le 13, elle disait : « Pouvions-nous supposer que la population la plus intelligente du monde irait se passionner pour un homme qu'elle ne connaît que par ses fautes, et dont le seul titre consiste dans sa parenté avec Napoléon ? »

première heure l'avenir ait été prédit avec cette précision? Chez les partisans comme chez les adversaires du prince, du moins dans le peuple, on avait ce sentiment qu'en le nommant on ne nommait pas un président ordinaire, et qu'un Napoléon, dès l'instant qu'il était le chef de l'État, devait, inévitablement, par la force des choses, devenir empereur. Le même journal dit encore : « Tous les privilégiés sont avec M. Bonaparte et le poussent aux coups d'État..., les journaux bonapartistes n'ont pas démenti les projets de conspiration impérialiste..., il importe que tous les bons citoyens se tiennent sur leurs gardes... » La *Patrie* (1) annonce qu'on a parlé dans les couloirs de l'Assemblée d'une manifestation pour le jour de la proclamation de Louis-Napoléon comme empereur. M. Marrast, le président de l'Assemblée nationale, était alors si préoccupé par l'agitation impérialiste, qu'il demandait au général Changarnier si l'on pouvait compter sur lui pour la défense de la République. « On le peut, aurait répondu celui-ci ; mais il me serait aussi facile de faire un empereur qu'un cornet de dragées (2). » Et c'était absolument vrai. Le peuple avait

---

(1) On avait déjà fort remarqué un entrefilet où la *Presse* du 16 décembre avait relaté que le prince était allé aux Invalides, et qu'il était resté une heure auprès du tombeau de l'Empereur.

(2) Voir la *Révolution démocratique et sociale* du 25 décembre 1848. — D'après la version du *Siècle*, ce propos aurait été tenu quelques jours après le 25, avant la revue, dans les termes suivants : « Il me serait aussi facile de faire aujourd'hui un empereur que d'acheter un paquet de pralines. » Et le journal ajoute : « Le général Changarnier, interrogé, n'a pas nié le propos. » Le comte d'Antioche rapporte, dans sa brochure sur Changarnier (p. 264), que celui-ci a écrit en marge d'un volume de l'*Histoire de la chute de Louis-Philippe et du rétablissement de l'Empire*, par GRANIER DE CASSAGNAC, qui racontait le fait : « Je n'ai jamais prononcé cette parole de confiseur. » — M. GRANIER DE CASSAGNAC, dans ses *Souvenirs du second Empire* (t. II, p. 118), dit à ce sujet : « (Le prince m'a dit :) Oui, le général Changarnier m'a offert de me conduire aux Tuileries et de m'aider à me faire moi-même empereur .. Je refusai... Le général fut désolé... Il disait le lendemain aux officiers et aux généraux, dans son salon, que j'avais manqué une belle occasion, et que peut-être je n'en retrouverais pas une pareille. Il ajoutait, paraît-il, qu'il lui était aussi facile de rétablir l'Empire que de faire un cornet de bonbons. » Granier de Cassagnac place cette déclaration après le 29 janvier 1849. Pour ce dire, il s'appuie sur la lettre suivante, écrite huit ans après : « ...Je n'hésite pas à rapporter les paroles que j'ai entendu prononcer aux Tuileries quelques jours après le 29 janvier 1849, par le général Changarnier : — Le prince a manqué une belle occasion pour aller aux Tuileries. Telle est l'exacte vérité.

élu non un président de la République, mais un empereur. C'est ce que les hommes politiques dirigeants ne voulurent pas avouer, ni jamais reconnaître.

Signé : Vicomte J. CLARY. Ce 12 juillet 1857. » Si l'on peut hésiter sur les termes mêmes et la date précise de cette boutade, le fond est vrai et ne saurait être contesté.

FIN DU TOME PREMIER.

TABLE DES MATIÈRES

CHAPITRE PREMIER
LE PRINCE DU 20 AVRIL 1808 JUSQU'EN 1836

Sa naissance. — Ses frères. — Son acte de naissance. — Ses prénoms; sa signature. — Le roi de Hollande n'assiste à aucune cérémonie. — L'amiral Verhuel. — Baptême. — Vie errante de la reine Hortense. — Le château d'Arenenberg. — Mlle Cochelet. — Précepteurs. — La reine Hortense est une mère modèle. — Intelligence précoce du prince; son caractère doux, mais entêté; son silence; sa bonté; son courage. — Il est attachant comme il devait l'être toujours et irrésistiblement. — Son adresse dans tous les exercices du corps. — Se destine à l'artillerie. — Se fait d'abord attacher à un régiment badois en garnison à Constance, puis au camp suisse de Thun. — 1834, capitaine d'artillerie de l'armée suisse. — Auparavant, après s'être trouvé à Rome au moment de la révolution de 1830, avait pris part à l'insurrection des Romagnes, puis avait traversé la France; incidents de ce voyage; rapports du prince avec les républicains. — L'insurrection polonaise lui demande de se mettre à sa tête; son refus. — 22 juillet 1832, mort du duc de Reichstadt; le prince se considère comme l'héritier de l'Empereur; *quid* des autres Bonaparte? — Le sénatus-consulte de l'an XII. — Lettres du prince, où il expose que Napoléon Ier a sauvé la liberté et est vraiment l'homme du peuple; — où il déclare (avec quelle vérité.) qu'il ne suit que les inspirations de sa conscience; — où il dément son mariage avec la reine de Portugal. — 1835. Le prince fait la connaissance de M. de Persigny. — La *Revue de l'Occident*.   1

CHAPITRE II
LE BONAPARTISME SOUS LE GOUVERNEMENT DE JUILLET

La France avait adoré l'Empereur. — Souvenirs ineffaçables. — La semence bonapartiste; les événements aident à sa germination. — Sous la Restauration, les républicains et les radicaux avaient chanté la gloire de l'Empire. — Casimir Delavigne; Béranger. — La politique de Louis-Philippe; sa lettre au roi Louis XVIII. — En 1830, réaction contre les sentiments antibonapartistes de la Restauration. — Le bonapartisme concourt à la révolution de Juillet; affiches; très nombreux survivants de l'Empire. — Mémoires de M. Gisquet. — La révolution de 1830 donne espérance et courage aux bonapartistes. — Les émeutes de 1831. — Joseph Bonaparte et les républicains. — Fin 1831, complot bonapartiste; officiers compromis. — Des journaux émettent le vœu de voir ramener en France les cendres de l'Empereur; pétition à la Chambre; rapport de M. de Montigny; discussion : de Lameth, colonel Jacqueminot, général Lamarque. — *Ode à la Colonne* de Victor Hugo. — Béranger : *le Vieux Sergent, le Souvenir du peuple.* — Edgar Quinet : poème de *Napoléon*. — Le théâtre, nombreuses pièces sur Napoléon. — Panorama de Daguerre. — 11 avril 1831, Casimir Périer propose de rétablir la statue de Napoléon sur la colonne Vendôme. — 1833, rétablissement effectué. — Mai 1831, médailles frappées par ordre du gouvernement sur le règne de Napoléon. — 5 mai, chaque année, démonstrations bonapartistes place Vendôme. — 1832, mort du duc de Reichstadt; les journaux de gauche — 1835, incident à la vente du peintre Gros. — Événements de 1836, 1838, 1840. — On termine l'Arc de triomphe. — Pétitions bonapartistes en 1844, en 1845, en 1847; discussions aux Chambres. — Septembre 1847, le roi Jérôme et son fils autorisés à résider momentanément en France; inauguration d'une statue de Napoléon à Fixin (Côte-d'Or). — 2 octobre 1847, translation à Saint-Leu des cendres du roi Louis; lettre du prince à M. Lecomte. — Service anniversaire du 15 décembre, à l'occasion de la translation des cendres de l'Empereur, faite en 1840. — Récit des événements qui ont précédé et accompagné cette cérémonie. — Rapport de M. de Rémusat; effet produit sur la Chambre. — Le *National* accuse le gouvernement de charlatanisme. — La *Gazette de France* cite la lettre du 7 mai 1810, où Louis-Philippe traite Napoléon d'usurpateur corse, et la proclamation de Soult du 8 mars 1815, et l'acte de déchéance, et le langage tenu par les *Débats* en 1815. — Le *Courrier français*, le *Siècle*, le *Temps* se joignent au *National* pour soutenir le ministère. — L'*Ami de la religion*. — Le *Capitole* et le *Commerce* triomphent. — La presse anglaise crie à la folie. — Que va-t-on faire à l'égard de la famille Bonaparte? à l'égard du prince Louis, prisonnier à Ham? demande la *Gazette de France*. — Critiques de la presse sur certains points du programme du retour des cendres. — A la Chambre, la commission vote deux millions au lieu d'un demandé par le gouvernement. — Discussion, 28 mai 1840; Glais-Bizoin; Lamartine, son discours prophétique. — L'Assemblée ne vote qu'un million. — Colère des journaux bonapartistes; articles dithyrambiques du *Commerce*. — 6 juin, le général Bertrand remet à Louis-Philippe les armes de Napoléon. — Protestation du *Capitole*, de Louis-Napoléon. — Le général Bertrand donne à la ville de Paris le nécessaire de Napoléon. — La *Gazette de France* sur la mort du duc d'Enghien et sur l'échauffourée de Boulogne. — 30 novembre 1840, la *Belle Poule* arrive à Cherbourg. — 15 décembre, funérailles; le *National*, la *Gazette de France*, M. Ximénès Doudan; la presse; Victor Hugo : *le Retour de l'Empereur*. — Lettres du prince Louis. — *Mémoires du prince de Metternich*. 13

CHAPITRE III

L'ÉCHAUFFOURÉE DE STRASBOURG (30 OCTOBRE 1836)

La pensée politique du prince. — Ce qu'il disait à ses amis. — Son plan. — Juin 1836, il se rencontre, soit à Bade, soit sur la frontière, avec des officiers de la garnison de Strasbourg; le capitaine Raindre; le commandant de Franqueville; le colonel Vaudrey; Éléonore Brault, femme Gordon. — Le prince et Vaudrey se rencontrent à Bade; ce que dit le prince; sentiments de Vaudrey. — Lettre de Louise Wernert; de Mme Gordon; du prince au général Voirol; de celui-ci au ministre de la guerre. — Le prince vient une première fois à

Strasbourg; son entrevue avec des officiers. — Tentative d'embauchage du général Exelmans. — 29 octobre, réunion des conjurés et lecture des proclamations du prince. — 30 octobre : les deux lettres du prince à la reine Hortense; les conjurés; le départ pour le quartier d'Austerlitz; le costume du prince; distribution d'argent par le colonel Vaudrey, son allocution; discours du prince; le colonel enlève son régiment; mesures prises par les révoltés; luttes chez le général Voirol; les conjurés à la caserne Finckmatt; arrestation du prince et de ses amis; durée de l'échauffourée. — Dépêche du général Voirol; son ordre du jour. — Affolement de la cour. — La presse française et étrangère condamne le prince. — Le prince de Metternich à M. de Sainte-Aulaire. — Lettres du prince à sa mère. — Devant quelle juridiction doit-on poursuivre les révoltés? — Poursuivra-t-on le prince? — 9 novembre, transfert du prince à Paris; son entrevue avec le préfet de police; ses lettres à sa mère, à Odilon Barrot, à son oncle Joseph. — Son arrivée à Lorient, où le sous-préfet lui remet 15,000 francs. — Lettre à un ami, où il se défend de toute relation intime avec Mme Gordon. — Son transport en Amérique; ses lettres à sa mère durant la traversée. — Le journal *la Charte de 1830* sur la grâce accordée au prince. — Il devait être poursuivi et condamné. — Les *Débats* approuvent le gouvernement. — Le *National* le blâme. — Arrêt de renvoi de la cour de Colmar. — Cour d'assises de Strasbourg; les accusés; les pièces à conviction; interrogatoires; réquisitoire; plaidoiries; acquittement. — Manifestations. — Le *Courrier du Bas-Rhin;* le *National;* le *Moniteur.* — Les journaux anglais approuvent le verdict. — Le prince de Metternich au comte Apponyi. — Lettres de Persigny au *Sun;* du prince (30 avril 1837) à M. Vieillard. — Le prince revient en Suisse au milieu de 1837. — Avait-il donné sa parole d'honneur de rester en Amérique? Avait-il au moins l'obligation morale de ne pas rentrer en Europe? — Assertion de M. Capefigue et réponse du prince. — L'état de sa mère ne justifiait-il pas son retour? — 3 octobre 1837, mort de la reine Hortense. 51

CHAPITRE IV

AFFAIRE LAITY

Juin 1838, brochure LAITY, sur les événements de Strasbourg. — 21 juin, arrestation de Laity. — 28 juin, sa mise en accusation par la Cour des pairs pour attentat contre la sûreté de l'État. — Mesure excessive et impolitique. — 29 juin, acte d'accusation. — 9 juillet, réquisitoire; candeur de la thèse orléaniste. — Triomphante plaidoirie de Laity. — Défense présentée par Michel de Bourges. — Condamnation draconienne de Laity. — Faute lourde du gouvernement; le bonapartisme persécuté, Laity martyr. — La *Gazette de France,* le *Siècle,* le *Constitutionnel,* le *National* raillent et blâment le gouvernement. 104

CHAPITRE V

AFFAIRE SUISSE

Troisième faute du gouvernement français — Son exaspération causée par le retour du prince en Suisse. — Il demande son expulsion. — Note de l'ambassadeur français, M. de Montebello. — En 1838, le prince ne conspirait pas. — Sa nationalité. — *Quid* du droit de bourgeoisie conféré par le canton de Thurgovie? La lettre d'investiture, la réponse du prince. — Les précédents. — La

T. I. 31

commune de Hochstrass lui confère le droit de bourgeoisie; sa réponse. — La loi française et la loi suisse — Discussion à la Diète fédérale. — Le gouvernement français n'est soutenu que par le *Journal des Débats*. — Il est blâmé par la *Gazette de France*, le *Constitutionnel*, le *Siecle*, le *Courrier français*, le *Commerce*, le *Temps*, le *Journal de Paris*. — Les feuilles étrangères. — Seconde note du gouvernement français. — Déclaration de M. Kern au grand Conseil de Thurgovie. — Lettre du prince. — Le grand Conseil rejette la demande de la France, à l'unanimité. — Discussion à la Diète fédérale. — Remarquables réflexions du *National*. — Le *Journal de Paris*. — Pertinentes considérations de la *Gazette de France*. — Le *Morning Chronicle*. — Rapport de la commission nommée par la Diète fédérale. — Le terrain sur lequel la Suisse aurait dû se placer dès le début. — Le *Journal des Débats*. — La *Gazette universelle de Suisse*. — 3 septembre, discussion à la Diète, qui ajourne la suite de sa délibération pour prendre l'avis des vingt-deux conseils cantonaux. — Les journaux. — Formation d'un corps d'armée sous les ordres du général Aymard; son ordre du jour aux soldats. — Lettre du prince au président du petit Conseil de Thurgovie, dans laquelle il annonce son départ. — Le *Courrier français*, le *Siècle*, la *Gazette de France* raillent le gouvernement français. — La faute de celui-ci. — Son humiliation. — Les journaux anglais, le *Morning Herald* et le *Morning Chronicle*. 114

CHAPITRE VI

LES « LETTRES DE LONDRES » ET L' « AVENIR DES IDÉES IMPÉRIALES »

Les *Lettres de Londres* : Louis-Napoléon est bien l'héritier de l'Empereur, qui avait pour lui une prédilection marquée; il lui rappelait le roi de Rome, le considérant au besoin comme l'espoir de sa race. — Au physique, Louis-Napoléon est le portrait de Napoléon Ier. — Où il habite à Londres. — Description de son habitation de Carlton-Gardens. — Le prince a des habitudes de travail et de simplicité. — Il connait tout le personnel civil et militaire de la France, et il est décidé à n'exclure personne. — La combinaison de 1830 s'écroule; il faut fusionner tous les partis, améliorer le sort de l'armée. — Après sStrasbourg, il voulait faire appel au peuple. — Le système napoléonien doit remplacer le système impuissant de l'orléanisme, et l'Europe serait favorable à ce changement qui la garantirait contre la Révolution; les Napoléons sont apparentés à toutes les familles régnantes. — Même en Angleterre le nom de Napoléon est aimé, et le prince Louis y est particulièrement apprécié. — Napoléon, c'est César; le prince sera Octave. — Les idées napoléoniennes. — Un toast du prince. L'*Avenir des idées impériales* : Un évangile national. — Le régime parlementaire tue le pays; l'autorité fait défaut; l'autorité seule peut assurer le sort des classes laborieuses. — Eloge de la guerre. — La politique des nationalités. — Il faut revenir à Napoléon, dont le nom dit tout. — Prospérité des années du Consulat et de l'Empire. — Les guerres de Napoléon n'ont pas été meurtrières. — La gloire en deuil; l'armée humiliée; la France méprisée. — Réconciliation de tous les Français dans un nouveau principe. 139

CHAPITRE VII

AFFAIRE DE BOULOGNE

Après l'affaire suisse, le prince se considère comme dégagé vis-à-vis du gouvernement de Juillet — Campagne de presse; le *Commerce* et le *Capitole*. — Le club des Cotillons et le club des Culottes de peau. — Préparation d'une descente en France. — La foi de ses compagnons. — Le prince songe à Lille. — Le commandant Mésonan est chargé d'entraîner le général Magnan; Lombard et Parquin cherchent à embaucher des officiers. — Les rapports de Mésonan avec le général Magnan. — Le prince se décide pour Boulogne. — Les préparatifs. — Proclamations. — Cinquante-six personnes composent le corps expéditionnaire; leurs noms. — Plus de la moitié des conjurés (des domestiques) ne savaient rien de ce qu'on attendait d'eux; les autres, sauf Persigny et Conneau, ne connaissaient ni le jour, ni l'heure, ni le lieu du débarquement. — Le bateau; son nom; ce qu'il contenait; la légende de l'aigle; la légende de la folle orgie. — Allocution du prince en cours de navigation. — Ce qu'il emportait d'argent. — 6 août, débarquement à Wimereux. — Rencontre avec les douaniers. — Guilbert, Bally. — Le plan. — L'entrée à Boulogne. — Le poste de la place d'Alton. — Rencontre du sous-lieutenant de Maussion. — Le sous-lieutenant Ragon, le capitaine Col-Puygelier. — Les conjurés pénètrent dans la caserne. — Les sergents Rinck et Chapolard. — Allocution du prince. — Le sergent-major Clément. — Le sous-lieutenant de Maussion. — Brillante et courageuse conduite du capitaine Col-Puygelier. — Coup de pistolet du prince, qui blesse le soldat Geouffroy. — Les conjurés sont repoussés de la caserne. — Dispositions prises par le capitaine Col-Puygelier. — Le maire et le sous-préfet organisent la résistance. — Les conjurés se dirigent vers le château, où ils échouent après avoir bousculé le sous-préfet. — Ils se rendent à la colonne de la Grande Armée. — La poursuite. — La dispersion. — La fusillade sur la plage. — Assassinat du sieur Faure. — Le prince et plusieurs de ses compagnons sont pris dans l'eau et menés au château. — Durée de l'échauffourée. — Dépêche du sous-préfet au ministre de l'intérieur. — Dépêche du ministre de la guerre. — Les journaux. — M. Ximènes Doudan. — Le prince de Metternich. — 7 août, le prince est transféré à Paris. — Attentat déféré à la Chambre des pairs. — Opinion des journaux sur cette juridiction. — Qu'en penser? — Le *Capitole*. — La *Gazette de France*. — Cruelle situation des anciens dignitaires de l'Empire. — 12 août, arrivée du prince à Paris. — En réalité, l'émotion de la cour avait été profonde. — Le Roi à Boulogne. — Interrogatoire des accusés. — Lettre du père du prince, le roi Louis. — Rapport de M. Persil. — 16 septembre, arrêt de mise en accusation. — 28 septembre, ouverture des débats. — Les accusés et leurs défenseurs. — Discours du prince; de la forme et du fond. — Audiences des 28 et 29 septembre, interrogatoires, témoignages, réquisitoire, Berryer, le général Montholon; 1er octobre, plaidoiries de Ferdinand Barrot, Delacour, Barillon, Nogent-Saint-Laurent, Jules Favre, Lignier, Ducluzeau, Persigny; réplique du procureur général; réponse du prince. — 6 octobre, arrêt. — Le prince à Ham; ses lettres. — Les pairs qui ont rendu l'arrêt et ceux qui se sont abstenus. 154

CHAPITRE VIII

LA PRISON DE HAM

7 octobre 1840, le prince est interné à Ham. — Son logement, son mobilier, son costume. — La manière dont il est traité. — Montholon, Conneau, Thélin. — Dévouement de Conneau. — Le prince reçoit beaucoup de visites. — Il cultive des fleurs. — Les troupes qui passent au loin le saluent. — Il monte à cheval dans la cour du château. — Le wisht du soir. — Il reçoit beaucoup de lettres; extraits de sa correspondance avec une Anglaise, avec une Française. — Le

nom de *Badinguet*. — La *Belle Sabotière*. — Les écrits du prince. — Il se plaint au ministre de la rigueur de la surveillance. — Fin 1845, il demande à se rendre auprès de son père malade; lettre au ministre; lettre au Roi. — Refus du gouvernement. — Le prince s'adresse en vain à M. Thiers. — M. Odilon Barrot ne parvient pas à obtenir une mise en liberté provisoire dans les conditions voulues par le prince. — Lord Londonderry échoue également. — Les préparatifs de l'évasion. — La fuite. 207

CHAPITRE IX

LES OEUVRES DU PRINCE

Opinion de Béranger sur le prince comme écrivain. C'est un grand styliste. — 1832 : *Rêveries politiques* : la vérité gouvernementale, c'est l'union de Napoléon II et de la République; — la civilisation, la liberté, la République, l'affranchissement des peuples, voilà ce qui sortira du génie de Napoléon; — une génération ne peut enchaîner les générations futures; — tout le peuple doit voter: il ne doit y avoir d'autre aristocratie que celle du mérite; — le peuple doit sanctionner l'avènement du souverain; — au résumé, une monarchie-république — Chateaubriand sur les *Rêveries*. — 1833 : *Considérations politiques et militaires sur la Suisse*. — 1834 : *Manuel d'artillerie* : opinion d'Armand Carrel, du *National;* de Louis Blanc; jugement de l'Association française, l'Institut historique. — 1839 : les *Idées napoléoniennes* : le système napoléonien répond à tout; — la Fédération européenne; — Napoléon est l'exécuteur testamentaire de la Révolution; il a amené le règne de la Liberté en sauvant la France et l'Europe de la contre-révolution; — critique de la Restauration et du gouvernement de Juillet; — les guerres de l'Empire ont été des bienfaits pour l'Europe; — une cour de cassation européenne pour régler les différends internationaux; — l'Europe napoléonienne; — aucun gouvernement ne saurait être aussi libéral que celui de Napoléon, qui donnerait la liberté de la tribune et la liberté de la presse; — en rejetant Napoléon, les peuples ont rejeté tout un avenir d'indépendance. — Lettre du prince à Lamartine : Napoléon fut le roi du peuple. — *L'Exilé*. — 1841 : *Fragments historiques*, où il fait le procès du gouvernement de Juillet. — Août 1842 : *Analyse de la question des sucres*, où il se montre très protectionniste. — Le prince journaliste : *le Progrès du Pas-de-Calais;* il est pour le suffrage universel à deux degrés; — il est l'adversaire des expéditions lointaines et de l'expansion coloniale; — réformes parlementaires; — le principe de la souveraineté du peuple rend un gouvernement indestructible, un électeur devient un homme d'ordre; — le plébiscite; — les députés font des mauvais ministres; — les crises ministérielles répétées sont désastreuses; — les fonctions de ministre et de député doivent être incompatibles; — opinion de Bastiat. — Pas de fortifications à Paris. — Le clergé ne doit pas sans restriction avoir le droit d'enseigner. — Il faut un budget des cultes. — L'Université ne doit pas être athée ni le clergé ultramontain. — Il faut régler le fonctionnement des machines et indemniser ceux dont elle fait le travail. — Prescience géniale de la force militaire de la Prusse; remarquables articles sur l'organisation de l'armée. — La guerre ne doit pas avoir d'autre objet que de repousser une invasion. — Il condamne ainsi par avance toutes les guerres du second Empire. — Brochure sur l'extinction du paupérisme : le budget doit aider les travailleurs; les caisses d'épargne ne servent qu'à ceux qui peuvent économiser. — Projet d'une vaste association où les terres incultes seront exploitées par les bras inoccupés. —

Colonies agricoles : 300 millions avancés par l'État. — Les prud'hommes, classe entre les patrons et les ouvriers. — Réponse du prince à des ouvriers. — Conception chimérique. — Sa déclaration au sujet des titres nobiliaires. — Son idée de joindre l'océan Atlantique et l'océan Pacifique. 230

CHAPITRE X

LA PREMIÈRE ÉLECTION DU PRINCE A L'ASSEMBLÉE NATIONALE

La révolution du 24 février prend le prince au dépourvu. — Sa situation. — Il vient à Paris. — 28 février, sa lettre au gouvernement provisoire; son sentiment intime. — Il reçoit l'ordre de repasser la frontière; seconde lettre du prince au gouvernement provisoire. — Sentiments de Persigny et de Vaudrey. — Aux élections d'avril, il n'est porté dans aucun collège. — Pourquoi ? — Sa lettre du 11 mai. — Ses partisans. — Comité bonapartiste. — 24 mai, nouvelle missive du prince à l'Assemblée sur le projet de loi de bannissement des familles ayant régné en France. — 26 mai, discussion; Vignette, Napoléon Bonaparte, Ducoux, Sarrut, le président. — 2 juin, proposition Pietri abolissant les lois de bannissement contre la famille Bonaparte; Crémieux, ministre de la justice, déclare qu'elles ont été anéanties par la révolution de 1848. — Valeur de l'exception faite en faveur des Bonaparte seuls. — Observations judicieuses de Clément Thomas. — L'Assemblée abroge explicitement l'article 6 de la loi de 1832. — Silence unanime de la presse sur la candidature du prince aux élections complémentaires de juin 1848; affiches; élection du prince dans quatre départements. — A part la *Gazette*, silence persistant des journaux, aucune émotion publique. — Le 8 juin, jour de la proclamation du scrutin à Paris, changement à vue; le nom de Napoléon est dans toutes les bouches; l'*Union*; Lamennais dans le *Peuple constituant*; le *Bien public*, le *Constitutionnel*; le *Peuple* de Proudhon; la *Vraie République*, les *Débats*. — Dès la première heure, le mot *Empire* est prononcé. — La nation a peur du socialisme. — La province. — L'Assemblée constituante est profondément impressionnée par l'élection du prince. — Le *Journal des Débats* — Journée du 10 juin. — Le gouvernement prépare une demande d'application de la loi de 1832 contre le prince. — Proclamation du général Piat. — Séance de l'Assemblée; le prince Napoléon Bonaparte; le ministre Flocon. — Le général Clément Thomas sur la place de la Concorde; coups de feu; Lamartine dépose la proposition relative à la loi de 1832; discours de Pierre et de Napoléon Bonaparte; les *Débats*, la *Vraie République*, le *Siecle*, la *Patrie* blâment cette proposition. — *Quid* de leur thèse ? — La proscription ne devait-elle pas être maintenue contre le prince ? — Curieux article du *Charivari*. — Séance du 13 juin; le citoyen *Degousée*; *Jules Favre*, rapporteur de l'élection de la Charente-Inférieure, soutient l'admission; *quid* de son discours ? — *Buchez*, rapporteur de l'élection de la Seine, conclut à la non-admission. — *Desmares*, rapporteur de l'élection de l'Yonne, propose l'admission. — Discussion : *Vieillard*; *Marchal* parle en homme politique; *Fresneau*; *Clément Thomas*; *Repellin*; *Louis Blanc* est pour l'admission, tout en envisageant le premier l'éventualité de la candidature du prince à la présidence de la République; *Pascal Duprat* répond à Louis Blanc; *de Lasteyrie* est pour l'admission, combattue par *Ledru-Rollin* au nom du gouvernement, dans un discours d'une remarquable dialectique. — M. Bonjean donne lecture de la lettre du prince en date du 24 mai. — Jules Favre. — Admission votée par assis et levé à une grande majorité. — Agitation à Paris, rassemblements. — Ledru-Rollin donne sa démission de membre du gouvernement. — Les *Débats* critiquent et le *Siècle* approuve la décision de l'Assemblée. — Bruit de l'arrestation des amis du prince — Contre-ordre relatif à l'arrestation du prince. — Le *Charivari*, le *Représentant du peuple* (Proudhon), la *Réforme*, la *Vraie République*, la *Patrie* jettent un cri d'alarme. — La *Gazette de l'Yonne*. — Le *Napoléon républicain*, l'*Aigle républicaine*, etc. — Agitation bonapartiste. — Mémorable article de la *Vraie République* sur l'élection du prince. — Lettre du prince à l'Assemblée; effet désastreux; le général Cavaignac, Baune, Antony Thouret, Glais-Bizoin, Raynal, le ministre de la guerre, Jules Favre; renvoi de la discussion au lendemain. — Le *Siècle*. — Adresse du prince à ses électeurs. — Séance du 16 juin, démission du prince. — La *Patrie*. — La *Vraie République* dénonce le prince comme un futur usurpateur. — Campagne bonapartiste; l'*Unité nationale*; le *Bonapartiste* pose la candidature du prince à la présidence de la République. — Élection de la Corse; lettre du prince; son habileté. — Ce que dit le *Siècle* des électeurs des campagnes. — Le *Petit Caporal*; rassemblements sur les boulevards. — La constitution de 1848 et la présidence; discussion dans les bureaux; Thiers, de Rémusat, de Cormenin, de Beaumont, Pagnerre tiennent pour l'élection par le peuple; Léon Faucher, pour l'élection par l'Assemblée. — Dans la commission, M. Marrast est le seul commissaire opposé à l'élection par le peuple. — Les journaux 266

CHAPITRE XI

LA SECONDE ÉLECTION DU PRINCE A L'ASSEMBLÉE NATIONALE ET SON ÉLÉVATION
A LA PRÉSIDENCE DE LA RÉPUBLIQUE

I. Élections complémentaires à l'Assemblée nationale. — Lettres du prince au roi Jérôme, au général Piat. — Sa visite à Louis Blanc. — Attitude de la presse : l'*Union*, le *Bien public*, la *Réforme*. — Brochure annonçant le débarquement du prince à Boulogne; lettre du prince Napoléon, fils de Jérôme. — Circulaire d'Aristide Ferrere. — Affiches électorales. — Le prince est élu par cinq départements. — Il obtient un nombre de voix considérable dans d'autres départements. — La proclamation du scrutin à Paris. — Opinion des *Débats*, du *Constitutionnel*, de l'*Union*, du *Commerce*, du *Bien public*, de l'*Ère nouvelle*, du *Times* 334
II. Le 25 septembre, le prince vient prendre séance à l'Assemblée. — Il arrive de Londres. — Son admission. — Son discours. — Appréciation des journaux : les *Débats*, l'*Événement*, la *Presse*, le *National*, l'*Union*. — Entrevue du prince et des représentants de la Montagne et du socialisme, notamment avec Proudhon. — Il s'assure aussi le concours du docteur Véron, directeur du *Constitutionnel*. — Rapport de Marrast sur le projet de la constitution. — Le *Siècle* combat le système de la nomination du président de la République par l'Assemblée, ainsi que l'*Union*, la *Gazette de France*, l'*Univers*, le *Bien public*, le *National*. — Brochure de M. de Cormenin dans le même sens. — Au contraire, les journaux rouges, comme la *Démocratie pacifique*, la *Réforme*, ne veulent pas de l'élection par le suffrage universel. — Le *Journal des Débats* ne prend pas parti. — 5 octobre, l'Assemblée discute la question de la nomination du Pouvoir exécutif. — Félix Pyat ne veut pas de président. — M. de Tocqueville tient pour l'élection par le peuple. — Prophétique discours de M. de Parieu en sens contraire. — MM. Fresneau, Lasteyrie, de Lamartine, Dufaure, Victor Lefranc opinent dans le même sens que M. de Tocqueville; MM. Grévy, Flocon, Martin de Strasbourg, Leblond, dans le même sens que M. de Parieu. —

Rejet d'un amendement de M. Grévy qui confie le pouvoir exécutif au conseil des ministres. — L'Assemblée vote l'élection par le suffrage universel direct. — Émile de Girardin approuve. — Les *Débats* raillent la gauche de se défier du suffrage populaire. — Amendement Antony Thouret tendant à rendre inéligibles à la présidence les membres des familles ayant régné en France. — M. Voirhaye le combat, ainsi que MM. Coquerel et Lacaze, qui interpelle le prince. — Celui-ci déclare qu'il n'est pas prétendant. — M. de Ludre. — Déclaration d'Antony Thouret, qui retire son amendement. — Rejet de l'amendement de Ludre tendant aux mêmes fins. — Appréciation des journaux : la *Patrie*, l'*Union*, le *National*. — Abrogation de la loi du 10 avril 1832 prononçant le bannissement contre la famille de Bonaparte. — Le *Siècle*. — Séance du 12 octobre : Amendement Mathieu de la Drôme donnant à l'Assemblée le droit de suspendre le président de la République aux deux tiers des voix, repoussé sur l'intervention de M. Vivien et du général Cavaignac. — Obligation imposée au président de la République de prêter serment, contrairement à l'opinion de Crémieux, mais conformément à l'avis de l'évêque d'Orléans. — Réflexions d'Odilon Barrot dans ses *Mémoires*. — Rejet d'une proposition d'ajourner l'élection présidentielle. — Ce que disait M. Dupin 348

III. Agitation bonapartiste. — Le mouvement se prononce en faveur du prince — Journaux napoléoniens, le *Petit Caporal*, etc. — Bruit d'un soulèvement bonapartiste ; 24 octobre, lettre du prince Napoléon-Jérôme qui le dément ; 25 octobre, déclaration de M. Dufaure à l'Assemblée ; le prince Napoléon ; Clément Thomas ; tumulte. — Clément Thomas remonte à la tribune et accuse le prince Louis d'être un candidat à l'Empire ; nouveau tumulte. — Dépit du *National*. — Le prince assiste rarement aux séances de l'Assemblée ; réflexions d'Odilon Barrot dans ses *Mémoires*. — 26 octobre, discours du prince Louis à l'Assemblée. — Grand effet. — La légende de sa nullité s'effondre. — Réponse de Clément Thomas. — Singulière attitude à l'Assemblée. — Presque tous les journaux parisiens combattent la candidature du prince, l'*Union*, le *Constitutionnel*, le *Bien public* (Lamartine), la *Révolution démocratique et sociale* (Delescluze), le *Peuple* (Proudhon), la *Liberté de penser* (Jules Simon), les *Débats*, le *Siècle* qui soutient le général Cavaignac ; le *National* surtout aussi, qui accuse le prince d'avoir rempli à Londres les fonctions de policeman ; la vérité sur cette légende. — La *Presse*, par la plume d'Émile de Girardin, apporte un appui considérable au prince, qui a encore pour lui la *Gazette de France*, la *Liberté*, l'*Assemblée nationale*, et enfin le *Constitutionnel*, qui finit par se rallier sous l'inspiration de M. Thiers. — La presse de province ; un très grand nombre de journaux soutiennent la candidature princière : le *Courrier du Havre*, le *Journal de l'Aisne*, le *Capitole* de Toulouse, le *Mémorial des Pyrénées*, le *Journal du Loiret*, l'*Écho de l'Oise*, l'*Hebdomadaire* de Béziers, l'*Aube* de Troyes, le *Mémorial bordelais*, la *Gazette du Languedoc*, l'*Éclaireur de l'Hérault*, le *Périgord*, l'*Opinion du Gers*, la *Province de la Haute-Vienne*, l'*Argus soissonnais*, l'*Union franc-comtoise*, le *Journal de Rodez*, l'*Écho de Vésone*, l'*Indicateur de l'Hérault*, le *Journal de Maine-et-Loire*, le *Journal de la Nièvre*, etc. ; la combattent : le *Messager du Nord*, le *Moniteur de l'armée*, la *Gazette du Midi*, le *Peuple du Puy-de-Dôme*, le *Breton*, le *Courrier du Nord*, la *Démocratie des Hautes-Pyrénées*, le *Courrier de Nantes*, la *Fraternité de l'Aude*, le *Franc-Comtois*, le *Bien public* de la Haute-Marne, l'*Impartial* de la Meurthe, l'*Écho du Nord*, etc. — Les journaux étrangers : le *Heraldo*, la *España*, l'*Émancipation* de Bruxelles, le *Morning-Post*, le *Morning-Herald*, le *Northern-Star*, le *Globe*, presque tous contraires à la candidature du prince. — Opinion du journal belge l'*Observateur*. — Les journaux comiques : le

Charivari, la *Revue comique*, l'*Assemblée nationale comique*. — Chansons, brochures, lettres, affiches et comités électoraux. — Attitude des hommes politiques, de Cormenin, Ferdinand Barrot, Boulay de la Meurthe, Léon Faucher, Thiers, Bugeaud, Changarnier, Molé, Odilon Barrot, Berryer, Falloux, Montalembert, Guizot, duc de Broglie, Victor Hugo, Crémieux, tous pour le prince; — contre : Étienne Arago, George Sand. — L'évêque d'Orléans, membre de l'Assemblée, et le cardinal de la Tour d'Auvergne, évêque d'Arras, se prononcent pour Cavaignac, mais l'évêque de Langres et l'abbé Leblanc, députés, se prononcent pour le prince avec la grande majorité du clergé. — Attitude de l'armée; outre Changarnier, Bugeaud, les généraux Bedeau, Rulhière, Oudinot, Lebreton, Baraguey d'Hilliers prennent parti pour Louis-Napoléon. — Lettre du général Stourm en faveur du prince. — Déclaration du prince aux délégués du congrès des journaux de province; sa lettre aux ouvriers charpentiers de Troyes; sa lettre au *Constitutionnel* sur les affaires de Rome, 2 décembre 1848; sa lettre au nonce du Pape, où il se prononce pour le maintien du pouvoir temporel. — Déclaration du cardinal Antonelli sur la résolution du Pape de ne pas chercher un refuge en France, où le chef du gouvernement est le fils d'un régicide. — MM. Thiers, Molé, Berryer veulent rédiger le manifeste du prince; celui-ci impose le sien. — Circulaire Aristide Ferrère. — Attitude du général Cavaignac; lettre du banquier Odier; réponse du ministre de l'intérieur, Dufaure, qui fait l'éloge de Cavaignac; intervention des autres ministres dans la lutte électorale; des brochures favorables à Cavaignac, des portraits, des biographies sont répandus à profusion jusque dans les casernes. — Odilon Barrot, dans ses *Mémoires*, déclare que Cavaignac n'a rien négligé pour assurer le succès de son élection. — Manifestations de la place Vendôme. — Avant la fin de novembre, le prince s'occupe de la formation de son premier ministère. — La question d'argent est un de ses soucis; vaine préoccupation. — Les anciens militaires sont pour lui de merveilleux agents électoraux qui ne lui coûtent rien. — Les révélations faites, en août 1851, par le journal *le Messager de l'Assemblée*, sur ce qu'aurait fait le prince en novembre 1848 pour se procurer de l'argent. — Élection du 10 décembre. — Le *Journal des Débats*. — Ce que disent Berryer à la réunion de la rue de Poitiers, Lamartine dans le *Bien public*, de Girardin dans la *Presse*; ce que disait plus tard Félix Pyat. — Les journaux anglais. — Lettre de Léon Faucher à un ami sur la valeur de Louis-Napoléon. — Les journaux rouges parlent de coup d'État. — La *Patrie*. — Préoccupation du président de l'Assemblée, M. Marrast; réponse attribuée à Changarnier. — Le peuple avait élu non un président de la République, mais un empereur 371

FIN DE LA TABLE DES MATIÈRES DU TOME PREMIER.

PARIS — TYP. DE E. PLON, NOURRIT ET Cie, 8, RUE GARANCIÈRE. — 115.

A LA MÊME LIBRAIRIE :

Histoire de la seconde République, par P. DE LA GORCE. 2ᵉ édition. Deux vol. in-8°. Prix. . . . . 16 fr.

Histoire de la République de 1848, par Victor PIERRE.
Tome Iᵉʳ *La Revolution*, 24 février-20 décembre 1848. 2ᵉ édit. In-8°. . 8 fr.
Tome II. *La Presidence*. Un vol. in-8°. Prix. . . . . 8 fr.

Histoire de la chute du roi Louis-Philippe et de la République de 1848 jusqu'au rétablissement de l'Empire (1847-1855), par GRANIER DE CASSAGNAC. Deux vol. in-8°. Prix. . . . . 12 fr.

Souvenirs de l'Hôtel de Ville de Paris (1848-1852), par Ch. MERRUAU, ancien secrétaire général de la prefecture de la Seine, ancien conseiller d'Etat. Un vol. in-8° orné d'une carte. Prix. . . . . 8 fr.

Un Anglais à Paris. *Notes et souvenirs.* Traduit de l'anglais par J. HERCÉ.
Tome Iᵉʳ : 1835-1848. 4ᵉ édition. Un vol. in-18. Prix. . . . . 3 fr. 50
Tome II : 1848-1871. 3ᵉ édition. Un vol. in-18. Prix. . . . . . . 3 fr. 50

Monsieur Thiers. *Cinquante annees d'histoire contemporaine*, par Charles DE MAZADE, de l'Académie française. Un vol. in-8°. Prix. . . . . 7 fr. 50

Études et portraits politiques contemporains. Ces Études comprennent les Portraits de : l'empereur Napoléon III; l'empereur Nicolas Iᵉʳ; le roi Léopold; le comte de Chambord; le prince de Joinville; M. Thiers; le duc de Morny; le général Cavaignac, par A. DE LA GUÉRONNIÈRE. Un vol. in-8°. 8 fr.

Portraits d'histoire morale et politique du temps. Victor Jacquemont, M. Guizot, M. de Montalembert, le P. Lacordaire, le P. Gratry, M. Michelet, madame de Gasparin, madame Swetchine, M. Taine, Alfred Tonnellé, par Charles DE MAZADE, de l'Académie française. Un vol. in-18. Prix. . 3 fr 50

Mémoires, documents et écrits divers laissés par le prince de Metternich, chancelier de cour et d'État, publiés par son fils, le prince Richard DE METTERNICH, classés et réunis par M. A. DE KLINKOWSTROEM.
PREMIÈRE PARTIE : *Depuis la naissance de Metternich jusqu'au Congrès de Vienne* (1773 a 1815). (Tomes I et II.) 3ᵉ édition. Deux vol. in-8°. Prix. . . 18 fr.
DEUXIÈME PARTIE : *L'ère de paix* (1816 à 1848). (T. III et IV.) 2ᵉ édition. Deux vol. in-8°. Prix. . . . . 18 fr.
(T. V.) *La revolution de Juillet et ses conséquences immédiates.* Un vol. 9 fr.
(T. VI et VII.) *Période du règne de l'empereur Ferdinand.* Deux vol. in-8°. 18 fr.
TROISIÈME PARTIE : *La periode de repos* (1848-1859). (T. VIII.) Un vol. 9 fr.

Stendhal diplomate. — **Rome et l'Italie de 1829 à 1842**, *d'après sa correspondance officielle inedite*, par Louis FARGES. Un vol. in-18. Prix. 3 fr. 50

Deux Diplomates, le comte Raczynski et Donoso Cortès, marquis de Valdegamas D pêches, correspondance politique (1848-1853), publiées et mises en ordre par le comte Adhémar D'ANTIOCHE Un vol. in-8° avec portrait. 7 fr. 50

Le Prince Albert de Saxe-Cobourg, époux de la reine Victoria, d'après leurs lettres, journaux, memoires, etc., extraits de l'ouvrage de sir Theodore MARTIN, et traduits de l'anglais par Augustus CRAVEN. Deux vol. in-8°, avec portrait et fac-simile d'autographe. Prix. . . . . 16 fr.

Prologue d'un règne : **La Jeunesse du roi Charles-Albert,** par le marquis COSTA DE BEAUREGARD. 2ᵉ édition. Un vol. in-8° avec portrait et fac-simile d'autographes. Prix . . . . 7 fr. 50

Épilogue d'un règne. Milan, Novare et Oporto. **Les Dernières Années du roi Charles-Albert,** par le marquis COSTA DE BEAUREGARD. Un vol. in-8°, avec un portrait du roi Charles-Albert gravé à l'eau-forte par R. VICTOR-MEUNIER. Prix . . . . 7 fr. 50

Mes Souvenirs, par le général DU BARAIL.
Tome I : 1820-1851. 5ᵉ edition. Un vol. in-8° avec un portrait. Prix. 7 fr. 50

La Vie militaire du général Ducrot d'après sa correspondance (1839-1871) publiée par ses enfants, avec trois portraits en héliogravure et une carte. Deux vol. in-8°. Prix. . . . . 15 fr.

www.ingramcontent.com/pod-product-compliance
Lightning Source LLC
Chambersburg PA
CBHW071715230426
43670CB00008B/1019